Ensemblespiel und Klassenmusizieren
in Schule und Musikschule

FORUM MUSIKPÄDAGOGIK Band 41

Reihe Wißner-Lehrbuch Band 4

Rudolf-Dieter Kraemer /
Wolfgang Rüdiger (Hg.)

Ensemblespiel und Klassenmusizieren in Schule und Musikschule

Ein Handbuch für die Praxis

Die Deutsche Bibliothek – CIP-Einheitsaufnahme

Ensemblespiel und Klassenmusizieren in Schule und Musikschule : ein
Handbuch für die Praxis / Rudolf-Dieter Kraemer/Wolfgang Rüdiger (Hg.). –
Augsburg : Wißner, 2001
    (Reihe Wißner-Lehrbuch ; Bd. 4)
    (Forum Musikpädagogik ; Bd. 41)
    ISBN 3-89639-219-0

www.wissner.com

Umschlagbild:	Schülerzeichnung zum Thema „Ensemble"
Satz:	Rudolf-Dieter Kraemer / Albrecht Lamey
Druck:	Druckhaus am Kitzenmarkt, Augsburg

Inhalt

III Arbeitsfelder

IV Stilrichtungen und Instrumente

V Innovationen

Vorwort

Es gibt nur wenige Formen des Miteinanders, die ein solch hohes Maß an Aufmerksamkeit und sensibler Zuwendung erfordern wie das gemeinsame Musizieren. In einzigartiger Einheit entsteht hier musikalischer und sozialer Sinn, verbinden sich musikpraktische und kommunikative Qualitäten. Im Wortsinn ein partnerschaftliches „Miteinander" und gemeinsames Gestalten eines Ganzen bildet ein Ensemble eine „Gesellschaft im Kleinen", in der „alle menschlichen Beziehungen … enthalten sind" (NATHAN SHACHAM, Rosendorf Quartett) – und alle denkbaren Möglichkeiten musikalischer Erfahrung und gemeinsamen Lernens, so können wir ergänzen. Gemeinsam mit anderen Musik zu erfinden und zu gestalten, zu üben und zu spielen, zu improvisieren und zu interpretieren, gilt als erfüllte Form des Musizierens und als Hauptmotiv des Musiklernens.

Klassenmusizieren steht als besondere Ausprägung des Ensemblespiels und als praxisnahe Methode musikalischen Lernens auf der Prioritätenliste von Lernenden obenan. Musik nicht nur zu hören und zu analysieren, ihre Entstehung und ihre Struktur nicht nur historisch, soziologisch, hermeneutisch, medientheoretisch zu reflektieren, sondern sie klingend zu begreifen und zu formen, wie umgekehrt von ihr ergriffen und geformt zu werden, dieser praktische Zugang ist ein grundlegender Weg zum musikalischen Verstehen, und er macht Sinn und Spaß zugleich, wie NIELS KNOLLE in seinem Beitrag am Ende unseres Handbuchs vermerkt.

Dieser umfassenden Bedeutung, die Ensemblespiel und Klassenmusizieren in den vergangenen Jahrzehnten gewonnen haben, verdankt unser Handbuch seine Entstehung. Sein Sinn und Ziel ist es, die Fülle der Aspekte des Ensemblespiels in Schule und Musikschule zu bündeln und zu systematisieren, ohne dabei Anspruch auf Vollständigkeit zu erheben. Dies wäre bei einem derart dynamischen, in steter Entwicklung begriffenen Gebilde ohnedies utopisch.

Gleichwohl versucht das Handbuch, den Horizont des Ensemble- und Klassenmusizierens so weit wie möglich auszuleuchten. In fünf Kapiteln wendet es sich dabei vom Allgemeinen zum Besonderen, von der Geschichte zu einzelnen Stilrichtungen und Instrumenten, um den Blick am Ende wieder zu weiten und für neue Formen des Ensemblemusizierens zu öffnen.

Zunächst ist der Blickwinkel ein historischer – gemeinsames Musikmachen hat eine lange pädagogische Tradition. Die beiden Beiträge des ersten Kapitels verorten die Fülle der Aspekte, die im Folgenden entfaltet werden, in der Geschichte. Dabei kommen bereits mehrere Prinzipien des Ensemblespiels zur Sprache, die allen folgenden Beiträgen gemeinsam sind und ein Netzwerk innerer Bezüge stiften, auf das die Leserinnen und Leser sehr schnell aufmerksam werden: Ensemblespiel als interaktive Musizierform unter Gleichen impliziert immer ein bestimmtes Menschenbild, ein bestimmtes Verständnis von Musik und menschlich-musikalischer Gemeinsamkeit, von pädagogischem Miteinander und von Ensembleleitung – Aspekte, die sich wie ein roter Faden durch die meisten Aufsätze ziehen und ebenso oft anklingen wie Improvisation, Körperlichkeit, kreatives Interpretieren und die Vielfalt der Vermittlungsformen.

Das zweite Kapitel entfaltet die verschiedenen Inhalte, Ziele und Methoden in ihren institutionellen „Geltungsbereichen": in der Elementaren Musikpädagogik, in der Instrumentalpädagogik, im Primar- und Sekundarbereich sowie in der Kooperation der Institutionen.

Die Beiträge des dritten Kapitels thematisieren zentrale „Arbeitsfelder", die in allen Schularten und -stufen eine wichtige Rolle spielen: Improvisation und Arrangement, Üben und Interpretieren, Begleiten und Gestalten von Liedern.

Das vierte Kapitel ist einzelnen Stilrichtungen und Instrumentengruppen gewidmet. Es beginnt mit einem instruktiven Gespräch über Jazzpädagogik, behandelt Anfängerbands im Rock-/Popbereich, experimentelle Ensemblepraxis à la CAGE und die Arbeit mit dem Schulorchester. In einem weiteren Schritt werden praktische Detailfragen zu einigen repräsentativen Instrumenten geklärt. Der Beitrag zum Klassenmusizieren mit Keyboards leitet über zum Schlusskapitel der „Innovationen" und Computer-Technologien, das von grenzüberschreitender Musikausübung erfüllt ist.

Die Aufsätze enthalten neben allgemeinen theoretischen Überlegungen eine Fülle von praktischen Beispielen, Übungen und konkreten Handlungsanleitungen sowie Hinweise auf Materialien und Literatur. Das Handbuch wendet sich an alle, die in der Ensemblepraxis tätig sind: Lehrende und Lernende an allgemein bildenden Schulen und Musikschulen, Lehrkräfte und Studierende an Hochschulen und anderen Bildungseinrichtungen, Ensembleleiter/innen und -spieler/innen vor Ort – an alle, die gerne gemeinsam Musik machen.

Unser Dank gilt den Autorinnen und Autoren und jenen, die an der Texterfassung, Notenherstellung, Grafikbearbeitung und Korrektur beteiligt waren, und unser Wunsch zielt auf einen solch offenen, freien Umgang mit dem Handbuch, wie Ensemblespiel selbst Offenheit und Freiheit bedeutet.

Augsburg / Freiburg, im November 2000

RUDOLF-DIETER KRAEMER und WOLFGANG RÜDIGER

Teil I

Geschichte

Zur Geschichte des Ensemblespiels in der allgemein bildenden Schule

Martin Pfeffer

Musizieren im Ensemble gehört zum Kernbestand musikalischer Betätigung in allen Kulturen von der Antike bis zur Gegenwart und ist zentraler Bestandteil der Musikkultur des Abendlandes. Wenn mindestens zwei Menschen miteinander musizieren – Richtung Maximum sind keine Grenzen gesetzt –, interpretieren, improvisieren oder auch üben, findet Ensemblespiel statt. Die Besetzungsformen haben sich im Laufe der Zeit von standardisierten immer stärker zu variablen Ensembleformationen fortentwickelt. Die Variationsbreite reicht vom Hausmusik-Duo bis zum professionellen Kammermusikensemble, von der ländlichen Blaskapelle bis zum Philharmonischen Orchester, vom Musizieren im Klassenverband bis zum Schulorchester, vom Consort für alte Musik bis zu Spezialensembles für Neue Musik, von Jazzcombos oder Rockbands in diversen Besetzungsvarianten bis zur Bigband.

Im Folgenden wird der Versuch unternommen, die zentralen Linien instrumentalen Ensemblespiels in der allgemein bildenden Schule zu rekonstruieren. Dabei gilt es, den Stellenwert dieses Bereiches musikalischer Praxis im spezifischen Kontext institutionell organisierter Musikvermittlung zu ermitteln und die besonderen Ausformungen im Hinblick auf Ziele, Inhalte und Verfahren zu beschreiben. Dies erfordert eine gesonderte Darstellung von Intentionen, die mit klassenübergreifenden Musiziergruppen auf der einen und Klassenmusizieren auf der anderen Seite verbunden sind. Reine Vokalensembles in Chor- oder Klassenform, die jahrhundertelang die Musikpraxis in der Schule über Lied und Singen maßgeblich bestimmt haben, werden definitionsgemäß in die Darstellung nicht einbezogen.

A. Klassenübergreifende Musiziergruppen

Die Kloster-, Dom-, Stifts- oder Pfarrschulen des Mittelalters als Vorläufer der neuzeitlichen allgemein bildenden Schule kennen instrumentales Ensemblespiel als eigenen Gegenstand musikalischer Lehre noch nicht. Seit dem 15. Jahrhundert existieren allerdings – lokal und regional begrenzt – Überlieferungen, die besagen, dass zur Erhöhung der Attraktivität von Stadtschulen (auch Ratsschulen genannt) gegenüber sog. Privat- und Deutschschulen (Volksschulen) der Einschulungstag u. a. mit Ensemblespiel („Instrumentalchor") der Schüler auf Geigen sowie der Stadtmusiker auf Blasinstrumenten gestaltet wird. Dies gilt auch für die Untermalung von szenischem Spiel im Rahmen der Aufführung von Schuldramen wie auch zu Weihnachten, Passionszeit, Ostern oder anderen Höhepunkten des Kirchenjahres. In der Regel vermitteln Stadt- und

Stiftsschulen lediglich Grundlagen, die zum Mitsingen einfacher Gesänge und Kirchenlieder befähigen, während Kloster- und Domschulen in der gesamten ars musica unterrichten. Große Städte bauen ihre Lateinschulen (Schüler ab 7. Lebensjahr) zu Gelehrtenschulen aus, denen Landesschulen (Fürstenschulen) mit Alumnen ab dem 11. Lebensjahr gegenüberstehen. Unterricht in Instrumentalmusik erteilen Schulmeister, Kantor oder Stadtpfeifer. Seine *Musica instrumentalis* schreibt MARTIN AGRICOLA für Schulkinder.

In den Latein- und Gelehrtenschulen musizieren schon zu Beginn des 17. Jahrhunderts sog. Chöre von Instrumenten, die in unterschiedlichsten Besetzungen bei festlichen Gelegenheiten in Konzert- und Kirchenmusik mitwirken. Sie spielen zu diversen Anlässen auf: bei Festen und Feiern, zur Begrüßung der „Scholaren" bei Schulprüfungen, bei Hochzeiten und Kindtaufen hoher Standespersonen, Prozessionen, Gastgelagen, Empfängen und Gratulationen sowie zu Bestattungen. Meist finden sich vokal-instrumentale Mischensembles, denn die häufig fehlenden Tenor- und Bassstimmen im Chor müssen durch Instrumentalbässe ersetzt bzw. aufgefüllt werden. Vorschläge, wie ein Chorwerk vokal und instrumental geschickt besetzt werden kann, publiziert MICHAEL PRAETORIUS im Jahre 1619. Vielerorts rekrutieren sich aus den Instrumentalchören besondere musikalische Vereinigungen (collegia musica), die sich mitunter in den Dienst kirchlicher Musikpflege stellen.

Für die zweite Hälfte des 18. Jahrhunderts lässt sich feststellen, dass lediglich in Ausnahmeschulen wie der Thomasschule zu Leipzig oder der Kreuzschule zu Dresden Ensemblespiel gelehrt und gepflegt wird. Der Thomaskantor J. A. HILLER gewährt Ende des 18. Jahrhunderts mehrfach Einblick in seine Arbeit mit Thomanern. So führt er beispielsweise MOZARTs *Requiem* ausschließlich mit Schülerchor und -orchester auf (SCHÜNEMANN 1928, S. 243 u. VOIGT 1923, S. 149 f.). Ähnliches gilt für die Dresdner Kreuzschule und Württemberger Klosterschulen.

Im 19. Jahrhundert ändert sich wenig. Instrumentaler und vokaler Musikunterricht findet in immer zahlreicher sich ausbreitenden privaten und öffentlichen Musikinstituten, Musikschulen und Konservatorien statt. Im Schulgesangunterricht wird um die trefflichste Methode gerungen, das Blattsingen zu erreichen. Das Instrument tritt allenfalls als Lehrerinstrument zwecks Leitung und Begleitung des Schulgesanges in Erscheinung.

Erst die Reformbestrebungen LEO KESTENBERGs und führender Vertreter der Jugendmusikbewegung, die in Richtlinienkommissionen ihren Einfluss geltend machen, messen mit den Richtlinien für die höheren Schulen aus dem Jahre 1924 dem Ensemblespiel in Form von Schulorchestern, Streicher-, Lautisten- oder Kammermusikgruppen erstmals größere Bedeutung bei.

Schulorchester

Richtlinien und Lehrpläne für die höheren Lehranstalten enthalten nunmehr instrumentales Ensemblespiel als AG-Verpflichtung. Vertreter der Jugendmusikbewegung wirken über ihre Erfahrungen mit Spielkreisen in unterschiedlichsten Besetzungen in die Schulen hinein. Auf der Unterstufe werden kleine Instrumentalgruppen gebildet. Marsch, Tanz und Charakterstück sind Ausgangspunkt der Ensemblepraxis. Hieraus rekrutiert sich auf der Mittelstufe das Schülerorchester. Neben eigenen Darbietungen sind gemeinsame Projekte mit dem Schulchor empfohlen (FISCHER 1928, S. 231 ff.).

Eine Besonderheit stellt das Ensemblespiel in den Landerziehungsheimen dar. Die Internatsbedingungen lassen intensive instrumentale Aktivitäten zu. So wird nicht nur Einzelunterricht im Instrumentalspiel (und Sologesang) angeboten, sondern es werden auch Kammermusikgruppen und Schulorchester gebildet. In den abendlichen Feierstunden („Kapellen" genannt) haben diese Ensembles dauernd Gelegenheit, Ergebnisse ihres musikalischen Zusammenwirkens der gesamten Schulgemeinschaft darzubieten. Die Instrumentalpflege geht vom einstimmigen Gesang aus und reicht über instrumentales Mitspielen von Melodien, Darbietung von Volkstanzmusik, Suite, Concerto grosso und Kammermusik des 16.-18. Jahrhunderts bis zur Solosonate (E. PFANNENSTIEL, in: HÖCKNER 1926). HILMAR HÖCKNER plädiert für eine pädagogische Koordination von privatem Instrumentalunterricht und schulischem Ensemblespiel. Schulorchester sollen nicht mehr *eine mehr oder weniger schlecht gelungene Nachahmung des großen Konzertorchesters* (HÖCKNER 1928, S. 242) sein, das fragwürdige Bearbeitungen von Ouvertüren und Symphonien bietet. Vielmehr soll es kammermusikalisch ausgerichtet sein und in der Auswahl der Stücke technisch die Spielfertigkeit nicht überfordern. Empfohlen werden Instrumentalstücke und -suiten vorklassischer collegia musica, die hauptsächlich für Musikliebhaber und Laien komponiert wurden sowie zeitgenössische sog. Spielmusik u. a. von PAUL HINDEMITH. Diese didaktisch begründeten Intentionen sind allerdings nicht von der ideologisierten Musikauffassung in der Jugendmusikbewegung zu trennen.

Ein Glücksfall für Zusammenwirken von zeitgenössischem Komponisten und Schulorchester ist das HINDEMITHsche *Schulwerk des Instrumental-Zusammenspiels* op. 44 für Schulorchester, Spielkreise und Liebhabervereinigungen sowie für den Instrumentalunterricht an Musikschulen und Konservatorien. Es verdankt sein Entstehen der anregenden Zusammenarbeit HINDEMITHs mit dem Schulorchester H. HÖCKNERs auf Bieberstein und geht auf dortige Besetzungs- wie Spielfähigkeitsbedingungen ein bzw. daraus hervor (HÖCKNER 1954, S. 383 ff.). Erwähnt sei noch die ebenfalls 1927 in der von PAUL HINDEMITH, F. JÖDE und H. MERSMANN herausgegebenen Reihe *Das neue Werk* erschienene *Spielmusik für Streichorchester, Flöten und Oboen* op. 43,1. Ganz auf die Bedingungen der „Plöner staatlichen Bildungsanstalt" abgestimmt, ist auch der eigens von HINDEMITH 1932 verfasste *Plöner Musiktag*. In diesem mehrteiligen, über den ganzen Tag verteilten Werk geht es HINDEMITH darum, alle zur Verfügung stehenden Instrumentalisten und Chorsänger an einem gemeinschaftlich zu gestaltenden Musikwerk zu beteiligen. Auch die um 1930 entstandenen sog. Schulopern zielen auf die Einbindung möglichst vieler Schüler einer Schulgemeinde in ein Ensemble.

Nach der nationalsozialistischen Machtergreifung wird auch die Schule mit Feiern überschwemmt, gelten sie doch als wirksamstes Mittel weltanschaulicher Fixierung. Es erscheint eine unübersehbare Fülle von Feiermusiken, deren Kompositionsstil an die Sing- und Spielmusik seit ca. Mitte der zwanziger Jahre anknüpft. Bevorzugt werden Kantate und Ouvertüre.

Das Schulorchester ist die repräsentativste Form instrumentalen Musizierens in den höheren Lehranstalten. Neben – nicht näher bezeichnet – „geeigneten" Schülern können auch Lehrer, Freunde der Anstalt und Angehörige der Schüler mitspielen. Da die Spielfertigkeit am Instrument in der Regel außerschulisch erworben wird und durch das Zusammenspiel verschiedener Altersstufen eine erhebliche Heterogenität im Leistungsspektrum gegeben ist, wird der Auswahl und ggf. Uminstrumentierung oder auch Retuschierung (gemäß gegebenen Besetzungsverhältnissen) geeigneter Werke viel Aufmerksamkeit gewidmet. Hier sind alle Probleme „pädagogischer Musik" (ANTHOLZ 1984, S. 15 ff.) und „didaktischer Reduktion" angesprochen. Sie werden allerdings im Allgemeinen nicht theoretisch entfaltet, sondern über Vorschlagslisten von Literatur für verschiedene (Qualitäts-) Stufungen von Schulorchestern praktisch konkretisiert (HÖCKNER 1926 u. 1954; SCHLODER 1962; BRUGGAIER 1992). Das von Beginn an zentrale Ziel der Arbeit mit dem Schulorchester, die zu allen möglichen Anlässen stattfindenden Schulfeiern mit einem würdigen musikalischen Rahmen zu versehen und gleichzeitig wirksames Aushängeschild für das jeweilige Institut zu sein, hat bis heute nichts von seinem Rang eingebüßt. Hervorgehoben wird mitunter der Erwerb profunder musikalischer Bildung über praktisches Vertrautwerden mit musikalischer Literatur von Rang. Der Rahmen, den die Fixierung auf Musik des Barock, der Frühklassik und Spielmusik der Jugendmusikbewegung gebildet hat, ist erweitert worden und manche Schulorchester erarbeiten gegenwärtig umfangreiche Programme, mit denen abendfüllende Konzerte veranstaltet werden können. An solchen Schulen werden Orchestermitglieder für entsprechende Vorhaben großzügig vom Regelunterricht beurlaubt.

Spielkreise und Kammermusikgruppen

Die während der Weimarer Republik erlassenen Richtlinien für Musikunterricht empfehlen auch Vereinigungen für schulisches Musizieren jenseits des Schulorchesters. So werden bezogen auf die jeweiligen Verhältnisse Instrumentalchöre mit Streich- und Zupfinstrumenten oder traditionelle Kammermusikvereinigungen eingerichtet. Vereinzelt wird zudem versucht, Mundharmonikagruppen, Zither-, Mandolinen- oder Bandonionorchester zu ermöglichen.

Die zentralen Intentionen instrumentalen Ensemblemusizierens bestehen in der Begleitung des Gesanges (häufig Volksliedbearbeitungen), der Mitgestaltung von Schulfeiern sowie in der Erarbeitung und Darbietung charakteristischer Beispiele für musikalische Formen und Stilarten aus verschiedenen (bevorzugt vorklassischen) Epochen. Darüber hinaus soll die volkstümliche Hausmusik gepflegt und die collegia musica o. ä. Spielkreise auch nach dem Abitur gefördert werden. Während der Schulzeit gilt Ensemblespiel nicht zuletzt als Möglichkeit, sog. *physiologische Brummer* (MOSER 1931, S. 78) oder im Stimmwechsel befindliche Schüler musikalisch einzubinden, wenn auch der Gesang *unter allen Umständen, immer und überall, in der vordersten Reihe* (ebd., S. 79) bleiben soll. Falls keine besondere Übungsstunde zur Verfügung steht, sollen die Proben im Rahmen der Klassenstunden durchgeführt werden. Dies gilt auch für Volks- und Mittelschulen.

Auch die Richtlinien von 1938 sprechen mehrfach von eigenem Singen und Spielen der Schüler, mitunter repräsentiert im Begriff „Spielschar". Allerdings soll der mehrstimmige Instrumentalsatz neben das einstimmige Volkslied treten, um das Singen zu bereichern. Vom Singen abgelöste Aufgaben werden dem Ensemblemusizieren nicht übertragen. Blasmusikgruppen spielen insbesondere in den Musikeinheiten der Hitler-Jugend eine bedeutende Rolle. Sie gewinnen schulisch zunehmend an Bedeutung durch Mitwirkung bei Schulfeiern.

Ein häufig zur Nachahmung empfohlener Sonderfall hinsichtlich der Förderung schulischen Instrumentalspiels stellt Bayern dar. Hier bietet bereits 1824 das Königliche Neue Gymnasium in München instrumentalen Wahlunterricht an. Diese Praxis findet zunehmend Verbreitung. Allerdings bleibt im Laufe des 19. Jahrhunderts nur der Gruppenunterricht in Streichinstrumenten erhalten, während der Einzelunterricht in Blasinstrumenten gänzlich gestrichen und Klavierunterricht auf die Lehrerbildungsanstalten beschränkt wird. In den bayerischen Lehrplänen des 20. Jahrhunderts ist nur noch Unterricht in Violine, Viola, Cello, Kontrabass, Kammermusik, Orchestervorschule und Schülerorchester vorgesehen. Bestimmte Anstalten unterrichten zudem noch Klavier- und Orgelgruppen mit drei bis vier Schülern pro Gruppe. Die Instrumentalstunden des hauptamtlichen Musiklehrers werden in vollem Umfang seinem Deputat zugerechnet. Bei Bedarf wird ihm ein Privatmusiklehrer als Hilfe zugeordnet. Außer der Violine werden alle Streichinstrumente von der jeweiligen Schule zur Verfügung gestellt. Begabte, aber mittellose Schüler erhalten auch leihweise eine Violine. Schüler der sog. musischen Gymnasien sind zur Wahl eines Instrumentes verpflichtet und müssen beim Verlassen der Schule darin eine Prüfung ablegen (WALTER 1954).

In den 50er und 60er Jahren wird das Ensemblespiel in Schulen anknüpfend an Ziele und Inhalte der Weimarer Zeit wieder aufgenommen und weitergeführt. Stücke des Vorbarock und Spielmusik des 20. Jahrhunderts werden musiziert und die entsprechende Erfahrung im Ensemblespiel führt meist dazu, dass Musik lebenslang eine Rolle spielt, weil mitunter dadurch langfristig emotionale Bindungen an Musik entstanden sind. Hier eröffnet sich ein ausgesprochen interessantes Forschungsfeld für die Musikpädagogik.

Die ideologiekritisch begründete Dispensierung der „musikantischen" Gemeinschaftsideologie gegen Ende der 60er Jahre führt nicht nur zur Ausweitung des Spektrums inhaltlicher Spielmöglichkeiten (u. a. Einbezug zeitgenössischer Avantgarde-Musik), sondern auch zu einer reflektierteren Ensemblepraxis in der Schule.

Bigbands, Jazzcombos, Rock- und Popformationen

Der Kreis traditioneller klassenübergreifender Ensembles wird seit den 70er Jahren zunehmend erweitert. Die Diversifikation aller inzwischen existierender Ensembleformen ist immens. Daher werden lediglich drei exemplarisch angesprochen.

Eine Schulbigband sollte möglichst in klassischer Besetzung musizieren, d. h. mit Saxophon-, Trompeten- und Posaunensatz sowie mit Rhythmusgruppe. Für die praktische Arbeit gibt es eine Reihe von Unterrichtsmaterialien.

Stilistische und rhythmische Studien machen mit typischen Musiziermerkmalen vertraut, sog. Mitspielmaterialien unterstützen den Übungsprozess und leisten klanglich wie rhythmisch Hilfe. Zudem ermöglichen sie selbständige Kontrolle. Für das musikalische Erscheinungsbild einer Bigband ist das Arrangement entscheidend.

Zahlreiche Combobesetzungen haben die Auseinandersetzung mit bestimmten Jazzstilen zum Ziel. Meist sind hierfür erstellte Materialien nach Schwierigkeitsgraden geordnet und berücksichtigen über Vorschläge für variable Stimmbesetzungen gegebene Schulrealität. Die Arrangements sind so konzipiert, dass Satzspiel und Improvisation geübt werden können. Die Melodielinie findet sich mit Akkordsymbolen oder Skalen angereichert, um Anregungen für die Ausgestaltung der Improvisation zu geben. Griffbilder und spezifische Notationsformen erleichtern musikalischen Anfängern den Einstieg.

Rock- und Popformationen basieren meist auf freundschaftlichen Beziehungen der Mitglieder. Diskussionen über Präferenzen und der Spaß am Musikmachen münden in die Entwicklung bestimmter Stilvorstellungen. Im Unterschied zum Schulorchestermitglied, das eine längerfristige private Vorbildung am Instrument mitbringt, ist der Schüler, der Rockmusik macht, kurzfristig in der Lage, mit anderen zusammen zu musizieren. Die instrumentaldidaktischen Konzeptionen sind so aufgebaut, dass durch Eigen- und Gruppenstudien grundlegende Fähigkeiten erworben werden können. Auf der Gitarre reichen u. U. zunächst einmal drei Akkorde aus, um einfache Rock- oder Popnummern spielen zu können. Hier sind allerdings selbst gesetzten Zielen resp. Ansprüchen letztlich keine Grenzen gesetzt. Je anspruchsvoller die gemeinsamen musikalischen Produkte mit der Zeit ausfallen, desto wahrscheinlicher ist, dass Schülerbands auch nach dem Schulabschluss weiterexistieren. Einige wenige heute berühmte Bands haben einmal als Schülerrockband angefangen.

B. Klassenmusizieren

Eine Schulklasse ist nach dem Kriterium Altersgleichheit zusammengestellt. Die Heterogenität musikalischer Neigungen, Interessen, Fähigkeiten und Fertigkeiten, auch Grade musikalischer Vorbildung spielen hierfür keine Rolle. Institutionelle Rahmenbedingungen, schulstufen- wie schulformbezogene Ansätze, die Ziel- und Methodendiskussion einschließlich neuester Beiträge zur Erforschung des Musiklernens sowie die musikdidaktische Diskussion insgesamt – dies alles macht Ensemblespiel in der allgemein bildenden Schule und insonderheit in der Schulklasse zu einem höchst komplizierten Gegenstand für Forschung und Lehre. Dabei ist seit langem empirisch belegt, dass Musikmachen an erster Stelle unter den Schülerwünschen an den Musikunterricht liegt (ECKHARDT/LÜCK 1976). Auch die von H. G. BASTIAN ermittelte Wunschliste im Rahmen seiner Befragung 13-16-Jähriger über Musikunterricht enthält *mit Instrumenten spielen und experimentieren* sowie das klasseninterne instrumentale *Vorspiel des Klassenkameraden* (BASTIAN 1985, S. 45). Und W. Scheuer empfiehlt als musikpädagogische Konsequenz aus seiner empirischen Untersuchung zur Einstellung Jugendlicher zum Instrumentalspiel, jedem Schüler zumindest die

Chance zu bieten, *Musik als Musiziervorgang, als eigenen emotionalen Ausdruck zu erfahren.* (SCHEUER 1988, S. 205). Auf diese Weise scheint auch möglich, *einseitige Fixierungen in den Instrumentalpräferenzen abzubauen zugunsten eines offenen und kreativen Umgangs mit Musik* (ebd.). Um in der Schule soziale Defizite oder Klischeevorstellungen abzubauen, sollte nicht das Reden über Musik, sondern das eigene aktive Musizieren Grundlage des Musikunterrichts sein.

Den frühesten mir bekannten Versuch, Instrumentalspiel – wenn auch auf eigenwillige Weise – in den Klassenmusikunterricht aufzunehmen, unternimmt OTTO LANGE 1841. Die Methodik des Initiators parallelen Zusammenspiels auf mehreren Klavieren, J. B. LOGIER, fachlich klug ablehnend, macht LANGE den Unterricht im Klavierspiel zur Grundlage seines Konzepts allgemein musikalischer Bildung. Ihm ist *gerade das Klavier am meisten geeignet, in das Wesen der Musik, insonderheit der Harmonie, einzuführen* (LANGE 1841, S. 34). Auf diesem Instrument sind die Töne gegeben und müssen nicht erst gebildet werden. Der theoretische Unterricht (Harmonielehre und Inhaltsästhetik) wird eng mit dem Klavierspiel verbunden. Der spät einsetzende Gesangunterricht markiert LANGES Außenseiterposition im Vergleich zu den gängigen Konzepten für schulischen Gesangunterricht im 19. Jahrhundert. Er will ausdrücklich den Gesangunterricht an Schulen derart erweitern, *daß an die Stelle desselben ein umfassenderer Musikunterricht trete* (ebd., S. 2). Daher fordert er einen eigenen Musikraum, ausgestattet mit einem guten Klavier und einer Tastatur bzw. tonloser Klaviatur über 5-6 Oktaven für jeden Schüler (6-7 Jahre alt). Die Klaviaturen LANGES bieten den Fingern über eine Federvorrichtung denselben Widerstand wie die Tasten auf dem tönenden Klavier. Jede Taste ist über ein vorgebautes Notensystem, das je Notenzeichen und -name enthält, selbständig identifizierbar.

Methodisch gliedert LANGE den Klavierunterricht in drei Unterrichtsstufen: auf der ersten steht die Beschäftigung mit den Elementen der Musik über reine Praxis. Spielend werden von Anfang an kleine Musikstücke gelernt, da LANGE formalisierte Übungen ablehnt. Die zweite Stufe sieht schwerere Übungsstücke vor, um die Schüler vom Ausdruck einfacher zum Ausdruck umfassenderer musikalischer Gedanken hinzuführen. Spielt auf den ersten beiden Stufen in der Regel ein Schüler auf dem Pianoforte, damit der Lehrer das Spiel der Klasse kontrollieren kann, spielt der Lehrer auf der dritten Stufe selbst auf dem Klavier und die Schüler *fühlen den Ausdruck, welchen der Lehrer auf dem Klavier giebt, auf den Klaviaturen gleichsam nach und gehen unwillkürlich auf den Inhalt des Stückes ein* (ebd., S. 64). LANGE beginnt hier mit Klavierwerken MOZARTs, geht zu BEETHOVEN über und endet bei BERGER. „Geistvolle" klassische Vorgänger und Zeitgenossen jener Meister lässt er außerdem zu. Bei aller idealistischen Motivation lässt LANGE doch in der Stufung seines Unterrichtskonzepts Sinn für Realität erkennen.

Natürlich vermochte LANGE mit seiner Konzeption nicht, das Monopol vokalen Musizierens in der Schule zu brechen. Dies geschieht erst mit den Richtlinien KESTENBERGS in den 20er Jahren des 20. Jahrhunderts. Darin wird das instrumentale Musizieren erstmals amtlich ausdrücklich im Lehrplan verankert. Grundlegend für das Ensemblespiel im Musikunterricht der allgemein bildenden Schule sind die außerschulisch erworbenen instrumentalen und musikalischen Kompetenzen von Schülern. Eine Ausnahme bildet die Blockflöte. Die Nichtinstrumentalisten werden über Gesang und Schlagwerkspiel in das Ensemble einbezogen. Aus dem Geist der Reformpädagogik stammende Maximen betonen das Handeln und Freisetzen „schöpferischer Kräfte" im Kinde. F. JÖDE betont stets die Einheit von Singen, Musizieren auf Instrumenten und Tanzen. Elementare musikalische Sachverhalte werden aus vokaler und instrumentaler Praxis erarbeitet. Der Vorrang des Singens bleibt gleichwohl unangetastet. Die Vorstellung von gemeinschaftsbildender Kraft des Musizierens stellt das zentrale ideologische Legitimationsargument dar. Es basiert auf einer Transferhypothese, die besagt, dass sich Merkmale von Musizierformen bruchlos in entsprechende individuelle und soziale Strukturen umsetzen würden.

Die Blockflöte wird in den 20er Jahren zum bevorzugten elementaren Musikinstrument, das in den Grundschulen bis heute häufig zum Klassenmusizieren eingesetzt wird. Ideologisch aufgeladen, gilt es als ideales Volksinstrument, auf dem bevorzugt Musik aus alter Zeit historisch getreu reproduziert werden kann. Zudem ist es preiswert, problemlos transportierbar und angeblich leicht erlernbar. Die Intonationsprobleme bei chorischem Spiel sind allzu bekannt. W. SCHEUER hält Blockflöten für ungeeignet, Schülern intensiven emotionalen Ausdruck zu ermöglichen. Er plädiert für den Einsatz vielfältiger Percussioninstrumente einschließlich ORFF-Instrumentarium.

Ensemblespiel mit ORFF-Instrumenten

Nicht mehr wegzudenkende Impulse für das Ensemblespiel mit der ganzen Klasse hat CARL ORFF mit „seinem" Instrumentarium gegeben. Gemeinsam mit KARL MAENDLER entwickelt ORFF in den 20er Jahren ein „eigenes" Instrumentarium, zu dessen Grundstock Stabspiele und vielfältiges Schlagwerk gehören. Sein damit verbundenes musikpädagogisches Konzept sucht und verwirklicht eine neuartige enge Verbindung von instrumentalem Musizieren und vokalem Ausdruck. Anregungen bezieht er aus fremden Kulturen und archaischen Klangwerkzeugen. Die Integration von Sprache, Musik und Bewegung – Instrumentarium und progressiv angeordnetes Lehrwerk sind als aufeinander abgestimmte Einheit zu verstehen – erzeugt ein völlig neuartiges Verständnis von instrumentalem Musizieren. Der Zusammenklang basiert nicht auf der funktionsharmonischen Kadenz, sondern auf formelhaften Melodiewendungen, pentatonischen Skalen, kirchentonartlich geprägter modaler Melodik. Sein Ansatz bringt für Schulen finanziell erschwingliche Instrumente in die Hand der Kinder. Da sie zumeist ohne langwierige Ausbildung und zeitaufwendiges Üben spielbar sind, eignen sie sich vorzüglich für den Einsatz im Klassenunterricht. ORFFs Schulwerk zielt darauf ab, voraussetzungslos alle SchülerInnen in einen Musizier- und Improvisationslehrgang einzubeziehen.

Dies alles („primitives" Instrumentarium, Improvisation, Eigentätigkeit) lag nicht im Interesse der Nationalsozialisten. Insofern vermochten sich ORFFs Intentionen erst seit den 50er Jahren durchzusetzen. Bevorzugte Einsatzfelder sind seither: Experimentieren mit Klängen, Improvisation, Hinführung zu mittelalterlicher und neuer Musik, Mitspielen einzelner Stimmen bekannter Werke, Mitspiel- und Begleitsätze zu Liedern, Verklanglichung von Gedichten, Bildern, Geschichten, Begleiten von Bewegungen und Tänzen. Während der Einsatz im Elementar- und Primarbereich sehr anregend wirken kann, werten SekundarstufenschülerInnen das Instrumentarium mitunter als „Kinderspielzeug" ab, auf dem undiszipliniert herumgeklimpert wird. Hier wie beim Einbezug in rockmusikalisches Musizieren ist sorgfältige didaktische Planung angezeigt. Problematisch wäre die Verabsolutierung des Umgangs mit ORFF-Instrumenten und -Intentionen etwa im Primarbereich.

Gruppenimprovisation

Die Folgen der Kritik ADORNOs an der Jugendmusikbewegung führen u. a. dazu, dass Musikmachen als zentrales Aktionsfeld des Musikunterrichts in Bedrängnis gerät. Das musikalische Kunstwerk wird zum bestimmenden Gegenstand musikdidaktischer Reflexion und Skepsis gegen Laienmusizieren in der Schule breitet sich aus. Hörerziehung, Reflexion über Musik und Singen stehen zunächst im Mittelpunkt des Musikunterrichts. Erst im Zuge der Curriculum-Revision zu Beginn der 70er Jahre erhält Instrumentalspiel im Musikunterricht einen neuen Stellenwert.

An zeitgenössischer avantgardistischer Musik orientierte Klangexperimente bestimmen nunmehr die Musizierpraxis. Exploratives, experimentelles und erfahrendes Handeln mit Instrumenten sowie unterschiedliche Tonerzeugungen, Klangfarben und Spielweisen werden mit Empfehlungen für Begleitsätze zu Liedern und musikalischen Themen funktional im Zielbereich Hörerziehung angesiedelt. Handlungs- und schülerorientierte musikdidaktische Konzepte sowie produktionsdidaktische Ansätze fundieren das Ensemblespiel: Aktives Musizieren im Klassenverband ermöglicht musikbezogene Erfahrungen, deren Eigenart nicht austauschbar ist.

Auf der Suche nach möglichst weitgehender spieltechnischer und musiktheoretischer Voraussetzungslosigkeit, die als Bedingung für die Machbarkeit von Ensemblespiel im Klassenunterricht gesehen wird, erscheint das musikpädagogische Potential der Gruppenimprovisation besonders geeignet. Wenn auch zuvor verabredete „Spielregeln" notwendig sind, zeichnet sich improvisatorisches Handeln aus durch Offenheit gegenüber melodischen, rhythmischen, harmonischen, formalen oder satztechnischen Ideen. Musizieren wird als ideale Kommunikations- und Interaktionsform ohne klangliche Tabus interpretiert. Weitgehende Zielfunktionen werden mit der Improvisation verbunden: Ermöglichen spezifischer emotionaler und psychomotorischer Erlebnisse, Wecken der Musizierfreude und Beitrag zur Selbstverwirklichung, Aneignung musikalischen Basiswissens und -könnens, Vorbereitung auf Werk- und Kunstverständnis, Mittel zur Steigerung musikalischer Produktivität und musikbezogener Kreativität. Außermusikalische Ziele wie Steigerung sozialer Lernprozesse, Schaffen psychischen Ausgleichs und Beitrag zu Humanisierung und Demokratisierung seien ebenfalls kurz erwähnt.

Bei aller Begeisterung für die Vorzüge freier Gruppenimprovisation: dass musiziert wird, erhält u. U. wieder höhere Wertschätzung, als was musiziert wird. Doch bringen SchülerInnen häufig einen ziemlich fixierten Musikbegriff mit, dem die Intentionen freier Gruppenimprovisation entgegenstehen. Diskrepanzen zwischen Erwartung und realem Ergebnis aufgrund mangelnder Beherrschung von Instrumentarium und musikalischem Material können schnell ermüden. Die Vertonung von Klanggeschichten, -spielen, Bildern oder graphischen Partituren kann den Eindruck verstärken, Musik habe immer eine bestimmte Bedeutung. Die Etablierung stereotyper musikalischer Formeln erinnert häufig eher an die Arbeit des Geräuschemachers beim Film, an Illustration, textabbildliche, imitative, tonmalerische Gestik und vernachlässigt Mehrdeutigkeit, simultane Paradoxie als Mittel des Ausdrucks, das ästhetisch aus Musik und Programm hervorgehende „Dritte". Es gilt, die begrenzten eigenen Erfahrungen zu öffnen und sie durch vielfältigen Umgang mit Musik zu erweitern. Ein besonders gelungenes Beispiel sind die klassischen und neuen Modelle für schulisches Ensemblespiel von NIMCZIK und RÜDIGER (1997). Einschübe von Lehrgängen und Übung sind unverzichtbar. H. ANTHOLZ hat auf den *breiten Entscheidungsspielraum* hingewiesen, *der zwischen sach- und schülerorientiertem, zwischen überforderndem und unterforderndem, sequentiellem und fraktioniertem, reproduktivem und produktivem Üben liegt* (ANTHOLZ 1991, S. 20).

Einbezug elektronischer Tasteninstrumente

Um Schülern intensiven emotionalen Ausdruck über Musizieren mit Instrumenten zu ermöglichen, empfiehlt W. SCHEUER u. a. Lehrgänge für Percussion-, Tasten- und Blasinstrumente (SCHEUER 1988, S. 205 ff.). Formale Improvisationsformen, die sich an Patterns der Jazz-, Rock- und Popmusik orientieren, sind vielfach Grundlage des Klassenmusizierens. Die Simplizität von Rock-Popmusik (bezogen auf Spielmuster, Melodik, Harmonik, formalen Bau) erweist sich häufig als Vorzug, weil sie sich ohne lange Einweisung nachspielen und improvisieren lässt. Allerdings muss der Sound stimmen. Daher wird empfohlen, eine spezifische „Schulmusik" (TERHAG) aus Hitparaden- und Mainstream-Pop herzustellen und für ernsthaftere Lösungen AGs zu bilden.

Inzwischen hat die Musikelektronik in Form von Keyboards mit nahezu unbegrenzten Klangmöglichkeiten, Anschlagsdynamik und digitalen Soundsamplings Einzug in die Schulen gehalten. Vorzüge sind nicht von der Hand zu weisen: konstante Tonhöhe und -dauer, melodische und harmonische Spielmöglichkeit, leicht, handlich, schnell installierbar, relativ niedriger Anschaffungspreis für Klassensätze, anregende Accessoires mit neuen Möglichkeiten für computervernetztes Musizieren, Kopfhörer als Möglichkeit für individuelles Üben, Möglichkeit der Gruppierung von Instrumenten („Musidacta") und Regulierung von einem Regiepult aus. Ein Beginn ohne Vorkenntnisse ist möglich. Mit dem Spiel auf Keyboards lassen sich musiktheoretische Sachverhalte fasslich vermitteln, spielend charakteristische Merkmale unterschiedlicher Musikstile erfahrbar machen und nicht besetzbare instrumentale Stimmen eines Satzes ergänzen. Manches Lehrmaterial wirkt in seiner Anordnung allerdings schulmeisterlich kleinschrittig und entbehrt jeglicher Phantasie bzw. Förderung der Gestaltungs- und Erfindungskraft auf jeder Stufe. Hier sind die Möglichkeiten bei weitem noch nicht ausgeschöpft. Hinsichtlich des Einsatzes elektronischer Tasteninstrumente gilt wie in allen Teilbereichen des Klassenmusizierens, Einseitigkeiten zu vermeiden.

Keyboards finden ähnlich wie das ORFF-Instrumentarium oder auch selbstgebaute Instrumente Verwendung in sog. Mitspielsätzen, Play-along-Einspielungen, vereinfachten Arrangements originaler Kompositionen, Bearbeitungen und Neukompositionen für das Klassenorchester. Mit geringem spieltechnischen Aufwand lassen sich hier eindrucksvolle musikalische Ensemble-Erfahrungen machen.

In jüngster Zeit werden alle möglichen Instrumente mit aller denkbaren Heterogenität bezogen auf musikalische Disposition und Vorbildung der SchülerInnen im sog. Klassenorchester zusammengefasst. Binnendifferenzierung von Unterricht und musikalischem Material, Anpassung der Sätze an die jeweils vorhandenen Instrumente und Instrumentalisten, Vermeiden von Unter- oder Überforderung u. a. m. stellen dabei hohe Ansprüche an Planung und Durchführung solcher Ensemblearbeit. Äußerst differenzierte Musizieraufträge für die einzelnen SchülerInnen, Disziplin, Übefleiß und mitunter Geduld fundieren die stärker prozess- denn produktorientierte didaktische Funktion.

C. Resümee

Klassenübergreifendes Musizieren hat eine lange historische Tradition vorzuweisen. Ensembles unterschiedlichster Couleur repräsentieren im Rahmen von Schulkonzerten zu allen denkbaren Anlässen das jeweilige Institut. Sie fungieren meist additiv als Zugabe oder Ergänzung des Unterrichts, selten integrativ in Form eines Brückenschlags zwischen isoliertem Unterrichtsgeschehen in einzelnen Klassen (Beispiel *Plöner Musiktag*) und bilden Inseln künstlerischer Arbeit, auf denen besondere Leistungen von Orchester, Bands, AGs oder einzelnen SchülerInnen herausgestellt werden, die meist auf außerhalb der Schule erworbenen Fähigkeiten basieren (Ausnahme: Bayern).

Klassenmusizieren ist im 19. Jahrhundert vereinzelt, zu Beginn des 20. Jahrhunderts vermehrt didaktisch reflektiert und schließlich in Richtlinien und Lehrplänen verankert worden. Den Vorrang des vokalen Musizierens konnte es bis in die 70er Jahre nicht durchbrechen. Als nennenswerter Bereich des Musikunterrichts spielt Klassenmusizieren faktisch erst ab ca. Mitte der 70er Jahre eine Rolle. Seither ist eine Fülle von Vorschlägen vorgelegt worden, die es ermöglicht, nahezu jede Art von Musik im Musikunterricht praktisch musizierend zu erlernen. Vielfach wird um der Möglichkeit willen, allen SchülerInnen Musiziermöglichkeiten zu eröffnen, mit Blick auf die Verwendung sich anbietender Instrumente bei der Instrumentation satztechnisch reduziert wie auch klangästhetisch auf Stiltypik mehr oder weniger verzichtet. Hier ist gleichermaßen die Problematik didaktischer Reduktion und pädagogischer Musik angesprochen. Wenn auch Musik sich in der Schule prinzipiell verändert: Legitimationsversuche für Abkopplung und spezifizierte „Schulmusik" müssen stets mit dem Anspruch, pädagogisch verantwortlich den Kontakt zur ästhetischen Kulturschicht von Musik nicht aufzugeben, vermittelt werden.

Die inhaltliche Bandbreite des Musizierten wie auch der Musiziermöglichkeiten repräsentiert eine beträchtliche Auswahl dessen, was gegenwärtige Hörwirklichkeit ausmacht und musikalisches Bewusstsein bestimmt. Es werden Spielhaltungen musikalisch ausgestaltet, zu einer Textvorlage Melodien erfunden, Lieder und Gesangsstücke mit Begleitsätzen versehen und gespielt, Kompositionen aller Zeiten, Gattungen und Stile neu arrangiert, freie und gebundene Improvisationen bis hin zu Tonband-Collagen getätigt. Musikalische Gestaltungsarbeit mit unterschiedlichsten Klängen und Materialien, mit der Musikalität des menschlichen Körpers, mit klassischen und neuen Modellen für Improvisation akzeptiert mitgebrachte musikalische Erfahrungen von SchülerInnen und provoziert gleichzeitig weitere Erfahrungssuche im Unterricht. Mit ihr wird ein *Hervorbringungsprozeß von musikalischem Sinn* entfaltet, *der sich als gemeinsam geplantes, entwickeltes und realisiertes prägnantes musikalisches Gebilde konkretisiert* (NIMCZIK 1991, S. 36 f.).

Das schwierigste Problem ist das in der Regel erhebliche Niveaugefälle in Bezug auf technisch-instrumentales Können, ästhetische Prätentionen, aber auch Interesse, Konzentrationsfähigkeit, Beharrlichkeit, Einfühlungsvermögen und Rücksichtnahme (GÜNTHER/OTT 1984, S. 194). Ensemblespiel und Musikmachen können auf Reflexion im Unterricht ebenso wenig verzichten wie auf Fragen nach dem Grad der Rationalität ihrer (jeweiligen) didaktischen Begründung. Einbindung in musikdidaktische Konzepte (z. B. GÜNTHER/OTT/RITZEL 1982, SCHÜTZ 1991, NIMCZIK 1991 etc.) hilft blinden Aktionismus und Einseitigkeit vermeiden.

Klassenmusizieren als wichtiger Bereich musikunterrichtlicher Praxis kann weniger Ziel denn Methode sein, die – lerntheoretisch bestätigt – das Musiklernen in verschiedenen Dimensionen des Cortex und der psychischen Organisation verankert, intensiviert und mit Sinn versieht. Zugleich wird die Hörwahrnehmung sensibilisiert, die Gegen-Ständlichkeit eines Instruments erfahren und es werden Probleme der Koordination beim Ensemblemusizieren bewältigt. Beim Spiel des Klassenorchesters entsprechen gelegentlich die heterogenen Anforderungen jedes Ensemblestücks den heterogenen Fähigkeiten in der Klasse. In der Regel muss das entsprechende Stück jedoch aufwendig vom Lehrenden „zurechtdesigned" werden.

Hohe Motivation seitens der Schüler kann zwar vorausgesetzt werden, die Komplexität musikdidaktischer und praktischer Probleme stellt den Lehrenden jedoch vor schier unübersehbare Aufgaben. Hier wartet auf Forschung und Lehre noch immense Arbeit.

Literatur

AGRICOLA, M.: *Musica instrumentalis*. Wittenberg 1529

ADLER, G.: *Methodische Ansätze zur Jazzimprovisation im Klassenverband*. In: P. BÖRS/ V. SCHÜTZ (Hg.): *Musikunterricht heute. 3. Beiträge zur Praxis und Theorie*. Oldershausen 1999, S. 21 ff.

Akademie für Musikpädagogik (Hg.): *Klassenmusizieren, eine Unterrichtsdokumentation*. (Videofilm) Mainz

ANTHOLZ, H.: Pädagogische Musik im 20. Jahrhundert. Ein Paradigma musikpädagogischer Häresie? In: G. KLEINEN (Hg.): *Kind und Musik*. Laaber 1984, S. 15-29 = Musikpädagogische Forschung (AMPF), Bd. 5

ANTHOLZ, H.: *Daß das Üben nicht aus der Übung kommt! Typologische Betrachtungen zu einer schwierigen Lektion des Musikunterrichts*. In: R.-D. KRAEMER (Hg.): *Musikpädagogik. Unterricht – Forschung – Ausbildung*. Mainz 1991, S. 11 ff.

BASTIAN, H. G.: *Schüler und Musikunterricht. Neue Daten zu alten Fragen an 13-16-Jährige*. In: MuB 1/1985, S. 34 ff.

BASTIAN, H. G. (Hg.): *Schulmusiklehrer und Laienmusik. Musiklehrerausbildung vor neuen Aufgaben?* Essen 1988 = *Gegenwartsfragen der Musikpädagogik*. Schriftenreihe der Bundesfachgruppe Musikpädagogik, Bd. 2

BECK, W./FRÖHLICH, W. D.: *Musik machen – Musik verstehen. Psychologische Aspekte des handlungsorientierten Musikunterrichts im Klassenverband*. Mainz 1992

BEHRMANN, K.: *Die Blockflöte nach der Jugendmusikbewegung*. In: MuB 7-8/1972, S. 348 ff.

BENTHAUS, F./TEIGELER, R.: *Der steinige Weg von der Schüler- zur Profi-Band. Mitglieder einer Rockband berichten von ihrer Arbeit*. In: MuB 7-8/1986, S. 672 ff.

Bibliographie *Carl Orff, Orff-Schulwerk, Orff-Instrumentarium*. In: MuB 11/1969, S. 524 ff.

BLECKMANN, H./KNOLLE, N.: *MIDI-Recording und Musikunterricht – Schülerinnen und Schüler einer Sonderschule produzieren einen Blues auf dem Computer*. In: MuB 6/1989, S. 334 ff.

BÖHLE, I.: *Musikinstrumente im Zeichen der Reformpädagogischen Bewegungen*. Diss. Dortmund 1982

BÖRS, P.: *Rhythmus und Percussion üben. Möglichkeiten eines kursorischen Angebotes für SchülerInnen und LehrerInnen*. In: MuU 25/1994, S. 31 ff.

BRUGGAIER, A. u. E.: *Das Schulorchester: Anspruch und Realität. Probleme und Lösungen*. Mainz 1992

ECKHARDT, J./LÜCK, H. E.: *Das Petitum nach dem Schulmusikunterricht*. In: Das Orchester 3/1976, S. 145 ff.

ECKHARDT, R.: *Improvisation in der Musikdidaktik. Eine historiographische und systematische Untersuchung*. Augsburg 1995

ENDERS, B./FIRLA, F./PLASGER, D.: *Erfahrungen mit dem Gruppeneinsatz von elektronischen Tasteninstrumenten im Unterricht*. In: G. KLEINEN (Hg.): *Kind und Musik*. Laaber 1984, S. 316 ff. = *Musikpädagogische Forschung* (AMPF), Bd. 5

ENDERS, B./JERRENTRUP, A.: *Die Bedeutung der neuen Musiktechnologien für die Musikkultur und die Musikpädagogik*. In: H.-G. BASTIAN (Hg.) 1988, S. 233 ff.

ENDERS, B.: *Deus ex machina? Musikelektronik – eine musikpädagogische Herausforderung*. In: MuB 1/1990, S. 41 ff.

ENDHARDT, H.: *Gitarrenspiel in der Schule*. Regensburg 1989

EPSTEIN, P.: *Der Schulchor vom 16. Jahrhundert bis zur Gegenwart*. Leipzig 1929

ERNST, A.: *Üben - oder das Üben üben?* In: *Üben & Musizieren* 3/1985, S. 419 ff.

ERNST, A.: *Der instrumentale Gruppenunterricht. Ein fächerübergreifendes Projekt*. In: U. Mahlert (Hg.): *Spielen und Unterrichten. Grundlagen der Instrumentaldidaktik*. Mainz 1997, S. 248 ff.

ERWE, H.-J.: *Musizieren im Unterricht*. In: S. HELMS/R. SCHNEIDER/R. WEBER (Hg.): *Neues Lexikon der Musikpädagogik. Sachteil*. Kassel 1994, S. 202 f.

ERWE, H.-J.: *Musizieren im Unterricht*. In: S. HELMS/R. SCHNEIDER/R. WEBER (Hg.): *Kompendium der Musikpädagogik*. Kassel 1995, S. 241 ff.

EWEN, R.: *Klassik in der Schule. Methodik und Arrangements zum Klassenmusizieren.* In: *Musik in der Schule* 3/1998, S. 127-134

FIRLA, F.: *Treffpunkt Taste - Erfahrungen mit dem Gruppen-Keyboard-System.* In: MuB 2/1986, S. 96 ff.

FISCHER, H.: *Konzerte für Schüler.* In: Zentralinstitut für Erziehung und Unterricht in Berlin (Hg.): *Musikpädagogische Gegenwartsfragen. Vorträge der VI. Reichsschulmusikwoche in Dresden.* Leipzig 1928, S. 231 ff.

FRIEDEMANN, L.: *Einstiege in neue Klangbereiche durch Gruppenimprovisation.* Wien 1973

FUNK-HENNIGS, E.: *Zum Verhältnis von instrumentaler Praxis in der Jugendbewegung und der Schulmusik-erziehung.* In: S. ABEL-STRUTH (Hg.): *Jugendbewegungen und Musikpädagogik.* Mainz 1987, S. 24 ff.

GECK, M.: *Zur Didaktik des Instrumenten-Selbstbaus.* In: W. GUNDLACH (Hg.): *Handbuch Musikunterricht Grundschule.* Düsseldorf 1984, S. 133 - 137

GELLRICH, M.: *Üben.* In: CHR. RICHTER (Hg.): *Instrumental- und Vokalpädagogik.* Kassel 1993, S. 439 ff. = *Handbuch der Musikpädagogik.* Hg. von H.-CHR. SCHMIDT, Bd. 2

GIES, ST.: *Perspektiven der Computeranwendung in der Musikpädagogik.* In: MuB 6/1989, S. 328 ff.

GÖTSCH, G.: *Musikinstrumente für Jugend und Volk.* In: Ders.: *Musische Bildung,* Bd. 3. Wolfenbüttel 1956

GRAML, K./RECKZIEGEL, W.: *Die Einstellung zur Musik und zum Musikunterricht.* Mainz 1982 = *Musikpädagogik. Forschung und Lehre.* Hg. von S. ABEL-STRUTH. Bd. 6

GRIMMER, FR.: *Zwischen Ausdruck und Erkenntnis. Instrumentalspiel im Spiegel subjektiver Bedeutungen.* In: R.-D. KRAEMER (Hg.): *Musikpädagogik. Unterricht – Forschung – Ausbildung.* Mainz 1991, S. 233 ff.

GRUHN, W.: *Musik für Kinder – Kinder für Musik. Was bedeuten Kinderkonzerte für Kinder?* In: MuB 3/1988, S. 392 ff.

GRUHN, W.: *Schüler machen Konzerte.* In: MuU 20/1993, S. 4 ff.

GUNDLACH, W.: *Musikerfahrung mit Instrumenten.* Paderborn 1980

GUNDLACH, W.: *Musik mit Instrumenten.* In: S. HELMS/R. SCHNEIDER/R. WEBER (Hg.): *Handbuch des Musikunterrichts. Bd. 1: Primarstufe.* Kassel 1997, S. 115 ff.

GÜNTHER, U./OTT, TH./RITZEL, F.: *Musikunterricht 1-6.* Weinheim u. Basel 1982

GÜNTHER, U./OTT, TH.: *Musikmachen im Klassenunterricht – 10 Unterrichtsreihen aus der Praxis.* Wolfenbüttel 1984

GÜNTHER, U.: *Zur Bedeutung des Instruments in Musikerziehung und Musikunterricht.* Essen 1964

GÜNTHER, U.: *Die Schulmusikerziehung von der Kestenberg-Reform bis zum Ende des Dritten Reiches.* Neuwied 1967

HAFEN, R.: *Mini-Kompendium zum „Klassenmusizieren mit Allen".* In: P. BÖRS/V. SCHÜTZ (Hg.): *Musikunterricht heute. 3. Beiträge zur Praxis und Theorie.* Oldershausen 1999, S. 98 ff.

HELMS, G.: *Praktische Theorie. Das Klassenorchester – Mehr als nur musizieren.* In: MuB 1/1992, S. 35-39

HELMS, S.: *Das Instrument in der Musikpädagogik.* In: MuU 6/1991, S. 2-8

HÖCKNER, H.: *Jugendmusik im Landerziehungsheim.* In: F. REUSCH (Hg.): *Werkschriften der Musikanten-gilde,* H. 1. Wolfenbüttel 1926

HÖCKNER, H.: *Schülermusizieren.* In: Zentralinstitut für Erziehung und Unterricht in Berlin (Hg.): *Musikpädagogische Gegenwartsfragen. Vorträge der VI. Reichsschulmusikwoche in Dresden.* Leipzig 1928, S. 238 ff.

HÖCKNER, H.: *Grundprobleme des Schülermusizierens.* In: H. Fischer (Hg.): *Handbuch der Musikerziehung.* Berlin 1954, S. 375 ff.

HOPF H./HEISE W./HELMS S. (HG.): *Lexikon der Musikpädagogik.* Regensburg 1985. Artikel: Block-flöte/Gitarre/Instrumentenkunde/Melodica/Orff/Orgel/Synthesizer/Yamaha-Kindermusik-schulen

JANSEN, O.: *Bossa Blues. Eine Bossa Nova für das Klassenmusizieren.* In: MuB 1/1998, S. 43-45

JÖDE, F.: *Der Spielmann.* 1. Teil. Wolfenbüttel 1930

KAUTZSCH, CHR.: *Musikinstrumentenbau für ein Klassenorchester.* In: MuB 4/1982, S. 261 ff. 5, 1982, S. 343 ff. 6, 1982, S. 411 ff. 9, 1982, S. 575 ff. 1, 1983, S. 35 ff.

KELLER, W.: *Gruppenmusizieren in der Elementarstufe.* In: E. Kraus (Hg.): *Musik und Individuum.* (10. BSMW 1974) Mainz 1974, S. 128 ff.

KNOLLE, N.: *HUMAN Out und MIDI - In? Anmerkungen zur Subjektseite der Arbeit mit Computern beim Musikmachen.* In: Circulo 5/1990

KREFT, E.: *Instrumentales Musizieren in der Schule.* In: E. VALENTIN/H. HOPF (Hg.): *Neues Handbuch der Schulmusik.* Regensburg 1975, S. 157 ff.

LANGE, O.: *Die Musik als Unterrichtsgegenstand in Schulen.* Berlin 1841

LANGER, A.: *Instrumentales Ensemblemusizieren in den allgemeinbildenden Schulen der BRD bis 1990.* Diss. Frankfurt/M. 1993

MEYER, H.: *Arbeit mit Orff-Instrumenten im Musikunterricht.* Frankfurt/M. 1985

MOSER, H. J.: *Singen, Instrumentalspiel, Musiktheorie.* In: Ders. (Hg.): *Grundfragen der Schulmusik.* Leipzig und Berlin 1931

NEUHÄUSER, M. u. a.: *Musik zum Mitmachen.* (Schallplatten und Spiel-mit-Sätze) Frankfurt/M. 1982ff., Folge 1-7

NIMCZIK, O.: *Spielräume im Musikunterricht. Pädagogische Aspekte musikalischer Gestaltungsarbeit.* Frankfurt/M. etc. 1991

NIMCZIK, O./RÜDIGER, W.: *Instrumentales Ensemblespiel. Übungen und Improvisationen – klassische und neue Modelle.* Basisband und Materialband. Regensburg 1997

ORFF, C./KEETMANN, G.: *Orff-Schulwerk, Musik für Kinder.* 5 Bände. Mainz 1950-1954; FWU-Film*: Das Orff-Schulwerk.* 1959, Beiheft: W. THOMAS

PFANNENSTIEL, E.: *Instrumentalpflege im Anfang.* In: H. HÖCKNER (Hg.) 1926, S. 41-48

PRAETORIUS, M.: *Syntagma musicum, Tomus tertius* (1619). ND Leipzig 1916

RAUTENSTRAUCH, J.: *Luther und die Pflege der kirchlichen Musik in Sachsen.* Leipzig 1907

REBSCHER, G.: *Das Blockflötenspiel im Klassenunterricht.* In: *Musik im Unterricht* 6/1963

REBSCHER, G.: *Möglichkeiten des schulpraktischen Ensemblespiels mit Blechblasinstrumenten mit Musizierbeispielen von Renaissance- bis Rockmusik.* In: GIESELER, W./KLINKHAMMER, R. (Hg.): *Forschung in der Musikerziehung,* Mainz 1980

REBSCHER, G.: *Von der Schlauch-Band bis zum Jazz-Rock-Ensemble. Big Band-Musizieren in Schule und Hochschule.* In: MuB 10/1982, S. 648 ff.

RIBKE, W.: *Lernvorgänge beim Instrumentalspiel.* In: H. BRUHN/R. OERTER/H. RÖSING (Hg.): *Musikpsychologie. Ein Handbuch in Schlüsselbegriffen.* München 1985

RICHTER, CHR.: *Musizieren als Methode und Ziel des Musikunterrichts. Gedanken zu einem neuen Arbeitsbuch.* In: MuB 10/1984, S. 672 ff.

RICHTER, CHR.: *Einführung in die unterrichtspraktischen Kurse „Musizieren im Klassenunterricht".* In: K. H. EHRENFORTH (Hg.): *Spiel-Räume fürs Leben.* (17. BSMW Karlsruhe 1988) Mainz 1989, S. 40 ff. = MuB 4/1988, S. 290 ff. (Musizieren im Klassenunt. Zur Einf. in die unterrichtsprakt. Kurse ...)

RIEGER, E./VENUS, D.: *Musikmachen – der instrumentale Bereich.* In: W. GUNDLACH (Hg.): *Handbuch Musikunterricht Grundschule.* Düsseldorf 1984, S. 110 ff.

ROSCHER, W. (Hg.): *Ästhetische Erziehung – Improvisation – Musiktheater.* Hannover 1970

ROSCHER, W.: *Polyästhetische Erziehung. Klänge-Texte-Bilder-Szenen.* Köln 1976

ROSENSTENGEL, A.: *Musik mit Orff-Instrumenten.* In: MuB 1/1992, S. 58-61

RÜDIGER, W.: *„.... von einem einzigen Geist beseelt". Grundlagen des instrumentalen Ensemblespiels.* In: U. MAHLERT (Hg.): *Spielen und Unterrichten. Grundlagen der Instrumentaldidaktik.* Mainz 1997, S. 220 ff.

SCHAARSCHMIDT, H.: *Die instrumentale Gruppenimprovisation – Modelle für Unterricht und Freizeit.* Regensburg 1981

SCHEUER, W.: *Zwischen Tradition und Trend. Die Einstellung Jugendlicher zum Instrumentalspiel. Eine empirische Untersuchung.* Mainz 1988 = *Musikpädagogik. Forschung und Lehre.* Hg. von S. ABEL-STRUTH, Bd. 27

SCHIPKE, M.: *Der deutsche Schulgesang von Johann Adam Hiller bis zu den Falkschen Allgemeinen Bestimmungen (1775-1875).* Berlin 1913

SCHLODER, J.: *Instrumentales Musizieren in der Schule.* In: E. VALENTIN (Hg.): *Handbuch der Schulmusik.* Regensburg 1962, S. 213 ff.

SCHMIDT, V.: *Musik mit Stimme und Instrument.* In: S. HELMS/R. SCHNEIDER/R. WEBER (Hg.): *Handbuch des Musikunterrichts Sek. I.* Kassel 1997, S. 305 ff.

SCHOCH, R.: *Das Instrumentalspiel in der Volksschule.* In: E. KRAUS (Hg.): *Quantität und Qualität in der deutschen Musikerziehung* (5. BSMW Stuttgart 1963). Mainz 1963, S.135 ff.

SCHÜNEMANN, G.: *Geschichte der deutschen Schulmusik.* Leipzig 1928

SCHÜTZ, V.: *Zur Methodik rockmusikalischen Musizierens im Klassenverband.* In: MuB 7-8/1981, S. 464 ff., 9/1981, S. 553 ff.,10/1981, S. 627 ff.

SCHÜTZ, V.: *Musikmachen. Versuch einer didaktischen Revision.* In: W. D. LUGERT/V. SCHÜTZ (Hg.): *Aspekte gegenwärtiger Musikpädagogik. Ein Fach im Umbruch.* Stuttgart 1991, S. 182 ff.

SOSTMANN, W./SCHÄFER, H.: *Die Schüler- Big Band. Ein Leitfaden für die Praxis.* Mainz 1988

SUPPAN, W.: *Der musizierende Mensch. Eine Anthropologie der Musik.* Mainz 1984 = *Musikpädagogik. Forschung u. Lehre.* Hg. von S. ABEL-STRUTH, Bd. 10

Themenheft: *Das Instrument.* Musik und Bildung 1/1992; s. a. 10/1981 u. 4-8/1982

Themenheft: *Das Instrument.* Musik und Unterricht 6/1991

Themenheft: *Üben und Probieren.* Musik und Unterricht 25/1994

Themenheft: *Neue Technologien im Musikunterricht.* Musik und Bildung 5/1990

Themenheft: *Medien des Musikunterrichts.* Musik und Bildung 6/1990

Themenheft: *Computer und Musik.* Musik und Bildung 6/1989

TSCHACHE, H.: *Klassenmusizieren - Rückfall in musisches Tun oder Trend mit neuen didaktischen Qualitäten?* In: MuB 4/1988, S. 287 ff.

VOIGT, W.: *Die Musikpädagogik des Philanthropismus.* Diss. Halle-Wittenberg 1923

WALTER, A.: *Der Instrumental-Gruppenunterricht an den bayerischen Schulen.* In: H. FISCHER (Hg.): *Handbuch der Musikerziehung.* Berlin 1954, S. 401 ff.

WEBER, R.: *Üben und Probieren.* In: MuU 25/1994, S. 4 ff.

WEINITSCHKE, L. E.: *Orffs Instrumentarium und Schulwerk. Gedanken und Erfahrungen aus der Sicht der Schule.* In: MuB 3/1995, S. 14 ff.

WEIß, K.: *Instrumentales Musizieren mit der ganzen Klasse.* In: E. Kraus (Hg.): *Musik in einer humanen Schule.* (12. BSMW Karlsruhe 1978) Mainz 1979, S. 92 ff.

WEIß, K.: *Unterricht mit Instrumenten im Klassenverband.* In: MuU 6/1991, S. 31 ff.

WEYER, R. (Hg.): *Medienhandbuch für Musikpädagogen.* Regensburg 1989

ZENS, E.: *Musik zum Mitmachen. Folge 4: Spiel-mit-Sätze.* Frankfurt/M. 1988

ZILCH, J.: *Materialien zur Arbeit mit dem Schulorchester.* In: S. HELMS/H. HOPF/E. VALENTIN (Hg.): *Handbuch der Schulmusik.* Regensburg (3. völlig neu bearb. Aufl.) 1985, S. 253 ff.

Zur Geschichte des Ensemblespiels in der Musikschule

Einleitung

In Deutschland gibt es ca. 1000 öffentliche Musikschulen, also nichtkommerzielle, öffentliche musikalische Ausbildungsinstitutionen, die nach dem Strukturplan des Verbandes deutscher Musikschulen (VdM 1998) aufgebaut und in der Regel Mitglied dieses Verbandes sind. Dies ist das Ergebnis einer 80-jährigen Entwicklung, bei welcher die Förderung und Pflege des Ensemblespiels eine entscheidende Rolle spielte. Die ersten Musikschulen, die den heutigen öffentlichen Musikschulen vergleichbar sind, entstanden in den 1920er Jahren auf Initiative der Jugendmusikbewegung. Leitgedanke der großen Jugendbewegung, die um die Jahrhundertwende in Deutschland entstand, war das Ideal der Gemeinsamkeit, des gemeinsamen Tuns. Die Jugendmusikbewegung als Teil der Jugendbewegung setzte dieses Ideal im musikalischen Bereich um durch Anregung und Aufforderung zu gemeinsamem Singen und Musizieren. Um das Niveau insbesondere der Leiter dieses Laienmusizierens zu erhöhen, wurden die ersten Musikschulen gegründet. Die wichtigsten Unterschiede zwischen dem neuen Musikschulunterricht und dem Privat- und Konservatoriumsunterricht waren die Einführung von instrumentalem Gruppenunterricht und vor allem das gemeinsame Musizieren. Die Geschichte des Ensemblespiels in der Musikschule ist somit engstens verbunden mit der Geschichte der Institution Musikschule selbst, da diese aus dem Gedanken des gemeinsamen Musizierens heraus geboren wurde.

Haben sich im Laufe der Entwicklung der Musikschulen die Prioritäten zwischen den Aufgabenbereichen immer wieder verschoben, so blieb doch das Ensemblespiel bis heute eines der Standbeine und Kennzeichen der Musikschularbeit. Instrumentale und vokale Musiziergruppen und Ensembles auf allen Leistungsstufen gehören zur Grundstruktur der Musikschule von Beginn an bis heute. Sie bilden das verbindende Arbeitsfeld zum allgemeinen Musikleben und müssen als sinnvolle Erfüllung und wichtiges Ziel des musikalischen Lernens und Übens angesehen werden (TRÄDER 1979, S. 143).

1. Der Begriff des Ensembles

Im Bereich der Musik (außerhalb der Oper) versteht man unter einem Ensemble (frz., zusammen, miteinander; das Zusammenwirken) eine Gruppe von gemeinsam Musizierenden bzw. Singenden, häufig zahlenmäßig kleiner als ein Orchester bzw. Chor. Steht einem Ensemble kein Dirigent vor, sind alle Mitglieder gleichberechtigt. Falls ein Leiter vorhanden ist, ist dieser ein sich durch Kompetenz auszeichnender Teil des Ensembles, der selber mitmusizieren oder mitsingen kann.

Verstand man früher unter einem Ensemble eher eine traditionelle kammermusikalische Gruppierung wie ein Streichquartett, ein Klaviertrio, ein Ensemble für Alte Musik, ein Vokalensemble usw., so hat der Begriff in den letzten beiden Jahrzehnten eine wesentliche Erweiterung erfahren (MEHLIG 1994, S. 7). Heute werden im Musikschulbereich auch Gruppen gleicher Instrumente, ungewöhnlicher Kleinbesetzungen und Musikergemeinschaften aus dem Unterhaltungsmusik-, Volksmusik-, Folklore-, Jazz-, Rock- und Popbereich (wie z. B. Bigband, Rockband, Combo) als Ensemble bezeichnet.

2. Funktionen des Ensemblespiels in der Musikschule

Als eine ihrer Hauptaufgaben betrachten die Musikschulen seit jeher die möglichst weite Verbreitung und Verankerung der Musikpflege in der Bevölkerung und die *Heranbildung des Nachwuchses für das Laien- und Liebhabermusizieren* (Strukturplan des VdM von 1973 und 1998). Dies bedeutet, dass Ziel des Musikschulunterrichts für einen Großteil der Schüler der Erwerb der erforderlichen technischen und musikalischen Kenntnisse und Fertigkeiten für das Mitwirken in einem Ensemble ist. Somit stellt das Ensemblemusizieren neben anderen Lernzielen den wesentlichen Sinn und Zweck des Vokal- und Instrumentalunterrichts dar (RICHTER 1993); Musikunterweisung und Musikausübung ist von Beginn an Kern des Musikschulkonzepts (JÖDE 1924).

Die Möglichkeit der Mitwirkung in einem Ensemble, der Wunsch, mit anderen zusammen Musik zu machen, ist für viele Schüler Hauptmotivationsgrund zum Erlernen eines Instrumentes (STUMME 1975, S. 17). Das Spiel in Musiziergruppen erfüllt viele weitere wichtige Funktionen in der pädagogischen Arbeit der Musikschulen: das praktische Musizieren ist die unverzichtbare Ergänzung des Instrumentalunterrichts. Es findet in einem freien Raum statt, der von keinerlei Lehrplänen oder sonstigen Vorgaben eingeengt wird; hier können sich gruppendynamische Prozesse und musikalische Entwicklungen frei entfalten. Für den Bereich des Laienmusizierens wird das Zusammenspiel und das Aufeinander-Hören geübt; damit hat das Ensemblespiel eine stark praxisorientierte Zielsetzung und trägt zur langfristigen Motivationsverstärkung für individuelles Lernen und Üben bei. Der Instrumentalunterricht soll somit in enger Verbindung und Abstimmung mit dem Ensemblespiel stehen.

Dem Wunsch nach Kommunikation und sozialen Kontakten mit Gleichaltrigen und/oder Gleichgesinnten kommt das Ensemblespiel ebenfalls in idealer Weise entgegen. Das Sicheinordnen jedes Einzelnen in eine Gemeinschaft beim Musizieren, das Sichausdrücken, das nicht egoistisch gedachte Einbringen der eigenen Leistung in die Gemeinschaftsleistung sowie Toleranz gegenüber anderen (schwächeren) Mitspielern kann zu fruchtbaren Prozessen sozialen Lernens führen. Dem musikalischen Lernen allgemein werden positive Transfereffekte nachgesagt wie z. B. Förderung der Kreativität und Intelligenz, Unterstützung der Entwicklung der Persönlichkeit sowie kognitiver Fähigkeiten wie Konzentrationsfähigkeit, Merkfähigkeit, Gestaltungs- und Vorstellungskraft, Durchhaltevermögen und manuelle Geschicklichkeit (BASTIAN 2000); diese Transfereffekte lassen sich auf das Ensemblemusizieren übertragen.

Die verschiedenen Ensembles sind Aushängeschilder der Musikschulen. Durch ihre Auftritte kann die Breitenarbeit der Musikschulen besser in der Öffentlichkeit vorgestellt werden als durch solistische Auftritte weniger Spitzenschüler. Die Musikschule kann so ihre finanzielle Förderung durch die öffentliche Hand rechtfertigen und begründen, denn im Ensemblespiel erweitert sich eine individuelle fachliche Ausbildung zur gesellschaftlichen Funktion, die der Allgemeinheit dargestellt werden kann. Verschieden gelagerte Schwerpunkte tragen zum Profil jeder einzelnen Musikschule bei. Ensemblearbeit ist auch in besonderer Weise geeignet zur Zusammenarbeit mit allgemeinbildenden Schulen sowie den örtlichen Laienmusikvereinigungen.

3. Ensemblespiel in den Musikschulen der Jugendbewegung in der Weimarer Republik

Die ersten Institute, die unseren heutigen Musikschulen vergleichbar sind, entstehen auf Initiative von FRITZ JÖDE, einem führenden Vertreter der Jugendmusikbewegung, in Berlin-Charlottenburg (1923) und Hamburg (1923); weitere Gründungen folgen 1925 in Berlin (Volksmusikschule der Musikantengilde), Magdeburg und Dortmund. Diese Musikschulen stellen im Gegensatz zu den Konservatorien und zum Privatunterricht nicht die technische Perfektion am Instrument in den Mittelpunkt. Das vokale und instrumentale Angebot an Einzel- und Gruppenunterricht ist auf die nicht professionelle tätige Musikausübung in der Gemeinschaft, auf das Zusammenspiel in Gruppen und Ensembles ausgerichtet. So sollen neben einer starken Betonung des Singens insbesondere „ensemblefähige" Instrumente wie *Streichinstrumente, Flöte und Laute* erlernt werden, denn es soll hauptsächlich *vokales und instrumentales Zusammenmusizieren in kleineren und größeren Gruppen gepflegt* (Statut der Jugendmusikschule in Charlottenburg, abgedruckt in HEMMING 1977, S. 60 ff.) werden. Entsprechend gehören offene Singstunden, Stimmbildungsgruppen, Chorsingen, Instrumentalgruppen nach verschiedenen technischen Anforderungen gestuft, insbesondere Blockflötengruppen sowie gemischte instrumental-vokale Ensembles zum Grundangebot der Musikschule. Die starke Betonung des nicht professionellen umgangsmäßigen Singens und Zusammenspiels führt zu einer Vernachlässigung technischer und kognitiver Aufgaben des Musiklernens. Das nur sehr bedingt als Ensembleinstrument einsatzfähige Klavier wird häufig nicht in den Fächerkanon des Instrumentalunterrichts aufgenommen und bleibt Domäne des Privatunterrichts.

„Dem Willen einer Gemeinschaftsbewegung entsprungen, ist es natürlich, daß die Volksmusikschule solche Instrumente bevorzugt, die dem gemeinsamen Musizieren in erster Linie dienen könnten. So scheidet das Klavier zunächst aus. Dagegen lassen sich fast alle anderen, im heutigen Orchester gebräuchlichen Instrumente leicht mit dem Singchor in Verbindung bringen. [...] Ist dieses Zusammenmusizieren doch auch das eigentliche Ziel, welches Art und Charakter des Einzel-Instrumentalunterrichtes bestimmt." (TWITTENHOFF 1929)

Die ersten Musikschulen werden gegründet zur Verwirklichung des Hauptziels und Ideals der Jugendbewegung im musikalischen Bereich, dem Erleben von Gemeinschaft durch Singen und Musizieren in der Gruppe. Sie sollen Stätten der Pflege von Gemeinsamkeit und Kameradschaft sein, wo wie in alten Zeiten (Verklärung und Sehnsucht nach der Vergangenheit ist ebenfalls ein Grundzug der Jugendbewegung) von Jung und Alt ohne Standesunterschiede gemeinsam traditionelles Volks- und Kulturgut gepflegt wird. Diese Musikschulen können damit als *Institutionalisierung der Jugendmusikbewegung* verstanden werden (LORITZ 1998, S. 51). Ensemblespiel und Chorsingen unter Hintanstellung musikalisch-künstlerischer und kognitiver Aspekte des Musiklernens sind damit Sinn und Zweck der Musikschularbeit; das Erleben von Gemeinschaft durch Musizieren wird über das Erleben und Verstehen jedes Einzelnen von Musik als Kunst gestellt.

4. Ensemblespiel in den Musikschulen für Jugend und Volk im Dritten Reich

Im Dritten Reich werden zahlreiche neue Musikschulen gegründet; sie werden organisatorisch in die hierarchisch geordneten musikalischen Schulungsformen der nationalsozialistischen Jugendorganisationen einbezogen, denn das gemeinsame Musizieren und besonders das Singen gehört zu den Grundlagen nationalsozialistischer Erziehungsarbeit. An den Musikschulen wird Vokal- und Instrumentalunterricht erteilt, und besonders begabte Jungen und Mädchen werden zu „Singwarten und Singwartinnen" sowie zu „Spielscharführern" für die Hitlerjugend ausgebildet. Gemäß des Planes der Nationalsozialisten fällt den Musikschulen die Aufgabe zu, die gesamte außerschulische Musikausbildung zu übernehmen und den nur schwer kontrollierbaren privaten Musikunterricht zu ersetzen. Über die Musikschulen glauben die Machthaber des Dritten Reichs den weiten Bereich des Laienmusizierens organisatorisch und ideologisch beeinflussen zu können, denn Musik kann zur politischen Indoktrination wirkungsvoll eingesetzt werden. Insbesondere über gesungene Texte in der Vokalmusik lässt sich ihre Ideologie in sehr effektiver Weise verbreiten. Das Musikschulkonzept FRITZ JÖDEs wird weitgehend übernommen. Grundlage der musikpädagogischen Arbeit soll das Singen in der Gemeinschaft sein, allerdings ideologisch akzentuiert. Das Unterrichtsangebot basiert auf dem Singen von Volksliedern in Singklassen von 20 bis 30 Schülern, zunächst einstimmig, später auch mehrstimmig. Darüber hinaus wird eine individuelle Instrumental- und Vokalausbildung im Einzel- und Gruppenunterricht (3-6 Schüler) sowie das gemeinsame Singen und Musizieren in Chören, Ensembles und Orchestern angeboten.

Die nationalsozialistische Ideologie beherrscht die Musikschularbeit von 1933 bis 1945; Musikerziehung wird nicht als Wert an sich gesehen, sondern immer funktional zur Erziehung des „nationalsozialistischen Menschen". Das gemeinsame Singen und Musizieren ist in erster Linie Mittel zur Erzeugung eines Gemeinschafts- oder Wir-Gefühls und weniger eine musikalisch-künstlerische Tätigkeit zur Realisierung und Darstellung von Musik. Die Musikschule ist hauptsächlich

„kulturelle Schulungsstätte im Dienste der Musikerziehung der Hitler-Jugend au-ßerhalb von Schule und Elternhaus. Sie knüpft an die Grundausbildung in der Schule an, erweitert sie im Sinne der Musikerziehung der Hitler-Jugend und bildet damit die Grundlage einer planmäßigen Musikarbeit in der Hitler-Jugend." (STUMME 1939, ²1944)

5. Neue Musikschulen in den 1950er und 1960er Jahren

Nach dem Ende des Zweiten Weltkriegs nehmen bereits vor 1950 einige Musik-schulen unter äußerst schwierigen Bedingungen ihre Arbeit wieder auf. Ab 1950 wird die Forderung nach neuen Musikschulen immer lauter, insbesondere von Vertretern der früheren Musikschulen und der Jugendmusikbewegung (HEMMING 1977, S. 168 ff.). Wie im gesamten Bildungswesen versucht man auch im Musikschulbereich dort anzuknüpfen, wo man vor 1933 vermeintlich stehen geblieben war. Musikschulen sollen Institutionen sein, die ihre Hauptaufgabe in der außerschulischen elementaren Musikerziehung, einer weiterführenden Musikunterweisung und Musikübung durch Singen in Klassen, Musiklehre und Rhythmik in Gruppen, Instrumentalunterricht in Gruppen sowie dem Mu-sizieren in Sing- und Spielkreisen in vielfältiger Besetzung sehen und die mit finanzieller Unterstützung der öffentlichen Hand arbeiten. Alle Lernenden sol-len *möglichst frühzeitig zu gemeinschaftlich musizierenden Spielgruppen zusammen-geführt werden* (TWITTENHOFF und SCHERBER 1956, S. 7-8). Bereits 1952 wird der „Verband der Jugend- und Volksmusikschulen e. V." (vgl. HEMMING 1977, S. 196 f.) gegründet, der 1966 umbenannt wird in „Verband deutscher Musik-schulen e. V." (VdM).

1957 werden vom Verband Richtlinien für die Mitgliedschaft erlassen (ab-gedruckt in HEMMING 1977, S. 218 f.), um eine einheitliche Entwicklung des Musikschulwesens in der Bundesrepublik einzuleiten. Zur Verwirklichung die-ses Ziels ist entscheidend einerseits ein Strukturplan, der eine gemeinsame or-ganisatorische Grundlage für alle Musikschulen bildet, sowie andererseits ein Lehrplanwerk für eine einheitliche pädagogische Konzeption. Seit 1961 wird ein *Strukturplan* ausgearbeitet, der ab 1970 für alle Mitgliedsschulen verbindlich ist. Er sieht eine strukturelle Gliederung der Musikschulen in Grundstufe (Mu-sikalische Früherziehung und Grundausbildung) sowie Unter-, Mittel- und Oberstufe (Gruppen- oder Einzelunterricht im Instrument) vor. Dieser Unter-richt wird als Hauptfach bezeichnet; hinzu kommen die sog. Ergänzungsfächer, denen auch das Ensemblespiel zugerechnet wird – ein Terminus, der dem tat-sächlichen Rang nicht entspricht und der im neuen Strukturplan (1998) auch nicht mehr verwendet wird. In der Unter-, Mittel- und Oberstufe sollen Instru-mental- und Ensembleunterricht untrennbar zusammengehören und sich ge-genseitig ergänzen; für alle Schüler ist die Teilnahme an einem Ergänzungsfach verbindlich. In den 1960er Jahren wird ein *Lehrplanwerk* (1969 vom VdM heraus-gegeben) für alle an den Musikschulen unterrichteten Fächern entwickelt. Als Aufgabe der Musikschule wird genannt,

„interessierte Kinder, Jugendliche und Erwachsene zu eigenem Musizieren anzure-gen, einen speziellen Fachunterricht in Musik anzubieten und damit die Möglichkeit zu

eröffnen, am Musizieren auch in der Gemeinschaft [...] teilzunehmen. Im Rahmen der Ausbildung der Schüler in der Musikschule ist es daher wichtig, neben dem instrumentalen oder vokalen Hauptfach ein Ensemble- oder Ergänzungsfach zu besuchen, in dem die gewonnenen Kenntnisse und Fertigkeiten eingesetzt, erweitert und vertieft werden." (VdM 1969)

Als Ziele des Musikschulunterrichts werden genannt: einerseits die Freude am Musizieren zu wecken, andererseits technisch, musikalisch und stilistisch einem gehobenen Leistungsanspruch zu entsprechen. Musizieren ohne Leistung ist ein Widerspruch in sich: Jedes Musizieren ist mit einer mehrfach differenzierten Leistung verbunden. Angesichts täglich zu hörender perfektionierter Leistungen erhöht sich auch der Eigenanspruch an Können und geschultem Geschmack. (VdM 1969) Mit der Aufnahme des Leistungsprinzips in den Instrumentalunterricht übernimmt die Musikschule Aufgaben, die früher dem Privatunterricht vorbehalten waren; die didaktischen Konzepte nähern sich bis zur Identität an. An der Musikschule soll aber zusätzlich jeder Instrumentalschüler in einem Ensemble mitwirken. Die Ergänzungsfächer sind Bestandteil des Unterrichts einer Musikschule. Die Teilnahme [...] ist daher verbindlich. (VdM 1973)

Die Umsetzung des Lehrplanwerkes und des Strukturplanes bedeutet die Wandlung von der „jugendbewegten" zur „neuen" Musikschule und dauert bis weit in die 1970er Jahre. Der konzeptionelle Wandel zeigt sich daran, daß Instrumentalspiel nicht vorrangig dem Gemeinschaftsmusizieren dient, sondern instrumentale Ausbildung und Ensemble-Musizieren gleichbedeutend erscheinen (ABEL-STRUTH 1977, Sp. 1328). An folgenden Aspekten lässt sich der inhaltliche Wandel ablesen: das Übergewicht des Singens wird abgebaut, das Klavier im Kanon der Instrumente etabliert und eine musische Erziehung durch eine konsequente musikalisch-künstlerische Förderung ersetzt. Für das Ensemblespiel bedeutet dies, dass nicht mehr das gemeinsame Singen und Musizieren als Wert an sich, sondern eine umfassende musikalische Ausbildung, zu welcher Ensemble musizieren und Chorsingen genauso gehören wie ein qualifizierter Instrumentalunterricht, zum obersten Ziel der Musikschularbeit wird. ADORNOs Kritik am künstlerisch anspruchslosen, munter singenden und spielenden Musikanten führt durch stärkere Orientierung an künstlerischen Maßstäben zu höheren musikalisch-künstlerischen Ansprüchen auch im Ensemblespiel an der Musikschule. Bedingung für die Mitwirkung in einem Ensemble ist in der Regel die Aufnahme von Instrumentalunterricht, wo sich der Schüler musikalische und technische Kenntnisse und Fertigkeiten aneignen muss. Gleichzeitig soll aber jeder Instrumentalschüler in einem Ensemble mitwirken; eine qualifizierte Ensemblearbeit beruht auf einem breit gefächerten Angebot an Instrumentalunterricht.

6. Neue Strömungen in den 1970er, 1980er und 1990er Jahren

Die wesentlichen neuen Merkmale der modernen Musikschule sind Lebendigkeit und Aktivität nach außen sowie Offenheit bezüglich neuer Zielgruppen und Musikstile. Musikschulen bauen Brücken – das Motto des Kongresses 1989 in Aachen weist ganz besonders in Richtung Ensemblespiel.

„Musikschulen wollen ihren Schülern die Fertigkeit vermitteln, ein Instrument zu spielen. Sie wollen aber auch mehr: Die Schüler dazu anleiten, gemeinsam mit anderen ihr Instrument im Ensemble einzusetzen. [...] Sie leisten einen Beitrag zum sozialen und kulturellen Leben in den Familien und in den Kommunen. Musikschulen tragen dazu bei, das musikalische Erbe zu erhalten. Sie öffnen sich aber auch immer stärker für populäre musikalische Stile und für benachbarte künstlerische Sparten." (MEHLIG 1990, S. 13)

Dies bedeutet konkret:

- Möglichst vielen Instrumentalschülern werden Angebote eröffnet, je nach Interesse und Neigung in verschiedenartigsten, auch ungewöhnlichen Ensembles zu musizieren.
- Ensemblespiel an der Musikschule hat eine soziale und gesellschaftliche Relevanz: Jung und Alt, Kinder, Jugendliche, Erwachsene und Senioren, Kinder aus deutschen und ausländischen Familien musizieren gemeinsam.
- Eine partnerschaftliche Zusammenarbeit mit Ensembles und Vereinen der Laienmusik sowie anderen Künsten wird eröffnet.

Die Wichtigkeit der Ensemblearbeit zum Erreichen dieser Ziele wird unterstrichen durch den Musikschulkongress 1977 in Augsburg, welcher *Das Ensemble in der instrumentalen und vokalen Ausbildung an Musikschulen* zum Thema hat. Die Ensemblearbeit wird als Sinn und Ziel der Musikschularbeit gesehen. Der Kongress 1993 in Braunschweig nimmt diesen Themenbereich ebenfalls auf; er steht unter dem Motto *Gemeinsam musizieren. Wege aus der Vereinzelung*, womit der VdM auf die jugendbildnerischen, familien-, gesellschafts- und sozialpolitischen Aufgabenstellungen hinweisen will. Gemeinsam zu musizieren ist eine große Chance, der ständig zunehmenden Tendenz zur Vereinzelung der Menschen zu begegnen (V. GUTZEIT 1993a, b).

Die Öffnung der Musikschule wird allmählich deutlich in folgenden Bereichen:

- Musikschulen öffnen sich in verstärktem Maße Erwachsenen und Senioren. Die durch das gemeinsame Musizieren in Ensembles der Musikschule entstehenden menschlichen Kontakte und Treffen sind besonders für Senioren wichtig. Dadurch wird für sie Einsamkeit und Isolation verhindert. Die älteren Menschen können ihre musikalischen Fähigkeiten in die musizierende Gemeinschaft einbringen; dies gibt ihnen Lebensperspektiven und Lebenssinn. Musikschulen übernehmen damit besonders im Bereich von Großstädten die Aufgabe von Musik- und Gesangvereinen.
- Die Arbeit mit Behinderten, auch das gemeinsame Ensemblespiel mit Nichtbehinderten wird in das Angebotsprogramm aufgenommen.
- Mutter-Kind-Gruppen ermöglichen bereits Kindern ab zwei Jahren gemeinsam mit ihren Müttern/Vätern eine aktive musikalische Betätigung.
- Allmählich dringen auch neue Musikarten wie Jazz (Lehrplan für das Ensemblefach Jazz erscheint 1993), Beat und Pop und damit auch elektronische Instrumente in die Musikschule ein (STUMME 1975, S. 11 ff.). Da diese Musik in erster Linie in Gruppen oder Bands musiziert wird und weniger Gegenstand musikalischer Reflexion ist, öffnen sich Musikschulen insbesondere im Bereich des Ensemblespiels schneller dieser Musik, als dies die Musikpädagogik in der Schule tut. Auf beiden Seiten werden Berührungs-

ängste abgebaut: Musikschulen erweitern den engen traditionellen, akademisch-elitären Musikbegriff, und Jugendliche akzeptieren eine kommunale Institution als Ort, wo sie ihre oft als Protest gegen die herrschende Gesellschaft und Kultur verstandene Musik leben und ausüben können. Insbesondere im U-Musikbereich herrscht heute eine große Vielfalt von Ensembleformen. Fast jede Musikschule hält Angebote aus diesem Bereich bereit.

- Öffnung zu Nachbarkünsten wie Tanz, Ballett, Theater, bildende Kunst. So liegt im Rahmen der Ergänzungsfächer ein Lehrplan für *Musik und Bewegung/Tanz* vor.

Für die Ensemblefächer werden nach und nach *Lehrpläne* erstellt, einerseits für Singgruppen und Chöre, andererseits für instrumentales Zusammenspiel (Kammermusik, Orchester, Jazz). Im vokalen Bereich wird empfohlen, bereits in der Musikalischen Früherziehung mit systematischer Stimmbildung zu beginnen, so dass eine kontinuierliche Weiterführung der Chorarbeit über Vorchor, Kinderchor zum Jugendchor möglich ist. Im instrumentalen Gebiet werden drei Möglichkeiten des komplexen Gebildes Ensemblemusizieren genannt: chorisches Zusammenspiel, solistisches Zusammenspiel und Sondergruppen (s. u.). Ausdrücklich wird auf die unterschiedlichen Leistungsstufen (Unter-, Mittel- und Oberstufe) und auf vielfältigste Möglichkeiten der Ensemblebildung hingewiesen.

Ensemblefächer sollen den Hauptfachunterricht durch solche Inhalte ergänzen, die dieser nicht oder nur unzureichend vermitteln kann (VdM 1996). Als *wichtigste Lernziele des Ensemblespiels* werden heute gesehen eine zusätzliche Motivierung der Schüler, Spielpraxis, Auftrittserfahrung, das Sammeln von Erfahrungen im Zusammenspiel, das Hören und flexible Reagieren auf die Mitspieler, Anpassungsvermögen, das Achten auf den Dirigenten bzw. Leiter oder Stimmführer, Genauigkeit im Zusammenspiel, eine rhythmische Schulung, Intonationssicherheit durch Schulung des Gehörs, Temposicherheit, harmonisches und melodisches Empfinden und Entwickeln von Ausdruckskraft, richtiges Phrasieren, ausgewogene Dynamik, Herausarbeiten von Haupt- und Nebenstimmen, differenzierte Artikulation, Agogik, Sinn für Klangfarben entwickeln, musikalische Gestaltung, ein Musikstück als Ganzes erkennen, Kennenlernen von Literatur aus verschiedenen Epochen und dadurch Ausprägung eines Klang- und Stilgefühls. Als außermusikalische Lernziele werden genannt Konzentration, Selbstdisziplin, Pünktlichkeit, Zuverlässigkeit, Fähigkeit zur Zusammenarbeit über einen längeren Zeitraum, Förderung von Sozialkompetenz, gemeinsames Tun und Gestalten, Verantwortung des Einzelnen gegenüber einem Ganzen, Kameradschaft bzw. Freundschaft, Kommunikation von Schülern unterschiedlichen Alters, Geschlechts und sozialer Herkunft.

Als Folge der allgemeinen Individualisierung in unserer heutigen Gesellschaft ist bei einem Teil der Schüler, insbesondere bei Erwachsenen, eine gewisse Angst vor der Mitwirkung in einem festen Ensemble zu spüren, denn dies bedeutet eine Bindung und Verpflichtung zum regelmäßigen Probenbesuch über einen längeren Zeitraum. Ein überreiches Freizeitangebot kann zu einer kontinuierlichen oder abrupten Verschiebung von Neigungen und Interessen führen, welchem das Eingebundensein in ein Ensemble im Weg stehen kann.

Als Konsequenz aus dieser Erfahrung gehen Musikschulen teilweise dazu über, vermehrt *Projekte, Kurse und Workshops* anzubieten (RÖBKE 1992, S. 42). Hierunter versteht man zeitlich begrenzte und inhaltlich abgeschlossene musikpädagogische Angebote, deren Zielgruppen (neben den eigenen Schülern bisher nicht erreichte, externe Musikinteressierte), Inhalte und Organisationsformen sehr verschieden sein können und Raum für „außerordentliche" Aktivitäten der Musikschule erschließen. Projekte sollen ein flexibles Eingehen der Musikschule auf vorhandene oder erzeugte Nachfrage nach pädagogisch-fachlich geleiteter Musikübung in der Gruppe ermöglichen (VdM 1997).

7. Stellenwert des Ensemblespiels in der heutigen Musikschule

Ensemblespiel bzw. das gemeinsame Musizieren in der Gruppe gehört heute untrennbar zur Musikschule. Nach wie vor ist es eine Hauptaufgabe der Musikschule und ein Hauptziel der musikpädagogischen Bemühungen, Kinder, Jugendliche und auch Erwachsene zum gemeinsamen Musizieren zu qualifizieren. Jeder Schüler soll in einem Ensemble mitwirken, da ansonsten die wesentliche Zielsetzung der Musikschule nicht gewährleistet ist (EICKER 1994, S. 20). Der instrumentale Hauptfachunterricht wird viel weniger als Selbstzweck und viel eher als eine Voraussetzung gesehen, damit die Schüler im Ensemble gemeinsam miteinander musizieren können (V. GUTZEIT 1993a). In der Realität lässt sich für die Musikschule, deren Besuch freiwillig ist, eine Verpflichtung aller Schüler zum Ensemblespiel meist nicht durchführen. Auch aus finanziellen Gründen können nicht genügend Ensemblefachangebote gemacht werden, denn diese Deputatsstunden der Lehrer müssen in der Regel ohne zusätzliche Unterrichtsgebühr der Schüler vom Schulträger voll finanziert werden. Beim Ensembleunterricht handelt es sich um ein kostenloses Angebot, das von interessierten Schülern gern angenommen wird.

Nach dem aktuellen Strukturplan (1998) des Verbandes deutscher Musikschulen gehört eine Vielzahl vokaler und instrumentaler Ensembles unterschiedlicher Besetzungen und stilistischer Prägungen zum verbindlichen Unterrichtsangebot der Musikschule.

„Ensemblefächer sind ein integraler Bestandteil des Unterrichtskonzepts der Musikschule, und zwar in allen Leistungsstufen. Das Zusammenspiel muß in seinen Techniken und Regeln ebenso erlernt und geübt werden wie das Instrumentalspiel und Singen selbst. [...] Kontinuierliche Ensemblearbeit bildet daher an der Musikschule mit dem Unterricht im Instrumental- bzw. Vokalfach eine aufeinander abgestimmte Kombination und Einheit [...und...] stellt ein besonderes Merkmal der Musikschularbeit dar." (VdM 1998)

Bei der Gründung von Ensembles sind zahlreiche *personelle, finanzielle und organisatorische Probleme* zu bedenken: Ist eine geeignete Lehrkraft vorhanden, die menschlich, pädagogisch und fachlich für die Leitungsfunktion qualifiziert ist? Ist diese Lehrkraft gewillt, den überdurchschnittlichen zeitlichen Aufwand für die Vorbereitung und Durchführung von Ensemblestunden sowie für Auftritte zu erbringen? Ist die Gruppe so homogen zusammengesetzt, dass mit einem die Schüler motivierenden Arbeitsklima gerechnet werden kann (Alter,

Interessen, Leistungsstand)? Sind die teilnehmenden Schüler bereit, ein zweites Mal pro Woche in die Musikschule zu kommen? Ist das Ensembleangebot mit anderen Schulen und Musikvereinigungen abgestimmt, so dass keine örtliche Konkurrenzsituation entsteht? Steht ein geeigneter Raum für die Proben zur Verfügung? Gibt es für die Besetzung geeignete Literatur bzw. kann der Leiter entsprechende Arrangements erstellen? Sind vom Schulträger Mittel zur Finanzierung vorhanden?

An der modernen, offenen Musikschule bestehen *Ensembles der verschiedensten Art*. Traditionelle Zielvorstellungen aus der klassischen Musik oder der Volksmusik lassen sich auf eine Vielzahl der Musiziergruppen nicht mehr übertragen. Die heutige musikalische Wirklichkeit ist geprägt von einer Vielfalt der Phänomene, die in der Musik nebeneinander gesehen werden müssen und die nicht mehr in einer Wertehierarchie zu fassen sind. Entsprechend hat sich die Spannweite der Musikschularbeit kontinuierlich erweitert. Musikschulen bilden heute vielfach ein Dach, unter welchem sich Jugendliche ihrer musikalischen „Subkultur" und ihrer Experimentierfreudigkeit widmen können. Hier bieten sich den Musikschulen auch in Zukunft große Entwicklungsfelder und die Chance einer weiteren Öffnung und Erschließung neuer Schülerkreise. Musikschulen öffnen sich seit vielen Jahren nach allen Seiten; sie sind Vorreiter im Abbau von Vorurteilen gegenüber bestimmten musikalischen Erscheinungsformen; sie sollten jeder pädagogisch sinnvollen Musikausübung Raum bieten und dem freizeitlichen Unterhaltungsbedürfnis Rechnung tragen. Somit erfüllen Musikschulen eine ihrer Hauptaufgaben, Laienmusiker in allen musikalischen Bereichen qualifiziert auszubilden und ihnen Möglichkeiten für eine gemeinsame Musikausübung zu geben. Je bunter und reichhaltiger das Angebot an Ensembles bei gleichzeitiger Forderung nach Qualität und Anspruch ist – die Anwesenheit eines ausgebildeten Lehrers als Ratgeber und Leiter bürgt für den Qualitätsanspruch, der für jegliche Musikschularbeit zu fordern ist –, um so besser erfüllt die Musikschule ihre öffentliche Aufgabe als Angebotsschule für alle musikalischen Bereiche und alle gesellschaftlichen Schichten. Die vielfältigen Ensembleformen an der Musikschule stellen seit Jahren ein Abbild der jeweils aktuellen musikalischen Praxis und Musikausübung in allen Facetten dar.

Heute finden sich an Musikschulen Ensembles für fast alle Arten von Musik und für eine Vielzahl von Besetzungen (Aufzählung ohne Anspruch auf Vollständigkeit):

I. Chorisches Zusammenspiel

- *Vokalformen:* Vorchor oder Singklasse, Kinderchor, Knabenchor, Mädchenchor, Jugendchor, gemischter Chor, Frauenchor, Männerchor, Kammerchor, Vokalensemble mit speziellem Repertoire, Song- oder Folkloregruppen, Jazzchor, Popchor. Chorsingen sollte immer im Zusammenhang mit regelmäßiger Stimmbildung stehen, denn diese ist Voraussetzung für eine künstlerisch fundierte Chorerziehung.
- Orchester aller Art (größere Gruppen mit einem Leiter als Dirigenten): Sinfonieorchester, Kammerorchester, Streichorchester, Vororchester, Blasorchester, Blockflötenensemble, Gitarrenchor, Zupforchester (Mandolinen, Gitarren und Zupfbass), Akkordeonorchester, Salonorchester. Der Leistungs-

stand der Mitglieder sollte nicht zu weit auseinander liegen. Dem Orchesterbesuch geht in der Regel ein Mitwirken in einem kleineren Ensemble voraus, um Erfahrung im Zusammenspiel zu sammeln.

- Chorisch besetzte Spielkreise und Ensembles: Elementare Spielgruppe, Streicherspielkreis, Blockflötenspielgruppe, Akkordeon-Spielgruppe, Zitherensemble, Gitarrengruppe, ORFF-Spielkreis, Percussionensemble, Trommelgruppe, Holzbläser- und Blechbläsergruppe, gemischte Bläsergruppen, Spielmannszug. An vielen Musikschulen existieren auch gemischte Ensembles, die nach Leistungsstand und Verfügbarkeit von Spielern zusammengestellt werden und für die der Leiter in der Regel eigene Arrangements entsprechend der Besetzung schreiben muss.

II. Solistisches Zusammenspiel

- *Kammermusik für Streicher:* Streichtrio, Streichquartett, Streichquintett usw.
- *Kammermusik für Bläser:* Holzbläser- und Blechbläsergruppe, Saxophonquartett, Querflöten- oder Klarinettenquartett, Posaunenchor, gemischte Bläsergruppen
- *Blockflötenensembles:* Flöten-Duo, -Trio, -Quartett (Sopran-, Alt-, Tenor-, Bassflöte oder zwei Sopran- und zwei Altflöten) usw., auch gekoppelt mit anderen Instrumenten
- *Kammermusik für gemischte Ensembles,* z. B. Besetzungen mit Generalbass
- *Klavier-Kammermusik:* Klavier zu vier Händen, zwei Spieler an zwei Klavieren, Klaviertrio, Klavierquartett, Klavierquintett, Klavier mit anderen Instrumenten, Liedgesang mit Klavierbegleitung
- Kammermusik mit Schlagzeug und anderen Instrumenten
- *Zupfensembles:* Gitarren- oder Lautenspielkreis, Zupfquartett (zwei Mandolinen, Mandola, Gitarre), gemischtes Zupfensemble, auch mit anderen Instrumenten gekoppelt
- *Akkordeonensembles:* Akkordeon-Duo, -Trio, -Quartett. Jedem Instrument wird eine ausgesuchte Stimmlage zugeordnet (der Stimmumfang wird nicht voll ausgeschöpft), um einen chorischen Klang zu imitieren. Das Akkordeon kann auch als Begleitinstrument in Kombination mit anderen Instrumenten verwendet werden.

III. Sondergruppen

- *Spezial-Ensembles:* Ensemble für Alte Musik, Ensemble für Neue Musik
- *Volksmusik- und Folkloregruppen:* Volksmusikensembles, Stubnmusi', Zupforchester, Samba-Gruppe, Salsa-Band, Country and Western-Ensemble, Folkloregruppen in verschiedener Besetzung, auch „nicht-klassische" Instrumente
- *Tanzmusik-Gruppen:* Tanz- und Salonorchester, Ensembles für Unterhaltungsmusik
- *Percussionensemble:* verschiedene Schlaginstrumente wie Trommeln aller Art, Schlagzeug, Bongos, Congas, ORFF-Instrumente, Stabspiele, Xylophone, Marimba, Gong usw., auch selbst hergestellte Instrumente. Viele Jugendliche finden heute den Weg zum Musizieren über Rhythmusinstrumente und Percussioninstrumente. Damit kann auch ohne große Vorkenntnisse in der

Gruppe musiziert und improvisiert werden. Schlagzeuger haben auch die Möglichkeit der Mitwirkung in anderen Ensembles wie Sinfonieorchester, Jazz, Rock, Folklore usw.

- *Jazzgruppen:* Jazz-Combo, Dixie-Band, Big Band. Die spezifische Spielweise der Instrumente, die Improvisation und der swingende Rhythmus können nur im Ensemblespiel erfahren und erlernt werden.
- *Rock- und Popgruppen:* Beatgruppe, Rockgruppe, Bands. Häufig werden die Songs selber bearbeitet, arrangiert oder sogar selber komponiert.
- *Experimentelle Gruppen:* Gruppe für Live-Elektronik, Gruppen für avantgardistische Musik, Gruppenimprovisation. Schüler lernen Klänge vom Ton bis zum differenziert gestalteten Geräusch kennen.
- *Musiktheater und Musical:* Verbindung von Musik und Theater bzw. darstellendem Spiel, Kinder- und Jugendopern, szenische Darstellung von Musik
- *Musik und Bewegung:* Elementargruppen mit Schwerpunkt Musik und Bewegung oder rhythmisch-musikalischer Erziehung, Rhythmikgruppen, Ballettgruppen, Tanzgruppen (z. B. Modern Dance, Jazz Dance usw.). Der Lehrplan fordert die Einbeziehung von Bewegung als gestaltendes Prinzip. Bewegungsgruppen sollen auch mit Instrumentalisten und Vokalisten zusammenwirken.
- *Ensembles für außereuropäische Musik:* etwa türkische, indische, afrikanische, arabische, indonesische Musik.

8. Zur Literaturauswahl

Die Musikschulen der Weimarer Republik stehen der Jugendmusikbewegung nahe und übernehmen deren Musikpräferenzen. Kategorisch abgelehnt wird die klassische und romantische „Konzertmusik" und die zeitgenössische Moderne ebenso wie alle Arten der Unterhaltungsmusik, insbesondere Schlager, Operettenmelodien und amerikanische Tanz- und Jazzmusik als *Tiefpunkt des Verfalls der Musikkultur* (KOLLAND 1979, S. 86). Im Zentrum der gemeinsamen Musikausübung steht das Volkslied (einstimmig oder schlicht mehrstimmig gesetzt) und die traditionelle Hausmusik, welche im Gegensatz zur technisch anspruchsvollen Kammer- oder Salonmusik geprägt ist von leichter Ausführbarkeit und intimem Charakter, weniger zum Vortrag bestimmt als vielmehr zur Erbauung und Unterhaltung der Ausführenden. Spezielle Bearbeitungen „guter" Volksmusik für Sing- und Spielkreise werden veröffentlicht in zahlreich entstehenden neuen Zeitschriften und Periodika (Archiv der Jugendmusikbewegung 1980, S. XIV ff.), z. B. *Die Laute* mit Beiheft *Hausmusik, Die Musikantengilde* mit Beilagen *Musik im Anfang* (später *Der Kreis*) und *Musik in der Schule, Die Singgemeinde* mit der Beilage *Musikalisch Hausgärtlein* oder *Collegium musicum. Blätter zur Pflege der Haus- und Kammermusik* (später *Zeitschrift für Hausmusik),* sowie in Publikationen speziell dafür eingerichteter oder gegründeter Verlage (z. B. BÄRENREITER UND KALLMEYER, 1947 umbenannt in MÖSELER). Mehr und mehr rückt ins Interesse die Musik aus der Zeit vor JOHANN SEBASTIAN BACH und GEORG FRIEDRICH HÄNDEL (vgl. das 1924 von FRITZ JÖDE herausgegebene mehrstimmige Liederbuch *Der Musikant,* das rasch weite Verbreitung findet und neben Volks- und Kinderliedern polyphone Sätze u. a. von PALESTRI-NA, JOSQUIN, ISAAK, SCHÜTZ, SCHEIN und SCHEIDT enthält) sowie die sich neu entwickelnde, speziell für Laiengruppen konzipierte Jugendmusik (teilweise mit szenischem Spiel) von zeitgenössischen Komponisten wie CESAR BRESGEN, HERMANN ERPF, WALTER HENSEL, PAUL HINDEMITH, CARL ORFF, LUDWIG WEBER oder KURT WEILL.

Im Dritten Reich wird die Musik ganz in den Dienst der nationalsozialistischen Erziehung gestellt. Danach richtet sich die Literaturauswahl. In den Vordergrund rückt noch mehr das Heimat- und Volkslied. Kriegs- und Soldatenlieder mit ideologisch eingefärbten Texten werden teilweise neu komponiert und getextet (GÜNTHER 1986, S. 97 ff.). Im Bereich der Instrumentalmusik übernimmt man neben Musik für die Gestaltung von Feiern die bevorzugte Literatur der Jugendmusikbewegung.

Nach 1945 wird auch bezüglich der Literaturauswahl an die Zeit der 1920er Jahre angeknüpft. Im Zuge der Orientierung am Kunstwerk und der künstlerischen Ausrichtung des Instrumentalunterrichts an Musikschulen in den 1960er und 1970er Jahren erlebt die Musik des 18. und 19. Jahrhunderts eine Renaissance. Ziel der klassisch ausgerichteten Ensembles sind Werke der großen Komponisten aus Barock, Klassik und Romantik, aber auch der Moderne, soweit sie für Laienmusiker spielbar sind (vgl. etwa die Literaturliste in: Die Musikschule Band V, 1975, S. 66 ff.).

Seit sich Musikschulen ab den späten 1970er Jahren immer mehr den unterschiedlichsten Musikrichtungen öffnen, ist ein bevorzugter Musikstil im Ensemblespiel immer weniger erkennbar. Gespielt wird, was Spaß macht und gefällt. Die Bearbeitung von bekannten Werken für andere als die Originalbesetzung wird immer beliebter, und die Auswahl an veröffentlichter Ensembleliteratur nimmt bis heute ständig zu. Trotzdem ist der Lehrer häufig als Arrangeur gefragt, der bezüglich Schwierigkeit und Besetzung auf sein Ensemble zugeschnittene Bearbeitungen zu erstellen hat. Hierzu gehören zeitaufwendige Arbeiten wie arrangieren, transponieren, vereinfachen, umschreiben, neu zusammenstellen, umbesetzen, an das Leistungsniveau der einzelnen Ensemblemitglieder anpassen, von Tonträgern abhören und aufschreiben. Insbesondere im U-Musikbereich werden Stücke von Lehrern, von Schülern oder gemeinsam komponiert und/oder getextet.

Hinweise auf gedruckt vorliegende Ensembleliteratur insbesondere für klassische Besetzungen geben z. B. der VdM (Anhang zu den Lehrplänen), Literaturlisten „Jugend musiziert", UERLICHS (1993; Klavier mit diversen Instrumenten) und NEJATI (2000; für Streicher-Anfänger) sowie Kataloge der Musikverlage. Auch können Probeseiten über das Internet geordert und Noten sowie Tonträger bzw. Musiktitel bestellt oder abgerufen werden.

Literatur

ABEL-STRUTH, SIGRID (1976): Art. Musikschulen, in: MGG Bd. 16, Sp. 1324-1342, Kassel: Bärenreiter

Archiv der Jugendmusikbewegung e. V. Hamburg (1980; Hrsg.): Die deutsche Jugendmusikbewegung in Dokumenten ihrer Zeit von den Anfängen bis 1933, Wolfenbüttel und Zürich: Möseler

BASTIAN, HANS GÜNTHER (2000): Musik(erziehung) und ihre Wirkung. Eine Langzeitstudie an Berliner Grundschulen, Mainz: Schott

BRÜNING, WALTER u. a. (1985): Die Musikschule in der Deutschen Demokratischen Republik. Funktion und Leistungsangebot – Arbeitsweise – Historische Aspekte, Berlin: Verlag Neue Musik

Die Musikschule, Band V (1975). Ensemblespiel und Ergänzungsfächer (= Bausteine für die Musikerziehung und Musikpflege B 29), Mainz: Schott

EICKER, GERD (1994): Musikschulen im Wandel. Die Weiterentwicklung der Musikschulen in wirtschaftlich schwierigen Zeiten, Metzingen: Landesverband der Musikschulen Baden-Württembergs e. V.

GÜNTHER, ULRICH (1986): Musikerziehung im Dritten Reich — Ursachen und Folgen, in: SCHMIDT, HANS-CHRISTIAN (Hrsg.): Handbuch der Musikpädagogik; Band 1: Geschichte der Musikpädagogik, S. 85-173, Kassel: Bärenreiter

GÜNTHER, ULRICH (1987): Jugendmusikbewegung und reformpädagogische Bewegung, in: REINFANDT, KARL-HEINZ (Hrsg.): Die Jugendmusikbewegung. Impulse und Wirkungen, S. 160-184, Wolfenbüttel und Zürich: Möseler

GÜNTHER, ULRICH (²1992, 1. Aufl. 1967): Die Schulmusikerziehung von der Kestenberg-Reform bis zum Ende des Dritten Reiches (= Forum Musikpädagogik; Band 5), Augsburg: Wißner

GUTZEIT, REINHARD VON (1993a): Ein Plädoyer für Kammermusik, in: Üben & Musizieren 1/1993, S. 2

GUTZEIT, REINHARD VON (1993b): Kultur im Gegenwind – Musikschulen in der Krise? In: Üben & Musizieren 5/1993, S. 4-6

HEMMING, DOROTHEA (1977; Hrsg.): Dokumente zur Geschichte der Musikschule (1902-1976) (= Materialien und Dokumente aus der Musikpädagogik; Band 3), Regensburg: Gustav Bosse Verlag

JÖDE, FRITZ (1924, ²1928): Musikschulen für Jugend und Volk. Ein Gebot der Stunde, Wolfenbüttel: Kallmeyer Verlag. Neuauflage Wolfenbüttel 1954: Möseler

JÖDE, FRITZ (1954): Vom Wesen und Werden der Jugendmusik, Mainz: Schott

KESTENBERG, LEO (1921): Musikerziehung und Musikpflege, Leipzig: Quelle & Meyer

KOLLAND, DOROTHEA (1979): Die Jugendmusikbewegung. „Gemeinschaftsmusik" – Theorie und Praxis, Stuttgart: J.B. Metzlersche Verlagsbuchhandlung

LORITZ, MARTIN D. (1998): Berufsbild und Berufsbewußtsein der hauptamtlichen Musikschullehrer in Bayern. Studie zur Professionalisierung und zur aktuellen Situation des Berufs des Musikschullehrers (= Forum Musikpädagogik; Band 28), Augsburg: Wißner Verlag

MEHLIG, RAINER (1994; Hrsg. im Auftrag des VdM): Gemeinsam musizieren. Wege aus der Vereinzelung (= Dokumentation zum Musikschulkongreß '93, Braunschweig 14.-16. Mai 1993), Bonn: VdM-Verlag

MEHLIG, RAINER und VETTER, HANS-JOACHIM (1990; Hrsg. im Auftrag des VdM): Musikschulen bauen Brücken. Dokumentation zum Musikschulkongreß '89 Aachen 21.-23. April 1989 (= Materialien und Dokumente aus der Musikpädagogik, Band 17), Regensburg: Gustav Bosse Verlag

NEJATI, NICOLA (2000): Ensemblespiel von Anfang an, in: Üben & Musizieren 2/2000, S. 8-17

REINFANDT, KARL-HEINZ (1987; Hrsg.): Die Jugendmusikbewegung. Impulse und Wirkungen, Wolfenbüttel und Zürich: Möseler

RICHTER, CHRISTOPH (1993): Gemeinsam musizieren. Gegenstand und Aufgabe der Instrumental-(Vokal-)Pädagogik, in: Instrumental- und Vokalpädagogik 1: Grundlagen (= Handbuch der Musikpädagogik, Band 2, hrsg. von CHRISTOPH RICHTER), Kassel: Bärenreiter, S. 328-371

RÖBKE, PETER (1992): Vom Glück des Zusammenspiels: Ensembles an der Musikschule. In: VdM: Treffpunkt Musikschule (Schriftenreihe des VdM, Band 20), Bonn: VdM-Verlag, S. 41 ff.

SCHALLER, KLAUS (1996): Achtsamkeit auf andere und anderes, in: Musik & Bildung 3/1996, S. 2

SCHEYTT, OLIVER (1989): Die Musikschule. Ein Beitrag zum kommunalen Kulturverwaltungsrecht, Stuttgart u. a.: Verlag W. Kohlhammer

SCHMIDT, HANS-CHRISTIAN (1986; Hrsg.): Geschichte der Musikpädagogik (= Handbuch der Musikpädagogik, Band 1), Kassel: Bärenreiter

STUMME, WOLFGANG (1939, ²1944): Die Jugendmusikschule, aus: ders. (Hrsg.): Musik im Volk, in: ders. (Hrsg.): Schriften zur Musikerziehung, Band 1, Berlin-Lichterfelde, S. 53 ff. Abgedruckt in: Hemming 1977, S. 156-163

STUMME, WOLFGANG (1975): Ensemblespiel und Ergänzungsfächer in der Musikschule, in: Die Musikschule, Band V (1975). Ensemblespiel und Ergänzungsfächer (= Bausteine für die Musikerziehung und Musikpflege B 29), Mainz: Schott, S. 9-33

STUMME, WOLFGANG (1987): Die Musikschule im 20. Jahrhundert – Bericht eines Zeitzeugen, in: REINFANDT, KARL-HEINZ (Hrsg.): Die Jugendmusikbewegung. Impulse und Wirkungen, Wolfenbüttel und Zürich: Möseler, S. 245-270

TRÄDER, WILLI (1979): Ensemble- und Ergänzungsfächer: Erweitertes Unterrichtsangebot als pädagogische Konsequenz, in: WUCHER, DIETHARD, BERG, HANS-WALTER, TRÄDER, WILLI (Hrsg.): Handbuch des Musikschulunterrichts, Regensburg: Gustav Bosse Verlag, S. 143-149

TWITTENHOFF, WILHELM (1929): Volksmusikschulen, in: Zeitschrift für Musik, 96. Jg., Teil II, Heft 9 (September 1929), S. 528-532. Reprint 1970: Scarsdale, N.Y. USA

TWITTENHOFF, WILHELM (1950): Neue Musikschulen. Eine Forderung unserer Zeit, Mainz: Schott

TWITTENHOFF, WILHELM (1956): Formen und Möglichkeiten des Gemeinschaftsmusizierens, in: TWITTENHOFF, W. und SCHERBER, F. (1956): Die Jugendmusikschule (Neue Musikschulen II). Idee und Wirklichkeit, Mainz: Schott, S. 43-46

TWITTENHOFF, WILHELM und SCHERBER, PAUL FR. (1956): Die Jugendmusikschule. Idee und Wirklichkeit (Neue Musikschulen II), Mainz: Schott

UERLICHS, FRAUKE (1993): Kinder machen Kammermusik. Frühes Ensemblespiel für Klavierschüler (mit Literaturliste Klavierkammermusik für Anfänger), in: Üben & Musizieren 1/1993, S. 3-16

VdM (1969): Präambel zum Lehrplanwerk. (VdM-Bundesgeschäftsstelle, Plittersdorfer Straße 93, 53173 Bonn)

VdM (1973): Strukturplan für Musikschulen

VdM (1996): Produktbeschreibung Ensemble- und Ergänzungsfächer. Stand: 10. November 1996

VdM (1997): Produktbeschreibungen für Musikschulen, 4. Teil — Projekte. Stand 25. April 1997

VdM (1998): Der Weg zur Musik durch die Musikschule. Strukturplan für Musikschulen und Grafik zum Strukturplan, Bonn: VdM-Verlag

VETTER, HANS-JOACHIM und MEHLIG, RAINER (1978; Hrsg.): Das Ensemble in der instrumentalen und vokalen Ausbildung an Musikschulen. Dokumentation zum Musikschulkongress '77 Augsburg 1.-3. 04. 1977 (= Materialien und Dokumente aus der Musikpädagogik; Band 5), Regensburg: Gustav Bosse Verlag

WOLSCHKE, MARTIN (1979): Anmerkungen zum Lehrplan Instrumentales Zusammenspiel, in: WUCHER, DIETHARD/BERG, HANS-WALTER/TRÄDER, WLLI (Hrsg.) (1979): Handbuch des Musikschul-Unterrichts, Regensburg: Gustav Bosse Verlag, S. 261-266

WUCHER, DIETHARD (1987): Anmerkungen zur Entwicklung und zum aktuellen Stand der Musikschularbeit in der Bundesrepublik Deutschland, in: Reinfandt, Karl-Heinz (1987; Hrsg.): Die Jugendmusikbewegung. Impulse und Wirkungen, Wolfenbüttel und Zürich: Möseler, S. 271-276

WUCHER, DIETHARD ([2]1994; Hrsg.): Die Musikschule, Band II. Dokumentation und Materialien, Mainz: Schott

WUCHER, DIETHARD/BERG, HANS-WALTER/TRÄDER, WILLI (Hrsg.) (1979): Handbuch des Musik-schul-Unterrichts, Regensburg: Gustav Bosse Verlag

ZIMMERSCHIED, DIETER (1994): Welchen Bildungsauftrag hat die Musikschule heute? In: Üben & Musizieren 3/1994, Mainz: Schott, S. 6-11

Teil II

Geltungsbereiche

Ensemblespiel in der Elementaren Musikpädagogik

JULIANE RIBKE

Elementare Musikpädagogik (EMP) ist ein Fach, das die traditionell im Struk-turplan[1] des Verbandes Deutscher Musikschulen als „Grundfächer" bezeichne-ten Unterrichtsangebote Musikalische Früherziehung (MFE) und Musikalische Grundausbildung (MGA) überschreitet. EMP wendet sich an Menschen aller Altersstufen und definiert sich – ebenso wie die Rhythmik sowie alle instru-mentalen und vokalen Schwerpunkte – als eigenständiges Fach mit einem wis-senschaftlichen Hintergrund, eigenen künstlerischen Darstellungsweisen sowie eigenständiger, nicht propädeutischer pädagogischer und methodisch-didak-tischer Konzeption. EMP versteht sich nicht als musikalische Einstiegsbeschu-lung von Vor- und Grundschulkindern, sondern als ein Prinzip, das es jedem Menschen, unabhängig von Alters- und Könnensstufen ermöglichen soll, sich musikalisch zu äußern, sein musikalisches Potenzial wachzurufen, zu entwi-ckeln und auszuformen.

Das Prinzip besteht darin, experimentierend, improvisierend und gestal-tend mit Grundphänomenen der Musik (z. B. Klängen, Klangverläufen, Para-metern, Motiven, Rhythmen) umzugehen, wobei die Äußerungsebenen (Kör-per, Stimme, Instrumente, Materialien aller Art) vielfältig, durchlässig und auf einer nach oben offenen Skala differenzierbar sind. Dabei ist der musizierende Mensch stets mit der Gesamtheit seiner psychomotorischen, sozialen, emotiona-len und intellektuellen Kräfte gefordert, die im integrativen Verbund jeweils musikbezogen aktualisiert werden.

Das Prinzip des Elementaren durchwirkt in der Musikpädagogik also mindes-tens drei Ebenen:

- die der *Musik*, indem das „Rohmaterial" Klang modelliert wird und mit mu-sikalischen Grundphänomenen Strukturbildungen und Gestaltungen „er-spielt" werden, die an keine spezielle Stilrichtung oder kulturelle Normen, an keine vorgegebenen Ausführungsmittel (z. B. bestimmte Instrumente) und meist auch keine vorkomponierten Notentexte gebunden sind,
- die der *Darstellungsmittel*, die entweder in der Einheit von Stimme, Körper-bewegung und Instrumentalspiel bestehen oder einen der Bereiche in seiner Vielfalt musikalisch ausloten,
- die des *musizierenden Menschen*, der grundlegende Verhaltensweisen psy-chosozialer, motorischer, emotionaler und kognitiver Art zur Steuerung klang-ästhetischer Prozesse einsetzen und damit die Verbindung von musikalischer Formung und seelisch-geistig-körperlichen Prinzipien erkennen kann.[2]

---

[1] Vgl. Präambel zum Lehrplanwerk des Verbandes deutscher Musikschulen. Bosse Verlag Regensburg
[2] Vgl. RICHTER 1996, S. 39

1. Das Ensemble – Die Gruppe in der EMP

Die Wortbedeutung des französischen Worts „ensemble" (zusammen, mitein-ander) ist hervorragend auf die musikalischen Handlungen einer EMP-Gruppe anwendbar. Da EMP sich immer an eine Gruppe von ca. 8 – 12 TeilnehmerIn-nen wendet, ist das Ensemble-Musizieren hier keine Nebenveranstaltung zum instrumentalen Einzel- oder Kleingruppenunterricht, sondern dem Fach unmit-telbar und von Anfang an inhärent. Die musikalischen Darstellungsmittel wer-den in der Gruppe erprobt und erlernt und ähnlich wie in „traditionellen" En-sembles nimmt jeder Spieler, jede Spielerin eine bestimmte Rolle im Gewebe des musikalischen Miteinanders ein.

In Musiziergruppen, die einem traditionellen Ensemblebegriff zuzuordnen sind (z. B. Orchester, Big Band, kammermusikalische Gruppierungen, Combos, Band), ist die Rolle (Stimme) bestimmt durch das Instrument, die instrumenta-len Fertigkeiten des Spielers, der Spielerin, durch den vorgegebenen Notentext der Komposition. Ziel ist – abgesehen von avantgardistischen Erweiterungen oder Musikstilen, die Improvisationsanteile ausdrücklich vorsehen – eine feh-lerfreie Reproduktion vorgefertigter Musik.

In Musiziergruppen der EMP ist es für die SpielerInnen möglich, eine selbstgewählte Rolle einzunehmen, das Instrument aus der Vielfalt zur Verfü-gung stehenden (Schlag-)Instrumente selbst zu wählen und auch im Spielvor-gang zu wechseln. Die selbstständige Ausfüllung einer musikalischen Rolle ist erwünscht, denn die SpielerInnen sind MitgestalterInnen des musikalischen Prozesses. Dazu bedarf es einer besonderen Bereitschaft, sich in Klangvorgänge einzuhören, aus eigenem Antrieb zu agieren und sensibel zu reagieren und den Spannungsverlauf des musikalischen Prozesses gemeinsam zu empfinden. Die Intensität der Spielsituation in Abhängigkeit von der inneren Beteiligung je-des/jeder Mitwirkenden rangiert vor der Demonstration spieltechnischer Fer-tigkeiten. Weder ein Notentext noch (bei Gruppen mit reichhaltiger EMP-Er-fahrung) die Lehrperson wirken als Regulativ, sondern die Gruppe selbst trifft Absprachen, erstellt Pläne und Spielentwürfe, regelt die musikalischen Interak-tionen und lässt Neues im Spielvorgang entstehen. *Ziel* ist die emotionale und klangästhetische Stimmigkeit, die Identifikation eines/einer jeden mit Prozess und Produkt, die gelungene Balance zwischen individuellem und gruppenbe-zogenem (initiativem oder einordnendem) Verhalten. Hierin sind wieder Über-schneidungen zum „traditionellen" Ensemblespiel gegeben, jedoch mit dem Unterschied, dass in der EMP diese Zielvorgaben weitgehend aus der Selbst-steuerung der SpielerInnen heraus erreicht werden.

1.1 Interaktive Prozesse in der Gruppe

Eine Gruppe ist mehr als eine Ansammlung von Einzelwesen, sie definiert sich – im Wortsinn von „ensemble" – durch das soziale und in unserem Zusammen-hang musikalische Beziehungsgefüge *zwischen* den Mitgliedern. Die Qualität des Aufeinanderbezogenseins bestimmt den Wert musikalischer Ensemblear-beit in der EMP. Die Befähigung zur sozialen Beziehungsbildung über klangli-che und/oder bewegungsmäßige Austauschprozesse muss erlernt werden, sie ist ein wichtiges Ziel der EMP, die neben musikalischen nachdrücklich auch persönlichkeitsbildende Ziele verfolgt, und zwar in der Äquilibration von Individuation und Sozialisation.[3]

Interaktive Prozesse realisieren sich über verschiedene Konstellationen von Bezogenheit zwischen zwei oder mehreren PartnerInnen.[4] Die wichtigsten davon sind:

Führen – Sich führen lassen

Z. B.: Ein Gruppenmitglied (GM) führt eine oder mehrere Aktionen aus, die die Gruppe oder ein Partner, eine Partnerin simultan oder zeitversetzt mit vollzieht bzw. imitiert. Der/Die AnführerIn muss sich über die Aktion im Klaren sein, über eine bewegungsmäßige oder musikalische Vorstellung verfügen und deutliche Spielbewegungen – evtl. auch Dirigierbewegungen – machen, damit die Gruppe seine/ihre Intention verstehen kann.

Die Gruppenmitglieder müssen reaktionsbereit sein, sich in das Vorgegebene einfühlen und die Ideen des/der Führenden akzeptieren.

Hervortreten – Sich eingliedern

Z. B.: Die Gruppe bildet einen Klangteppich oder ein Ostinato, über dem jedes GM in festgelegter oder freier Abfolge solistisch hervortritt. Es wählt den Zeitpunkt des Auftauchens und des Wiedereintauchens in den Klanghintergrund selbst. Der/Die SolistIn muss sich zum hervorgehobenen Tun entscheiden – evtl. überwinden –, die musikalische Handlungsaktivität steigern und eine klar vom Hintergrund unterscheidbare Gestaltbildung anstreben. Sie/Er wählt Anfang und Ende ihres/seines Sonderstatus' selbst, macht den Platz frei für die/den Nächsten.

Die Mitglieder der Tutti-Gruppe begnügen sich vorübergehend mit ihrer Rolle, sind vielleicht auch ganz zufrieden, unauffällig im Schutz der Gruppe agieren zu können. Sie fühlen sich als Stütze der Solistin/des Solisten. Die dezente Gleichförmigkeit ihrer Handlung ermöglicht es ihnen, die Aufmerksamkeit auf die Solistin/den Solisten zu richten, die Ohren zu öffnen für deren/dessen Spiel.

Abwarten – Sich einreihen

Dieser Interaktionsmodus ist aufgerufen z. B. bei der Bildung von Klangketten oder Klangtürmen, bei denen jedes GM sich nach eigener Entscheidung in das bereits bestehende Klanggefüge einreihen kann. Man kann den eigenen Klang auch wieder entziehen und bei zunehmender Ausdünnung des Gesamtklangs das Gebilde sich auflösen lassen. Oder nach Einreihung aller baut die Gruppe eine Spannungsintensivierung auf, die die Kette reißen bzw. den Turm einstürzen lässt.

Alle SpielerInnen sind hier in gleicher Weise gefordert, und zwar sollten sie sensibel auf das sich aufbauende Klanggeschehen hören und daraufhin über Spielweise und Klanggebung als anreichernde oder neue Farbe zu einem aus musikalischen Kriterien abgeleiteten Zeitpunkt entscheiden.

---

[3] Vgl. RIBKE 1995, Kap. 6 und 8

[4] Vgl. ebd. Kap. 7.2; s. a. SCHAEFER 1992, Kap. 4.2

Übernehmen – Weiterentwickeln

Die Spielidee eines GM wird von einem/r PartnerIn – zeitlich sich anschließend oder überlappend – aufgenommen, dann weiterentwickelt, erweitert oder variiert. Die neugewonnene Klanggestalt gilt als zu übernehmende Vorgabe für ein weiteres GM, mit dem sich der beschriebene Vorgang wiederholt.

Ein GM nimmt die musikalische Idee des Vorspielers, der Vorspielerin wahr, fühlt sich in diese ein, passt sich an, löst sich wieder davon und entwickelt im Spiel eine Erweiterung oder Veränderung z. B. bezüglich eines oder mehrerer Parameter; diese stabilisiert sich und kann übernommen werden.

Durchsetzen – Sich mitreißen lassen

In Partner- oder Gruppenarbeit versucht ein/e SpielerIn die vorher vereinbarte und von allen ausgeführte Spielart zu verändern und die anderen davon zu überzeugen, so dass sie „mitziehen". Die Veränderung kann Steigerung oder Verminderung in Bezug auf Tempo, Dynamik, rhythmische Gliederung, Tonhöhenambitus oder eine Veränderung des Ausdruckscharakters bedeuten. Auch kann durch Kontraste dem Spielvorgang eine völlig neue Wendung gegeben werden.

Der/Die SpielerIn, der/die entschieden hat, eine eigene Idee durchzusetzen, muss Mut zur Durchsetzung dieser Idee haben und sie klar und deutlich musikalisch artikulieren. Sie/Er muss es aushalten können, dass ihre/seine Spielweise nicht von allen sofort übernommen wird, dass eine Phase der Unsicherheit der Neukonsolidierung vorausgeht und der neue Gruppenkonsens nur vorübergehend ist und von einem anderen GM erneut aufgebrochen wird.

Die anderen SpielerInnen bemerken die Veränderung, die ein GM einbringt, freuen sich darüber und lassen sich mitreißen, oder sie verweigern sich, verweilen beharrlich auf der bisherigen Spielweise und versuchen, jeweils zu gegebenem Zeitpunkt eine eigene Variante durchzusetzen.

In diesen Interaktionsmodi werden wesentliche Qualitäten lebendigen Ensemblespiels auf jedem Ausführungsniveau[5] offengelegt. Für die EMP besonders wichtig sind folgende, die Entwicklung einer Grundmusikalität fördernde Punkte:

- Der Erwerb einer Spieltechnik wird mit einem musikalischen Handlungsvollzug verknüpft.
- Über die innere Vorstellung und den persönlichen Ausdruckswillen manifestiert sich die klangliche Umsetzung.
- Die Aufmerksamkeit der GM für das Klanggeschehen, für die Aktionen der MitspielerInnen ist sehr hoch.
- Das Durchhören von Spannungsverläufen und Texturen spielt eine wichtige Rolle.
- Die SpielerInnen sind aufgefordert, in interaktiven Prozessen selbst musikalische Gestalten und Verläufe zu formen, wobei ein Pool von Spieltechniken und musikalischen Grunderfahrungen (z. B. Klangfarben, Parameter, evtl. motivische Konturen und rhythmische Patterns) abgesichert sein sollte.

---

[5] Vgl. NEJATI 1999

- Sie erleben Führung, Anpassung, Einordnung, solistische und kollektive Verantwortung sowie Widerstand und Empathie als dynamisches Netzwerk gemeinsamen Musizierens.
- Dadurch erhöht sich sowohl die Möglichkeit subjektiver Affektanbindung als auch das Verständnis für musikalische Strukturbildung.

1.2 Die Gruppenleitung

Der Lehrperson (LP) kommen in der Gruppenarbeit vielfache Funktionen und Rollen[6] zu, die je nach Altersstufe der UnterrichtsteilnehmerInnen verschieden zu gewichten sind. Ihre Hauptaufgabe besteht darin, anregende Unterrichtssituationen zu schaffen, in denen die GM ideenreich, kommunikativ und – als Voraussetzung dafür – angstfrei handeln können. *„Der Lehrer in seiner spezifischen Position als Gruppenleiter und Gruppenmitglied ist in erster Linie der Koordinator von Kommunikationsprozessen; er hat für Freiheitsspielraum zu sorgen, innerhalb dessen die Schüler ihre kommunikativen Möglichkeiten verwirklichen und erweitern können."*[7] Die LP setzt den Rahmen für musikalische Spielprozesse, moderiert die Phase der Ideensammlung und leistet Hilfestellung bei der musikalischen Umsetzung. Je jünger die SchülerInnen sind, desto mehr sind sie auf Anleitung, intensive persönliche Zuwendung, bildhafte Impulse zur Ideenproduktion, spieltechnische Hinweise und Zeichengebung im Spielvorgang angewiesen. GM im Schul-, Jugend- und Erwachsenenalter verfügen über einen stärker ausgeprägten Teamgeist und über mehr Möglichkeiten, individuelle und kollektive Bedürfnisse in Einklang zu bringen. Dann kann die LP eher als AnregerIn dienen und im Verlauf des Ensemblemusizierens in den Hintergrund treten, im Idealfall sogar überflüssig werden.

Folgende Aufgaben der LP sind jedoch je nach Arbeitsphase und Alter der GM in unterschiedlicher Gewichtung stets zu erfüllen:
- **Anleiten**: Schaffen einer förderlichen Unterrichtsatmosphäre; Zeigen und Erläutern von Spieltechniken; Übemöglichkeiten entwerfen; Spielimpulse einbringen in Form von Titeln, (Vorstellungs-)Bildern, musikalischen Strukturschemata etc. (vgl. Kap. 3.2.3 und 3.2.4); Ideenproduktion fördern; einzelnen GM Hilfestellung leisten; Verbesserungsvorschläge und Reflexionshinweise geben; mimisch und körpersprachlich die Schüleraktionen unterstützen; verbale und nonverbale Aufforderungen und Zeichengebung.
- **Koordinieren**: Hilfe bei Auswahl und Verteilung der Instrumente, bei der Zusammenstellung von Instrumentengruppen und SpielpartnerInnen, bei der Aufstellung der Gruppe im Raum, bei der Ideensammlung und -selektion; für einen möglichst reibungslosen Ablauf des Spielvorgangs sorgen.
- **Mitspielen**: Sich – auch räumlich – in die Gruppe eingliedern, Spiel- und gleichberechtigte InteraktionspartnerIn werden; sich den aufgestellten Regeln unterwerfen; das Spielniveau der Gruppe respektieren, sich nicht „aufspielen", jedoch Chancen zur musikalischen Regulierung nutzen.

---

[6] Vgl. STECHER 1996
[7] Vgl. SCHAEFER 1992, S. 129

Ein flexibler Rollenwechsel ist möglich und ergibt sich meist aus der aktuellen Unterrichtssituation, z. B. vom Anleiter zum Mitspieler, vom Koordinator zum Anleiter oder Mitspieler usw., aber wünschenswert ist ebenso eine klare Unterrichtsphrasierung, in der die LP eine Funktion jeweils eine Zeitlang aufrecht erhält und nicht beliebig, sprunghaft und für die SchülerInnen unvorhersehbar wechselt.

2. Musikalische Ausdrucksmittel in der EMP

Eine wesentliche didaktische Maßnahme der EMP ist es, musikalische Verhaltensweisen „aus dem Menschen heraus" zu entwickeln, also von den jeweils verfügbaren, eng an Sinne und Körperlichkeit des Menschen angebundenen Möglichkeiten auszugehen und diese sowohl immer mehr zu verfeinern als auch untereinander immer komplexer zu koordinieren.

Die Ausdrucksmittel, die dem Menschen besonders eng verbunden sind, sind Körper und Stimme – sie dienen der Kommunikation bereits in der vorsprachlichen Lebensphase und setzen lebenslang untrügliche Signale unserer subjektiven Befindlichkeit. Insofern sind sie Ausdrucksträger par excellence, die es in der EMP in dieser ursprünglichen Bestimmung zuzulassen, auszuagieren und gestalterisch zu überformen gilt.

Ferner ist der Drang, mit Objekten und Materialien umzugehen, eine früh auftretende, nicht gelernte Verhaltensweise des Menschen. Gegenstände zu erforschen, sich mit ihnen zu „befassen", sie zu begreifen, auf alle möglichen Arten zu behandeln, zu ordnen, zu beseelen, ist Inhalt zahlloser spielerischer Aktivitäten im Kindesalter und auch bei Erwachsenen beobachten wir derartiges bis hin zu wissenschaftlicher und künstlerischer Betätigung. Insofern ist der Einsatz von Materialien aller Art als Klangerzeuger etwas dem Menschen sehr Naheliegendes – etwas Elementares.

Die in der EMP eingesetzten Instrumente sind vorrangig Percussionsinstrumente, da die Schlagbewegung der Gravitationskraft folgend und der Ausatmung verbunden aus der früh verfügbaren grobmotorischen Steuerung heraus gut zu entwickeln ist. In den verschiedenen Formen von körpernahen und körperferneren Spielanforderungen ist das Instrument immer ein Gegenüber, das besonderer Behandlung bedarf – einer Behandlung, die aber trotz eines gewissen Objektcharakters des Instruments immer mit Körperanschluss und unter Berücksichtigung seines Eigenklangs erfolgen sollte.

Verschiedene Möglichkeiten von Klanghandlungen sollen im Folgenden für die verschiedenen musikalischen Ausdrucksmittel der EMP kompiliert werden.

2.1 Körper

• **Bodypercussion**: Der Körper ist das Instrument.
   Klangmöglichkeiten: z. B. patschen (auf verschiedene Körperteile), klatschen (mit hohlen und flachen Händen), Fäuste (Fingergelenke) aneinander klopfen, Hände reiben, Fingerkuppen oder Fingernägel gegeneinander tippen, auf die Wangen klatschen, schnipsen, mit den Füßen stampfen, tippen, trippeln, auf dem Boden reiben

- **Mouthpercussion**: Der Mund und die Mundhöhle sind das Instrument.
  Klangmöglichkeiten: z. B. mit der Zunge schnalzen, in die Wangen schnalzen, schmatzen, die Lippen mit dem Luftstrom vibrieren lassen, die eingerollten Lippen explosiv auseinanderspringen lassen, stimmlose Zisch- und Strömungslaute
- **Gestik, Fortbewegung, Tanz**: Der Körper setzt Musik in Bewegung um.
  Möglichkeiten: z. B. Spannungsverlauf, Akzentuierung, Artikulation, Tempo, Tonhöhen, Rhythmen und Formen von Musik in Körperbewegung umsetzen, ggf. auch hörbar machen; Gruppenformen und Raumrichtungen einbeziehen

2.2 Stimme

- **Lautieren**: Stimmhafte Laute werden als Klangträger eingesetzt.
  Möglichkeiten: z. B. Empfindungslaute (Wohllaute, Erschrecken, Abwehr, Ekel), Gurgeln, Kampflaute, verschieden artikulierte Konsonanten bzw. Explosivlaute, stimmliche Ausdrucksgebärden
- **Vokalisieren**: Vokale sind Klangträger.
  Möglichkeiten: z. B. langgezogene Tonhöhenverläufe auf Vokalen, Glissandi, punktuelle Vokaleinwürfe, Vokalverbindungen (Diphtonge)
- **Syllabieren**: Silben, vorrangig Nonsenssilben bilden das musikalische Material.
  Möglichkeiten: z. B. Silben verbinden, zerteilen, verschieden artikulieren, Akzente verschieben, Einzellaute rufen, flüstern, verschiedene Vokal- oder Konsonantbetonungen
- **Sprache**: Sinnhafte Silben- bzw. Wortkombinationen bilden das musikalische Material.
  Möglichkeiten: z. B. Worte bilden, rezitieren, auseinander nehmen, deformieren, neu zusammensetzen, Akzente setzen und verschieben, Silben oder Einzellaute vervielfachen, verharren, Worte ausdünnen und verschwinden lassen
- **Singstimme**: Die musikalische Aufmerksamkeit richtet sich auf Wege im Tonraum.
  Möglichkeiten: z. B. Tonhöhenverläufe, melodische Höhlkurven, Glissandi, Sprünge, Motive und Lieder singen auf Texte, Silben oder Vokale

2.3 Materialien

Materialien aller Art können als Musikinstrumente eingesetzt werden, z. B.:
- **Naturmaterialien**: z. B. Blätter, Steine, Sand, Holz, Kastanien, Muscheln, Nüsse, Körner, Reis, Hülsenfrüchte.
  Möglichkeiten: z. B. aufwirbeln, rieseln lassen, aneinander schlagen, aneinander reiben, auf verschiedene Untergründe fallen oder rieseln lassen (Boden, Handtrommelfell, Seidentuch, Plastikfolie)
- **Papier**: z. B. Zeitungspapier, Pergamentpapier, Transparentpapier, Packpapier.
  Möglichkeiten: z. B. rascheln, zittern lassen, dagegen schnipsen, knüllen, langsam oder heftig reißen, zerfetzen, es mit dem Atemstrom bewegen, dagegen singen, zwischen den Händen reiben, mit Schlägeln bespielen

- **Textilien**: z. B. verschiedene Stoffe unterschiedlicher Materialien und Festigkeitsgrade.
  Möglichkeiten: z. B. reiben, in die Luft schlagen („ausstauben"), beidhändig halten und auseinander reißen, als Unterlage beim Patschen oder Dämpfung beim Klatschen verwenden, über Instrumente legen bzw. spannen
- **Plastik**: z. B. Plastik-/Müllbeutel verschiedener Stärkegrade, Verpackungsmaterialien, Plastikeimer und -schüsseln
  Möglichkeiten: s. o. „Textilien", ferner aneinander reiben und schlagen, wischen, mit verschiedenen Schlägeln bespielen
- **Glas**: z. B. Flaschen, Gläser, Fenster, Glaskugeln bzw. -figuren
  Möglichkeiten: mit den Fingerkuppen, Fingerknöcheln oder Fingernägeln, mit verschiedenen Schlägeln bespielen, vorsichtig aneinander schlagen und reiben, mit verschiedenen Flüssigkeitsmengen füllen und spielen
- **Metall**: z. B. Schrauben, Handwerkszeug, Blechdosen, Autoschilder, Türschilder
  Möglichkeiten: schütteln, aneinander schlagen und reiben, mit verschiedenen Objekten darauf schlagen, beklopfen

2.4 Instrumente

Das Angebot elementarer Schlaginstrumente ist – insbesondere durch die Einbeziehung afrikanischer, südamerikanischer und karibischer Instrumente – schier unübersehbar geworden. Deshalb sind im Folgenden lediglich die in der EMP meistgebrauchten Instrumente genannt, die jedoch je nach Interessenslage und Spielvermögen der Gruppe ergänzt werden können. Für alle Instrumentengruppen gilt, dass es neben den „offiziellen" Spieltechniken eine Fülle von klanglich äußerst reizvollen experimentellen Spieltechniken gibt, die sich weitgehend mit den unter 2.3. genannten Möglichkeiten klangerzeugender Materialbehandlung decken und auch an verschiedenen Klangorten eines Instruments (Rahmen, Corpus, Halterung) ausgeführt werden können. Deshalb sind die Möglichkeiten von Klanghandlungen hier nicht mehr einzeln aufgeführt.

- **Fellinstrumente**: Bongos, Kongas, Große Trommel, Pauken, Handtrommel (Rahmentrommel), Tambourin (Rahmenschellentrommel), Ocean Drum
- **Holzinstrumente**: Claves, Holzblocktrommel, Holzschlitztrommel, Big Bom, Guiro, Maracas
- **Metallinstrumente**: Fingercymbeln, Cymbeln, Hängendes Becken, Becken, Schellenkranz, Schellenband, Triangel, Röhrenglocken, Tamtam, Steel Drum, Cabassa
- **Stabspiele**: Xylophone, Marimba, Metallophone, Glockenspiele, klingende Bassstäbe

Alle unter 2.1 bis 2.4 aufgezählten musikalischen Ausdrucksmittel können zur klanglichen Zeitgestaltung eingesetzt werden: metrisch oder freimetrisch, in dynamischen Abstufungen, in verschiedenen klangfarblichen Gruppierungen, Kontrasten, kontinuierlichen Verwandlungen, in verschiedenen Tonlagen, rhythmisch ausgestaltet oder in freier Gebärde, als punktueller Effekt oder durch Wiederholung bzw. Aushalten in der Zeit ausgebreitet.

3. Arbeitsprinzipien der EMP

3.1 Entwicklungspsychologische Anbindung

Im methodischen Aufbau von EMP-Unterrichtseinheiten sind – bedingt durch die Arbeit mit Menschen aller Altersstufen – die Auswahl der Inhalte und Aktionen bzw. die methodischen Vorgehensweisen unter Berücksichtigung des jeweiligen entwicklungspsychologischen Stands der TeilnehmerInnen zu treffen. Die körperlichen, motorischen, kognitiven, emotionalen und sozialen Voraussetzungen in verschiedenen Lebensaltern bestimmten die didaktisch-methodische Reflexion, gleichwohl aber sind universelle Verhaltensweisen aufzuspüren, denen elementare Qualitäten zugesprochen werden können.

In seiner frühesten – der vorgeburtlichen, vorsprachlichen und frühen sprachlichen – Lebensphase sammelt der Mensch unzählige musikalische Erfahrungen, lebt in einem Milieu, in dem alle Kommunikationen klanglich-musikalisch geprägt sind. Das Urprinzip einer musikalischen Lebenswelt besteht darin, dass melodisch, rhythmisch, dynamisch, klangfarblich und artikulatorisch abgestufte Lautgebärden die interpersonelle Kommunikation zwischen dem Kind und seiner Bezugsperson bestimmen.[8] Darüber hinaus gliedern invariante Strukturen, Neues, Ähnliches, Verschiedenes, Variationen und Episoden das Lebenskontinuum des Säuglings von Anfang an.[9] Alle Eindrücke werden von ihm affektiv beantwortet und geistig-seelisch unmittelbar, d. h. ohne Vermittlung über ein Begriffssystem geordnet. Nach DANIEL STERN scheint es von Geburt an *„... ein zentrales Bestreben zur Bildung und Prüfung von Hypothesen über das, was in der Welt geschieht, zu geben ...“*[10] Säuglinge nehmen unentwegt Einschätzungen über gleich und ungleich, wiederkehrend oder abweichend vor. *„Es ist klar, dass dieses zentrale innerliche Bestreben, wenn es sich fortwährend realisiert, die soziale Welt rasch nach übereinstimmenden und kontrastierenden Mustern, Ereignissen, Zusammenhängen und Erfahrungen kategorisieren wird. Der Säugling wird schnell herausfinden, welche Merkmale eines Erlebnisses invariant und welche variant sind ...“*[11] Was die STERNsche Entwicklungstheorie musikpädagogisch so interessant macht, ist der Grundsatz, dass alle Bereiche und auch Modi der Erfahrungssammlung während der Entwicklung aktiv bleiben. *„Der Säugling wächst aus keinem Bereich heraus; keiner von ihnen verkümmert, wird obsolet oder fällt in der Entwicklung hinter andere zurück. Und wenn alle Bereiche einmal verfügbar sind, bedeutet dies mitnichten, dass einer von ihnen in einer bestimmten Altersphase zwangsläufig den Vorrang beansprucht wird. Keiner hat permanent einen privilegierten Status inne.“*[12]

So können wir das in frühen Altersstufen noch unverstellt wirksame musikalische Erfahrungswissen in der EMP nutzen, es davor bewahren, von der Dominanz verbal vermittelter Inhalte und dem kulturellen Druck der Schematisierung und begrifflichen Abstraktion verdrängt zu werden. Aufbauend auf den STERNschen Forschungsergebnissen möchte ich folgende Thesen aufstellen:

---

[8] vgl. RIBKE 1998
[9] vgl. STERN 1992, Kap. 3-8
[10] vgl. STERN 1992, S. 67
[11] vgl. ebd.
[12] vgl. ebd., S. 54

Die klanglich und strukturell geprägten frühen Lebenserfahrungen bilden ein breites musikalisches Erfahrungswissen. Dieses kann als Kernsubstanz aller weiteren Musikalisierungsprozesse angesehen werden. Die lebensalterbezogenen Verhaltenswandlungen bedingen verschiedene Arten des Umgangs mit dieser Kernsubstanz. Die Ursachen der je nach Lebensabschnitt veränderten musikalischen Verhaltensmöglichkeiten liegen in den Hauptsparten der allgemeinen Entwicklung begründet, also in der Entwicklung der körperlichen, motorischen, emotionalen, kognitiven und sozialen Systeme.

3.2 Didaktisch-methodische Reflexion der Erfahrungsebenen

Vor diesem Hintergrund können die musikalischen Ausdrucks- bzw. Darstellungsmittel der EMP (vgl. Kap. 2), die zwar verschieden, aber doch eng miteinander verzahnt, im Idealfall integrativ aufeinander bezogen sind, auf allen Ebenen musikalischen Lernens zum Einsatz kommen.

Sensibilisierung, Exploration, Improvisation, Gestaltung und Reproduktion sind die Hauptarbeitsfelder, wobei jedes für sich stehen kann, sich aber auch methodisch sinnvolle Sequenzen bilden können, wie es in der Reihenfolge der ersten vier Begriffe besonders plausibel ist, oder auch in jeweils themenzentrierten Abfolgen von Sensibilisierung – Reproduktion, Reproduktion – Improvisation oder Improvisation – Reproduktion oder Exploration – Improvisation.

Da – wie schon mehrfach betont – mit Ensemblespiel in der EMP weniger das Abspielen fertiger Werke gemeint ist, nehmen die Öffnung der Sinne und der Interaktionsbereitschaft, die Erfahrung und Erforschung des Spielmaterials, die Entwicklung von Ideen und schließlich deren Formung und Anordnung einen gewichtigen Platz im musikalischen Handlungsspektrum ein. Aber auch beim reproduktiven Musizieren sind von der LP die Einstudierungstechniken so anzulegen, dass sie mit Methoden der EMP über mehrkanalige Ansprache der SchülerInnen und Initiierung gruppenorientierten Verhaltens zu dem erwünschten Ergebnis führen.

3.2.1 Sensibilisierung

Überflutung und Fehlbelastung gefährden die für das Musizieren essentiellen Sinnessysteme, so dass Zuhören, Spüren, Tasten, Körperwahrnehmung, psychomotorische Feinabstimmung, Empathie und Sympathie (im Wortsinn) hinter immer weiter steigender Reizgier einerseits und abstumpfender, auch schützender Reizabwehr andererseits zu verschwinden drohen.

Sensibilisierungsspiele in der EMP dienen sowohl der ausgewogenen sensorischen Stimulation als auch der Fokussierung eines Sinnessystems auf einen oder einige wenige Reize, der Verfeinerung und Differenzierung der Wahrnehmung sowie dem Sich-Einlassen auf die damit verbundenen Empfindungen.[13]

Es wird z. B. mit geschlossenen Augen Klängen im Raum nachgelauscht, Klangwege von sich im Raum bewegenden SpielerInnen erhorcht, aus „Klangwolken" (mehrere Instrumente) ein individueller Leitklang erwählt und mit dem Ohr verfolgt, der/die Lauschende in Klang „eingehüllt". Oder es werden

---

[13] Vgl. RIBKE 1995, Kap. 5

Materialien, Instrumente oder Schlägel mit geschlossenen Augen ertastet und nach Beschaffenheit, Temperatur, Form, Gewicht und Konsistenz wahrgenommen. Balanceübungen, Berührungen an verschiedenen Stellen des Körpers, Körperformen, Stellungen zu und mit einem/einer PartnerIn sowie Bewegungen am Platz und im Raum verbessern das Körperschema, die innere Repräsentation des Körperbildes und die motorische Steuerung.

Ziele, methodische Hinweise und mögliche Effekte auf die SchülerInnen[14] lassen sich für die Erfahrungsebene Sensibilisierung wie folgt beschreiben:

a) Ziel ist, dass die SchülerInnen
   ◦ ihr Wahrnehmungspotential (re-)aktivieren,
   ◦ die Wahrnehmung intensivieren,
   ◦ zu sich kommen, sich nach innen wenden, gleichzeitig aber auch
   ◦ die Außenreize bewusst wahrnehmen,
   ◦ die Sinne sowohl gleichermaßen nutzen als auch
   ◦ eine spezielle Sinnesausrichtung vornehmen,
   ◦ sich ihren freien Assoziationen überlassen.
b) Um diese Ziele zu erreichen, sollte die LP
   ◦ das Material- bzw. Klangangebot bedacht auswählen und dosieren,
   ◦ für eine sinnvolle Raumaufteilung der GM sorgen,
   ◦ eine ruhige, aufmerksamkeitsfördernde Atmosphäre schaffen,
   ◦ einen geeigneten verbalen oder nonverbalen Einstiegsmodus wählen,
   ◦ ein Vorstellungsbild wachrufen,
   ◦ von Bewertungen ganz absehen, lediglich Verhaltenskorrekturen geben.
c) Aus Sicht der GM sind u. a. folgende Erfahrungen möglich, die natürlich so nicht unbedingt bewusst formuliert werden:
   ◦ Ich kann mich angstfrei auf eine Situation einlassen.
   ◦ Ich empfinde Wohlgefühl.
   ◦ Ich erfahre persönliche Zuwendung.
   ◦ Ich konzentriere mich auf mich selbst, meinen/meine PartnerIn, auf die anderen GM.
   ◦ Ich spüre Freiheit in der (Aufgaben-)Bindung.
   ◦ Ich darf individuelle Erfahrungen wertfrei genießen.
   ◦ Ich kann Gefühle äußern, ohne verlacht zu werden.

3.2.2 Exploration

In Explorationsphasen beschäftigen sich die GM im freien Spiel mit einem Objekt oder ihren stimmlichen, körperlichen oder bewegungsmäßigen Möglichkeiten. Sie probieren z. B. die verschiedenen Klangmöglichkeiten und Handhabungen von Instrumenten oder Materialien aus, experimentieren mit der Stimme, Körperbewegungen, -positionen und Fortbewegungsarten – allein oder in Bezug zu einem/einer PartnerIn. Sie nehmen Kontakt auf zu den Darstellungsmitteln, die für den weiteren musikalischen Spielverlauf wichtig sind, eignen sie sich auf selbstbestimmte, vielfältige Weise an und „verarbeiten" sie individuell.

---

[14] Diese Kategorien wurden in einem fachdidaktischen Seminar des Studienschwerpunkts EMP an der Hamburger Hochschule für Musik und Theater zusammen mit folgenden Studierenden erarbeitet: Carina Dorka, Renate Dummert, Corinna Freyer, Anne Schlenkermann, Hans-Georg Spiegel

Ziel ist, dass die GM
- ihre Experimentierfreude entdecken und wecken,
- eine ursprüngliche, kindliche Spielfreude wieder entdecken bzw. aufrecht erhalten,
- Flexibilität im Umgang mit den Darstellungsmitteln erwerben,
- ihre Wahrnehmungs- und Handlungsperspektive weiten und differenzieren,
- eingefahrene Handlungsmuster und musikalische Vorstellungen aufbrechen,
- unvoreingenommen und vorurteilsfrei an Dinge herangehen.

Um diese Ziele zu erreichen, sollte die LP
- für eine angemessene Raumaufteilung sorgen,
- die Einführung des Materials (offen daliegend oder verdeckt und zu enthüllen, zu erraten etc.) und
- die Materialverteilung planen,
- eine offene Aufgabenstellung geben und ertragen, dass die Ergebnisse dieser Phase nicht vorhersehbar sind,
- Vorbild sein, d. h. ebenfalls probieren und experimentieren, nicht teilnahmslos daneben stehen,
- die Aktionen der SchülerInnen gut, aber unauffällig beobachten,
- ermutigen, phantasiebetonte Anregungen geben,
- den GM Gelegenheit geben, ihre Ideen den anderen vorzustellen,
- die Aktionen nicht bewerten, sondern Rückkoppelung geben durch Beschreibung der Aktion (z. B.: A schlägt die Trommel mit der flachen Hand, B klopft mit den Fingernägeln gegen den Holzrahmen),
- Imitations- und Echospiele entwickeln,
- die GM verschiedene Ideen aneinander reihen, verknüpfen lassen und zur Improvisation überleiten oder
- einen befriedigenden Ausklang dieser Phase finden.

Aus Sicht der GM sind folgende Erfahrungen möglich:
- Ich erlebe und erkenne, dass ein Objekt vielseitig verwendbar, einsetzbar, spielbar ist, dass es viele Klangmöglichkeiten besitzt; meine Stimme und mein Körper viele Funktionen und Ausdrucksmöglichkeiten haben.
- Es macht mir Spaß, etwas auszuprobieren.
- Ich kann ganz meinen eigenen Intentionen folgen oder binde mich (z. B. in Spiegelspielen) an die Intention eines Partners, einer Partnerin.
- Ich muss Ausdauer entwickeln, damit sich neue Möglichkeiten eröffnen.
- Objekte haben ganz eigene Qualitäten.
- Ich kann aus meinem individuellen Nahraum vor die Gruppe treten.
- Ich bin stolz auf meine Ideen, fühle mich durch die Gruppe bestätigt.
- Ich respektiere die Ideen der anderen und nehme sie auf.

3.2.3 Improvisation

Improvisationen im Ensemblespiel der EMP bedürfen der sorgfältigen Vorbereitung und Planung. Das Handwerk zur Ausführung muss in vorausgegangenen oder immer wieder auftauchenden Explorations- und Übephasen bereitgestellt werden und die Aufgabenstellung eine klare musikalische Orientierung bieten. Improvisation – insbesondere Gruppenimprovisation – braucht einen festen Rahmen, ein Gerüst, in dem Freiräume von den GM selbstständig ausgefüllt werden können. Die Rahmenbedingungen werden meist – besonders bei jüngeren SchülerInnen – von der LP gesetzt; davon ausgehend werden unter Beteiligung der GM Darstellungsmittel, Arten der Klang- und/oder Bewegungshandlungen sowie die Grade von Bindung und Freiheit festgelegt. Rahmenbedingungen sind vor allem Impulse, die die Vorstellungskraft der GM fördern, ihnen einen gemeinsamen Leitfaden geben.[15]

Die Impulse zur Improvisation lassen sich folgendermaßen kategorisieren:

1) Außermusikalische Vorlagen

- **Texte**: z. B. Geschichten, Gedichte, Verse, bei stimmlichen/sprachgebundenen Improvisationen auch Worte, Silben, Sprichwörter, Alltagstexte.
  Texte, die beispielsweise als Grundlage einer Klanggeschichte gewählt werden, dienen als Leitfaden, erwecken Assoziationen und lenken die musikalischen Ideen der SpielerInnen. Ziel ist es sicherlich nicht, dem Text eine musikalische Geräuschkulisse zuzugesellen, vielmehr sollte der Klangverlauf *ohne* Text gespielt eine autonome musikalische Wirkung entfalten können, die auf der Entwicklung von Spannungsbögen, Klangfarbenkombinationen und -wechseln, rhythmischen Energien, differenzierter Dynamik u. v. a. mehr beruhen kann.
- **Bilder**:[16] z. B. Gemälde, Zeichnungen, innere Bilder, Fotos, Szenerien.
  Hier kann besonders das Atmosphärische, die Art der Anmutung, Umsetzungsideen auslösen, ebenso figurative und formale Elemente, Proportionen, Linienführung, Farbgebung und Farbintensität, Nuancierung; ferner kann das Dargestellte oder vom Betrachter in das Bild Hineininterpretierte in Klang transformiert werden.
- **Naturerscheinungen**: z. B. die vier Elemente, Landschaftsbilder, Unterwasserwelt, Wolken, Wetter.
  Diese Phänomene werden eher als Titel benannt und durch die Assoziationen der GM detaillierter ausgeschmückt.
- **Soziale Konstellationen**: z. B. allein, gemeinsam, nacheinander, durcheinander, gegeneinander, geordnet, vereinzelt, isoliert.
  Modi des sozialen Miteinanders lassen sich in unmittelbarer Analogie musikalisch und bewegungsmäßig ausspielen, wobei die mit den verschiedenen Konstellationen verbundenen individuellen und kollektiven emotionalen Befindlichkeiten besonders betont werden können.
- **Freie, möglichst phantasiegespeiste Titel und Vorstellungsbilder** aller Art.

2) Musikalische Vorgaben

Auch bei phantasiegeleiteten Improvisationsaufgaben (s. 3.2.3, Punkt 1) stellen sich strukturierte Abläufe ein, die sich entsprechend musikalischen Formprinzipien beschreiben lassen. Bei dem Impuls „Musikalische Vorgaben" stehen Kate-

---

[15] Vgl. RIBKE 1999
[16] Vgl. HASELBACH 1991

gorien wie Wiederholung, Ostinato, Kontrast, Episode, Steigerung, Abbau, harmonische Fortschreitung und Form von Anfang an im Blickpunkt, sie werden zunächst praktisch und auf allen Darstellungsebenen erfahren, um dann Vorlage z. B. für eine instrumentale Improvisation zu werden.

- **Parameter**: z. B. Dynamik, Tempo, Dauer, Rhythmus, Klangfarbe, Artikulation, Lage, Dichte, Tonhöhe.
  Diese Bewegungsebenen von Musik können jeweils in ihren Polen dargestellt, in kontinuierlichen Auf- und Abbauprozessen oder in sprunghaften Wechseln auf der Leiste von Mehr oder Weniger durchmessen werden. Ferner können Verknüpfungen von Parametern abgesprochen werden. Besonders reizvoll ist es, den Klangverlauf sich aus dem Spielprozess der Gruppe heraus organisieren zu lassen – ohne Zeichengebung oder Signale von der LP.
- **Schemata**: z. B. rhythmische oder melodische Patterns, Tonalität, Tonraum, harmonische Folgen, Anzahl und Länge der Phrasen, Taktarten und -wechsel.
  Die jeweils vorgegebenen Schemata sollten den GM vertraut sein, sie geben Sicherheit und Raum für einen/eine evtl. über einem Tutti oder nach einem Break improvisierende/n SolistIn.
- **Formen**: z. B. dreiteilige Liedform, Rondo, Tänze, Variationen, Suite.
  Diese Bauprinzipien sind nur formal an „große" Vorbilder angelehnt, sie können mit jedem der Gruppe zur Verfügung stehenden spieltechnischen Aufwand gefüllt werden, also auch mit mehr oder minder bewegten freimetrischen Klangflächen und allen in Kap. 2 genannten Klangerzeugungsmöglichkeiten.

Ziele, methodische Hinweise und mögliche Effekte auf dem GM lassen sich für das Arbeitsfeld Improvisation folgendermaßen beschreiben:

Ziel ist, dass die GM
- Klangverläufe gruppendynamisch steuern,
- Klangvorstellungen entwickeln,
- Spielhemmungen abbauen,
- Freude an der musikalischen Darstellung entwickeln,
- die musikalische und psychosoziale Intensität einer Gruppenimprovisation erleben,
- außermusikalische Themen klanglich interpretieren,
- musikalische Grundphänomene spielerisch und handlungsorientiert erfahren und anwenden,
- in der Exploration herausgefundene Spielweisen anwenden,
- ihre Aufmerksamkeit gleichermaßen nach innen und außen wenden,
- eine Gruppenlösung akzeptieren,
- hervor- und zurücktreten können.

Um dieses Ziel zu erreichen, sollte die LP
- eine offene, ermutigende Atmosphäre schaffen,
- jedes GM und die ganze Gruppe genau wahrnehmen,
- Ideen sammeln, ordnen und auswerten lassen,
- Regeln aufstellen,

- ◦ die abgesprochenen Regeln selbst einhalten,
- ◦ nach den Spielphasen gemeinsame Reflexion ermöglichen, Rückfragen stellen,
- ◦ Vorstellungsbilder intensivieren,
- ◦ das Aufeinander-Hören fördern,
- ◦ weniger die musikalischen Inhalte als evtl. für die Improvisation abträgliches Verhalten regulieren,
- ◦ eine gute Dosierung von Anleiten, Mitspielen, Koordinieren, Moderieren, Beobachten, Verbessern, Zulassen finden.

Aus der Sicht der GM sind folgende Erfahrungen möglich:
- ◦ Ich bin aktive Mitgestalterin/aktiver Mitgestalter eines musikalischen Prozesses.
- ◦ Ich trage Mitverantwortung für den Prozess.
- ◦ Ich kann mit meinen momentan zur Verfügung stehenden Möglichkeiten Musik machen.
- ◦ Ich kann den Prozess durch neue Ideen und Impulse mitsteuern.
- ◦ Ich finde ein Gleichgewicht zwischen Anpassung und Initiative.
- ◦ Ich trete nonverbal mit den anderen GM in Kontakt.
- ◦ Ich kann verschiedene Rollen ausprobieren.
- ◦ Ich kann einen dramaturgischen Bogen, einen musikalischen Spannungsverlauf (aus)halten.

3.2.4 Gestaltung

Stand in der Improvisation deutlich das Prozesshafte im Vordergrund, so geht es in der Gestaltung um die Ausarbeitung eines Produkts, das – insbesondere wenn es aus der Improvisation hervorgegangen ist – jedoch immer noch „Freiheitsinseln" zur spontanen individuellen Ausgestaltung und musikalischen Kommunikation enthalten kann. Details werden geklärt, einleitende, abschließende, neu anhebende musikalische Entwicklungen genauer abgesprochen und geprobt, Überleitungen und evtl. signalgebende Klänge oder Klangfolgen auf ihre Wirkungen hin erforscht und festgelegt. Dabei ist die LP horchend und beobachtend, aber stärker auch steuernd, verbessernd und Lösungsmöglichkeiten anbietend tätig. Gestaltung bringt die Erfahrungen und erprobten musikalischen Handlungsmöglichkeiten vorausgegangener Phasen in Form, sie erlaubt die Wiederholung eines aus einem musikalischen Prozess gestaltgewordenen Produkts. Gestaltung ist Komposition „in vivo", nicht unbedingt an Papier und Bleistift, schon gar nicht an traditionelle Notation gebunden. Sie ist gespeichert in den Spielenden selbst, in ihren Sinnen, in ihrer Wahrnehmung, Empfindung, in der Motorik, in der Vorstellungskraft und in der musikalischen Erinnerung. Ein Handlungsplan, eine Skizze zur Aufstellung der Gruppe oder zur musikalischen Abfolge, selbst gefundene Symbole oder ein „Drehbuch" helfen, die Gestaltungen als Repertoire festzuhalten.

Ziel der Gestaltung ist, dass die GM
- ◦ zielstrebig und produktorientiert arbeiten,
- ◦ exakt und detailliert arbeiten,
- ◦ üben,

- ◦ Ehrgeiz entwickeln,
- ◦ die Grundidee der Vorlage fokussieren,
- ◦ für die Gestaltung adäquate Elemente auswählen und strukturieren,
- ◦ Verbindlichkeiten anerkennen,
- ◦ sich mit dem gemeinsamen Produkt identifizieren.

Um diese Ziele zu erreichen, sollte die LP
- ◦ die Gestaltungselemente absichern,
- ◦ Formungsvorschläge machen,
- ◦ den Themenbezug gewährleisten,
- ◦ evtl. optische Hilfen geben (Skizzen, Strukturbilder),
- ◦ Details ausarbeiten, Übergänge ausfeilen, musikalische Verständigungs-möglichkeiten erarbeiten,
- ◦ gezieltes und präzises Feedback geben,
- ◦ evtl. Feedback per Video oder Tonaufnahme geben,
- ◦ korrigieren, bessere Umsetzungsmöglichkeiten zeigen,
- ◦ Aktions- und Beobachtungsgruppen einander abwechseln lassen,
- ◦ Spielen und Reflektieren in ein ausgewogenes Verhältnis setzen.

Aus der Sicht der GM sind folgende Erfahrungen möglich:
- ◦ Ich trage das Musikstück mit, spiele eine wichtige Rolle.
- ◦ Es macht Spaß, sich für eine gemeinsame Sache zu engagieren.
- ◦ Ich möchte etwas leisten.
- ◦ Ich erfahre, dass Üben Erfolg bringt.
- ◦ Ich muss mich konzentrieren und mir Mühe geben, damit die Gestal-tung erfolgreich verläuft.
- ◦ Ich kann an einer Sache „dranbleiben".
- ◦ Ich kann mich einer Gesamtidee unterordnen.
- ◦ Ich muss mich sachorientierter Kritik stellen.
- ◦ Ich stehe hinter unserem gemeinsamen Produkt.

3.2.5 Reproduktion

Lieder, Liedbegleitungen, Tänze, Sprechstücke, Instrumentalsätze haben einen festen Platz im EMP-Ensemblemusizieren. Der wesentliche Unterschied zu den vorher analysierten Musizierfeldern besteht darin, dass die LP eine feste Vorstellung von dem Produkt – sei es selbst entworfen oder der Literatur entnommen – hat und die Haupttätigkeit jetzt das Einstudieren ist. Darin nun muss sie methodische Kreativität entfalten, zumal das Austeilen von (Noten-)Texten nie den Anfang der Einstudierungsarbeit bildet – im Gegenteil: In der EMP kann auch reproduktives Musizieren ganz ohne Notenvorlage auskommen, vielleicht dient das Blatt dem Wiedererkennen von bereits Musiziertem oder es wird lediglich als Gedächtnisstütze für den „Hausgebrauch" oder weiteren Unterricht ausgegeben.

Die Einstudierungswege werden je nach Art des Produkts, sei es ein Lied, Tanz oder mehrstimmiges Sprechstück, ganz unterschiedlich aussehen. In jedem Fall sollte die LP wesentliche Elemente des Produkts als frei zu erfahrendes Spielmaterial in die Gruppe geben und dieses in einem multimedialen Spielraum sich entfalten lassen. Tempo, Metrum und Taktarten können über die Fortbewegung oder in Klanggesten oder über die Sprache erfahren werden, auch wenn das angezielte Endprodukt ein Instrumentalsatz oder ein Tanz ist; Bewegungsartikulation, Klatschspiele, Mouthpercussion oder das Spiel auf Rhythmusinstrumenten können in ein Sprechstück münden; Gesten, Raumwege, Bodypercussion und Sprachrhythmen können einen Instrumentalsatz oder ein Lied vorbereiten.

Die Wege zur Reproduktion speisen sich aus allen Ausdruckmitteln und allen Erfahrungsfeldern der EMP. Inhaltliches wird zur mehrkanaligen Bearbeitung und Aneignung angeboten, aktiv Erfahrenes verdichtet sich im Laufe der Einstudierung zum Produkt.

Ziel der Reproduktion ist, dass die GM
- Spaß am gemeinsamen Singen, Tanzen, Musizieren haben,
- zuhören, beobachten und übernehmen können,
- Fertigkeiten üben und abrufen können,
- sich eine vorgegebene Form zu Eigen machen,
- eine vorgegebene Form mit persönlichen Empfindungen füllen,
- Sicherheit empfinden,
- stolz auf das „Gekonnte" sind,
- sich ein Repertoire aneignen,
- Kulturgut verinnerlichen.

Um diese Ziele zu erreichen sollte die LP
- die Einstudierungsmodalitäten überlegen (s.o.),
- das Stück in sinnvolle Abschnitte unterteilen,
- überlegen, wie sie das Werk vorstellt: als Ganzes, abschnitts- oder phrasenweise, oder Einzelmotive verkettend,
- prägnante Elemente bzw. Abschnitte als Ausgangspunkt der Einstudierung wählen (z. B. Rhythmus, Refrain, Text),
- möglichst nonverbal, körpersprachlich oder musizierend anleiten,
- sich als prägnantes Modell anbieten,
- Imitations- und Echospiele entstehen lassen,
- musikalische Hilfsmittel einsetzen (z. B. Solmisation, Rhythmussprache, Tonhöhengestik, Texte zur Begleitung von Schritt- und Schlagmustern, Tanzmelodie im Übetempo mitsingen),
- Hilfestellungen geben, die SchülerInnen musikalisch unterstützen,
- durch das eigene musikalische Tun korrigieren, nur kurze verbale Hinweise geben.

Aus der Sicht der GM sind folgende Erfahrungen möglich:
- Ich habe Spaß am gemeinsamen Musizieren und Tanzen.
- Ich fühle mich einem bestimmten Personenkreis, einer Gruppe, einer Kultur zugehörig.
- Ich fühle mich sicher und geborgen.
- Ich kann genau beobachten und nachmachen.
- Ich kann mir etwas merken und es wiedererkennen.
- Ich kann etwas überzeugend und angemessen darstellen.

◦   Musik erweckt Gefühle in mir und ich kann meine Gefühle auf Musik
     übertragen.
◦   Ich kann Musik interpretieren.

Literatur

BERZHEIM, NORA / MEIER, URSULA: Aus der Praxis der elementaren Musik- und Bewegungserziehung. Singen – Tanzen – Musizieren. Donauwörth 1977

BERZHEIM, NORA: Kinder gestalten mit Sprache, Gestik, Musik und Tanz. Donauwörth 1982[2]

FRIEDEMANN, LILLI: Kollektivimprovisation als Studium und Gestaltung Neuer Musik. Wien 1969

dies.: Einstiege in neue Klangbereiche durch Gruppenimprovisation. Wien 1973

dies.: Trommeln – Tanzen – Tönen. Wien 1983

HANDERER, HERMANN / SCHÖNHERR, CHRISTINE: Körpersprache und Stimme. Praktische Beispiele zur
Verbindung von Mimik, Gestik, Bewegung, Getast und Stimme im Unterricht. München 1994

HASELBACH, BARBARA: Improvisation, Tanz, Bewegung, Stuttgart 1976

dies.: Tanz und Bildende Kunst. Modelle zur Ästhetischen Erziehung. Stuttgart 1991

HOLZHEUER, ROSEMARIE: Praxishilfen zur Musik- und Bewegungserziehung für Kindergarten und
Grundschule. Bd. 1: Sensibilisierung; Bd. 2: Gestaltung. Donauwörth 1980

KELLER, WILHELM: Einführung in „Musik für Kinder". Mainz 1963

MEYER-DENKMANN, GERTRUD: Klangexperimente und Gestaltungsversuche im Kindesalter. Wien 1970

dies.: Struktur und Praxis Neuer Musik im Unterricht. Wien 1972

NEJATI, NICOLA: Ensembleunterricht für Streicher von Anfang an. In: ESTA-Nachrichten H.
42/1999, S. 26-42

NIERMANN, FRANZ (Hrsg.): Elementare musikalische Bildung. Grundfragen – Praxisreflexionen –
Unterrichtsbeispiele. Wien 1997

NIMCZIK, ORTWIN/RÜDIGER, WOLFGANG: Instrumentales Ensemblespiel. Übungen und Improvisationen – klassische und neue Modelle. Regensburg 1997

ORFF, CARL/KEETMAN, GUNHILD: Musik für Kinder Bd. I – V. Mainz 1953

PÖRSEL, ORTFRIED: Die Wetterhexe. Neue Klanggeschichten für Musik- und Grundschule. Boppard 1999

RIBKE, JULIANE: Elementare Musikpädagogik. Persönlichkeitsbildung als musikerzieherisches Konzept. Regensburg 1995

dies.: Vom Sinn der Sinne. Die Erschließung musikalischen Verhaltens in der Elementaren Musikerziehung. In: Dokumentation zum Musikschulkongress Hamburg 1995. Bonn 1996, S. 132-139

dies.: Qualitäten kindlicher Wahrnehmung und Neue Musik. In: Üben & Musizieren I I. 4/1998, S. 6 13

dies.: Spielpläne zur Improvisation. In: Üben & Musizieren H. 2/1999, S. 14-21

RICHTER, CHRISTOPH: Das Elementare ist das Letzte. Zur Bedeutung des Elementaren (in) der Musik
und für den Musikunterricht. In: Musik & Bildung, H. 3/1996, S. 37-41

SCHAFER, MURRAY R.: Schöpferisches Musizieren. Wien 1971

ders.: ... wenn Wörter klingen. Das neue Buch vom Singen und Sagen. Wien 1972

SCHAEFER, GUDRUN: Rhythmik als interaktionspädagogisches Konzept. Solingen 1992

SCHWABE, MATTHIAS: Musik spielend erfinden. Improvisieren in der Gruppe für Anfänger und
Fortgeschrittene. Kassel 1992

ders.: Kompetenz durch Kreativität. Chancen musikalischer Gruppenimprovisation. In: Üben &
Musizieren H. 2/1999, S. 8-13

STECHER, MICHAEL: Das Lernen des Einen ist das Lernen des Anderen. In: Dokumentation zum
Musikschulkongress Hamburg 1995. Bonn 1996, S. 64-75

STERN, DANIEL: Die Lebenserfahrung des Säuglings. Stuttgart 1992

Zur Didaktik und Methodik des Ensemblespiels in der Musikschule

Ulrich Mahlert

In einem Brief an Carl Friedrich Zelter vom 9. November 1829 hat Goethe die berühmten, immer wieder zitierten Worte über das Streichquartettspiel formuliert: *„Man hört vier vernünftige Leute sich untereinander unterhalten, glaubt ihren Diskursen etwas abzugewinnen und die Eigentümlichkeiten der Instrumente kennen zu lernen"* (zit. nach Finscher 1998, Sp. 1926). Seither (und auch schon vorher) ist das Spielen im Ensemble vielfach idealtypisch mit einem kultivierten Gedankenaustausch gleichberechtigter Partner verglichen worden. Zwar stimmt das Bild nicht ganz: Bei einer zivilisierten Unterredung spricht normalerweise jeweils nur *ein* Anwesender, während beim Ensemblemusizieren meist mehrere Parts zusammen erklingen und das Alternieren einzelner Spieler eher die Ausnahme bildet. Trotzdem kann der Vergleich als Hinweis auf prinzipielle wünschenswerte Eigenschaften und Qualitäten von musikalischen Ensembleformationen verstanden werden, an die in diesem Beitrag hauptsächlich gedacht ist: kleinere Gruppierungen, die ohne Dirigent musizieren. Sie überwiegen im Bereich des Ensemblespiels an Musikschulen. Bei ihnen gilt bzw. sollte gelten:

- Die Teilnehmer/innen sind *eigenständige, gemeinschaftlich tätige Individuen*, die für ihre einzelnen Beiträge und deren Summe gemeinsam Verantwortung tragen. Sie handeln weder rücksichtslos ichbezogen als „Solisten" noch gleichgeschaltet als kollektive Gruppierung, die gesteuert wird durch einen „Befehlshaber".
- Es herrscht eine prinzipielle *Gleichberechtigung* zwischen ihnen, d. h. alle sind gleichermaßen mitspracheberechtigt – auch dann, wenn ihre Parts unterschiedlich gewichtet sind.
- Sie *hören einander intensiv zu* – auch dann, wenn sie gleichzeitig spielen.
- In ihrem Spiel nehmen sie *sorgfältig aufeinander Bezug*.
- Sie sind *miteinander verbunden* durch zwischenmenschliche Sympathie und durch das Interesse an einer gemeinsamen Sache. Dabei kann es durchaus zu verschiedenen Meinungen, persönlichen Profilen und zu Auseinandersetzungen kommen (und zwar beim Musizieren sowohl im kompositorisch realisierten Verhältnis der Stimmen untereinander wie auch in der gemeinsamen Arbeit an der Musik); solche Divergenzen werden jedoch in einer partnerschaftlichen Weise und unter Einhaltung musikalischer wie zwischenmenschlicher Spielregeln ausgetragen.

Individualität und Teamgeist bilden beim Ensemblespiel keine Gegensätze. Sie sind hier vielmehr die Bedingungen eines künstlerisch und sozial befriedenden Zusammenwirkens. Anders dagegen beim Orchesterspiel. Hier hat die Individualität der Spieler zurückzutreten. Drastisch ausgedrückt:

*„Das ‚Los' eines jeden Orchestermusikers [....] verlangt die unbedingte Unterord-
nung unter die Anweisungen des ‚Diktators' am Pult. [....] Die eigentliche Kunst des
Orchestermusikers war und ist es, sein eigenes Ego in die Schublade zu stecken und der
Gesamtheit, in diesem Fall dem Orchester, zu dienen."* Allerdings: *„Je größer und
überzeugender die Persönlichkeit am Pult ist, desto einfacher fällt es einem, diese Haltung zu bewahren."* (KLUGE/BREM 1999, 13)

Unter dem Vergleichsaspekt des Gesprächs kann das Ensemblespiel als Modell eines wünschenswerten gesellschaftlichen Verhaltens gelten, das quer steht
zu den gegenwärtig um sich greifenden, öffentlich sanktionierten modischen
(Pseudo-)Kommunikationsformen. Viele Talkshows etwa sind dadurch gekennzeichnet, dass ihre Teilnehmerinnen und Teilnehmer durchweg gegen die erwähnten Ensemblequalitäten verstoßen: Die Anwesenden reden vielfach durcheinander und aneinander vorbei, sie versuchen sich zu übertönen, mundtot zu
machen, geben sich nicht die Möglichkeit, die jeweiligen Gedanken zu entfalten, sondern überrumpeln einander; sie hören sich nur oberflächlich oder gar
nicht zu, wobei ihre Körpersprache verrät, dass sie trotz der durch die Ge-
sprächsrunde vorgegebenen Gemeinschaft gegeneinander eingestellt sind; sie
belauern sich auf der Suche nach Schwachstellen, die die Möglichkeit zu einer
um so blendenderen, argumentativ jedoch häufig unzureichenden Selbstdar-
stellung der eigenen Persönlichkeit bieten.

Dass Ensemblespiel prinzipiell, also auch über den musikalischen Wir-
kungszusammenhang hinausreichend, teamfähig macht, wird schwer exakt zu
beweisen sein. Es ist jedoch anzunehmen, dass das Erlernen und Üben einer
künstlerisch wie sozial derart anspruchsvollen Tätigkeit auch im sonstigen Leben nicht völlig folgenlos bleiben wird. Jede Ensembleformation bildet eine
„Gruppe", einen beziehungsreichen sozialen Organismus; sie unterliegt damit
gruppendynamischen Prozessen, die auch in anderen Lebensbereichen wirksam sind. *„Gruppe ist ein Stück Welt auf Zeit."* (LANGMAACK/BRAUNE-KRICKAU,
zit. nach KLÖPPEL/VLIEX 1992, 88) Das gilt in besonderer Weise auch für musikalische Ensembles. In einer solchen Gruppe wird „Welt" dreifach lebendig: als
klangliche Realisierung der erarbeiteten Musik (d. h. im Spiel), in der Beschäftigung und Auseinandersetzung der Mitspieler mit ihr (d. h. im Besprechen,
Proben) sowie überhaupt in der Art und Weise, wie die Beteiligten – musikbezogen und „außermusikalisch" – miteinander umgehen.

Die Schwierigkeiten, zu einem niveauvollen Musizieren im Ensemble anzuleiten, liegen nach dem Gesagten auf der Hand. Lehrende, die mit Ensembles
arbeiten, müssen das pädagogische Kunststück vollbringen, den Mitgliedern
die Fähigkeiten zu sensibler musikalischer Interaktion zu vermitteln und
gleichzeitig ihre Individualität, Initiative und Verantwortlichkeit zu fördern –
was bedeutet, dass die Leitung bzw. besser die Betreuung von Ensembles nicht,
jedenfalls nicht dauerhaft, durch ein dominierendes und direktives Lehrerver-
halten zu leisten ist. Als mündig kann ein Ensemble erst dann gelten, wenn es
nicht nur versteht, das interaktive Gefüge der Musik klanglich zu verwirklichen, sondern wenn es auch imstande ist, diese Darstellung selbständig zu erarbeiten. Eine gelungene Kammermusikaufführung etwa, bei dem die Akteure lediglich fremdbestimmt Gelerntes umsetzen, verwirklicht das Ideal des Ensemblespiels nur defizitär.

Musikschulen bieten schier unabsehbare Möglichkeiten für das Musizieren in Ensembles. An keiner anderen musikpädagogischen Institution existiert eine vergleichbare Vielfalt von Formationen. Die Notwendigkeit einer differenzierten Ensembledidaktik stellt sich daher im Blick auf die Musikschulen in besonderem Maße. Gleichzeitig besteht die Schwierigkeit, die Fülle der Gruppierungen übergreifend didaktisch zu bedenken. Im Folgenden sollen zunächst einige prinzipielle Aspekte des Ensemblespiels an Musikschulen angesprochen werden, bevor unmittelbare didaktische und methodische Fragen ins Blickfeld rücken.

Differenzierung und Aufwertung des Ensemblespiels

Gemeinschaftliches Musizieren war von Anfang an ein Hauptanliegen der deutschen Musikschulen. Bei den frühen Musikschulen, die in den zwanziger Jahren aus der Jugendbewegung und der Reformpädagogik hervorgingen, standen einerseits chorisches Singen, andererseits instrumentales Gruppenmusizieren hauptsächlich auf Streichinstrumenten, Blockflöten und Lauten im Mittelpunkt des Unterrichts. Das Hauptrepertoire bildeten die barocke und vorbarocke „alte" Musik sowie die neuentstandenen Sing- und Spielmusiken. In der Abkehr insbesondere von der hochartifiziellen, subjektiv geprägten, als bürgerlich-dekadent verpönten romantischen Musik zeigte sich eine anti-individualistische Ausrichtung der musikpädagogischen Bestrebungen, deren Intentionen vor allem auf die Entwicklung eines kollektiven Gemeinschaftsgefühls zielten. (FRITZ JÖDE etwa sah *„den eigentlichen Sinn"* seiner modellhaften Berliner Jugendmusikschule *„im menschlichen Zusammenschluß unter edlem und veredelndem Gesang"*; JÖDE 1928, zit. nach HEMMING 1977, 64.) Erst in den sechziger Jahren überwanden die Musikschulen die Gemeinschaftsideologie der Jugendmusikbewegung. Instrumentalisten wurden nun nicht länger in der Orientierung am mittelalterlichen Zunftwesen *„Spielleute"* (JÖDE 1928, zit. nach HEMMING 1977, 60) genannt, und ebenso verschwand die dezidierte Abwendung *„von einer Nachahmung des Konzertmäßigen"* (JÖDE/REICHENBACH/REUSCH 1927, zit. nach HEMMING 1977, 66). Nach und nach hielten alle Arten von Ensembleformationen verschiedenster Repertoirebereiche Einzug in die Musikschule.

Eine bemerkenswerte Entwicklung zeigt sich, wenn man die Strukturpläne des Verbands deutscher Musikschulen von 1967 und 1998 miteinander vergleicht. Im früheren Strukturplan sind für den Unterricht in Unter-, Mittel- und Oberstufe zwei Bereiche benannt:

a) Einzelunterricht im Hauptfach,
b) Ergänzungsfächer.

A 2

GRAFIK ZUM STRUKTURPLAN

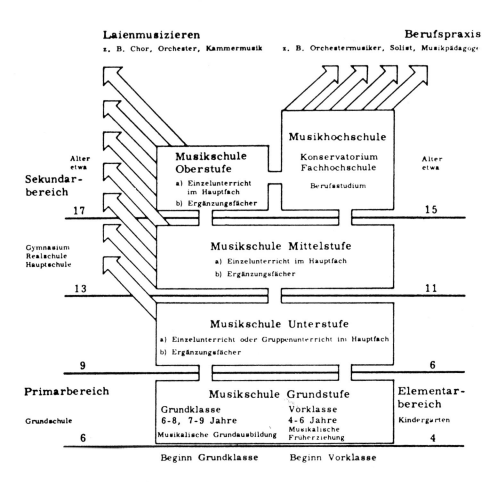

Beispiel 1: Alter Strukturplan des VdM (Grafik in HEMMING 1977, 290)

Das Ensemblespiel ist hier Bestandteil der „Ergänzungsfächer", die außerdem Musiklehre und Hörerziehung, Singgruppen und Chöre, Orchester sowie musikalisch-rhythmische Erziehung beinhalten. Der Strukturplan schreibt die Teilnahme an einem Ergänzungsfach als verbindlich vor. Somit konnte in Ergänzung zum Hauptfachunterricht zwischen Musiklehre und Kammermusik oder Orchester gewählt werden. Grundlegend war in jedem Fall die Modellvorstellung, dass der „eigentliche" Unterricht im Hauptfach das Kernstück der Ausbildung darstellt und eine „Ergänzung" erfährt durch ein zusätzliches Fach. Anders verhält es sich im Strukturplan von 1998.

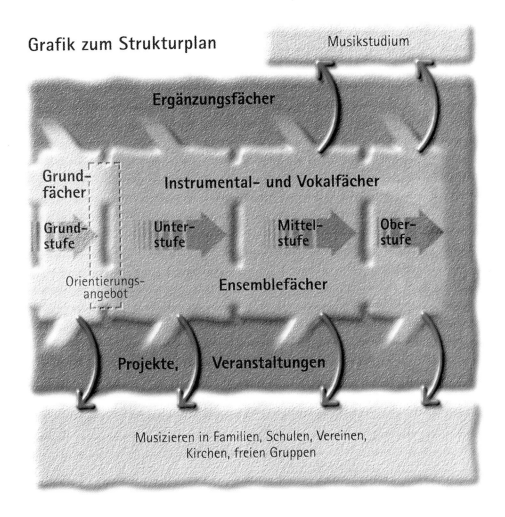

Beispiel 2: Neuer Strukturplan des VdM (Verband deutscher Musikschulen 1998)

Er ersetzt die Bezeichnung „Einzelunterricht im Hauptfach" durch „Instrumen-
tal- und Vokalfächer" und unterscheidet überdies deutlich zwischen Ensemble-
und Ergänzungsfächern, und zwar so, dass erstere den Instrumental- und
Vokalfächern gleichberechtigt gegenübertreten, während letztere in den Hintergrund rücken. Vorgesehen ist der Besuch des Instrumental- und Ensembleunterrichts von Anfang an. Über die Bedeutung der Ensemblefächer führt der
Strukturplan von 1998 aus:

„*Ensemblefächer sind ein integraler Bestandteil des Unterrichtskonzepts der Mu-
sikschule, und zwar in allen Leistungsstufen. Das Zusammenspiel muß in seinen
Techniken und Regeln ebenso erlernt und geübt werden wie das Instrumentalspiel und
Singen selbst. Erst die Befähigung dazu ermöglicht eine eigenständige Beteiligung am
aktiven Musikleben. Im gemeinsamen Musizieren werden kommunikative und soziale
Kräfte, die zum Wesen der Musik gehören, erlebbar, wirksam und lernbar.*

Kontinuierliche Ensemblearbeit bildet daher an der Musikschule mit dem Unterricht im Instrumental- bzw. Vokalfach eine aufeinander abgestimmte Kombination und Einheit. Der Besuch des Instrumental-(Gesangs-)Unterrichts und eines Ensemblefachs verbindet von Anfang an individuellen Fortschritt und Einbindung in gemeinsame Musizierpraxis und stellt ein besonderes Merkmal der Musikschularbeit dar. Eine Vielzahl vokaler und instrumentaler Ensembles unterschiedlicher Besetzungen und stilistischer Prägung gehört zum verbindlichen Unterrichtsangebot der Musikschule."

Die Aufwertung der Ensemblefächer kehrt das ehemalige Verhältnis von Hauptsache und Ergänzung geradezu um, indem der instrumentale Einzel- oder Gruppenunterricht nun von Anfang an auf das Ensemblespiel hin angelegt ist. In der neuen Perspektive *„‚ergänzt' der Instrumentalunterricht gewissermaßen das Ensemblespiel: Er schafft die Voraussetzungen, vermittelt die Techniken, bietet eine individuelle Betreuung, baut systematisch und längerfristig auf, was beim Spiel eingesetzt werden soll."* (WÜSTER 1995, 171) Die intendierte Verschränkung von Instrumental- und Ensembleunterricht macht es nötig, auch den traditionellen Einzelunterricht mehr als bisher üblich auf die Vermittlung von Ensemblefähigkeiten auszurichten. Förderlich ist die Bemühung, Ensemblemomente in möglichst vielen Aktivitäten des Musizierens und des instrumentalen Lernens aufzuspüren.

Anregungen zu einem weitgefassten Verständnis des Begriffs Ensemble

Dem französischen Wort *ensemble* liegt das lateinische *simul* zugrunde; es bedeutet: *unter einem, zusammen, zugleich, zur selben Zeit*. Das Wort *Ensemble* kann adverbial und substantivisch benutzt werden. *Ensemble* als Adverb meint: *zusammen, miteinander, gemeinsam*; als Substantiv reicht der Bedeutungsspielraum von: *das Ganze, die Gesamtheit, das Zusammenwirken, das Zusammenspiel* bis hin zu *Harmonie, Einigkeit*. Auch musikspezifisch kommt der adverbiale wie der substantivische Gebrauch des Worts *ensemble* vor: *jouer ensemble* heißt *zusammenspielen*; *Ensemble* als Substantiv lässt sich entweder auf die Spielenden oder auf die Musik selbst beziehen. Im Begriff Ensemblespiel sind alle drei Bedeutungsfacetten hörbar: Man spielt ein Ensemblestück gemeinsam als Ensemble. Es gibt kein deutsches Wort, das diese Bedeutungsvielfalt zum Ausdruck brächte.

Während das lateinische *simul* die bloße zeitliche Übereinstimmung verschiedener Phänomene meint, akzentuiert das französische *ensemble* darüber hinaus einen bestimmten Geist der Gemeinsamkeit: eine innere Verbundenheit, ein vertrauensvolles Zusammenwirken – den Ensemblegeist eben, der gerade beim Musizieren in so hohem Maß gefordert ist. WOLFGANG RÜDIGER hat eine Reihe „psychischer Dispositionen" benannt, die die Grundvoraussetzungen eines guten Ensemblespiels bilden:

- *Vertrauen, Offenheit und Einfühlung in den anderen (ein ‚offenes Ohr' im menschlichen und musikalischen Sinn des Wortes),*
- *individuelles Wachsen und Zusammenwachsen des Ensembles,*
- *Verständnis für die Stärken und Schwächen der anderen,*
- *stetes Voneinanderlernen und wechselseitige Inspiration,*

- *Geduld und langer Atem für die gemeinsame Erarbeitung von Musik,*
- *Nähe und Distanz, Respekt und Freundschaft.* (RÜDIGER 1997, 232)

All diese Faktoren können als persönlichkeitsfördernde Ziele des Ensemble-musizierens betrachtet werden.

Lehrerinnen und Lehrer an Musikschulen wirken mit vielen Menschen zu-sammen („ensemble"): in der Hauptsache sind es die Schülerinnen und Schüler, deren Eltern sowie die Kolleginnen und Kollegen. All die dadurch bedingten Beziehungen können sich um so produktiver gestalten, je mehr es den Lehren-den gelingt, in die jeweilige Gruppierung einen spezifischen Ensemblegeist hi-neinzutragen, d. h. mit Phantasie und Sensibilität die genannten menschlichen Qualitäten zu entfalten. Ensemblefähigkeiten lassen sich also sehr wohl bereits außerhalb der unmittelbaren musikalischen Arbeit in bestimmten „Besetzun-gen" üben. Und obwohl das Rollenverhältnis etwa zwischen Lehrer und Schü-ler nicht auf prinzipieller Gleichberechtigung beruht, können Lehrer auch in diesem zwischenmenschlichen Kontakt Ensembletugenden praktizieren, die den Partner in seinen Möglichkeiten voranbringen. Je mehr dies glückt, um so eher wird der Unterricht auch für den Lehrenden inspirierend, fachlich wie per-sönlich förderlich wirken.

Die Idee des Ensembles erweist sich als eine höchst konstruktive Leitvor-stellung für alle möglichen Arten menschlichen Zusammenwirkens, gerade auch für pädagogische Verhältnisse. Die Hauptvoraussetzung für die Fähigkeit, mit anderen gemäß dieser Leitvorstellung umzugehen, dürfte in einem *geklärten Umgang des Einzelnen mit sich selbst* bestehen. Denn: *„Die innere Dynamik im See-lenleben des Menschen entspricht in weiten Teilen der Dynamik, wie sie sich in Gruppen und Teams ereignet."* (SCHULZ VON THUN 1998, 64). Somit ist der Ensemblegedan-ke mit großem Gewinn nicht nur inter-, sondern auch intra-individuell anzu-wenden. Jede Person ist ja nicht einfach als ein widerspruchsfreies Subjekt mit sich identisch, sondern fühlt beständig verschiedene, mitunter heftig gegenei-nander wirkende Regungen, Stimmen, Akteure in sich. Im Blick auf die Persön-lichkeitsziele der Mündigkeit und der Reife steht jeder Mensch vor einer höchst anspruchsvollen Aufgabe: Er bzw. sie muss einerseits lernen, diese verschiede-nen Strebungen in sich wahrzunehmen und zuzulassen (statt sie zu verdrängen, mundtot zu machen, „unterzubuttern"), sodann aber auch sie durch eine Art inneres Konfliktmanagement zu einem Ausgleich zu bringen und ein Handeln zu ermöglichen, mit dem alle Persönlichkeitsanteile leben können. FRIEDEMANN SCHULZ VON THUN spricht vom *„Inneren Team"*, zu dem die konflikthaften Teil-persönlichkeiten unter der Leitung eines *„Teamchefs"*, sozusagen des Oberhaupts der Persönlichkeit, gebildet werden sollen. Der Teamchef sorgt dafür, dass alle inneren Stimmen mit ihren Anliegen und berechtigten Empfindungen zu Wort kommen, dass ein offener und fairer Austausch zwischen ihnen stattfindet und am Ende eine Lösung, d. h. eine Verhaltensweise gefunden wird, der alle inne-ren Regungen zustimmen können, ohne ihr Gesicht zu verlieren.

An einem simplen Beispiel aus der alltäglichen pädagogischen Praxis sei er-läutert, was mit dem „inneren Team" und seinem Management gemeint ist. In einem Elterngespräch über Übeprobleme eines 10-jährigen Mädchens, mit dem die Lehrerin viel über häusliches Üben gesprochen und in den Stunden das

Üben geübt hat, sagt die Mutter, ihre Tochter in Schutz nehmend, mit etwas blasierter Stimme, im Ton einer schlichten Feststellung: „Mein Kind hat einfach keine richtige Lust zu üben." Pause. Die Lehrerin runzelt die Stirn. Sie empfindet widerstreitende Gefühle, die ihr eine Antwort schwer machen. Hier einige der möglichen inneren Stimmen:

- Da ist vor allem die *selbstbewusste anspruchsvolle Pädagogin.* Sie meldet sich lautstark zu Wort: „Liebe Frau, es beleidigt mich, dass eine meiner Schülerinnen zu einer so kostbaren Sache wie der Musik einfach keine Lust hat – zumal ich mir viel Mühe mit ihrer Tochter gegeben habe. Ich finde es auch empörend, dass Sie meinen Unterricht offenbar für langweilig halten. Wissen Sie eigentlich, wen Sie vor sich haben? Eine Unverschämtheit, was Sie da so einfach sagen. Sorgen Sie doch lieber mal dafür, dass bei Ihnen zu Hause regelmäßig geübt wird, statt die arme Kleine so lauwarm-gleichgültig in Schutz zu nehmen."
- Dagegen steht die *Realistin.* Sie sagt: „So ist das nun mal mit Kindern in diesem Alter. Reg dich doch nicht so auf über dieses Mädchen und seine Mutter. Es muss ja auch nicht mit allen Schülern gleich intensiv gearbeitet werden. Außerdem: Lieber nicht riskieren, dass es zum Bruch kommt. Sieht nach außen hin ja auch immer ungut aus, wenn eine Schülerin die Klasse verlässt ..."
- Irgendwo im Hintergrund regt sich die *Familientherapeutin* (übertönt durch die selbstbewusste anspruchsvolle Pädagogin): „Ich habe deutlich das Gefühl, dass zu Hause bei Ihnen einiges nicht stimmt. Sie zeigen mir zu wenig Interesse an dem, was mit Ihrer Tochter los ist. Offenbar färbt da was von Ihnen ab: Ihre Tochter wirkt genau so schlaff und müde wie Sie selbst. Wir müssten uns eigentlich mal ausführlich darüber unterhalten, wie es bei Ihnen zu Hause, in Ihrer Familie so zugeht, ich müsste Ihnen die Augen dafür öffnen, was da nach meinem Empfinden für die Entwicklung Ihres Kindes schief läuft ..."
- Vernehmbar ist vielleicht auch die *Anwältin des Kindes* (geweckt durch die Familientherapeutin). Sie sagt: „Vielleicht überfordere ich ja das Kind mit meinen Erwartungen; vielleicht sollte ich bescheidener, geduldiger sein, mich ihm mehr im Gespräch zuwenden, statt mich hauptsächlich über uneingelöste Erwartungen zu ärgern und sauer zu reagieren ..."

Wahrscheinlich entdeckt die vorgestellte Lehrerpersönlichkeit noch weitere innere Akteure, wenn sie genau in sich hineinzuhören gelernt hat. Nicht darum geht es hier, sondern um die Einsicht, dass ein befriedigendes Verhalten der Lehrerin nur möglich wird, wenn sie nicht einfach einer Hauptregung (etwa der der selbstbewussten, anspruchsvollen Pädagogin) folgt und die andern Stimmen mundtot macht, sondern nur dann, wenn sie die Vielstimmigkeit austariert und einen „Tenor" gegenüber der Schülerinmutter findet, von dem sich alle zum Team vereint und vertreten fühlen. Vielleicht könnte eine Antwort so lauten: „Wissen Sie, es ist für mich schon etwas bedrückend, wenn Sie so ohne weiteres sagen: ‚Mein Kind hat einfach keine richtige Lust zu üben'. Ich gebe mir sehr viel Mühe, mir ist die Musik etwas Kostbares, und ich glaube auch, dass das Musikmachen Ihrem Kind gut tun könnte. Ich möchte gern mal mit

Ihnen gemeinsam überlegen, woran es liegen kann, dass Ihr Kind, wie Sie sagen, einfach keine Lust hat. Ich selbst will gern mal meine Ansprüche und meine Arbeitsweise im Unterricht überdenken. Ebenso wichtig aber ist es, dass wir uns Gedanken machen über Ihr Verhalten zu Hause und die Bedingungen, unter denen Ihre Tochter dort üben kann."

Das Innere Team und sein Oberhaupt können in verschiedenen Formationen vorgestellt werden:

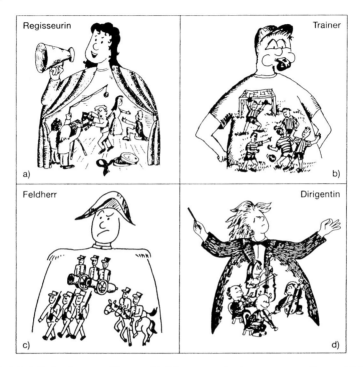

Beispiel 3: Modell des Inneren Teams (Zeichnungen in Schulz von Thun *1998, 111)*

Ensemblecharakter gewinnt das innere Team am ehesten dann, wenn der Leiter kein befehlsgewaltiger Dompteur, sondern ein behutsamer Moderator ist. Dann lernen die inneren Akteure am besten, ihre Anliegen untereinander abzuklären und ihre Individualität ins Spiel zu bringen. Neben den taktstockschwingenden Dirigenten im vierten Bildbeispiel von Schulz von Thun wäre also noch der vermittelnde Ensembleleiter zu stellen, der freilich nicht so leicht als Typ zu skizzieren ist. Die musizierenden Mitglieder des imaginären Ensembles wären auf jeden Fall einander mehr zugewandt als die Orchesterspieler.

Nicht nur im übertragenen Sinn lassen sich Ensemblequalitäten an Musikschulen über das gewohnte Verständnis von Ensemblearbeit hinaus mit Gewinn verwirklichen. Die angesprochenen Verhältnisse zwischen Lehrern untereinander sowie zwischen ihnen, ihren Schülern und deren Eltern bieten auch wichtige Gelegenheiten zu vielfältigen realen *musikalischen* Ensembleaktivitäten. Ein in diversen Gruppierungen zusammen musizierendes Kollegium, in dem fachliche und menschliche Gemeinsamkeit einander bedingen, dürfte eher als eine aus Solipsisten bestehende Lehrerschaft die Voraussetzungen schaffen, dass Schüler verschiedener Klassen sich in Gruppen zusammenfinden und motiviert miteinander Musik machen. Aber auch Eltern und Verwandte von Musikschülern können in musikalische Aktivitäten eingebunden und zu Mitwirkenden besonderer Arten von Ensembles gemacht werden: Gute Gelegenheiten dazu bieten etwa Mitmachstunden und Konzerte, in denen nicht nur die Schüler agieren, sondern auch Eltern und andere üblicherweise nur zuhörend Anwesende bestimmte Aufgaben übernehmen (Anregungen dazu bei WÜSTEHUBE 1996). Aus solchen Projektinitiativen kann für alle Beteiligten eine außergewöhnliche musikalische wie menschliche Bereicherung erwachsen.

Die Vielfalt möglicher Ensembleformationen

Instrumental- und Vokalunterricht an Musikschulen trägt heute sehr unterschiedlichen Schülerinteressen Rechnung. Gerade im Ensemblespiel gehen die Angebote mittlerweile in viele Richtungen hinaus über den traditionellen Kernbereich der „klassischen" Kunstmusik aus dem Zeitraum des 18.-20. Jahrhunderts. An Kriterien für die kaum mehr zu überblickende Vielfalt von Möglichkeiten wären vor allem zu nennen:
- die musikkulturelle, epochenspezifische und stilistische Eigenart der gespielten Musik
- die jeweilige Zusammenstellung von Instrumenten (homogene oder gemischte Gruppierungen) und/bzw. Vokalstimmen
- individuelle oder mehrfache Besetzung der einzelnen Stimmen
- Ensemblegröße
- Spiel mit oder ohne Dirigent
- Einbeziehung weiterer Ausdrucksmedien (z. B. Bewegung, Theater)
- die altersspezifische Zusammenstellung der Teilnehmer (z. B. Spielgruppen im Rahmen des Frühinstrumentalunterrichts, Senioren-Musizieren).

Nur einige der in den vergangenen Jahrzehnten an Musikschulen zusätzlich etablierten Arten des Ensemblespiels sollen eigens erwähnt werden. Vielerlei Angebote bestehen in den Bereichen Jazz, Rock, Pop, Folklore und anderen „U-Musik"-Genres (z. B. sogenannte Volksmusik, Salonmusik u. a.). Besonders in Gebieten mit einem hohen Ausländeranteil bilden Gruppen, in denen Musik verschiedener Kulturkreise geübt und gespielt wird, eine wichtige Bereicherung der Musikschulszene. Solche Gruppen sind oft nicht hermetisch abgeschirmt und nicht eng auf die puristische Pflege eines bestimmten ethnisch geprägten Musikrepertoires ausgerichtet, sondern sie erweisen sich als offen und integrationsfähig, so dass auch interessierte Spieler traditioneller Orchesterinstrumente mitwirken können. Es existieren Ensemblegruppen für Neue ebenso wie für Alte Musik. Neben oder zusammen mit dem Spiel ausnotierter Literatur wird improvisiert: im Jazz, in experimenteller neuer Musik, in der Verzierungspraxis älterer Musik. Neben dem Ensemblespiel auf allen möglichen Instrumenten, in diversen Kombinationen und unterschiedlichen Gruppengrößen von zwei Teilnehmern bis zur Orchesterstärke, von „spielerzentriert" erarbeiteter Kammermusik bis zu direktiv geleitetem Orchesterspiel muss auch das gemeinschaftliche Arbeiten auf den Gebieten von Musik und Bewegung (Rhythmik, Tanz), des Tanz- und des Musiktheaters zum Ensemblespiel im erweiterten Sinn gerechnet werden. „Spielen" beschränkt sich ja nicht auf das instrumentale Agieren. Gerade für das Instrumentalspiel aber wirkt die besagte Erweiterung produktiv: Da es selbst durch Bewegungen hervorgebracht wird und in gewisser Weise als theatralische Aktion begreifbar ist, kann es viele Anregungen durch Bewegung und szenisches Handeln empfangen. Dies zeigt sich bereits im Umgang mit einfachen Instrumenten bei Musik- und Bewegungsübungen im Rahmen der Elementaren Musikerziehung für Kinder im Vorschulalter. Bereits in dieser Phase lassen sich wesentliche Grundfähigkeiten des Ensemblespiels üben: einander aufmerksam wahrnehmen, d. h. aufeinander hören und sehen, gemeinsam atmen, Impulse geben und aufnehmen, homogenes bzw. heterogenes Gestalten musikalischer Verläufe u. a.. Auch hinsichtlich der Lernfelder enthält eine kompetent angelegte musikalische Frühpädagogik in keimhafter Verdichtung verschiedene Tätigkeiten, die sich in späteren Ensembleformen jeweils in besonderer Weise entfalten: singen und spielen, musizieren und bewegen, leiten und folgen, nachspielen, improvisieren, beschäftigen mit Musik unterschiedlichster Stilbereiche, unter Einschluss von Neuer und multikultureller Musik. Die Elementare Musikerziehung beweist, dass musikalische Ensembleaktivitäten kein hochentwickeltes Instrumentalspiel voraussetzen. Eher verhält es sich umgekehrt: Die Grundfähigkeiten gemeinsamen Musizierens sind denkbar günstige Bedingungen, um ein differenziertes, künstlerisch befriedigendes Spiel auf Instrumenten zu erlernen.

Anforderungen an gute Ensembleleitung

Für das Unterrichten von Ensembles im Sinne einer Befähigung zum selbständigen gemeinsamen Arbeiten der Mitwirkenden liegen bisher keine Lehrbücher vor noch besteht bislang eine direkte Ausbildung dafür. Im Studium für musikpädagogische Tätigkeiten im außerschulischen Bereich, d. h. insbesondere an Musikschulen, ist zwar häufig das Fach Ensembleleitung vorgesehen. Dabei handelt es sich jedoch durchweg um Übungen im Dirigieren. Die dort neben Grundlagen der Schlagtechnik vermittelten methodischen Fähigkeiten im sinnvollen Proben kommen gewiss auch einer nicht-dirigentischen Arbeit mit Ensembles zugute. Dirigieren- und direktiv Probenkönnen reicht aber für eine befriedigende Anleitung von Ensembles nicht aus.

Welche Qualitäten sind für eine gute Ensembleleitung in besonderem Maße gefordert? Hier ein Versuch, einige wichtige Komponenten zusammenzustellen.
- Ein guter Ensembleleiter muss selbst vielfältige *Erfahrungen im Ensemblespiel* besitzen: die musikalischen, probentechnischen, gruppen- und kommunikationspsychologischen Bedingungen der gemeinsamen Arbeit in bestimmten Formationen sollten ihm aus erster Hand vertraut sein – und noch mehr: Er sollte sie reflektiert und soweit geklärt haben, dass er auf ihrer Basis als Lehrer sinnvoll handeln kann. Er muss sich in die Rollen der Ensemblemit-

glieder versetzen können. Nur so wird er imstande sein, seine Anweisungen und Hinweise adäquat zu geben.

- Er muss *mit der Spielweise, den Schwierigkeiten und Möglichkeiten der beteiligten Instrumente vertraut sein*, am besten selbst über einige Grunderfahrungen im Umgang mit ihnen verfügen. (Daher wären z. B. im Studium Basiskurse auf Streichinstrumenten auch für Nicht-Streicher wünschenswert.)
- Benötigt wird die *analytische und probenpraktische Fähigkeit*, das Gefüge der Stimmen in deren Wertigkeiten und Funktionen (z. B. führen, begleiten, einander harmonisch ergänzen, miteinander wetteifern ...) zu durchschauen und die Spieler anzuleiten, die einzelnen musikalischen Schichten in methodisch sinnvollen Schritten zu kombinieren.
- Eine kompetente Ensemblearbeit setzt Fertigkeiten im *Arrangieren* von Musik voraus: Stücke umschreiben (z. B. eine Stimme hinzufügen, eine nicht besetzbare Stimme ausgleichen), vereinfachen, Begleitsätze zu Melodien schreiben – dies sind Anforderungen, denen Lehrende besonders im Elementar- und Anfangsbereich gewachsen sein sollten.
- Im Blick auf die unterschiedlichen Profile von Ensembles (musikkulturelle Prägung, Alter, Persönlichkeit der Teilnehmer) brauchen Lehrende ein hohes Maß an *methodischer und rollenspezifischer Flexibilität*. Das Spektrum dessen, was benötigt wird, reicht von direktiver Führung bis zur Fähigkeit, sich weitgehend zurückzunehmen beim Agieren der Teilnehmer und nur dann behutsam als Moderator bzw. Kurskorrektor einzugreifen, wenn sich eine Fehlentwicklung anbahnt. Die Arbeit mit experimentellen Gruppen wiederum erfordert ebenfalls *„nicht so sehr die Rolle des Leiters und des Ein-Studierenden als die des ‚Animateurs', der immer wieder für Anregungen sorgt – und von dem man solche erwartet."* (SCHNEBEL 1993, 163)

Zum Verhältnis von Instrumentalunterricht, Solospiel und Ensembleunterricht

„Gemeinsames Musizieren beginnt im Alltag des Instrumentalunterrichts. Es kann als Anliegen nicht grundsätzlich an zusätzliche Ensemblefächer abgetreten oder erst nach Jahren ausschließlichen Einzelunterrichts angeboten werden." (INGRID KUNZE, in: MEHLIG 1994, 119) Einzel- und Ensembleunterricht verhalten sich deshalb nicht arbeitsteilig zueinander, weil sie nicht einseitig auf die Entwicklung entweder individueller oder interaktiver musikalischer Fähigkeiten ausgerichtet sind. Gerade das Wechselspiel der an einer differenzierten Ensemblearbeit beteiligten Partner fördert und stärkt auch die individuellen musikalischen Qualitäten. Umgekehrt bietet der traditionelle Instrumentalunterricht reiche Möglichkeiten, Ensemblefähigkeiten zu erwerben.

Der in der Instrumentaldidaktik etablierte Begriff *Einzelunterricht* verdient Kritik. Wenn Lehrer und Schüler miteinander arbeiten, dann sind *zwei* Personen beisammen. Von Einzelunterricht kann strenggenommen nur dann die Rede sein, wenn eine Person sich selbst unterrichtet, d. h. wenn sie autodidaktisch lernt. Im vermeintlichen Einzelunterricht einer Zweierbeziehung von Lehrer und Schüler aber formiert sich bereits eine Gruppe und somit ein kleines Ensemble. Diese Tatsache macht es wünschenswert, den Reichtum musikalischer Ensembleaktivitäten gerade auch im traditionellen Instrumentalunterrichts „zu zweit" didaktisch nicht zu verschenken, sondern ihn vielfältig zu nutzen.

Musik ist immer, auch in Sololiteratur, ein „Ensemble" vieler musikalischer Faktoren (Töne, Motive, Phrasen, Themen, Klangregister, Gesten, Ausdrucks-nuancen u. v. a.). Auch solistische Musik lässt sich also als Ensemble verstehen und interpretieren, und zwar im doppelten Sinn: Man kann sie interagierend erkunden und ihre Ensemblestrukturen im Solospiel darstellen. Einige Anre-gungen dazu sollen im Schlussabschnitt über methodische Hinweise zum En-semblespiel gegeben werden. Wenn ein Ausführender etwas von dem struktu-rellen Reichtum eines Solostücks verwirklicht, *spielt* er die betreffende Musik, spielt mit ihr und gleichzeitig mit sich selbst – was um so eher möglich ist, als jeder Mensch ein komplexes „Ensemble" vielfältiger Charaktereigenschaften, Gefühle und Strebungen in sich trägt.

Ein Gegeneinander-Ausspielen von Einzel- und Ensembleunterricht wie auch von gemeinsamem und solistischem Musizieren erweist sich als töricht. Ensemblespiel ist nicht prinzipiell „besser" als solistisches Musizieren. Denn ebenso wie es ein von Ensemblegeist geprägtes Solospiel gibt, kann – im schlechten Fall – das Spiel im realen Ensemble zu einer beziehungsarmen Si-multanaktion von isolierten Einzelkämpfern geraten. Die interaktiven Potenti-ale und somit ein wichtiger Teil der ästhetischen Reize einer Musik bleiben dann unverwirklicht.

Als ein „Scharnier" zwischen Einzel- und Ensembleunterricht lässt sich der instrumentale *Gruppenunterricht* nutzen. Zwar darf Gruppenunterricht prinzi-piell nicht mit Ensembleunterricht verwechselt werden, denn Ziel und Inhalt dieser Lehrform ist nicht primär das Zusammenspiel, sondern die breite musi-kalische Förderung und Ausbildung der zu einer Gruppe zusammengestellten Schüler. Bei vielen Lernfeldern (vor allem: Spiel von Solo- und Ensembleleira-tur, Blattspiel, Improvisation, Musiklehre) bietet es sich jedoch im Gruppen-unterricht an, simultan oder sukzessiv gemeinsam zu spielen. Der Gruppenunter-richt erweitert die musikalischen Interaktionsmöglichkeiten des Einzelunter-richts. Im Übrigen kann Einzelunterricht bei geschickter Organisation durch Lernphasen in Gruppen erweitert werden, ohne dass zusätzliche Stunden und somit höhere Kosten anfallen: Durch Überlappung von Unterrichtszeiten (z. B. zwei Schüler arbeiten die mittlere halbe Stunde der beiden Einzelstunden als Gruppe zusammen) oder durch Zeitkonten (ein kleiner Zeitanteil von Einzel-stunden mehrerer Schüler wird zu einer Gruppenstunde verrechnet) sind beide Unterrichtsformen durchaus miteinander verbindbar (Näheres dazu bei GELL-RICH 1994).

Ein ergiebiges Zusammenwirken von Einzel-, Gruppen- und Ensembleun-terricht an Musikschulen setzt vor allem eine enge Kooperation der dort Leh-renden voraus. Gruppierungen aus Spielern auf verschiedenen Instrumenten können sich nicht optimal entwickeln, wenn die Lehrer der betreffenden Instru-mentalklassen beziehungslos aneinander vorbei arbeiten und vielleicht sogar ihre Unterrichtszimmer voreinander abschotten. Nur eine Verzahnung der bei-den Lehrbereiche ermöglicht eine befriedigende Ensemblearbeit. Erforderlich sind eingehende wechselseitige Informationen über den Leistungsstand von

Schülern, Absprachen bezüglich der jeweils geeigneten Ensembleliteratur und gründliche Vorbereitung der Einzelparts im Instrumentalunterricht, damit Ensemblestunden produktiv verlaufen. Das Kollegium einer Musikschule, an der Ensemblearbeit hoch im Kurs steht, muss selbst ein Ensemble sein und Ensemblegeist entfalten.

Ziele und Aspekte des Ensemblespiels

Die persönlichkeitsfördernden Ziele und Funktionen des Musizierens im Ensemble wurden bereits in den ersten Abschnitten dieses Beitrags angesprochen. Hier ist das musikspezifische Ziel einer Ensembledidaktik zu betrachten, und zwar so, dass daran anknüpfend die für die Arbeit im Ensemble wichtigsten Aspekte benannt und schließlich einige methodische Hinweise zur Praxis des Ensemblespiels gegeben werden können.

Die Kunst des gemeinsamen Musizierens und somit das didaktische Ziel eines auf diese Kunst gerichteten Unterrichts besteht in erster Linie darin, dass alle Mitwirkenden imstande sind, ihre individuellen Parts als Teil eines klanglichen Organismus auszuführen. Dazu ist erforderlich, dass sie gemeinsam Klarheit finden über die Strukturen der Musik und sich verständigen auf eine von allen mitbestimmte und verantwortete Ausführung. Sie müssen einander in ihren Stimmen, Aktionen, Intentionen genauestens wahrnehmen, sensibel aufeinander reagieren und in jedem Moment Aufmerksamkeit aufbringen für das beständig sich verändernde Verhältnis der Stimmen zueinander, damit sie die Faktur der Musik angemessen realisieren können.

Aspekte im Unterricht und in Proben von Ensembles sind zunächst insbesondere:
- ein sorgfältiges Einstimmen der Instrumente
- das sensible Geben und Abnehmen von Einsätzen
- die Etablierung eines gemeinsamen Pulses
- ein gemeinsames energetisches Grundgefühl bei kongruenten Verläufen
- sowie ein übereinstimmendes Atmen bei gleichzeitigen Einschnitten
- intonatorische Stimmigkeit
- die Koordinierung gleicher oder unterschiedlicher Rhythmen, Artikulationen, dynamischer, klanglicher und energetischer Verläufe
- eine angemessene Gewichtung der Stimmen
- ein musikalisch adäquates Verhältnis von Führen, Folgen und weiterer charakteristischen Spielweisen der Stimmen (CHRISTOPH RICHTER unterscheidet u. a. folgende musikalische Rollen: *„Das Spiel anführen"*, *„Begleiten"*, *„Fundieren, einen Grund legen"*, *„Kulissenmaler"*, *„der Kontrahent"*, *„eine Gruppe von Disputanten oder Streitenden"*, *„der um Beruhigung Bemühte"*, *„der Antreiber"*; RICHTER 1993, 332-337).

All dies ist nur möglich, wenn die Spieler einander im Hören, Sehen (ein dauerndes Fixieren des Notentexts verhindert die wünschenswerte Verbundenheit) und Fühlen intensiv zugewandt sind.

Im Übrigen müssen an wesentlichen Aspekten des Ensemblespiels die *Grundfaktoren der musikalischen Interpretation überhaupt* genannt werden, also vor allem: Charakter, Tempo, Agogik, Dynamik, Interpunktion, Artikulation, Klangfarbe. Dabei ist zu differenzieren zwischen der Totale und den individuellen Gegebenheiten jeder Stimme: Eine Verständigung über den Grundcharakter eines Satzes oder einer Stelle muss ebenso erfolgen wie die Eruierung der besonderen Ausdrucksnuancen, die die einzelnen Stimmen dazu ins Spiel bringen. Jede Instrumentengruppe (Streicher, Bläser, Tasteninstrumente), letztlich jedes Instrument verlangt nach einer ganz spezifischen technischen Realisierung, erfordert eigene Spielbewegungen und Gesten. Und doch müssen auch bei gemischten Ensembles die Aktionen, die sichtbaren Handlungen der Ausführenden aufeinander abgestimmt, „choreographiert" werden, wenn die Darstellung überzeugen soll. Im Idealfall bilden die Spieler und ihre Instrumente im Ensemble bei aller Individualität der Beteiligten *einen* „Klangkörper".

Methodische Hinweise zum Ensembleunterricht und -spiel

Ensemblespiel ist kein Privileg fortgeschrittener Instrumentalisten, sondern ein musikalisches Agieren, das von der ersten Unterrichtsstunde an praktiziert werden kann. Der Schlussabschnitt des vorliegenden Beitrags soll einige modellhafte Anregungen zur Ensemblepraxis im Unterricht geben. Zur Sprache kommen zunächst einige Grundübungen, sodann die ensemblespezifische Erarbeitung von einstimmiger bzw. solistischer Literatur und schließlich die von Ensemblekompositionen.

a) Übungen ohne Noten bzw. ohne strikte Notierung

Neben dem Musizieren von ausnotierter Literatur in verschiedenen Besetzungen gibt es weitere Arten des Spielens in Gruppen bzw. Aktionsmöglichkeiten, in denen wichtige Ensemblekompetenzen geschult werden. Sie bieten sich auf allen Stufen des musikalischen Könnens an.

Musikalische Gruppenspiele

Gemeint sind Spiele, deren Regeln neben musikalischen Elementen durchweg auch räumliches Verhalten und szenisches Agieren einbeziehen. Eine Reihe solcher für den Instrumentalunterricht geeigneter Spiele hat PETER RÖBKE zusammengestellt (RÖBKE in MEHLIG 1994, 80-83). Teilweise gehen sie zurück auf Veröffentlichungen von MARGIT KÜNTZEL-HANSEN (1978) und DIETHER DE LA MOTTE (1989), die weiteres reichhaltiges Spielematerial enthalten. Beginnend mit den bekannten Kinderspielen wie „Die Reise nach Jerusalem", „heiß und kalt", „laut und leise", in denen Reaktionsschnelligkeit bzw. die Umsetzung von Lautstärkewahrnehmung in Raumgefühl gefordert sind, werden auf der Basis einfacher Spielregeln rhythmische, dynamische, melodische Fähigkeiten entwickelt; die Mitspieler lernen, musikalische Phänomene intensiver wahrzunehmen, innerlich vorzustellen und verfeinern ihr Vermögen, in Gruppen musikalisch zu interagieren. Beispielhaft erwähnt sei das Spiel „Liedkette": Ein Lied wird so musiziert, dass reihum jedes Gruppenmitglied einen Ton ausführt. (Auch die Beschränkung auf ein kürzeres oder längeres Rhythmus-Modell ist möglich: jeder Teilnehmer klatscht, schnipst, deklamiert einen Impuls.) Wer einen Fehler macht, scheidet aus oder gibt ein Pfand ab. Das Spiel kann durch die Vorgabe von Entwicklungen in Tempo oder Dynamik erschwert werden wie auch dadurch, dass die Mitwirkenden sich im Raum verteilen oder während des Spiels herumgehen, so dass sich die räumliche Ordnung der ursprünglichen Reihe auflöst.

Viele Anregungen für musikalische Gruppenspiele bieten die mittlerweile zahlreichen Lehrwerke und Materialien der Elementaren Musikpädagogik.

Bewegungsspiele/Spiele im Bezugsfeld von Musik und Bewegung

Auch diese Spiele sind „musikalische Gruppenspiele"; ihr Schwerpunkt liegt jedoch mehr als bei den zuvor genannten auf differenzierten Bewegungsaktionen: Entweder beinhalten sie „reine" (d. h. ohne Musik vollzogene) Bewegungsvorgänge, in denen eine musikalisch relevante Körper- und Partnersensibilität geschult wird, oder sie verlangen die Umsetzung musikalischer Phänomene in Bewegungen (bzw. auch umgekehrt). Das Fach Rhythmik bietet einen unerschöpflichen Fundus solcher Spiele und spielerischer Aufgaben im „Bewegungsensemble". Verwiesen sei etwa auf einige schöne, für instrumentales Ensemblespiel förderliche Beispiele mit unterschiedlichen Zielen von BRIGITTE STEINMANN: Unterschieden werden *„Übungen zur Sensibilisierung für die ganze Gruppe", „zur Sensibilisierung der Partnerwahrnehmung", „zur Entwicklung von Bewegungsphantasie und Ausdruck", „zum Erlebnis und zur Interpretation eines vorgegebenen Musikstücks sowie zur Bewegungsimprovisation im Ensemble"* (STEINMANN in MEHLIG 1994, 73-78).

Ebenso elementar wie unendlich verfeinerbar ist etwa das Spiel „Dirigent und Spieler": Ein gestisch und mimisch agierender Teilnehmer gibt Einsätze, Impulse und animiert die Spieler zur Ausführung von improvisatorisch auszuführenden musikalischen Verläufen mit charakteristischen Unterschieden in Länge, Dynamik, Tempo sowie mit verschiedenartigen Pausen innerhalb der Abschnitte und zwischen ihnen. Auch notierte Stücke lassen sich nach diesem Prinzip vielfältig gestalterisch erproben und experimentell verfremden, wobei die Ausdrucks- und Interaktionsfähigkeit der dirigentisch wie der instrumental Darstellenden geübt wird.

Ensemblespezifische musikalische Grundübungen mit bestimmten musikalischen Elementen

Gemeinsames Musizieren erfordert vor allem die zeitliche (metrisch-rhythmische sowie dynamische) und die klangliche (harmonische) Koordination des Gespielten. Elementare Übungen dazu können aus einer zu spielenden Musik abgeleitet oder aus Elementen der Musiklehre gebildet werden.

Rhythmisch stimmiges Zusammenspiel setzt ein stabiles gemeinsames Gefühl für den musikalischen Puls und – falls vorhanden – den Takt der jeweiligen Musik voraus. Daher ist es sinnvoll, in Grundübungen das Miteinander von Puls, Takt und Rhythmus zu Mehreren in wechselnder Aufteilung sukzessiv und simultan zu üben – geklatscht, geschnipst, geklopft (mit verschiedenen

Materialien, damit die Komponenten sich akustisch deutlich voneinander abheben), mit geeigneten Perkussionsinstrumenten oder auf Silben deklamiert. Zur Grundierung von Puls und Takt können etwa rhythmische bzw. rhythmisch-melodische Muster nach dem *Call and response*-Prinzip ausgeführt werden. Ebenso schult das Begleiten einer gehörten oder gespielten Musik mit einer wie beschrieben zusammengesetzten „Rhythmusgruppe" das rhythmische Gefühl im Ensemble. Wenn die Teilnehmer Sicherheit im Ausführen der einzelnen Komponenten und im Wechseln zwischen ihnen (zunächst nach Abbrechen und Neuverteilung der Aufgaben, dann bei durchlaufender Ausführung nach einer verabredeten Anzahl von Takten oder durch Rollentausch auf spontane Verständigung der Agierenden) gewonnen haben, können von einer Person auch zwei oder mehr Schichten übernommen werden: z. B. mit einem Bleistift in einer Hand den Puls markieren, mit der anderen Hand den Takt schnipsen, den Rhythmus deklamieren ...

Die Entwicklung sauberer „vertikaler" Abstimmung, d. h. sicherer Intonationsfähigkeit, kann als angewandte Musiklehre bei der Beschäftigung mit Intervallen ansetzen. Möglich sind etwa das langsame Spielen, Halten und intonatorische Verfeinern von einzelnen Tonpaaren in bestimmten Intervallen. Die Übung lässt sich erweitern zum Bilden von Intervallketten bzw. –konstellationen, bei drei Spielern z. B.:

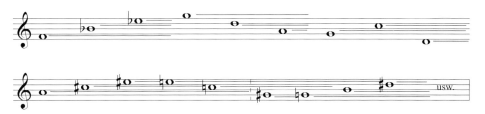

Beispiel 4: Intervallketten

Das Niveau der Ausführung solcher (scheinbarer) Elementaria ist unbegrenzt steigerbar, d. h. sie nützen – sorgfältig praktiziert – ebenso Anfängern wie Meistern ihrer Instrumente. Die Ausführung kann und sollte stimmlich und instrumental, auch in Verbindungen von Stimme und Instrument, geschehen. Musikfern müssen solche Übungen keineswegs sein: Sie können mit bestimmten musikalischen Gesten oder Charakteren bzw. mit dynamischen, artikulatorischen, klangfarblichen Verläufen verbunden werden (vgl. die weiterführenden Anregungen zur „Ensemblekommunikation mit Tonhöhen" bei RÜDIGER 1997, 240 ff.). Verabredete Vorgaben sind dabei ebenso möglich und sinnvoll wie freie improvisatorische Ausgestaltungen.

Improvisatorische Übungen im Ensemble

Hier eröffnet sich ein unabsehbares, faszinierendes und äußerst gewinnbringend zu erkundendes Feld. Zur Didaktik und Methodik verschiedenster Formen musikalischer Gruppenimprovisation sind seit den sechziger Jahren des zurückliegenden Jahrhunderts bis heute vielerlei Materialien erschienen. Das Repertoire reicht von weitestgehend offenen zu differenziert vorgegebenen Konzepten. Rein verbale Anweisungen begegnen ebenso wie notenschriftlich oder graphisch fixierte Spielregeln von improvisatorisch zu gestaltenden Prozessen. Alle möglichen Klangerzeuger kommen vor: Stimme und andere Körperklänge, die melodisch, perkussiv („body percussion") oder geräuschhaft (z. B. Atemlaute) eingesetzt werden können; diverse Materialien (Steine, Holz etc.); Instrumente in vielerlei Verbindungen, wobei häufig eher Phantasie und Sensibilität bei der Klanggestaltung als entwickelte konventionelle Spielfähigkeiten vorausgesetzt werden. Oft beziehen experimentelle Improvisationen Elemente des Musiktheaters ein (z. B. mimische und gestische Darstellung, interaktives Agieren im Raum). Näheres zu diesem Bereich des experimentellen Improvisierens im Ensemble führt der Beitrag von WOLFGANG RÜDIGER im vorliegenden Band aus. Verwiesen sei ferner auf die beiden reichhaltigen Bände *Instrumentales Ensemblespiel* von ORTWIN NIMCZIK und WOLFGANG RÜDIGER (1997). Der Literaturteil in Band 2 dieser Veröffentlichung (S. 89-92) enthält eine breite Auswahl an Titeln von Schriften und Materialien zum besagten Thema. Weitere wertvolle Hinweise auf offene Modelle des Ensemblespiels finden sich im Literaturverzeichnis bei RÜDIGER (1997, 231, Fußnote 18).

Improvisation im Ensemble ist selbstverständlich nicht nur in einer stilistisch offenen, experimentellen Praxis, sondern auch in stilgebundenen Formen möglich: im Jazz (s. dazu den Beitrag von SIEGFRIED BUSCH im vorliegenden Band), in der Pop-, Folk- und Rock-Musik, aber auch in historischen Idiomen. Das gilt etwa für die Diminutionspraxis der Alten Musik, bei der vorgegebene Melodiestimmen über einem Basso continuo ausgeziert werden, oder für das Improvisieren über Chaconne-Bässe der Barock-Zeit (dazu MÖLLERS 1989). Hat man sich in die Struktur eines solchen fortlaufend zu wiederholenden Bassmodells eingehört, fällt es meist nicht schwer, in vielerlei Weise einzeln und zu mehreren melodisch-figurativ darüber zu improvisieren. Dies kann nach vorgegebenen Mustern oder auch – bei gesteigertem Können – ohne Festlegung in einem offenen Prozess geschehen. Hier ein Chaconne-Bass mit einigen mehrstimmigen Ausführungsmöglichkeiten:

Beispiel 5: Chaconnebass und mehrstimmige Improvisationsmuster

Nützlich zur Entwicklung des linearen Sinns beim Musizieren (Erfinden, Behalten, kommunizierendes Spiel von melodischen Verläufen) ist das Improvisieren von kanonischen Fortspinnungen, etwa in der folgenden Art:

Beispiel 6: Beginn einer kanonischen Improvisation

b) Ensemblespezifische Erarbeitung
von einstimmiger bzw. solistischer Literatur

Ensemblespiel setzt keine Mehrstimmigkeit voraus. Auch einzelne Stimmen, einstimmige Stücke und natürlich mehrstimmige Sololiteratur können mit Gewinn ensemblehaft interagierend geübt und musikalisch sinnvoll dargestellt werden. In melodischen Prinzipien wie Korrespondenz, Kontrast, Fortspinnung von Motiven sind potentielle Ensemblestrukturen angelegt. Sie analytisch zu erkunden und sie im Wechselspiel zwischen Schüler und Lehrer oder zwischen mehreren Schülern zu realisieren, fördert die musikalische Kommunikationsfähigkeit und entwickelt das Vermögen, melodische Linien beredt wiederzugeben. Durch die tatsächliche ensemblehafte Ausführung der internen musikalischen Interaktion in einstimmigen Verläufen erwerben die Spielenden die Fähigkeit, auch solistisch ein Wechselspiel von Motiven, Phrasen, Sätzen, Gesten etc. zu verlebendigen. Im folgenden Beispiel, dem Beginn der Klezmer-Melodie *Ani ole lirushalayim* von Y. HADAR, sind einige musikalisch sinnvolle „Wechselspielmöglichkeiten" zu zweit und zu dritt durch Klammern angedeutet.

Beispiel 7: Y. HADAR, Ani ole lirushalayim

Man kann Schülern die Aufgabe geben, die „mehrstimmige" Ausführung in Partitur auf verschiedenen Systemen zu notieren und die Einzelstimmen evtl. mit charakteristischen Vortragsbezeichnungen zu versehen. In jedem Fall muss das musikalische Ziel sein, die Segmente, ihr Alternieren bzw. ihre Verfugungen plastisch und stimmig auszuführen.

Eine reichhaltige, bisweilen hocharifizielle interne Polyphonie bieten viele Solostücke bzw. einstimmig notierte Linien der Barockzeit. Insbesondere die Musik J. S. BACHs ist voll davon. Hier eröffnet sich ein unerschöpfliches Repertoire für alternierendes Ensemblespiel. Modellhafte Anregungen bietet neben den aufschlussreichen Ausführungen über „Die Polyphonie der einstimmigen Linie" von ERNST KURTH ([5]1956) etwa die Ausgabe der BACHschen Cellosuiten von ENRICO MAINARDI. Als Beispiel hier der Beginn der Bourrée I aus der Suite III C-dur BWV 1009:

BOURRÉE I

Beispiel 8: BACH/MAINARDI, Beginn der Bourrée I aus der Cellosuite BWV 1009

Im zweiten Teil des Stücks steigert sich das Wechselspiel zum Agieren dreier Stimmen. (Überdies ist auch bereits der erste Teil ohne weiteres als ein aus drei Parts bestehendes Gefüge vorstellbar.)

Das wohl komplexeste Modell eines auf die Darstellung der Motivstruktur einstimmiger Linien angelegten Ensemblespieles dürfte die Instrumentierung des Ricercar-Themas aus dem *Musikalischen Opfer* von JOHANN SEBASTIAN BACH durch ANTON WEBERN sein:

Beispiel 9: BACH/WEBERN, Ricercar-Thema aus dem „Musikalischen Opfer"

Die Wiedergabe dieses Gebildes (und anderer in ähnlicher Weise angelegter Bearbeitungen) stellt höchste Ansprüche an das instrumentaltechnische und ensemblespezifische Können der Ausführenden.

Wie vielgestaltig sich in solistischer Musik ein Ensemblegeschehen zwischen profilierten musikalischen Charakteren entfalten kann, das zeigt die Klaviermusik MOZARTs auf Schritt und Tritt. Beispielhaft ist der Beginn der Sonate G-dur KV 283:

Beispiel 10: MOZART, Beginn der Klaviersonate KV 283 (Henle Verlag)

Die unterschiedlich gezeichneten Klammern bezeichnen die verschiedenen Charaktere, deren Interaktion geradezu die szenische Phantasie des Spielers herausfordert: Der galanten, zunächst verhaltenen, alsbald dringlicher werdenden Wechselrede zweier Partner nimmt ein entschieden gesprochener Satz eines Dritten das Wort, gefolgt von einem emphatischen instrumentalen Abschluss dieser Mini-Szene. Wer diesen Beginn spielt, muss also imstande sein, die Profile dreier Akteure sowie das Einfallen des Orchesters darzustellen. Auch der Solospieler kann und soll ein Ensemble bilden.

Neben dem interagierenden Spiel von Melodien bietet das Improvisieren von Begleitungen (beginnend mit einfachen Bordunen über harmonische Grundfunktionen bis hin zu differenzierteren Formen) weitere gute Gelegenheiten, gemeinsam musizierend im Unterricht Lieder und Melodien zu erarbeiten. Dagegen trägt das verbreitete Mitspielen einer Melodiestimme durch den Lehrer – womöglich noch den Schüler übertönend – wohl am wenigsten zur Sensibilisierung eines musikalischen Miteinander bei.

c) Erarbeitung von Ensembleliteratur

Die schier unübersehbare Fülle von Ensemblekompositionen und –bearbeitungen für diverse Instrumente aus verschiedenen Epochen vom Mittelalter bis zur Gegenwart und in vielerlei Stilrichtungen stellt die Ausführenden vor je besondere Anforderungen: Eine barocke Triosonate verlangt andere Gestaltungsmittel als ein aleatorisches Stück der Neuen Musik, eine auf Instrumenten gespielte mittelalterliche Chanson andere als eine Pop-Bearbeitung. Und doch steht und fällt die Qualität der Wiedergabe jeweils mit den Fähigkeiten der Beteiligten, ein Ensemble zu bilden, die Einzelparts aufeinander abgestimmt im Ensemble zu erarbeiten und sie als solches darzustellen. Zwei Voraussetzungen erscheinen dazu unverzichtbar:

1. Ensembles sind prinzipiell *hierarchiefreie Gemeinschaften.* Daher sollten alle Beteiligten ein Mitspracherecht bei der Erarbeitung von Literatur haben. Das gilt auch dann, wenn die jeweilige Musik selbst Hierarchien ausprägt. Gewiss gibt es etwa die komponierte musikalische und die entsprechende soziale Rolle des Primarius im Streichquartett. Gleichwohl sind auch hier die Nebenstimmen wesentlich an der musikalischen Faktur und deren plastischer Wiedergabe beteiligt; die Profiliertheit einer führenden ersten Geige entsteht erst durch die sorgfältig koordinierte Spielweise der anderen Instrumente. Oft hören gerade die Spieler der nicht-führenden Stimmen intensiver in das Gesamtgefüge hinein und sind damit eher imstande, Hinweise auf Verbesserungen im Zusammenspiel zu geben. Eine wichtige Aufgabe des Probens besteht darin, das Ensemblespiel von den unterschiedlichen Hörperspektiven der beteiligten Spieler aus wahrzunehmen und es in bezug auf deren musikalische Funktionen (führen, begleiten, kommentieren usw.) auszutarieren. Es empfiehlt sich daher in bestimmten Phasen des Erkundens und Experimentierens von Werken, jeweils einem Mitspieler für eine Weile die Probenregie zu übertragen, so dass jeder in die Pflicht genommen wird und die Potentiale seiner musikalischen Position im Ensemble fruchtbar machen kann. Wünschenswert ist ebenso, dass Ensembles nicht immer nur von der gleichen Lehrperson unterrichtet werden, sondern zumindest gelegentlich auch Stunden von anderen Lehrenden möglichst aller an der jeweiligen Formation beteiligten Instrumente erhalten.

2. Es sollte nicht sein, dass die Spieler in einem Ensemble stets jeweils nur den Notentext ihrer eigenen Stimme vor Augen haben. Abgesehen von komplizierteren Werken der neuen Musik wird Ensemblemusik zwar in der Regel aus Einzelstimmen gespielt; *eine befriedigende, musikalisch stimmige Darbietung setzt jedoch voraus, dass die Ausführenden nicht nur mit dem eigenen Part, sondern auch mit den anderen Stimmen vertraut sind.* Eine Möglichkeit, dies zu erreichen, bietet das gemeinsame Hören und Besprechen der zu spielenden Stücke auf der Grundlage einer für alle einsehbaren Partitur. Hier können die Relationen der Stimmen zueinander erfasst wie auch andere Strukturen der Musik (Gesamtaufbau, Verhältnisse der Abschnitte zueinander, Charaktere, Zielpunkte von Phrasen usw.) analysiert werden, d. h. hier kann eine (Vor-)Verständigung über die kompositorische Faktur und über mögliche adäquate Spielweisen wie auch über sinnvolle Probenaufgaben erfol-

gen. Förderlich zum Vertrautwerden mit den jeweils anderen Stimmen ist es, wenn (möglicherweise beim Hören einer Aufnahme) die Spieler etwa rhythmisch agierend ihre Rollen tauschen, d. h. den Rhythmus eines anderen Parts klopfen (evtl. bei gleichzeitigem gemeinsamen Markieren des Pulses und/oder Takts mit den Füßen). Natürlich sind auch ähnliche stimmenübergreifende Übungen im melodischen Bereich möglich, z. B. durch Verabredungen darüber, wer an welcher Stelle welche Stimme mitsingt usw. Als Übungsbeispiel für die Nützlichkeit solcher Verfahren hier eine Chanson von GUILLAUME DUFAY[1]:

Adieu, quitte le demeurant de ma vie

Beispiel 11: Dufay, Chanson „Adieu quitte le demeurant de ma vie"

Zum Erwerb und zur Verfeinerung der soeben angesprochenen zweiten Voraussetzung eines befriedigenden Ensemblespiels, der Wahrnehmung aller Stimmen beim Ausführen des eigenen Parts, gibt es nützliche Übungsstücke, die als Modelle für weitere (auch von Lehrenden und Schülern) zu komponierende kleine Stücke dienen können. Nachstehend zwei *Miniaturen* von MARTIN WEHRLI aus der von MARIANNE AESCHBACHER herausgegebenen Reihe *Neue Kammermusik für Kinder und Jugendliche*:

---

[1] GUILLAUME DUFAY: Opera omnia, hrsg. von Heinrich Besseler (= Corpus Mensurabilis Musicae Abt. 1, Bd. 6, Rom 1966

Einspiel

Doppelfächer

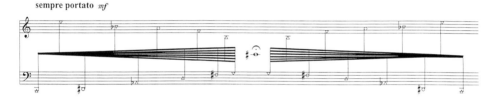

Zeichen: ▽ = Violine, △ = Cello, ○ = Klavier

Beispiele 12 und 13: WEHRLI, „Einspiel" und „Doppelfächer"

Eine gute Ausführung dieser puls- und taktunabhängig zu koordinierenden musikalischen Verläufe kann ohne das genaue lesende und hörende Mitvollziehen aller Stimmen durch jeden der drei Mitspieler nicht gelingen.

Zum Schluss seien einige Übungsverfahren zusammengestellt, die beim gemeinsamen Erarbeiten von Ensembleliteratur nützen können. Am Beispiel der DUFAY-Chanson (Beispiel 11) lassen sie sich modellhaft nachvollziehen und erproben.

Einzelne Stimmen auswählen und kombinieren /
bestimmte Stimmen weglassen

Diese Technik verwenden auch Dirigenten, die in Orchesterproben der zu spielenden Musik auf den Grund gehen, z. B. NIKOLAUS HARNONCOURT. So berichtet ein Mitglied des CHAMBER ORCHESTRA OF EUROPE: *„Harnoncourt nimmt die Sachen zunächst mal sehr auseinander, man kriegt einzelne Stimmen zu hören, die sonst oft im großen Tumult untergehen. Mir ist das eine ganz große Hilfe. Sonst habe* *ich manchmal das Gefühl, die Interpretation wird nur so übergebügelt, und wir kriegen nur die alleroberste Schicht mit."* (ZANDER 1999) Besonders bei schwierigen Stellen ist es oft sinnvoll, jede Stimme einzeln mit jeder anderen zu kombinieren, um ihr Gesamtgefüge und die Relationen zwischen ihnen besser wahrzunehmen. Bei diesem Verfahren kann der pausierende bzw. einer der aussetzenden Spieler die Aufgabe übernehmen, das Gespielte kritisch zu prüfen und Anregungen zur Verbesserung zu geben.

Die musikalische Faktur „systematisch" reduzieren

Wie bei der zuvor genannten Übung werden auch hier die Wahrnehmung des Gespielten und die Vorstellung des zu Spielenden durch Fokussierung auf einen begrenzten Teil der Musik intensiviert. Dies geschieht durch Reduktionen, die nach systematischen Aspekten erfolgen. Je nach Eigenart und Schwierigkeit der betreffenden Stelle bieten sich verschiedene Möglichkeiten an, etwa:

- nur die thematischen Verläufe spielen;
- nur die Nebenstimmen spielen;
- nur die Klänge auf den ersten (oder anderen) Zählzeiten der Takte oder nur die Anfangsklänge einer Taktgruppe (z. B. im DUFAY-Beispiel Dreitakter) spielen, dabei die ausgelassenen Verläufe intensiv vorstellen und beim Ausführen der betreffenden Klänge sorgfältig auf gute Klangbalance und Intonation achten;
- eine Partie nach dem Staffettenprinzip üben (römische Ziffern = Spieler, arabische Ziffern = Takte): I – 1, II – 2, III – 3, I – 4, II – 5, III – 6 usw.; diese Übungsweise auch mit Überlappungen: I – 1-2, II – 2-3, III – 3-4 usw., dabei wiederum das Nicht-Gespielte innerlich möglichst genau vorstellen und auf fließende Ausführung der Nahtstellen achten;
- Stimmpaarfolgen: I/II – 1-3, II/III – 4-6, III/I – 7-9 o. ä.

Nach diesen Beispielen lassen sich leicht viele weitere Übungsvarianten konstruieren.

Führen und Folgen in wechselnden Verhältnissen

Jede der beteiligten Stimmen erhält für einen Durchlauf die Aufgabe, in einer möglichst homogen zu spielenden Version gestalterisch zu führen, wobei durchaus auch extreme Interpretationsweisen erlaubt sind; die anderen Stimmen sollen der führenden Stimme möglichst genau folgen. Diese Übung kann (zunächst) auf einzelne Vortragsparameter begrenzt werden: Dynamik, Artikulation, Zäsuren, Agogik ...

Dynamische Differenzierungen der Stimmen

In langsamem Tempo realisieren die Mitspieler vergrößert die besondere Feindynamik ihrer Stimme, die sich aus deren individueller Kontur ergibt – erst nacheinander, dann zusammen. Die Wahrnehmung soll auf dem dynamischen „Eigenwuchs" jeder Stimme liegen, beim Zusammenspiel auf dem beständig subtil changierenden Ensembleklang.

Wechselseitiges Erproben interpretatorischer Möglichkeiten wichtiger musikalischer Bausteine eines Stückes

Ein Teilnehmer spielt eine für alle Parts wichtige Stelle (ein Motiv, ein Thema, eine Phrase) in einer möglichen charakteristischen Version, danach spielt reihum jeder der Mitwirkenden die Stelle möglichst in gleicher Weise nach. Dies schult das Hinhören auf subtile Details musikalischer Gestaltung und – beim Zusammenwirken verschiedenartiger Instrumente wie z. B. Streicher und Klavier – die Fähigkeit, für eine an ein bestimmtes Instrument gebundene Spielweise bei der Übertragung auf ein anderes die angemessenen Mittel zu finden. Eine andere, nicht minder sinnvolle Übung besteht darin, dass der betreffende musikalische Baustein reihum in unterschiedlicher Weise realisiert wird: jeder Spieler modifiziert die zuvor erklungene Version durch eine charakteristische Veränderung seines Vortrags. So lassen sich die interpretatorischen Möglichkeiten einer musikalischen Gestalt ausloten.

Regulierung der Intonation

Im langsamen und leisen Spiel erfolgt an bestimmten Stellen (zuvor verabredet oder spontan durch ein Zeichen eines Ensemblemitglieds festgelegt) ein Stopp. Der erreichte und ausgehaltene Klang wird nun genau durchgehört und ggf. intonatorisch verbessert. Nützlich sind auch folgende Arbeitsschritte: den Klang nach einer kurzen Unterbrechung intervallisch in sukzessiver Folge der Einzeltöne aufbauen (von unten nach oben, von oben nach unten); die intervallische und harmonische Struktur besprechen; den gehaltenen Klang dynamisch variieren (simultan oder durch wechselndes An- und Abschwellen einzelner Töne), dabei auf stabile Intonation achten.

Räumliche Separierung der Spieler

Die Ensemblemitglieder agieren nicht nah beieinander in der gewohnten Sitz- oder Stehordnung, sondern sie verteilen sich im Raum. Trotz der großen Distanzen soll ein homogenes Klangbild entstehen. Diese Übung intensiviert die musikalische Kontakt- und Kommunikationsfähigkeit der Beteiligten untereinander. Sie kann erschwert werden durch Ausschaltung des Blickkontakts, indem die Spieler sich in ihrer Körperhaltung nicht einander zu-, sondern voneinander abwenden. Bei gemeinsamen Einsätzen sind die Beteiligten nun auf Atemimpulse (falls noch hörbar) sowie vor allem auf ihren ensemblespezifischen „siebten Sinn" angewiesen, mit dem sich schwer bestimmbare, aber musikalisch höchst relevante energetische Gruppenprozesse wahrnehmen und gestalten lassen. Diesen Sinn zu entwickeln ist vielleicht die höchste, in jedem Fall eine ebenso elementare wie unabschließbare Aufgabe der Ensembledidaktik und -methodik.

Anhang

a) Literatur (Schriften)

THEODOR W. ADORNO, Kapitel Kammermusik aus: Einleitung in die Musiksoziologie. Zwölf theoretische Vorlesungen, Reinbek 1968

[DAVID BLUM] Die Kunst des Quartettspiels. Das Guarneri-Quartett im Gespräch mit David Blum, Kassel 1988

Ensemblespiel und Ergänzungsfächer (= Die Musikschule, Bd. V, Bausteine für Musikerziehung und Musikpflege, Schriftenreihe, B 29), Mainz 1975

LUDWIG FINSCHER, Art. Streichquartett, in: Die Musik in Geschichte und Gegenwart, zweite, neubearbeitete Ausgabe, Sachteil Bd. 8, Kassel etc. 1998, Sp. 1924-1977

MARTIN GELLRICH, Aspekte des kombinierten Einzel- und Gruppenunterrichts. Strukturen und Organisation flexibler Unterrichtsmodelle, in: Üben & Musizieren 6/1994, S. 16-21

DOROTHEA HEMMIG (Hrsg.), Dokumente zur Geschichte der Musikschule (1902-1976) (= Materialien und Dokumente aus der Musikpädagogik, Bd. 3), Regensburg 1977

HORST HEYDEN, Das Streichquartett in der Praxis (= Musikpädagogische Bibliothek, Bd. 19), Wilhelmshaven 1980

FRITZ JÖDE, Musikschulen für Jugend und Volk. Ein Gebot der Stunde, 2. Aufl., Wolfenbüttel-Berlin 1928

FRITZ JÖDE, HERMAN REICHENBACH, FRITZ REUSCH, Volksmusikschule der Musikantengilde Berlin, Archiv des Verbandes deutscher Musikschulen, 1927

RENATE KLÖPPEL/SABINE VLIEX, Helfen durch Rhythmik. Verhaltensauffällige Kinder – erkennen, verstehen, richtig behandeln, Freiburg, Basel, Wien 1992

[ANDREAS KLUGE] Ästhet, Diktator: Das Wunder Karajan. Andreas Kluge im Gespräch mit Peter Brem, dem Geschäftsführer der Berliner Philharmoniker, in: KlassikAkzente 9/10 1999, S. 13

MARGIT KÜNTZEL-HANSEN, Musikspiele, Wolfenbüttel 1978

ERNST KURTH, Grundlagen des linearen Kontrapunkts. Bachs melodische Polyphonie, Bern ^{5}1956

RAINER MEHLIG (Hrsg.), Gemeinsam musizieren. Wege aus der Vereinzelung. Dokumentation zum Musikschulkongress '93 Braunschweig 14.-16. Mai 1993, Bonn 1994

CHRISTIAN MÖLLERS, Analyse durch Improvisation. Chaconnebässe der Barockzeit als Improvisationsmodelle, in: Üben & Musizieren 2/1989, S. 73-86

DIETHER DE LA MOTTE, Musik ist im Spiel. Geschichten, Spiele, Zaubereien, Improvisationen, Kassel u. Basel 1989

NICOLA NEJATI, Ensemblespiel von Anfang an, in: Üben & Musizieren 2/2000, S. 8-19

ORTWIN NIMCZIK/WOLFGANG RÜDIGER, Instrumentales Ensemblespiel. Übungen und Improvisationen – klassische und neue Modelle. Material- und Basisband (= Materialien zum Musikunterricht, Bd. 2, hrsg. von SIEGMUND HELMS und REINHARD SCHNEIDER), Regensburg 1997

WILLI RENGGLI, Kapitel Gemeinsames Musizieren und die Anforderungen an den Musiklehrer, in: PETER MRAZ (Hrsg.), Musikpädagogik für die Praxis (= Musikpädagogische Beiträge, Bd. 4), 2. überarbeitete Auflage, Münster 1995, S. 73-80

CHRISTOPH RICHTER, Gemeinsam musizieren, in: ders. (Hrsg.), Instrumental- und Vokalpädagogik 1: Grundlagen (= Handbuch der Musikpädagogik, Bd. 2), Kassel 1993, S. 328-371

GERD RIENÄCKER, Art. Ensemble, in: Die Musik in Geschichte und Gegenwart, zweite, neubearbeitete Ausgabe, Sachteil Bd. 3, Kassel etc. 1995, Sp. 99-115

PETER RÖBKE, Musikspiele, in: RAINER MEHLIG (Hrsg.) 1994, a. a. O., S. 80-83

WOLFGANG RÜDIGER, Art. Ensemble und Ensembleleitung, in: SIEGMUND HELMS, REINHARD SCHNEIDER, RUDOLF WEBER (Hrsg.), Neues Lexikon der Musikpädagogik. Sachteil, Kassel 1994, S. 58-60

WOLFGANG RÜDIGER, „... von einem einzigen Geist beseelt". Grundlagen des instrumentalen Ensemblespiels, in: ULRICH MAHLERT (Hrsg.), Spielen und Unterrichten. Grundlagen der Instrumentaldidaktik, Mainz 1997, S. 220-247

DIETER SCHNEBEL, Anschläge – Ausschläge. Texte zur Neuen Musik, München und Wien 1993

CHRISTOPH SCHÖNHERR, Sinn-erfülltes Musizieren. Chancen und Grenzen seiner Vermittlung in Probensituationen (Perspektiven zur Musikpädagogik und Musikwissenschaft, Bd. 23), Kassel 1998

FRIEDEMANN SCHULZ VON THUN: Miteinander reden 3: Das „innere Team" und situationsgerechte Kommunikation, Reinbek 1998

ARNOLD STEINHARDT, Mein Leben zu viert. Von der Kunst, aufeinander zu hören – das Guarneri-Quartett, München 2000

BRIGITTE STEINMANN, Das Bewegungsensemble. Rhythmik in der Musikschule, in: RAINER MEHLIG (Hrsg.) 1994, a. a. O., S. 73-77

WOLFGANG SUPPAN, Der musizierende Mensch. Eine Anthropologie der Musik, Mainz 1984

Verband deutscher Musikschulen (Hrsg.), Der Weg zur Musik durch die Musikschule/Strukturplan für Musikschulen, Bonn 1998

OSKAR VETTER, Warum spielen wir Kammermusik? Fragen und Antworten eines Dilettanten, Wien, Leipzig, Berlin 1938

BIANKA WÜSTEHUBE, Lampen-Fieber oder nur erhöhte Temperatur? Vorspiele an Musikschulen, in: Üben & Musizieren 2/1996, S. 25-28

ULRICH WÜSTER, Art. Ensemblespiel, in: JOSEF FROMMELT, HEINZ PREISS, REINHART VON GUTZEIT, LOUIS VOGT für die Europäische Musikschul-Union (Hrsg.), Musikschule in Europa. Handbuch der Europäischen Musikschul-Union, Mainz 1995, S. 168-177

MARGARETE ZANDER, „Wissen, wo die Quellen stehen". Nikolaus Harnoncourt – für saubere Lösungen in der Musik, in: Dreiklang. KlassikClub-Magazin, 4/1999

b) Noten

MARIANNE AESCHBACHER (Hrsg.), Neue Kammermusik für Kinder und Jugendliche, Aarau (Musikedition Nepomuk) o. J.

In dieser Reihe liegen bisher folgende Sammlungen von Stücken vor:

RUEDI DEBRUNNER, Azele Böle Schele. Abzählspiele für 2 Violinen oder 2 Celli und Klavier vierhändig (MN 9719a)

ALFRED FELDER, Wasserspiele für 3-5 Ausführende: mind. 2 Streicher (Vl/Va/Vc/Kb) und Klavier (MN 9719b)

CHRISTIAN HENKING, Die Geschichte vom Pelikan und Pavian für Violine, Klavier und SprecherIn ad libitum; Bilder: Lisa Bundi (MN 9719c)

DANIEL HESS, ‚Wenn man müde ist' und andere Stücke für Viola oder Cello und Klavier (MN 9719d)

URBAN MÄDER, Spielzeug. Einfaches Spielmaterial für 3 Violinen und Klavier, (MN 9719e)

PETER STREIFF, Begegnung, träumen für Violine, Cello und Klavier (MN 9719f)

MARTIN WEHRLI, Miniaturen für Violine, Cello und Klavier (MN 9719g)

JOHANN SEBASTIAN BACH, 6 Suiten für Violoncello, hrsg. von Enrico Mainardi, Mainz (Schott) o. J.

GUILLAUME DUFAY, Opera omnia, hrsg. von Heinrich Besseler, CMM I Bd. 6, 1966

GIORA FEIDMAN, The Dance of Joy, USA (Rom Productions) 1992

Methodische Aspekte des Klassenmusizierens in der Sekundarstufe I

MECHTILD FUCHS

Wer heute mit seiner Klasse auf Instrumenten musizieren möchte, braucht nur zuzugreifen: ob Spiel-mit-Sätze, musikpraktische Beilagen in Fachzeitschriften, Arrangements zur Musik anderer Kulturen oder ganze Publikationsreihen für das Klassenmusizieren – an Materialien fehlt es nicht. Ein Teil dieser Publikationen enthält methodische Hinweise, etwa zu Besetzungsfragen, zu den Schwierigkeitsgraden und der Reihenfolge der einzuübenden Stimmen, zur Abfolge der Formteile, zu Möglichkeiten der Improvisation. Wichtige methodische Entscheidungen sind implizit auch in den Arrangements selbst enthalten, worüber noch zu sprechen sein wird. Weniger ist über den eigentlichen Erarbeitungsprozess zu erfahren. Entsprechende Erfahrungen und methodisches Geschick werden vielfach stillschweigend vorausgesetzt. Doch gerade bei der Realisierung eines Arrangements in der Schulpraxis können sich – je nach Voraussetzungen – nicht unerhebliche Schwierigkeiten ergeben. Ein Beispiel soll dies verdeutlichen.

1. Ein Beispiel aus der Praxis

Der Musiklehrer einer 7. Hauptschulklasse eröffnet die Stunde mit dem Hinweis, heute werde BILL HALEYs Song „Rock around the Clock" auf Instrumenten gespielt. Die Klasse reagiert überwiegend mit Zustimmung. Ein Notenblatt wird ausgeteilt, auf dem die Melodiestimme für Blockflöte, der Walking Bass für Stabspiele und ein zweistimmiges Mittelstimmenmodell für Keyboards in C-Dur notiert sind. Die Klasse wird in eine Flöten-, eine Stabspiel- und eine Keyboardgruppe eingeteilt. Einige SchülerInnen melden sich: Dürfen wir die Notennamen unter die Töne schreiben? Sie dürfen, wobei der Lehrer anmerkt, dass Notennamen doch längst kein Problem mehr sein sollten. Die SchülerInnen beginnen zu üben; einige fangen damit an, Töne abzuzählen: 16-mal c, 8-mal f, 4-mal c ..., und diese Tongruppen auswendig zu üben; zwei Schüler schreiben mit Filzstift die Tonnamen auf die Tasten ihres Keyboards; ein paar andere wissen nicht, was sie nun eigentlich tun sollen und starten kleine Störmanöver. Der Lehrer geht durch die Reihen und hilft einigen Schülern und Schülerinnen. Andere rufen von einer anderen Seite des Raumes nach Hilfestellung. Es wird sehr laut im Musikraum. Nach einer Weile wird der Übeprozess abgebrochen. Die einzelnen Instrumentengruppen sollen nun ihre Ergebnisse vorführen. Dabei stellt sich heraus:

- einige SchülerInnen haben kaum geübt und sich anderweitig beschäftigt,
- manche haben sich beim Abzählen gleicher Töne verzählt,
- manche haben ihre Noten falsch beschriftet und spielen nun e statt c, f statt d ...,
- die meisten sind nicht in der Lage, ein Tempo durchzuhalten und machen jedes Mal eine kleine Pause, wenn die Tonlage wechselt,
- folglich gelingt es auch beim Zusammenspiel nicht, ein gemeinsames Tempo zu halten.

Der Lehrer zählt nun laut die Taktzeiten mit und unterstützt auf dem Klavier die Harmoniewechsel. Ein geringer Teil der SchülerInnen schafft die ganze Aufgabe, ein anderer Teil nur die Hälfte oder noch weniger. Gegen Ende der Stunde steht das Fragment eines instrumentalen Rock'n Roll-Chorus. Ein Schüler bemerkt enttäuscht: Das klingt ja gar nicht wie bei BILL HALEY!

Dieses keineswegs fiktive Unterrichtsbeispiel zeigt, dass das Gelingen des Klassenmusizierens ganz wesentlich mit der Methodenkompetenz des/der Unterrichtenden zusammenhängt, wobei verschiedene Ebenen methodischer Entscheidungen zu unterscheiden sind:

- *Die Voraussetzungen*: Unter welchen Voraussetzungen und Bedingungen findet Musikunterricht in der Sek I statt? Mit welchen musikalischen Fähigkeiten der SchülerInnen ist zu rechnen, mit welcher Vorbildung, welchem Vorverständnis begegnen ihnen MusiklehrerInnen?
- *Das Instrumentarium*: Welches Instrumentarium ist für welche Zwecke geeignet? Wird ein gemischtes oder homogenes Instrumentarium gewählt? Ist die Wahl der Instrumente mit dem Stil des Stückes vereinbar? Ist die Anzahl der Instrumente ausreichend?
- *Das Arrangement*: Welches Notenmaterial wird benutzt? Wie wird ein Musikstück zu einem klassentauglichen Arrangement umgearbeitet? Ist es dem Stil der Musik bzw. den Fähigkeiten der SchülerInnen angemessen?
- *Die Erarbeitungsmethoden*: Nach welchen methodischen Regeln kann ein Arrangement erarbeitet werden, so dass alle SchülerInnen optimal einbezogen sind, ökonomisch gearbeitet werden kann und ein klanglich befriedigendes Ergebnis entsteht?
- *Methodik und Zielsetzungen*. In welchem Verhältnis steht das Klassenmusizieren zur Gesamtkonzeption des Musikunterrichts? Wird das Klassenmusizieren hin und wieder zur Auflockerung des Unterrichts eingesetzt? Wird der allgemein bildende Musikunterricht zugunsten des Instrumentalspiels aufgegeben? Steht das Instrumentalspiel im Kontext einer übergeordneten Konzeption des Musiklernens?

2. Voraussetzungen und Bedingungen

Die beschriebenen Schwierigkeiten beim instrumentalen Musizieren mit Schulklassen hängen zunächst mit den allgemeinen Voraussetzungen des Musikunterrichts in der Sekundarstufe I zusammen, und zwar weitgehend unabhängig vom jeweiligen Schultyp. Was SchülerInnen dieser Altergruppe miteinander verbindet, ist die Erfahrung einer vom 7. Schuljahr an zunehmenden Diskontinuität: Klassen werden immer wieder neu nach wechselnden Profilen zusammengesetzt, durch Klassenwiederholung, Schulwechsel und Zuwanderung verändert, mit häufigem Lehrerwechsel konfrontiert. Diese Diskontinuität betrifft auch und in besonderem Maße das Unterrichtsangebot im Fach Musik. SchülerInnen und MusiklehrerInnen genießen nur selten den Luxus eines kontinuierlichen Musikunterrichts, der sich überdies gerade in den mittleren Jahrgängen vom 7. bis zum 10. Schuljahr teilweise auf eine Wochenstunde beschränken muss, wenn er nicht aufgrund von Vorgaben durch die Stundentafel oder aufgrund des Mangels an ausgebildeten Fachkräften in ganzen Jahrgängen ausfällt. An einen kontinuierlichen Aufbau musikalischer Kompetenzen ist daher nur bis zum Ende des 6. Schuljahres, in den nachfolgenden Schuljahren allenfalls noch im Gymnasium zu denken (Schulen mit verstärktem Musikunterricht finden aufgrund ihrer besonderen Verhältnisse im Folgenden keine Berücksichtigung).

Gleichzeitig entwickeln sich die musikalischen Fähigkeiten der SchülerInnen mit wachsendem Alter immer weiter auseinander. Abgesehen von Schulen in „gehobener Wohnlage" oder mit Musikschwerpunkt verfügt im Normalfall nur eine Minderheit von SchülerInnen über Fertigkeiten auf einem Instrument und Notenkenntnisse, während die Mehrheit weder musikpraktische noch – den Angeboten des Musikunterrichts zum Trotz – musiktheoretische Kenntnisse und Fertigkeiten besitzt. Es liegt auf der Hand, dass instrumentales Musizieren unter solch heterogenen Voraussetzungen ohne entsprechendes Problembewusstsein leicht zu Misserfolgen und vorzeitiger Resignation führen kann.

Häufig ist auch die immer noch zuwenig auf die Erfordernisse der Schulpraxis ausgerichtete Musiklehrerausbildung ein Grund für Misserfolge und vorzeitiges Resignieren beim Klassenmusizieren. „Klassisch" sozialisiert und auch im Studium vorwiegend mit Kunstmusik befasst, sind viele MusikpädagogInnen zur Ausübung von Musik generell auf Noten angewiesen und gehen auch bei der Erarbeitung instrumentaler Arrangements mit Schulklassen wie selbstverständlich vom Primat der Notation aus. Dass nur ein kleiner Teil der SchülerInnen, eben diejenigen, die ähnlich sozialisiert sind wie die Lehrperson, damit umzugehen vermag, wird häufig verdrängt, zumal auch die Lehrpläne die Illusion schüren, durch herkömmlichen Musikunterricht könnten die Grundlagen der Notenlehre und Musiktheorie geschaffen werden. Viele MusiklehrerInnen sind aufgrund ihres eigenen musikalischen Werdegangs überdies nicht in der Lage, sich in die Schwierigkeiten hineinzuversetzen, die für musikalische Laien allein schon das Einhalten eines gemeinsamen Tempos, das gleichmäßige Spielen eines rhythmischen Modells über einen längeren Zeitraum, das Nachspielen oder gar Erfinden einer einfachen Melodie oder die Wahrnehmung verschiedener Klangfarben mit sich bringen kann.

Dass trotz der genannten Schwierigkeiten nicht nur im Schulorchester, sondern auch im Klassenverband erfolgreich auf Instrumenten musiziert werden kann, zeigen zahlreiche Berichte aus der Praxis (vgl. Literaturverzeichnis) – es kommt eben auch auf die Methode an!

3. Die Wahl des Instrumentariums

Schon der Begriff „Instrument" (instrumentum, lat. = Werkzeug) weist darauf hin, dass die Wahl des Instrumentariums zu den Methodenfragen des Klassenmusizierens gehört, denn sie entscheidet über das geeignete „Werkzeug" des Musizierens und Musiklernens. Diese Entscheidung impliziert stilistische und pragmatische Aspekte: welches Instrument/Instrumentarium ist einer bestimmten Musik angemessen? Und: Welches Instrument/Instrumentarium kann ohne instrumentale Vorbildung angemessen bedient werden? Sollen alle SchülerInnen dasselbe Instrument spielen oder soll ein gemischtes Instrumentarium verwendet werden? Aus der Entscheidung für ein bestimmtes Instrumentarium resultieren wiederum weitere methodische Entscheidungen, d. h. die Wege der Heranführung an das Instrumentarium und seine besonderen Erfordernisse. Es lassen sich hierbei grundsätzlich zwei Instrumentalgruppen unterscheiden: „Pädagogische", auf das Musizieren mit Laien hin konzipierte Instrumente und Original-Instrumente. Diese können wiederum unterschieden werden in Instrumente aus dem Bereich der populären Musik, die musikalisch ungeübten SchülerInnen einen leichteren Einstieg bieten, und Orchesterinstrumente, die nicht ohne planmäßigen Unterricht spielbar sind.

a) „Pädagogische" Instrumente

An erster Stelle ist hier das **ORFF-Instrumentarium** zu nennen, das im Zusammenhang mit der Reformpädagogik und der zu dieser Zeit aufkommenden Begeisterung für die schöpferischen Kräfte des Kindes und das Laienmusizieren zu Beginn des 20. Jahrhunderts entstand. CARL ORFF entwickelte in den 20er Jahren zusammen mit dem Instrumentenbauer KARL MAENDLER eine Gruppe von Stabspielen, die ursprünglich durch eine afrikanische Marimba inspiriert waren; dazu entstand ein Schlagwerk aus Instrumenten, die traditionell in zahlreichen Kulturen verwendet werden: vielfältige Rasseln, Trommeln und andere Rhythmusinstrumente. Mit Hilfe dieses Instrumentariums wollte ORFF eine neue musikpädagogische Konzeption verwirklichen, die er in Zusammenarbeit mit GUNILD KEETMAN entwickelt hatte. Darin wird eine Verbindung von Musik, Tanz und Sprache auf der Grundlage des Rhythmus angestrebt. Wesentlicher, in der späteren schulischen Praxis häufig vernachlässigter Bestandteil dieser Konzeption ist die Improvisation. ORFF und KEETMAN legten ihre Vorstellung einer „elementaren Musikübung" ab 1930 in dem Werk *Musik für Kinder* dar, das später unter ihrem Untertitel *Orff-Schulwerk*[1] weltbekannt wurde.

Während das *Orff-Schulwerk* als didaktisch-methodische Konzeption in der heutigen Praxis des Musikunterrichts stark an Bedeutung verloren hat, findet sich das ORFF-Instrumentarium nahezu in jeder Schule. Die relativ einfache Bedienungsweise dieser Instrumente setzt zwar eine Einweisung der Schüler, jedoch keinen systematischen Lehrgang voraus. Dies hat dazu geführt, dass das ORFF-Instrumentarium in den meisten Arrangements für das Klassenmusizieren

---

[1] Orff-Schulwerk. Elementare Musikübung, Mainz 1930-34. ORFF, C./KEETMAN, G.: Musik für Kinder. Orff-Schulwerk. Bände I-V, Mainz 1950-54.

Verwendung findet. So ist die Reihe *Musik zum Mitmachen*[2] ausschließlich für das ORFF-Instrumentarium konzipiert, während die Mehrzahl der übrigen Veröffentlichungen eine Kombination ORFF'scher mit anderen Instrumenten vorsieht.

Nicht immer führt die Verwendung des ORFF-Instrumentariums zu glücklichen Ergebnissen. Weder zur Darstellung einer expressiven Streicherkantilene noch zur Wiedergabe einer verzerrten E-Gitarrenphrase erscheint der Einsatz von Stabspielen geeignet. Je stärker eine Musik vom Klangreiz ihrer Instrumente bzw. Sounds lebt, desto zurückhaltender sollten ORFF-Instrumente eingesetzt werden. Günstiger ist ihr Einsatz in der freien und gebundenen Improvisation, in rhythmisch dominierten und repetitiven Musikstücken, etwa aus dem Bereich der Minimal Music, und natürlich in denjenigen Stilbereichen, in welchen ursprünglich Metallophone und/oder Xylophone verwendet werden, etwa in Musik aus Indonesien, Schwarzafrika und der Karibik.

Um den melodischen Aspekt nicht zu vernachlässigen, wird das ORFF-Instrumentarium häufig kombiniert mit der **Blockflöte**, die in den 20er Jahren durch PETER HARLAN zu einem Laieninstrument vereinfacht wurde und über die Jugendmusikbewegung auch in die Schule gelangte.

Griffsystem und Spielweise der Blockflöte freilich erfordern eine lehrgangsmäßige Unterweisung der SchülerInnen. Deshalb entscheiden sich zahlreiche MusiklehrerInnen für die Blockflöte als Klasseninstrument und beginnen im 5. Schuljahr mit einem Flötenlehrgang. Günstig für dieses Instrument ist der relativ niedrige Kaufpreis sowie die Unempfindlichkeit gegenüber unsachgemäßer Behandlung. Viele LehrerInnen bedienen sich der Möglichkeit, zunächst entweder ohne Mundstück zu üben oder das Instrument beim Üben mit dem Mundstück ans Kinn zu legen, ehe es an den „Ernstfall" geht. Die SchülerInnen verfügen nach einem systematischen Lehrgang immerhin sowohl über Grundfertigkeiten im Flötenspiel als auch im Notenlesen, die allerdings auch wieder verkümmern können, wenn sie nicht gepflegt werden.

Das Problem der Blockflöte bei älteren, zumal männlichen Schülern ist ihr kindliches, pädagogisch-braves Image, dazu ihre begrenzten klanglichen Möglichkeiten und ihre Bedeutungslosigkeit in aktuellen populären Musikstilen. Die Mehrzahl der SchülerInnen lehnt daher spätestens vom 7. Schuljahr an den Gebrauch der Blockflöte ab, doch in der Regel findet sich bei instrumental gemischten Arrangements immer eine kleine Gruppe, die auch in höheren Klassen noch die Flöte zu spielen bereit ist. Denn sinnvoll eingesetzt, bietet sich die Blockflöte auch in höheren Altersstufen zur Darstellung melodischer Verläufe an.

Ein Motivationsproblem bildet auch das Repertoire zahlreicher Flötenschulen und Musiziermaterialien für Blockflöten, das verständlicherweise eher auf Kinder als auf angehende Jugendliche zugeschnitten ist. Viele MusikpädagogInnen behelfen sich daher mit nach eigenem Gutdünken zusammengestellten Materialien. Keine systematischen Lehrgänge, aber interessante Anregungen für das Klassenmusizieren mit Blockflöte und weiteren Instrumenten in unterschiedlichen Stilbereichen bieten die Publikationen der Universal Edition, etwa *Folklore International*, *Folk Dance*, *Jazz Recorder*, *Roundabout*, *Ensemble* und *For Teens*.

---

[2] NEUHÄUSER, M./REUSCH, A./WEBER, H.: Musik zum Mitmachen. Spiel-mit-Sätze, 7 Bände, Frankfurt am Main, ab 1983.

NB 1: Der Nurzweitönesong aus:
CHRISTOPH SCHÖNHERR: Kleine Jazzrockwerkstatt, Bd. 1[3]

1. Der Nurzweitönesong

[3] SCHÖNHERR, CHRISTOPH: Kleine Jazzrock-Werkstatt, Bd. 1, Frankfurt am Main, 1982.

CHRISTOPH SCHÖNHERRS *Kleine Jazzrock-Werkstatt*[4] wird in der Schule gern verwendet: in seinen kurzen Jazzrockkompositionen ist die leichteste der jeweils drei Stimmen der Blockflöte vorbehalten, die in jedem der aufeinander aufbauenden Stücke einen oder mehrere neue Töne lernt. Zwar vom Verfasser ausdrücklich nicht als Flötenschule konzipiert, lässt sich die Jazzrock-Werkstatt jedoch gut in einen auf ältere Kinder bzw. Jugendliche zugeschnittenen Flötenlehrgang einpassen.

Als ein weiteres elementares Instrument wird, vor allem an Schulen im südwestdeutschen Raum, das **Steckbund-Monochord**[5] als Klasseninstrument eingesetzt. Dieses Instrument unterscheidet sich von seinem berühmten Vorbild aus der Antike durch bewegliche Bünde, die je nach Bedarf in das Griffbrett eingesteckt werden. Der Korpus ist außerdem mit einem Notensystem versehen, in das die Noten und ihre Namen an der jeweils entsprechenden Stelle eingezeichnet sind. Die Saite kann geschlagen, gezupft oder mit einem Bogen gestrichen werden. Es wird in unterschiedlichen Größen geliefert, so dass mit der Klasse problemlos mehrstimmig musiziert werden kann. Für die SchülerInnen ist dieses Instrument sehr übersichtlich zu bedienen. Es klingt auch bei voller Klassenstärke angenehm und kann leicht durch die Stimme des Lehrers/der Lehrerin übertönt werden. Das Spielen, Notieren des Gespielten und Lesen des Notierten sollen in einem von KARLHEINZ WEISS entworfenen Lehrgang Hand in Hand gehen.[6] Grenzen dieses Instrumentariums liegen zum einen auch hier in einer gewissen klanglichen Eingeschränktheit sowie in den nicht unerheblichen Anschaffungskosten.

In den Schulen der USA, Kanadas und Japans längst eine Selbstverständlichkeit, haben **elektronische Tasteninstrumente** in deutschen Schulen nur zögerlich Einzug gehalten. Doch mittlerweile gehören Keyboards – von einzelnen größeren Exemplaren bis hin zum Klassensatz von Schülerkeyboards – auch hierzulande zur Grundausstattung in zahlreichen Schulen. Als Schulinstrumente verfügen diese zwar nur über den begrenzten Ambitus von ca. 3 Oktaven und auch über einen immer noch relativ künstlichen, sterilen Sound. Doch mit jeder Generation von Instrumenten wachsen auch ihre technischen und klanglichen Möglichkeiten. Für das Klassenmusizieren sind sie vielfältig einsetzbar: von einfachen Liegestimmen im Streichersound über akustische und elektronische Bassstimmen, Schlagzeug-Begleitpattern bis zu special effects, die nur elektronische Instrumente hervorzubringen vermögen. In der Regel sind die SchülerInnen für dieses Angebot dankbar, denn es ermöglicht ihnen vielfältiges Experimentieren und individuelles, ruhiges Üben mit dem Kopfhörer, der sie zumindest zeitweise vom sonst beim Klassenmusizieren üblichen Lärm und dem Zwang des Synchronspiels befreit. Mit den Möglichkeiten des key transpose lassen sich auch Arrangements in ungünstigen Tonlagen realisieren. Trotz der Bedenken, die zum einen gegen die Klangästhetik, zum anderen gegen die

---

4 SCHÖNHERR, a. a. O., S. 6.

5 Information und Auslieferung: Jugendmusik, Musikinstrumente für die Schule, Spessartstr. 5, 76437 Rastatt.

6 WEISS, KARLHEINZ: Unterricht mit Instrumenten im Klassenverband, in: MuU 6/91, S. 31-36. sowie: Kursprotokolle des „Arbeitskreis Klassenmusizieren" c/o Karlheinz M. Weiss, Spessartstr. 5, 76437 Rastatt.

zum mechanischen Spiel verführende Bedienungsweise erhoben werden, lassen sich die Keyboards heute kaum aus dem schulischen Ensemblespiel wegdenken.

Für das Keyboardspiel im Klassenverband wurde 1980 ein System mit dem Namen „MUSIDACTA"[7] vorgestellt, das dem aus dem Sprachunterricht bekannten Sprachlabor ähnelt. Doch in der Regel werden von den MusikpädagogInnen einfache Kabelverbindungen zwischen den Keyboards für flexible Lösungen bevorzugt. Wo das Geld für die mittlerweile freilich recht kostengünstige Anschaffung eines ganzen Klassensatzes nicht reicht, können SchülerInnen zu zweit ein Instrument bedienen. Auch selbst gefertigte Keyboard-Schablonen können bei Instrumentenmangel, beim stummen Vor-Üben und auch in anderen unterrichtlichen Zusammenhängen gute Dienste leisten. Die Unterweisung erfolgt häufig durch eine „hausgemachte" Einführung des Musiklehrers oder der Musiklehrerin. Doch an vielen Schulen werden auch die von der AKADEMIE FÜR MUSIKPÄDAGOGIK in Mainz in Zusammenarbeit mit der Firma YAMAHA entwickelten Unterrichtsmaterialien verwendet, etwa die Reihen *Die Musikwerkstatt*[8] und *Team Play*[9].

Im Laufe der vergangenen Jahrzehnte wurde eine Fülle weiterer Instrumente für das schulische Musizieren vorgeschlagen und erprobt, so etwa Okarina, Panflöte, Melodica, Streichpsalter und Mundharmonika. Auch gab es Versuche, das Blockflötenspiel mit Windkapselinstrumenten wie Krummhorn oder Rauschpfeife fortzusetzen, wie GEORG REBSCHER berichtet[10]. HANS-JOACHIM ERWE weist auf die hölzerne Schlitztrommel hin, die auf lateinamerikanische und afrikanische Vorbilder zurückgeht und ein „nuancenreiches Spiel mit bis zu acht unterschiedlichen Tönen" ermöglicht[11]. Obwohl in einzelnen Fällen durchaus erfolgreich, haben diese Ansätze jedoch kaum Breitenwirkung erlangt und werden daher nicht ausführlicher dargestellt.

b) Rock-Instrumentarium und lateinamerikanische Percussionsinstrumente

Vielerorts gehören das Rock-Instrumentarium mit Schlagzeug, E-Gitarre, E-Bass und Synthesizer/Keyboard sowie lateinamerikanische Percussionsinstrumente mittlerweile zur Grundausstattung des Musikraums. Seit den Anfängen der Rockmusikdidaktik in den Siebziger Jahren wurde nach Wegen gesucht, wie auch SchülerInnen ohne entsprechende Vorbildung zumindest einfache musi-

---

[7] PLASGER, D./PLASGER, U.: Das Keyboard-System MUSIDACTA. Beschreibung, Unterrichtsbeispiele und Erfahrungen, in: KLEINEN, G. (Hrsg.): Musikpädagogische Forschung Bd. 5, „Kind und Musik", Laaber 1984, S. 331-338.

[8] SCHMIDT-KÖNGERNHEIM, W./HINTZ, A./ITOH, E./WANJURA-HÜBNER, C.: Die Musikwerkstatt. Ein Spielbuch für den Klassenunterricht für das 5. und 6. Schuljahr mit Tasteninstrumenten, mit Lehrerhandbuch, Mainz 1984.

[9] WALTER, HANS (Hrsg.): Team Play. Klassenmusizieren mit Keyboards, Spielsätze mit Begleitarrangements, mit CD, Yamaha Edition Schulmusik, Siemensstr. 22-34, 25462 Rellingen.

[10] REBSCHER, GEORG: Zur Integrierung des Instrumentenspiels in der Schule, in: MuB 1969, 1 (11), S. 502 ff.

[11] ERWE, HANS-JOACHIM: Musizieren im Unterricht, in: HELMS, S./SCHNEIDER, R./WEBER, R.: Kompendium der Musikpädagogik, Bosse: Kassel 1995, S. 248. Bezugsmöglichkeiten der Schlitztrommel (vgl. ERWE, ebd.): über Boing-Klangkörper, Hauptstr. 16, 35102 Lohra-Werpoltshausen; Schlagwerk Klangobjekte, Brunnenstr. 7 A, 73312 Geislingen/Steige).

kalische Muster auf diesen Instrumenten realisieren können. Starthilfe zunächst zur eigenen Fortbildung der MusiklehrerInnen, aber auch für den Einsatz in der Klasse, leistete die Zeitschrift *Populäre Musik im Unterricht* (seit 1980, ab 1989 *Die Grünen Hefte*, seit 1996 *Zeitschrift für die Praxis des Musikunterrichts*, hier allerdings einer verbreiteten Sprechweise zufolge *Grüne Hefte* genannt), in der zunächst eine dreiteilige *Schlagzeugschule*[12], dann eine achtteilige *E-Baßschule*[13] wertvolle Anregungen zum Einsatz dieser Instrumente vermittelte. Eine ausführliche Auseinandersetzung mit den einzelnen Rock-Instrumenten, ihrer Funktionsweise, Notation und einfachen, von Laien spielbaren Begleitpattern findet sich in KURT ROHRBACHs Kompendium *Rockmusik. Die Grundlagen*[14]. Im Kapitel *Rhythmik* werden außerdem detaillierte methodische Hinweise zur Erarbeitung grundlegender rockmusikalischer Rhythmuspattern gegeben, die die Möglichkeiten des Körperlernens mit einbeziehen.

Auch im Umgang mit lateinamerikanischen Percussionsinstrumenten lässt sich eine verstärkte Bemühung um angemessene Spielweise und stilgerechten Einsatz in Verbindung mit originalen Musiziermodellen feststellen. Vorangetrieben wurde diese Entwicklung durch BIRGER SULSBRÜCKs *Latin-American Percussion*[15], eine ausführliche Percussionschule mit Musikbeispiel; weitere Publikationen mit etwas vereinfachten Modellen für das Klassenmusizieren folgten, so etwa das Heft *Von Salsa bis Samba*[16] von CORNELIA VILLASECCA RIBBECK aus der Reihe *Applaus* (siehe Notenbeispiel 2).

c) Orchesterinstrumente

Etwa seit Beginn der 90er Jahre wurden Versuche unternommen, das instrumentale Musizieren in der Klasse auf höheres Niveau zu heben und im Rahmen des herkömmlichen Musikunterrichts auch Orchesterinstrumente zu lehren. Inspiriert wurden diese Versuche von den Klassenorchestern in Schulen Großbritanniens, Kanadas und der USA. Die Realisation dieser Anregungen im deutschen Musikunterricht findet zumeist in Kooperation der allgemein bildenden Schulen mit den örtlichen Musikschulen oder einzelnen, durch die Elternschaft bezahlten InstrumentalpädagogInnen statt. Welche Instrumente dabei Berücksichtigung finden, hängt nicht unwesentlich von der persönlichen Vorbildung und Vorliebe des jeweiligen Musiklehrers ab. So werden an einigen Schulen Orchesterblasinstrumente gelehrt[17], an anderen Schulen findet Streicherklassenunterricht statt[18]. Im hessischen Modellversuch „Kooperation von Musik-

---

[12] NEUMÜLLER, KLAUS DIETER: Schlagzeugschule 3 Teile, in: Populäre Musik im Unterricht Hefte 12-14, 1985.

[13] NEUMANN, FRIEDRICH: E-Baß-Schule, 8 Teile, in: Populäre Musik im Unterricht, Hefte 15-22, 1986-1988.

[14] ROHRBACH, KURT: Rockmusik. Die Grundlagen, Institut für Didaktik populärer Musik, Oldershausen 1992.

[15] SULSBRÜCK, BIRGER: Latin-American Percussion, Rytmiske Aftenskoles Forlag, Copenhagen 1986.

[16] VILLASECA RIBBECK, CORNELIA: Von Salsa bis Samba = Applaus. Musikmachen im Klassenverband Heft 3, Stuttgart 1993.

[17] FEUERBORN, WOLFGANG: Bläser Klasse, in: MuU 49/1998, S. 60 ff. und: „Yamaha Bläser Klasse", De Haske, Heerenveen, 1997.

[18] BOCH, BIRGIT und PETER: Streicherklassenunterricht nach Paul Rolland, in: MuU 49/1998, S. 62 ff.

NB 2: Calypso
aus CORNELIA VILLASECA RIBBECK: Von Salsa bis Samba[19]

___ 18 ___ Calypso _____

Claves — Diesmal wird nur der 1. Takt unserer bisher geübten Claves-Figur gespielt – immer wieder! Stell dich am besten zwischen Bongos und Congas, ihr habt die Akzente an der gleichen Stelle.

Cowbell — Am Hals anschlagen (hoher Ton), das Abdämpfen mit der linken Hand nicht vergessen!

Maracas — Wie immer: schön gleichmäßige, genaue Achtel spielen! Stell dich am besten neben die Timbales, ihr spielt beide die gleiche Figur!

Schellen-ring — Nimm den Schellenring fest in die rechte Hand und schlage mit der linken Hand auf 2 und 4 dagegen.

Bongos — Ähnlich wie der Martillo, wichtig sind die Akzente, besonders der auf der Zählzeit 2+. Je leiser du die Zwischenschläge spielst, desto lauter wirken die Akzente!

Congas — Alle Schläge klingen offen (o). Die linke Hand bleibt auf der Quinto (hoch), die rechte auf der Conga (tief).

Timbales — Beide Händen spielen an den Seiten der Timbales (Paila). Achte auf Gleichmäßigkeit!

Drums — Auf 2 und 4 die Hi-Hat-Becken ein bißchen öffnen und mit dem Schaft des Sticks ganz am Rand anschlagen, so daß es zischt. So soll es klingen: di - ke tsch, di - ke tsch.

Baß

Riff [alle]

Coda [alle]

___

[19] VILLASECA RIBBECK, a. a. O., S. 18.

schulen und allgemeinbildenden Schulen"[20], der 1996 begonnen wurde, können die Kinder unter verschiedenen Instrumentengruppen wählen. Über den Erfolg und die Übertragbarkeit der Modellversuche auf den allgemein bildenden Musikunterricht werden die kommenden Jahre entscheiden.

d) Das gemischte Klassenorchester

Konfrontiert mit unterschiedlichsten Voraussetzungen, mit SchülerInnen, die in Blasmusik-, Handharmonika- oder Mandolinenvereinen, in Flötengruppen, im häuslichen Privatunterricht oder im Rahmen einer Band ein Musikinstrument gelernt haben, und den vielen anderen, die überhaupt keine musikpraktischen Vorkenntnisse mitbringen, stellen sich viele MusikpädagogInnen ihr spezielles gemischtes Klassenorchester zusammen. Wenn sukzessiv und lehrgangsweise Grundkenntnisse im Umgang mit dem ORFF-Instrumentarium, im Blockflöten-, Keyboard- und Schlagzeugspiel vermittelt werden, wie dies an manchen Schulen üblich ist, stehen die Möglichkeiten für gemeinsames Musizieren nicht schlecht. Für den/die MusiklehrerIn allerdings bedeutet das Musizieren mit einem solch heterogenen Instrumentarium eine sehr sorgsame Planung, eine gute Kenntnis der Schülerfertigkeiten bei der Zuweisung der Instrumentalparts, sehr viel Geduld, ausreichende Probezeit und methodische Kompetenz bei der Erarbeitung. Wie die meisten vorliegenden Unterrichtsmaterialien zeigen, ist das Musizieren mit gemischtem Klassenorchester wohl derzeit der Normalfall des Klassenmusizierens – vorausgesetzt, es findet überhaupt statt.

e) Zu wenig Instrumente – was tun?

Nicht alle Schulen sind so großzügig ausgestattet, dass die benötigten Instrumente in Klassenstärke vorhanden sind, bei einigen, etwa Klavier, E-Gitarre, E-Bass oder Schlagzeug wäre dies auch unsinnig. Gleichwohl sollten alle SchülerInnen in der Lage sein, entsprechende Stimmen gemeinsam zu üben. Folgende Möglichkeiten können in solchen Situationen weiterhelfen:
- Selbstverständlich bietet die Stimme als erstes und allen verfügbares „Instrument" die Möglichkeit, Melodien und Rhythmen mit der ganzen Klasse einzuüben. Das Kazoo als saxophonähnliche „Stimmmaske" stellt einen wirkungsvollen Übergang zum Instrumentalspiel dar.
- Für das Üben von Rhythmen bieten sich alle möglichen Körperinstrumente, aber auch verfügbare Ersatzgegenstände – Stifte, Stühle, Tische etc. – an.
- Selbst gefertigte Instrumente aus Dosen, Blumentöpfen, Papprohren etc. können das vorhandene Instrumentarium und auch die improvisatorische Fantasie bereichern.
- Melodien, Riffs oder Harmoniestimmen können auf Pappschablonen, etwa für Gitarre, Bass oder Keyboard geübt werden. Bei der Anfertigung erwerben die SchülerInnen nebenbei wichtige Informationen über Bau- und Spielweisen der Instrumente.

---

[20] BÄHR, JOHANNES/SCHWAB, CHRISTOPH: Modellversuch „Kooperation von Musikschulen und allgemeinbildenden Schulen", in: MuU 49/1998, S. 58 ff.

Natürlich muss dafür gesorgt werden, dass bei der Wahl eines bestimmten Klasseninstruments jede Schülerin/jeder Schüler ein eigenes Instrument besitzt und dass auch häufig gebrauchte Instrumente wie etwa Keyboards nach und nach in ausreichender Zahl zur Verfügung stehen; engagierten und fantasievollen MusikpädagogInnen werden hierfür Mittel und Wege einfallen.

4. Unterrichtsmaterialien

Entstanden aus der Praxis für die Praxis, lassen sich die einschlägigen Arrangements als quasi geronnene Methodik des Klassenmusizierens lesen. Die vorliegenden Materialien können grundsätzlich nach verschiedenen Verfahrensweisen unterschieden werden: das Mitspielen zur CD/Schallplatte bzw. zum Playback, das Reproduzieren und Abwandeln von Arrangements und Spielmodellen, das gebundene oder freie Improvisieren in der Gruppe.

a) Mitspielsätze

Mit der Durchsetzung der technischen Medien im Musikunterricht seit den Sechziger Jahren und der Entwicklung von Konzepten zur Hörerziehung entstand auch die Idee, SchülerInnen zur Schallplatte musizieren zu lassen. DANKMAR VENUS bezog diesen Gedanken in sein didaktisch-methodisches Konzept der *Unterweisung zum Musikhören*[21] mit ein. Durch das Spielen einfacher Begleitstimmen zur Aufnahme eines Musikwerkes solle „versucht werden, die Dauer der Aufmerksamkeit durch handelndes Mitvollziehen zu vergrößern"[22]. Zunächst in musikpädagogischen Fachkreisen eher beargwöhnt, hat sich das Mitspielen zur Platte/CD oder zu vorgefertigten Playbacks mittlerweile als eine Möglichkeit des Klassenmusizierens etabliert. Weit verbreitet ist die Reihe *Musik zum Mitmachen*, die seit 1982 erscheint und in bisher 7 Bänden vorliegt. Zunächst fast ausschließlich an Kunstmusik orientiert, haben nach und nach Stücke aus verschiedenen Stilbereichen, etwa internationale Folklore, Jazz, Rock und Pop Aufnahme gefunden. Im Vorwort erläutern die Autoren ihre Vorgehensweise:

- Anspruchsvolle Originalstimmen werden auf „sogenannte Kerntöne und Kernmotive" reduziert.
- „Zur Originalmusik werden klangliche Akzente hinzugefügt", die vor allem auf Schlaginstrumenten zur Verdeutlichung charakteristischer Rhythmen ausgeführt werden.
- „Teile der Musik werden unverändert mitgespielt", um eine bestimmte Struktur in den Vordergrund treten zu lassen.
- Um harmonische Abläufe zu verdeutlichen, werden Grundharmonien mitgespielt[23].
- Zu einigen Stücken werden mehrere Begleitmöglichkeiten mit unterschiedlichem Schwierigkeitsgrad angeboten.

---

[21] VENUS, DANKMAR: Unterweisung im Musikhören, Ratingen 1969.
[22] Ebd. S. 158.
[23] A. a. O., Bd. 2 1984, S. 5.

Wie weiter oben schon erwähnt, sind alle Mitspielsätze für das ORFF-Instrumentarium konzipiert, wobei die Angemessenheit dieser Instrumentierung an
die klanglichen und stiltypischen Ansprüche des Originals sicher in etlichen

NB 3: Vorspiel zu „Carmen" von GEORGES BIZET
aus: Musik zum Mitmachen, Bd. 2[24]

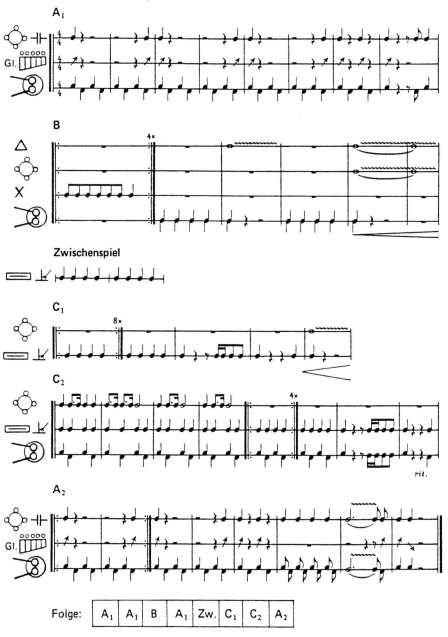

[24] NEUHÄUSER, M./REUSCH, A./WEBER, H., a. a. O., S. 30.

Fällen zu diskutieren wäre. Auch weitere Bedenken sind gegen das Mitspielen zum Original erhoben worden; so bemängelt ERWE die mangelnde musikalische Kommunikation und die „sklavische" Gebundenheit der SpielerInnen an das Tempo des Tonträgers[25]. Es ist sicher auch fraglich, ob SchülerInnen aus der „Froschperspektive" einer rhythmischen Begleitung etwa die Eigenarten der Carmen-Ouvertüre erfassen können, zumal sie in der Regel alle ihre Aufmerksamkeit benötigen, um mit dem Original Schritt zu halten. Auf der anderen Seite bieten Mitspiel-Sätze unbestreitbare Vorzüge: Sie gestatten es auch den zahlreichen fachfremd unterrichtenden oder nur im Nebenfach ausgebildeten Lehrkräften, im Unterricht instrumental zu musizieren; sie beanspruchen aufgrund ihrer einfachen Strukturen zumeist nicht allzu viel Zeit des Einübens; sie ermöglichen den Schülern und Schülerinnen ein Dabei-Sein innerhalb größerer musikalischer Abläufe, die sie aus eigener Kraft nicht herstellen könnten, und bieten ihnen dadurch die Möglichkeit, auch emotionale Kontakte zu bisher unbekannter Musik zu knüpfen.

b) Reproduktion und Abwandlung von Arrangements und Spielmodellen

Ebenso verbreitet wie das Mitspielen zum Original oder Playback ist die Reproduktion ganzer Arrangements, wobei in der Praxis häufig einzelne Stimmen bzw. ganze Arrangements vereinfacht werden (müssen). Über Jahre boten vor allem die *Grünen Hefte* klassentaugliche Arrangements; zunächst handelte es sich vorwiegend um bewährte ältere und aktuelle Hits aus dem Bereich der Rock/Popmusik. Die Instrumentierungsvorschläge orientieren sich soweit möglich an der Originalbesetzung, was im Rock/Pop-Bereich freilich auch eher zu realisieren ist als im Bereich der Kunstmusik. In vielen Veröffentlichungen wird sowohl eine Transkription des Originals als auch eine für die Schule vereinfachte Fassung vorgestellt[26]. Diese Gegenüberstellung bietet den Anreiz, sich so dicht wie möglich an das Original heran zu arbeiten, sich nicht allzu schnell mit musikpädagogischem „Pling-Plong" zu begnügen, ggf. versiertere SchülerInnen mit der solistischen Erarbeitung von Originalparts zu konfrontieren. In den vereinfachten Fassungen finden sich Stimmen unterschiedlichen Schwierigkeitsgrades, so dass binnendifferenziert gearbeitet werden kann. In einzelnen Fällen werden Skalen und weitere Anregungen zur Improvisation mitgegeben.

Auch leichtere Jazzstücke, Songs und Tänze aus fremden Kulturen sind zu finden, sowie Bearbeitungen populärer Klassik, etwa *In der Halle des Bergkönigs* aus GRIEGS *Peer-Gynt-Suite*, MOZARTS *Rondo alla Turca*, RAVELS *Pavane pour une infante défunte*[27] (vgl. Notenbeispiel 4).

Die Arrangements folgen soweit als möglich dem Original und wenden folgende Vereinfachungsmöglichkeiten an:

---

[25] ERWE, a. a. O., S. 249.

[26] So etwa *More and More* von CAPTAIN HOLLWOOD, Die Grünen Hefte Nr. 36, S. 8-19, oder *Dumpfbacke* von STOPPOCK, Die Grünen Hefte Nr. 40, S. 5-7, u.v.a.m.

[27] Die Grünen Hefte Nr. 25, Juni 1989, Nr. 45, Februar 1996, Nr. 51, August 1997.

NB 4: *In der Halle des Bergkönigs von* EDWARD GRIEG
aus: Populäre Musik im Unterricht, Heft 25[28]

28 FIRLA, FRANZ: Eine Verfolgungsjagd: In der Halle des Bergkönigs, in: Populäre Musik im Unterricht/Grüne Hefte, a. a. O. 25/Juni 1989, S. 33 ff.

- schwierige Melodien werden auf die Gerüsttöne und Kernmotive reduziert,
- längere melodische Einheiten werden verteilt auf mehrere Instrumenten-gruppen, damit sich der Übeaufwand in Grenzen hält,
- Begleitstimmen werden vereinfacht, Harmoniestimmen auf einzelne Instrumente verteilt,
- Begleitrhythmen werden auf das Wesentliche reduziert und ggf. ebenfalls auf einzelne Spieler verteilt.

Die Begleittexte bieten neben Hintergrundinformationen auch zahlreiche methodische Anregungen zur Erarbeitung der Arrangements in der Klasse. Wenn auch in Fachkreisen hin und wieder abfällige Einschätzungen solcher Eingriffe in die Integrität des Kunstwerks zu hören sind, so ist doch der didaktische Nutzen reduzierter Arrangements für den Zugang zu Werken der Kunstmusik nicht zu unterschätzen. Dabei sollte allerdings immer klar sein, dass das Spielen vereinfachter Arrangements die Auseinandersetzung mit dem Original nicht zu ersetzen vermag.

Es gehört zu den besonderen Verdiensten der *Grünen Hefte*, immer wieder auch Verbindungen zwischen traditioneller Kunstmusik und aktueller populärer Musik aufgezeigt und didaktisch nutzbar gemacht zu haben, etwa im Vergleich des *Kanons für 3 Violinen* von PACHELBEL mit Popsongs, die auf demselben Harmonieschema aufgebaut sind, oder im Vergleich verschiedener Fassungen der barocken *Folia* mit dem durch die Auftritte HENRY MASKEs populär gewordenen Song *Conquest of Paradise* von VANGELIS[29]. Der besondere Reiz dieser Verbindungen besteht darin, dass SchülerInnen durch geringfügige Abwandlungen eines ostinaten Musiziermodells Musik ganz verschiedener Stilbereiche realisieren können und gleichzeitig die hinderliche Trennung zwischen Klassischer und Populärer Musik zu überwinden lernen.

Auch in ROHRBACHs *Rockmusik. Die Grundlagen* finden sich zahlreiche für den Klassenunterricht geeignete Arrangements, geordnet nach den Dekaden der Rockmusik. Die Auswahl der Stücke dient dem Einblick in zeittypische Stilrichtungen; die Arrangements richten sich sowohl an die Schulband als auch an das Klassenorchester und müssen nach Bedarf für die Praxis vereinfacht werden. Jedem Song sind knappe methodische Hinweise mitgegeben. In diesem Zusammenhang sollen auch die Publikationen *Pop aktiv*[30] und *Jazz aktiv*[31] erwähnt werden. Die jeweils 14 Unterrichtsmodelle und Arrangements sind jeweils übergeordneten Aspekten zugeordnet, etwa dem Aspekt Musik und Bewegung oder Musizieren und Verstehen. Nicht in jedem Fall wird die Reproduktion eines kompletten Satzes angestrebt. Im Unterrichtsmodell zu DAVE BRUBECKs *Take Five*[32] etwa soll mit Hilfe von Bodypercussion der 5/4-Takt körperlich nachvollzogen, das Ostinato des Stückes rhythmisch und melodisch erlernt, dann die Akkordstruktur umgesetzt werden. Diese Bausteine sollen

---

[29] Die Grünen Hefte Nr. 40, Juni 1994, Nr. 42, Februar 1995 und Nr. 43, Juni 1995.
[30] SUSSMANN, FRANZ: Pop aktiv: 14 Unterrichtsmodelle zum Singen – Spielen – Tanzen im Klassenverband, Mainz 1988.
[31] SUSSMANN, FRANZ/WIDMANN, MARKUS: Jazz aktiv: 14 Unterrichtsmodelle zum Singen – Spielen – Tanzen im Klassenverband, Mainz 1996.
[32] SUSSMANN, FRANZ: Pop aktiv, a. a. O., S. 49 ff.

anschließend zu einem eigenen Stück mit improvisierenden Phasen zusammengesetzt werden.

Auf die verstärkte Hinwendung zum Klassenmusizieren hat der Klett Verlag mit der Reihe *Applaus. Musikmachen im Klassenverband*[33] reagiert. In bisher 15 nach Themenkreisen geordneten Heften von unterschiedlichen Autoren finden sich Musiziervorschläge von Pop-Oldies über Jazz-Standards, Weihnachts-Popsongs bis hin zu Musicalhits in unterschiedlichen Schwierigkeitsgraden und Besetzungsvorschlägen. Die Singstimme ist meistens extra notiert, ebenso das rhythmische Begleitpattern, die Instrumentalbegleitung beschränkt sich in der Regel auf 1-2 Oberstimmen, 1-2 Mittelstimmen und eine Bassstimme. Die Besetzungsvorschläge orientieren sich an dem in vielen Schulen üblichen gemischten Instrumentarium.

Schließlich sei noch die Reihe *Groove*[34] aus dem Diesterweg Verlag genannt. Bei den je 10 Spielstücken aus den Bereichen Pop, Rock, Latin, Blues und Jazz handelt es sich ausschließlich um Eigenkompositionen der Autoren, die stets nach demselben Schema aufgebaut sind: auf der rechten Heftseite findet sich das 3-4-stimmige Stück, bestehend je aus Melodie-, Begleitstimme(n) und Bass, links das rhythmische Begleitpattern, eine Formübersicht und eine Skala zum Improvisieren. Die Instrumentierung ist variabel. Im Vorwort werden allgemeine Hinweise zur unterrichtlichen Erarbeitung gegeben. Diese kurzen Spielstücke sind für sich genommen nicht alle gleich einfallsreich; sie leben vor allem von der Fantasie und dem Variantenreichtum der Ausführenden.

NB 5: Sound of the City , aus: Groove, Bd. 1[35]

Percussion

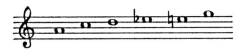

Skala zum Improvisieren

---

[33] Applaus. Musikmachen im Klassenverband, Hefte 1-15, Stuttgart, seit 1992.

[34] DANIEL, WILDERICH/JANOSA, FELIX: Groove, Hefte 1 und 2, Frankfurt 1992, Janosa, Felix: Groove, Hefte 3-6, Frankfurt 1993/1994.

[35] DANIEL, WILDERICH/JANOSA, FELIX: Groove, Bd.1, a. a. O., S. 8 f.

Formübersicht

Nummer	Formteil	Bemerkungen	Takte
1	Ⓐ	Melodie, Nebenstimme & Bass entfallen	4
2	Ⓐ	Melodie entfällt Bass nur auf der 1	4
3	Ⓐ		8
4	Ⓑ		8
5	Ⓐ	SOLO Melodie, Nebenstimme & Bass entfallen	4
6	Ⓐ	SOLO Melodie entfällt Bass nur auf der 1	4
7	Ⓐ	SOLO Melodie entfällt	8
8	Ⓑ		8
9	Ⓐ		8
			fade out

Unter der großen Zahl an Einzeldarstellungen in musikpädagogischen Periodika seien hier nur zwei Aufsätze erwähnt, die sich beide mit dem Thema Kunstmusik und Klassenmusizieren befassen. Unter dem Titel *Klassenmusizieren mit klassischer Musik*[36] zeigt RICHARD EWEN folgende Möglichkeiten des Umgangs

---

[36] EWEN, RICHARD: Klassenmusizieren und klassische Musik, in: MuB, Heft 1, Januar/Februar 1997, S. 8-19.

mit klassischen Vorlagen auf: musikalisch-szenischer Mitvollzug, das Mitspielen von Cantus-Firmus-Melodien, die spielerische Annäherung durch einfache rhythmische Mitspielmodelle, der kreative Umgang mit Ostinato-Figuren, die Bearbeitung klassischer Vorlagen mittels Reduktion. Diese Möglichkeiten werden durch Beispiele konkretisiert. THOMAS KRETTENAUER stellt in seinem Aufsatz *Sinfonische Weltmusik*[37] am Beispiel von DVORAKs Sinfonie *Aus der Neuen Welt* drei Formen der Annäherung an komplexe sinfonische Musik vor: die Annäherung durch das Singen und Spielen thematisch verwandter Songs, das Musizieren der Hauptthemen in vereinfachtem Arrangement, die allmähliche, stufenweise Entwicklung eines komplexen Arrangements aus einer auf Kerntöne reduzierten Fassung heraus.

c) Materialien zur freien und gebundenen Improvisation

Aus mehreren großen Quellen speisen sich die Anregungen zur Improvisation im Musikunterricht: aus der Reformpädagogik und dem musikpädagogischen Konzept von CARL ORFF und GUNILD KEETMAN, aus dem Kontext der auditiven Wahrnehmungserziehung in Verbindung mit aktuellen Formen der Neuen Musik der Sechziger und Siebziger Jahre, sowie aus der afro-amerikanischen Musik, d. h. dem Blues, dem Jazz und der Rockmusik. Die Materialien zur Improvisation im Klassenunterricht sind zu zahlreich, um hier alle aufgelistet zu werden. Nur einige jeweils charakteristische Methoden sollen hier vorgestellt werden.

Wenn auch ursprünglich die musikdidaktische Konzeption von ORFF und KEETMAN auf jüngere Kinder zugeschnitten war, so lassen sich doch die Anregungen, die darin zum improvisierenden Umgang mit elementaren Formen der Musik, mit Bewegung, Rhythmus und Melodie gegeben werden, in modifizierter Weise auch für den Musikunterricht der Sekundarstufe nutzen. Die Entwicklung rhythmischer Grundformeln aus Sprache und Versen, das rezitativische Singen, der Aufbau von improvisierten Klangflächen, die melodische Improvisation über Bordune und Ostinati, die Ordnung musikalischer Abläufe in Reihungsformen, die Umsetzung von Musik in Bewegung – diese Verfahren sind nicht unbedingt an kindliche Musiziermuster gebunden, sondern können auch mit entsprechendem Instrumentarium auf aktuelle musikalische Jugendkulturen, etwa HipHop übertragen werden. Vielfältige Improvisationsanregungen finden sich sowohl im *Orff-Schulwerk* selbst als auch in KEETMANs *Elementaria*[38].

Die Initiativen zur freien und gebundenen Gruppenimprovisation, die seit dem Ende der Sechziger Jahre den Musikunterricht belebten, waren einerseits angeregt von den Entwicklungen der Neuen Musik, der Aleatorik, der szenischen Experimente, neuer Sprachkompositionen, der Klangflächen- und Clusterkompositionen, gleichzeitig beflügelt von der Vorstellung einer emanzipatorischen, auf Kreativität, Chancengleichheit und Emanzipation abzielenden Musikpädagogik. Voraussetzungsloses Musizieren mit unkonventionellen Mitteln, ohne die herkömmliche Notenschrift und instrumentale Vorbildung, sollte allen Schülern und Schülerinnen Zugänge zur Musik, zumal zur Neuen Musik eröff-

---

[37] KRETTENAUER, THOMAS: Sinfonische Weltmusik, in: MuU 49/1998, S. 10-19.
[38] KEETMAN, GUNILD: Elementaria. Erster Umgang mit dem Orff-Schulwerk, Stuttgart 1970.

nen. Die Mittel der Klangerzeugung gehen weit über das konventionelle Instrumentarium und den herkömmlichen Gebrauch der Stimme hinaus: die Stimme mit allen ihren lautlichen, auch nicht-semantischen Äußerungsmöglichkeiten zwischen Geräusch, Sprache und Gesang, Klänge und Geräusche auf allen möglichen Instrumenten, Alltagsgeräten und selbst hergestellten Materialien, elektronisch erzeugte oder verfremdete Klänge können zur Improvisation herangezogen werden. Modelle zum gemeinsamen Musizieren werden aus den Materialeigenschaften selbst, aus der musikalischen Umsetzung von Alltagssituationen, Naturereignissen, Fantasien und Geschichten gewonnen. Im didaktischen Konzept der Auditiven Wahrnehmungserziehung, das 1971 im Arbeitsbuch *Sequenzen*[39] vorgestellt wurde, nehmen Improvisation und Klangexperiment eine zentrale Stellung ein. Eine Fülle an weiteren Materialien lieferte die *rote reihe* der Wiener Universal Edition, die in zahlreichen Einzelheften Improvisationsmodelle und neue Kompositionen für Gruppen und Klassen bereitstellte. Anregungen zum improvisierenden Umgang mit elementaren Materialien in Verbindung mit szenischer Darstellung wurden in den Siebziger und Achtziger Jahren im Kontext der *Polyästhetischen Musikerziehung*[40] durch WOLFGANG ROSCHER entwickelt.

Die Improvisation im Rahmen afro-amerikanischer Musik, die sich in den vergangenen Jahrzehnten einen festen Platz in der Musikdidaktik erobert hat, basiert auf stiltypischen Pattern und Phrasen im Rahmen der Pentatonik, der Bluestonleiter und modaler Skalen. Wie es unter Jazz- und Rockmusikern üblich ist, so wird diese Art der Improvisation auch in der Schule vorwiegend über das Gehör, durch Imitation, durch call und response gelehrt und gelernt. Dies setzt entsprechende Fähigkeiten des Musiklehrers/der Musiklehrerin voraus, die durch persönliches Studium einschlägiger Literatur[41] und in Lehrerfortbildungen erworben werden können. Wie im Musikunterricht erste Versuche im Skatgesang, in rhythmischer und melodischer Jazzimprovisation unternommen werden können, zeigt BEATE DETHLEFS in ihrem Artikel *„Es ist nicht das, was du spielst, sondern wie du's spielst"*[42]. MARTIN BURGGALLER stellt unter dem Titel *Talking Games – Bodypercussion – Blues*[43] die allmähliche Hinführung der SchülerInnen zur Improvisation über Bodypercussion, gerappte Sprachspiele und die Arbeit mit „patterns und phrases" vor. Nach dem Patterntraining sollen erste kleine Improvisationen zum Playback oder zum live gespielten Arrangement versucht werden, wobei die für viele Blues und bluesverwandte Stücke typischen Themenstrukturen mit kurzen melodischen calls und darauf folgenden Pausen für instrumentale responses einen günstigen Einstieg bilden.

---

[39] FRISIUS, RUDOLF u. a.: Sequenzen. Musik Sekundarstufe I, Stuttgart 1972.

[40] ROSCHER, WOLFGANG: Musikpädagogik, Klangimprovisation und Szene, in: Ästhetische Erziehung/Improvisation/Musiktheater, Hannover 1970, und: Ders. (Hrsg.): Integrative Musikpädagogik, Teil I, Wilhelmshaven 1983, Teil II, Wilhelmshaven 1984.

[41] Etwa: JUNGBLUTH, AXEL: Jazz Harmonielehre. Funktionsharmonik und Modalität, Mainz 1981, und: BAKER, DAVID: Jazzimprovisation. Eine umfassende Methode für alle Instrumente, o. O., 1990.

[42] DETHLEFS, BEATE: „Es ist nicht das, was du spielst, sondern wie du's spielst". Jazz-Improvisation im Klassenverband, in: MuU 39/1996, S. 24 ff.

[43] BURGGALLER, MARTIN: Talking Games – Bodypercussion – Blues. Arbeit mit patterns und phrases als Hinführung zu ersten Improvisationsversuchen, in: MuU 49/1998, S. 34 ff.

NB 6: *Beispiele für patterns and phrases*
aus: BURGGALLER: *Talking Games – Bodypercussion – Blues*[44]

C-Dur-Pentatonik

Sicherlich sind im Rahmen des schulischen Musikunterrichts die Möglichkeiten der Improvisation aufgrund mangelnder instrumentaler Voraussetzungen und Übemöglichkeiten beschränkt. Doch gilt dies für alle improvisatorische Tätigkeit in größeren Gruppen. Und dennoch würde wohl niemand ernsthaft einen Verzicht auf improvisierendes Musizieren im Musikunterricht erwägen, denn dieses bietet vielen Schülern und Schülerinnen überhaupt erstmals die Chance, sich selbst als musikalisch Produzierende zu erleben.

5. Methoden des Erarbeitens

Bevor es ins Detail geht, zwei Bemerkungen vorneweg:
1. „Die" richtige Methode gibt es bekanntlich nicht – vermutlich existieren so viele Methoden wie es fantasievolle und engagierte MusikpädagogInnen gibt. Allerdings zeigt sich im Austausch mit KollegInnen auf Fortbildungen und Kongressen, dass beim Klassenmusizieren überall grundsätzlich ähnliche Probleme auftauchen und – was nicht weiter überrascht – sich auch die Methoden ihrer Bewältigung ähneln. Von diesen soll im Folgenden die Rede sein.
2. Methoden richten sich nach dem didaktischen Stellenwert des Unterrichtsgegenstandes. Im Fall des Klassenmusizierens soll unterschieden werden zwischen dem quasi voraussetzungslosen Klassenmusizieren im Rahmen des allgemein-bildenden Musikunterrichts gegenwärtiger Prägung und systematischen Lehrgängen, sei es für Blockflöten, Keyboards oder Orchesterinstrumente, die einen Sonderfall im Übergang zwischen Musik- und

---

[44] BURGGALLER, a. a. O., S. 38.

NB 7: C-Jam-Blues von DUKE ELLINGTON
Arr. BURGGALLER[45]

45 Ebd., S. 39.

Instrumentaldidaktik darstellen. Die unterschiedlichen methodischen Wege einzelner Instrumentallehrgänge hier zu beschreiben würde zu weit führen. Einen didaktisch-methodischen Sonderfall stellt der Instrumentallehrgang von GRUNOW/GORDON/AZZARA[46] dar, der die Darstellung der Erarbeitungsmethoden abschließen soll. Entwickelt im Kontext der Theorie und Methode des Musiklernens von EDWIN E. GORDON[47], werden darin die Aspekte allgemeinen Musiklernens mit denen des instrumentalen Lernens verbunden. Daher sind seine Prinzipien gleichermaßen auf das schulische Klassenmusizieren als auch das private Instrumentalspiel anwendbar.

a) Notiert – nicht-notiert?

Die Tatsache, dass Musik durch Notation fixiert und weiter vermittelt wird, sollte nicht dazu führen, diese Vermittlungsform unreflektiert auch im Musikunterricht anzuwenden. Leider finden sich auch heute noch MusiklehrerInnen, die dem Wunsch der SchülerInnen nach aktivem Musizieren im Klassenunterricht mit dem Hinweis begegnen, zuerst müsse das notwendige „Handwerkszeug", sprich: Notenkenntnisse und Musiktheorie, erlernt werden. Ein Blick über den eigenen „klassischen" Tellerrand in die Praxis populärer Musik, des Jazz, der Musik anderer Ethnien müsste sie eigentlich eines Besseren belehren. Auch hochdifferenzierte Musik ist zu ihrer klanglichen Realisierung nicht notwendigerweise an Notation gebunden, wie etwa afrikanische, indische oder arabische Musikkulturen zeigen.

Wie sich immer wieder im schulischen Alltag herausstellt, ist es für viele SchülerInnen sehr viel leichter, selbst komplexe Rhythmen durch Gehör und Stimme zu lernen als durch Notation, die mehr dem notengewohnten Musiklehrer nützt als den Schülern und Schülerinnen. Im Bereich populärer Musik verfügen die meisten Kinder und Jugendlichen schon über ein gewisses, wenn auch in der Regel vorwiegend passives Repertoire, das durch das Klassenmusizieren mit Geduld und Übung in ein aktives Repertoire umgewandelt werden kann. Überdies lassen sich etwa rock- und jazztypische Spielweisen nur annäherungsweise notieren. Wer schon versucht hat, etwa eine Jazzphrase mit ihren Offbeats und Verschleifungen originalgetreu zu notieren, weiß, dass das resultierende Notenbild eher abschreckend wirken kann. Wie eine Musik zum „grooven" oder „swingen" gebracht werden kann, steht nicht in Noten – der Groove wird gelernt über Ohr, Körperbewegung und Erfahrung. Im Kontext des Klassenmusizierens sollte Notation, graphische oder herkömmliche, in der Regel nicht am Anfang, sondern vielmehr am Ende instrumentaler Lernphasen stehen, als Orientierungshilfe für individuelles Üben, als Erinnerungshilfe zur Wiederholung in der nächsten Stunde, als Möglichkeit, Varianten und eigene Erfindungen festzuhalten – die allerdings auch durch die Aufnahmefunktion der Stereoanlage gegeben wäre –, als theoretische Verdeutlichung dessen, was zuvor im praktischen Musizieren erfahren wurde.

---

[46] GRUNOW, RICHARD/GORDON, EDWIN/AZZARA, CHRISTOPHER: Jump Right in. The instrumental series, GIA Publication, Inc., 7404 S. Mason Ave., Chicago, IL 60638.
[47] GORDON, EDWIN E.: Learning Sequences in Music, Chicago 1980, 5. Aufl. 1997.

Um die angstvolle Bindung von Musikstudierenden und -lehrenden an den Notentext zu lockern, um den Umgang mit heterogenen Lerngruppen zu trainieren und für eine Anpassung des Arrangements an die musikalischen Fähigkeiten der Gruppe zu sorgen, hat JÜRGEN TERHAG die Methode des „Live-Arrangements"[48] entwickelt. *„Ihr Ziel ist die unvorbereitete Produktion und Variation von Musikstücken, die in Form und Inhalt für eine ganz bestimmte Zielgruppe während der Einstudierung entwickelt und dabei immer wieder neu an diese Zielgruppe angepaßt werden."*[49]

Beim Live-Arrangement werden im call-response-Verfahren sich wiederholende Pattern aufgebaut und zwar in der Reihenfolge „von unten nach oben": das Musizieren beginnt bei der gemeinsamen Körperbewegung; aus dieser heraus werden Rhythmen durch Bodypercussion und Vocussion erarbeitet, anschließend übertragen auf Rhythmusinstrumente, es folgen Bass- und Akkordstimmen und erst zum Schluss Melodiestimmen und Soli.[50] Diese Art des Musizierens vollzieht sich in einem kontinuierlichen Prozess, in den von Beginn an alle TeilnehmerInnen einbezogen sind.

Diese Kompositions-/Arrangiertechnik wird denjenigen leicht fallen, die ihre musikalischen Erfahrungen im Bereich oral vermittelter Musik erworben haben und aus einem großen Vorrat an Riffs und Melodiephrasen zehren können; vorwiegend kunstmusikalisch Geschulte dagegen benötigen erst entsprechende Spielerfahrung und Übung, bis sie mit dieser Art des Klassenmusizierens sicher umgehen können. Das Live-Arrangement sollte allerdings nicht, wie es bei Terhag durchklingt, zur universellen Methode des Klassenmusizierens erhoben werden. Seine Berechtigung hat dieses Verfahren ohne Zweifel beim voraussetzungslosen Musizieren mit heterogenen Gruppen, doch als „ad-hoc"-Verfahren bleibt es stets eng an die Leitung durch den Musiklehrer/die Musiklehrerin gebunden und verzichtet auf ein längerfristig angelegtes Konzept für einen wirklichen musikalischen Kompetenzzuwachs der SchülerInnen.

---

[48] TERHAG, JÜRGEN: Live-Arrangement und Live-Komposition. Gruppenorientierte Methoden für Hochschule und Fortbildung, in: JÜRGEN TERHAG (Hrsg.): Populäre Musik und Pädagogik, Oldershausen 1994, S. 183-201. und: Ders., Formen, Probleme und Perspektiven des Klassenmusizierens, in: JOHANNES BÄHR/VOLKER SCHÜTZ (Hrsg.): Musikunterricht heute, Bd. 2, Oldershausen 1997, S. 77-84.

[49] TERHAG, JÜRGEN: Formen, Probleme und Perspektiven..., a. a. O., S. 78.

[50] A. a. O., S. 82.

NB 8: Beispiele für Vocussion und Bodypercussion,
aus: TERHAG: Live-Arrangement und Live-Komposition[51]

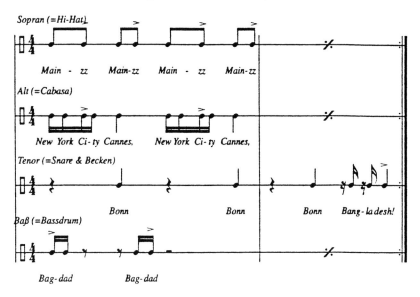

Mit Vocussion und Bodypercussion können musikalische Schwierigkeiten ohne instrumentale Hemmnisse vorentlastet werden, wie am folgenden Latin-Beispiel deutlich wird:

b) Musikmachen aus der Bewegung heraus

Wie im eingangs geschilderten Praxisbeispiel deutlich wurde, steht und fällt das Musizieren im Klassenverband mit dem gemeinsamen Puls, während vereinzelte falsche Melodietöne oder Harmonien das Ensemblespiel zwar stören, aber nicht zum Kippen bringen. Während der gemeinsame Puls in der populären Musik durch Wippen mit dem Fuß oder andere Bewegungen unterstützt

---

[51] TERHAG, JÜRGEN: Live-Arrangement und Live-Komposition, a. a. O., S. 189.

wird, ist bei der Ausübung Klassischer Musik die Körperbewegung verpönt. Die „Entkörperlichung" der abendländischen Kunstmusik, d. h. das Zurücktreten der rhythmischen gegenüber der melodischen und harmonischen Dimension, war der Preis für die Ausdifferenzierung ihrer inneren Ausdrucksqualitäten. Dementsprechend wird in Musikunterricht und -studium weit weniger Wert auf die Ausbildung rhythmisch-motorischer als auf diejenige melodischer und harmonischer Kompetenzen Wert gelegt. So sinnvoll die Zurücknahme der eigenen Körperlichkeit bei der Darbietung von Kunstmusik sein mag, so sollte es doch MusikpädagogInnen nicht davon abhalten, den ursprünglichen Zusammenhang von Musik und Bewegung für den Unterricht nutzbar zu machen.

Auf die wesentliche Rolle der Körperbewegung bei der Ausbildung begrifflichen Denkens in der „sensumotorischen Periode" während der ersten Lebensjahre des Kindes hat schon JEAN PIAGET aufmerksam gemacht.[52] Den engen Zusammenhang zwischen Körperbewegung und musikalischem Lernen schildert u. a. FRANZ AMRHEIN in seinem Aufsatz *Sensomotorisches und musikalisches Lernen*.[53] Auch für das musikalische Erinnerungsvermögen spielt die Körperbewegung eine wesentliche Rolle. Die Lernpsychologie unterscheidet vier Gedächtnissysteme[54], worunter das „prozedurale Gedächtnis" zuständig für den Zusammenhang von Musik und Bewegung ist: *„Im prozeduralen Gedächtnis werden die Muster für Handlungs- und Bewegungsabläufe und für automatisierte Fertigkeiten gespeichert. Diese Abläufe wurden oft mühsam und langsam durch viele Wiederholungen gelernt, können aber später weitgehend automatisch abgespult werden."*[55]

Schon lang vor seiner theoretischen Begründung wurde das Wissen um die elementare Bedeutung der Körperbewegung für das Erlernen von Musik nutzbar gemacht. Den wichtigsten Ausgangspunkt markierte die ab 1905 von E. JAQUES-DALCROZE entwickelte „Rhythmische Gymnastik", die in der „rhythmisch-musikalischen Erziehung" u. a. von ELFRIEDE FEUDEL weiterentwickelt wurde. Auch ORFF und KEETMAN bezogen von Anfang an koordinierte Bewegungsübungen in ihr musikpädagogisches Konzept mit ein: Metren, einfache Rhythmen, Pausen, Punktierungen und Auftakt werden in Körperbewegung umgesetzt; formale Abläufe können im Raum gegangen, Wechsel in musikalischen Abläufen durch Richtungs- und Bewegungswechsel verdeutlicht werden.[56]

Neue Impulse körperbezogenen Musiklernens gelangten durch afroamerikanische und schwarzafrikanische Musiziermuster in die Musikdidaktik: der Beat wird markiert durch Gehbewegungen der Füße auf der Stelle, Hin- und Herpendeln des Körpers oder kleine Schrittkombinationen. Komplexe polyrhythmische Strukturen werden mit Hilfe von Bodypercussion und Vocussion erarbeitet, ehe sie auf Instrumente übertragen werden (vgl. TERHAG, Live-Arrangement). Reichhaltige Anregungen zu verschiedensten Formen der Body-

---

[52] Vgl. PIAGET, JEAN: Erwachen der Intelligenz beim Kinde, Stuttgart 1969.

[53] AMRHEIN, FRANZ: Sensomotorisches und musikalisches Lernen, in: Musikunterricht heute, Bd. 2, a. a. O., S. 40-48.

[54] Vgl. HANS J. MARKOWITSCH: Neuropsychologie des menschlichen Gedächtnisses, in: Spektrum der Wissenschaft 9/1996, S. 52-61.

[55] JANK, WERNER: Lehren und Lernen lebendig gestalten – Argumente und Anregungen, S. 57 f.

[56] Vgl. KEETMAN, GUNILD: Elementaria, Stuttgart 1970, 2. Teil: Elementare Bewegungserziehung.

percussion gibt JÜRGEN ZIMMERMANNs Publikation *Die Juba. Welt der Körperpercussion*[57].

Von großer Bedeutung für das Erlernen rhythmischer und melodischer Strukturen sind Sprech- bzw. Solmisationssilben. Trommelsprachen existieren in den meisten Musikkulturen der Welt, von denen einige über die interkulturelle Öffnung des Musikunterrichts auch hierzulande ihren Niederschlag gefunden haben. Gegenwärtig existieren mehrere Silbensysteme nebeneinander – daneben verwenden viele MusiklehrerInnen ihre ganz persönlichen Klangsilben. Häufig handelt es sich um Laute, die dem Klang der Trommeln und Percussionsinstrumente nachempfunden sind wie „dik zi-ke dik", „bum cha-ka bum chak" oder „bu to-to bu to-to", so dass SchülerInnen gleichzeitig die rhythmische Struktur und ihre Verteilung auf unterschiedliche Klangkörper bzw. verschiedene Anschlagsarten (z. B. offener und gedämpfter Schlag) erlernen.

NB 9: Kpanlogo – Trommelpattern mit Trommelsprache
aus: UWE OTTO: Musik aus Ghana[58]

57 ZIMMERMANN, JÜRGEN: Juba. Die Welt der Körperpercussion, Fidula 1999.
58 OTTO, UWE: Musik aus Ghana, in: MuU 49/1998, S. 47.

Eine eigene Rhythmussprache entwickelte REINHARD FLATISCHLER, der seine Erfahrungen mit fremden Musikkulturen in seinem Buch *Die vergessene Macht des Rhythmus* dargestellt und in der so genannten *Taketina*-Methode zusammengefasst hat. FLATISCHLER berichtet: „*In diesen Zeiten gab es für mich stets ein Instrument, mit dem ich die neue Rhythmuswelt am schnellsten nachahmen konnte. Es war das Instrument des eigenen Körpers. Mit der Stimme gelang es mir bald, die Rhythmen umzusetzen, die ich hörte. Mit den Händen konnte ich Akzente setzen und Gliederungen spürbar machen, im Gehen verkörperte ich mir die Grundpulsationen der neuen Rhythmen. Wo immer ich mich gerade befand, mit dem Instrument meines Körpers konnte ich lernen und üben.*"[59] Die bei FLATISCHLER gebräuchlichen Lautverbindungen TA KI, GA MA LA, TA KE TI NA, MU SAN GA LA werden von ihm als „Mantras verschiedener Rhythmusenergien" bezeichnet.[60] Ein Beispiel soll diese Methode verdeutlichen: Zur ständig wiederholten vierzeitigen Lautverbindung **TA** KE TI NA markieren die Füße das geradtaktige Metrum. Die stimmliche Verschiebung der Betonung auf drei Zeiten (**TA** KE TI **NA** TA KE **TI** NA TA **KE** TI NA) wird mit den Händen akzentuiert, so dass der Körper schließlich mit Füßen, Händen und Stimme die Kombination 4 : 3 darstellt. Wie hilfreich diese Methode für die rhythmische Arbeit mit Kindern und Jugendlichen von vielen MusikpädagogInnen empfunden wird, zeigt sich auch in der musikpädagogischen Literatur. So kombiniert VOLKER SCHÜTZ in seinem Buch *Musik in Schwarzafrika* die *Taketina*-Methode mit anderen Sprechsilben, um die komplizierten Korrelationsrhythmen schwarzafrikanischer Musik im Unterricht zu vermitteln.[61]

Ein anderes System körperbezogenen Lernens wurde durch den amerikanischen Musikpsychologen und -pädagogen EDWIN E. GORDON entwickelt. Auch GORDON nutzt Füße, Hände und Stimme zum Erwerb rhythmischer Strukturen: die metrischen Hauptimpulse, sog. Macrobeats, werden durch die Füße markiert, die metrischen Unterimpulse, die Microbeats durch Patschen der Hände auf den Schenkeln, die Rhythmen werden gesprochen, zunächst mit der neutralen Silbe „bah", später mit den Silben des von GORDON entwickelten Rhythmussolfège.[62] Die Makrobeats erhalten die Silbe „du", die Mikrobeats im geraden Takt die Silbe „de", im ungeraden Takt „da di", weitere Unterteilungen die Silbe „te". Anders als traditionelle Rhythmussilben (etwa: ta-a = Halbe, ta = Viertel, tate = Achtel ...[63]) bezeichnen GORDONs Rhythmussilben nicht die absoluten Notenwerte, sondern informieren über die Art des Metrums – gerade, ungerade, zusammengesetzt – und die Relationen der Rhythmen innerhalb eines Metrums.

---

[59] FLATISCHLER, REINHARD: Die vergessene Macht des Rhythmus, Essen 1984, S. 80.

[60] Ebd., S. 99.

[61] SCHÜTZ, VOLKER: Musik in Schwarzafrika, Oldershausen, 1992, S. 37 f.

[62] Vgl. GORDON, EDWIN, E.: a. a. O., S. 161 ff.

[63] Zu finden etwa bei RÖÖSLI, JOSEPH: Didaktik des Musikunterrichts, Comenius-Verlag Hitzkirch, 1991, S. 28.

NB 10: Rhythmussilben
aus: GORDON: Learning Sequences in Music[64]

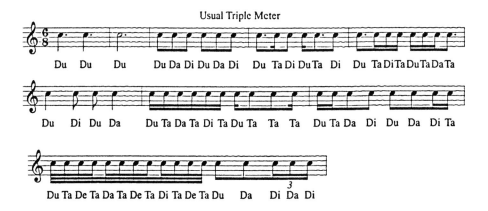

Auch GORDONs methodischer Ansatz gewinnt aufgrund seiner logischen Struktur und systematischen Einbeziehung des Körpers als Lerninstrument immer mehr Befürworter. Wie er auch ohne eine lehrgangsmäßige Vorbereitung im Unterricht zur Erarbeitung eines differenzierten Arrangements herangezogen werden kann, lässt sich etwa bei BERNHARD WEBER in einem Aufsatz über den STING-Song *I hung my head*[65] nachlesen.

c) Abfolge der Erarbeitungsschritte

Welche Methode des Klassenmusizierens auch immer gewählt wird – einige Regeln der Erarbeitung haben sich in der Praxis bewährt:
* Rhythmen und Melodien sollten zunächst mit Hilfe von **Körper und Stimme** gelernt werden. Erst wenn SchülerInnen eine exakte Vorstellung einer

---

[64] GORDON, EDWIN E.: a. a. O., S. 82 f.
[65] WEBER, BERNHARD: I hung my head, in: Praxis des Musikunterrichts Heft 51, August 1997, S. 20 ff.

musikalischen Struktur erworben haben und sie körperlich/stimmlich darstellen können, ist die Übertragung auf ein Instrument sinnvoll. Diese Regel
spannt zwar diejenigen ein wenig auf die Folter, die am liebsten sofort auf
dem Instrument losspielen würden, doch sie spart Zeit und verhindert früh-
zeitige Misserfolge und Frustrationen.

- Effektiv zur Vertiefung und Wiederholung schon gelernter Stimmen ist das
  mentale Musizieren, d. h. Melodien oder Rhythmen werden innerlich gesungen oder gesprochen, dazu können die instrumentalen Bewegungen
  „trocken" ausgeführt werden. Dabei kann man die Phrase zuweilen in den
  Bereich des Hörbaren auf- und wieder ins Unhörbare abtauchen lassen.
  Eine solche Übung fördert sowohl die Konzentration als auch das musikalische Denken, die von GORDON so genannte „audiation" (s. u.).

- Am Klassenmusizieren sollen in der Regel stets **alle SchülerInnen beteiligt**
  sein. Nichts ist langweiliger und demotivierender – und dadurch die allgemeine Unruhe fördernd – als die Arbeit des Lehrers/der Lehrerin mit einzelnen „begabten" SchülerInnen oder Gruppen.

- Die Arrangements sollten so gewählt oder umgearbeitet werden, dass eine
  Binnendifferenzierung möglich wird, d. h. es sollten Stimmen unterschiedlicher Schwierigkeitsgrade vorhanden sein.

- Prinzipiell sollten **alle SchülerInnen** zunächst **alle wichtigen Stimmen** –
  abgesehen von Soloparts – lernen. Sie bekommen dadurch einen Überblick
  über die Struktur des Stückes und sind flexibel bei der Übernahme anderer
  Parts. Erst anschließend sollten die Stimmen einzelnen Gruppen zum Üben
  zugewiesen werden.

- In der Regel sollte die Erarbeitung eines Arrangements **mit der leichtesten
  Stimme beginnen**, so dass jede/r Beteiligte einen Erfolg erreichen kann.
  Gleichzeitig ist es günstig, mit der Rhythmusschicht bzw. mit dem Bass zu
  beginnen, dann die Harmonie- bzw. Begleitstimmen und zum Schluss erst
  die Melodie- und Solostimmen einzuüben. Bei Liedern und Songs allerdings ist es sinnvoll, mit dem Einstudieren der Gesangsmelodie zu beginnen, ehe es an die Erarbeitung der Instrumentalstimmen geht.

- Für das Klassenmusizieren sollte **ausreichend Zeit** eingeplant werden. Dass
  dies unter Umständen auf Kosten weiterer durch den Lehrplan vorgesehe-
  ner Unterrichtsinhalte gehen kann, erscheint vertretbar angesichts der Tatsache, dass vielen Kindern und Jugendlichen außerhalb der Schule überhaupt keine primären musikalischen Erfahrungen geboten werden.

- Auf das individuelle Lerntempo der SchülerInnen sollte durch das Einplanen von **Übephasen** Rücksicht genommen werden, was in der Regel dankbar aufgenommen wird: Häufig fühlen sich die einen überrollt und überfordert durch das gemeinsame Arbeitstempo, während wieder andere sich
  unterfordert und gelangweilt fühlen. Diese können während der Übezeiten
  langsameren SchülerInnen helfen oder besondere musikalische Aufgaben
  übernehmen. Übephasen sind freilich dann erst sinnvoll, wenn allen Beteiligten die musikalischen Strukturen und die Bedienungsweisen ihrer Instrumente klar sind. Ansonsten besteht die Gefahr (vgl. Praxisbeispiel), dass
  falsch geübt und ein Zusammenspiel eher erschwert als vorbereitet wird.

d) Klassenmusizieren im Kontext
von EDWIN GORDONs Theorie und Methode des Musiklernens

Um Missverständnissen vorzubeugen, sei vorausgeschickt, dass es bei der von GORDON entwickelten Methode des Musiklernens nicht in erster Linie um das Klassenmusizieren geht. Dieses steht vielmehr im Kontext einer übergeordneten Zielsetzung, die darin besteht, Kindern und Jugendlichen zu einem genuin musikalischen Denken und eigenständigen musikalischen Ausdruck zu verhelfen. Zur Benennung der Fähigkeit, in Musik zu denken, d. h. sich Musik vorzustellen, ohne dass diese tatsächlich erklingen muss, gerade erklingende Musik mit früher Gehörtem zu vergleichen, musikalische Weiterentwicklungen vorweg zu nehmen, hat GORDON den Begriff der „audiation" geprägt: „Audiation is to music what thought is to speaking."[66]

Wie in diesem Zitat anklingt, entwickelt GORDON seine Theorie und Methode des Musiklernens analog zum Prozess des menschlichen Spracherwerbs. Nach seiner Geburt hört das kleine Kind von seinen Eltern eine Fülle von Worten und Sätzen. Irgendwann beginnt es, häufig gehörte Laute nachzuahmen, Worte zu formen, kleine Sätze zu bilden. Erst wenn es sicher sprechen und eigene Gedanken formulieren kann, setzt der Prozess des Lesens und Schreibens, noch später die Vermittlung grammatischer Regeln ein. Diese Reihenfolge soll nach GORDON auch für den Prozess des Musiklernens gelten. Der kindliche Lernprozess beginnt mit dem Hören von Liedern, Melodien und Rhythmen. In einem nächsten Schritt erlernt das Kind melodische und rhythmische Pattern in möglichst vielen Tonalitäten und Metren („aural/oral"). Über die verbale Assoziation der Pattern mit melodischen und rhythmischen Solmisationssilben erfährt es die Beziehungen der Tonhöhen und -dauern zueinander; es entwickelt ein Gefühl für Grundtöne und lernt die Verbindung von Melodietönen und harmonischen Funktionen („verbal association"). Der selbständige Umgang mit den erlernten Pattern soll zur Entwicklung und Ausführung eigener musikalischer Gedanken führen. Erst wenn ein Kind auf diese Weise schon musikalisch „sprechen" und „denken" gelernt hat, soll das symbolische Lernen einsetzen („symbolic association")[67]. Wie oben schon ausgeführt wurde, ist dieser Lernprozess stets koordiniert mit Körperbewegung.

Das Instrumentalspiel – in den Schulen der USA im Musikunterricht eine Selbstverständlichkeit – soll nach denselben Regeln gelernt werden. In Zusammenarbeit mit CHRISTOPHER AZZARA und RICHARD GRUNOW hat GORDON die Instrumentalreihe *Jump Right In* für Blockflöte, Orchesterblasinstrumente und Streichinstrumente entwickelt. Basis der Instrumentallehrgänge – hier des Lehrgangs für Blockflöte – ist wiederum die Arbeit mit melodischen und rhythmischen Pattern, die zunächst auf neutrale Silben, dann mit Solmisationssilben gesungen/gesprochen und schließlich auf das Instrument übertragen werden. Grundsätzlich gilt, dass nur gespielt wird, was auch auditiert werden kann – im Gegensatz zu üblichen Verfahren des Instrumentalunterrichts, bei welchen der

---

[66] GORDON, EDWIN E.: a. a. O.: S. X. Da die Übersetzung in einen deutschen Begriff kaum möglich erscheint, hat WILFRIED GRUHN die Begriffe „audiation" und „to audiate" als „Audiation" und „auditieren" ins Deutsche übernommen.

[67] A. a. O., S. 90.

Schüler zwar lernt, Notenbilder als Griffe auf seinem Instrument zu dekodieren, nicht aber eine innere Tonvorstellung entwickelt haben muss. Auch in dem vorgestellten Lehrgang wird Notation eingeführt; sie prägt sich als Schriftbild ein und unterstützt das Begreifen und Erinnern von Tonrelationen. Die absoluten Tonnamen werden eher nebenbei anhand der wechselnden Grundtöne gelernt.

NB 11: *Melodiepattern*
aus: GRUNOW/GORDON/AZZARA: *Jump Right in;*
The instrumental series, Soprano Recorder, Bd.1[68]

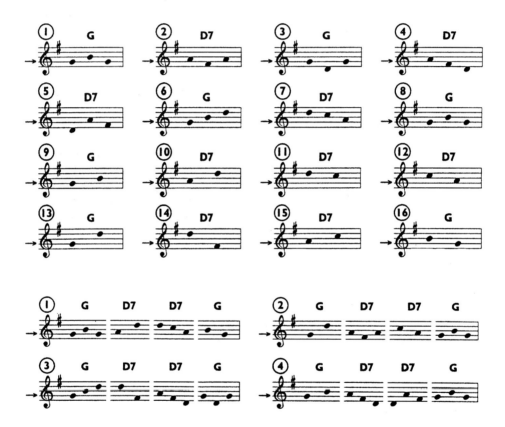

Nach dem Üben einzelner Pattern werden mehrere Pattern im Zusammenhang gespielt, erst in der vorgegebenen Reihenfolge, dann improvisiert. Im Wechsel mit dem Patterntraining werden Melodien gesungen und gespielt, dazu auch zweite und dritte Stimmen, die harmonischen Begleittöne und weitere Begleitfiguren aus akkordeigenen Tönen, die als Muster zur harmonischen Improvisation dienen. Um das unterscheidende Lernen zu fördern, werden gleich zu Beginn des Lehrgangs die Tongeschlechter Dur und Moll eingeführt (der Flötenlehrgang beginnt mit G-dur und führt über B-dur zu G-moll), gekoppelt mit geraden und ungeraden Metren. Zu einem späteren Zeitpunkt treten modale

68 GRUNOW, RICHARD /GORDON, EDWIN/ AZZARA, CHRISTOPHER: a. a. O., S. 10.

Tonarten und zusammengesetzte Metren hinzu. Mit zunehmendem Können verfassen die SchülerInnen auch eigene Kompositionen.

Was den Lehrgang von GRUNOW/GORDON/AZZARA von anderen Methoden des Instrumentalspiels unterscheidet, lässt sich in drei wesentlichen Punkten zusammenfassen:

- Instrumentales Lernen zielt nicht in erster Linie auf Notation und Grifftechnik ab, sondern auf die Ausbildung spezifisch musikalischer Vorstellung, auf Audiation. Denn allzu oft *„lernen Schüler die Musik noch so, daß ihre Finger erst dem Ohr sagen, was in den Noten steht, während es doch so sein müßte, daß das Ohr den Fingern sagt, was und wie sie spielen sollen."*[69]

- Das Musiklernen umschließt alle Parameter der Musik: Melodik, Rhythmik, Harmonik, während herkömmliche Instrumentallehrgänge in erster Linie auf den Erwerb melodischer und, in etwas geringerem Maße, rhythmischer Kompetenzen abzielen. Auch geübte InstrumentalistInnen wissen oft nicht, welche Harmonien oder in welcher Tonart sie gerade spielen.

- Ziel des Lehrgangs ist nicht allein das Reproduzieren notierter Musik, sondern auch das selbständige Produzieren eigener musikalischer Ideen in Improvisation und Komposition.

6. Schlussfolgerungen

Welche methodische Konzeption auch immer für das Musizieren im Klassenverband gewählt wird – ihr Gelingen hängt ganz wesentlich mit dem Wissen um den Prozess des Musiklernens bei Kindern und Jugendlichen, sowie der Kenntnis und Beherrschung geeigneter Methoden zusammen. All dies zu vermitteln, ist in erster Linie die Aufgabe der ausbildenden Institutionen. Doch immer noch zielt an vielen deutschen Hochschulen das Musiklehrerstudium darauf ab, hervorragende Instrumentalisten und Sänger auszubilden, die weder gelernt haben, eigene musikalische Ideen zu entwickeln und auszuführen, noch Kinder und Jugendliche zum Musizieren und Musikerfinden anzuleiten (vgl. auch GRUHN[70]). Die hier vorgeschlagenen Änderungen betreffen sowohl Organisation als auch Inhalte des Musikstudiums für alle Schularten:

- Neben dem Reproduzieren von Notenmaterial sollte der aurale/orale Umgang mit Musik verschiedenster Stilrichtungen geübt werden, etwa durch das Spielen nach Gehör, das Variieren vorgegebener Muster, durch Klangexperiment und Improvisation.

- Schulpraktisches Komponieren, Live-Arrangement und schulbezogenes Arrangieren in verschiedenen Stilrichtungen sollten zu festen Bestandteilen des Schulmusikstudiums werden.

- In stärkerem Maße als bisher sollte die Verbindung von Musik und Bewegung in die musikpädagogische Ausbildung integriert werden, und zwar sowohl zur Ausbildung der musikalischen Kompetenzen der Studierenden

---

[69] GRUHN, WILFRIED: Wie entsteht musikalische Bildung?, in: Musik & Ästhetik, 3. Jg., Heft 12, Oktober 1999, S. 57.

[70] A. a. O., S. 52-62.

selbst als auch im Hinblick auf die musikalische Arbeit mit Kindern und Jugendlichen.

- Die Konzeption der instrumentalen Ausbildung sollte neu überdacht werden: neben den Erwerb eines konzertanten Repertoires und die Verfeinerung instrumentaltechnischer Fertigkeiten in einem Hauptinstrument sollte eine schulbezogene Instrumentalpraxis im Umgang mit verschiedenen Instrumentengruppen treten.
- Das Musizieren im Klassenverband sollte in Verbindung mit musikpädagogischer Forschung konzipiert werden. Nicht das wahllose Abspielen beliebiger Arrangements fördert die Entwicklung musikalischer Kompetenzen, sondern die Integration des Instrumentalspiels in ein planvolles Konzept musikalischen Lernens.

Zum Schluss bleibt anzumerken, dass selbst bei einer Optimierung der Musiklehrerausbildung unter den derzeitigen Bedingungen des Musikunterrichts (vgl. Kap. 2) kaum mehr als eine geringfügige Qualitätssteigerung des schulischen Instrumentalspiels zu erwarten ist: gegen fortschreitende ministeriell verordnete Kürzungen des Musikunterrichts in der Stundentafel und eine restriktive Einstellungspolitik kann auch die beste Methodik nicht allzu viel ausrichten. Um mit greifbaren Erfolgen aufwarten zu können, muss das Fach Musik mit wenigstens zwei Wochenstunden kontinuierlich und durch ausgebildete Fachkräfte unterrichtet werden.

Literatur

AMRHEIN, FRANZ: Sensomotorisches und musikalisches Lernen, in: Musikunterricht heute, Bd. 2, a. a. O., S. 40-48.

Applaus. Musikmachen im Klassenverband, Hefte 1-15, Stuttgart, seit 1992.

BÄHR, JOHANNES/SCHWAB, CHRISTOPH: Modellversuch „Kooperation von Musikschulen und allgemeinbildenden Schulen", in: MuU 49/1998, S. 58 ff

BAKER, DAVID: Jazzimprovisation. Eine umfassende Methode für alle Instrumente, o. O., 1990.

BOCH, BIRGIT und PETER: Streicherklassenunterricht nach Paul Rolland, in: MuU 49/1998, S. 62 ff.

BURGGALLER, MARTIN: Talking Games – Bodypercussion – Blues. Arbeit mit patterns und phrases als Hinführung zu ersten Improvisationsversuchen, in: MuU 49/1998, S. 34 ff.

DANIEL, WILDERICH/JANOSA, FELIX: Groove, Hefte 1 und 2, Frankfurt 1992, JANOSA, FELIX: Groove, Hefte 3-6, Frankfurt 1993/1994.

DETHLEFS, BEATE: „Es ist nicht das, was du spielst, sondern wie du's spielst". Jazz-Improvisation im Klassenverband, in: MuU 39/1996, S. 24 ff.

ERWE, HANS-JOACHIM: Musizieren im Unterricht, in: HELMS S./SCHNEIDER R./WEBER R.: Kompendium der Musikpädagogik, Bosse: Kassel 1995.

EWEN, RICHARD: Klassenmusizieren und klassische Musik, in: MuB, Heft 1, Januar/Februar 1997, S. 8-19.

FEUERBORN, WOLFGANG: Bläser Klasse, in: MuU 49/1998, S. 60 ff.

FIRLA, FRANZ: Eine Verfolgungsjagd: In der Halle des Bergkönigs, in: Populäre Musik im Unterricht /Grüne Hefte, Heft 25/Juni 1989, S. 33 ff.

FLATISCHLER, REINHARD: Die vergessene Macht des Rhythmus, Essen 1984.

FRISIUS, RUDOLF u.a.: (Hrsg.): Sequenzen. Musik Sekundarstufe I, Stuttgart 1972.

GORDON, EDWIN E.: Learning Sequences in Music, Chicago 1980, 5. Aufl. 1997.

GRUHN, WILFRIED: Wie entsteht musikalische Bildung? In: Musik & Ästhetik, 3. Jg., Heft 12, Oktober 1999, S. 52-62.

GRUNOW, RICHARD/GORDON, EDWIN/AZZARA, CHRISTOPHER: Jump Right in. The instrumental series, GIA Publication, Inc., 7404 S. Mason Ave., Chicago, IL 60638.

JANK, WERNER: Lehren und Lernen lebendig gestalten – Argumente und Anregungen, in: Musikunterricht heute, Bd. 2, Oldershausen 1997, S. 49-76.

JUNGBLUTH, AXEL: Jazz Harmonielehre. Funktionsharmonik und Modalität, Mainz 1981.

KEETMAN, GUNILD: Elementaria. Erster Umgang mit dem Orff-Schulwerk, Stuttgart 1970.

KRETTENAUER, THOMAS: Sinfonische Weltmusik, in: MuU 49/1998, S. 10-19.

MARKOWITSCH, HANS, J.: Neuropsychologie des menschlichen Gedächtnisses. In: Spektrum der Wissenschaft 9/1996, S. 52-61.

NEUHÄUSER, M./REUSCH, A./WEBER, H.: Musik zum Mitmachen. Spiel-mit-Sätze, 7 Bände, Frankfurt am Main, ab 1983.

NEUMANN, FRIEDRICH: E-Baß-Schule, 8 Teile, in: Populäre Musik im Unterricht, Hefte 15-22, 1986-1988.

NEUMÜLLER, KLAUS DIETER: Schlagzeugschule, 3 Teile, in: Populäre Musik im Unterricht, Hefte 12-14, 1985.

Orff-Schulwerk. Elementare Musikübung, Mainz 1930-34. ORFF, C./KEETMAN, G.: Musik für Kinder. Orff-Schulwerk. Bände I-V, Mainz 1950-54.

OTTO, UWE: Musik aus Ghana, in: MuU 49/1998, S. 41-47.

PIAGET, JEAN: Erwachen der Intelligenz beim Kinde, Stuttgart 1969.

PLASGER, D./PLASGER, U.: Das Keyboard-System MUSIDACTA. Beschreibung, Unterrichtsbeispiele und Erfahrungen, in: KLEINEN, G. (Hrsg.): Musikpädagogische Forschung Bd. 5, „Kind und Musik", Laaber 1984.

REBSCHER, GEORG: Zur Integrierung des Instrumentenspiels in der Schule, in: MuB 1969, 1 (11).

ROHRBACH, KURT: Rockmusik. Die Grundlagen, Institut für Didaktik populärer Musik, Oldershausen 1992.

RÖÖSLI, JOSEPH: Didaktik des Musikunterrichts, Comenius-Verlag Hitzkirch 1991, S. 28.

ROSCHER, WOLFGANG: Musikpädagogik, Klangimprovisation und Szene, in: Ästhetische Erziehung /Improvisation/Musiktheater, Hannover 1970.

ROSCHER, WOLFGANG (Hrsg.): Integrative Musikpädagogik, Teil I, Wilhelmshaven 1983, Teil II, Wilhelmshaven 1984.

SCHMIDT-KÖNGERNHEIM, W./HINTZ, A./ITOH, E./WANJURA-HÜBNER, C.: Die Musikwerkstatt. Ein Spielbuch für den Klassenunterricht für das 5. und 6. Schuljahr mit Tasteninstrumenten, mit Lehrerhandbuch, Mainz 1984.

SCHÖNHERR, CHRISTOPH: Kleine Jazzrock-Werkstatt, Bd. 1, Frankfurt am Main, 1982.

SCHÜTZ, VOLKER: Musik in Schwarzafrika, Oldershausen, 1992.

SULSBRÜCK, BIRGER: Latin-American Percussion, Rytmiske Aftenskoles Forlag, Copenhagen 1986.

SUSSMANN, FRANZ: Pop aktiv: 14 Unterrichtsmodelle zum Singen – Spielen – Tanzen im Klassenverband, Mainz 1988.

SUSSMANN, FRANZ/WIDMANN, MARKUS: Jazz aktiv: 14 Unterrichtsmodelle zum Singen – Spielen – Tanzen im Klassenverband, Mainz 1996.

TERHAG, JÜRGEN: Live-Arrangement und Live-Komposition. Gruppenorientierte Methoden für Hochschule und Fortbildung, in: JÜRGEN TERHAG (Hrsg.): Populäre Musik und Pädagogik, Oldershausen 1994, S. 183-201.

TERHAG, JÜRGEN: Formen, Probleme und Perspektiven des Klassenmusizierens, in: JOHANNES BÄHR/VOLKER SCHÜTZ (Hrsg.): Musikunterricht heute, Bd. 2, Oldershausen 1997, S. 77-84 und: „Yamaha Bläser Klasse", De Haske, Heerenveen 1997.

VENUS, DANKMAR: Unterweisung im Musikhören, Ratingen 1969.

VILLASECA RIBBECK, CORNELIA: Von Salsa bis Samba = Applaus. Musikmachen im Klassenverband, Heft 3, Stuttgart 1993.

WALTER, HANS (Hrsg.): Team Play. Klassenmusizieren mit Keyboards, Spielsätze mit Begleitarrangements, mit CD, Yamaha Edition Schulmusik, Siemensstr. 22-34, 25462 Rellingen.

WEBER, BERNHARD: I hung my head, in: Praxis des Musikunterrichts, Heft 51, August 1997, S. 20 ff.

WEISS, KARLHEINZ: Unterricht mit Instrumenten im Klassenverband, in: MuU 6/91, S. 31-36. sowie: Kursprotokolle des „Arbeitskreis Klassenmusizieren" c/o Karlheinz M. Weiss, Spessartstr. 5, 76437 Rastatt.

ZIMMERMANN, JÜRGEN: Juba. Die Welt der Körperpercussion, Fidula 1999.

Musikunterricht und Ensemblespiel im Rahmen der Kooperation von allgemein bildender Schule und Musikschule

JOHANNES BÄHR / WERNER JANK / CHRISTOPH SCHWAB

Einleitung

Das Musizieren im Klassenunterricht der allgemein bildenden Schule hat – nach einer Phase kritischer Distanz zum Musizieren seit den späten 60er Jahren – seit den 80er Jahren stetig an Boden gewonnen, und mit ihm auch das Musizieren im Klassenorchester, mit einem Klasseninstrument oder mit Ensembles aus dem Klassenverband heraus. Der historische Verlauf kann an anderer Stelle nachgelesen werden (vgl. GÜNTHER/OTT 1984, S. 7–22; GÜNTHER 1986; NOLL 1994).

Von Seiten der allgemein bildenden Schule werden als wesentliche Funktionen des Musizierens im Klassenensemble genannt: Freude am Musizieren, methodische und affektive Hinführung zu bisher unbekannter Musik, Mittel zum musikalischen Spracherwerb und zur Veranschaulichung der Musiklehre, Mittel zur Hörerziehung und zum Werkhören, Entwicklung schöpferischer Potentiale, Beitrag zur Selbstverwirklichung und zum sozialen Lernen, Hinführung zum Instrumentalspiel, Beitrag zum innerschulischen Musikleben (ERWE 1995, FUCHS 1998, OTT 1997). Undiskutiert muss hier die Frage bleiben, ob diese heterogene Fülle verschiedener Erwartungen an das Klassenmusizieren nicht die realen Möglichkeiten übersteigt. Die Funktionen des Ensemblemusizierens aus der Sicht der Musikschule, die sich zum Teil mit denen aus der Sicht der allgemein bildenden Schule überschneiden, beschreibt LORITZ an anderer Stelle im vorliegenden Band (vgl. S. 28 f.).

Begründungen

Parallel mit dem Bedeutungsgewinn des Musizierens in der Schule schärfte sich das Bewusstsein für die Gründe, aus denen das eigene Musizieren als Ausgangspunkt für das Musiklernen eine stärkere Rolle verdient. Im Wesentlichen sehen wir drei Begründungsrichtungen:

1. Aus bildungstheoretischer Sicht erfahren in der Musikpädagogik seit einigen Jahren die Begriffe der *musikalisch-ästhetischen Erfahrung und Bildung* zunehmend Aufmerksamkeit. KAISER unterscheidet zwischen musikalischer Bildung, musikalischer Gebrauchspraxis und einer musikalischen „Verbrauchspraxis". Domäne der allgemein bildenden Schule ist die Ermöglichung der Teilhabe an der musikalischen Gebrauchspraxis, die bis hin zur – auch beruflich verwertbaren – Professionalität im Umgang mit Musik füh-

ren kann. *„Musikalische Gebrauchspraxis ist (...) notwendig an musikbezogenes Wissen gebunden, das seinerseits (...) nur über musikalische Praxis gewonnen werden kann. Anders gesagt: Die Gebrauchspraxis von Musik setzt prinzipiell Kenntnis und Können voraus"* und deshalb auch das Erlernen der entsprechenden musikalischen Kompetenzen (KAISER 1995, S. 24). Die Vermittlung musikalisch-ästhetischer Erfahrungen vollzieht sich nicht abstrakt, sondern in Situationen des musikalischen und musikbezogenen Handelns im sozialen und gesellschaftlichen Austausch (KAISER 1992, S. 112 f.). Das Musizieren im Ensemble als gemeinsames musikalisches und musikbezogenes Handeln bietet Möglichkeiten zur Vermittlung musikalisch-ästhetischer Erfahrungen und zum Aufbau bzw. zur Entwicklung der individuellen musikalischen Gebrauchspraxis.

2. *Gehirnforschung und Lehr-/Lernforschung* haben seit der sog. „kognitiven Wende" zunehmend die entscheidende Bedeutung des eigenen Handelns für jegliches Lernen deutlich gemacht (popularisiert durch VESTER [23]1996; vgl. zusammenfassend JANK 1997). In der Musikpsychologie wurde dies speziell für das Musiklernen nachdrücklich bestätigt: Der sichere Aufbau *formaler* kognitiver Repräsentationen von Musik, der sich nicht in musikfernen Kenntnissen erschöpft, wie etwa dem bloßen Abzählen von Intervallen, setzt zwingend den Aufbau *figuraler* Repräsentationen als ersten Lernschritt voraus (GRUHN 1998, etwa S. 99 f., S. 124, S. 199; zu pädagogischen Folgerungen vgl. S. 200–207), d. h. also vor allem vielfach wiederholtes, eigenes Musizieren. Solche figuralen Repräsentationen werden im alltäglichen tätigen Umgang mit Musik erworben, z. B. wenn Kinder immer wieder Abzählreime oder Bewegungslieder wiederholen und variieren oder indem sie Lieder durch häufiges Mitsingen immer besser beherrschen. Sie bauen auf diese Weise ein musikalisches Können auf, für das sie kein Wissen über Musik, über ihre Geschichte und über ihre Regeln benötigen. Formale Repräsentation von Musik dagegen drückt sich aus in der Fähigkeit zum abstrahierenden Erfassen von zugrundeliegenden Strukturen und Regeln, z. B. der Klangqualität eines Mollsextakkords, der Auflösungstendenz eines Sekundakkords, dem Wissen, wie ein gegebener Rhythmus in unserer traditionellen Notenschrift notiert werden muss usw.

Den frühkindlichen und kindlichen Lernprozessen kommt besondere Bedeutung für die Entwicklung musikalischer Fähigkeiten zu (GEMBRIS 1998, S. 306; GRUHN 1998, S. 242 f.; JOURDAIN 1998, S. 279 f.). Dabei ist davon auszugehen, dass es bestimmte zeitliche „Fenster" bzw. kritische Phasen gibt, in denen die Entwicklung des Gehirns bestimmte Lernerfahrungen in besonderer Weise fruchtbar werden lässt (GEMBRIS 1998, S. 402–404, unter Bezugnahme auf MANTURZEWSKA 1995). Das für das Zusammenspiel in Ensembles wichtige Verständnis für harmonische Zusammenhänge entwickelt sich langsam ca. ab dem siebten Lebensjahr (mit großen individuellen Schwankungen) und ist, wenn überhaupt, erst mit etwa zwölf Jahren voll ausgebildet (JOURDAIN 1998, S. 149; vgl. auch BECK/FRÖHLICH 1992, S. 50). Deshalb lässt sich vermuten, dass intensives gemeinsames Musizieren in Ensembles für die musikalische Entwicklung in dieser Altersphase besonders bedeutsam ist.

3. Die gesellschaftlichen Bedingungen, unter denen Kinder und Jugendliche aufwachsen, sind einem raschen Wandel unterworfen. Zahlreiche Studien zur *„veränderten Kindheit" bzw. Jugend* weisen unter anderem auf eine Reduktion von sinnerfüllter, selbstbestimmter Eigentätigkeit und auf die rasch steigende Bedeutung medial vermittelter Erfahrungen bei gleichzeitiger Abnahme von Erfahrungen „aus erster Hand" hin (vgl. zusammenfassend etwa BOHNSACK 1996; JANK 1994 und 1999; zu den schulischen Auswirkungen etwa FÖLLING-ALBERS 1992). Diese gesellschaftlichen Veränderungen der Sozialisation gefährden auch die ausbalancierte Einheit der sensomotorischen Entwicklung (AMRHEIN 1997). Deshalb ist es wichtig, Kindern und Jugendlichen in der Schule vermehrt Erfahrungen „aus erster Hand" zu vermitteln und Eigentätigkeit zu ermöglichen. Das Schulfach Musik ist dazu, ähnlich wie das Fach Sport, in besonderer Weise geeignet, weil es auf das eigene Handeln zielt und auf diese Weise die Erfahrung sensomotorischer Einheit ermöglicht, und weil Musik im Leben der meisten Kinder und Jugendlichen eine zentrale Rolle spielt. Untersuchungen von BASTIAN (1997 und 2000) und eigene Untersuchungen (s. u.) legen überdies nahe, dass gemeinsames Musizieren unter anderem günstig auf das Sozialverhalten von Kindern und Jugendlichen einwirken kann.

Schließlich stellt auch die neuere Diskussion über Schulentwicklung, Autonomie der Schule und Entwicklung von Schulprogrammen Argumente für eine stärkere Rolle des Musizierens – vor allem in schulischen Ensembles – bereit: Ensemblemusizieren kann erheblich beitragen zur kulturellen Identität und zum Schulleben einer Schule. Es kann mithelfen bei der Entwicklung einer „Corporate Identity", indem es die Identifikation der Schüler und Lehrer mit der eigenen Schule und die Repräsentation der Schule nach außen stärkt.

Es gibt also gute Gründe, dem eigenen Musizieren insgesamt, vor allem aber auch dem Ensemblespiel in der Schule großes Gewicht zu geben. Dem trägt zwar die Existenz zahlreicher schulischer Ensembles, vom traditionellen Schulchor und -orchester bis hin zur Rock-AG, zur Musical-AG oder zur AG Neue Musik, Rechnung. Die Teilnahme an solchen Ensembles ist aber freiwillig und erreicht nur einen mehr oder weniger großen Teil der Schüler (bei großen Unterschieden, die z. B. regional, durch die Schulart oder durch das Engagement von Lehrern und Schülern bedingt sind). Im Gegensatz dazu hat im Klassenunterricht das gemeinsame Singen in der Regel den Vorrang. Formen des Ensemblespiels werden hier nur selten und meist nicht systematisch aufbauend eingesetzt.

Jedoch könnte das Ensemblespiel verschiedene Funktionen im Hinblick auf musikbezogene Unterrichtsinhalte erfüllen, z. B.:
• Ensemblespiel als Ausgangs- und Mittelpunkt des Musiklernens in einem handlungsorientierten Musikunterricht, der möglichst allen Schülerinnen und Schülern musikalische Grundkompetenzen vermitteln will;
• musikpraktischer Zugang zu einem Musikstil (z. B. Neue Musik, Rockmusik ...), zu einem Aspekt der Musiklehre (z. B. Formenlehre, Kadenz o. ä.) oder der Musikgeschichte,

- Einführung in die Spieltechniken eines Instruments oder einer Instrumentengruppe (z. B. Trommel-Workshop im Rahmen einer AG oder an Projekttagen),
- Vorspiel aus einem Werk, das aktueller Unterrichtsgegenstand ist, durch ein Schülerensemble (z. B. Kammermusikwerke, Jazz ...),
- Ergänzung des an manchen Schulen möglichen Instrumentalunterrichts durch klassen- oder jahrgangsübergreifend gebildete Ensembles,
- Aufführung des Klassenorchesters oder mehrerer kleiner Ensembles aus einer Klasse (z. B. zum Schulschluss, für einen Elternabend, zur Vorstellung der Ergebnisse einer Projektwoche, außerhalb der Schule ...),
- Teilhabe am kulturellen Leben der Schule.

Formen der Kooperation zwischen allgemein bildender Schule und Musikschule

Es gibt keinen festen Bestand an Kooperationsformen zwischen allgemein bildender Schule und Musikschule, der sich systematisierend beschreiben und in Zahlen fassen ließe. Vielmehr kooperieren beide Institutionen in regional vielfältigen Formen, die verschieden entstanden und entstehen, verschieden lange Traditionen haben und häufig stärker von den Personen als von den Institutionen abhängen. Deshalb können hier nur Beispiele ohne Anspruch auf Vollständigkeit genannt werden:

- Musik-AGs als Angebote der Musikschule an einer allgemein bildenden Schule (meist Musikpraxis in Ensembles),
- Übernahme der Betreuung von Schülern in Musik-AGs durch Musikschullehrer im Rahmen von Formen der „verlässlichen Halbtagsschule" (meist Musikpraxis in Ensembles oder instrumentaler Gruppenunterricht; in Planung für die Grundschule in Baden-Württemberg ab dem Schuljahr 2000/01),
- Erteilung von regulärem Musikunterricht, der wegen Lehrermangels sonst ausfallen würde, durch Musikschullehrer (seit mehreren Jahren in der Grundschule in Hamburg),
- Erteilung von Instrumental- oder Vokalunterricht bzw. von Unterricht in Begleitfächern oder Ensemblearbeit an der Musikschule durch Lehrer der allgemein bildenden Schule in Nebentätigkeit,
- Instrumental- oder Vokalunterricht als Angebot an allgemein bildenden Schulen (meist nur an Privatschulen möglich),
- verstärkter Musikunterricht durch erhöhte Stundenzahl unter Einbeziehung von instrumentalem Gruppenunterricht durch Musikschullehrer (etwa in Berlin und Hessen),
- Musiktutorenprogramm, das Schülern in Zusammenarbeit mit Verbänden der Laienmusik oder Musikschullehrern eine Grundausbildung in den Bereichen Chor- und Ensembleleitung vermittelt (seit 1998 in Baden-Württemberg),
- Unterrichtstätigkeit von Musikschullehrern in der Lehrerausbildung an Hochschulen und Universitäten sowie in der Lehrerfortbildung,
- gegenseitige Aushilfe durch Instrumentalisten und Sänger bei Aufführungsprojekten,
- Kooperation bei gemeinsamen Aufführungen.

Bei solchen Formen der Kooperation zwischen Musikschule und allgemein bildender Schule werden Angebote, die traditionell in den Aufgabenbereich der Lehrer der allgemein bildenden Schule *oder* der Musikschule fallen, durch Angebote von Lehrern der jeweils anderen Institution ergänzt oder ersetzt; es werden die besonderen Qualifikationen von Lehrern der einen Institution von der anderen mitgenutzt. Es ist im Interesse beider Institutionen wichtig, solche Kooperationsformen auszubauen und die Durchlässigkeit zwischen den Institutionen zu erhöhen.

Die bisher genannten Kooperationsformen sind meist auf der Ebene formaler bzw. organisatorischer Kooperation angesiedelt. Eine inhaltliche Zusammenarbeit auf curricularer Ebene oder im Unterricht selbst ist damit in der Regel nicht verbunden und auch nicht intendiert. Im Folgenden werden wir uns auf Möglichkeiten einer inhaltlichen Zusammenarbeit konzentrieren. Deshalb werden wir auf solche Möglichkeiten der formalen Kooperation, wie sie oben genannt wurden, nicht weiter eingehen. Ebenfalls außer Betracht bleiben Formen des verstärkten Ensemblespiels in der allgemein bildenden Schule mit Hilfe von Bläser- oder Streicherklassen oder mit dem Keyboard als Klasseninstrument: Auch hier erfolgt in der Regel keine inhaltliche Kooperation zwischen den beiden Institutionen, sondern Musiklehrerinnen und -lehrer lassen sich auf Fortbildungsveranstaltungen für solche Systeme bzw. Methoden ausbilden.

Unser Beitrag möchte über solche formalen Formen der Kooperation hinausführen: Er fragt nach Möglichkeiten einer inhaltlich konkreten Zusammenarbeit von Lehrerinnen und Lehrern der allgemein bildenden Schulen und der Musikschulen, die sich in den Unterrichtsinhalten, den Unterrichtsmethoden, den Ergebnissen der unterrichtsbezogenen Zusammenarbeit und schließlich in der Ensemblearbeit niederschlägt. Deshalb ist zunächst nach Kriterien für eine solche inhaltliche Kooperation zu fragen.

Kriterien für eine inhaltliche und curriculare Kooperation zwischen allgemein bildender Schule und Musikschule

Vor dem Hintergrund des eingangs im Abschnitt *Begründungen* Ausgeführten lassen sich Kriterien für eine sinnvolle Kooperation zwischen allgemein bildender Schule und Musikschule nennen, die auch für das Ensemblespiel bedeutsam sind:

Teilhabe an der musikalischen Gebrauchspraxis durch
- Förderung der Freude am Musizieren und von Kreativität,
- Förderung der individuellen Entwicklung musikpraktischer Fähigkeiten,
- Integration des Instrumentalspiels in den allgemein bildenden Unterricht;

Vermittlung musikalischer Grundkompetenzen in einem aufbauenden Musikunterricht durch
- Förderung des Aufbaus figuraler und formaler kognitiver Repräsentationen als Basis für weiterführendes Musiklernen und für den Aufbau musikbezogenen Wissens,

- Förderung der Erfahrung der sensomotorischen Einheit,
- Berücksichtigung von „kritischen" Entwicklungsphasen, in denen Ensemblearbeit in besonderer Weise fruchtbar werden kann,
- Arbeit an gemeinsamen Unterrichtsinhalten und Materialien in Instrumental- und Musikunterricht,
- Integration von Methoden des allgemein bildenden Musikunterrichts, des Instrumentalgruppenunterrichts und der Ensemblearbeit;

Förderung der Subjektentwicklung im sozialen Zusammenhang durch
- Vermittlung von Erfahrungen sinnerfüllter Eigentätigkeit und von Erfahrungen „aus erster Hand",
- Förderung sozialen Lernens durch die gemeinsame Arbeit in Gruppen und Ensembles;

Stärkung der Rolle von Musik im Schulleben durch
- Entwicklung eines Leitbildes für die Schule bzw. eines Schulprogramms mit musikalischem Schwerpunkt zur Förderung eines regen kulturellen Lebens an der Schule,
- Förderung der „Corporate Identity" durch gemeinsames Musizieren und Aufführungsprojekte,
- Öffnung der Schule gegenüber ihrem kulturellen Umfeld und Repräsentation der Schule nach außen;

Entwicklung von Organisationsformen, die eine Kooperation der beteiligten Lehrkräfte ermöglichen und unterstützen.

Inhaltlich konkrete Kooperationsformen zwischen Musikschule und allgemein bildender Schule im Sinn dieser Kriterien wurden in einem vom Bund und vom Land Hessen durchgeführten Modellversuch seit 1996 erprobt und werden nach dem erfolgreichen Abschluss der Erprobungsphase ab dem Schuljahr 2000/2001 an 18 Standorten in Hessen auf Dauer eingeführt. Grundlage der folgenden Ausführungen sind die Erfahrungen in diesem Modellversuch.

Praxiserfahrungen aus dem Hessischen Modellversuch „Kooperation von allgemeinbildender Schule und Musikschule"

1. Einleitung

Der Modellversuch führte an vier Standorten in Hessen jeweils eine allgemein bildende Schule und die Musikschule zur Kooperation zusammen (drei Standorte mit Schülerinnen und Schülern der 5. und 6. Klassen, ein Standort in der Primarstufe). Wir beziehen uns im Folgenden auf die Erfahrungen an den drei Standorten in der Sekundarstufe I. Dort erhalten die Schüler zusätzlich zum schulischen Musikunterricht die Möglichkeit, ein Instrument in Kleingruppen (ca. 6 Schüler je Gruppe) zu lernen und in einem Ensemble zu spielen. Der Schwerpunkt liegt bei Blasinstrumenten, aber auch andere Instrumente sind vertreten (z. B. Gitarre). Die zusätzlichen Stunden sind in den normalen Stundenplan integriert. Instrumentallernen und schulischer Musikunterricht sollen sich eng aufeinander beziehen, gegenseitig ergänzen und die Arbeit im Ensemble vorbereiten bzw. unterstützen.

Das musikalische Hauptziel des Modellversuchs ist es, die Schüler zum praktischen und bewussteren Umgang mit Musik und zur aktiven Teilnahme an ihrem kulturellen Umfeld zu qualifizieren. Dies soll durch enge inhaltliche Kooperation von Lehrern der allgemein bildenden Schule und der Musikschule erreicht werden. Damit verbunden wird die Öffnung von Schule hin zu anderen Bildungs- und Kultureinrichtungen und zur Kooperation mit diesen. Das bildungspolitische Ziel der Stärkung des Musiklebens schließt soziale Gesichtspunkte ein: Auch sozial benachteiligten Schülern soll das Lernen eines Instrumentes ermöglicht werden. Damit verbindet sich die Erwartung einer Stärkung der Nachfrage nach Instrumentalunterricht an der Musikschule.

Bereits zu Beginn der Versuchsphase wurde klar, dass die gewünschte enge Kooperation von Lehrern zweier verschiedener Institutionen im Hinblick auf diese Ziele einige strukturelle Rahmenbedingungen voraussetzt, vor allem:

- Die gewünschte enge Kooperation entsteht nicht von selbst, sondern muss ständig organisiert, strukturiert und weiterentwickelt werden;
- es ist notwendig, Unterrichtsbausteine und -materialien sowie ein Methodenrepertoire für die Unterrichtspraxis zu entwickeln, die eine solche Kooperation unterstützen und die auch eine Erweiterung des Instrumentalunterrichts durch Inhalte und Methoden des allgemein bildenden Musikunterrichts initiieren;
- daraus entsteht schnell ein hoher Fortbildungsbedarf für die beteiligten Lehrerinnen und Lehrer, z. B. zur Weiterentwicklung der didaktisch-methodischen Ansätze des Instrumentalgruppenunterrichts und der Ensemblearbeit;
- schließlich muss die Finanzierung sichergestellt und die Kooperation formalrechtlich abgesichert werden.

2. Unterricht

Die Organisation von zusätzlichem Instrumentalunterricht an einer Schule wird mittlerweile an vielen Orten praktiziert, der hier dargestellte Ansatz geht jedoch weiter: Instrumentalunterricht und Musikunterricht der allgemein bildenden Schule werden auf der inhaltlichen Ebene eng miteinander verzahnt. Deshalb wurden gemeinsame Curricula erstellt und Unterrichtseinheiten entwickelt, die von Musikschullehrern und Musiklehrern (mit jeweils unterschiedlichen Schwerpunkten) gemeinsam durchgeführt werden. Diese Unterrichtseinheiten orientieren sich an den Vorgaben der schulischen Rahmen- bzw. Lehrpläne und den Vorgaben der Instrumentallehrgänge (HESSISCHES LANDESINSTITUT FÜR PÄDAGOGIK 2000).

Die Arbeit an gemeinsamen Unterrichtseinheiten nimmt jedoch nicht die gesamte Unterrichtszeit eines Schuljahres in Anspruch, da auch Platz sein muss für spezielle Anforderungen des Instrumentallehrgangs bzw. für Unterrichtsprojekte, die keine Kooperation erfordern.

Die folgenden Beispiele sind kurze Zusammenfassungen zweier Unterrichts-einheiten aus o. g. Materialband.

Beispiel 1
Im Zentrum dieser Einheit steht ein Musikstück, das gemeinsam gesungen und gespielt werden soll, zudem soll ein instrumentales Vorspiel gestaltet werden. Das Material wurde so aufbereitet, dass zum Zeitpunkt der Durchführung die Instrumentalisten die entsprechenden Töne auf ihren Instrumenten spielen kön-nen. Es wurde ein komplettes Arrangement ausgearbeitet, das auch Stimmen für ORFF- und Percussionsinstrumente enthält.

Der erste Impuls zu dieser Arbeit erfolgt im gemeinsamen Klassenmusik-unterricht, in dem alle Schüler zunächst das Lied singen lernen und gemeinsam schon eine erste Vorstellung entwickeln, wie das instrumentale Vorspiel gestal-tet werden könnte.

Im Instrumentalunterricht werden dann entsprechende Begleitstimmen ge-übt und das instrumentale Vorspiel ausgearbeitet. Zudem wird hier aber auch Singen als Unterrichtsmethode eingesetzt, indem z. B. ein Teil der Gruppe das Lied singt, während die anderen spielen, oder indem einzelne Stimmen zuerst gesungen und dann erst gespielt werden. Dabei soll über das Singen eine genaue Tonvorstellung erarbeitet werden. Da einige Instrumentalstimmen aus kurzen Einwürfen zur Melodie bestehen, liegt auf CD auch ein play-along vor, mit dem im Instrumentalunterricht die Einsätze zusätzlich geübt werden können.

In der nächsten Klassenmusikstunde werden erste Ergebnisse präsentiert, ein erstes Klassenarrangement erstellt und ggf. Aufgaben für die weitere Arbeit formuliert, die dann wieder in Gruppen bearbeitet werden können.

Beispiel 2
Das folgende Beispiel beschreibt Unterricht am Beginn der 5. Klasse. Die Ein-heit, in der die Schüler zu vorgegebenen Bildern Musik erfinden, wird in den ersten Monaten der Kooperation durchgeführt, da die Instrumentalschüler zu dieser Zeit noch über sehr eingeschränkte instrumentale Fertigkeiten verfügen.

Im Zentrum der Arbeit steht, ausgehend von einem Bild, der experimentelle Umgang mit den Instrumenten. Die Schüler sollen vielfältige Klänge und Ge-räusche auf ihren Instrumenten erfinden, die dann zu einer gemeinsamen Ver-tonung eingesetzt werden.

Der erste Impuls zu dieser Arbeit erfolgt im allgemein bildenden Unterricht durch die Präsentation des Bildes und ein anschließendes Unterrichtsgespräch. In einer zweiten Phase probieren die Schüler auf Schulinstrumentarium oder ihren eigenen Instrumenten (die Schüler haben ihre Instrumente auch im Klas-senmusikunterricht immer dabei), passende bzw. neue Klänge etc. zu finden. Im Instrumentalgruppenunterricht wird das Gefundene gefestigt und weitere neue Spielmöglichkeiten werden ausprobiert und geübt. Dieselbe Phase führt der Klassenmusiklehrer mit den Schülern durch, die kein Instrument lernen. In der nächsten gemeinsamen Musikstunde wird das Erprobte zu einem Musik-stück zusammengeführt.

Die Ergebnisse des Klassenmusizierens können so interessanter werden, und der Instrumentalunterricht wird schon in der Anfangsphase erweitert um

Spielweisen und Umgangsmöglichkeiten mit dem Instrument, wie sie in der Neuen Musik oft verwendet werden.

Die beiden Unterrichtsbereiche Instrumentallernen und schulischer Musikunterricht beziehen sich eng aufeinander und ergänzen sich gegenseitig. Eine Verbindung zwischen Ensemblearbeit und Musikunterricht kann z. B. darin bestehen, dass Stücke des Ensembles im Musikunterricht thematisiert und Aufführungsprojekte gemeinsam vorbereitet werden (z. B. mit Plakat, Programmheft, Einbeziehung von Tanz ...). Ebenso wird die Arbeit zwischen Instrumentalgruppenunterricht und Ensemble abgestimmt, indem z. B. Ensemblestücke auch im Instrumentalunterricht erarbeitet werden.

3.   Unterrichtsmaterialien

Instrumentalunterricht und Musikunterricht der allgemein bildenden Schule werden im Rahmen der Kooperation durch ein gemeinsames Teilcurriculum inhaltlich miteinander verbunden. Dieses wird von den Lehrkräften mit jeweils unterschiedlichen Schwerpunkten einander zuarbeitend durchgeführt. Im Zentrum eines solchen Curriculums stehen Musikstücke, die im Instrumental- und Klassenunterricht praktisch erarbeitet werden und im allgemein bildenden Musikunterricht als Ausgangspunkt vielfältiger Lernprozesse dienen. Sie können im Rahmen des Klassenmusizierens oder der Ensemblearbeit aufführungsreif gestaltet werden.

Bei der Musik- und Materialauswahl sowie bei ihrer didaktischen und methodischen Aufbereitung sind staatliche Vorgaben für den Musikunterricht eine Orientierung. Deshalb wurden die Unterrichtseinheiten zu vorgegebenen Themen mit exemplarisch ausgewählten Musikstücken entwickelt. Die Unterrichtseinheiten enthalten verschiedene Bausteine: musikalische Übungen, Musiziermaterial in Form von Arrangements sowie Informations- und Arbeitsmaterial zum jeweiligen Thema.

Diese Materialzusammenstellungen sollen einen Lernprozess ermöglichen, in dem musikpraktische Erfahrung als Basis musikalischen Lernens eng verbunden wird mit möglichst selbständig zu bearbeitenden Informationen über Musik und in vielfältige Umgangsweisen mit Musik eingebracht wird. Problematisch ist der Aufwand, den das Erstellen geeigneter Materialien erfordert, obwohl in den musikpädagogischen Zeitschriften und auch in mehreren Schulbüchern geeignetes Basismaterial angeboten wird. Dieses muss für die jeweilige Situation ausgewählt und dieser angepasst werden; Arrangements sind für vorhandene Besetzung umzuarbeiten, entsprechende Vorübungen sind zu entwickeln und abzusprechen, weitere Umgangsweisen mit dem Thema sind vorzusehen, Informationsmaterial ist so aufzuarbeiten, dass es möglichst selbständig bearbeitet werden kann.

Die differenzierte Arbeit an gemeinsamen Unterrichtseinheiten hat sich im Modellversuch sehr bewährt (s. u.). Zu beachten ist dabei die richtige Abfolge in der Komplexität der ausgewählten Musik und die genaue zeitliche Abstimmung des Musizierens einerseits im Instrumental- und andererseits im Klassenunterricht. Als sehr förderlich für die Entwicklung der musikalischen Fähigkeiten aller Kinder wirkt sich der Einsatz vielfältiger Übungen sowohl im Instrumental- als auch im Klassenunterricht und in der Ensemblearbeit aus, wobei der Einsatz von einfachen play-alongs sehr motiviert.

Weniger erfolgreich hat sich im Modellversuch der systematische Einbezug von Unterrichtsmethoden bewährt, wie sie von „best in class" (PEARSON 1989) oder „Yamaha Bläser Klasse" (FELDSTEN/O'REILLY 1997) repräsentiert werden. Das Erlernen des Instruments steht hier weitgehend ohne Bezug zu anderen musikalischen Lerninhalten im Vordergrund.

Zur systematischen Schulung musikalischer Grundfähigkeiten wurde in einigen Fällen das Konzept von EDWIN GORDON genutzt (GORDON/WOODS 1993). Weiterführende musikalische Übungen mit Rhythmus, Stimme und Bewegung können aus dem Musiziermaterial der Unterrichtseinheiten entwickelt werden, wobei ein möglichst systematischer Aufbau einen kontinuierlich sich entwickelnden Lernprozess fördert.

4. Organisation

An den drei Standorten des Modellversuchs wurden jeweils verschiedene Organisationsmodelle der Kooperation erprobt. Gemeinsam ist allen Modellen eine Ausweitung des Musikunterrichts von 2 Wochenstunden im Klassenverband auf 3 Wochenstunden: jeweils 1 Stunde Musikunterricht im Klassenverband, 1 Stunde Instrumentalunterricht in Kleingruppen, 1 Stunde Ensemblearbeit.

Modell 1: Musikklasse
Alle Schüler einer Klasse lernen ein Instrument. Die Einwahl in die Musikklasse muss am Ende des vorausgehenden Schuljahrs erfolgen. Alle drei Musikstunden finden vormittags in der allgemein bildenden Schule statt.

1 (2) Wstd. **Musikunterricht** im Klassenverband *Musiklehrer*	1 Wstd. **Instrumentalunterricht** in Einwahlgruppen *Lehrer der Musikschule*	1 Wstd. **Ensemble** *Musiklehrer (oder Lehrer der Musikschule)*

Modell 2: Einwahlgruppen aus zwei Parallelklassen
Schüler aus zwei Parallelklassen können sich in den Instrumentalunterricht und das Ensemble einwählen. Für die Nicht-Instrumentalisten bleibt es bei zwei Musikstunden im Klassenverband. Die Instrumentalisten nehmen in einer dieser beiden Stunden am Klassenunterricht teil, besuchen während der zweiten Musikstunde statt des regulären Unterrichts das Ensemble oder den zusätzlichen Instrumentalunterricht in Kleingruppen und erhalten eine dritte Stunde für den noch verbleibenden Unterricht. Das Ensemble bzw. der Instrumentalunterricht findet in der allgemein bildenden Schule z. T. in Randstunden statt.

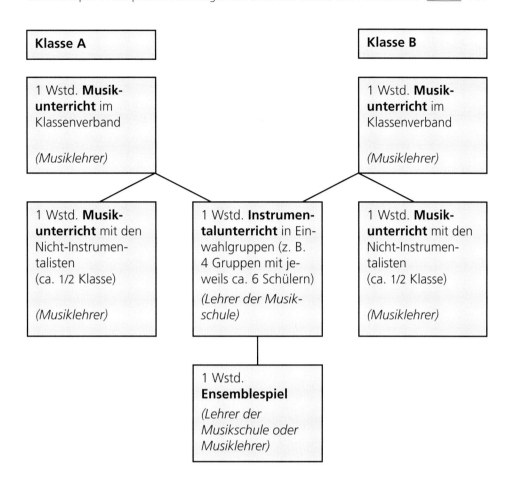

Modell 3: Einwahlgruppen aus einem ganzen Jahrgang (ohne Grafik)
Schüler eines ganzen Jahrgangs können sich in den Instrumentalunterricht und das Ensemble einwählen. Nicht-Instrumentalisten erhalten auch hier zwei Stunden Musikunterricht im Klassenverband. Die Instrumentalisten erhalten zusätzlich je eine Stunde Instrumentalunterricht in Kleingruppen und Ensemble. Ensemble- bzw. Instrumentalunterricht liegen in der Regel in den Randstunden und könnten ggf. auch an der Musikschule stattfinden. Die insgesamt vier Unterrichtsstunden führen zu einer höheren Belastung der Schüler.

Im Vergleich dieser drei Modelle fiel in der Versuchsphase im Hinblick auf ihre Organisationsstruktur auf[1]:
- Modell 1 ist – mit Ausnahme der Informations- und Einwahlphase, die hier schon vor dem Übertritt in die Sekundarstufe I erfolgen muss – leichter zu

---

[1] Ausführliche Hinweise zu Fragen der Organisations- und Zeitplanung bei der Einführung solcher Modelle an Schulen können über das Hessische Landesinstitut für Lehrerfortbildung, Schloß Heiligenberg, 64342 Seeheim-Jugenheim, angefordert werden.

organisieren als die anderen Modelle: Sowohl die Stundenplangestaltung wie auch der Organisationsaufwand bei Auftritten des Ensembles, das in Modell 1 zugleich Klassenorchester ist, sind einfacher als die Koordination von zwei oder mehr Klassen (Modelle 2 und 3).

- Die Bildung von kooperationsfähigen Teams (Musikschullehrer, Musiklehrer, Klassenlehrer) gelingt in den Modellen 1 und 2 leichter als in Modell 3. Modell 2 fördert in besonderem Maß eine intensive Zusammenarbeit der beteiligten Lehrkräfte, denn es erfordert, den allgemein bildenden Musikunterricht sehr eng sowohl auf die Instrumentalschüler als auch auf die Nicht-Instrumentalisten abzustimmen und das vorher in den Kleingruppen Erarbeitete z. B. in das gemeinsame Musizieren mit den Nicht-Instrumentalisten im gesamten Klassenverband zu integrieren.

- Deshalb fordert und fördert Modell 2 auch die musikalischen Fähigkeiten der Nicht-Instrumentalisten: Sie profitieren vom gemeinsamen Musizieren mit den Instrumentalschülern im gesamten Klassenverband, und sie erhalten einmal wöchentlich eine Musikstunde in der kleineren Gruppe der Nicht-Instrumentalisten. In dieser kleineren Gruppe ist ein intensiverer und stärker praxisorientierter Unterricht möglich als im gesamten Klassenverband.

- Probleme können sich in Modell 1 ergeben, wenn Schüler den Instrumentalunterricht nicht fortsetzen wollen. Eine Versetzung in eine Parallelklasse wäre dann unvermeidlich, aber aus pädagogischen Gründen sicherlich nicht wünschenswert. Dieses Problem kann durch die Aufteilung der Musikklasse auf zwei Parallelklassen umgangen werden. Die Instrumentalschüler haben bei dieser Variante dann neben zwei regulären Musikstunden wöchentlich zusätzlich je eine Stunde Instrumentalunterricht und Ensemble.

- Modell 3 ist vor allem dann sinnvoll, wenn sich nur 20 bis 30 Schüler eines Jahrgangs für das Instrumentalangebot interessieren.

- Bei der Erstellung der Stundenpläne ist es wichtig, die Interessen der beteiligten Musikschullehrer von vornherein zu berücksichtigen. Sinnvoll ist die Konzentration des Instrumentalunterrichts auf einen oder höchstens zwei Wochentage, damit Musikschullehrer nicht mehrmals pro Woche für einzelne Stunden anreisen müssen.

Insgesamt ist zu empfehlen, nicht sofort mit einer ganzen Jahrgangsbreite (zumindest bei großen Schulen) in Kooperationsmodelle einzusteigen, sondern zuerst in kleinerem Rahmen Erfahrungen zu sammeln.

Zur Organisation der Stundentafeln und -pläne muss auch die Organisation der Kooperation zwischen den Beteiligten treten, denn die Gefahr des Scheiterns oder zumindest von Unzufriedenheit und Ineffektivität wächst mit der Vernachlässigung der Koordination. Dies wird den Beteiligten an einer Kooperation des schulischen und musikschulischen Unterrichts wegen der vielen oft ganz banalen organisatorischen Probleme schnell deutlich. Gleichzeitig ist zumeist keine (bezahlte) Zeit dafür vorgesehen – ein Widerspruch, der aufgelöst werden muss. Zumindest in der Anfangsphase einer Kooperation ist ein regelmäßiger Koordinationstermin aller beteiligten Lehrkräfte notwendig. Er muss fest vereinbart sein, sollte wöchentlich stattfinden und ca. 45 Minuten dauern. In der Folgezeit ist es u. U. möglich, regelmäßig in Pausen Absprachen zu treffen, Koordinationstermine nur noch monatlich durchzuführen oder andere Formen zu finden. In diesen Treffen geht es um die Details der Zusammenarbeit:

- gemeinsame Planung von Unterrichtsinhalten mit Festlegung auf bestimmte Unterrichtseinheiten und ihr Timing,
- Auswahl von geeigneten Musikstücken und Übungen,
- Absprache der Inhalte und Arbeitsweisen in der Ensemblearbeit,
- Absprachen zur Herstellung von Unterrichtsmaterial und Materialaustausch,
- gegenseitige Information über Unterrichtsmethoden, weitere Unterrichtsinhalte und Unterrichtskonzepte in den Schulklassen bzw. in den instrumentalen Kleingruppen,
- Beratung zum Umgang mit Problemen in den Lerngruppen,
- Absprachen zur Raumbelegung und zum Stundenplan, zur Instrumentenbeschaffung, -ausleihe und -reparatur; zu finanziellen Fragen und zu weiteren Problemen, die durch die unterschiedlichen Arbeitsweisen der Institutionen entstehen,
- Planung gemeinsamer Veranstaltungen.

5. Ergebnisse der begleitenden empirischen Forschung

Eine Untersuchung im Rahmen der Evaluation des hessischen Modellversuchs zur Kooperation von Musikschule und allgemein bildender Schule erlaubt einige Aussagen zur Entwicklung musikalischer Fähigkeiten und zur Integration in die Gruppe als Auswirkungen des Instrumentallernens und anderer musikalischer Tätigkeiten.[2]

Die im Verlauf eines zweijährigen Musikunterrichts mit integriertem freiwilligem Instrumentalunterricht in Kleingruppen durchgeführten Tests und Befragungen von insgesamt 279 Kindern der Jahrgangsstufen 5/6 wurden mittels verschiedener, insbesondere varianzanalytischer Verfahren statistisch ausgewertet. Vergleiche zwischen fünf verschiedenen Stichproben und zwischen den Geschlechtern wurden gezogen. Entsprechende Tests und Befragungen wurden auch mit Kontrollgruppen, nämlich mit Nichtinstrumentalisten in Vergleichsschulen durchgeführt, an denen keine Kooperation zwischen Musikschule und allgemein bildender Schule stattfand. Dieses Setting erlaubt vergleichende Aussagen erstens über die Gruppe der Schüler an Modellversuchsschulen, die am Versuch teilnahmen, zweitens über die Gruppe der Schüler an Modellversuchsschulen, die selbst am Versuch nicht teilnahmen und drittens über die Gruppe der Schüler ohne Instrumentalunterricht an Vergleichsschulen.

Entwicklung musikalischer Fähigkeiten

Die Untersuchung der Entwicklung musikalischer Fähigkeiten beschränkte sich auf solche Grundkompetenzen, die als musikalisch-praktische Teilvoraussetzungen für vielfältige musikalische Handlungen verstanden werden: Fähigkeiten im Umgang mit Rhythmen, Melodien, Bewegung und mit Aspekten des

---

[2] Detaillierte Ergebnisse der wissenschaftlichen Evaluation des Modellversuchs sind im Endbericht nachzulesen (BÄHR/JANK/SCHMITT/SCHWAB 2000) sowie in zwei weiteren Studien zur Entwicklung musikalischer Fähigkeiten von JOHANNES BÄHR und zur Identitätsentwicklung von CHRISTOPH SCHWAB (in Vorbereitung).

Hörens sowie einige kognitive Fähigkeiten. Aus einem Gruppentest und einem Individualtest, der als mehrteiliger Musizierprozess angelegt ist, werden in Auswahl einige Ergebnisse vorgestellt.

Nicht überraschend ist, dass im kognitiven Bereich der Kenntnisse über Musik die Gruppen der Schülerinnen und Schüler, die im Rahmen des Modellversuchs oder privat ein Instrument erlernen, führen. Sie kennen sich mit Notennamen und Notenwerten besser aus als die Nichtinstrumentalisten und verstehen die Elemente einer einfachen Spielpartitur. Die Mädchen schneiden bei diesen Testaufgaben besser ab als die Jungen. Bemerkenswert ist, dass besonders diejenigen Mädchen aus den Klassen der Modellversuchsschule profitiert haben, die kein Instrument spielen. Sie erzielen bei einigen Aufgaben zu Notennamen und Notenwerten teilweise bessere Ergebnisse als die Jungen unter den Instrumentalisten.

Instrumente hörend erkennen gelingt Mädchen wie Jungen gleich gut. Alle Gruppen unterscheiden sich dabei signifikant von der Gruppe der Nichtinstrumentalisten aus den Vergleichsschulen. Die Nichtinstrumentalisten aus den Modellversuchsklassen haben diese Aufgabe ebenso gut gelöst, wie die Kinder, die ein Instrument lernen.

Beim diskriminierenden Durchhören eines Musikstücks zeigt sich ein großer Erfahrungsvorsprung der Musikklasse, gefolgt von Instrumentalisten der Modellversuchsklassen. Auch hier setzen sich die Nichtinstrumentalisten der Modellversuchsklassen signifikant ab von den Nichtinstrumentalisten der Vergleichsschulen.

Der Individualtest, den 145 Schülerinnen und Schüler absolvierten, enthält Aufgaben zu musikpraktischen Fähigkeiten wie Rhythmen nachklatschen, einen Grundschritt und eine Dreierkoordination zur Musik ausführen, einen eintaktigen Rhythmus zu Musik spielen, Rhythmen erfinden, eine Liedstrophe singen und eine Begleitstimme zu Musik auf einem Glockenspiel ausführen. Die Auswertung der Gesamtsumme der 154 Items, die eine zusammenfassende Aussage über einige musikpraktische Grundkompetenzen ermöglicht, lässt eine Spitzenstellung des Modells 1 (Musikklasse) erkennen. Mit größerem Abstand folgen punktgleich die Instrumentalisten aus den anderen MV-Klassen und die Gruppe der Schülerinnen und Schüler, die privat ein Instrument lernen; relativ dicht dahinter die Gruppe der Nichtinstrumentalisten aus den anderen Modellversuchsklassen und mit weiterem Abstand an letzter Stelle die Nichtinstrumentalisten aus den Vergleichsschulen. Das gemeinsame Lernen und Musizieren in einer Musikklasse ist aus der Sicht der in diesem Test gemessenen Leistungsattribute das erfolgreichste Modell.

Im Individualtest sind in allen Gruppen die Mädchen den Jungen deutlich überlegen. In der Ausprägung der gemessenen musikalischen Fähigkeiten liegen sie aber nicht nur überall relativ weit vor den Jungen, sondern auch die Mädchen, die kein Instrument erlernen, sind – mit Ausnahme der Jungen der Musikklasse – in den untersuchten musikpraktischen Fähigkeiten im Schnitt besser als die Jungen, die ein Instrument privat im Einzelunterricht oder im Rahmen des Modellversuchs in kleinen Gruppen erlernen. Der Effekt des Geschlechts ist, von der Musikklasse abgesehen, größer als der des Instrumentallernens.

Die Jungen der Musikklasse haben den zweiten Platz erreicht und liegen knapp vor den Mädchen aus den anderen Gruppen, die ebenfalls ein Instrument erlernt haben. In einer relativ homogenen Gruppe mit gemeinsamen Zielen und Aktivitäten sowie mit kontinuierlichen intensiven, zuverlässigen und gut unterstützten sozialen Beziehungen ist es den Jungen möglich, ein gutes Leistungsniveau zu erreichen.

Integration in die Klasse/Schule

Ein Fragebogen zur Erfassung von Dimensionen der Integration von Schülern (FDI) (HAEBERLIN u. a. 1989) erfasst die Selbsteinschätzung des sozialen, emotionalen und leistungsmotivationalen Integriertseins in die Klasse/Schule.

Soziale Integration:
Bei der Einschätzung der sozialen Integration ergibt sich im Unterschied zu den Vergleichsgruppen der Nichtinstrumentalisten eine überzufällig bessere, von mittlerer Effektgröße gekennzeichnete soziale Integration derjenigen Kinder, die ein Instrument spielen, wobei die Instrumentalistinnen sich am besten in ihre Gruppen integriert sehen.

Offenbar ist, dass Kinder – und besonders Mädchen –, die ein Instrument erlernen, sei es privat oder im Rahmen eines kooperativen Musikunterrichts, sich schnell integrieren, dass sie leichter Kontakte zu Mitschülern aufbauen und dieses Verhalten auch in der Zeit der Pubertät weitgehend behalten. Dies ist gegenläufig zum Trend der sozialen Desintegration, wie er bei den Vergleichsgruppen mit den Nichtinstrumentalisten in verstärktem Maße beobachtet werden konnte und wie er auch aus den Vergleichstabellen des FDI (HAEBERLIN u. a. 1989) hervorgeht.

Jungen fühlen sich insgesamt weniger sozial in die Klasse/Schule integriert als Mädchen. Dies und der für diese Altersstufe allgemeingültige Trend zur sozialen Desintegration treffen auf die Musikklasse nicht zu: Jungen wie Mädchen sind an der Verbesserung der sozialen Beziehungen in dieser Klasse beteiligt. Offenbar profitieren Jungen von einer solchen beziehungsfördernden Konstellation, die verlässliche soziale Kontakte erlaubt und soziale Sicherheit mit vielen Anregungen zu gemeinsamem Handeln schafft. In den anderen Gruppen ist der Rückgang der Einschätzung, integriert zu sein, bei den Jungen verhältnismäßig stärker als bei den Mädchen. Diese sind im Umgang mit sozialen Beziehungen offenbar gefestigter.

Emotionale Integration:
Der Haupteffekt Zeit ist hochsignifikant: Es gibt einen starken Abfall im Gefühl des emotional Integriertseins während der beiden Schuljahre 5 und 6 über fast alle Stichproben hinweg. Offenbar werden die hohen Anfangserwartungen beim Wechsel von der 4. Klasse in die neuen Gruppen der neuen Schule bald enttäuscht. Als besonders auffällig sei das Beispiel der Mädchen aus den Vergleichsgruppen erwähnt, die kein Instrument erlernen. Sie fühlen sich in den ersten Schulmonaten insgesamt sehr wohl in ihrer neuen Schule/Klasse, verlieren dieses Gefühl aber bis zum Ende der Klasse 6 auf ein unterdurchschnittli-

ches Maß. Jungen wie Mädchen vollziehen insgesamt eine parallele Abwärts-bewegung mit leicht höheren Werten bei den Mädchen.

Eine relativ hohe Stabilität zeigen Schülerinnen und Schüler, die privat ein Instrument erlernen. Deutlicher und signifikant unterscheidet sich die Musik-klasse von den Gruppen der Nichtinstrumentalisten: Die Schülerinnen und Schüler der Musikklasse fühlen sich nach den ersten Monaten der Klasse 5 in ihrer Schulumwelt weit überdurchschnittlich wohl und erhalten sich – wenn auch mit Abstrichen – das Gefühl des emotionalen Integriertseins bis zum Ende der 6. Klasse. Dieser deutliche Effekt kann zurückgeführt werden auf das be-sondere Setting der Klasse, in der die gemeinsamen musikalischen Aktivitäten und die Unterstützung durch die Lehrkräfte einen Hintergrund für das Sich-Wohlfühlen abgeben.

Leistungsmotivationale Integration:
Der Effekt Zeit spielt keine Rolle, die leistungsmotivationalen Einstellungen bleiben insgesamt und in allen Gruppen über die Zeit hin nahezu stabil. Kinder, die zu Beginn positiv dem Lernen gegenüber eingestellt waren, behalten diese Einstellung während der beiden folgenden Schuljahre bei. Ein Einfluss von Musikunterricht bzw. von Instrumentallernen auf Einstellungsveränderungen ist deshalb auszuschließen.

Der Gruppeneffekt ist allerdings hochsignifikant ausgeprägt. Der Grund: Die Kinder, die ein Instrument erlernen, sehen sich wesentlich leistungsmoti-vational integrierter als die Nichtinstrumentalisten. Die leistungsmotivierteste Gruppe ist die der Kinder, die privat ein Instrument erlernen. Die Musikklasse unterscheidet sich in der Frage der leistungsmotivationalen Integration nicht signifikant von den Gruppen der Nichtinstrumentalisten. Insgesamt aber halten sich Schülerinnen und Schüler, die ein Instrument lernen, für verständiger und gescheiter, und sie geben an, dass ihnen Lernen leicht fällt.

Dies gilt sowohl für die Ausgangssituation als auch für die Situation am Ende des Messzeitraumes. Es ergibt sich ein offensichtlicher Zusammenhang zwischen einer leistungsmotivationalen Einstellung und der Entscheidung, ein Instrument zu lernen.

Der Unterschied zwischen den Geschlechtern ist nicht signifikant. Aller-dings sind die Jungen zu beiden Messzeitpunkten den Mädchen bezüglich ihrer positiven Einstellung zum Lernen voraus. Es ist auffällig, dass die Probanden unserer Untersuchung im korrigierten Mittel den Schweizer Kindern der Ver-gleichstabellen relativ stark überlegen sind. Dies geht allerdings vollständig auf das Konto der musizierenden Schülerinnen und Schüler.

6. Fortbildung der Lehrerteams

Gemeinsame, institutionenübergreifende Fortbildungen schaffen wichtige Grundlagen für die inhaltliche Kooperation von Musikschule und allgemein bildender Schule:
Sie können
- die Konsensfindung in Bezug auf die verschiedenen Eckpunkte der ge-meinsamen Arbeit unterstützen,

- die kooperierenden Teams in ihrer Planungs- und Vermittlungskompetenz qualifizieren und ihre Arbeit dynamisieren,
- bei der Bewältigung der komplexen organisatorischen und curricularen Absprachen helfen,
- die Bildung und Festigung der Teams unterstützen.

Im Rahmen des hessischen Modellversuchs wurde in enger Zusammenarbeit mit den Teams an den Schulen bzw. Musikschulen ein Curriculum für die begleitende Fortbildung entwickelt und eingesetzt. Inhaltlich standen die folgenden Bereiche im Vordergrund:
- Praktische Arbeit mit exemplarischem Unterrichtsmaterial unter inhaltlichen und methodischen Gesichtspunkten (Erarbeitung einfacher Arrangements für das Musizieren in der instrumentalen Kleingruppe bzw. in der Schulklasse; inhaltliche Einbettung solcher Arrangements in den Unterricht und in die Ensemblearbeit; Vermittlung und Einsatz von vielfältigen musikalischen Übungen zur Entwicklung elementarer musikalischer Fähigkeiten ...),
- Planung von Unterricht bzw. Unterrichtsphasen für den Kleingruppenunterricht und den Klassenverband unter didaktischen und methodischen Gesichtspunkten,
- Austausch und Diskussion der praktischen Erfahrungen mit gemeinsam vorbereitetem Material im Unterricht,
- Ziele und Inhalte der Lehrpläne für Schule und Musikschule,
- psychologische Grundlagen des Lehrens und Lernens,
- inhaltliche und organisatorische Absprachen in Bezug auf konkrete Einzelfragen der Kooperation.

Sollen die Teilnehmenden schnell zu intensiver, konkreter Zusammenarbeit finden, so muss bereits die Fortbildung selbst diese unmittelbar anbahnen. Im Modellversuch bewährte sich hierfür der folgende Dreischritt:

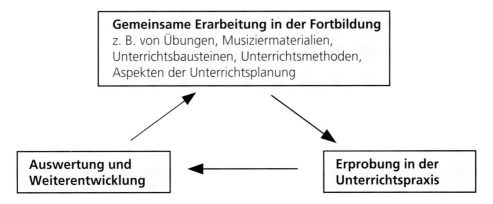

Dieser Dreischritt beteiligt alle in allen Phasen, bezieht die berufliche Praxis mit ein, lässt Probleme dieser Praxis für den Einzelnen deutlich werden und führt über Berichte und gemeinsame Reflexion zu realen Perspektiven für eine Problembewältigung. Die Teilnehmenden lernen einander in ganz verschiedenen

Aktivitäten von ganz unterschiedlichen Seiten kennen und können für ihre spätere Zusammenarbeit geeignete Konstellationen erproben und finden. Dieses dreischrittige Vorgehen lässt die Fortbildung selbst von einer punktuellen Veranstaltung zu einem Prozess werden.

Nach den Erfahrungen des Modellversuchs sind zwei jeweils eintägige Fortbildungen je Halbjahr realistisch. In dieser eng begrenzten Zeit ist es nicht möglich, alle neuen Aufgaben der Kooperation umfassend zu planen und zu erproben und darüber hinaus die oben genannten Inhalte in ihrer Komplexität zu vermitteln. Der Anspruch der Fortbildung kann sich deshalb nur erfüllen als erfolgreiche Initiation und punktuelle Begleitung der Zusammenarbeit der Teams.

Als Referentinnen und Referenten sollten externe Personen gewonnen werden, die drei Kriterien erfüllen: Sie sollten in der Kooperation zwischen den Institutionen über Erfahrung verfügen, in den Inhaltsbereichen der Fortbildung kompetent sein und die Veranstaltungen professionell moderieren können.

Neben der für alle Tandem-Mitglieder organisierten Fortbildung wäre eine teilnehmende Unterrichtsbeobachtung nach zuvor vereinbarten Kriterien sinnvoll. Am besten und unaufwendigsten lässt sich dies von Zweier- oder Dreierteams gestalten, und zwar von Personen, deren Beziehung relativ angstfrei ist.

Als sinnvoll erscheint darüber hinaus eine halbjährlich stattfindende mindestens halbtägige Klausur der Teams, bei der die vergangene Arbeit reflektiert, Probleme erörtert und Vereinbarungen zu ihrer Lösung getroffen werden sowie die inhaltliche Arbeit der folgenden Zeitperiode geplant wird. Hilfreich kann dabei eine externe Moderation sein.

7. Finanzierung

Unterricht:
Wenn keine Fördermittel für die Kosten des Instrumentalunterrichts zur Verfügung stehen, müssen diese Kosten in der Regel über Elternbeiträge finanziert werden. Dies widerspricht jedoch dem Ansatz, auch benachteiligten Schülern das Lernen eines Instruments zu ermöglichen. Da es sich um insgesamt hohe und permanent anfallende Kosten handelt, für die zudem auch vertragliche Verpflichtungen entstehen, ist eine Finanzierung über unregelmäßig eingehende Gelder nicht möglich. Das Land Hessen stellt aus diesem Grunde Fördermittel für Projekte zur Kooperation von Musikschulen und Schulen zur Verfügung.

Für Unterrichtskosten sollte mit mindestens 2.400,- DM für eine Musikschullehrer-Wochenstunde pro Jahr gerechnet werden.
Beispiel: *An einer 6-zügigen Schule, die im Jahrgang 5/6 für jeweils zwei Parallelklassen vier Instrumentalstunden anbietet (siehe Modell Einwahlgruppen aus zwei Parallelklassen), würden folgende Kosten entstehen: 4 Musikschullehrerstunden jährlich (2.400,- DM x 4) x 3 Parallelklassen (3 x 2 Klassen) x 2 Jahrgänge = 57.600,- DM.*

Elternbefragungen im hessischen Modellversuch haben ergeben, dass monatlich DM 30,- für den Instrumentalunterricht und monatlich DM 15,- Leihgebühr für das Instrument die Obergrenze darstellen, die von den meisten Eltern als Unkostenbeitrag akzeptiert werden. Bei Gruppengrößen von ca. sieben Schülern lässt sich mit diesen Mitteln der Instrumentalunterricht knapp finanzieren.

Leihinstrumente:

Leihinstrumente zumindest für das erste Jahr sind unverzichtbar, um auch Kindern aus einkommensschwachen Familien eine Teilnahme zu ermöglichen. Gleiches gilt auch für Kinder aus Familien, in denen Instrumentalspiel und praktische musikalische Betätigung keinen hohen Stellenwert haben. Es ist davon auszugehen, dass bei einer kontinuierlichen Durchführung des Projekts mit einer Projektdauer von jeweils zwei Jahren (also 5. und 6. Klasse) Leihinstrumente für zwei Jahrgänge angeschafft werden müssen.

Für einen kompletten (Bläser-)Klassensatz Instrumente müssen bis zu 30.000,– DM veranschlagt werden, je nach dem gewünschten Instrumentalangebot.

Die Bereitschaft der Eltern, ein Instrument anzuschaffen, steigt erfahrungsgemäß, wenn das Kind über einen längeren Zeitraum „dabei geblieben ist". Ob und wie viele Schüler schon während des ersten Jahres ein Instrument selbst anschaffen, ist in starkem Maß von den jeweiligen Standortgegebenheiten abhängig. Da diese Instrumente dann schon im folgenden Jahr wieder als Leihinstrumente zur Verfügung stehen, verringert sich der Betrag für den zweiten Klassensatz entsprechend.

Die meisten Schulen bzw. Musikschulen müssen die Kosten für die Anschaffung der Instrumente aus Eigenmitteln (Mittel des Schulträgers, Elternverein, Schuletat) oder mit Hilfe von Sponsoren aufbringen. Diese Möglichkeiten variieren je nach Standort jedoch sehr stark. Manchenorts kann auf schon vorhandene Instrumente der Schule oder Musikschule zurückgegriffen werden.

8. Rechtlicher Rahmen

Da Bildungspolitik Angelegenheit der Länder ist, beziehen sich die folgenden Aussagen nur auf die Situation in Hessen.

Werden Teile des Unterrichts oder wird zusätzlicher Unterricht an einer Schule von Dritten übernommen, so müssen die daraus entstehenden Verbindlichkeiten im Rahmen eines Vertrags zwischen den beteiligten Institutionen festgelegt werden. Im Rahmen dieses Vertrags werden Finanzierungsfragen geklärt und der zu erteilende Unterrichtsumfang festgelegt. Da Verlässlichkeit bei der Organisation des Instrumentalunterrichts eine große Rolle spielt, ist die Zusammenarbeit mit Institutionen wie einer Musikschule gegenüber der Zusammenarbeit mit Einzelpersonen vorzuziehen (bei zeitlich begrenzten Projekten kann dies anders aussehen). Erst aufgrund dieser Verträge kann auch Musikschullehrern dann eine Unterrichtserlaubnis erteilt werden.

Elternbeiträge können grundsätzlich nur für zusätzlich angebotenen Unterricht erhoben werden, d. h., dass kostenloser Musikunterricht mindestens in dem von der jeweils gültigen Stundentafel vorgesehenen Umfang durch die allgemein bildende Schule erteilt werden muss. Deshalb müssen alle Organisationsmodelle so gestaltet werden, dass dieser *kostenlose* Unterricht *allen* Schülern eines Jahrgangs erteilt wird. Dies muss nicht immer *gemeinsamer* Unterricht aller Schüler sein, er kann auch in Orchestergruppen erteilt werden, die dann jedoch prinzipiell allen Schülern offen stehen müssen.

Um Qualitätsstandards des Unterrichts zu sichern, ist es sinnvoll, nur Musikschullehrer mit abgeschlossenem Studium in einem solchen längerfristigen Projekt einzusetzen.

Einige zusammenfassende Aspekte

Die Kooperation von Musikschule und allgemein bildender Schule führt durch Intensivierung des Musiklernens zu verstärkter Ausbildung musikalischer Fähigkeiten und Fertigkeiten. Die Schülerinnen und Schüler werden in besonderem Maß in die Lage versetzt, ihre musikalische Umwelt mit zu gestalten und aktiv am schulischen und außerschulischen Kulturleben teilzunehmen. Das Lernen eines Instruments, das Instrumentalspiel im Klassenverband und die Mitwirkung in einem Ensemble sind dafür wesentliche Voraussetzungen.

Es hat sich gezeigt, dass sowohl musikalisches Lernen als auch die Entwicklung sozialer Kompetenzen im Rahmen eines kooperativen Unterrichts besonders gefördert werden. Dies gilt insbesondere für die Organisationsform Musikklasse. Es wurde aber auch deutlich, dass bei anderen Organisationsformen eines kooperativen Unterrichts nicht nur die Instrumentalisten, sondern auch die Kinder, die kein Instrument lernen, vor allem durch das gemeinsame Klassenmusizieren eine Förderung erfahren.

Die Ensemblearbeit ist in den vorgestellten Kooperationsmodellen immer Bestandteil der Kooperation von Schule und Musikschule. Neben dem Ziel des gemeinsamen Musizierens und der weiteren instrumentalen Qualifizierung der Schülerinnen und Schüler bereichern Ensembles das kulturelle Leben an der Schule und sind ein wichtiges Element zur Öffnung von Schule gegenüber dem kulturellen Umfeld.

Den Musikschulen eröffnet die Kooperation eine Erweiterung ihres Arbeitsfeldes. Es entstehen neue Chancen in der Gewinnung neuer Zielgruppen. Flexiblere Arbeitszeiten und Arbeitsweisen werden möglich und nötig. Der Unterricht in instrumentalen Kleingruppen in der engen Verbindung mit dem schulischen Musikunterricht und der Ensemblearbeit kann eine Erweiterung des Selbstverständnisses, der Ziele und der Inhalte sowie neue Perspektiven der musikalischen Grundlagenarbeit ermöglichen.

Literatur

AMRHEIN, FRANZ: Sensomotorisches und musikalisches Lernen. In: BÄHR, JOHANNES/SCHÜTZ, VOLKER (Hrsg.): *Musikunterricht heute. Beiträge zur Praxis und Theorie*, Bd. 2. Oldershausen 1997, S. 40 – 48

BÄHR, JOHANNES/JANK, WERNER/SCHMITT, RAINER E./SCHWAB, CHRISTOPH: Kooperation von Musikschulen und allgemein bildenden Schulen. Ein Modellversuch des Landes Hessen und des Bundesministeriums für Bildung und Forschung im Rahmen der Förderung durch die Bund-Länder-Kommission für Bildungsplanung und Forschungsförderung. Endbericht. Wiesbaden 2000

BASTIAN, HANS GÜNTHER: Beeinflußt intensive Musikerziehung die Entwicklung von Kindern? Zwischenergebnisse zu einer sechsjährigen Langzeitstudie an Berliner Grundschulen. In: Grundschule Musik (Jg.1), 3/1997, S. 45 – 49

BASTIAN, HANS GÜNTHER: Musik(erziehung) und ihre Wirkung. Eine Langzeitstudie an Berliner Grundschulen. Mainz usw. 2000.

BECK, WOLFGANG/FRÖHLICH, WERNER D.: Musik machen – Musik verstehen. Psychologische Aspekte des handlungsorientierten Musikunterrichts im Klassenverband. Mainz usw. 1992

BOHNSACK, FRITZ: Wandlungen der Schule und ihre Hintergründe. In: HELMS, SIEGMUND/JANK, BIRGIT/KNOLLE, NIELS (Hrsg.): *Verwerfungen in der Gesellschaft – Verwandlungen der Schule. Musikunterricht – Lehrplan – Studium.* Augsburg 1996, S. 37 – 53

ERWE, HANS-JOACHIM: Musizieren im Unterricht. In: HELMS, SIEGMUND/SCHNEIDER, REINHARD/WEBER, RUDOLF (Hrsg.): *Kompendium der Musikpädagogik.* Kassel 1995, S. 241 – 261

FELDSTEN, SANDY/O'REILLY, JOHN: *Yamaha Bläser Klasse.* Freiburg 1997

FÖLLING-ALBERS, MARIA: *Schulkinder heute. Auswirkungen auf Unterricht und Schulleben.* Mit Beiträgen von SIEGRUN HORN, ARNULF HOPF, EGON SCHIEß. Weinheim und Basel 1992

FUCHS, MECHTILD: Musizieren im Klassenverband – der neue Königsweg der Musikpädagogik? In: Musik und Unterricht (9), Heft 49, März 1998, S. 4 – 9

GEMBRIS, HEINER: Grundlagen musikalischer Begabung und Entwicklung. Augsburg 1998

GORDON, EDWIN/WOODS, DAVID: *Jump Right In. The Music Curriculum.* Chicago 1993

GRUHN, WILFRIED: Der Musikverstand. Neurobiologische Grundlagen des musikalischen Denkens, Hörens und Lernens. Hildesheim, Zürich, New York 1998

GRUHN, WILFRIED: Wie Kinder Musik lernen. In: Musik und Unterricht (6), Heft 31, März 1995, S. 4 – 15

GÜNTHER, ULRICH/OTT, THOMAS: Musikmachen im Klassenunterricht – 10 Unterrichtsreihen aus der Praxis. Wolfenbüttel und Zürich 1984

GÜNTHER, ULRICH: Musikerziehung im Dritten Reich – Ursachen und Folgen. In: SCHMIDT, HANS-CHRISTIAN (Hrsg.): *Geschichte der Musikpädagogik* (= Handbuch der Musikpädagogik, Bd. 1). Kassel 1986, S. 85 – 173

HAEBERLIN, URS/MOSER, URS/BLESS, GERARD/KLAHOFER, RICHARD: Integration in die Schulklasse. Fragebogen zur Erfassung von Dimensionen der Integration von Schülern FDI 4-6. Bern und Stuttgart 1989

HESSISCHES LANDESINSTITUT FÜR PÄDAGOGIK: Musik machen. Materialien für eine Kooperation von Musikschulen und Schulen Jahrgang 5/6. Wiesbaden, 2000

JANK, WERNER: „Veränderte Kindheit" – unveränderte Didaktik? In: HUWENDIEK, VOLKER (Hrsg.): *Ganzheitliches, soziales und handlungsorientiertes Lernen in Schule und Seminar* (= Mitteilungen des Bundesarbeitskreises der Seminar- und Fachleiter e.V., Heft 3-4/1994), Rinteln 1994, S. 12 – 38

JANK, WERNER: Lehren und Lernen lebendig gestalten – Argumente und Anregungen. In: BÄHR, JOHANNES/SCHÜTZ, VOLKER (Hrsg.): *Musikunterricht heute. Beiträge zur Praxis und Theorie*, Bd. 2. Oldershausen 1997, S. 49 – 76

JANK, WERNER: Veränderte Kindheit und Jugend – Perspektiven des Lehrens und Lernens im Musikunterricht. In: BÖRS, PETER/SCHÜTZ, VOLKER (Hrsg.): *Musikunterricht heute. Beiträge zur Praxis und Theorie*, Bd. 3. Oldershausen 1999, S. 113 – 130

JOURDAIN, ROBERT: Das wohltemperierte Gehirn. Wie Musik im Kopf entsteht und wirkt. Heidelberg, Berlin 1998

KAISER, HERMANN J.: Die Bedeutung von Musik und Musikalischer Bildung. In: Musikforum (31), Heft 83, Dezember 1995, S. 17 – 26

KAISER, HERMANN J.: Meine Erfahrung – Deine Erfahrung?! Oder: Die grundlagentheoretische Frage nach der Mitteilbarkeit musikalischer Erfahrung. In: KAISER, HERMANN J. (Hrsg.): *Musikalische Erfahrung. Wahrnehmen, Erkennen, Aneignen* (= Musikpädagogische Forschung, Bd. 13). Essen 1992, S. 100 – 113

NOLL, GÜNTHER: Musische Bildung/Musische Erziehung. In: HELMS, SIEGMUND/SCHNEIDER, REINHARD/WEBER, RUDOLF (Hrsg.): *Neues Lexikon der Musikpädagogik*. Sachteil, Kassel 1994, S. 201 f.

PEARSON, BRUCE: *Best in class – eine umfassende Orchester Methode von BRUCE PEARSON* (Vertrieb für die deutsche Ausgabe Joh. Siebenhüner Musikverlag). Mörfelden-Walldorf 1989

VESTER, FREDERIC: *Denken – Lernen – Vergessen*. München, 23., neu überarb. Aufl., München 1996

Teil III

Arbeitsfelder

Gruppenimprovisation als musikalische Basisarbeit

HERWIG VON KIESERITZKY / MATTHIAS SCHWABE

1. Was ist Gruppenimprovisation?

Gruppenimprovisation ist eine besondere Form des Ensemblespiels, bei der das musikalische Resultat aus der Interaktion der Mitspieler untereinander entsteht. Auf notierte oder anderweitig festgelegte Vorgaben wird verzichtet, allerdings können gewisse Vereinbarungen in Form von verbindlichen Spielregeln als Grundlage dienen. Die Spieler steuern eigene Ideen zum improvisatorischen Geschehen bei und drücken sich in besonderer Weise persönlich musikalisch aus. Zugleich aber speist sich ihre Kreativität – ganz wie in einem guten Gruppengespräch – aus dem Aufeinanderhören und -reagieren: Die Ideen des einen entfachen neue Ideen bei den anderen usw. Gemeinsam gestalten die Spieler einen musikalischen Prozess, der als klingendes Resultat Spieler und ggf. auch Hörer überzeugen soll. Improvisation ereignet sich also in einem von Kreativität bewegten Spannungsfeld zwischen Individuum, Gruppe und Musik.

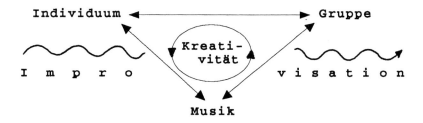

Eine Besonderheit in der Gruppenimprovisation ist der Umgang mit dem Ungewissen:

- Kein Spieler weiß, was der andere zum gemeinsamen Spiel beitragen wird. Das Unerwartete ist der Alltag der Improvisation und fordert ein hohes Maß an Flexibilität und Toleranz.
- Improvisation trägt immer die Gefahr des Misslingens in sich, ist Musizieren ohne Sicherheitsnetz.
- Improvisation bietet aber auch die Möglichkeit, aus der Gunst des Augenblicks heraus Neues zu erfinden und bisherige Grenzen zu überschreiten.

Gruppenimprovisation ist mehr als nur Musik. Die Fähigkeiten, sich selbst auszudrücken, in einem Team ohne Anführer gleichberechtigt zusammenzuarbeiten, Impulse anderer anzunehmen, zugleich aber auch selbst Impulse zu geben, mit Unvorhergesehenem umzugehen und spontan Neues zu entwickeln – all dies sind Eigenschaften, die auch unser alltägliches Leben in ganz entscheidender Weise prägen und zu den Zielvorstellungen einer umfassenden Persönlichkeitserziehung gehören.

Zugleich ist Gruppenimprovisation eine Art musikalischer Umgangssprache, die es jedem Mitspieler erlaubt, im Rahmen seiner Möglichkeiten am gemeinsamen Geschehen teilzunehmen und dabei seine Ausdrucksfähigkeit weiter zu entwickeln. Dadurch finden viele Spieler Zugang zu noch verborgenen musikalischen Ressourcen, entdecken ihre eigene Musikalität und gelangen so zu einem authentischen und damit überzeugenden Musizieren. Schließlich gewährt Gruppenimprovisation Einblick in den Prozess musikalischer Erfindung und fördert dadurch das Verständnis für musikalisches Denken, was insbesondere für den Stilbereich zeitgenössischer Musik gilt. Persönlichkeitserziehung, musikalisches Lernen und praktisches Musizieren bilden in der Gruppenimprovisation eine Einheit, die so nirgendwo sonst zu finden ist.

2. Gruppenimprovisation in der Musikpädagogik

Musikalische Gruppenimprovisation gehört vermutlich zu den ältesten Musizierformen der Menschheit und wird in vielen Kulturen heute noch praktiziert, vor allem in lebensnahen Musiktraditionen wie der Tanzmusik. In der mitteleuropäischen Musik war sie im 19. und beginnenden 20. Jahrhundert fast völlig verschwunden. Mit dem Aufkommen der Reformpädagogik in den 20er Jahren des 20. Jahrhunderts entstanden auch erste Versuche, Gruppenimprovisation für die Musikpädagogik nutzbar zu machen. Hier ist vor allem CARL ORFF zu nennen, dessen Schulmusikwerk ursprünglich als Anleitung zum Improvisieren gedacht war.

Musikalische Gruppenimprovisation als Begriff geht auf die 60er/70er Jahre zurück, wo sie als „demokratische" Musizierform und Möglichkeit der Selbstverwirklichung zunächst unter emanzipatorischen Gesichtspunkten Bedeutung erlangte. Als Unterrichtsform wurde Gruppenimprovisation in dieser Zeit vereinzelt in Schulen und Musikschulen eingesetzt, konnte sich jedoch nicht wirklich etablieren, besonders weil keine fundierten Ausbildungsmöglichkeiten existierten, zumindest nicht in institutionellem Rahmen. Nichtsdestoweniger gab es verschiedene methodische Ansätze, Improvisation in der Musik- und Sozialpädagogik zu verwenden. In diesem Zusammenhang sind vor allem LILLI FRIEDEMANN, GERTRUD MEYER-DENKMANN, WOLFGANG ROSCHER, WILHELM KELLER, JOHN PAYNTER/PETER ASTON, R. MURRAY SCHAFER, ERHARD KARKOSCHKA und MICHAEL VETTER (siehe Literaturliste) zu nennen.

Beispielhaft wird nachfolgend ein auf LILLI FRIEDEMANN zurückgehender methodischer Ansatz näher beschrieben, der seit den 50er Jahren bis heute kontinuierlich weiterentwickelt wurde. Wir geben zunächst einen Überblick über die Grundlagen, stellen dann in Kapitel 4 eine Auswahl der Spielregeln vor, die sich in unserer über 15-jährigen Arbeit mit verschiedenen Zielgruppen als besonders wichtig erwiesen haben, und gehen anschließend in Kapitel 5 und 6 auf einige wesentliche methodisch-didaktische Aspekte ein.

3. Grundlagen im Überblick

Gruppenimprovisation nach LILLI FRIEDEMANN zeichnet sich insbesondere durch folgende Merkmale aus:
- Musikalische Vorkenntnisse und die Beherrschung eines Instrumentes sind nicht erforderlich, was auch Laien den Zugang zum Improvisieren ermöglicht.
- Dennoch ist die Arbeitsweise auch für Fortgeschrittene und Berufsmusiker sehr gewinnbringend.
- Persönlichkeitsbildende und gruppendynamische Themen spielen eine wichtige Rolle.
- Zugleich werden stets musikalisch überzeugende Resultate angestrebt.
- Solchermaßen praktizierte Gruppenimprovisation ist eine geeignete *Basis* auch für andere weiterführende Formen musikalischer Praxis (Kammermusik, Orchester, Komposition u. v. m.).

3.1 Instrumentarium

Gruppenimprovisation kann mit jedem Instrumentarium betrieben werden, angefangen von einfachen Perkussions-, Blas- und Saiteninstrumenten, klingenden Materialien und der Stimme bis hin zu klassischen Orchesterinstrumenten. Instrumentaltechnisches Können spielt dabei zunächst keine entscheidende Rolle; auch auf sehr elementarem Niveau können gute Ergebnisse erzielt werden. Hilfreich ist es, wenn insgesamt eine große Bandbreite an unterschiedlichen Tonhöhen, Lautstärken und Klangfarben zur Verfügung steht.

3.2 Musikalisches Material und Stilbereiche

Damit die Spieler sich voll und ganz auf die musikalische Gestaltung und auf ihre Mitspieler konzentrieren können, muss das musikalische Material unmittelbar verfügbar sein. Auf komplizierte Vorgaben wie Harmonieschemata, spezielle Skalen, technische Anweisungen und fixierte Formen sollte daher verzichtet werden. Somit ergeben sich zwei bevorzugte stilistische Bereiche für sinnvolles Improvisieren in der Gruppe:
- experimentelles Gestalten mit Klängen und Geräuschen
- metrisch-rhythmisches und melodisches Improvisieren

Beim *Improvisieren im experimentellen Stil* wird auf Metrum und genau skalierte Tonhöhen verzichtet, stattdessen dienen Klänge und Geräusche als Ausgangspunkt für musikalische Gestaltung. Diese sind in mehrfacher Hinsicht besonders geeignet. Erstens lassen sie sich auch ohne Vorkenntnisse im Experiment entdecken und handhabbar machen. Dadurch entfällt das leidige Problem der Vermittlung komplizierter Instrumentaltechnik: Klangmöglichkeiten aufzufinden, Spieltechniken selbst zu entdecken und sich anzueignen wird vielmehr zu einem lustvollen Prozess. Zweitens bedeutet die Bevorzugung von Klängen und Geräuschen, dass in der musikalischen Gestaltung die Parameter Klangfarbe, Helligkeit, Artikulation, Dynamik und Zeitgestaltung besonderes Gewicht erhalten, während Intervalle und harmonische Beziehungen eine vergleichsweise unbedeutende Rolle spielen. Dieser Umstand stößt häufig auf Skepsis, entspricht aber durchaus wichtigen Strömungen der komponierten Musik des 20. Jahrhunderts (wie die Musik von SCHAEFFER/HENRY, CAGE, SCHNEBEL, KAGEL, LACHENMANN u. a. zeigt). Außerdem ist Klangfarbengestaltung der Improvisation zutiefst eigen, denn sie geschieht in der direkten Auseinandersetzung des Spielers mit seinem Instrument. Ein sehr differenzierter Umgang damit ist für einen improvisierenden Musiker viel näher liegend als für einen komponierenden. Die bewusste Gestaltung von Tonhöhen hingegen ist eher eine kompositorische Aufgabe.

Schließlich entfallen beim Improvisieren mit Klängen und Geräuschen die Kategorien von „richtig" und „falsch". Dies kann für einige Mitspieler eine große Erleichterung bedeuten und ihnen die Möglichkeit eröffnen, ihre eigene Musikalität auf neue Weise kennen zu lernen. Erfahrungsgemäß gibt es niemanden, der „unfähig" ist, in diesem Stil zu improvisieren, sofern er es auf den Versuch ankommen lässt.

Metrisch-rhythmisches und melodisches Improvisieren entspricht zunächst eher den Hörgewohnheiten der Spieler. Auf einen entscheidenden Unterschied zur Gestaltung mit Klängen und Geräuschen sei jedoch hingewiesen. Es gibt objektive Kriterien dafür, wann ein Rhythmus „falsch" ist. Einen holperigen oder stockenden Rhythmus, der nicht zum Metrum passt, nehmen auch ungeübte Zuhörer oft als unstimmig wahr. Rhythmische Sicherheit aber ist für manche Spieler nur über einen längeren Zeitraum regelmäßigen Praktizierens hinweg zu erreichen. Deshalb ist das metrische Improvisieren immer mit dem Problem des Noch-nicht-Könnens einiger (oder sogar vieler) Spieler behaftet, was besonders für jüngere Kinder zutrifft. Ähnliches gilt für das melodische Improvisieren. Hierbei können sich Probleme im Umgang mit den Tonhöhen ergeben. Sie sind für ungeübte Spieler nicht vorhersehbar, so dass sich häufig Diskrepanzen zwischen dem ergeben, was gewünscht ist und dem, was erklingt. Daher ist es sinnvoll, die Aufmerksamkeit weg von den einzelnen Tonhöhen hin zum Gesamtcharakter zu lenken, beispielsweise durch passende Bilder bzw. Rahmenhandlungen (Rumpelstilzchens Tanz, Gesang der einsamen Nixe etc.) oder wie in Spiel 20 („Melodie über Teppich") durch einen mitreißenden Untergrund.

Trotz dieser Vorbehalte sollte auf melodisches und metrisch-rhythmisches Spiel nicht verzichtet werden, denn dies ist ein wichtiger musikalischer Erlebnisbereich. Positive und ermutigende Erfahrungen mit den eigenen musikalischen Fähigkeiten sammeln die Spieler aber zunächst eher in der Arbeit mit Klängen und Geräuschen. Deshalb ist es sinnvoll, diese anfangs in den Vordergrund zu stellen.

3.3 Spiel als Methode

Im Zentrum der hier vorgestellten improvisatorischen Arbeitsweise steht das Spiel. Denn Spielen ist nicht nur die Urform des Musizierens an sich – wie schon der Sprachgebrauch verrät: Klavier spielen, eine Sonate spielen etc. –, sondern auch eine geeignete Form des Lernens. Im Spiel sammeln die Teilnehmer auf lustvolle Weise eigenständig Erkenntnisse und erweitern ihre Fähigkeiten. Beim Improvisieren kann tatsächlich von der ersten Minute an gespielt und gleichzeitig gelernt werden, trockene Übesequenzen entfallen.

Dabei sind wohlkalkulierte Spielregeln von entscheidender Wichtigkeit. Mit ihrer Hilfe kann der Lehrer Freiräume gewähren und zugleich sicherstellen, dass musikalische ebenso wie gruppendynamische Lernprozesse stattfinden. Der Lehrer sollte dabei die Chance nutzen, im Spiel als gleichberechtigter Improvisationspartner aufzutreten. Dies ermöglicht es ihm, als musikalisches Vorbild zu agieren, macht ihn aber auch in besonderer Weise für die Schüler als Person erlebbar.

3.4 Merkmale sinnvoller Spielregeln

Gelingen und Misslingen des Improvisierens hängen maßgeblich von der Art und der Auswahl der einzelnen Spielregeln ab. Sollen sie den Ansprüchen an ein vorbedingungsloses und spielerisches Improvisieren genügen, zugleich aber auch musikalische Qualität befördern, sind besondere Bedingungen zu beachten. Nachfolgende Merkmale haben sich in der Unterrichtspraxis der Autoren bewährt.

- Ungeübte Spieler können nicht einfach ohne Vorgabe drauflosspielen. Sie brauchen Spielregeln, die ihnen einen „Anlass" zum Improvisieren bieten, d. h. eine Aufgabe, die die Phantasie anregt und Lust am Erfinden weckt. Zugleich sollte diese Aufgabe musikalisch sinnvoll sein, also ein überzeugendes Resultat nicht nur möglich, sondern sogar wahrscheinlich machen.
- Spielregeln sollten in einem Wechselspiel zwischen innerer Klangvorstellung und praktischem Erproben unmittelbar zu realisieren sein. Komplizierte Materialvorgaben (wie festgelegte Töne oder komplexe Harmonien) sind nicht zu empfehlen, denn sie fesseln die Aufmerksamkeit und verhindern, dass die Spieler sich auf die musikalische Gestaltung konzentrieren.
- Spielregeln sollten klare Freiräume definieren, die den Spielern ernst zu nehmende Entscheidungsmöglichkeiten bieten, Platz für „Eigenes", für Kreativität gewähren.
- Improvisationsaufgaben sollten viele überzeugende Lösungsmöglichkeiten zulassen. Statt eines bloßen „Falsch" oder „Richtig" erleben die Spieler so qualitative Vielfalt.
- Sinnvolle Spielregeln ermöglichen den Teilnehmern Erfahrungen und Erkenntnisse, die ihre musikalische Weiterentwicklung fördern. Im (altersgemäßen) Nachgespräch kann musikalisch Erlebtes bewusst gemacht und mitgeteilt werden. Durch eine geschickte Auswahl und Abfolge von Regeln kann der Spielleiter gezielt Lernprozesse in Gang setzen und in geeigneter Weise lenken. Näheres dazu ist in Kapitel 5 beschrieben.
- Spielregeln sollten musikalisches Denken fördern. Dies gilt insbesondere auch für die Verwendung außermusikalischer Anregungen in der Aufgabenstellung. So geht es in Spiel 10 „Landschaften raten" nicht primär darum, eine bestimmte Landschaft deutlich darzustellen, sondern mithilfe der Landschaftsvorstellung gute Musik zu erfinden. Entscheidend ist, dass die gestellte Aufgabe das Ohr auf die musikalische Gestaltung lenkt, zu charakteristischem Spiel herausfordert und damit Beliebigkeit verhindert.

- Eine Spielregel muss immer das Gruppengeschehen regeln, und zwar so, dass jedem Spieler eine sinnvolle Rolle zufällt.
- Improvisieren ist Spielen nach Gehör. Dem haben Spielregeln Rechnung zu tragen, indem sie unterschiedliche Formen des Hörens ermöglichen und fördern: die innere Klangvorstellung bzw. das musikalische Vorausdenken, das Sich-selbst-Zuhören, das Aufeinanderhören in der Gruppe und schließlich die Wahrnehmung des musikalischen Ganzen.

3.5 Arten der Anregung (Motivation)

Es gibt verschiedene Sorten von Spielregeln, je nach der Art und Weise, wie sie zum musikalischen Gestalten anregen:

- *Assoziative Anregungen* entstehen durch außermusikalische Vorstellungshilfen, mit denen bestimmte musikalische Sachverhalte thematisiert werden können. So führt die Darstellung von Landschaften zu charakteristischen Strukturen, die Vorstellung verschiedener Gesprächsarten zu dialogischem Improvisieren usw. Geeignet sind auch *konkrete visuelle Vorlagen.* Dies können Bilder (beispielsweise von KLEE, KANDINSKY, MIRÒ oder POLLOCK), aber auch Pflanzen unterschiedlicher Form oder Fotos von interessanten Strukturen sein. (⇨ Spiele 7, 9, 10, 13, 14)
- *Interaktionsregeln* beschränken sich darauf, das Gruppengeschehen so zu regeln, dass aus den kreativen Impulsen der Einzelnen und dem gegenseitigen Aufeinanderreagieren musikalisch sinnvolle Ergebnisse entstehen. (⇨ Spiele 1, 4, 5, 8 u. a.)
- *Interdisziplinäres gegenseitiges Reagieren*, z. B. zwischen Musik und Bewegung, vereint die Vorzüge der genannten Spielarten: das Resultat entsteht aus der gegenseitigen Anregung der verschiedenen Kunstformen ebenso wie aus der unmittelbaren Reaktion aufeinander. (⇨ Spiel 3 „Schritte klopfen")
- Auch *der experimentelle Umgang mit einem Instrument oder einem klingenden Material* kann sehr stimulierend sein und ungewöhnlich kreative Lösungen hervorrufen. (⇨ Spiele 11, 12)

4. Spielregeln für den Unterricht

4.1 Kommunikations-Spiele

Die Spiele 1-3 sind für Trommeln formuliert, gelingen aber auch mit anderen Instrumenten.

Spiel 1: anfangen — aufhören[1]

Die Gruppe sitzt im Kreis, jeder mit einer Trommel zwischen den Knien. Alle schließen die Augen und versuchen, möglichst gleichzeitig – „als würde jemand dirigieren" – mit einer heftigen Trommelei zu beginnen und ebenso gleichzeitig wieder zu enden.

---

[1] LILLI FRIEDEMANN 1973, S. 16 unten

Spiel 2: Tummelei[2]

Alle sitzen im Kreis, zunächst probiert jeder auf einer Trommel verschiedene Klang- bzw. Spielarten aus. Das eigentliche Spiel besteht aus abwechselnden Duo- und Tutti-Phasen: Zunächst „tummeln" sich alle gleichzeitig auf ihren Trommeln (Tutti), dann hört einer nach dem anderen auf, die beiden letzten Spieler, die übrig bleiben, improvisieren ein Zweierspiel (Duett). Dabei dürfen sie sich wie im Gespräch abwechseln oder aber auch gleichzeitig spielen. Wenn sie sich „nichts mehr zu sagen" haben oder zu einem deutlichen Ende gekommen sind, setzen wieder alle mit einer neuen Tummelei ein. Nach einiger Zeit hört wieder einer nach dem anderen auf, zwei andere bleiben übrig und gestalten ein neues Duett usw. Das Spiel kann entweder mit einem Duo oder mit einem Tutti enden.

Spiel 3: Schritte klopfen[3]

Ein Spieler geht, läuft, rennt, steht, hüpft, tanzt oder bewegt sich in beliebiger Weise in der Raummitte. Die anderen Spieler sitzen ringsum im Kreis, jeder mit einer Trommel zwischen den Knien, und machen jeden Schritt durch einen Schlag auf ihren Instrumenten genau mit. Der Tänzer in der Mitte kann nach Bedarf mit den verschiedenen Möglichkeiten spielen, sich zu wiederholen und damit berechenbar zu sein oder aber die Instrumentalisten mit unvorhersehbaren Bewegungen zu überraschen. Er findet ein Ende, indem er auf einen Trommler zugeht und mit ihm die Rollen tauscht.

Spiel 4: Homogene Entwicklung[4]

Alle Spieler benutzen gleichartige Instrumente, beispielsweise nur Trommeln, nur die Stimme, nur Streich- oder nur Blasinstrumente. Die Gruppe hat die Aufgabe, gemeinsam eine musikalische Entwicklung zu gestalten. Dabei sollen alle Spieler jeweils homogen spielen, d. h. gleichzeitig dieselbe Spielart in ähnlichem Tempo ausführen und diese gemeinsam kontinuierlich weiterentwickeln, indem sie beispielsweise allmählich die Klangfarbe oder die Bewegungsart ändern, die Bewegung beschleunigen oder verlangsamen, lauter oder leiser werden. Niemand soll solistisch in Erscheinung treten, vielmehr bleibt die Gruppe stets zusammen.

4.2 Experimentelle Spiele mit Klängen und Geräuschen

Spiel 5: Klänge raten[5]

Die Spieler probieren auf den Instrumenten besonders interessant klingende Arten, diese zu betätigen. Jeder entscheidet sich für einen Klang, legt das Instrument in die Raummitte und setzt sich auf seinen Platz. Während alle ande-

---

[2] LILLI FRIEDEMANN 1983, S. 10 f.
[3] LILLI FRIEDEMANN 1983, S. 28 f.
[4] LILLI FRIEDEMANN 1973, S. 23 f.
[5] MATTHIAS SCHWABE 1992, S. 24 f.

ren die Augen schließen, geht ein Spieler in die Mitte, führt seinen Klang mehrmals vor und setzt sich wieder. Die anderen öffnen die Augen; wer zu wissen glaubt, wie der Klang erzeugt wurde, macht ihn nach. Gelingt ihm das nicht, probiert es ein dritter. Wer den Klang auf diese Weise „erraten" hat, darf das nächste Hörrätsel stellen. Der ganze Ablauf soll ohne Sprechen stattfinden, damit die Erinnerung an den zu ratenden Klang nicht gestört wird.

Spiel 6: Der Elefant[6]

Die Spieler sitzen im Kreis, jeder hat eine Trommel zwischen den Knien. Die Schritte eines Elefanten gehen reihum. Zunächst bleibt das Tempo konstant, der Übergang von einer Trommel zur anderen soll möglichst nahtlos, ohne „Stolpern" erfolgen. Varianten: a) allmähliche Tempoänderungen, b) Hetzjagd: der Elefant rast im Kreis, c) in einer letzten Steigerung darf er während dieser Jagd sogar plötzlich die Richtung wechseln.

Spiel 7: Aprilwetter[7]

Die Gruppe stellt gemeinsam ein Aprilwetter dar, bei dem sich Regen und Sonnenschein mehrmals abwechseln. Die Regenphasen gestaltet die Gruppe gemeinsam (auf Trommeln oder – mit geeigneter Artikulation – auf anderen Instrumenten). Die Sonne wird reihum von einzelnen Teilnehmern auf passenden Melodie- oder Metallinstrumenten gespielt. In einer Weiterführung kann sowohl der Regen variiert werden (einzelne Tropfen, Platzregen, aber auch Nebel, Schnee etc.) als auch die Darstellung der Sonne (z. B. Morgensonne, Mittagsonne, Abendsonne).

Spiel 8: Klangexperimente

Vorbereitung: Die Spieler suchen interessante Klänge bzw. Geräusche auf ihren Instrumenten (für Nicht-Instrumentalisten: Klänge im Raum wie schnarrende Stühle, klirrende Gläser, raschelnde Vorhänge). Gefragt sind lang andauernde oder sich kontinuierlich wiederholende Klänge. Rhythmische Figuren vermeiden!

Spielregel A „Klänge ordnen"[8]: Alle spielen ihre Klänge zugleich. Klangchaos! Dann hört auf, wer den lautesten Klang hat, anschließend der nächstlauteste usw., bis zuletzt der leiseste übrigbleibt. Zeit lassen zum Abbauen! Aus dem anfänglichen Klangchaos kristallisieren sich interessante transparente Klangsituationen heraus. In derselben Weise kann nach anderen Kriterien abgebaut werden, beispielsweise von hell zu dunkel oder von bewegt zu ruhig. Dabei dürfen jeweils auch neue Klänge verwendet werden.

Spielregel B „Klänge mischen"[9]: Eine Person übernimmt die Aufgabe, eine interessante Klangmischung herzustellen, indem sie sich die gleichzeitig gespielten Klänge anhört und stumm, nur durch Handzeichen, einzelne aus- und ggf. auch wieder einblendet. Im Nachgespräch berichten Mischer und Mitspie

---

[6] MATTHIAS SCHWABE 1992, S. 14 f.
[7] LILLI FRIEDEMANN 1983, S. 43
[8] LILLI FRIEDEMANN 1973, S. 33 f.
[9] LILLI FRIEDEMANN 1973, S. 39 f.

ler über ihre Eindrücke. Dann beginnt das Spiel mit einem neuen Mischer von vorn. Werden stets große Besetzungen gewählt, wird die Spielregel so abgeändert, dass nur 3-5 Klänge übrig bleiben dürfen. Wie ist die Wirkung? Als Variante ist auch das Mischen eines Ablaufs aus der Stille heraus lohnend.

Spiel 9: Bewegungsarten raten[10]

Die Gruppe sammelt Bewegungen der Natur, die selbst stumm sind, beispielsweise ziehende Wolken, fallender Schnee, glitzerndes Wasser, Ameisenhaufen etc. Dann teilen sich die Spieler in Kleingruppen, jede Gruppe einigt sich insgeheim auf einen Begriff und stellt diesen, ohne weitere Absprache, auf Instrumenten dar. Die anderen Spieler sollen den Begriff erraten.

Spiel 10: Landschaften raten[11]

Die Spieler listen Landschaften auf (Wüste, Dschungel, Eismeer usw.) und teilen sich in Gruppen zu 4-6 Spielern. Jede Gruppe entscheidet sich nach geheimer Beratung für eine der Landschaften und versucht, deren Atmosphäre musikalisch darzustellen. Dabei geht es nicht um die Imitation von Naturlauten (wie z. B. Fröschequaken), sondern um den musikalischen Ausdruck für die in der Regel nicht hörbaren Eigenschaften. Jede Gruppe wählt geeignete Klänge aus und präsentiert dann ihre „Landschaft" in Form eines kurzen abgeschlossenen Musikstücks. Die anderen hören zu und versuchen, die gewählte Landschaft zu erraten.

Spiel 11: Tafelmusik[12]

Jeder Spieler erhält zwei der üblichen Einweg-Plastikbecher (mit geriffelter Becherwand) und probiert deren Klangmöglichkeiten auf einer ebenen Oberfläche (Stuhl, Tischplatte) aus. Dann führen Gruppen zu je drei bis vier Personen um einen Tisch sitzend je eine kleine „Tafelmusik" vor: ein Musikstück ohne Absprache, bei dem nur Becherklänge eingesetzt werden. Es gelten folgende Regeln: 1. Mimik und Gestik sind erlaubt, wichtiger aber sind die entstehenden hörbaren Klänge. 2. Am wirkungsvollsten ist es, wenn die Gruppe (wie in Spiel 4) homogen agiert. Einzelaktionen und gelegentliche Zweistimmigkeit sind als Ausnahmen sinnvoll.

Spiel 12: Merkwürdige Wesen[13]

Jeder Spieler wählt ein Instrument und erforscht dessen Klangmöglichkeiten. Dann setzen sich alle in einen Kreis, allerdings mit Blick nach außen, so dass man die Mitspieler beim Spiel nicht sieht. In beliebiger Reihenfolge stellt einer nach dem anderen solistisch je ein „Merkwürdiges Wesen" vor, das auf einem fremden Planeten auf einer Lichtung erscheint, sich dort in seiner Vielgestaltigkeit präsentiert und wieder verschwindet.

---

[10] LILLI FRIEDEMANN 1983, S. 59
[11] MATTHIAS SCHWABE 1992, S. 43 f.
[12] MATTHIAS SCHWABE 1992, S. 29
[13] MATTHIAS SCHWABE 1992, S. 27 f.

Spiel 13: Ikebanas[14]

„Ikebana" ist die japanische Kunst des Blumensteckens. Ein Gesteck besteht aus drei unterschiedlichen Blumen, die sich in ihrer Gegensätzlichkeit ergänzen. Die Gruppe stellt derartige Ikebanas musikalisch dar: ein Spieler beginnt mit einem charakteristischen, in sich gleich bleibenden bzw. sich wiederholenden Klang, ein zweiter Spieler ergänzt den ersten mit einem gegensätzlichen Klang und schließlich komplettiert ein dritter Spieler mit einem weiteren Klang das Ikebana so, dass aus der Balance der Gegensätze eine überzeugende Einheit entsteht, der nichts hinzuzufügen ist. Sinnvollerweise sollten stets mehrere verschiedene Ikebanas hintereinander gespielt werden, bevor die Reflexion im Nachgespräch erfolgt.

Spiel 14: Haikus[15]

Haikus sind japanische Kurzgedichte von drei Zeilen Länge. Manche von ihnen sind musikalisch so anregend, dass sie sich als Vorlage zum Improvisieren eignen. Beispiele:

> Über dem steilen Felsweg/geht langsam die Sonne auf./Überall duften Pflaumenzweige. (Basho)
> Dieser Herbststurm!/Er jagt die Wildschweine vor sich her/wie welke Blätter. (Basho)
> Wundervolle Sommernacht!/Der Mond fliegt/von einer Wolke zur andern. (Ranko[16])

Spiel 15: Die Reise[17]

Ausgangspunkt dieser Spielregel sind wieder Landschaften wie in Spiel 10. Anders als beim „Landschaften raten" sollen die Spieler aber diesmal rein musikalisch aufeinander reagieren, ohne eine konkrete Landschaft zu vereinbaren. Ein Spieler beginnt, die anderen ergänzen und unterstützen sein Spiel durch geeignete musikalische Ideen, bis eine charakteristische Atmosphäre – eine imaginäre Landschaft – entsteht. Das eigentliche Spiel besteht nun aus einer Reise durch mehrere Landschaften. Dabei ändert sich die jeweilige Situation meist ganz allmählich, indem neue musikalische Ideen hinzukommen und alte verschwinden. Manchmal ereignen sich auch plötzliche Veränderungen: man steht unerwartet vor einem Abgrund, die Nacht bricht rasch an, ein Platzregen setzt ein usw. Es sollten nie mehr als 6-8 Spieler gleichzeitig agieren.

Spiel 16: Reaktionsstücke[18]

Die Spieler teilen sich in zwei gleich große Gruppen, die jeweils ein reichhaltiges Instrumentarium um sich sammeln. Eine Gruppe beginnt mit einer gleich bleibenden charakteristischen Atmosphäre und schließt diese ab. Nach einer

---

[14] LILLI FRIEDEMANN 1983, S. 62
[15] MATTHIAS SCHWABE 1992, S. 53
[16] Alle Beispiele aus: „Japanische Lyrik". Übertragen von MANFRED HAUSMANN. Zürich 1990
[17] MATTHIAS SCHWABE 1992, S. 44 f.
[18] LILLI FRIEDEMANN 1973, S. 54 f.

Spannungspause antwortet die andere Gruppe mit einer ebenfalls gleich bleibenden charakteristischen Atmosphäre, wobei sie auf die erste reagiert: mit einem Gegensatz, mit einer Steigerung oder einer anderen Form der Anknüpfung. Darauf reagiert wiederum die erste Gruppe usw. Das Stück endet, wenn eine Gruppe in das Spiel der anderen mit einfällt und damit eine gemeinsame Schluss-Situation schafft.

4.3 Metrisch-rhythmische und melodische Spiele

Spiel 17: Glocke – Vogel – Blume[19]

Der Lehrer spielt auf einem Stabspiel, Streich- oder Tasteninstrument eine kurze Figur und lässt die Spieler raten, ob es sich dabei um eine Glocke, einen Vogel oder eine Blume handelte. Die Glocke steht für eine gleichbleibende, regelmäßig sich wiederholende Bewegung, der Vogel für ein in unregelmäßigen Abständen wiederholtes kurzes, rufendes Motiv, welches in einer Pause auf Antwort wartet, die Blume steht für eine kleine, sehr freie eigenständige Melodie. (Alle drei müssen übrigens nicht metrisch sein, am ehesten die Glocke.) Die Spieler sollen dieses und weitere Beispiele erraten. Dann sprechen sie über die Unterschiede und jeder gibt der Gruppe eigene kurze Figuren dieser drei Gestaltungstypen zum Raten. Anschließend sind Spielregeln denkbar, die sich in unterschiedlicher Weise aus diesen Elementen zusammensetzen: ein Wald mit lauter Vögeln (Pausen beachten!); eine Blumenwiese, auf der die einzelnen Blumen abwechselnd deutlich betrachtet (also lauter gespielt) werden; Glockengeläut; zwei Vögel unterhalten sich, während drei Glocken ertönen usw.

Spiel 18: Rhythmusrunde[20]

Die Spieler sitzen im Kreis, jeder hat ein Instrument, mit dem er auch perkussive Klänge erzeugen kann. Ein Spieler beginnt mit einem zunächst einfachen ostinaten Rhythmus, der sich als Fundament für das Spiel der anderen eignet. Der Nachbar des ersten Spielers hört gut zu und erfindet entweder einen eigenen Rhythmus, der zu dem ersten passt (also dasselbe Grundmetrum hat), oder imitiert den Rhythmus des ersten Spielers (ggf. mit anderen Tönen). Dann setzt der dritte Spieler ein, auch er erfindet entweder einen eigenen Rhythmus oder übernimmt einen bereits vorhandenen. Das geht so weiter, bis alle im Spiel sind. In gleicher Weise erfolgt nun der allmähliche Abbau: der erste Spieler setzt aus, nach einiger Zeit der zweite und so fort, bis der letzte Spieler übrig bleibt und ein Ende findet.

Spiel 19: Metrum und Opposition[21]

Die Gruppe verteilt drei Rollen: 1-3 Metrumspieler (je nach Gruppengröße) und ebenso viele „Opponenten" (oder „Narren"), die restlichen Spieler steuern ver-

---

19 LILLI FRIEDEMANN 1983, S. 49 und 50 f.
20 LILLI FRIEDEMANN 1983, S. 18 f.
21 LILLI FRIEDEMANN 1973, S. 29 ff.

schiedene ostinate Rhythmen bei. Zuerst wählt jeder geeignete Instrumente. Dann beginnen zunächst die Metrum- und anschließend nacheinander die Ostinato-Spieler wie in Spiel 18. Die Opponenten haben nun die Aufgabe, dieses stabile Gefüge mit witzigen musikalischen Einwürfen zu kommentieren, zu erschrecken oder gar so zu stören, dass die metrische Ordnung durcheinander gerät.

Spiel 20: Melodie über Teppich[22]

Die Gruppe teilt sich in 4-6 Begleit- und 2-3 Melodiespieler, alle Übrigen sind Zuhörer. Die Begleitspieler haben verschiedenartige Rhythmusinstrumente vor sich liegen sowie ein Bassinstrument (gut geeignet ist ein Bass-Stabspiel), die Melodiespieler je ein Melodieinstrument. Die Begleitspieler setzen nacheinander ein, zuerst das Bassinstrument, dann die Rhythmusinstrumente, jedes mit einem eigenen ostinaten Rhythmus, wie in Spiel 18. Wenn dieser „Teppich" aus Rhythmen sich stabilisiert hat, dürfen die Melodiespieler einer nach dem anderen (zunächst nicht gleichzeitig!) eine eigene Melodie dazu improvisieren. Die Rhythmusspieler achten darauf, insgesamt etwas leiser zu sein als der jeweilige Melodiespieler.

Spiel 21: Die Sonnen[23]

Die Spieler wählen jeder ein Melodieinstrument, dabei sollten möglichst verschiedene Tonlagen vertreten sein, vor allem ein Bassinstrument darf nicht fehlen. Dem Spiel liegt die Vorstellung des Weltalls mit in sich kreisenden Sonnen zugrunde, die entstehen, eine Zeit lang hell strahlen und schließlich erlöschen. Die Sonnen sollen durch ostinate Motive aus nicht mehr als vier Tönen dargestellt werden. Diese Motive dürfen durchaus unterschiedliche Taktlängen haben, so dass sie sich gegeneinander verschieben. Ähnlich wie bei der Ostinato-Runde (Spiel 18) setzt einer nach dem anderen ein. Den Zeitpunkt für das Erlöschen ihrer Sonne wählen die Spieler selbst, entsprechend der musikalischen Situation. Auf dieselbe Weise lassen sie danach weitere Sonnen entstehen und wieder vergehen.

5. Die Vermittlung musikalischen Handwerks

5.1 Organisation des Unterrichts

Voraussetzungen:

Da Gruppenimprovisation eine interaktive Musizierform zwischen gleichberechtigten Partnern ist, ist es wichtig, dass jeder Mitspieler mit jedem anderen in Kontakt treten kann. Die ideale Sitzanordnung ist daher die Kreisform bzw. je nach Spielregel auch mehrere kleine Kreise, zwei Halbkreise oder die gleichmäßige Verteilung im Raum.

---

[22] LILLI FRIEDEMANN ²1974, S. 43 f.
[23] LILLI FRIEDEMANN 1983, S. 64 f.

Um ein konzentriertes Musizieren zu gewährleisten, gilt: Sprechen und Spielen sind stets zu trennen!

Aufbau des Unterrichts:

Im Zentrum des Unterrichts steht das gemeinsame Improvisieren nach einer zuvor angesagten Spielregel. Außerdem sind Experimentierphasen nötig, um das Instrumentarium immer wieder von neuem auszuprobieren. Sie sind häufig Teil der Spielregel oder gehen ihr unmittelbar voran. Dabei darf es durchaus auch einmal chaotisch zugehen. Zu jedem Spiel gehört ein Nachgespräch zum Erfahrungsaustausch der Spieler untereinander und zur Bewusstmachung von Lernprozessen. Hierfür sind gezielte Fragen des Lehrers notwendig.

Die Arbeit mit einer Spielregel folgt gewöhnlich dem Schema: Vorbereitung (Regelansage, Instrumentensuche) – ggf. Experimentierphase oder Vorübung – ggf. Konkretisierung der Spielregel – Spiel – Nachgespräch – evtl. vertiefende/verbessernde Wiederholung und erneutes Nachgespräch.

Bei der Auswahl der Spielregeln für eine Unterrichtseinheit wird man zweckmäßig mit Kommunikationsspielen beginnen und dann mit gestaltenden Regeln fortfahren, wobei man über einen längeren Zeitraum hinweg versuchen wird, alle wichtigen Lernfelder angemessen zu berücksichtigen. Dabei kommt es darauf an, ein Gespür dafür zu entwickeln, was „die Gruppe braucht". Neben neuen Spielregeln können auch bereits bekannte immer wieder mit Gewinn aufgegriffen und vertieft werden. Langfristig kann der Leiter den musikalischen Erfahrungsraum der Gruppe gezielt ausweiten und durch eine geeignete Abfolge von Spielregeln den Lernprozess steuern. Dafür geben die folgenden Abschnitte Anregungen.

5.2 Improvisieren mit Klängen und Geräuschen

Hier werden zwei musikalische Lernbereiche angesprochen: einerseits das Experimentieren mit Instrumenten und Materialien (also instrumentale Fertigkeiten), andererseits das Gestalten von Improvisationen (also kompositorische Fähigkeiten).

Klänge als Elemente: Experimentaltechnik statt Instrumentaltechnik

Beim Experimentieren geht es zunächst um ein spielerisches Erforschen der Klangmöglichkeiten, das zu einer immer größeren Differenzierungsfähigkeit auf den Klangkörpern führt. Die Spieler sollen lernen, einerseits Klänge planvoll einzusetzen, andererseits aber auch im Prozess der Improvisation Neues zu wagen und zu entdecken. (⇨ Spiele 5, 11, 12)

Struktur statt Parameter

Beim Gestalten von Improvisationen mit Klängen und Geräuschen geht es primär darum, Erfahrungen mit verschiedenen musikalischen Strukturmöglichkeiten zu sammeln. Die Beschränkung auf einzelne Parameter, ein in traditioneller Musikdidaktik beliebtes Verfahren, ist dabei nur eine von vielen Möglichkeiten der Differenzierung. Vertiefte strukturelle Erfahrungen erwerben die Spieler zum Beispiel an:

- *Kettenstrukturen*, die sich aus dem Nacheinander-Spielen im Kreis ergeben (⇨ Spiel 6 „Der Elefant" u. a.)
- *homogenen Strukturen*: alle spielen gleichzeitig auf ähnliche Weise (⇨ Spiel 4 „Homogene Entwicklung")
- *heterogenen Strukturen*: unterschiedliche Beiträge der einzelnen Spieler ergänzen sich zu einem einheitlichen Ganzen (⇨ Spiel 10 „Landschaften raten")
- *dialogischen Strukturen* im Gestus des Miteinander-Sprechens (⇨ Spiel 2 „Tummelei")
- *Reihungs- bzw. Rondoformen* (⇨ Spiel 16 „Reaktionsstücke")
- *Entwicklungsformen* (⇨ Spiel 15 „Die Reise" u. a.)

5.3 Metrisch-rhythmisches Improvisieren

Für den Umgang mit *metrisch-rhythmischer Musik* gibt es zusätzliche Schwerpunkte. Wie schon erwähnt ist rhythmische Sicherheit, d. h. die Fähigkeit, einen vorhandenen Grundschlag zu erkennen und sich darauf zu beziehen, eine Voraussetzung für Improvisationen in diesem Stil.

Aber diese Fähigkeit braucht nicht separat trainiert zu werden, sondern kann auch beiläufig erworben und kultiviert werden, wenn man den Schwerpunkt der Aufmerksamkeit auf überzeugende musikalische Gestaltung lenkt.

In dieser Hinsicht wird man im Improvisationslehrgang entgegengesetzt zur konventionellen Methodik vorgehen. Denn da die Erfahrung zeigt, dass auch ungeübte Spieler spontan komplizierte Rhythmen erfinden können, ist es sinnvoll, gleich beim Komplexen anzusetzen. Erst dann, wenn es sich als nötig erweist, kann man durch elementare Übungen die Fähigkeiten schrittweise noch verfeinern bzw. auf eine handwerkliche Basis stellen. (⇨ Spiel 18 „Rhythmusrunde")

Zur Differenzierung der Gestaltungsmöglichkeiten, die zugleich auch zur Stabilisierung metrischen Spielens führt, ist die Beschäftigung mit folgenden Themen sinnvoll:

- Lernen, *aus der Bewegung heraus zu erfinden*: die Hände laufen oder tanzen auf der Trommel, das rhythmische Motiv entsteht „wie von alleine"
- *Gegenrhythmen erfinden*: Wie kann ich mit meinem Rhythmus einen anderen ergänzen? (In die Pausen spielen, verschiedene Tempi oder Charaktere wählen.)
- *Einbeziehung weiterer Gestaltungselemente*: Verwendung verschiedener Klangfarben, bewusster Einsatz von Pausen, Spiel mit unterschiedlichen Taktlängen (z. B. 3/4 gegen 4/4), Beschleunigung, Verlangsamung, dynamische Differenzierung, Motivimitation und -variation
- *Längere Formabläufe* können entstehen, wenn Motive allmählich wechseln oder sich verändern, ähnlich wie in der Minimal Music von TERRY RILEY, STEVE REICH u. a. (⇨ Spiel 21 „Die Sonnen")

5.4 Melodisches Improvisieren

Die *Melodie* ist die allen Menschen sicher vertrauteste Form von Musik. Probleme, die beim Improvisieren von Melodien entstehen, wurden bereits angesprochen. Doch ist dieses Gebiet musikalisch sehr ergiebig, wenn Anregungen und Anforderungen gut gewählt sind. Dabei haben sich folgende Möglichkeiten als sinnvoll erwiesen:

- *Kleine melodische Formen* (Ostinati, Motive mit Varianten, kurze Phrasen) eignen sich als Einstieg und zum ersten impulsiven „Drauflosspielen", das trotzdem thematisch gebunden ist. (⇨ Spiel 17 „Glocke, Vogel, Blume")
- *Der spielerische Umgang mit Melodieinstrumenten* sollte als Quelle improvisatorischen Erfindens regelmäßig in Experimentierphasen gepflegt werden.
- *Melodisches Phantasieren* kann sehr frei sein, wenn eine *anregende Begleitung* (des Lehrers oder der Gruppe) Unterstützung gibt. Nach Bedarf können weitere Regeln hilfreich sein: ein vereinbarter Anfangs- und Schlusston, die Bevorzugung von Tonschritten gegenüber Sprüngen usw. (⇨ Spiel 20 „Melodie über Teppich")
- *In sich geschlossene Melodien* sind am besten mit Hilfe geeigneter Texte zu erreichen, die der Melodie zu einer Form verhelfen. Möglich ist auch der Weg über
- *dialogische Formen*. Hier wird über einfache Frage-Antwort-Prinzipien musikalische Form hergestellt. Sinnvollerweise sollten (einfach zu spielende) Tonvorräte und Übergangstöne zwischen den Phrasen vereinbart werden.

5.5 Improvisationsspezifische Verhaltensweisen

Wie bereits zu Anfang beschrieben, fördert musikalische Gruppenimprovisation bestimmte musikalische Verhaltensweisen, die sich von denen anderer Musizierformen in mancher Hinsicht erheblich unterscheiden. Eigentümlich ist, dass diese Verhaltensweisen (z. B. Flexibilität, Einfühlungs- und Reaktionsvermögen) sowohl Voraussetzung für das Improvisieren als auch dessen Folgewirkung sind. Das ist typisch für eine praktische Disziplin: Wie beim Erlernen einer Sportart kann man die zugehörige Haltung nur im Tun selbst erwerben und trainieren. Inwieweit beim Improvisieren erworbene Verhaltensweisen auch auf das alltägliche Verhalten der Spieler abfärben, ist umstritten. Wichtig ist jedoch, sich als Lehrer darüber bewusst zu sein, in welcher Hinsicht Improvisieren eine Abkehr von gewohntem Verhalten erfordert. Teilweise geschieht dies von alleine und kann für die Spieler eine Erleichterung darstellen, in anderen Fällen kann es zu Konflikten und Widerständen kommen, die die gesamte Arbeit in Frage stellen. Wichtige Lernfelder sind:

- Spielen lernen: Musik im Spiel *angstfrei und lustvoll* praktizieren, das Spielen „ernst" nehmen
- Hinwendung zur Musik: sich auf Musik einlassen, nicht ins Musizieren hineinsprechen, aus einer Haltung des Lauschens agieren
- Vorurteile überwinden: Für viele Spieler gibt es unausgesprochene (und bisweilen auch unbewusste) Überzeugungen, wie z. B., dass Klänge und Geräusche noch keine Musik seien oder dass Musik immer eine (tonale)

Melodie und einen (metrischen) Rhythmus haben und so klingen müsse, wie man es von den eigenen Pop- oder Klassik-CDs kennt. Das beste Mittel dagegen ist das praktische Tun selbst. Im Ausprobieren und Spielen kann man am ehesten über seinen Schatten springen.

- „Ich-Stärkung"[24] erreichen: Schwellenängste überwinden, das Wagnis eingehen, sich vor den anderen zu äußern und zu zeigen, Freude am eigenen Tun und Lust am Selbstausdruck erleben, Selbstvertrauen erwerben
- Offenheit, Neugier und Toleranz gegenüber Neuem und Ungewohntem, Mut zum Risiko, zum Musizieren ohne Absicherung aufbringen, Lust zur Innovation entwickeln, Musik als „Forschungsreise" verstehen
- Teamfähigkeit ausbilden: erkennen, dass Improvisation aus der Interaktion entsteht, Interaktion zulassen, auf ständiges Führen-Wollen verzichten und auf Angebote der Mitspieler eingehen lernen
- Gruppenverantwortlichkeit entwickeln: sich der eigenen Verantwortung für das gemeinsame Ergebnis stellen, in sozialer wie musikalischer Hinsicht
- Rollenflexibilität erlernen, verschiedene Rollen einnehmen und diese spontan wechseln können:
  - anleiten, führen
  - Impulse geben, andere inspirieren
  - gleichwertigen Gegenpart (Kontrapunkt) bieten, widersprechen
  - unterstützen, begleiten
  - sich zurücknehmen, pausieren
- eigene und Gruppenbedürfnisse in den Dienst musikalischer Notwendigkeit stellen lernen.

6. Einsatzmöglichkeiten an Schulen und Musikschulen

Gruppenimprovisation ist sowohl eine Musizierform als auch eine Methode des Musiklernens. Daher kann sie im Unterricht an Musik- und allgemein bildenden Schulen in vielfacher Hinsicht eine wichtige Rolle spielen, sei es als eigenständige Ensembleform, als Bestandteil der Arbeit anderer bestehender Ensembles oder als Form handlungsorientierten Unterrichts. Im Einzelnen ergeben sich folgende Einsatzmöglichkeiten:

- in **Musikschulen**:
  a) als eigenständiges Improvisations-Ensemble, für musikalische Laien ebenso wie für geübte Instrumentalisten
  b) als Ensemble-Basiskurs, der auf andere Ensembleformen vorbereitet
  c) als Bereicherung innerhalb der Arbeit anderer Ensembles
  d) als Teil musikalischer Früherziehung und Grundausbildung
  e) im Rahmen des instrumentalen Gruppenunterrichts

---

[24] LILLI FRIEDEMANN: „Ichstärkung – Partnerbezogenheit – Kreativität". In: Ringgespräch über Gruppenimprovisation LXIII, April 1997, S. 20 (Bezugsadresse: M. Schwabe, Wilskistr. 56, 14163 Berlin)

- in **allgemein bildenden Schulen**:
  f) im Fach Musik innerhalb des Klassenunterrichts
  g) als eigenständige Arbeitsgemeinschaft im Wahlbereich (vgl. a)
  h) als Bereicherung der Arbeit in anderen bestehenden Ensembles (vgl. c)
  i) als Bestandteil von Projektarbeit (auch fächerübergreifend)

6.1

Wird musikalische Gruppenimprovisation als eigenständige Ensemble-Form praktiziert (vergleiche a, b und g), kommen ihre Vorzüge am besten zur Geltung, weil die notwendigen Lernprozesse hierbei am konsequentesten vollzogen werden können. Leider wird von dieser Möglichkeit noch viel zu selten Gebrauch gemacht. Dabei kann ein Improvisationsensemble, das ebenso wie Chor, Orchester und andere Ensembles zu den festen Einrichtung einer Schule oder Musikschule gehört, in mehrfacher Hinsicht Lücken schließen:

- Es ist eine Form, neue Musik zu schaffen.
- Es bietet die seltene Möglichkeit, ohne Beherrschung der Notenschrift Musik selbst zu erfinden.
- Es ermöglicht Teilnehmern ohne musikalische Vorerfahrung bzw. ohne instrumentale Ausbildung einen Zugang zum praktischen Musizieren ohne den Umweg über den Instrumentalunterricht.
- Auch für geübte Instrumentalisten stellt es eine Herausforderung dar, die ihnen zu neuen Erfahrungen auf ihrem Instrument und im Zusammenspiel verhilft.
- Besonders erfolgreich ist Gruppenimprovisation auch im Konzert. Mit einer gut geplanten Folge von Spielregeln lässt sich relativ leicht eine spannende Aufführung realisieren, wobei sogar die Zuhörer, z. B. beim Raten eines Klangrätsels, aktiv beteiligt werden können. Ein Konzert, bei dem die Spieler Musik spontan erfinden, ist meist von verblüffender Wirkung und spricht auch beim Publikum einen ganz anderen Erlebnisbereich an als die Interpretation bereits bekannter Stücke.

Bewährt hat sich auch eine Art „Improvisations-Basiskurs", in dem über einen begrenzten Zeitraum hinweg Gruppenimprovisation praktiziert wird, um damit wichtige Qualitäten für jegliche Art von Ensemblearbeit zu schulen und die Teilnehmer dann in verschiedene andere Formationen zu entlassen, ganz gleich ob das nun ein Kammermusikkreis, das Orchester, ein Ensemble für zeitgenössische Musik oder die Improvisationsgruppe ist.

6.2

Die Arbeit mit anderen bestehenden Ensembles (vergleiche c und h) wird durch Gruppenimprovisation in mehrfacher Hinsicht bereichert. Das gilt für Orchester, Chor, Kammermusik, Big Band, Pop-Gruppen, Jazz-Ensemble, Blockflötenkreis, Perkussions-Ensemble, ORFF-Kreis und Ensembles für zeitgenössische Musik. Gemeinsames Improvisieren wird gebraucht als:

- eine von verschiedenen Musizierpraktiken, speziell auch mit der Möglichkeit zur Präsentation in Aufführungen
- Übung im Spiel nach Gehör und innerer Klangvorstellung, ohne Noten
- methodisches Mittel zur Hörerziehung und zum lustvollen Erlernen von Teamfähigkeit, spontanem Gestalten und Verständnis für musikalische Prozesse
- Möglichkeit, auch einmal eigene Musik zu erfinden, sei es in Form einer einmaligen Improvisation oder als Ausgangspunkt für ein gemeinsam konzipiertes Stück
- Einführung in die Klangwelt zeitgenössischer Musik

Dabei ist es auch hier sinnvoll, Improvisation nicht nur in Form vereinzelter „Bonbons" einfließen zu lassen, sondern durch regelmäßige Praxis einen Lernprozess längerfristig anzulegen. Für stilistisch tonal und metrisch ausgerichtete Ensembles (Pop-Gruppe, Big Band) wird man sich dabei mehr auf die rhythmischen und melodischen Spielregeln konzentrieren, wenngleich auch die experimentellen als Erfahrung durchaus nutzbringend sind.

6.3

Als Bestandteil eines handlungsorientierten Unterrichts (vergleiche d, e und f) in Schule und Musikschule kann Gruppenimprovisation verschiedene Funktionen haben:
- Sie ist eine – ohne Notenkenntnis und komplizierte Instrumentaltechnik – leicht zugängliche Form des gemeinsamen praktischen Musizierens einer Gruppe.
- Mit ihrer Hilfe können Bausteine und Strukturen der Musik praktisch erprobt und ein tieferes Verständnis für musikalische Prozesse erworben werden. Improvisation ist dann eine lernzielorientierte Methode der Musikvermittlung.
- Wenn sie über einen längeren Zeitraum hin angelegt und gepflegt wird, können die Schüler hierbei Musik wirklich „von innen heraus" erfahren als ein Erlebnis nicht nur des aktiven Musizierens, sondern auch der Bezogenheit aufeinander und der eigenen Kreativität.

6.4

Als Medium fächerübergreifenden und projektorientierten Arbeitens (vgl. i) bietet Gruppenimprovisation die Möglichkeit des nicht-verbalen sinnlichen Reagierens und damit zugleich auch der ästhetischen Kommunikation der Künste untereinander. Theaterszenen lassen sich atmosphärisch untermalen, selbst erfundene Geschichten instrumental umsetzen oder aber umgekehrt Geschichten als Reaktion auf stimmungsvolle, improvisierte Musik entwickeln. Auch die Kombination mit visuellen Medien, z. B. Film, Dias und OH-Projektionen, und die wechselseitige Anregung mit Malerei und Zeichnung hat sich vielfach bewährt. Nicht zuletzt gibt es spannende Beziehungen zwischen improvisierter Musik und Bewegung, insbesondere dem Tanz.

Improvisatorisches Arbeiten hat stets dialogischen Charakter: Die Spieler hören, fühlen sich ein und reagieren entsprechend. Musik wird in dieser Form zu einem unentbehrlichen Mittel der Wahrnehmungserziehung und der ästhetischen Erfahrung in der Auseinandersetzung mit sich selbst, mit anderen, mit den Künsten insgesamt und mit der Welt.

7. Literatur

7.1 Zu der hier dargestellten Arbeitsweise

BERGER u. a.: „Spiel und Klang", Lehrerband. Kassel 1998. Insbesondere S. 99-104 und S. 262-268 (Früherziehungswerk, das dem Thema Improvisation ein eigenes theoretisches Kapitel und eine Materialsammlung widmet)

FRIEDEMANN, L.: „Kinder spielen mit Klängen und Tönen". Wolfenbüttel 1971 (Spiele primär zur Hörsensibilisierung für Vorschulkinder und Schulanfänger, dazu ausführlicher grundsätzlicher Teil)

dies.: „Gemeinsame Improvisation auf Instrumenten". Kassel [2]1974 (metrisch-rhythmische und melodische Spielregeln)

dies.: „Einstiege in neue Klangbereiche durch Gruppenimprovisation". Rote Reihe Band 50, Wien 1973 (Spielformen für experimentelles Improvisieren, ausführlicher Grundlagenteil)

dies.: „Trommeln – Tanzen – Tönen". Rote Reihe Band 69, Wien 1983 (33 Spiele im experimentellen und traditionellen Stil für unterschiedliche Zielgruppen: Kinder wie Erwachsene, Anfänger wie Fortgeschrittene)

KIESERITZKY, H. V.: „Arbeiten im Schrott". In: SELLE, G. (Hrsg.): Experiment Ästhetische Bildung. Aktuelle Beispiele für Handeln und Verstehen. Reinbek bei Hamburg 1990 (Beispiele für musikalisch-szenische Übungen mit Materialien und Orten)

KIESERITZKY, H. V./SCHWABE, M.: „Musikalische Gruppenimprovisation – Musik spielend erfinden". In: MATTENKLOTT, G./RORA, C.: Arbeit an der Einbildungskraft. Praxis musisch-ästhetischer Erziehung, Band 1: Perspektiven. Hohengehren 2000 (ausführliche methodisch-didaktische Beschreibung der Arbeitsweise)

SCHWABE, M.: „Musik spielend erfinden. Improvisieren in der Gruppe für Anfänger und Fortgeschrittene". Kassel 1992 (55 kommentierte Spielregeln im experimentellen und traditionellen Stil, dazu Grundlagen-Teil)

ders. (Hrsg.): „Improvisation in der Schule". Ringgespräch über Gruppenimprovisation Heft LX, Berlin 1995 (Bezugsadresse: Schwabe, M., Wilskistr. 56, 14163 Berlin)

Weitere Themenhefte

◦ Zum Gedenken an Lilli Friedemann 1 und 2, Hefte LV und LVI, 1992

◦ Improvisation im Instrumentalunterricht, Heft LVII, 1993

◦ Improvisation im Konzert, Heft LVIII, 1994

◦ Musik und Bewegung, Heft LIX, 1994

◦ Improvisation – Haltung oder Handwerk?, Heft LXI, 1995

◦ Improvisation in Literatur, Tanz, Theater, Bildender Kunst und Architektur, Heft LXII, 1996

◦ Improvisation und ihre Wirkung, Heft LXIII, 1997

◦ Die Stimme in der Improvisation, Heft LXIV, 1998

◦ Dimensionen der Improvisation, Heft LXV, 1999

◦ Improvisation und Spiel, Heft LXVI, 2000

7.2 Ausgewählte weitere Literatur zum Thema

HOERBURGER, CH.: „Kinder erfinden Musikstücke". Essen 1991

HOLTHAUS, K.: „Klangdörfer, Musikalische und soziale Vorgänge spielerisch erleben". Boppard 1993

KARKOSCHKA, E.: „Komponiere selbst! Ein Baukasten aus Klang-, Zeit-, Raum- und Bewegungselementen". Rote Reihe Band 32, Wien 1972

KEETMANN, G.: „Elementaria. Erster Umgang mit dem Orff-Schulwerk". Stuttgart 1970

KELLER, W.: „Ludi Musici 2: Schallspiele". Boppard 1972

ders.: „Ludi Musici 3: Sprachspiele". Boppard 1973

KOHLMANN, W.: „Projekte im Musikunterricht, Schüler erfinden und gestalten Musik". Weinheim/Basel 1978

KÖNEKE, H. W.: „Methoden der Improvisation". In: Schmidt-Brunner, W. (Hrsg.): Methoden des Musikunterrichts. Mainz 1982, S. 275-295

MEYER-DENKMANN, G.: „Klangexperimente und Gestaltungsversuche im Kindesalter". Rote Reihe Band 11, Wien 1970

dies.: „Struktur und Praxis neuer Musik im Unterricht". Rote Reihe Band 43, Wien 1972

NIMCZIK, O./RÜDIGER, W.: „Instrumentales Ensemblespiel. Übungen und Improvisationen – klassische und neue Modelle". Basis- und Materialband. Regensburg 1997

ORFF, C./KEETMANN, G.: „Musik für Kinder". 5 Bände. Tutzing 1976

PAYNTER, J./ASTON, P.: „Klang und Ausdruck, Modelle einer schöpferischen Schulmusikpraxis". Rote Reihe Band 51, Wien 1972

RITZEL, F.: „Dieser freche Blödsinn wird seit Jahren in den Schulen geduldet – Über Improvisation in der Musikpädagogik". In: BRINKMANN, R.: Improvisation und neue Musik, Mainz 1979, S. 66-95

ROSCHER, W.: „Ästhetische Erziehung – Improvisation – Musiktheater", Hannover 1970

SCHAFER, R. M.: „Schöpferisches Musizieren". Rote Reihe Band 35, Wien 1971

SCHWAN, A.: „Improvisation und Komposition im Musikunterricht allgemeinbildender Schulen der Sekundarstufe I". Frankfurt 1991

STUMME, W. (Hrsg.): „Über Improvisation". Mainz 1973

VETTER, M.: „Hör-Spiele". 6 Teile. Wien 1977

Arrangieren für gemischte Besetzungen

CHRISTOPH HEMPEL

Modale Harmonik mit Ostinato- und Mixturtechniken

Was ist modal?

Im Gegensatz zu funktionaler oder kadenzierender Harmonik, bei der das tonale Zentrum durch Kadenzen bestätigt bzw. durch Modulation und Einführung neuen Tonmaterials gewechselt wird, verbleibt ein modales Stück über längere Abschnitte (oder gänzlich) in einem Tonmaterial, das meist durch eine Kirchentonart (Modus) definiert ist. Melodik und Harmonik benutzen dabei überwiegend oder ausschließlich das Tonmaterial dieses Modus. Auf dieses Prinzip, das in der polyphonen Musik des 16. und 17. Jahrhunderts angewandt wurde, griffen viele Komponisten des 20. Jahrhunderts wieder zurück. Vor allem im Umkreis von Volkslied, Singbewegung und Laienmusizieren entstanden zahlreiche neue Liedmelodien, Chor- und Instrumentalkompositionen in einer Art „neu-modalem" Stil. Das Prinzip der modalen Harmonik, also die Verwendung von Kirchentonarten als Materialskalen für Harmonik und Melodik, wird ähnlich wie in der Musik des 17. Jahrhunderts angewendet, aber die Freiheit in Satztechnik und Akkordbildung wird erweitert. So finden sich im „neu-modalen" Stil neben traditionellen Dreiklängen auch dissonante Drei- und Vierklänge, im klassischen Sinne „regelwidrige" Dissonanzbehandlung und Satztechniken wie Mixturprinzip, Bordun, Polymetrik und anderes. Hörpsychologisch könnte man den „neu-modalen" Stil als Äquivalent zwischen hohem Dissonanzgrad (im Einzelnen) und statischer Harmonik (im Gesamteindruck) bezeichnen.

Die wenig „regelbefrachteten" Satztechniken und die Toleranz der modalen Harmonik gegenüber Dissonanzen haben diesen Stil bis heute zu einem flexiblen und ausdrucksstarken Werkzeug für Lied- und Instrumentalsätze aller Art und Schwierigkeitsgrade gemacht.

Einige typische Klänge und Klangfolgen mögen als Beispiele für diesen Stil dienen. Die Beispiele zeigen parallel verschobene Septakkorde und eine „modale Kadenz".

NB. 1

Dreiklänge und Septakkorde werden mit einer „angelagerten" Sekunde klanglich geschärft (NB. 2):

NB. 2

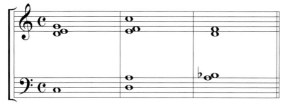

Quart- oder quintgeschichtete Akkorde ergeben in ihren Umkehrungen interessante individuelle Klänge mit „verschleiertem" tonalen Bezug. Hier ein dreitöniger Akkord in verschiedenen Lagen und Umkehrungen:

NB. 3

Sollen solche harmonisch „indifferenten" Akkorde klare tonartliche Bezüge haben, muss im Satz ein Ton als Grundton deutlich erkennbar sein.

Modale Harmonik in Chorsätzen

Im Liedsatz über das slowakische Volkslied „Abschied", das auch in einem Klaviersatz von BARTÓK („Für Kinder") vorliegt, sind einige dieser Stilmittel eingesetzt:
- T.1/2: leitereigener Septakkord
- T. 4, zweite Halbe: Vierstimmiger Quintklang in enger Lage (d - a - e - h)
- T. 5/6: Mixturartige Folge von Septakkorden
- Schlusstakte: freie Verwendung von modalen vierstimmigen Klängen; Vorhaltskette zwischen Sopran und Tenor in Stilanlehnung an die polyphone Satztechnik des 16. Jahrhunderts, allerdings nicht im klassischen Sinne „korrekt".

NB. 4: Abschied

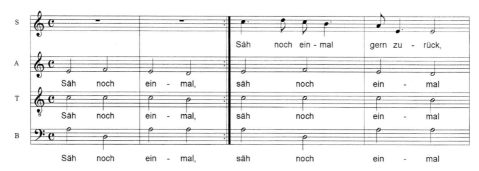

Modale Liedmelodien des frühen 20. Jahrhunderts und viele Melodien aus dem osteuropäischen oder skandinavischen Kulturkreis sind für diese Technik gut geeignet.

Chorsatz in der Popularmusik

Harmonik und Voicing

In der Popularmusik und vor allem im Jazz bilden Septakkorde die Grundbausteine der Harmonie. Der Terzaufbau wird über die Septime hinaus fortgesetzt, so dass auch die None (9), Undezime (11) und Tredezime (13) sowie ihre Alterationen zur Anreicherung der Akkorde zur Verfügung stehen. Man nennt diese Zusatztöne *Optionstöne, tension notes* oder einfach *tensions*.

Das Beispiel zeigt zwei Septakkorde *(basic sept chord)* und ihre Optionstöne.

NB. 5

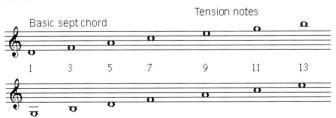

Insgesamt stehen folgende Optionstöne zur Verfügung:

NB. 6

Mit den hinzugefügten Stufen 7, 9, 11 und 13 können bis zu siebenstimmige Akkorde entstehen. In der Praxis wird jeweils eine Auswahl dieser Optionstöne getroffen, und sie werden in spezieller Weise angeordnet. Die Auswahl und Anordnung dieser Töne im konkreten Akkordsatz nennt man *voicing*. Für jeden Stil der Popularmusik und des Jazz gibt es typische Voicings.

Das Notenbeispiel zeigt zwei C-Dur-Kadenzen, mit Jazz-typischen (a) und Pop-typischen Voicings (b):

NB. 7

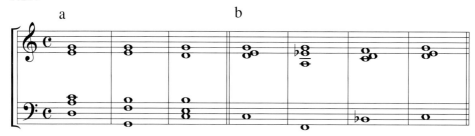

„Closed-Harmony"-Satz

Ein oft benutzter Voicing-Typ für Vokalsätze in Pop, Rock und Jazz ist das *closed harmony singing*. *Closed harmony (closed voicing, Blockstil)* bedeutet einfach: Zu jedem Melodieton wird ein Akkord gesungen, und alle Akkorde stehen in enger Lage. Dieser Satztyp beruht auf dem einfachen Prinzip, unter die Töne der Oberstimme in enger Lage die erforderliche Anzahl von Akkordtönen „darunter zu hängen". Diese Technik ist vertikal orientiert, d. h. die Selbständigkeit von melodischen Linien ist weniger wichtig als die Vollständigkeit der Akkorde. Damit besteht ein grundsätzlicher Unterschied zur Technik des traditionellen Chorsatzes: Während hier die Stimmen ein melodisches Eigenleben entfalten sollen, ist das klangliche Ideal der *closed-harmony*-Technik ein Band aus parallel verlaufenden Stimmen, weshalb diese Technik auch *thickened line* oder bei Pianisten *locked hand* genannt wird. Oft werden dabei die Außenstimmen in Oktaven geführt. Ein Vergleich zwischen einem traditionellen (NB. 8) und einem *closed-harmony*-Satz (NB. 9) macht dies deutlich:

NB. 8: Yesterday (LENNON/MCCARTNEY, Satz: LEBRECHT/KLOHS, in: Chor aktuell)

NB. 9: I bless, Let it be me (Anfang), aus: ANITA KERR, Voices, S. 19

Im zweiten Beispiel werden die Außenstimmen in Oktaven geführt; die Mittelstimmen vervollständigen diesen „Rahmen" zum Dreiklang und verlaufen parallel dazu, allerdings nicht streng, weil sie an den jeweiligen Akkord angepasst werden müssen. Wenn die Melodie einen harmoniefremden Ton enthält, wie in Takt 2 auf dem dritten Viertel (a in C-Dur) oder in Takt 3 auf dem dritten Viertel (g in d-Moll), müssen die Mittelstimmen auf den akkordeigenen Tönen bleiben, damit der Chor nicht auf der betonten Taktzeit einen anderen Akkord als die Begleitinstrumente singt. Dieses Verfahren hat den Vorteil, dass die Mittelstimmen, die es immer schwerer mit dem Treffen der Töne haben, nur akkordeigene Töne singen müssen.

Ein weiterer Unterschied zum traditionellen Chorsatz betrifft den Bass: Während im traditionellen Chorsatz der Bass in der Regel die besondere Rolle der Akkordstütze hat, also meist die tiefste Linie im Satz singt, wird der *closed-harmony*-Satztyp normalerweise begleitet, d. h. der Bass der Rhythmusgruppe spielt die Harmoniegrundtöne; der Chorbass gehört also zu den Mittelstimmen. Nur wenn *closed harmony* a cappella gesungen wird, muss die unterste Singstimme die Akkordgrundtöne enthalten.

Es gibt noch andere Techniken, im *closed-harmony*-Satz mit akkordfremden Tönen in der Melodie umzugehen. Diese *approach*-Techniken werden später beschrieben.

Bei Liedarrangements, in denen Polyphonie und „echte" Vierstimmigkeit zu gewichtig wirken würden, kann der Satz auch noch weiter vereinfacht werden, bis zur simplen Austerzung, die durch Oktavverdopplung zu einer Vierstimmigkeit anwächst. Das ist ein sehr einfacher und schnell herzustellender

Satztyp. Dazu ein Beispiel aus einem Evergreen: „Time after Time" von CINDY LAUPER und ROB HYMAN. Die parallele Dreiklangsführung, im „klassischen" polyphonen Satz streng verboten, wird hier geradezu zum Stilmittel.

NB. 10: Time after time, 2. Teil der Strophe

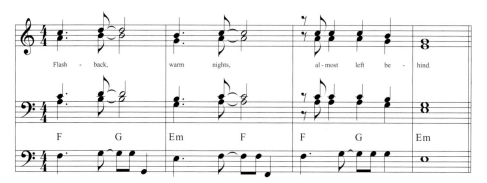

Das folgende Beispiel aus der amerikanischen Folk-Musik, BOB DYLANS berühmtes *Blowin' in the wind,* zeigt einen dreistimmigen Vokalsatz, herausgehört aus einer Aufnahme des Folk-Trios PETER, PAUL AND MARY. Die vierte Stimme wird pizzicato von einem Bass gespielt, außerdem spielt eine Gitarre die Akkorde mit. Die Melodie liegt hier, wie oft in der Folk-Musik und wie im *Barbershop*-Satz, in der Mittelstimme.

NB. 11: Blowin' in the wind

Die drei Oberstimmen liegen eng zusammen, und wenn in der Melodie dreiklangsfremde Töne auftreten, singen die anderen Stimmen einfach auf den Dreiklangstönen weiter (Alt T. 3, T.6 und Tenor T. 5) oder verbinden zwei Dreiklangstöne mit einer Durchgangsnote (Tenor T. 1 und 6). Dadurch entstehen reizvolle Dissonanzen. Dieses *voicing* ist sehr einfach und lässt sich fast in einem *head arrangement* improvisieren, wenn die Akkorde verabredet werden. Mit der gleichen Technik können Melodien wie z. B. *Puff, the magic dragon, Auld lang syne, Scarborough Fair, Sag mir, wo die Blumen sind, Michael row the boat, Bye and bye, This old hammer* arrangiert werden.

Natürlich gibt es auch in Vokalarrangements der Popularmusik Polyphonie und Selbständigkeit der Stimmen, aber der hier beschriebene *Closed-Harmony*-Typ bildet doch für viele Arrangements die Grundlage und wird von vielen Gesangsensembles angewendet.

Gospel-Arrangement

Der Gospelsong (*gospel* = Evangelium) ist jünger als das Spiritual: Er entstand in den 20er Jahren des 20. Jahrhunderts im Umfeld der schwarzen Kirchen der nordamerikanischen Großstädte, und zwar als gottesdienstliche Musizierpraxis mit starken improvisatorischen Elementen. Grundlage ist der Wechselgesang zwischen einem Vorsänger und der Gemeinde, die spontan mit Zwischenrufen antwortet. Dieser Wechsel kann sich zu einem ekstatischen, emotionsgeladenen Gesang steigern. In der ursprünglichen Musizierweise des Gospelsongs antwortet die Gemeinde mit kurzen rufartigen Einwürfen auf den Vorsänger. In der späteren Entwicklung des Gospels zur Konzertdarbietung wird aus der Gemeinde der *background*-Chor, und aus dem spontanen, improvisierten Wechselgesang wird der *call & response*-Satz zwischen Solist und „tutti".

Neben der traditionellen Musizierweise des klavier- oder orgelbegleiteten Wechselgesangs fanden verschiedene Stilmerkmale des Jazz, des Boogie und des Blues Eingang in den Gospelsong. Die *responses*, also die Antwort des Chores (der „Gemeinde"), werden oft in einem *Closed-Harmony*-Satz gesungen. Oft wird dabei die Bluesharmonik verwendet (Dur-Septakkorde auf den Akkordstufen I, IV und V). Beim Gospel kommt es nicht so sehr auf ausgeklügelte Sätze und differenzierte Harmonik, sondern auf temperamentvolles, spontanes Musizieren an.

Instrumentalbegleitung

Entsprechend der Entstehungsgeschichte des Gospelsongs ist das Klavier das wichtigste Begleitinstrument. Gospel-Klaviersätze liefern Bass, Harmonik und Rhythmus und sind stark *pattern*-orientiert, d. h. eine Begleitfigur wird konstant beibehalten, an die Harmoniewechsel angepasst, und wird nur bei Zeilenenden oder Übergängen variiert.

NB. 12: Gospel

Das Beispiel wird in einem geraden oder leicht swingenden Achtelgroove mit stark betonten Zählzeiten 1 und 3 gespielt, also ohne *backbeat*-Betonung. Die *backbeats* können erzeugt werden, indem der Chor *handclaps* auf 2 und 4 setzt. Die rechte Hand spielt die charakteristischen Blues-Akkordwechsel (Quartsextwechsel), die linke Hand liefert die rollende Achtelbewegung. Dazu sollten auf einem Schellenreifen durchgehende Achtel gespielt werden.

Voicings für den Chorsatz

Der Chor im Gospelsong hat die Aufgabe, durch ein ständig wiederholtes rhythmisches *pattern* im *scat*-Gesang oder bei einem markanten Textabschnitt die Erregung und Inbrunst der Musik zu steigern.

Wird der Chorpart von Frauenstimmen gesungen, benutzt man meist den *closed-Harmony*-Satz. Für Männerstimmen gibt es eine Alternative: Das *spread-voicing* ist ein dreistimmiger Satz in weiter Lage, bei dem die Unterstimme den Grundton und die beiden anderen Stimmen Terz und Septime singen.

NB. 13

Ist der Satz vierstimmig, singt die Oberstimme eine *tension note* (9 oder 13). Das Beispiel zeigt einen Satz im *spread-voicing* für drei Männerstimmen, der rhythmisch die Textworte „he gave me water" skandiert. Das Stück wird a capella gesungen.

NB. 14: Jesus gave me water

Singt der gesamte (gemischte) Chor, kann man beide Techniken mischen.

Oft werden in den *response patterns* auch einfach Akkorde verschoben *(constant structure)*

NB. 15: aus: MuB 5/95, S. 56

Oft sind die Songs in einem *closed-harmony-Satz* nach Art der *Barbershop-Sätze* arrangiert: Die Melodie liegt in der zweiten Stimme, die erste singt eine *guide line* aus Akkordtönen, und die vierte Stimme fungiert je nach Gesamtlage als tiefste Mittelstimme (über dem Combo-Bass) oder singt die Akkordgrundtöne mit. Das *call & response*-Prinzip zwischen Vorsänger und Chor findet sich in einem Wechsel zwischen *lead*-Stimme und voller Vierstimmigkeit wieder.

Die für Gospelsongs angemessene Harmonik ist eine blues- oder funktionsorientierte Dreiklangsharmonik mit gelegentlichen Vierklängen oder *sus4-Akkorden*; eine moderne jazzorientierte Harmonik mit Fünf- oder Sechsklängen passt nicht in diesen Stil. Wenn man den Chorsatz 5- oder 6-stimmig schreiben will, um den Eindruck von Klangfülle und ekstatischem Singen zu schaffen, muss man also Akkordtöne verdoppeln. Dabei kann man orchestral verfahren, d. h. man braucht keine Rücksicht auf Parallelenverbote zu nehmen, sondern kann sich ausschließlich an der Klangwirkung des Gesamtakkordes orientieren.

Ein Mittel zur Hervorhebung der Melodie ist die *double-lead*-Technik, d. h. die oben liegende Melodiestimme wird in einer Mittelstimme „unauffällig" oktaviert: das Klangergebnis ist eine unaufdringlich verstärkte Melodiestimme. Das Notenbeispiel 16 *(He's got the whole world in his hand)* zeigt drei *double-lead*-Techniken. Beim zweiten Beispiel liegt eine leere Oktave zwischen Melodie und Verdopplung, beim dritten Beispiel liegt eine zusätzliche Solostimme über der Melodie, die auch mit improvisierten Durchgangstönen verziert sein kann. Diese sehr expressiv gesungenen Linien hört man oft bei Backgroundsängern im „Nachfolgestil" des Gospelsongs, dem Soul.

NB. 16: He's got the whole world

Instrumentalarrangements

Die Tonumfänge und Transpositionen der Blasinstrumente können einer Instrumentenkunde entnommen werden. Hier sollen die Instrumentenfamilien
nur kurz auf ihre Verwendung im Satz hin charakterisiert werden. Für weiter-
gehende Information sei auf die Literaturangaben (HERBORN, KELLERT/FRITSCH)
verwiesen.

„Klassische" Blasinstrumente

Wenn in der Schulpraxis „klassische" Blasinstrumente für Pop- oder Jazzarran-
gements eingesetzt werden sollen, mögen einige Hinweise hilfreich sein:

    Das **Waldhorn** lässt sich für lyrische Solopassagen, aber auch innerhalb des
Blechbläsersatzes an Stelle der 1. Posaune einsetzen. Der Umfang entspricht
etwa der Lage des Chor-Tenors.

Die **Oboe** sollte wegen ihrer klanglichen Präsenz nur solistisch eingesetzt werden.

Die **Klarinette** ist wendig und in fast allen Registern technisch gleich gut spielbar. Allerdings haben die Register große klangliche Unterschiede, vor allem bei Laien. In der oberen Lage ist die Intonation bei Anfängern schwierig; exaktes Staccato ist der Schwachpunkt. In der tieferen und mittleren Lage mischt sich die Klarinette klanglich gut mit anderen Bläsern. Sie ist z. B. zur Verstärkung oder Oktavierung einzelner Stimmen im Saxophonsatz geeignet.

Die **Querflöte** ist technisch sehr wendig, allerdings erst ab c″ klanglich durchsetzungsfähig. Ihre Stärken, Schnelligkeit und Höhe, sollten im Zusammenspiel mit anderen Bläsern bevorzugt eingesetzt werden. Verwendung im Satz: Oktavieren von Oberstimmen oder 3-4stg. Flötensatz mit leiser Begleitung, z. B. bei Pop- oder Latin-Titeln.

Das **Fagott** kann als unterste Stimme des Saxophonsatzes eingesetzt werden.

Häufig wird man im Klassenunterricht oder bei der Band-AG Arrangements für sehr inhomogene Besetzungen schreiben müssen. Ein wichtiger Aspekt ist dabei die *relative* Lage des jeweiligen Instruments. So werden z. B. vierstimmige Bläservoicings zwischen a′ und f″, mit drei Flöten und einem Tenorsax besetzt, deswegen schlecht klingen, weil die Flöten sich in mittlerer Lage, das Tenorsax sich hingegen am oberen Rand seines Ambitus befindet, wo das Spiel bereits einen gewissen Kraftaufwand benötigt.

Typische Blasinstrumente für den Jazz- und Pop-Bereich

Trompete

Die untersten Töne (e-a) sind unbrauchbar, und Strahlkraft entwickelt die Trompete erst ab b′ aufwärts, besonders im Satz (wobei dort die Unterstimmen auch tiefer als b′ liegen können). Sie sollte immer dort verwendet werden, wo rhythmische Akzente gesetzt werden. Dabei ist sie als Satz-Oberstimme in jeder Instrumentenkombination einsetzbar.

Geschlossene Trompetenvoicings liegen meist oben im Satz; sie sollten wegen der Transparenz des Klanges einfach gehalten werden (Dreiklänge, leere Quinten oder Oktaven) Zwischen den Oberstimmen sollte möglichst kein Sekundabstand stehen. Wenn nur zwei Trompeten zur Verfügung stehen, kann man sie in Oktaven führen und den Zwischenraum mit einem Synthi-Brass-Sound auffüllen. Oft ist aber Oktav-Unisono ohne Auffüllung am wirkungsvollsten.

Hohe Lagen sollte man gezielt und sparsam einsetzen, vor allem bei Laien: So sollte der Trompeter nicht nach längerer Pause einen hohen Ton „auf den Kopf" treffen müssen, und man sollte nicht längere Passagen in hoher Lage schreiben.

Saxophon

Saxophone sind vielseitig einsetzbar, von rauem Rock 'n' Roll über fünfstimmige Bigband-*voicings* bis zu lyrischen Soli in Pop-Balladen. Ihr Klang mischt sich gut mit anderen Bläsern, und ein drei- bis fünfstimmiger Saxophon-Blocksatz verfehlt nie seine Wirkung. Lediglich für laute, scharfe Akzente sind die Saxophone nicht geeignet. Man beachte die Tonumfänge der verschiedenen Saxophon-Typen!

Posaune

Die Posaunen sind klanglich vielseitig und decken den Bass- und den mittleren Bereich ab.

Sie sind sowohl für weiche *background*-Akkorde (allerdings immer in einer gewissen Lautstärke) als auch für Akzente einsetzbar und mischen sich gut mit anderen Bläsern. Ihre Beweglichkeit ist allerdings durch die Zugtechnik eingeschränkt; echtes legato kann man auf der Posaune (außer zwischen zwei Tönen mit gleicher Zugstellung) nicht spielen. Für den Bereich zwischen E und Kontra-B ist ein Quartventil notwendig (Bassposaune).

Dämpfer

Eine wichtige klangliche Variante bei den Blechbläsern wird durch Dämpfer erzielt. Man unterscheidet vier Typen:
- *Cup mute:* der Klang wird weicher, leiser. Für Kombinationen mit Holzbläsern geeignet.
- *Straight mute:* der Klang wird leiser, aber auch schärfer und „bissiger".
- *Harmon mute:* der Klang wird scharf, dünn, sphärisch („Miles-Davis-Sound").
- *Plunger:* der Dämpfer wird vor die Stürze gesteckt oder gehalten, der Klang wird dumpfer; „wawa"-Effekt möglich.

Arrangement von Stücken aus der Klavierliteratur für Ensembles

Original und Instrumentation

Selten kann man Klaviersätze einfach „umschreiben", ohne ihre kompositorische Substanz behutsam oder auch drastisch zu verändern. Ist der Satz akkordisch, vollgriffig und nicht zu „pianistisch", kann man die Akkordblöcke zwischen den Instrumentengruppen verteilen bzw. die Verdopplung als gestalterisches Mittel einsetzen. Das Beispiel zeigt einen Ausschnitt aus dem *Langsamen Walzer* von DMITRIJ KABALEWSKIJ und die Bearbeitung für eine gemischte Bläserbesetzung (z. B. Blasorchester) oder Streichorchester.

NB. 17

NB. 18

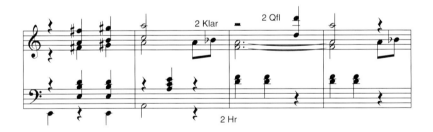

Reharmonisation

Oft ist der Klaviersatz relativ „dünnstimmig", d. h. die Harmonik geht entweder nur aus Dreiklangsbrechungen hervor oder ist gar nicht konkret im Satz enthalten, sondern wird nur zu den melodischen Figuren „hinzugedacht". Hier muss die Harmonik ergänzt werden *(Reharmonisierung)*: Ein wenig Kenntnis der Harmonielehre, Phantasie im Harmonisieren und Geschmack sind beim harmonischen Auffüllen gefordert. Der Original-Klaviersatz des folgenden Beispiels ist zweistimmig; das zweite Beispiel zeigt eine passende Harmonisierung in einem Satz für 4 Saxophone oder Streichquartett. Der vierte Akkord ist ein funktionsfreier Durchgangsakkord zwischen G und Am7.

NB. 19

NB. 20

Welche Akkorde bei der Reharmonisierung einer zweistimmigen Phrase passend sind, ist oft eine subjektive Entscheidung des Arrangeurs, wie das folgende Beispiel zeigt:

NB. 21: Tango aus den Leichten Tänzen von MÁTYÁS SEIBER, Original-Klaviersatz und harmonische Auffüllung:

Umsetzung von klaviertypischen Figuren

Oft enthält das Original typische Klavierfiguren, z. B. „Alberti-Bässe" oder schnelle Dreiklangsbrechungen. Hier muss entweder das geeignete Blasinstrument eingesetzt werden, oder die Figuren müssen zerlegt, d. h. auf verschiedene Instrumente verteilt werden. NB. 22 zeigt eine Passage der rechten Hand aus *Russischer Volkstanz* (TSCHAIKOWSKY op. 39) und die Umsetzung für 2 Querflöten. Das Tempo ist „Allegro vivace".

NB. 22

Lange monotone Begleitfiguren ohne Atempausen kann man für Bläser mit „überlappenden" Noten zwischen zwei gleichen oder ähnlichen Instrumenten zerlegen. Das Beispiel zeigt eine Begleitfigur aus dem *Preludio* aus den *Kinderstücken für Klavier* von A. CASELLA und die Aufteilung für 2 Klarinetten und 2 Fagotte. Bei Streichern tritt das Problem natürlich nicht auf.

NB. 23

Oktavierung, akkordische Auffächerung, Mischung der Lagen

Mit Hilfe einer Technik, die auf dem Klavier nur begrenzt möglich ist, die aber bei zahllosen Orchesterwerken zu beobachten ist, kann die Melodie an Prägnanz gewinnen, ohne durch Lautstärke hervorgehoben zu werden. Die obenliegende Melodie wird im mittleren Klangbereich des Satzes oktaviert, und die Begleitstimmen werden akkordisch aufgefächert, so dass sich Begleit- und Melodiestimmen mehrfach verzahnen.

NB. 24: KABALEWSKIJ, Walzer

Verdeutlichen des rhythmischen Grundcharakters

Mehr noch als im Klaviersatz hat man im Ensemblesatz die Möglichkeit, den rhythmischen Grundcharakter in einem rhythmisierten Akkordsatz zu verdeutlichen. Im folgenden Beispiel (A. CASELLA, *Galop final* aus den *Kinderstücken*) kann man die Einleitung ausdehnen, bevor die Melodie einsetzt, indem man die Instrumente nach und nach beginnen lässt. Das Arrangement kann auch mit einer gemischten Streicher-/Holzbläserbesetzung gespielt werden.

NB. 25

Pedalfunktion

Die Technik des „Orchesterpedals" ist in zahllosen klassischen Orchesterwerken zu finden. Instrumente oder Gruppen spielen (auch oktaviert) nur die wichtigsten Töne der Melodie oder der Harmonie als lang ausgehaltene Noten mit (hier zwischen Trompeten und Hörnern). Der Satz lässt sich auch für Streichorchester verwenden.

NB. 26: „Tango" aus M. SEIBER: Leichte Tänze für Klavier

Bläsersatz und Voicings in popularmusikalischen Arrangements

Die Rhythmusgruppe

Die Parts der Rhythmusgruppe brauchen in der Regel nicht notiert zu werden. Es genügen die Harmoniesymbole und die Angabe des *groove*, sowie bei komplizierteren Formabläufen eine Formskizze. Für den Schlagzeuger gilt generell, dass er neben dem normalen *groove* die wichtigsten Akzente der Bläsersätze mitspielen muss. Diese Akzente sind daher als Rhythmusnotation in seine Stimme einzutragen. Bassist, Keyboarder und Gitarrist wissen in der Regel, was sie in welchem Stil spielen müssen.

Bei allen *voicings* für die Bläser geht man davon aus, dass die Rhythmusgruppe den Akkordgrundton spielt. Man kann die Akkordgrundtöne im Bläsersatz vom tiefsten Blasinstrument mitspielen lassen, nötig ist es aber nicht.

Voicingtypen für den Bläsersatz

Zwei- und dreistimmige Sätze

Da in der Jazzharmonik Vierklänge die Grundbausteine darstellen, muss die Harmonik bei Zwei- oder Dreistimmigkeit reduziert werden.

Welche Töne man auswählt, hängt vom Akkordtyp ab. Bei Zweistimmigkeit sind generell 3 und 7 (Terzton und Septimton) zu bevorzugen; im halbverminderten Septakkord können auch 3 und b5 oder 4 und b5 (als Septimintervall) benutzt werden.

In dreistimmigen Sätzen kann man den Grundton oder die Septime dazunehmen; der Satz klingt dann relativ „brav". Ist das Arrangement eher jazzorientiert, benutzt man stattdessen eine *tension note*, also 9, 11 oder 13 bzw. deren Alterationen. Die beiden folgenden Beispiele zeigen ein schlichtes und ein jazzorientiertes dreistimmiges *voicing* über eine jazztypische Harmoniefolge (Anfang des Standards *Sunny* von BOBBY HEBB).

NB. 27

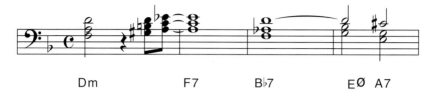

NB. 28

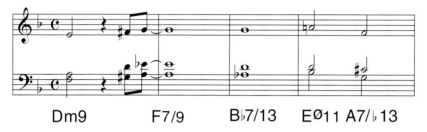

Ein weiterer dreistimmiger *voicing*-Typ ist das *spread-voicing*, das weiter oben beschrieben wurde.

Vier- und fünfstimmige Sätze

Der vierstimmige Standardsatz für Bläser wird *Blocksatz* genannt: Alle Stimmen spielen im gleichen Rhythmus, der Ambitus beträgt nicht mehr als eine Oktave. Der Klang soll rund und kompakt sein. Daher sollte man die extremen Register der Instrumente vermeiden, damit kein Instrument klanglich herausfällt. In einem weiteren Beispiel zu *Sunny* wird dieser Satztyp angewandt. Als „Rezept" für die Bildung dieser *voicings* mögen einige Faustregeln dienen (Vgl.: Maas, Herborn, Kellert/Fritsch, Hempel, siehe Literaturverzeichnis):

- vom Septakkord ausgehen, dann 8 durch 9 und 5 durch 13, ggf. 5 durch #11 ersetzen
- Im maj7-Akkord können maj7 und 6 ausgetauscht werden
- der Abstand zwischen zwei Stimmen sollte nicht mehr als einen Tritonus betragen
- das *voicing* sollte nicht mehr als eine Sekunddissonanz enthalten
- Das Beispiel zeigt den Anfang des Standards *Sunny* im vierstimmigen Blocksatz.

NB. 29

Vierstimmige *voicings* kann man zur Fünfstimmigkeit erweitern, indem das tiefste Instrument die Akkordgrundtöne mitspielt oder die Melodie oktaviert mitspielt *(double lead).*

Die beiden folgenden Beispiele zeigen die gleiche Stelle in diesen fünfstimmigen Varianten.

NB. 30

NB. 31

Spezielle Techniken

Scale voicing

Bei Stücken oder Abschnitten mit modaler Harmonik, in denen also Kadenzverläufe keine Rolle spielen, kann man die Technik des *scale voicing* anwenden. Dabei wird dem Voicing nicht mehr der Terzenaufbau des betreffenden Septakkordes zugrunde gelegt, sondern man wählt die Töne frei aus der zum Akkord gehörenden Skala aus. Die Intervallkonstruktion ist dabei völlig frei. Oft wird hier mit einer *constant structure* gearbeitet, in der Akkorde mit gleicher Intervallkonstruktion diatonisch parallel verschoben werden.

Approach-Technik

Beim mehrstimmigen Aussetzen von *akkordfremden* (bisweilen auch bei akkordeigenen) Melodietönen wird kurzfristig ein anderer Akkord, z. B. eine Zwischendominante *(dominant approach)* oder ein Akkord im Halbtonabstand *(chromatic approach)* zum folgenden oder vorhergehenden Akkord benutzt. Die kurzfristige harmonische Erweiterung durch einen *approach* muss in der Rhythmusgruppe nicht berücksichtigt werden. Dort gilt der vorgeschriebene Akkord.

Line writing

Beim *line writing* werden die Stimmen nach melodischen Gesichtspunkten und ohne Rücksicht auf die entstehenden Akkorde in den Zielakkord geführt. *Approach* und *line writing* dürfen nur auf schnellen Durchgangsakkorden, also nicht auf längeren oder betonten Noten oder nach Pausen angewendet werden.

Upper structure triad

Um einzelne Akkorde klanglich interessanter zu gestalten, werden im Jazzarrangement *upper structure triads* eingesetzt. Das sind Dreiklänge, die aus Akkordtönen und *tension notes* gebildet werden und die einen anderen Grundton als das vorgeschriebene Akkordsymbol haben. Aus der Bezeichnung *upper structure* geht hervor, dass diese Dreiklänge stets oben in der Akkordstruktur liegen. Das folgende Beispiel zeigt ein typisches *ending* eines Arrangements mit zwei *upper structure triads*.

- T. 2, G7-Akkord: aus der Septime (f), der b9 (as) und der #11 (des) von G7 entsteht ein Des-Dur-Dreiklang, der dem G7-Akkord überlagert wird.
- Letzter Akkord (Cm): Aus der Quinte (g), der großen Septime (h) und der None (d) von c-Moll entsteht ein G-Dur-Dreiklang, der dem c-Moll-Dreiklang überlagert wird.

Solche Akkordüberlagerungen werden auch oft als *slash-chords* („Bruchstrich-Akkorde") bezeichnet, in diesem Fall $^{Db}/_{G7}$ („Des über G7").

NB. 32

Artikulationsbezeichnungen

Neben der Intonation ist die einheitliche Artikulation eines Bläsersatzes das Hauptproblem bei Laienbands. Bei der Probenarbeit sollte auf diesen Punkt viel Sorgfalt verwendet werden, und dafür ist eine sorgfältige Artikulationsbezeichnung der Stimmen eine unerlässliche Grundlage, zumal die Artikulationszeichen z. T. zu einer drastischen Veränderung der Notendauern führen. Die Bedeutung der Zeichen ist nicht einheitlich geregelt, aber 4 Grundtypen sind allgemein gebräuchlich:

- · (staccato): kurz, ohne Betonung
- — (marcato): leicht betont, keine Verkürzung der Tondauer
- > Akzent
- ^ starker Akzent mit Verkürzung der Tondauer.

Streicher in Pop- und Jazz-Arrangements

Streichinstrumente haben auch in chorischer Besetzung gegenüber Bläsersätzen keine Chance, sich durchzusetzen. Mit Streichern allein lassen sich aber gut klingende Arrangements schreiben. Für sie gelten ähnliche Grundsätze wie für das Chorarrangement.

Das Beispiel zeigt ein Streicherarrangement im Jazzrock-Stil.

NB. 33

Anhang

Kleines Lexikon der Fachbegriffe zum Jazzarrangement

Approach-Technik (*approach* = Annäherung): Harmonisierung eines Melodietons unter Bezug auf einen direkt folgenden oder vorhergehenden Akkord, z. B. als Zwischendominante oder diatonische bzw. chromatische Verschiebung.

Backbeat, beat, offbeat: Beats (*downbeats*) sind die betonten Grundschläge, z. B. das 1. und 3. Viertel in einem 4/4-Takt. Die dazwischen liegenden unbetonten Grundschläge (2 und 4) werden in der Rockmusik oft stärker als die Beats betont (*backbeat*-Betonung). Die dazwischen liegenden Unterteilungswerte (hier Achtel) werden als *offbeats* bezeichnet.

Background, backing, harmony backing: Rhythmisierte oder liegende Akkordbegleitung oder Melodielinie in langen Noten im Hintergrund.

Barbershop-Satz: Vierstimmiger homophoner a-capella-Gesangsstil von Männerstimmen mit der Melodie in der zweiten Stimme, der im 19. Jahrhundert als Stegreifgesang bei geselligen Treffen in Friseursalons entstanden sein soll.

Blocksatz, Blockstil: Vertikal orientierte vier- bis fünfstimmige Satztechnik, bei der unter jeden Melodieton ein Akkord „gehängt" wird. Alle Akkorde stehen in enger Lage.

Bluesharmonik, Bluestonalität, blue notes (*blue* = Synonym für betrübt, niedergeschlagen): Tonalität, die in der Harmonik Dur-Dreiklänge mit kleiner Septime auf den drei Hauptstufen der Kadenz und in der Melodik kurze moll-pentatonische Rufmodelle benutzt. Dabei bilden sich Dissonanzen zwischen Melodietönen (*blue notes*), die in der Intonation getrübt sind (kl. Terz, verminderte Quinte, kleine Septime) und den „sauberen" Tonhöhen der Harmonik (Terz, Quinte).

Call & response: Ruf-Antwort-Schema zwischen Vorsänger und Gemeinde bzw. zwischen Solist und Band/Chor.

Closed Harmony: Mehrstimmiger, homophoner Vokalsatz, in dem die Unterstimmen in enger Lage unter die Melodie tragende Oberstimme geschichtet sind.

Constant structure: Parallelverschiebung von Akkorden gleicher Intervallstruktur (*Mixtursatz*).

Double lead: Satztechnik, bei der die Melodie tragende Oberstimme mitten im Satz oder am unteren Rand von einer anderen Stimme oktaviert wird.

Gospel: Gottesdienstliche Musizierpraxis mit starken improvisatorischen Elementen und Wechselgesang zwischen einem Vorsänger und der Gemeinde bzw. Chor, der spontan mit Zwischenrufen antwortet.

Groove: Eine bestimmte Art, ein Stück rhythmisch zu artikulieren. *Eingrooven:* die Musiker spielen şich in diesem Groove aufeinander ein.

Guide line, guide notes: Melodiefortschreitungen, die sich aus Einzeltönen aufeinander folgender Akkorde ergeben (in der Regel pro Akkord ein Melodieton) und zusammen das „Gerüst" einer Melodie ergeben.

Head Arrangement: Mehrstimmiger Bläser- oder Vokalsatz, der nicht aufgeschrieben, sondern von den Musikern nur in Umrissen verabredet und im Einzelnen improvisiert wird.

Line writing (linear approach): Akkordbildung unter einem oder mehreren kurzen Melodietönen unter ausschließlicher Berücksichtigung einer linearen Stimmführung.

Modal (Ggs.: funktional): Melodiebildung und Akkordfortschreitungen, die nicht an Kadenzverläufen, sondern am Skalenmaterial orientiert sind.

Modale Harmonik: Harmonik, die sich aus den Tönen der Tonleiter zusammensetzt und deren Grundlage nicht die Kadenz ist (Ggs: Kadenzharmonik, Bluesharmonik).

Offbeat: s. Backbeat

Optionstöne, tension notes, tensions, Optionstöne: 9., 11. und 13. Stufe über dem Grundton (Fortsetzung des Terzenaufbaus über den Septakkord hinaus).

Pattern, lick: Kurze, markante melodische Figur, die häufig wiederholt wird.

Reharmonisation: Auffüllen eines harmonischen Verlaufs durch Zwischenakkorde, Ersetzen einzelner Akkorde durch *Substitut-Akkorde* oder Erweiterung von Akkorden durch *tension notes.*

Scale voicing: Bildung von Akkorden, die nicht nach dem Prinzip des Terzenaufbaus über dem Akkordgrundton, sondern durch freie Intervallauswahl unter Verwendung des Skalenmaterials erfolgt.

Scat-Gesang: Gesang ohne Text auf Tonsilben.

Slash chord (slash = schräger Bruchstrich)**:** Akkord, der über einen fremden Grundton oder einen zweiten Akkord anderer Tonart geschichtet ist. Die beiden Bestandteile werden im Akkordsymbol durch einen schrägen Bruchstrich getrennt.

Spread voicing (spread = verbreitert, ausgedehnt)**:** 3- oder 4-stimmiger Satztyp für tiefe Stimmen, in dem die tiefste Stimme den Akkordgrundton spielt und die anderen Stimmen in weiter Lage die anderen Akkordtöne ergänzen. Anwendung in der Posaunengruppe der Bigband und in der linken Hand beim Ragtime-Piano.

Sus4-Akkord, sus-Akkord: Dreiklang oder Septakkord, bei dem der Terzton durch die Quarte ersetzt wird. Entspricht etwa dem Quartvorhalt, allerdings wird der Vorhalt nicht immer aufgelöst.

Swingende Achtel: Offbeats (die Achtel in einem Viertelbeat) werden leicht verzögert gespielt. Gegensatz: **gerade Achtel**, die so gespielt werden, wie sie notiert sind.

Upper structure triads: Harmonisch entfernte Dreiklänge, die sich aus Akkordtönen und *tension notes* ergeben und am oberen Rand des *voicings* stehen (auch als *slash chords* notierbar).

Voicing: Auswahl der Töne eines Akkords und Anordnung in einem mehrstimmigen Satz.

Literatur

HEMPEL, CHRISTOPH: Serie „Workshop Arrangement" in „Musik und Bildung" 1/1995 – 6/1996. Schott-Verlag, Mainz

HERBORN, PETER: Jazzarrangement. Advance music, Rottenburg 1995

KELLERT, MARKUS/FRITSCH, MARKUS: Arrangieren und Produzieren (Buch und CD). Leu Verlag, Bergisch Gladbach 1995

KERR, ANITA: Voices. MCA Music, New York 1972

MAAS, KURT: Harmonik und Satzarrangement des Jazz. In: Der musikalische Satz (Hrsg. WALTER SALMEN/NORBERT SCHNEIDER). Edition Helbling, Innsbruck 1987

Quellen

CASELLA, ALFREDO: Kinderstücke für Klavier (1921). Universal Edition Wien

KABALEWSKIJ, DMITRIJ: *Langsamer Walzer* aus: *24 kleine Stücke für Klavier* op. 39. Sikorski 2142

SEIBER, MÁTYÁS: Leichte Tänze für Klavier. Schott, Mainz 2234

TSCHAIKOWSKY, PETER: Jugendalbum op. 39. Heinrichshofen 861

Interpretation im Ensemble

PETER RÖBKE

Beteiligung der Ensemblemitglieder oder das Orchester als „Rieseninstrument"?

Die Aufgabe, einen musikalischen Text, d. h. eine Ansammlung von Zeichen zu verstehen und dann stimmig und überzeugend in Klang umzusetzen, könnte, wenn es um Ensemblemusik geht, hauptsächlich als Angelegenheit des Ensembleleiters verstanden werden. In dieser Perspektive wäre dann ein Orchester quasi ein willfähriges Rieseninstrument, auf dem der Dirigent spielt, um seinen Empfindungen und Einsichten musikalischen Ausdruck zu verleihen: Entscheidend ist dann, dass dieses Instrument auf dirigentische Gesten und sonstige non-verbale Stimuli gut „anspricht". Nun würde sich eine solche einseitige Behandlung des „Orchesterapparats" – selbst wenn sie gewollt wäre – nie verwirklichen lassen: Professionelle Orchester haben ihre Tradition im Umgang mit Stücken, aber auch in einem Laienorchester entwickelt jeder Musiker allein schon im puren Spielen Vorstellungen von musikalischem Sinn, und immer werden somit die Sichtweise des Dirigenten und der unmittelbare Zugriff des Ensembles in Konkurrenz zueinander stehen. Selbst wenn nun ein Ensembleleiter seine Deutungen verbal darlegen und um Verständnis und Mitvollzug bitten würde: Das Thema „Interpretation im Ensemble" (und nicht „mit dem Ensemble") zielt auf mehr. Es geht um die wirkliche Beteilung aller Mitspielenden im Prozess der Interpretation, um gemeinsames Forschen und Entdecken, um gemeinsame Entscheidungen und Lösungen, und dies aus erzieherischen, funktionellen wie bildungstheoretischen Gründen:

- Man kann nicht über agogische Varianten oder die Intensität eines Forte abstimmen oder den Gesamtduktus einer Darstellung im Wege der Mehrheitsentscheidung finden lassen, insofern gibt es keine Demokratie im Ensemble. Aber gerade in der Arbeit mit einem Schulorchester sollte nicht das Herrscherverhalten bestimmter Maestri schlecht kopiert werden. Im Gegenteil: Die Mitglieder des Orchesters sollten so weit wie möglich in die Suche nach überzeugenden interpretatorischen Lösungen eingebunden sein. Partizipation und Partnerschaftlichkeit gelten auch in der Ensemblearbeit.
- Beteiligte Musiker (gleich ob Profis oder Laien) sind motivierte Musiker und motivierte Musiker spielen besser. Wer weiß, worauf es ankommt, wer ständig auch im Orchester den kammermusikalischen Kontakt mit seinen Mitspielern sucht, der trägt mehr zum musikalischen Ganzen bei als der, der sich nur als Rädchen im Getriebe empfindet.[1]

---

[1] Ein interessantes Beispiel bieten Jugendsinfonie- und Jugendkammerorchester der Musikschule Mürzzuschlag in der Steiermark, bei denen Jugendliche selbst dirigieren bzw. das Kammerorchester auf Dirigenten verzichtet und zwei Dutzend Streicher so spielen, als wären sie ein Streichquartett.

- Bei der Arbeit mit einem Schulorchester kommen Bildungsgesichtspunkte ins Spiel: Für eine Orchesterprobe sollte wie für eine gute Schulstunde gelten, dass Schüler sie anders verlassen, als sie sie begonnen haben. Und das heißt, dass über die Aufgabe hinaus, ein Stück zur angemessenen Darstellung zu bringen, musikalische Erfahrungen im eigentlichen Sinne des Wortes möglich sein sollten (Erfahrungen, aus deren Verarbeitung Bildung werden kann). Ich denke an Erfahrungen mit dem Besonderen, aber auch mit der Schönheit eines konkreten Werks, Erfahrungen mit grundsätzlichen musikalischen oder künstlerischen Problemen, Erfahrungen mit der Welt, die hinter einem Stück steht oder in diesem konzentriert ist, Erfahrungen mit mir selbst, der ich das Stück spiele. Nicht alles muss ins Musizieren eingehen, ein geistiger Überschuss der musikalischen Arbeit ist immer erfreulich.

Der Anspruch, Interpretation in der Ensemblearbeit gemeinsam zu verwirklichen, wirft eine Reihe von Fragen auf, Fragen etwa nach dem Verhältnis von Detail und Ganzem, nach der Beziehung von Einfühlung und Einsicht oder nach dem Unterschied von aktualisierender und historisierender Interpretation. Ich werde diese Fragen am konkreten Beispiel abhandeln und hoffe, dass der Leser den induktiven Weg mitgehen wird. Der Bezug auf ein konkretes Stück wird es auch erlauben, eine Fülle praktischer Vorschläge für gemeinsame analytische Tiefbohrungen, verdeutlichende Verfremdungen, topographische Markierungen oder erhellende Verbalisierungen zu machen.

Das Exemplum, das zur Arbeit ansteht, macht es uns nicht leicht: Das sechsstimmige *Ricercar* aus dem *Musikalischen Opfer* JOHANN SEBASTIAN BACHs ist ein schwer zugängliches, kaum fassliches und sich dem unmittelbaren Zugriff verweigerndes Stück. Um so mehr sind gemeinsame Verstehensanstrengungen – begriffliche und nicht-begriffliche – notwendig, um so dringlicher ist das Ringen um eine Darstellung, die die extreme Komplexität des Werks aufhellt und die Logik bzw. Organik seines Verlaufs erfahrbar macht. Dass das Stück ein Meisterwerk ist und dass der Rang seines Urhebers außer Frage steht, hilft nicht weiter: Wir werden am Ende sehen, dass uns BACHs Musik ohnehin fremder ist, als wir es uns in der Regel eingestehen. Das Stück ist spröde und wird nach meinen Erfahrungen im Schulorchester durchaus auch als langweilig empfunden: Immerhin ist es aber in einer Bearbeitung für Streichorchester in der Reihe *Concertino. Werke für Schul- und Liebhaberorchester* bereits als elftes Stück veröffentlicht worden.[2]

---

2 Ich beziehe mich im Folgenden häufig auf diese Bearbeitung von HELMUT MAY (CON 11), schlage aber vor, den dynamischen und Besetzungsvorschlägen des Herausgebers nur bedingt zu folgen und insbesondere davon Abstand zu nehmen, jeden Themeneinsatz im Forte herauszustellen.

Interpretation auf der Basis von Einfühlung und Analyse

Alles hängt davon ab, wie das Thema des *Ricercars*, das „Thema regium"
(= königliches Thema, siehe unten) von allen Mitwirkenden erspürt, erfasst,
begriffen wird – nicht nur, weil es die „ideelle" Grundlage des Werkes ist oder
weil es darauf ankäme, es im Fortgang des Stücks aufzuspüren, sondern vor
allem, weil nahezu jedes Intervall, jede Stimme, jede Stimmenkombination aus
dieser Wurzel hervorgegangen ist.

NB: 1

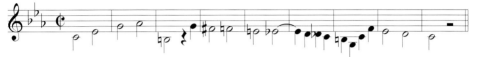

Wer den Film *Der Garten des Sergiu Celibidache* gesehen hat, wird sich erinnern,
wie der Dirigent in der Ausbildung junger Nachfolger darauf insistierte, dass
die dirigentische Geste immer die getreue Abbildung der musikalischen Ener-
gievorgänge sein solle, d. h. analoge Spiegelung eines Kraftgeschehens und
nicht nur Markierung des Taktes oder gar leere Pose. Und so wird auch hier
das Erste sein, dass der Leiter des Streichorchesters das Thema so zu modellie-
ren weiß, dass sich Hand-, Arm- und Körperbewegungen auf die Musizierenden übertragen. Aber warum soll nicht das Thema auch gemeinsam dirigiert
oder mehr noch: verkörpert werden: Das Recken des c-moll-Dreiklangs, der
Schritt über den Quintraum hinaus, der Absturz über die verminderte Septe auf
den Leitton hinab, das Innehalten der Pause, das auftaktige Anschließen der
Themenfortsetzung, die Mühseligkeit und Enge des chromatischen Abstiegs,
der synkopische Stau und das auflösende Fließen der Viertel, die im Quarten-
anstieg erreichte kadenzielle Beruhigung, das alles kann mit Gebärden gezeigt,
im Mienenspiel ausgedrückt, im Spannungsgrad und in den Haltungen des gesamten Körpers nachvollzogen werden: Alle Mitspieler sollten ihre Instrumente
bei Seite legen, aufstehen und sich auf diese mimischen und gestischen Ver-
deutlichungen einlassen. Tritt der Gesang, treten Atemvorgänge und Kehlkopf-
und Zwerchfellspannungen hinzu, fällt es noch leichter, jene inneren Zustände
hervorzubringen, die der Musik adäquat sind.

Aber auch die Wortsprache kann helfen, selbst wenn sie in ihrem Nuancen-
reichtum in der Regel hinter der Musik zurückbleibt. So wie ich soeben versucht habe, die musikalischen Gesten sprachlich einzufangen, so sollte sich
auch der Leiter des Ensembles gemeinsam mit seinen Musikern bemühen, jene
Adjektive und Substantive bzw. Verben zu finden, die die musikalischen Regungen möglichst treffend erfassen, und dabei auch die organische Logik der
Vorgänge nachvollziehen. Auf Fachtermini wie „verminderte Septen" oder
„Chromatik" kann man in der Arbeit mit dem Schulorchester vielleicht verzichten, Formulierungen wie „jähes Abstürzen" oder „mühseliges Von-der-Stelle-
Kommen" sind dagegen sicher hilfreich.[3]

---

[3] Viele Anregungen für diese Weise energetischer Musikbetrachtung gibt HANS MERSMANN:
Musikhören, Kassel 2. Auflage 1973

Die Aufgabe des energetischen Nachvollzugs wird noch schwieriger und spannender, wenn das Verhältnis von Thema und Kontrapunkt zu erfassen ist:

NB: 2

Aus dem Schlenker „Achtel – zwei Sechzehntel" holt sich die zweite Stimme Kraft, um die Aufwärtsbewegung der ersten in großen Quartsprüngen zu überhöhen, und während die erste abstürzt, hält die zweite inne, löst sich sanft vorhaltig auf, legt einen Grund für den erneuten Ansatz des Themas im Terzabstand; die Stimmen kommen sich nahe, weichen sich wieder aus; schließlich nimmt der Kontrapunkt den beschleunigten Abgang der Viertel im Achtellauf vorweg, setzt in die Tiefe fort und legt ein deutliches kadenzielles Fundament. Wer dieses lebendige Mit- und Gegeneinander einmal wirklich erlebt hat, wird sich nicht satt hören und spielen können. Und immer wieder sollte die Empfindung für das Harmonieren und Konfligieren der einzelnen Stimmen geschärft werden, immer wieder sollte alle Aufmerksamkeit dem Verwobensein von Stimmpaaren gelten. Ich greife nur wenige Beispiele heraus. Man achte auf die feine rhythmische Wechselseitigkeit des folgenden Stimmpaars:

NB: 3

oder man achte auf die Fragilität des Themas, das quasi als Darstellung des Quartsextakkords eingeführt ist:

NB: 4

Man sollte immer wieder das Tutti unterbrechen und Stimmen miteinander dialogisieren lassen, Reibungen und Entladungen, Zusammenstöße und Sich-Entfernen, Widerstehen und Nachgeben zeigen, singen, fühlen, verbalisieren.

In einem zwei- vielleicht sogar einem dreistimmigen Stück fände man mit dieser Weise des Einfühlens in die musikalischen Verläufe das Auslangen; man könnte darauf vertrauen, dass die Verschmelzung des eigenen Energiepotentials mit dem der Musik, die unmittelbare Empfindung von Erregung und Ruhe oder Spannung und Entspannung befriedigende musikalische Ergebnisse und das heißt: ein berührendes expressives Spiel hervorbringt.[4] Allerdings sind die expressive „Unmittelbarkeit" oder die „Spontaneität" der Empfindung natürlich nicht voraussetzungslos: Sie setzen unbewusste musikalische Sozialisationsprozesse im herrschenden Medium tonaler Musik ebenso voraus wie gezielte musikalische Unterweisung (etwa mit der Methode relativer Solmisation, die einen lehrt, das Streben des Leittons oder das Schwanken eines Terztons zu benennen und zu erleben).

---

[4] Vgl. vom Verfasser: Ausdrucksvoll musizieren – Pädagogische Aspekte eines viel benutzten und wenig reflektierten Begriffs, in: GERHARD MANTEL (Hrsg.): Ungenutzte Potentiale. Wege zu konstruktivem Üben, Mainz 1998, S. 22-42 (= Kongressbericht 1997 des Forschungsinstituts für Instrumental- und Gesangspädagogik e. V.)

Wenn alle Beteiligten nur auf ihre musikalische Erlebnisfähigkeit bauen, wird eine sechsstimmige Passage wie die Folgende zwar irgendwie lebendig, aber doch recht unartikuliert und verschwommen klingen.

NB: 5

Am Gesamtklang sind somit „Bohrungen" anzusetzen. Wir müssen Sonden in das kontrapunktische Gespinst versenken und die einzelnen Stimmen beleuchten. Und aus den Versuchen, das BACHsche Gewebe zu durchdringen, werden sich sehr bewusste kognitive Akte ergeben, die über die Einfühlung hinausgehen.[5]

- Wir sind mit einer „Überfülle an syntaktischer Bedeutung" konfrontiert: Nahezu jede Stimme ist aus dem Thema gewonnen und für den musikalischen Prozess bedeutsam. Ein schlichtes Verhältnis von Haupt- und Nebenstimme oder Thema und Begleitung ist nirgendwo gegeben: Die Dreiklänge sind selbstverständlich die umgekehrten Themenköpfe in Originalgestalt und Diminution. Die Achtelläufe – als Element, das geeignet ist, Intervalle aufzufüllen – sind im Kontrapunkt angelegt, werden in dieser Phase des Stücks allerdings zunehmend zu fortlaufenden Ketten.

- Wir haben eine Auswahl zu treffen und uns zu entscheiden, welche Stimme(n) zu Lasten der Übrigen hervortreten soll(en) und mit welchen Mitteln dies zu geschehen hat: Zur Verfügung stehen Besetzungsmöglichkeiten (solo – tutti – einzelne Pulte), dynamische Abstufungen und Stricharten als Möglichkeiten zu differenzierter Artikulation (etwa Achtel im Legato, Halbe im Portato, Viertel im Martelé).

- Wir haben sowohl in der Bewertung der Bedeutsamkeit von Stimmen wie in der Wahl der Darstellungsmittel eine gewisse Konsequenz walten zu lassen, damit die Gesamtinterpretation einen in sich stimmigen Eindruck macht. So könnte man (gerade im Blick auf das Kommende) die Auffassung vertreten, die zunehmende Achtelbewegung sei das Primäre: In der nächsten Phase entwickelt BACH aus dieser Bewegung heraus einen die Grenzen der Tonalität streifenden Dialog, in der übernächsten wird das Prinzip der Achtelablösung zur atemlosen Jagd. Daraus könnte sich die Konsequenz ergeben, die Dreiklangsfolgen als Hintergrund aufzufassen, vor dem sich der Dialog der Bassstimmen plastisch abhebt. So werden im kontrapunktischen Dickicht Hörpfade gebahnt.

Aber auch wenn das Fugenthema in seiner vollständigen Gestalt auftritt, ist es nicht damit getan, dieses zu identifizieren und womöglich lautstark hervorzuheben.[6] Es gäbe einige Belege dafür, wie BACH das Thema gleichsam verschwiegen einführt und wie es erst allmählich z. B. eine schlussbildende Kraft entfaltet (z. B. Takt 95 ff.). Es mit „didaktischem Zeigefinger" herauszustellen unterbräche den Prozess. Das gilt für das gesamte Stück: Es ist keine schematische Folge von Themendurchführungen (mit mindesten einer Dux-Comes-Relation) und Zwischenspielen, sondern ein unaufhörlicher musikalischer Prozess, dessen Stationen auf unterschiedliche Weise vom Thema regium markiert werden, ohne dass sich – nach der ersten „regulären" sechsstimmigen Durchführung – jemals wieder ein Comes zum Dux gesellen würde.

---

[5] Zur ausführlichen Darstellung des Interpretationsvorgangs als Ergebnis bewussten Verstehens und Entscheidens vgl. vom Verfasser: *Der Instrumentalschüler als Interpret. Musikalische Spielräume im Instrumentalunterricht*, Mainz 1990

[6] MAY verfährt in dieser Hinsicht etwas schematisch: Man kann sicher sein, dass jeder Auftritt des Themas im Forte bzw. im Tutti erfolgt.

Die erste Durchführung des Themas
(als Basis der Arbeit am ganzen Stück)

In diesem Text wird die Begegnung mit dem totalen Sinn- und Bedeutungs-
potenzial einer Passage oder eines ganzen Stückes ebenso als Aufgabe des
Interpreten angesehen wie die „Reduzierung" dieser Fülle zugunsten einer
stimmigen Darstellung. Interpretation stellt sich somit dar als eine Folge von
Auswahlentscheidungen. Im Folgenden soll nun am Beispiel der ersten Durchführung des Themas demonstriert werden, wie die Mitglieder des Ensembles
gemeinsam durch möglichst innige Bekanntschaft mit den Komponenten des
musikalischen Satzes die Voraussetzungen für solche Entscheidungen erwerben. Um möglichst alle Ensemblemitglieder an diesem Prozess der Entdeckungen zu beteiligen, wäre es ratsam, das Orchester wenigstens die ersten 57
Takte aus der Partitur studieren zu lassen.

Was zu Beginn im Wege der Einfühlung erfasst wurde, etwa der jähe Ab-
sturz von as nach h oder der mühsame chromatische Abstieg, könnte nun auf
nüchtern zu konstatierende Weise dingfest gemacht werden: Das Thema bietet
Dreiklang, verminderte Septe, chromatischen Gang im Quintraum sowie eine
Quartenfolge als thematisches Reservoir für das ganze Stück an; der erste
Kontrapunkt fügt eine Quartenkette, eine Vorhaltsauflösung, ein kadenzieren-
des Motiv mit zwei Quartsprüngen sowie diatonische Gänge bzw. Läufe in
Achteln und Vierteln hinzu. Es kann anschließend versucht werden, alle Stimmen daraufhin zu durchleuchten, wie sie sich aus diesem Vorrat bedienen
oder wie sie gewissermaßen nach thematisch-motivischer Bedeutung haschen
(und alle Mitwirkenden könnten sich, da sie die Partitur vor sich haben, jeweils gemeinsam einer Stimme widmen). Zunächst aber kommt es darauf an,
das Augenmerk ganz auf das Thema und seinen ihm fest verbundenen Kontrapunkt zu widmen, d. h. viele leise Durchläufe zu spielen, in denen nur das
Thema oder der Kontrapunkt ungestört (also im Forte) hervortreten können.

Anschließend wird das Thema quasi seziert und in seine Keimzellen zerlegt. Angeregt durch ANTON WEBERNs Bearbeitung des *Ricercars*[3] teilen sich
nun die Stimmen des Orchesters die Aufgabe, einzelne Komponenten des
motivisch-thematischen Reservoirs herauszuheben: Von Takt 1 bis 57 erklingt
nur das einstimmige Thema; der Themenkopf und die folgenden Mikrozellen
werden von je einer Gruppe dargestellt.

NB: 6

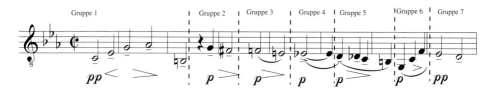

---

[3] *Fuga (2. Ricercata) a 6 voci* aus „*Das musikalische Opfer*" von JOH. SEB. BACH *(BWV 1079/5)* für Orchester gesetzt von ANTON WEBERN (1934/35), Philharmonia No. 465

Weiterhin geht es um die aus Thema und Kontrapunkt hergeleitete Relevanz des vermeintlichen Hintergrunds[8]:

- Dass die Achtelfolgen im Zusammenwirken der Stimmen eine unaufhörliche Bewegung ergeben, wird evident, wenn wir vereinbaren, dass außer dem Thema nur auftaktige Achtelläufe erklingen dürfen (und sinnvollerweise sollte das in den Stimmen farbig markiert werden).
- Melodische Wendungen, die durch Intervallsprünge gekennzeichnet sind, werden artikulatorisch und gestisch hervorgehoben, im Marcato unterstrichen und von signifikanten Körperbewegungen begleitet.
- Was in diesen Stimmen seufzt, wird zusätzlich im Gesang ausgedrückt: Vorhalts- (oder vorhaltsähnliche) auflösungen bzw. -ketten werden mitgesungen.[9]

Mag auch manches von dem, was hier vorgeschlagen wird, als Verdopplung oder als recht gewaltsame Hinzufügung bzw. als massiver Eingriff in das Werk erscheinen: Meine Hoffnung ist, dass durch Spielen und Visualisieren, durch artikulatorische und dynamische Übertreibung und klangfarbliche Verfremdung, durch sängerische, mimische und gestische Hervorhebung das kontrapunktische Gewebe gleichsam aufgedröselt und die Dunkelheit der Konstruktion aufgehellt wird. Und so soll die Motivation für die Bewältigung der schwierigen Aufgabe steigen (manche Stimme könnte sonst schlicht als langweilig erscheinen ...), so soll in jedem Mitspieler ein Gefühl für seine Verantwortung und die Bedeutsamkeit seines Beitrags entstehen und der Boden für gemeinsame Entscheidungen etwa über die „Aussprache" der Tonfolgen oder die dynamischen Abstufungen innerhalb des Stimmgefüges bereitet werden.

Überblick gewinnen: Topographie und Tektonik

Je intensiver die ersten 57 Takte gearbeitet werden, je vertrauter uns die motivischen Elemente durch vielfältigen Umgang mit ihnen sind, desto besser sind wir darauf vorbereitet, im Folgenden die wesentliche motivische Substanz der jeweiligen „Zwischenspiele" (besser: Stationen des musikalischen Prozesses) zu erkennen und diese zu identifizieren und abzugrenzen: Schließlich wird es möglich sein, nicht nur eine „Landkarte" des Stückes zu entwerfen, sondern auch die „Logik" des Voranschreitens zu erfassen, die Zwangsläufigkeit, mit der BACH uns von einer Station zur anderen führt.

---

[8] Die folgenden Vorschläge sind angeregt durch GERD ZACHER *Festival. Die Kunst einer Fuge*, d. h. durch dessen Versuch, den ersten Kontrapunkt aus der „Kunst der Fuge" in zehn Interpretationen immer wieder neu zu beleuchten. Seine Versionen der ersten Fuge beziehen sich mit teils abgeschaltetem Orgelwind, im stummen Musiktheater oder mit clusterartigen Verwischungen auf moderne Kompositions- und Spieltechniken.

[9] In WEBERNs Bearbeitung wird diese Aspekt fast zu deutlich: Der Herausgeber der Studienpartitur spricht im Vorwort davon, dass WEBERN mit *abgerissenen Seufzerwellenstößen, (...) in bedenkliche Nähe romantischer Weltschmerzchromatik von der Art derjenigen MAHLERs und seiner eigenen Generation geriet.*

BACH konfrontiert uns im Anschluss an die sechstimmige Durchführung des Themas mit den folgenden neun Phasen (Taktzahlen in Anlehnung an die 2/2-Fassung bei MAY; ich verzichte auf den ständigen Hinweis, dass das motivische Material den Quellen von Thema und Kontrapunkt entstammt: die Beziehungen sind ohnehin evident):

1. In den Takten 57 bis 78 setzen sich der aufsteigenden (und von der 4. Stimme chromatisch eingefärbten) Linie der Bässe absteigende und vorhaltsartige Linien der Oberstimmen entgegen; in zwei Anläufen wird eine Kadenz in Es-Dur erreicht, die als starke Zäsur wirkt.

2. Nun dominieren – in den Takten 78-88 – abwärts gerichtete chromatische Linien, denen ein quart- und quinthaltiges Motiv entgegengesetzt ist. Die Passage führt zu B-Dur.

3. In Takt 88 erweckt ein Dreiklangseinsatz im Bass den Eindruck, das Thema kehre wieder; tatsächlich aber ergibt sich zunächst eine Folge von Dreiklängen im Taktabstand, die von einem charakteristischen Quartsprung kontrapunktiert wird, bis schließlich – auf diese Weise vorbereitet und eher unauffällig – das königliche Thema in Takt 95 einsetzt und den g-Moll-Abschluss in Takt 103 herbeiführt.

4. Eine Art Doppelfuge steht in den Takten 103-114 zwei markanten Motiven gegenüber: einem chromatischen Abwärtsgang in Halben sowie einer auf den Grundton zielende und diesen im Quartsprung bekräftigende Tonfolge, die schließlich auch einen erneuten, in der Mittelstimme verborgenen Themeneinsatz in Takt 115 herbeizieht, der die harmonische Station f-Moll in Takt 123 endgültig befestigt.

5. Dreiklangsfolgen, die simultan in Halben und diminuierten Vierteln erklingen, stehen in den Takten 123-131 sich einander ablösenden Achtelläufen gegenüber. Der harmonische Weg geht von f-Moll nach Es-Dur.

6. Aus dem Gewirr der Dreiklänge wächst das Thema regium hervor, das in der Passage der Takte 131 bis 144 von zwei „einsamen", sich in kryptischen Achtelfolgen bewegenden Stimmen kontrapunktiert wird. Alles scheint sich zu senken, bis die harmonische Ebene von b-Moll erreicht ist.

7. Auf dem vorgezogenen Bass-Orgelpunkt „f" (Takt 144) setzt das Fugenthema in b-Moll ein. Aus den bewegten Achtelfolgen, die es umranken, wächst eine Partie (bis Takt 165) heraus, in der den Pfundnoten des Basses immer atemlosere Achtelablösungen gegenüber stehen.

8. As-Dur ist in Takt 165 erreicht: der Celloeinsatz täuscht einen Themeneinsatz vor, tatsächlich aber schließt sich eine durch Synkopen dominierte Phase an, die auf die vorletzte und dominantisch wirkende Themenwiederkehr (Takt 171 in tonaler Comes-Gestalt) hinarbeitet; eine deutliche Kadenz in der Dominante der Grundtonart des *Ricercars* (Takt 180) leitet die Schlussphase ein.

9. Von Takt 183 bis 197 wächst die Spannung unaufhörlich: Unaufhörlich abwärts ziehenden chromatischen Gängen steht eine markante Sprungfolge gegenüber; die dreimalige steigernde Sequenzierung des chromatischen Gangs im Bass führt auf die abschließende Wiederkehr des Themas in c-Moll (Takt 197) hin.

Von der Erstellung einer „Landkarte" war die Rede – und so sollten alle Mitspieler in ihre Noten die entsprechenden Markierungen einzeichnen. Dabei
geht es nicht nur um die Nummerierung von Stationen: Indem für die einzelnen Passagen auch bewusst charakterisierende Worte gesucht werden (vielleicht stellen sich diese auch wie zufällig in der Probe ein), ist der erste Schritt
getan, die Folge der Teile des Stücks nicht nur als „und dann, und dann, und
dann" zu sehen, sondern auch als „und deshalb" oder „aber dennoch" oder
„plötzlich".[10]

Mögliche verbale Markierungen könnten sein (solche assoziativen Belegun-
gen können selbstverständlich nur subjektiv sein):
*Portal / Wellen / Beruhigung / Wiedererwachen / Doppelfuge / Dreiklangsdichte /
Geheimnis / Atemlosigkeit / Erwartung / Schlusssteigerung und Apotheose.*

Alle Ensemblemitglieder sollten bei einem Stück wie diesem immer wissen, wo
sie sich gerade musikalisch befinden. Daher wird man das *Ricercar* eins ums andere Mal durchspielen müssen, um seiner habhaft zu werden. „Sondierungen"
durchleuchten das dichte kontrapunktische Gestrüpp, die erwähnten Weg-
marken dienen der Orientierung im unaufhörlichen Fließen des musikalischen
Prozesses. Übergänge lassen sich studieren: Eines wächst aus dem anderen heraus, das Folgende kann aber auch im deutlichen Kontrast zum Vorhergehenden stehen. Immer mehr geht der Blick aufs Ganze, und irgendwann soll der
große Zusammenhang gestaltet, der Atem für den Bogen der kompletten Fuge
aufgebracht werden. Dabei kann es hilfreich sein, in der Einschätzung und
Empfindung der einzelnen thematischen Phasen wie des Ganzen dem Formge-
fühl ANTON WEBERNs zu vertrauen, das sich in dessen Bearbeitung des *Ricercars*
für großes Orchester manifestiert.

In agogischer und dynamischer Hinsicht schreibt WEBERN den Wechsel
von ruhigen und „fließenden" Partien vor (die Letzteren führen zumeist in die
Forte-Region, während die ruhigen Partien im Piano-Bereich verharren): Die
erste Durchführung des Themas ist „sehr mäßig" gehalten, kleine Rubati verdeutlichen die Themeneinsätze, mit Ende dieses Teils wird die Gestaltung
„fließender", die zweite „Welle" ist dann „sehr fließend", Phase 2 und 3 bleiben „sehr ruhig", erst die „Doppelfuge" drängt wieder, ständiger Steigerung
im dichten Dreiklangsteil folgt eine „exterritoriale" Partie (= Phase 6; „wieder
sehr ruhig", Solo-Stimmen „sehr zart" oder „dolcissimo", durchgängig piano-
pianissimo). Danach zielt alles in ständiger Intensivierung auf den Schluss:
Sehr getragen erklingt das Thema regium abschließend im Fortissimo.

Vielleicht erwarte ich zuviel: Die energetische Verlaufskurve eines kleinen
BACH-Präludiums mitzuempfinden und zu gestalten, mag ja noch angehen;
kann es aber Schülern (und nicht nur dem Dirigenten) gelingen, den Bogen
über die acht Minuten des *Ricercars* so zu spannen, dass das Stück nie auf der

---

[10] Vgl. die Vorschläge, die GERHARD MANTEL in *Cello üben*, Mainz 1987, S. 191 macht:
zwar – aber
das und auch das
das eine ja, das andere aber leider nicht
das eine, das andere, und sogar das dritte
trotzdem

Stelle tritt, die Spannung nicht wegbricht und unaufhörliches Wachstum spürbar wird (und das heißt mehr, als nur piano oder forte bzw. „ruhige" oder „bewegte" Abschnitte zu musizieren)?

Man muss vermutlich so über dem Stück stehen, dass in der inneren Vorstellung das Stück gewissermaßen gerafft erscheint; erst dann wird Durchspielen nicht „Durchkämpfen" bedeuten, sondern die Realisierung eines größeren Plans. Je mehr das Stück mein innerer Besitz ist, je mehr es im inneren Hören aufrufbar ist, je größer somit die mögliche Distanz zum real Erklingenden ist, desto eher werde ich jederzeit beim Spielen auch aufs Ende sehen können. Also sind Überlegungen am Platz, wie das *Ricercar* als Ganzes in der Imaginationskraft der Ensemblemitglieder aufleben kann, es geht um Maßnahmen, die die Aneignung des Stücks erlauben, ohne von den „physischen Problemen" des Instrumentalspiels beschwert zu sein.

- Man sollte das Stück hören, auch ohne zu spielen: Aufnahmen der Cembalo- und der Orchesterfassung anhören, sich vor das Orchester und neben den Dirigenten begeben, um nur zu lauschen, die Probe fürs häusliche Nachhören auf Band aufnehmen usw.
- Man sollte mit der Partitur in der Hand die anderen Stimmen mitverfolgen.
- Man sollte die eigene Stimme nur lesen und dabei innerlich hören.
- Man sollte die Originalfassung für Cembalo hören und dem Verlauf der eigenen oder dem anderer Stimmen folgen (schwer!).

Unmittelbarkeit versus historische Differenz: barocke Musik als Mathesis und Affekt

Ich bin in den vorstehenden Ausführungen wie selbstverständlich davon ausgegangen, dass sowohl der emotionale oder energetische Gehalt des königlichen Themas als auch die gesamte Komposition des *Ricercars* Lehrern wie Schülern unmittelbar zugänglich sind. Und diese Unmittelbarkeit des Zugangs sollte gelten, gleich ob man sich der Musik auf einfühlende oder auf rational klärende Weise nähert. Tatsächlich aber können einen in der konkreten Arbeit Zweifel beschleichen, ob das vorliegende Stück wirklich so nahe ist. Was das Thema anbelangt, so ist der Ausdrucksgehalt eines Moll-Dreiklangs oder die Strebetendenz eines Leittons Schülern durchaus vertraut, aber ist nicht die Linearität der BACHschen Themenbildung für jemanden fremd, der eher mit periodisch geprägten Melodienbildungen groß wurde? Und was die Komposition betrifft, so ist es wohl nicht nur deren Komplexität, die das Durchhören schwierig macht und die Annäherung erschwert, sondern befremdend ist auch der eigenartige Umstand, dass Stücke dazu da sind, tönend zu beweisen, wie eine kontrapunktische Rechnung aufgeht. Das *Ricercar a 6* ist eben auch der triumphierende Beweis, dass aus einem „unmöglichen" Fugenthema ein strenges Stück mit einer ungeheuren Stimmenzahl zu entwickeln ist (im gesamten *Wohltemperierten Klavier* gibt es keine einzige sechsstimmige Fuge). Es ist der Nachweis der Meisterschaft in der musikalischen Wissenschaft – ähnlich wie andere Werke des Spätwerks: So begehrte BACH bekanntlich mit den *Canonischen Veränderungen über das Weihnachtslied Vom Himmel hoch, da komm ich her* 1747 die Aufnahme in die von LORENZ MIZLER in Leipzig gegründete „Societät der musikalischen Wissen-schaften". Tatsächlich kann man mit einigem Recht die Auffassung vertreten, dass Werke wie das vorliegende nicht unbedingt zu Gehör gebracht werden müssten: Sachkundige Lektüre und das Eindringen in ihren spekulativen Geist täten es auch.

Dass Musik eine mathematische Wissenschaft war und z. B. im Mittelalter ihren entsprechenden Platz im Quadrivium der „realen" Künste neben Arith-metik, Geometrie und Astronomie innehatte, mag heutigen Schülern zunächst fremd sein (und dabei sind noch gar nicht die kosmologischen Implikationen dieses Ansatzes betont, die Absicht, in musikalischen Zahlenverhältnissen die idealen Proportionen des von Gott geschaffenen Kosmos abzubilden). Vielleicht ist es pädagogisch sinnvoll, die Fremdheit dieses Denkens noch zu unterstrei-chen, anstatt ein hoch spekulatives und quasi mathematisch konstruiertes Werk als reine Ausdrucksmusik zu nehmen. Es wäre dann der Zeitpunkt gekommen, während der Ensembleprobe die bekannte Entstehungsgeschichte des *Musika-lischen Opfers* einfließen zu lassen, die an einem Mai-Abend des Jahres 1747 im Potsdamer Schloss FRIEDRICHS DES GROßEN beginnt (hier in den Worten eines der frühesten BACH-Biographen, NIKOLAUS FORKEL):

Der König gab für diesen Abend sein Flötenkonzert auf, nöthigte aber den damals schon sogenannten alten Bach, seine in mehrern Zimmern des Schlosses herumstehende Silbermannische Fortepiano zu probiren. Die Capellisten gingen von Zimmer zu Zim-mer mit, und Bach mußte überall probiren und fantasiren. Nachdem er einige Zeit pro-birt und fantasirt hatte, bat er sich vom König ein Fugenthema aus, um es sogleich ohne alle Vorbereitung auszuführen. Der König bewunderte die gelehrte Art, mit welcher sein Thema so aus dem Stegreif durchgeführt wurde, und äußerte nun, vermutlich um zu sehen, wie weit eine solche Kunst getrieben werden kann, den Wunsch, auch eine Fuge mit 6 obligaten Stimmen zu hören. Weil aber nicht jedes Thema zu einer solchen Vollstimmigkeit geeignet ist, so wählte sich Bach selbst eines dazu, und führte es so-gleich zur größten Verwunderung aller Anwesenden auf eine eben so prachtvolle und gelehrte Art aus, wie er vorher mit dem Thema des Königs getan hatte ... Nach seiner Zurückkunft nach Leipzig arbeitete er das vom König erhaltene Thema 3 und 6stimmig aus, fügte verschiedene kanonische Kunststücke hinzu, ließ es unter dem Titel „Musi-kalisches Opfer", in Kupfer stechen, und dedicierte es dem Erfinder desselben (zitiert nach HOFSTADTER 1985, S. 4 ff.).

Um noch deutlicher zu machen, dass und wie die Stücke des *Musikalischen Op-fers* Herausforderungen an den menschlichen Geist darstellen, sollten einige der kanonischen Rätsel gelöst und die Lösungen gespielt werden – immer geht es darum, dass eine Gestalt aus sich selbst heraus in absoluter Folgerichtigkeit Gestalten hervorbringt, die mit ihr und untereinander auf wundersame Art har-monisch zusammenklingen.

NB: 7

Nachdem die Versuche, jenen Takt zu finden, in dem die zweite Stimme des Kanons einsetzen könnte, sicher scheitern werden, wird des Rätsels Lösung offenbart: Die zweite Stimme setzt gleichzeitig mit der ersten ein, allerdings hat sie mit dem Schlusston einzusetzen und das ganze Stück *rückwärts* zu spielen.

Mag aber einerseits Schülern der Gedanke zunächst fremd sein, dass Musik geschrieben wird, um Rätsel zu stellen oder Proportionen auszuloten, so ist andererseits gerade das mathematische Tüfteln ein möglicher Treffpunkt zwischen Jugendlichen, die in der modernen Informationsgesellschaft aufwachsen, und einem Stück aus dem Jahr 1747. Die Überlegungen zu künstlicher Intelligenz, die DOUGLAS R. HOFSTADTER in seinem inzwischen zum Kultbuch der Computergeneration avancierten *Gödel, Escher, Bach – ein Endloses Geflochtenes Band* anstellt, gehen bezeichnenderweise immer wieder auf die Konstruktionsprinzipien des *Musikalischen Opfers* zurück („Rekursive Strukturen und Prozesse, Seltsame Schleifen oder Verwickelte Hierarchien").

Unser Zugriff in expressiver wie analytischer Unmittelbarkeit brachte brauchbare Ergebnisse, zielt aber nicht nur am mathematischen Wesen des sechsstimmigen Wunderwerks vorbei, sondern bringt dessen „emotionale Seite" mit Gewalt auf einen modernen Begriff von Gefühl: Jetzt ist an der Zeit, den Unterschied zwischen „Affekt" und „Gefühl" zu bedenken. Dabei betonen wir wiederum die historische Distanz, die nicht nur eine von gut 250 Jahren, sondern auch eine des Unterschieds zwischen bürgerlicher und vorbürgerlicher Zeit ist.

Der barocke Komponist war davon überzeugt, dass bestimmte Tonarten, Tonfolgen oder Rhythmen bei den Rezipienten seiner Musik zwingend eindeutige Wirkungen hervorrufen würden: Die musikalischen Darstellungsmittel sind den jeweiligen Affekten nicht willkürlich zugeordnet, sondern aufgrund einer naturgesetzlich geregelten Übereinstimmung zwischen musikalischer und seelischer Bewegung. Es geht also nicht nur um die *Darstellung*, sondern auch um die *Erregung* von Affekten (und der Interpret ist gewissermaßen „Komplize" in diesem rationalistischen Kalkül: er soll sich – ebenso wie der Komponist – nur in Maßen von den Affekten erschüttern lassen; auf das Lachen und Weinen der Hörer kommt es primär an, nicht aber auf das Ergriffensein der Produzenten).[11] Die Sicht des menschlichen Gefühlslebens, die hinter diesen Spekulationen steht, ist eine, die sich von der modernen einigermaßen unterscheidet: Affekte sind nicht in einer unkonturierten Gefühlslandschaft angesiedelt, sondern definierbar, voneinander abgrenzbar und auf Grundaffekte reduzierbar. Sie sind keine individuelle psychische Produktion des Ichs, sondern widerfahren dem quasi wehrlosen Menschen (afficere: „behaften, erfüllen mit", aber auch: „schwächen, erschöpfen"), sie brechen über ihn herein und werden allenfalls modifiziert durch den Temperamenttyp, dem ein Mensch zuzuordnen ist.[12] Dass affektuose Reaktionen mit Notwendigkeit eintreten, beruht in der rationalistischen Sicht des Menschen darauf, dass dieser nicht anders als eine Maschine nach kausalen Schemata von (mechanischer) Ursache und Wirkung funktioniert.

Im vorliegenden Fall scheint es, dass die konstruktive Seite der Musik deren affektive zur Seite drängt; diese ist jedoch präsent, und die konkreten Figuren, die in der musikalischen Rhetorik kodifizierten Vokabeln also, mit deren Hilfe BACH allgemeine Affektwerte beschreibt, sind bereits im Thema identifizierbar. Wenn nach Quintilian *„Figur ... die Gestalt einer Rede in Abweichung von der gewöhnlichen und zunächst sich anbietenden Art zu sprechen"* (zitiert nach EGGEBRECHT 1991, S. 372) ist, dann machen wir als bedeutungsträchtige Abweichungen vom „Normalen" aus:

- den „saltus duriusculus", den „etwas harten Sprung" der verminderten Septe;
- die unterbrechende Pause, die „Tmesis": Die Tmesis („Trennung", „Zerschneidung") ist das Zerschneiden des Melodieverlaufs durch Pausen, die die Trennung von etwas ausdrücken können, zum Beispiel die Trennung zweier Freunde oder die Trennung des Menschen von Gott (EGGEBRECHT 1991, S. 377);
- den chromatischen Schritt, den „passus duriusculus", der seit dem frühen 17. Jahrhundert stets im Zusammenhang mit Texten begegnet, denen der Affekt der Klage, der Trauer oder des Schmerzes eigen ist (WOHLFAHRT 1987, S. 277. Bei BACH ist die chromatische Folge im Besonderen als Symbol der „Theologica crucis" zu verstehen.
- Dass die gesamte Tonfolge nach unten will, eine Tendenz in die Tiefe hat, kann als Figur der Katabasis gedeutet werden: Sie besteht aus einem deutlich sich abhebenden Abwärtsgang einer Stimme und dient häufig zur bildhaften Darstellung von Textaussagen wie „hinfahren", „Erde", „Hölle", „Erniedrigung", „Knechtschaft" u. a. (RIEMANN-Lexikon 1967, S. 448).

---

[11] Vgl. ULRICH THIEME: Die Affektenlehre im philosophischen und musikalischen Denken des Barock, in: Tibia 1984, S. 9: Bei dieser Darstellung des Affekts muß der Komponist nicht gerade selbst von ihm bewegt sein, eher ist „kalt Blut und Bedachtsamkeit" (MATTHESON) am Platze; er soll gewissermaßen „so tun, als ob".

[12] THIEME a. a. O. informiert auch über den Zusammenhang von Temperamenten- und Affektenlehre. Zum Zusammenhang von Affekt und Zahl bzw. Proportion siehe auch EGGEBRECHT, HANS HEINRICH: *Musik im Abendland. Prozesse und Stationen vom Mittelalter bis zur Gegenwart*, München 1991, S. 345-360 *(Affekt und Figur)*.

Es liegt auf der Hand, dass zumindest in der Intention des Komponisten die Bestandteile des Themas nicht nur energiegeladene kompositorische Bausteine, sondern Elemente einer Klangrede sind, die auf einen Sinn jenseits des Musikalischen verweisen: Die Deutung des semantischen Feldes, das mit Worten wie „Zerknirschung" oder „Sündhaftigkeit" zu umreißen ist, überlasse ich dem Leser. Es gibt eine Passage im Verlauf des Stücks, deren Figurenhaftigkeit besonders deutlich ist: In den Takten 131-144 scheint die Tendenz des Niedersinkens besonders wirksam zu sein, die Musik wird wie von einer mächtigen Hand regelrecht niedergedrückt, aber mehr noch: Die plötzliche Ausdünnung des Satzes auf drei Stimmen sticht hervor, der Weg von Es-Dur zu b-Moll ist ebenso aussagekräftig wie das gehäufte Auftreten von tonartfremden Tönen (Figur der Pathopoiia: *eine Figur, durch welche das Mitleid erregt wird*, zitiert nach WOHL-FAHRT 1987, S. 277). Dem Schulorchester, das sich erfahrungsgemäß in diesen Takten außerordentlich plagt, könnte somit vermittelt werden, dass die eigentümlichen Tonfolgen und die überraschenden Vorzeichen keine Schikane sind und keiner Laune des Komponisten entspringen, sondern einer zutiefst deprimierten oder verzweifelten Aussage entsprechen.

BACHs Sohn CARL PHILIPP EMANUEL fordert in seinem *Versuch über die wahre Art das Clavier zu spielen* den Interpreten auf, beim Musizieren auch körpersprachliche Mittel einzusetzen, um die Affekte zu „exprimiren und in den Menschen zu moviren":

Indem ein Musickus nicht anders rühren kann, er sey dann selbst gerührt; so muß er nothwendig sich selbst in alle Affekten setzen können, welche er bey seinen Zuhörern erregen will; er giebt ihnen seine Empfindungen zu verstehen und bewegt sie solchergestallt am besten zur Mit-Empfindung. Bey matten und traurigen Stellen wird er matt und traurig. Man sieht und hört es ihm an. Dies geschicht ebenfalls bey heftigen, lustigen und andern Arten von Gedanken, wo er sich alsdenn in diese Affeckten setzt. Kaum, daß er einen stillt, erregt er einen andern, folglich wechselt er beständig mit Leidenschaften ab (BACH 1753, Faksimile 1986, S. 122 f.).

Am ehesten noch wagen heutzutage Dirigenten dieser Forderung zu entsprechen und damit BACHs Verdikt zu entgehen: *Daß alles dies ohne die geringsten Gebehrden abgehen können, wird derjenige bloß läugnen, welcher durch seine Unempfindlichkeit genötigt ist, wie ein geschnitztes Bild vor dem Instrumente zu sitzen.* Um den Widerspruch aufzulösen, dass ein Dirigent in der Regel sehr wohl Musik verkörpert, die vor ihm sitzenden Musiker hingegen nur Geige oder Cello spielen, knüpfe ich an die Vorschläge an, die weiter oben gemacht wurden, um gemeinsam die energetische Ladung musikalischer Gestalten körperlich zu erfahren (Spannung – Entspannung, Enge – Weite, Heben – Senken etc.). Dort haben wir uns auf der Ebene „unspezifischer Erregungszustände" bewegt, hier geht es um Mienen und Gebärden, die konkreten Affektzuständen entsprechen. Ich bin mir dessen bewusst, dass es durchaus heikel sein kann, eine Gruppe von Jugendlichen dazu zu bewegen, „Zerknirschung" oder „Verzweiflung" schauspielerisch darzustellen und ich strebe auch nicht an, dass im Anschluss an derartige Darstellungsversuche ein ganzes Orchester quasi chorisch mimische und gestische Anstalten macht (bei einer solistischen Darbietung barocker Musik dagegen könnte man der BACHschen Forderung nach wahrhaftiger Musikdarstellung schon näher treten[13]). Aber auch wenn man den Orchestermitgliedern während der Aufführung der Takte 131-144 „Mutlosigkeit" oder „Niedergeschlagenheit" nicht *ansieht*, wird es für ihr Spiel, also für das, was man *hört*, nicht ohne positive Konsequenzen bleiben, wenn sie sich in der Probe im Zirkel von innerem Empfinden und entsprechender Mimik und Gestik auf diese Gefühle eingelassen haben.

Selbst aber wenn die Klarlegung der intendierten Affekte keine unmittelbaren Konsequenzen für das Spiel hätte, wäre sie nicht sinnlos (und die Einsicht, dass Musik tönende Mathematik sein kann, wird vermutlich ohnehin nicht zu neuen klanglichen Ideen führen). Wenn es in der Arbeit mit einem Ensemble auch um bildungswirksame Erfahrungen geht, dann wird die Begegnung mit dem barocken Weltbild durch das konkrete Beispiel des *Ricercars* hindurch nicht folgenlos bleiben und Spuren hinterlassen.

Literatur

BACH, CARL PHILIPP EMANUEL: *Versuch über die wahre Art das Clavier zu spielen*, Wiesbaden 1986 (= Faksimile-Nachdruck der Ausgabe Berlin 1753)

EGGEBRECHT, HANS HEINRICH: *Musik im Abendland. Prozesse und Stationen vom Mittelalter bis zur Gegenwart*, München 1991

HOFSTADTER, DOUGLAS R.: *Gödel, Escher, Bach – ein Endloses geflochtenes Band*, Stuttgart, 1985

MANTEL, GERHARD: *Cello üben*, Mainz 1987

MERSMANN, HANS: *Musikhören*, Kassel 2. Auflage 1973

RÖBKE, PETER: *Der Instrumentalschüler als Interpret*, Mainz 1990

RÖBKE, PETER: *Ausdrucksvoll musizieren – Pädagogische Aspekte eines viel benutzten und wenig reflektierten Begriffs*, in: GERHARD MANTEL (Hrsg.): *Ungenutzte Potentiale. Wege zu konstruktivem Üben*, Mainz 1998, S. 22-42 (= Kongreßbericht 1997 des Forschungsinstituts für Instrumental- und Gesangspädagogik e. V.)

RIEMANN-Musiklexikon: Artikel „*Katabasis*", Mainz 1967, S. 448

RÜDIGER, WOLFGANG: *Sehr matt und schläfrig? Das „Triste" aus Telemanns f-Moll-Sonate für Fagott und Generalbaß als Unterrichtsmodell*, in: rohrblatt, Schorndorf 10 (1995), Heft 2, S. 56-65

THIEME, ULRICH: *Die Affektenlehre im philosophischen und musikalischen Denken des Barock*, in: Tibia 1984, S. 3-24

WOHLFARTH, HANNSDIETER: *Bachs Inventionen und ihr kompositions-theoretischer Hintergrund*, in: Üben & Musizieren 3 und 4/1987, S. 190-196 sowie S. 273-280

---

[13] Vgl. in diesem Zusammenhang die instruktiven Vorschläge, die WOLFGANG RÜDIGER für die „theatralische" Darstellung eines TELEMANN-Stücks macht (1995).

Lernkompetenz durch produktives Üben und Proben

Christian Harnischmacher

In der Musikpraxis unterscheidet man zwischen Üben und Proben. Das Üben ist eine besondere Form des Lernens. Instrumentalisten erweitern beim Üben nicht nur ihre musikbezogenen Fertigkeiten und Fähigkeiten, sondern entwickeln mit zunehmender Erfahrung ein Wissen, wie man diese Ziele in möglichst kurzer Zeit und mit wenig Aufwand erreichen kann. Üben ist so gesehen ein Lernen des Lernens. Eine weitere Besonderheit zeigt sich in der gängigen Übepraxis. In der Regel übt man allein im nicht ganz so stillen Kämmerlein.

Im Gegensatz dazu erwartet man bei einer Probe, dass die beteiligten Musiker ihren Part bereits vorher geübt haben, oder diesen prima vista umsetzen können. Geübt wird dann nur noch das Zusammenspiel. Diese Unterscheidung kennzeichnet das Üben und Proben von erfahrenen Musikern, trifft aber nicht den musikpraktischen Alltag von Schulen und Musikschulen. So üben Instrumentalanfänger zu Hause oft unter Aufsicht von Erwachsenen, zumeist der Mutter (vgl. HARNISCHMACHER, 1998a). Beim Musizieren in größeren Gruppen gibt es erfahrungsgemäß immer wieder junge Instrumentalisten, die unvorbereitet in die ersten Proben kommen. Unsere Schüler erweitern vielleicht auf diese Art gut getarnt im Tutti ihre Fähigkeiten im prima vista Spielen. Dieser optimistische Gedanke vermag nicht darüber hinweg zu täuschen, dass die Kluft von ungeübten Stunden und Probenanspruch manche zwischenmenschliche Spannung bei Lehrern und Schülern, aber auch unter Instrumentaldozenten und Ensembleleitern hervorrufen kann.

Realistischer geht man in der Praxis von Schule und Musikschule von Gemeinsamkeiten des Übens und Probens aus. Die Probenarbeit ist in ihren Grundzügen ein gemeinsames Üben unter Anleitung. Dazu werden grundlegende Modelle zum Üben und Proben vorgestellt, die sich in der Forschung und Praxis bewährt haben. Wir sollten berücksichtigen, dass es keinen Königsweg des Übens gibt. Die weiteren Ausführungen sind ein Reflexionsangebot, das bei seiner praktischen Umsetzung immer wieder zu überprüfen und den konkreten Gegebenheiten anzupassen ist.

Lernkompetenz

Fortschritte im Instrumentalspiel hängen nicht nur davon ab, dass man überhaupt übt, sondern basieren auf einer Art des Übens, das Wirkung zeigt. Da der Alltag in der Regel noch aus weiteren Verpflichtungen besteht und die physischen Belastungen des Instrumentalspiels dem zeitlichen Rahmen des Übens enge Grenzen setzen, sollte ein wirkungsvolles Üben auch möglichst zeitsparend, also ökonomisch sein. Um das Üben ökonomisch zu gestalten, ist ein bestimmtes Strategienwissen notwendig. Entwicklungspsychologisch orientierte Studien zum Üben (vgl. HARNISCHMACHER, 1993, 1998a) zeigen, dass sich dieses Strategienwissen erst relativ spät in den Lernbiographien von InstrumentalschülerInnen entwickelt. Ein pädagogisches Bemühen bleibt aber nicht bei der Beschreibung eines Zustands stehen. Nur weil etwas vielleicht so ist, heißt das nicht gleich, dass es auch so bleiben soll. So entwickeln pädagogisch orientierte Studien (vgl. GELLRICH, 1998, MANTEL, 1998) Vorschläge zur effektiven Gestaltung des Instrumentallernens. Im musikpädagogischen Kontext möchte ich die Förderung der *Lernkompetenz* von SchülerInnen vorschlagen. Lernkompetenz meint die Fähigkeit zur problemorientierten Anwendung von ökonomischen Lernstrategien in musikbezogenen Bereichen. Lernkompetenz ist nicht allein auf den Bereich des instrumentalen Übens begrenzt, sondern betrifft insbesondere die Fähigkeit, in sozialen Bezügen zu lernen (vgl. HARNISCHMACHER, 1997). Im Zusammenhang mit dem Üben in Gruppen oder dem Proben bedeutet Lernkompetenz also nicht nur, dass die SchülerInnen lediglich das Zusammenspiel erlernen, sondern zum verantwortungsvollen Handeln beim gemeinsamen Musizieren befähigt werden. Verantwortlichkeit beim Musizieren bedeutet selbständiges Handeln im Wissen um die Belange der Beteiligten. Konkret zeigt sich das Ergebnis der Lernkompetenz beispielsweise darin, dass SchülerInnen selbständig und ökonomisch in einer Gruppe (z. B. Streichquartett) proben können. Es ist nicht auszuschließen, dass eine gewisse Begabung die Entwicklung eines ökonomischen Strategienwissens fördert. Lernkompetenz meint jedoch eine prinzipiell erlernbare Fähigkeit. Ein möglicher Lernweg ist das produktive Üben.

Produktives Üben

Überlegungen zum Aufbau und der Struktur von Übungsstunden und Probenverläufen sind entscheidend für die Entwicklung musikbezogener Leistungen. Im schulischen Bereich begegnet man gelegentlich einem planungstechnischen Niveaugefälle zwischen regulären Musikstunden und Stunden mit Übungscharakter. Musikstunden führen in ein Thema ein und werden, zumindest bis sich die erste Routine einschleicht, gründlich geplant. Übungsstunden dagegen spielen schon von der Menge her eine untergeordnete Rolle, wobei ein wiederholungsbetonter Ablauf der Festigung von Lerninhalten dienen soll. Ein Musik- und auch Instrumentalunterricht, der nur ein geringes Maß an planvoll gestalteten, übungsbezogenen Stunden vorsieht, muss sich die Frage gefallen lassen, ob das zugrunde liegende Konzept überhaupt auf originär musikalische Leistungen abzielt, denn eines ist bislang sicher: ohne Übung entwickelt sich keine Leistung.

Planungsbezogene Defizite von Übungsstunden basieren möglicherweise auf einer einseitigen Auslegung des Übebegriffs, wenn dieser auf Wiederholungen mit gelegentlichen Fehlerkorrekturen reduziert wird. Dieses so genannte „Einschleifen" oder „Bimsen" (Repetitio est mater studiorum) ist nur ein Teil dessen, was produktives Üben leisten kann. Produktives Üben meint nicht nur die Festigung von Lerninhalten (Was), sondern zielt auf den Erwerb von Lernkompetenz (Wie) ab. Durch produktives Üben gewinnen Schülerinnen und Schüler zunehmende Selbständigkeit in der Anwendung von Lernstrategien. Entsprechend werden in solchen Stunden nicht nur Lerninhalte thematisiert, sondern auch die verschiedenen Lernwege. Das Ergebnis des produktiven Übens ist nicht nur eine Festigung (Gewöhnung) von Lerninhalten. Produktives Üben bedeutet eine Intensivierung, Vertiefung und Verknüpfung von Inhalten durch den Erwerb von Lernkompetenz. Es wird also nicht nur Bekanntes wiederholt, sondern es werden auch neuartige Aspekte des Lerngegenstandes erarbeitet. Die Qualität der Unterrichtsergebnisse des produktiven Übens hängen entscheidend von der vorangegangenen Planung ab.

Planung und Struktur des produktiven Übens

Das Modell zur Planung des produktiven Übens unterscheidet drei Ebenen. Die erste Ebene betrifft Überlegungen zur Auswahl der Inhalte. Wir sollten bedenken, dass bereits die Literaturauswahl ein methodisches Vorgehen ist. Die erste Ebene unterteilt den Aufbau einer produktiven Übungsstunde oder Probe in eine Phase des *Erhaltens* (Spielen erprobter Stücke oder Ausschnitte daraus), gefolgt von einer Phase des *Aufbauens* (neue Stücke oder Ausschnitte). In der ersten Phase des Erhaltens ist die Zielsetzung und Planung danach ausgerichtet, was die SchülerInnen bereits erarbeitet haben, und was davon auch für langfristige Ziele (z. B. bevorstehendes Konzert) auf einem akzeptablen Leistungsstand bleiben soll. Die Phase ermöglicht den SchülerInnen eine Rückversicherung und Prüfung eigener Kompetenzen. Das Erfolgserleben schafft eine positive motivationale Einstimmung für das weitere Geschehen. Im minderen Fall signalisiert diese Phase einen erneuten Probenbedarf scheinbar sicherer Stellen. Die Phase des Aufbauens nimmt den größeren Teil der Unterrichtsstunde in Anspruch. Die Aufbauphase plant langfristige Ziele auch im Zusammenhang mit bevorstehenden Terminen (Konzerte) ein. Hier geht es um die Intensivierung durch den Erwerb neuer Aspekte des Lerngegenstandes. In der Phase des Aufbauens entscheidet sich die Produktivität der Übungsstunde. Die beiden Phasen der ersten Ebene sind auf langfristige Planung ausgelegt.

Die zweite Ebene betrifft die formale Struktur sowohl der Phase des Erhaltens als auch der Phase des Aufbauens. Die weiteren Beispiele stammen aus der Aufbauphase. Die langfristige Zielsetzung der Aufbauphase wird bei der Planung auf der zweiten Ebene der formalen Unterrichtsstruktur in viele kurzfristige, kleinschrittige Ziele differenziert. Die grobe Einteilung der Stunde in zwei Unterrichtsphasen (Erhalten/Aufbauen) der ersten Ebene lässt sich in einem zweiten Schritt jeweils weiter strukturieren in Phasen der *Zielsetzung*, *Planung*, *Erprobung*, *Ausführung* und *Reflexion*. Entscheidend für das weitere Vorgehen ist eine klare Zielsetzung. Diffuse Ziele (z. B. „Das Stück sitzt noch nicht", oder: „Die Intonation muss aber besser werden") sind eine Ursache für diffuses Üben. Die anschließende Planungsphase fragt nach den Übemethoden (s. u.) die notwendig sind, um das Ziel zu erreichen. Um die Lernkompetenz der SchülerInnen zu fördern, sollte die Planungsphase für die SchülerInnen transparent gestaltet werden und ein Teil des Unterrichtsgesprächs sein (Welche Methoden brauchen wir?). Mit zunehmender methodischer Erfahrung (Wie) können SchülerInnen bereits an diesem Punkt des Unterrichts in einen Ideenwettbewerb eintreten. Die Phase der Erprobung ist das eigentliche Spielen und Ausprobieren, also die Anwendung der Methoden (s. u.). Eine wichtige Phase ist die Ausführung der geprobten Stellen. In der Regel sollte der letzte Abschnitt einer Übungsstunde aus dem Erproben des „Ernstfalls" bestehen, d. h. die geübten Stellen werden mit dem Anspruch einer Aufführung gespielt. Auf diese Art lässt sich der weitere Übebedarf feststellen. Außerdem kann das häufige „Üben" einer vorgestellten Konzertsituation hilfreich sein, dem „Lampenfieber" in der konkreten Aufführung vorzubeugen. Die abschließende Reflexionsphase ist von entscheidender Bedeutung zur Anbahnung von Lernkompetenz. Die Reflexionsphase thematisiert in konstruktiver Kritik das Vorgehen in der Übungsstunde. Dabei werden die SchülerInnen ermutigt, in einem ersten Schritt die positiven Aspekte der Übung zu benennen (Was haben wir geschafft?). Anschließend wird der Übebedarf markiert (Was war nicht so gut?). In der Reflexionsphase werden mit den SchülerInnen auch die Zielsetzungen der nächsten Übungsstunde angesprochen.

Die dritte Strukturebene des produktiven Übens und Probens ist das konkrete Handeln in der Situation. Die besondere Anforderung an die Lehrenden besteht hier in der ständigen Reflexion der Zielgerichtetheit des Handelns. Damit SchülerInnen Lernkompetenzen (Wie) erwerben können, müssen Lehrende ihr Handeln transparent machen. Anstatt eine Verschleierungstaktik anzuwenden, erscheint es günstiger, wenn die SchülerInnen Einblick in das methodische Vorgehen des Unterrichts gewinnen (Warum machen wir das so und nicht anders?).

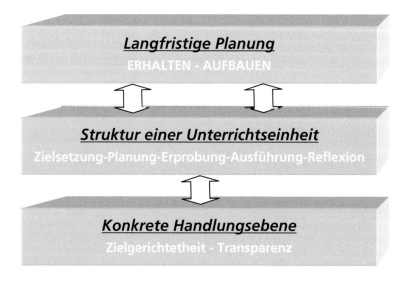

Abb. 1: Planungsebenen des produktiven Übens und Probens

Methodik des produktiven Übens

Bislang wurde die Planung des produktiven Übens angesprochen. Die weiteren Ausführungen betreffen Vorschläge zu der Methodik des Vorgehens in der konkreten Unterrichtssituation.

Zielsetzungsphase

Manche Übungsstunden und Proben scheitern schon nach den ersten Minuten, weil diese Stunde nur in der Vorstellung der Lehrkraft begonnen hat, während die SchülerInnen zum Teil mit ihren Gedanken noch gar nicht bei der Sache waren. Zu Beginn einer Übungsstunde sollte man sich die Aufmerksamkeit aller beteiligten SchülerInnen sichern. Dies kann bei jungen SchülerInnen durch ein kurzes Spiel erfolgen.

- *Der Dirigent gibt nicht für alle den Einsatz, sondern für einzelne SchülerInnen durch Blickkontakt und Gestik. Wer einen Einsatz erhält, spielt den ersten Takt seiner Stimme. Wer den Einsatz verpasst, spielt vier Takte. Eine weitere Variante: Nachdem ein Kind seinen Einsatz erhalten und gespielt hat, gibt es den nächsten Einsatz für ein anders Kind usw. Die Aufmerksamkeit fortgeschrittener SchülerInnen kann man in einer Probensituation durch geleitetes Gruppenimprovisieren gewinnen. Dazu fordert ein Spielleiter (SchülerIn) die gesamte Gruppe der Mitspieler auf, das Dirigieren und die (übertriebene) Gestik des Spielleiters ohne Notationshilfen in Klänge umzusetzen.*

Nach dieser kurzen Einstiegsphase (Prüfung der konsensuellen Situationsdefinition, vgl. dazu auch HARNISCHMACHER, 1997) wird das angestrebte Ziel vorgestellt. Da dieses Ziel bereits in der Reflexionsphase der letzten Stunde besprochen wurde, genügt hier eine kurze Rückblende. Wesentlich ist dabei eine klare und positiv formulierte Zielvorgabe.

- *Negative Formulierungen von Zielen wollen etwas vermeiden und sind dabei oft unklar: „Herrschaften! Heute nehmen wir uns noch einmal den dritten Satz vor. Wir wollen uns im Konzert doch nicht blamieren, oder?" Positive Zielformulierungen streben ein Ergebnis an. Dabei werden auch die Kriterien zum Erreichen eines Ziels deutlich: „Wir verbessern den langsamen Satz von (...) und achten dabei besonders auf (...)."*

Planungsphase

Nach der groben Zielvorstellung wird in der Planungsphase dargelegt, mit welcher Vorgehensweise das Ziel erreicht werden kann. Die Planungsphase ist ein wichtiges Unterrichtsstadium zum Erwerb von Lernkompetenz. Die SchülerInnen gewinnen hier Einblick in methodische Überlegungen. Man sollte sich also nicht scheuen, in dieser Phase bei den SchülerInnen eigene methodische Überlegungen anzuregen, einen Ideenwettbewerb zu initiieren oder zumindest in einem Gespräch die Rückmeldung der Beteiligten einzufordern. Dieses Vorgehen entspricht nicht der traditionellen Vorgehensweise des Probens, wohl aber der Praxis des produktiven Übens. Durch ein regelgeleitetes Vorgehen gewinnt die Planungsphase an Prägnanz.

- *Der Ensembleleiter stellt nach der Zielformulierung die weitere Planung vor: „Um die Intonation bei den Streichern in den Takten (...) weiter zu verbessern, sollten wir die Stelle zuerst ohne Vibrato üben, damit ihr euch besser auf die Tonhöhe konzentrieren könnt. Die Holzbläser proben in der Zwischenzeit im Nebenraum die Takte (...). Spielt eure Stimmen erst einzeln vor und kontrolliert euch gegenseitig. Vielleicht hilft euch das, besser aufeinander zu hören. Cindy und Bert holen sich Notationsübungen aus dem Ordner. Bitte sucht euch diesmal ein Spiel aus, was ihr noch nicht gemacht habt. In spätestens 10 Minuten treffen wir uns und proben (...). Hat jemand noch weitere Ideen? Wir besprechen bitte nur drei weitere Vorschläge, sonst rennt uns die Zeit davon."*

Das methodische Vorgehen der Planungsphase sollte Aspekte der Differenzierung berücksichtigen. Besonders beim Üben in der Gruppe begegnen wir SchülerInnen mit ganz unterschiedlichen Lernvoraussetzungen oder Gruppen von SchülerInnen mit differenziertem Lernbedarf. *Innere Differenzierung* plant den Leistungsstand einzelner Schüler beim gemeinsamen Vorgehen ein (z. B. Wer spielt erste und wer zweite Stimme? Vereinfachung der Unisonostimmen bei einigen SchülerInnen usw.). *Äußere Differenzierung* berücksichtigt räumliche Veränderungen (Gruppen von SchülerInnen üben im Nebenraum, Schülergruppen proben in den Ecken eines großen Raumes).

- *Bei Gruppen mit jüngeren SchülerInnen ist die äußere Differenzierung oft noch problematisch, da ein kollegiales Miteinander und eine gewisse Probendisziplin erst angebahnt werden müssen. Ein hervorragendes Mittel zur Differenzierung sind spielerische Übungen (s. u.) zur Notation. Gerade bei recht unerfahrenen InstrumentalschülerInnen scheitert die instrumentale Umsetzung oft noch an Unsicherheiten im Umgang mit dem Notentext. Die Notationsübungen und Spiele von KRAEMER (1996) bieten reichhaltiges und interessantes Material zur direkten Umsetzung. Weitere Spiele zur Freiarbeit mit Notation, Musikgeschichte oder Instrumentenkunde hat beispielsweise ADELMUND (1993) zusammengestellt.*

- *Äußere Differenzierung hat gelegentlich auch einen pragmatischen Aspekt. Es lässt sich in Probensituationen nicht immer vermeiden, dass bestimmte Instrumentengruppen äußerst beschäftigt sind, während andere SchülerInnen in der Zeit kaum etwas zu spielen haben. Man kann natürlich zuerst die Hornstellen üben und die betreffenden SchülerInnen dann früher aus der Probe entlassen. Sinnvoller ist es jedoch, die Struktur einer Übungsstunde oder Probe nach den musikalischen Aufgabenstellungen und Leistungsanforderungen der Mehrheit der SchülerInnen auszurichten. Wenn längere Wartezeiten einzelner SchülerInnen in der Übungsstunde keinen weiteren Zugewinn, etwa durch konzentriertes Zuhören, versprechen, dann sind auch hier die genannten Notationsübungen im Sinne der Differenzierung durchaus sinnvoll einzusetzen.*

Die Planung orientiert sich in der Aufbauphase in erster Linie am Leistungsstand der SchülerInnen und an potentiellen Problemen in der Umsetzung des musikalischen Materials. Entsprechend erinnern wir uns bei einer langfristigen

Planung an den bekannten Ratschlag, dass man schwere Stellen zuerst und auf lange Sicht häufiger üben sollte. In der grundlegenden Probenplanung ist es empfehlenswert, dass die SchülerInnen in einem ersten Schritt einen Überblick über das musikalische Material erhalten (s. u.). Die weitere Vorgehensweise konzentriert sich auf kleinere musikalisch zusammenhängende Einheiten. Erst wenn diese „Inseln" in ihrer Umsetzung recht sicher gelingen, werden diese zu schrittweise größeren, musikalisch zusammenhängenden Einheiten ausgeweitet. Produktives Üben verschwendet keine Zeit darauf, ein Stück immer wieder von Anfang zu proben. Die Phase der Planung ist ein rückwirkendes Regulativ und testet die ursprüngliche Zielsetzung. Wenn sich in der Planung Schwierigkeiten ergeben, dann kann das unter Umständen ein Signal für eine zu revidierende Zielsetzung sein. Zu weit gesteckte Ziele sollten bereits im Vorfeld der Planungsphase erkannt werden, nicht erst nach endlosen Proben. Nach den Methoden der Planungsphase wenden wir uns nun der Methodik der Erprobungsphase zu.

Erprobungsphase

Die Erprobungsphase betrifft die Übung im engeren Sinne. Wir sollten uns jedoch klar machen, dass die Qualität der Erprobungsphase durch die vorangegangene Zielsetzung und Planung bestimmt ist. Die Erprobungsphase testet die Umsetzung der Planung, bzw. der geplanten Absicht. Das Ziel in der Erprobungsphase, so banal die Aussage zunächst erscheinen mag, ist grundsätzlich „musikalischer" Eigenart. Musik ist keine Sprache oder sprachähnlich. Dennoch kann man auch im Bereich des instrumentalen Übens und Probens eine gewisse Neigung zur Verbalisierung musikalischer Sachverhalte beobachten, wobei manche Ensembleleiter ein geradezu lyrisches Talent entwickeln. Lernpsychologisch gesehen ist das etwa so, als würde ein Dirigent bei BORIS BECKER telefonisch Tennisunterricht nehmen. Sprache ist eher eine Art Erinnerungshilfe für bereits gespeicherte Klangvorstellungen. Eine spezifische Klangvorstellung kann erst mit sprachlichen Mitteln moderiert werden, wenn schon ein reichhaltiger Erfahrungsstand an klanglichen Vorstellungen vorliegt. Bei weniger erfahrenen SchülerInnen ist gerade das nicht der Fall.

In der gängigen Probenpraxis verschafft man sich bei einem noch unbekannten Stück mittels Durchspielen (prima vista) eine erste Klangvorstellung. Damit wird jedoch nur der momentane Leistungsstand (IST-Wert) markiert. Man gewinnt einen Überblick und erste Eindrücke von den potentiellen Hürden instrumental/vokaler Umsetzung. In dieser Phase ist vor allem bei weniger erfahrenen SchülerInnen ein Vergleich zum angestrebten klanglichen Ziel (SOLL-Wert) von Bedeutung. Eine Klangvorstellung moderiert man nicht allein durch Reden, sondern zuerst durch das Vor- und Nachmachen (Lernen am Modell). Dazu können Klangbeispiele von Tonträgern eingesetzt werden. Das Vorspielen am Klavier eignet sich vor allem, um bestimmte musikalische Zusammenhänge oder rhythmische Aspekte zu verdeutlichen. Bei klanglichen Problemen spezifischer Instrumentengruppen bietet es sich an, wenn erfahrenere SchülerInnen (StimmführerInnen) den jeweiligen Part ihren MitspielerInnen vorspielen.

Musikalische Zusammenhänge können auch durch die Visualisierung veranschaulicht werden. Die visuelle Komponente spielt im Erwerb instrumentaler Fähigkeiten und Fertigkeiten eine nicht zu unterschätzende Rolle. Einerseits werden Bewegungsabläufe unter anderem dadurch gelernt, dass SchülerInnen entsprechende Bewegungsmuster regelrecht abgucken, wobei die Lehrer als Vorbild dienen (Lernen am Modell). Und natürlich wäre da noch als visuelles Informationsangebot der Notentext zu nennen, der die Visualisierung musikalischer Strukturen in das praktische „DIN-A4-Korsett" zwängt. Besonderes bei Instrumentalanfängern zeigen sich die Folgen dieser Erblast aus der Gutenbergära. Die Orientierungsfunktion der Taktstriche dominiert bei weniger erfahrenen SchülerInnen nur zu oft über dem originär musikalischen Gehalt, wenn der musikalische Ausdruck taktweise, also von „Kästchen" zu „Kästchen" generiert wird. Symptomatisch wäre hier beispielsweise das Luftholen am Taktende zu nennen, oder, um ein krasses Beispiel zu nennen, die Zuordnung des Auftakts zum Taktende, anstatt zu der darauffolgenden Melodie.

Ein gelungenes Beispiel eines strukturadäquaten Notentexts hat der französische Musikwissenschaftler MARCEL BITSCH in Zusammenarbeit mit dem Cellisten KLAUS HEITZ (1984) in einer speziellen Ausgabe der Suiten für Violoncello von J. S. BACH entwickelt. Die Visualisierung (vgl. auch KRAEMER, 1994) kann auch für das produktive Üben in der Gruppe hilfreich sein. Mittels Overheadprojektor und Folienschreiber lassen sich an einem projektierten Ausschnitt der Partitur wesentlich schneller musikalische Strukturen oder das komplexe Zusammenspiel verschiedener Stimmen beschreiben als im verbalen (Selbst-)Versuch. Weniger erfahrene SchülerInnen können im Sinne einer Differenzierungsmaßnahme die Aufgabe erhalten, musikalische Zusammenhänge auf einer Kopie ihres Notentextes einzukreisen oder melodische Abschnitte auszuschneiden und auf ein Blatt zu kleben. Die Methode der Visualisierung nutzt die Tücke des Objekts (Noten) für musikalische Zwecke. Dies wird um so mehr gelingen, wenn man Fehler in der Umsetzung nicht sofort als etwas Negatives ablehnt, sondern darin eine Chance zum Lernen erkennt. Jedes Lernen, also auch das produktive Üben, basiert auf der Wahrnehmung von „Fehlern". Damit SchülerInnen überhaupt ihr eigenes Instrumentalspiel (IST-Wert) mit einem anzustrebenden Ziel (SOLL-Wert) vergleichen können, bedarf es einer Klangvorstellung. Diese sollte auditiv vermittelt werden, wobei im weiteren visuelle Hilfen nützlich sein können. Erst im Vergleich von IST- und SOLL-Wert gelingt den SchülerInnen die „Fehler"-Wahrnehmung als ein erster Schritt des Lernens.

Ein Kennzeichen der Erprobungsphase ist das Experimentieren und Ausprobieren. Nicht jede methodische Vorgehensweise eignet sich für ein bestimmtes Problem, und schon gar nicht lernen aller SchülerInnen nach einer bestimmten Methode gleich gut. Wenn in der Erprobungsphase Standardmethoden des Übens (langsam Spielen, rhythmische Variation usw.) angewendet werden, so sollte man auf deren variablen Einsatz achten. Außerdem bietet sich eine Methodik an, die das Zusammenspiel, also das gegenseitige Verstehen der Handlungsorientierung der beteiligten SchülerInnen fördert. Variabilität und soziale Aspekte der Methodik lassen sich in spielerischen Methoden (vgl. KRAEMER, 1994, HARNISCHMACHER, 1995) oft auf einen Nenner bringen. Einer der Vorteile von spielerischen Methoden ist die Möglichkeit, seine Aufmerksamkeit, Konzentration und sein instrumentales Können im sozialen Vergleich zu messen, ohne dass daraus gleich Ernst wird. Wir dürfen nicht vergessen, dass der soziale Vergleich erheblich zur Einschätzung der eigenen Fähigkeiten beiträgt. Um so achtsamer sollte auch in einer Übungsstunde mit der individuellen Kompetenzwahrnehmung der SchülerInnen umgegangen werden.

- *Probleme im Zusammenspiel sind schon dadurch grundgelegt, dass die Konzentration der SchülerInnen von ihrem eigenen Instrumentalpart so beansprucht ist, dass die Aufmerksamkeit vom Gesamtzusammenhang abgelenkt oder gänzlich davon abgezogen wird. Die folgenden spielerischen Methoden zielen primär auf die Konzentrationsförderung und Aufmerksamkeitssteigerung ab: 1. Bei kleineren Besetzungen mit gleichem Instrument bietet sich ein vorübergehender Tausch der Stimmen an. 2. Die SchülerInnen spielen ein Stück nicht miteinander, sondern z. B. viertaktig nacheinander, d. h. ein Schüler spielt vier Takte seiner Stimme, der nächste die folgenden vier Takte seiner Stimme usw. 3. Pausenspiel: Die SchülerInnen vereinbaren an einer bestimmten Stelle des Stücks eine Pause von z. B. acht Takten, in der sie aber im Tempo die Noten weiterverfolgen, um dann gemeinsam wieder mit dem Instrumentalspiel einzusetzen. 4. Das Stück wird gespielt. Der Spielleiter (oder Schüler) gibt ein hörbares Signal (z. B. Händeklatschen), die SchülerInnen verfolgen im Tempo den Notentext, nach weiterem Signal setzen alle gemeinsam an der „richtigen" Stelle wieder ein. Dieses Spiel kann übrigens „schleppende" Bässe wieder munter machen. 5. Gelegentlich bietet es sich mit fortgeschritteneren SchülerInnen bei geeigneten Stücken an, bestimmte Instrumentalpassagen in einzelnen Stimmen oder a capella versuchsweise singen zu lassen. Die unterschiedlichen Klangvorstellungen werden auf diese Weise in ein völlig neues Licht gerückt.*

Ausführungsphase

Während die Erprobungsphase eher durch ein experimentierfreudiges Vorgehen gekennzeichnet ist, wobei Fehler potentielle Lernchancen und Verbesserungsmöglichkeiten signalisieren, meint die nun anschließende Ausführungsphase das Gegenteil. Die Ausführungsphase testet die Ergebnisse der Erprobungsphase auf ihre Stabilität. In der Ausführungsphase geht es um die Sicherung stabiler Handlungsmuster. In dieser Phase sind unter Berücksichtigung der Länge des vorher erprobten Ausschnitts eines Stücks mehrere fehlerfreie Wiederholungen notwendig. Im minderen Fall muss die Passage erneut geprobt werden. Gelingt der Ausschnitt mehrfach fehlerfrei, dann richtet sich die weitere Übung auf dessen Integration in den Gesamtkontext des Stücks. Oft ist es bei anstrengenden Abschnitten eines Stücks sinnvoll, die Integration der Abschnitte in den weiteren musikalischen Zusammenhang nicht mehr in derselben Übungsstunde anzustreben, sondern dieses Vorhaben zur Zielsetzung für die Folgestunde vorzuschlagen. Ein weiterer Aspekt der Ausführungsphase ist die Vorbereitung auf eine Konzertsituation. Jüngere SchülerInnen sind mit der reinen Vorstellung eines zukünftigen Konzerts unter Umständen überfordert. Eine konzertähnliche Situation kann man aber für Kinder leicht erzeugen, wenn man zwei oder drei Erwachsene als „Publikum" zu der Ausführungsphase einer Übungsstunde oder Probe einlädt.

Reflexionsphase

Die Reflexionsphase testet die Ergebnisse der Ausführungsphase durch ein Unterrichtsgespräch. Die wichtigste Methode ist dabei die konstruktive Kritik. Die SchülerInnen werden aufgefordert, zuerst die gelungenen Ergebnisse der Ausführungsphase zu benennen. Auch hier spielt der soziale Vergleich eine Rolle, wobei das Selbstbewusstsein von manchem Schüler gestärkt werden kann, wenn sein Spiel entgegen seiner Erwartungen auf positive Resonanz stößt. Sorgen um irgendwelche „Lobhudeleien" sind erfahrungsgemäß unbegründet, denn es fällt den meisten SchülerInnen (wie Erwachsenen) wesentlich leichter, die negativen Aspekte der Kritik zu thematisieren. In der Reflexionsphase geht es jedoch nicht um das verbale Zementieren von Defiziten, sondern um das Markieren von potentiellem Entwicklungsbedarf. Dies meint die anschließende Frage: Was können wir noch verbessern? Die Reflexionsphase bildet eine Art Ritual am Ende jeder Übungsstunde. Die SchülerInnen erleben dadurch zusätzlich eine gewisse Bedeutsamkeit ihres gemeinsamen Musizierens. Möglicherweise überlegt es sich der eine oder andere Schüler zweimal, ob er völlig unvorbereitet in eine Probe geht, wenn er sich am Probenende zumindest indirekt der gemeinsamen Kritik stellen muss. In der Reflexionsphase legen die SchülerInnen gemeinsam mit der Lehrkraft den weiteren Übebedarf in Form einer genauen Zielsetzung für die nächste Stunde fest. Die SchülerInnen erwerben dadurch im Laufe der Zeit ein Strategienwissen, in welcher Art und Weise man sein Können im Prozess des gemeinsamen Musizierens zielgerichtet weiterentwickelt. Sie entwickeln zunehmend Lernkompetenz.

Motivation

Motivation beschreibt den psychischen Prozess des Wünschens und Abwägens von Zielen. Durch die Motivation erhält das individuelle Lernen seine Richtung. In der Entwicklung von Lernkompetenz beim gemeinsamen Üben spielen motivationale Aspekte und das Wissen um das Motiviertsein (Selbstmotivation) eine wichtige Rolle (vgl. ausführliche Darstellung HARNISCHMACHER, 1998b). Wir können die Motivation der SchülerInnen durch zwei Maßnahmen stärken:

a) Gestaltung der Lernumgebung (Anreizmilieu)

Die Gestaltung der Lernumgebung ist im Rahmen des Übens in der Gruppe relativ einfach herzustellen. Von Kindern und Jugendlichen wissen wir, dass das gemeinsame Musizieren einen großen Anreiz zum Üben darstellt (HARNISCHMACHER, 1998a). Die motivierende Funktion der Lernumgebung ist bereits durch die Gruppensituation grundgelegt. Eine freundliche Atmosphäre in einem strukturierten Miteinander stabilisiert die Motivation des gemeinsamen Musizierens. Unorganisierte Proben oder ein unangenehmes Probenklima erzielen eher das Gegenteil. Daneben sind natürlich Aufführungen ein wichtiger Anreiz zum Üben. SchülerInnen wollen wissen, wozu sie so intensiv proben. Es empfiehlt sich, diese langfristige Zielsetzung gleich zu Anfang mit den SchülerInnen abzusprechen. Ein weiterer Aspekt ist die Auswahl der zu spielenden Literatur. Wir wissen ja, wie lustlos SchülerInnen üben und proben, wenn sie das Stück nicht leiden können. Hier gilt es immer wieder genau abzuwägen, an welchen Kriterien man die Literaturauswahl bemisst. Im Sinne des produktiven Übens haben SchülerInnen bei der Literaturauswahl Mitspracherecht.

b) Pädagogische Begleitung

Motivation ist nicht nur eine Frage von äußeren Anreizen, sondern hängt in hohem Maße von persönlichen Erwartungen ab. Wenn beispielsweise das Üben und Proben keine Ziele (z. B. Konzerte) anbietet, dann wird die Motivation durch die individuellen Erwartungen (*Zielorientierung*) der SchülerInnen gelenkt. Das produktive Üben versucht durch seine Struktur und Umsetzung den SchülerInnen Orientierungshilfen anzubieten. Wir wollen bei den SchülerInnen Lernkompetenz und die Fähigkeit zum selbständigen Üben in der Gruppe (z. B. Streichquartett) anbahnen. Dies gelingt jedoch nur, wenn Lehrkräfte ihr Handeln relativ transparent machen, also das „Wie" und „Warum" bestimmter Vorgehensweisen ansprechen. Neben einer Absprache der grundlegenden Ziele ist die bereits genannte Variabilität der Methodik auch im motivationalen Sinn bedeutsam. Die Motivation der SchülerInnen zum Üben hängt davon ab, ob sie überhaupt ausreichende methodische Vorgehensweisen kennen (*Selbstwirksamkeit*) und inwieweit man bestimmte Schwierigkeiten mit der entsprechenden Methode in den Griff kriegen kann (*Kontrollüberzeugung*). Eine Erprobungsphase, die nur eine bestimmte Methode anwendet (z. B. langsam Spielen) wirkt ermüdend. Die SchülerInnen können außerdem ihr Methodenrepertoire nicht erweitern. Anders verhält es sich, wenn die SchülerInnen in der Planungsphase Methoden kennen lernen und selber Vorschläge zum methodischen Vorgehen machen. Die SchülerInnen können sich mit dem Geschehen identifizieren und sind motivierter, weil sie wissen, was sie tun.

Manche SchülerInnen sind in ihrer Konzentration sehr anfällig gegenüber Störungen von außen (z. B.: „Ich habe keine Lust zur Probe. Der Peter nervt mich immer"), was die Motivation nachhaltig beeinträchtigen kann (*Externale Handlungshemmung*). Dieser motivationale Aspekt kann jedoch zum Teil durch eine gewisse Übe- und Probendisziplin aufgefangen werden. Wir erinnern uns, dass Übungsstunden auch Unterricht bedeuten. Sinnvoll sind bei geringer Störungsresistenz auch die genannten Maßnahmen der äußeren Differenzierung einzusetzen. Ein wichtiger Aspekt der Motivation ist das Selbstvertrauen in das eigene Können (*Fähigkeitskonzept*). Eine Möglichkeit zu Stärkung des Selbstvertrauens ist die Einschätzung des Fehlers als Lernchance und die konstruktive Kritik. Das Selbstvertrauen der SchülerInnen kann weiter gestärkt werden, wenn man fehlerhaftes Instrumentalspiel auf mangelnde Anstrengung zurückführt anstatt auf mangelndes Können, geschweige denn fehlende Begabung. Zusammenfassend ist festzuhalten, dass die Motivation der SchülerInnen nicht nur vom instrumentalen Üben in der Gruppe, sondern von vielfältigen Ursachen genährt wird. Es lohnt sich jedoch gerade im sozialen Kontext des gemeinsamen Musizierens immer wieder, die Motivation der einzelnen SchülerInnen zu beachten.

Pädagogische Begleitung und problemorientierte Beratung

Übungsstunden und Proben sind bis zu einem gewissen Grad durch leistungs-orientiertes Handeln gekennzeichnet. Das produktive Üben versucht eine *positive Leistungsorientierung* bei den SchülerInnen anzuregen. Wir sollten uns jedoch von dem Gedanken befreien, dass wir stets einen direkten Einfluss auf die individuelle Entwicklung der SchülerInnen nehmen können. SchülerInnen entwickeln sich ohnehin, mit uns oder ohne uns. Außerdem spielen bekanntlich das soziale Umfeld und das Elternhaus eine tragende Rolle. Eine gelungene Zusammenarbeit mit den Eltern ist nicht nur für den Musik- und Instrumentalunterricht bedeutsam. Auch bei gesonderten schulischen Veranstaltungen (Spielkreis, Chor, Orchester) wirken sich Rundschreiben, Einladungen der Eltern zu Proben und Konzerten oder ein gemeinsames Treffen vorteilhaft auf die Entwicklung der SchülerInnen aus. Letztlich sind es die SchülerInnen, um deren Lernen und individuelle Entwicklung es geht. Unsere Aufgabe besteht in der verantwortungsvollen pädagogischen Begleitung dieser Entwicklung.

Die Entwicklung kann jedoch mit Problemen einhergehen. Im leistungsorientierten Kontext des Übens in der Gruppe können manche Probensituationen so konfliktreich sein und sich die Probleme so zuspitzen, dass ein klärendes Gespräch notwendig erscheint. So mag es sein, dass eine Instrumentengruppe des Ensembles gravierende Schwierigkeiten mit bestimmten Passagen des Stücks hat. Manche Probleme sind eher im zwischenmenschlichen Bereich gelagert, äußern sich aber im musikalischen „Gegeneinander". Probleme beim Gruppenmusizieren sind schon dadurch grundgelegt, dass manche SchülerInnen noch nicht ihren Weg gefunden haben, wie sie ihren Part entsprechend üben können. Anstatt nun Übungsstunden oder Proben zu gegenseitigen nervlichen Belastungsproben ausarten zu lassen oder über Monate hinweg mit SchülerInnen dieselben Probleme zu besprechen, empfiehlt sich eine rechtzeitige Intervention durch eine *problemorientierte Beratung*.

Gemäß den Grundgedanken der problemorientierten Beratung nehmen wir Abstand von sogenannten „klugen Ratschlägen" und verzichten auf den sinnlosen Versuch, unsere subjektiven Wahrheiten auf andere zu übertragen. Im Mittelpunkt steht das Problem, das ein Schüler oder eine Schülergruppe hat und nicht die Person selbst als „Problemträger". Die problemorientierte Beratung geht streng regelgeleitet vor. Lehrende zeigen sich (auch hier) für die Einhaltung der Regeln verantwortlich. In der methodischen Abfolge der problemorientierten Beratung benennt und interpretiert der Schüler (oder die Gruppe) eine umfassende Beschreibung des Problems. Behandelt wird daraus nur ein Bereich, wobei die Aufgabe der Gruppe darin besteht, die Lösungsvorschläge des Schülers zu ergänzen und eine zeitliche Vereinbarung zur Durchführung der Lösungsstrategien verbindlich festzuhalten.

Die Verfahrensschritte der problemorientierten Beratung beginnen mit der Auswahl der am Gespräch beteiligten SchülerInnen. Neben den SchülerInnen, die einen Beratungsbedarf anmelden, sollte die Auswahl der TeilnehmerInnen weitgehend aus „unparteiischen" SchülerInnen bestehen. Das Verfahren der problemorientierten Beratung wird durch eine *Problemsammlung* eingeleitet, wobei der betreffende Schüler in einer Art brain storming alle erdenklichen Symptome des Problems und mögliche Ursachen benennt, aus denen die Schwierigkeiten erwachsen sein könnten. Die Gruppe protokolliert derweil die Äußerungen z. B. an der Tafel. Der Schüler (oder Gruppe) wird im nächsten Schritt der *Problembündelung* dazu aufgefordert, mögliche thematische Zusammenhänge zu bündeln und einzukreisen. Beim Schritt der *Interpretation* versucht der Schüler, die gebündelten Themen mit Überschriften, also Oberbegriffen zu versehen.

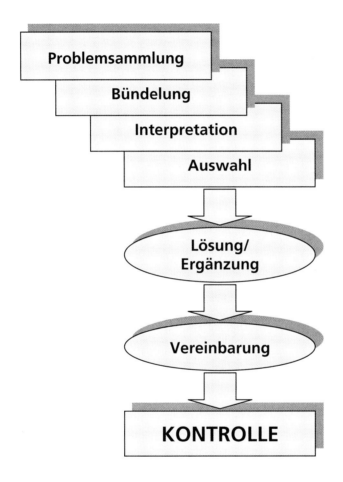

Abb.2: Modell der problemorientierten Beratung

Die Gruppe kann weitere Interpretationen vorschlagen. Entscheidend ist jedoch, dass es dem Schüler überlassen bleibt, ob er die Vorschläge der anderen annimmt. In der *Auswahl* entscheidet sich der Schüler für einen Problembereich, der weiter besprochen werden soll. Der Schüler wird zu *Lösungsvorschlägen* dieses spezifischen Problembereichs aufgefordert, die dann von der Gruppe *ergänzt werden*. Auch hier bleibt es dem Schüler überlassen, ob er die weiteren

Lösungsvorschläge akzeptiert. Die TeilnehmerInnen können intervenieren, wenn der Schüler auf Strategien beharrt, die er bereits seit geraumer Zeit erfolglos anwendet. Wichtig ist nun der letzte Schritt der *Vereinbarung*, wobei der Schüler einen genauen Zeitrahmen angibt, in dem er die Lösungsstrategien umsetzen will. Die Vereinbarung wird schriftlich festgehalten. Die TeilnehmerInnen vereinbaren ein erneutes Treffen zu dem entsprechenden Termin. Auf diesem Treffen berichtet der Schüler kurz über die Ergebnisse seines Lösungsversuchs.

Das Verfahren ist in erster Linie für kleinere Gruppen geeignet und stellt gewisse Anforderungen an die Reflexionsfähigkeit der SchülerInnen. Ein Vorteil der problemorientierten Beratung besteht in der regelgeleiteten Verfahrenstechnik, wodurch eskalierende Diskussionen vermieden werden sollen. Das Verfahren kann nicht nur als Methode problemorientierter Gruppengespräche verstanden werden, sondern ist unter Umständen auch als regulative Idee für Beratungsgespräche im Einzelunterricht sinnvoll.

Literatur

ADELMUND, D. (1993) *Spiel mal Musik*. Mühlheim: Verlag an der Ruhr.

BITSCH, M. & HEITZ, K. (1984) *J. S. Bach: Suites pour Violoncelle seul*. Paris: Editions Musicales Alphonse Leduc.

GELLRICH, M. (1998) Selbstgeplantes Üben – eine empirische Studie. In: GEMBRIS, H., KRAEMER, R.–D., MAAS, G. (Hrsg.) *Üben in musikalischer Praxis und Forschung. Musikpädagogische Forschungsberichte 1997*. Augsburg: Wißner, S. 221-230.

HARNISCHMACHER, C. (1993) *Instrumentales Üben und Aspekte der Persönlichkeit*. Frankfurt: Lang.

HARNISCHMACHER, C. (1995) Spiele für den instrumentalen Gruppenunterricht – Praxis der Perspektivischen Musikdidaktik. *Musik in der Schule*, Heft 3, Mai/Juni, S. 165-168.

HARNISCHMACHER, C. (1997) Perspektivische Musikdidaktik. Entwurf einer subjektorientierten Theorie des Musikunterrichts. In: KRAEMER, R.-D. (Hrsg.) *Musikpädagogische Biographieforschung*. Essen: Die Blaue Eule, S. 300-312.

HARNISCHMACHER, C. (1998a) Laß mich in Ruhe. Ich muß Üben! Eine empirische Studie zum Einfluß der Motivation und Volition, sowie von Reifungsprozessen auf das Übeverhalten von Kindern und Jugendlichen. In: SCHOENEBECK, M. v. (Hrsg.) *Entwicklung und Sozialisation aus musikpädagogischer Perspektive*. Essen: Die Blaue Eule, S. 91-109.

HARNISCHMACHER, C. (1998b) Was macht den Fehler zum Problem? Eine Theorie der Bewältigung von Handlungshindernissen des Übens. In: GEMBRIS, H., KRAEMER, R.–D., MAAS, G. (Hrsg.) *Üben in musikalischer Praxis und Forschung. Musikpädagogische Forschungsberichte 1997*. Augsburg: Wißner, S. 221-230.

KRAEMER, R.–D. (1994) Spielerische Formen rhythmisch-musikalischer Übungen in der Grundschule. In: *Üben und Probieren. Musik und Unterricht*, Heft 25, 5. Jg., S. 16-24.

KRAEMER, R.–D. (1996) *Notation: Übungen – Spiele. Arbeitsblätter für Schule und Musikschule*. Augsburg: Wißner.

MANTEL, G. (1998) *Ungenutzte Potentiale. Wege zum konstruktiven Üben*. Mainz: Schott.

Begleitung und Gestaltung von Liedern in Grundschule und Sekundarstufe I

Wilhelm Torkel

Der Titel selbst sagt schon aus, dass hier verschiedene Vorgehensweisen und Niveaus angesprochen werden. Diese sind auch immer abhängig von den verschiedenen Klassenstufen. Das praxisorientierte Vorgehen wird hier mit einer Auswahl signifikanter Lieder vorgestellt. Die Problematik einer Liedauswahl soll hier nicht erörtert werden, obgleich eine bewusste Auswahl von Liedern schon die Grundlage für eine spätere Begleitung und Gestaltung legen kann.

Dieser Beitrag bezieht sich auf die Klassenstufen 1/2, 3/4, 5/6, 7/8, 9/10. Hierbei kann es selbstverständlich zu Überschneidungen kommen.

Einige Grundüberlegungen müssen jedoch der praktischen Arbeit vorangehen. Bei der Begleitung von Liedern müssen mindestens vier verschiedene Ebenen berücksichtigt werden:
1. die der Melodie,
2. die des Textes,
3. die der Harmonik und
4. die der vorhandenen Musikinstrumente.

Hieraus ergeben sich jeweils unterschiedliche Fragestellungen, von denen einige wichtige hier gebracht werden:

Fragestellungen zur Melodie:
1. Wie groß ist der Tonumfang?
2. Welches ist der höchste, welches der tiefste Ton?
3. Gibt es „ungewöhnliche" Intervalle? (z. B. Hiatus bei „Hine Matov")[1]
4. Liegen rhythmische Besonderheiten vor?
5. Gibt es besondere melodische Signifikanzen?

Fragestellungen zum Text:
1. Ist der Text klassenstufengemäß?
2. Sind alle Worte für die Schüler verständlich?
3. Sind alle Worte gut aussprechbar?
4. Gibt es rhythmische Betonungsverschiebungen im Zusammenhang mit der Melodie? (z. B. „streicheln")[2]

---

[1] LEMMERMANN, HEINZ. Shalom. Lieder aus Israel. Fidula-Verlag. Boppard o. J.
[2] Student für Europa. Liederkarren. Berlin o. J.

Fragestellungen zur Harmonik:
1. Gibt es eine Akkordbezifferung?
2. Wie viele verschiedene Akkorde werden verwendet?
3. Welchen harmonischen Zusammenhang haben die Akkorde?
4. Aus welchen Tönen bestehen die einzelnen Akkorde?
5. Gibt es gemeinsame Töne zwischen verschiedenen Akkorden?
   Z. B.: C-Dur und A-verm. haben als gemeinsamen Ton das c.

Fragestellungen zum Instrumentarium:
1. Klingt das Instrument:
   a) lang/kurz,
   b) hoch/tief oder
   c) laut/leise?
2. Ist es ein Akkordinstrument oder ein Melodieinstrument?
3. Welche Funktion hat das Instrument? (Vorder- oder Hintergrund)
4. Welche Instrumente sollen zusammenklingen? Es ist nicht empfehlenswert, immer alle Instrumente mit dem Lied gemeinsam erklingen zu lassen. Die Abwechslung in der Instrumentierung zwischen verschiedenen Liedteilen gibt dem Lied eine besondere Gestalt.

Einige Überlegungen sollten noch vor der Darstellung praktischer Beispiele angestellt werden:

1. Welche Schülerin oder welcher Schüler spielt das verwendete Instrument?
2. Gibt es in der Klasse/Gruppe Schülerinnen und Schüler, die privaten Musikunterricht erhalten?
3. Wie lange haben sie Instrumentalunterricht? (Noten zeigen lassen!)
4. Haben Schülerinnen oder Schüler Gelegenheit, ihre Stimme zu Hause zu üben?
5. Können sie die Stimme mit ihrer Instrumentallehrerin oder mit ihrem Instrumentallehrer üben?

Der Fragen sollen nun genug sein. Nun steigen wir in die Liedbegleitung ein.

Beispiele für Begleitformen der 1. und 2. Klassenstufe

Ich mach Musike[3]

Hier	an demZaun,	hier an demZaun mach ich Mu - si - ke,
La	la la la,	la la la la, la la la la,

bin ich am End, bin ich am End, bleib ich stehn und kie - ke.
la la la la. la la la la, la la la la la.

2. Hört einer zu, hört einer zu,
   muß er bezahlen,
   läßt eine Mark, läßt eine Mark in
   die Büchse fallen

3. Für diese Mark, für diese Mark
   mach ich Musike,
   bin ich am End, bin ich am End,
   bleib ich stehn und kieke.

Das folgende Lied ist ein einfaches Lied im 3er-Takt. Hiermit lässt sich vieles anfangen. Einige wenige Möglichkeiten werden skizziert. Wichtig erscheint mir dabei immer, Variabilitätsmöglichkeiten zu sehen, vorzuhören und umzusetzen. Nichts muss so gemacht werden wie hier dargestellt, aber vieles kann man übernehmen.

1. Möglichkeit: eine einfache Klavierbegleitung, z. B.

Dazu singen die Kinder.

2. Möglichkeit: Auf der „1" klatschen die Kinder zu ihrem Gesang:
   *   *   *   *   (* = Klatscher)
   Hier an dem Zaun, hier an dem Zaun, mach ich Mu-si-ke usw.
3. Möglichkeit: Statt des Klatschers spielt ein Kind auf einem Metallophon ein „C".
4. Möglichkeit: Klatscher und „C" wechseln sich ab.
5. Möglichkeit: 1. Strophe so singen und spielen wie unter 4. beschrieben, aber nach jeder Strophe einen 8-taktigen Durchgang nur Klatschen und Metallophon.
6. Möglichkeit: Statt des Klatschers wird ein Fellinstrument eingesetzt.

---

[3] JEHN, MARGARETE und WOLFGANG. 48 Kinderlieder aus aller Welt. Eres Edition. Lilienthal

Nun haben wir schon ein Ton- und ein Rhythmusinstrument eingesetzt. Statt des Fellinstrumentes kann auch ein Schellenring oder ein anderes Rhythmusinstrument verwendet werden, statt des Metallophones auch ein Xylophon, ein C-Stab oder ein Glockenspiel. Hier ist Variabilität gefordert.

7.   Möglichkeit: Fellinstrument und Schellenring wechseln sich ab.
8.   Möglichkeit: Wir nehmen ein Xylophon folgendermaßen hinzu (erst nur die obere Stimme, später dann auch die untere):

Wenn nun ein Kind ein wenig Blockflöte spielen kann, ließe sich z. B. noch folgende Melodie hinzufügen:

Wir haben nun folgende Instrumente eingesetzt, die das Lied begleiten: Trommel, Schellenring, Metallophon, Xylophon und als Melodieinstrument eine Blockflöte. Die Blockflöte kann durch jedes andere, lang klingende Melodieinstrument ersetzt werden. Falls mehrere Kinder ein Melodieinstrument spielen können, kann die Melodie auf die anderen Instrumente übertragen und abwechselnd oder gemeinsam gespielt werden. Um das Lied zu begleiten und abwechslungsreich zu gestalten, soll nun eine Abfolge als Beispiel beschrieben werden, dabei geht es immer um *8-taktige Abläufe*; z. B.:

•   Trommel, Xylophon, 1. Melodieinstrument,
•   Strophe mit Schellenring und Metallophonbegleitung,
•   Trommel, Schellenring, Metallophon, 2. Melodieinstrument,
•   Trommel, Schellenring, Metallophon, 1./2. Melodieinstrument,
•   Xylophon, Metallophon,
•   2. Strophe mit Xylophon und Metallophon,
•   Trommel und Schellenring im Wechsel,
•   Xylophon, Metallophon, 1./2. Melodieinstrument,
•   3. Strophe ohne instrumentale Begleitung,
•   3. Strophe mit allen Instrumenten als Begleitung.

Eine Begleitung sollte immer stützende Funktion haben. Sie sollte die Möglichkeit bieten, ein Lied variabel einzubinden. Aus diesem Beispiel lässt sich Folgendes ableiten: *Hat man erst einmal die vollständige Begleitung für ein Lied geschrieben, braucht man nur noch den gesamten „satten Satz" für die Gestaltung aufzugliedern.* So verwendet man gleiches oder sehr ähnliches Material für immer neue Klangzusammensetzungen, die die Aufmerksamkeit der Zuhörenden ständig bindet.

Morgengruß[4]

Erste Überlegungen:

Tonumfang: c'-c'', für Kinder singbar, keine besonderen rhythmischen Signifikanzen, die Sprache verständlich und eine klare Gliederung: jede Zeile wird zweimal gesungen. Daraus ergibt sich in der Praxis ein 12-taktiges Lied. Als Möglichkeit wird angegeben, dieses Lied mit Vorsänger(in) und Vocaltutti zu gestalten. Wir finden hier zwei verschiedene Akkordreihen vor:

Akkordreihe 1:

    4/4 /   /   /   /   /   /   /   /
         F   Bb   F

Akkordreihe 2:

    4/4 /   /   /   /   /   /   /   /
         C   G   C

Die Reihenfolge ist nun:

Akkordreihe 1 Takt 1/2,   Praxistakt 1/2
Akkordreihe 1 Takt 1/2,   Praxistakt 3/4
Akkordreihe 2 Takt 3/4,   Praxistakt 5/6
Akkordreihe 2 Takt 3/4,   Praxistakt 7/8
Akkordreihe 1 Takt 5/6,   Praxistakt 9/10
Akkordreihe 1 Takt 5/6,   Praxistakt 11/12

Wir haben es mit 6 Reihen à 2 Takten, aber nur mit zwei Akkordreihen zu tun. Bevor wir an das instrumentale Begleiten gehen, beschreiben wir eine kurze Sinnanalyse:

Die ersten zwei Takte haben Aufforderungscharakter nach dem Motto: „Nun geht's los!" Die nächsten beiden Takte sollten nach dem Sinngehalt begleitet werden: Takt 5: laut, Takt 6: leise, Takt 7: laut, Takt 8: leise, die Dynamik

---

[4] LEMMERMANN, HEINZ. Die Sonnenblume. Fidula-Verlag. Boppard 1992

wechselt taktweise. Damit es einen eleganten Übergang gibt, sollte der laute Teil in Takt 5 und 7 nur jeweils drei Viertel lang sein. Aus dem Lied ergibt sich der dynamische Ablauf fast zwingend:

Takt 1/2 und 3/4 :   mezzoforte,
Takt 5/6 und 7/8:   fortissimo und piano im Wechsel
Takt 9/10 und 11/12:   mezzoforte

Daraus folgt, dass die Takte 1-4 und 9-12 von der Begleitung her gleich bleiben können, eine Variabilität hier aber durch hinzugefügte Melodieinstrumente erreicht werden kann. Dies zeigt nun der vollständige Instrumentalsatz, in dem eine mögliche Abfolge als Gestaltung des Liedes noch nicht enthalten ist.

Vom Notenbild her haben wir es mit 6 Takten zu tun, die reale Musikpraxis weist aber 12 Takte auf. Ich werde mich in diesem Beispiel an der realen Musikpraxis mit 12 Takten orientieren. Dabei ist wichtig zu erinnern, dass die Takte 1-4 von der Begleitung her identisch sind mit den Takten 9-12.

Nun kommen wir zu einer möglichen Gestaltung:

Ein Kind kündigt mit einem „Kikerikie" den neuen Tag an.

Nun spielen die Xylophone, Takt 1 und 2 zweimal.

Es folgen: Xylophone mit Bass, Takt 1 und 2 zweimal.

Danach: Xylophone, Bass und Melodie 1, Takt 1 und 2 zweimal.

Wir haben nun ein 12-taktiges Intro und damit eine Korrespondenz zu den gesamt gespielten Takten. Nun singen alle gemeinsam dazu: Guten Morgen alle hier im Kreis! (Vorsänger(in) – Tutti?)

Es folgt der Instrumentalteil mit dem Text: „Singet laut und manchmal auch ganz leis!" zweimal. (Vorsänger(in) – Tutti ?)

Nun kommt vom Text her die letzte Zeile: „Guten Morgen, guten Morgen". Dazu wird der Instrumentalteil des Intros unter Verwendung der 2. und 3. Melodie gespielt.

Beispiele für Begleitformen der 3. und 4. Klassenstufe

Für diese Klassenstufe sind zwei unterschiedliche Lieder ausgewählt worden: das erste ist etwas ruhiger, das zweite rhythmisch beweglicher. Beginnen wir mit dem ruhigen:

Regenlied[5]

2. Regen, Regen, mach uns naß, klopf ans Fenster, tropf ins Faß.
3. Regen, Regen, sing dein Lied, braus im Walde, rausch im Ried.

_____

5 LEMMERMANN, HEINZ. Die Sonnenblume. Fidula-Verlag. Boppard 1992

Zur Melodie: Eine schwingende, ruhige und fließende Melodie mit einem Tonumfang einer Quinte. Tiefster Ton ist e', höchster Ton h'. Ungewöhnliche Intervalle oder rhythmische Besonderheiten tauchen nicht auf.

Der Text ist verständlich, alle Worte lassen sich gut aussprechen, und es finden keine, durch Rhythmen hervorgerufenen, Betonungsverschiebungen statt.

Der Reiz dieses ungarischen Liedes liegt zum einen in den dreitaktigen Melodiezeilen, zum andern in der ungewöhnlichen Harmonik. Ich würde in Takt 2 auf das h-moll zu Gunsten des D-Dur verzichten, weil hier eine Korrespondenz zu den Zeilen 2 und 3 vorliegt. In den Zeilen 2 und 3 handelt es sich um eine doppelsubdominantische Wendung (von G-Dur zu F-Dur). Zeile 1 und 4 weisen „verdeckte" doppelsubdominantische Wendungen auf (von e-moll zu D-Dur und dann in Zeile vier von e-moll über C-Dur zu D-Dur). Diese erhörenswerte Korrespondenz gilt es in den Begleitformen zu intensivieren. Weiter fällt auf, dass die letzte Zeile der Strophe harmonisch identisch ist mit der ersten Zeile des Kehrreims. Dadurch erhält sich zwischen Strophe und Kehrreim der schwingende Charakter. *„Die Begleitung ist selbst in einfacher Form nicht irgendein beliebiges klingendes Beiwerk; sie soll vielmehr die Eigenart von Text und Melodie verdeutlichen."*[6] Hier zeigt sich, dass eine Begrenzung auf das Wesentliche, hier auf wenige Instrumente, die Sensibilität, die von diesem Lied ausgeht, verstärkt. Durch den leisen Einsatz von Fellinstrumenten (Bongos, Congas, Handtrommeln) lässt sich mit einer durchgehenden Achtelbewegung auf zwei verschiedenen Tonhöhen, Regen musikalisch illustrieren:

Bongos

Dazu brauchen wir nur noch einige Liegetöne, die sich an die Akkorde anlehnen, ihnen aber noch eine andere Farbe verleihen. So wird dem e-moll-Akkord die kleine Septime hinzugefügt, und den F-Dur-Akkord erweitern wir um ein „g". Die Spannung aus dem G-Dur-Akkord und dem folgenden F-Dur-Akkord mit dem „g" erzeugt einen schwebenden Charakter, ganz im Sinne des Liedes.

[6] LEMMERMANN, HEINZ. Musikunterricht. Bad Heilbrunn 3. Aufl. 1984. S. 216

Dazu lässt sich noch eine leichte Klavierbegleitung hinzufügen, und der Weg für eine Gestaltung ist vom Material her frei.

Hier bietet sich eine einfache Gestaltung an:
- Drei Takte Bongos (Regenillustration).
- Dann Teil A mit dem Klavier als Introduktion zweimal.
- Nun die erste Strophe mit dem Refrain und Tutti-Instrumentarium.
- Danach die zweite Strophe: Tutti-Instrumentarium, Klavier: tacet.
- Als nächstes den B-Teil: einmal nur mit dem Klavier und den Bongos.
- Dann zweimal den A Teil: Tutti-Instrumentarium, Klavier: tacet.
- Nun die dritte Strophe: Tutti-Instrumentarium.
- Zum Schluss den C-Teil einmal nur mit den Metallophonen.

Statt der Metallophone können alle anderen langklingenden Instrumente eingesetzt werden. Es bieten sich Keyboards an, die auf Streicher eingestellt, einen weichen Klangteppich produzieren können. Es kommt bei der Begleitung von Liedern immer darauf an, die Atmosphäre des Liedes zu erfassen und mit Hilfe des zur Verfügung stehenden Instrumentariums zu stützen und zu stärken. Die Wirkungsweisen von Instrumenten hat KLAUS WÜSTHOFF sehr anschaulich und durchaus diskutabel in seinem Band „Die Rolle der Musik in der Film-, Funk- und Fernsehwerbung" beschrieben.[7]

---

[7] WÜSTHOFF, KLAUS. Die Rolle der Musik in der Film-, Funk- und Fernsehwerbung. Berlin 1978

Als zweites Lied für die Klassenstufen 3/4 habe ich ausgesucht:

Sascha geizte mit den Worten[8]

1. Sa - scha geiz - te mit den Wor - ten ü - ber - all und al - ler - or - ten,
konn - te ho - he Bo - gen spuck - en, fröh - lich mit den Oh - ren zuck - en.

Nja, nja, nja, nja, nja, nja, nja, nja, nja, nja, nja, nja, nja, nja. Hei!

Nja, nja, nja, nja, nja, nja, nja, nja, nja, nja, nja. Hei!

2. Saschas Vater wollt'
mit Pferden reich und
wohlbehäbig werden;
viele drehten manche
Runde, zehn Kopeken
in der Stunde ...

3. Sascha liebte nur Ge-
flügel, Rosse hielt er
streng am Zügel, tät
sie striegeln oder zwa-
cken an den beiden
Hinterbacken ...

4. Und die kleinen Pferd-
chen haben Sascha,
diesen Riesenknaben,
irgendwo herumgebis-
sen und die Hose ihm
zerrissen ...

Erst einmal einige Grundüberlegungen:

Der Tonumfang geht von d' zum h', eine Sexte. Es gibt keine ungewöhnlichen Intervalle, und es liegen keine rhythmischen Besonderheiten vor.

Der Text ist gut verständlich und gut artikulierbar. Zu klären wäre das
Wort „Kopeken".

Es werden drei verschiedene Akkorde verwendet: d-moll, A-Dur, g-moll.
Die Beziehung der Akkorde untereinander beschränkt sich auf Tonika, Dominante und Subdominante. In diesem Lied lässt sich – dies macht einen Reiz dieses Liedes aus – ein weit angelegtes Accelerando umsetzen. Es ist in Strophe
und Refrain, jeweils viertaktig, gegliedert. Gerade eine Gliederungsanalyse
bringt oft das „richtige" Begleitmuster. Bei diesem Lied wird man eher kurz
klingende Instrumente, wie z. B. Xylophone und Percussionsinstrumente, einsetzen. Neben dem auf die Akkorde bezogenen Begleitsatz lassen sich gut mehrere weitere Melodiestimmen erfinden, die die Akkordfolge zur Grundlage haben. Bei allem Temperament ist aber stets zu beachten, dass die Stimmen von
Schülerinnen und Schülern der 3./4. Klassenstufe zu spielen sein sollen. *Wenn
eine Stimme zu kompliziert für dieses oder jenes Kind ist, sollte man u. U. lieber die
Stimme ändern als durch zu langes Üben die Lust an der Musik zu schmälern.* Nun zu
dem Begleitsatz: hierbei ist zu berücksichtigen, dass das durchgehende Accelerando von den Stimmen durchgehalten werden kann. Deswegen spielen die
Xylophone auch am Anfang Achtelbewegungen und später, wenn das Lied an
Tempo zugenommen hat, Viertelbewegungen. Die Bongos bleiben bei den

8 BANNHOLZER, HANS PETER u. a. 333 Lieder. Klett-Verlag Stuttgart 1996

Achtelbewegungen. Das muss halt geübt werden, oder man lässt sich kurzfristig auf ein rhythmisches Chaos ein; dies kann auch sehr erfrischend sein. Die Melodiestimmen sollten hier wechselweise eingesetzt werden, dies ermöglicht kleine Erholungspausen. Die Klammern bei der letzten Note der Instrumente Bongos und Schelle bedeuten: hier nur bei der Wiederholung des B-Teils spielen („Hei!").

Gestaltungsmöglichkeiten:

- Den vollständigen Begleitsatz (A und B) ohne Melodiestimmen spielen.
- Den ersten Teil wiederholen, aber die Melodiestimme 1 hinzufügen.
- Nach diesem Intro nun die ersten beiden Strophen mit dem vollständigen Begleitsatz spielen und singen.
- Als Zwischenmusik nun den vollständigen Begleitsatz (A und B) mit der Melodiestimme 2 spielen.
- Es folgt die dritte Strophe mit dem Begleitsatz ohne Melodiestimmen.
- Nun die vierte Strophe Tutti singen und spielen.

Bei diesem Lied sollte man das Tempo und das Temperament in der vierten Strophe zum Höhepunkt bringen. Die Kinder schließen mit Bongos und Schel-

lenring auf „Hei!". Statt der Bongos können auch andere Fellinstrumente eingesetzt werden. Wie die Melodiestimme zu besetzen ist, richtet sich nach den Gegebenheiten der jeweiligen Klasse/Gruppe. Wenn Keyboards vorhanden sind,
lassen sich hierauf verschiedene Klangfarben einstellen, die dann zum Einsatz
kommen können. In jeder Hinsicht soll man von den Kindern ausgehen und ihre Fähigkeiten für den Unterricht nutzen. Keine Berührungsängste, wenn ein
Kind bereits mehrere Stunden Keyboardunterricht bekommen hat. Die angebotenen „Sounds" auf einigen Keyboards sind zwar musikalisch diskutabel, der
Einsatz ihrer Instrumente allerdings stützt das Selbstbewusstsein der Kinder
und kommt damit ihrer Beschäftigung mit Musik entgegen.

Beispiel für eine Begleitform der 5. und 6. Klassenstufe

Rock My Soul (trad.)

Melodiefassung: W.A.Torkel

Von diesem Lied gibt es viele unterschiedliche Fassungen. Das bezieht sich sowohl auf den Text wie auch auf die Melodie. Deshalb wird hier die Melodiefassung angeboten, mit der ich seit Jahren arbeite. Spätestens im 5./6. Jahrgang

sollte man mit englischsprachigen Liedern beginnen, weil die Kinder von der 5. Klasse an im Fach Englisch unterrichtet werden. Sie haben hier Gelegenheit, ihr Wissen in einem anderen Fach anzuwenden.

Die Melodie hat den Tonumfang einer None, weil sie aber relativ tief notiert ist, lässt sich auch dieser Tonumfang von den Schülerinnen und Schülern realisieren. Der tiefste Ton ist das kleine a, der höchste das h'. Die Melodie weist eine rhythmische Besonderheit auf: in Takt 3, 4, 6, 7, 10, 12, 14 und 23 haben wir es mit einer synkopischen Wendung (Betonung auf dem 4. Achtel) zu tun. Man wird den Text vor dem Singen sinnvollerweise erst einmal mit allen Kindern im Rhythmus der Melodie üben, um „in die Synkope" zu kommen. Diesen Rhythmus kann man gut im Begleitsatz verwenden.

Aus den ersten beiden Takten lässt sich folgender Xylophonrhythmus herausschälen.

Dieser Rhythmus bildet das Zentrum des Begleitsatzes und stellt damit eine Korrespondenz zur Melodie her. Das Schlagzeug wird hier in zwei Fassungen angeboten, eine leichte:

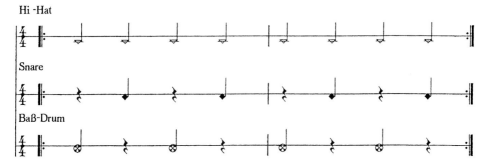

und eine schwerere, die aber den benannten Rhythmus integriert:

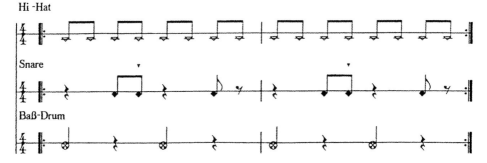

Bei dem schwereren Rhythmus haben wir im Hi-Hat eine Achtelbewegung. Diese ist präzise schwer umzusetzen. Man sollte das Tempo nach dem Hi-Hat ausrichten. Man kann auch bei dem schwereren Rhythmus das Hi-Hat als Viertel spielen; dies klingt sehr interessant, ist aber um ein Vielfaches schwieriger; hier ist der individuelle Kompromiss gefragt.

Als weitere Rhythmusinstrumente bieten sich an: Congas, Bongos, Schellenring, Claves und Cabassa. Sie lassen sich nach folgendem Muster als Begleitung einsetzen:

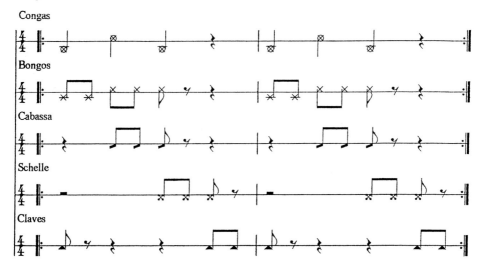

Nun muss einiges über sinnvolle Begleitrhythmen geschrieben werden. Es ist
sinnvoll, zu Anfang Rhythmen mit ungeraden Achtelbewegungen (3er, 5er, 7er)
zu schreiben. Diese lassen sich einfacher als die mit geraden Achtelrhythmen
(2er, 4er, 6er) musizieren.

Eine ungerade Achtelbewegung ...

Rhythmen

... ist viel einfacher als eine gerade Achtelbewegung.

Rhythmen

Dies hängt mit dem Spannungs-/Entspannungsmoment zusammen.
Gerade: keine Entspannung

Ungerade: Entspannung

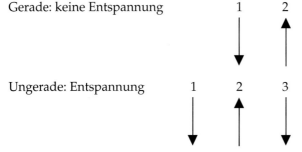

Und noch etwas ist wichtig: Um einen Rhythmus ins „Rollen" zu bringen, soll man möglichst eine durchgehende Achtelbewegung in den verschiedenen Instrumenten herstellen. In unserem Beispiel beginnen die Bongos auf „1 und", die Cabassa folgt auf „2 und", dann der Schellenring auf „3 und", und die Claves schließen auf „4 und". Die Achtelbewegung wird nun wieder von den Bongos übernommen, so geht es immer „rund", und langsam können wir in einen guten Groove kommen. Etwas „grooved", wenn die Musik scheinbar schwebt und von selbst zu „gehen" scheint. Dieses „feeling" wird durch eine dauernde Wiederholung rhythmischer, in sich geschlossener Figuren, die sehr präzise gespielt werden müssen, erreicht.

Zu den Rhythmen kommt nun der 8-taktige Begleitsatz, der sich an den Akkorden orientiert:

Beispiel für Begleitformen der 7. und 8. Klassenstufe

Für diese Jahrgangsstufe wurde ein Spiritual ausgewählt, das von einem intensiven swingenden Charakter lebt:

He's Got The Whole World In His Hand (trad.)
Melodiefassung: W. A. TORKEL

1. He's got the wind and the rain, in his hand.
2. He's got the tiny little baby, in his hand.
3. He's got you and me, brother, in his hand.
4. He's got everybody, in his hand.

Dieses Spiritual wird von Schülerinnen und Schülern gern angenommen. Durch den geringen Tonumfang einer Sexte und durch die Ecktöne c' und a' lässt es sich leicht lernen. Hier könnte man nun viele Instrumente einsetzen, aber ein zu dicker Satz würde die Transparenz und die Variabilität verdecken. Deswegen sollte man bei der Begleitung im rhythmischen Bereich nur auf das Schlagzeug zurückgreifen. Das Schlagzeug spielt einen typischen *„Swing"-Rhythmus:*

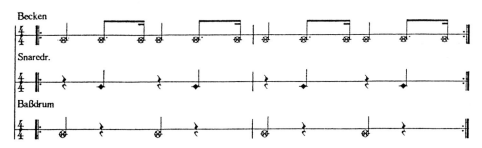

Dazu passt folgender Bassrhythmus:

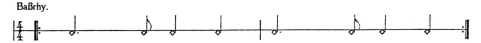

Schlagzeug und Bass bilden eine rhythmische, sich ergänzende Einheit.

Die Xylophone und die Metallophone (aufteilen auf mehrere Spieler(innen)) bilden in ihrer Schlichtheit nicht mehr als einen Akkordteppich.

Die Bläser (lassen sich auch durch Keyboards ersetzen) sollten nur beim Refrain (oder sogar nur bei jedem zweiten Refrain?) eingesetzt werden, um Abwechslung zu schaffen.

Eine oder zwei Gitarren können gut im Hi-Hat-Rhythmus die Akkorde spielen. Das Grundgerüst für die Begleitung bilden: Schlagzeug, Bass und Gitarre. Für die Fülle sorgen Xylophone und Metallophone (die Metallophonstimmen lassen sich auch mit Keyboards umsetzen). Die Bläser setzen Akzente.

Damit die Bläserstimmen auch von den Keyboardern gespielt werden können, stehen hier die Bläserstimmen in der C-Notierung:

Hier nun ein Vorschlag zur Gestaltung:
* 8 Takte Intro mit Schlagzeug, Bass und Gitarre (ein Durchgang).
* Refrain: Tutti, jedoch ohne Bläser.
* 1. Strophe: 1. Vocalsolo („in his hand" Vocaltutti), Drums, Bass, Gitarre.
* 2. Strophe: 2. Vocalsolo („in his hand" Vocaltutti), Drums, Bass, Gitarre und Keyboards.
* Refrain: Tutti.
* 3. Strophe: 3. Vocalsolo („in his hand" Vocaltutti), Drums, Bass, Gitarre – Ein Durchgang Instrumentaltutti (Bläser vorne).
* 4. Strophe: Vocaltutti mit Drums, Bass und Gitarre.
* Refrain: 2 mal Tutti, Schluss auf der 4 mit den Bläsern gemeinsam.

Beispiel für eine Begleitform der 9. und 10. Klassenstufe

Um im Wesentlichen rhythmische Begleitformen für Lieder zu beschreiben, wurde ein Lied aus Jamaika ausgesucht. Dieses lässt sowohl eine „weiche" Form der rhythmischen Umsetzung, als auch eine etwas „härtere", reggae-orientierte Form zu. Nach der Darstellung der „weichen" Form folgen dann Signifikanzen für eine „härtere". Es handelt sich um das bekannte Lied:

Jamaika farewell[9]
Melodiefassung: W. A. TORKEL

2. Sounds of laughter ev'rywhere
    and the dancing girls swaying to and fro
    I must declare, my heart is there,
    tho' I've been from Maine to Mexico.

3. Down at the market you can hear
    Ladies cry out while on their heads they bear,
    Ackey, rice, salt fish are nice.
    And the rum is fine any time of year.

Auch von diesem Lied gibt es viele verschiedene Fassungen, und so habe ich mich entschieden, meine, mir geläufige als Beispiel zu nehmen. Der Umfang einer Oktave ist singbar und dürfte keine Probleme bereiten, auch wenn der Tonumfang vom c' bis zum c'' geht. Üben muss man sicherlich die verschiedenartigen Synkopen z. B in Takt 1 „Down the *way* ...", Takt 5: „I took a ..." oder Takt 7: „... Ja*maika* I ..." Als rhythmische Begleitform kann man auf keinen Fall auf den

---
[9] BANNHOLZER, HANS PETER u. a. 333 Lieder. Klett-Verlag. Stuttgart 1996

typischen Clavesrhythmus verzichten. Als methodische Hilfe bietet sich folgende Wortunterlegung an: *Pa*-na-ma-*Me*-xi-co-*Cu*-ba. Den gleichen Rhythmus spielt auch der Bass, nur dieser verbindet den Rhythmus mit den Tönen der Akkorde. Hier liegt im Rhythmusblock ein typisches karibisches Begleitmuster vor: Die durchlaufende Achtelbewegung (vgl. Rock My Soul) in den Instrumenten: Congas, Cabassa, Bongos, Guiro. Und noch eine karibische rhythmische Besonderheit: Die Guiro wird oftmals nicht durchgehend gespielt. So ergibt sich bei der Hörerin und beim Hörer eine fortlaufende Erwartung, die scheinbar nicht eingelöst wird. Nach zwei Takten wird die Erwartungshaltung bestätigt. Diese Spannung – Entspannung, die sich u. a. in ungeraden und geraden Achtelbewegungen ebenfalls widerspiegelt, machen den besonderen Reiz karibischer Musik aus.[10]

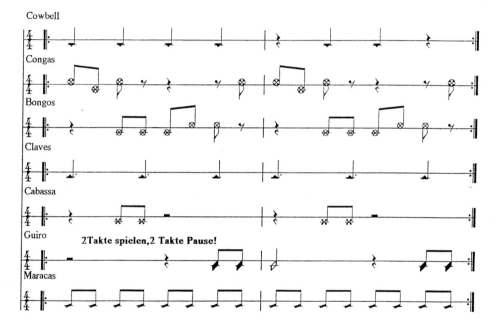

Dieser Rhythmusblock ist schon ziemlich schwierig, und man wird ihn einige Zeit üben müssen, um in den „groove" zu kommen. Hat man das feeling erreicht, scheint er nicht enden zu wollen.

Zu diesem Rhythmusblock gehört eine typische, rhythmische Xylophonbewegung. Diesen Rhythmus findet man in vielen karibischen Liedern.

Xylrhym.

Diesen Rhythmen fügen wir nun die Xylophone/Metallophone und den Bass hinzu. Dabei kommen wir mit 4 Takten als Begleitung aus. Eine umgesetzte Vierstimmigkeit ermöglicht uns die Akkorde im 2. und 3. Takt farbig zu gestalten.

---

[10] TORKEL, WILHELM. Karibische Folklore. Eres Edition. Lilienthal 1985

Dem F-Dur-Akkord fügen wir das „d" und dem G-Dur-Akkord die kleine Septime, das „f", hinzu. Die Metallophone oder auch Keyboards bilden einen Klangteppich.

Dieses ist die angedeutete „weiche" Begleitform:

Die „härtere" erreicht man 1. durch Hinzufügen eines Schlagzeugs und 2. durch einen anderen Bassrhythmus. Wenn auch der Schlagzeugrhythmus variabel ist, sollte bei dem Bassrhythmus die „1" unbedingt fehlen! Dies könnte folgendermaßen gespielt werden:

Möglicher Gestaltungsablauf:
- 8 Takte instrumentales Intro.
- 1. Strophe: Solo mit Begleittutti und Cowbell, Congas, Claves.
- Refrain: „But I'm sad to say ..." Instrumentaltutti.
- 2. Strophe: 2. Solo mit Xylophonen, Bass, Gitarre (Akkorde) Congas, Bongos, Claves.
- Refrain: wie oben.
- Zwischenspiel: 8 Takte wie Intro.
- 3. Strophe: 3. Solo mit Metallophonen, Bass, Gitarre, Claves und Cabassa.
- Schluss: Refrain zweimal Tutti.

Zum Abschluss:

Die Gestaltung eines Liedes, die Einbindung von Instrumenten sollte variabel gehalten werden. Es ist nicht nötig, dass immer alle spielen. Die Instrumente sind austauschbar, jedoch sollte der Charakter eines Liedes mit dem eingesetzten Instrumentarium intensiviert und nicht verdeckt werden. Durch Abwechslung im Spiel können viele Schülerinnen und Schüler an dem gemeinsamen Prozess beteiligt werden, ohne dass dadurch ein undefinierbarer Klangbrei entsteht. Melodieinstrumente können eine Bereicherung für die Gestaltung eines Liedes sein.

Die Melodien schreibt man auf Grund der dem Lied zugeordneten Akkorde. Oft gelingt es sogar, das Lied mit der neuen Melodie zu verbinden. Dann empfiehlt es sich, auf einige Instrumente zu verzichten. Wichtig ist mir die Etablierung einer gemeinsamen Arbeit an einem Material, das Schülerinnen und Schülern gerecht wird. Die gemeinsame Arbeit bringt neben dem Verständnis für musikalische Abläufe eine ebenso wichtige emotionale Bindung an Lieder, deren Inhalte und Gestaltung – und letztlich an Musik.

Teil IV

Stilrichtungen und Instrumente

Ensembleunterricht Jazz

BERNHARD MERGNER / SIGI BUSCH

Prolog

Im Sommer 1996 hatte ich Gelegenheit, bei einer von der International Association of Schools of Jazz und dem Rhythmischen Konservatorium Kopenhagen organisierten Kreuzfahrt auf der Ostsee teilzunehmen. Ca. 70 Studenten und ca. 25 Lehrer aus aller Welt und dazu noch ca. 120 Jazzliebhaber aus Dänemark waren die Passagiere auf der MS Kristina. Start war in Kopenhagen, es folgten Gdingen in Polen, Kaliningrad in Russland und nach einigen weiteren Stationen auch Riga in Lettland. Während der Reise waren die Tage so organisiert, dass tagsüber neben verschiedenen Vorlesungen vor allem unter der Leitung der verschiedenen Dozenten in Ensembles geübt wurde. Abends wurde dann das Erübte an Land in Konzerten, Sessions u. ä. vorgeführt. In Riga hatte ich die ehrenvolle Aufgabe, als „Master of Ceremony" eine Session mit lettischen Musikern und jungen an der Kreuzfahrt beteiligten Musikern zu moderieren. Im Normalfall ist da nicht viel zu tun. Es finden sich einige Bläser, dazu stellt man eine Rhythmusgruppe zusammen, und ab geht die Post. Nach einigen gut gelungenen Stücken kam ein junger E-Bassist auf die Bühne und fragte die dort schon Anwesenden, ob er auch mal mitspielen dürfte. Man einigte sich schnell auf das berühmte Schlachtross „Autumn Leaves" als Grundlage für das Themenspiel und die folgenden Improvisationen. Dann folgte ein sich Schritt für Schritt aufbauendes Desaster. Der Bassist war nicht in der Lage, das vorgegebene Tempo aufzunehmen, er kannte kaum die zugrunde liegenden Harmonien, war außerdem noch unglaublich laut und spielte zu allem Überfluss im steten Wechsel zwischen Bossa Nova, Rock und Swing eine völlig andere Begleitung als der Rest der Rhythmusgruppe. Es folgten verzweifelte Kommunikationsangebote des Schlagzeugers und des Pianisten. Völlig vergebens. Nichts lief zusammen. Das ganze Stück zog sich hin über fünf endlos erscheinende Minuten, bis einer der Musiker abrupt das Stück zu Ende führte und alle Beteiligten – bis auf den Bassisten – fluchtartig die Bühne verließen. Der Zurückgelassene schaute sich erstaunt um, bis er realisierte, dass ihm nichts anderes übrig blieb, als die Bühne zu verlassen. Er nahm sein Instrument und ging an mir vorbei, drehte sich aber nach einigen Metern um zu mir und fragte erstaunt: „Sind Sie nicht Sigi Busch? Oh ... Ich habe Ihr Buch als Kopie. Ich muss Ihnen sagen, dass ich daraus sehr viel gelernt habe. Es hat mir sehr geholfen." Natürlich folgte sofort ein lautes Gelächter der anderen Musiker und der Gäste. Ich bekam einen roten Kopf, lächelte tapfer und war völlig sprachlos. Das große Loch, in dem ich gerne verschwunden wäre, suche ich heute noch.

Nun werden Sie fragen: „Was will uns der Erzähler damit sagen?" Die erste Folgerung war ganz offensichtlich: Allein aus einem Buch kann man das Spielen in einer Gruppe nicht lernen. Die zweite: Wie ich im Verlaufe eines später am Abend mit dem jungen Mann geführten Gesprächs heraus bekam, hatte er weder einen Instrumentallehrer noch irgendwelche Erfahrungen im Ensemblespiel. Aufnahmen auf Tonträger besaß er persönlich auch nicht. Jazzkonzerte hatte er bis dahin nur wenige miterlebt. Er war erkennbar nicht in der Lage, sich der an ihn in dieser Situation gestellten Ansprüche bewusst zu sein, geschweige denn, diese zu erfüllen.

Protokoll eines Gesprächs über Ensembleleitung im Jazz zwischen Bernhard Mergner und Sigi Busch im März 2000

1. Jazztypische Vermittlungsformen

Sigi Busch
Im Vorfeld kam die Idee auf, weniger einen Artikel als vielmehr ein Protokoll eines Gesprächs über das Thema Ensembleleitung im Jazz zu veröffentlichen. Die Schwierigkeit besteht offenbar darin, dem Thema Ensembleleitung in Schriftform beizukommen. Ich hatte dir, Bernhard, schon einmal die Geschichte aus Riga erzählt, und du hast mir geantwortet: Das ist auch genau der Grund, warum ich noch keine Trompetenschule geschrieben habe.

Bernhard Mergner
In den langen Jahren meiner Lehrtätigkeit hatte ich oft das Problem, dass ich einem Studenten etwas erklären bzw. vermitteln wollte, dabei die Ausdrucksmittel, Übungen und Beispiele, die ich bei anderen verwendet hatte, aber nicht passen wollten. In dieser Situation habe ich mir oft neue Wege ausgedacht, andere Beispiele und Übungen ausgesucht, die ich so vorher noch mit keinem anderen gemacht hatte, obwohl es um ein Problem ging, das alle anderen auch hatten. Die Vermittlung von musikalischen und instrumentaltechnischen Aspekten ist also personenbezogen, sie braucht einen Adressaten. Erst durch die Rückkopplung anhand seiner Aufnahmetätigkeit und mir gibt es einen Auslöser zu weiteren Äußerungen meinerseits. Dieser für bestimmte Lernprozesse konstitutive, kommunikative Vorgang kann bei einem Lehrbuch oder einem anderen, nicht interaktiven Medium eigentlich gar nicht eintreten, da nicht sicher ist, ob überhaupt eine für den Adressaten sinnvoll verwertbare Übermittlung von Informationen erfolgt ist.

Sigi Busch
Auffällig ist auch, dass in der Schriftform typische Vermittlungsformen des Jazz einfach nicht benutzt werden können. Wir haben bei uns an der Hochschule eine so genannte Liftband, gedacht für Jazzeinsteiger, ein Service der Jazzabteilung für alle anderen Musikabteilungen der Hochschule. Das instrumentale Niveau der Teilnehmer ist verhältnismäßig hoch, es gibt aber dann meistens wenig Erfahrungen im Jazz. Ohne ein Notenblatt vor der Nase fühlen sich zu Beginn der Probenarbeit die meisten äußerst unwohl. Orale Überlieferungsmuster aus der afro-amerikanischen Tradition, von mir beispielsweise beim Einüben eines einfachen Blues allein durch Vorsingen benutzt, werden nur zögerlich ange-

nommen. In diesem Zusammenhang hatte ich vor einiger Zeit die Gelegenheit, zusammen mit einigen Studenten den Film „Straight, No Chaser" über den Pianisten THELONIUS MONK, produziert von CLINT EASTWOOD, anzusehen. In diesem Film gibt es eine Szene, in der der Saxophonist JOHNNY GRIFFIN mit einem Notenblatt in der Hand THELONIUS MONK (sinngemäß übersetzt) fragt:

„Du hast hier etwas notiert, was ich nicht verstehe. Welche Note soll ich nun spielen, ein C oder ein Cis?"

Worauf Monk antwortet: „Spiel', was da steht."

„Aber das ist nicht ganz klar, was da steht."

„Spiel, was Du willst".

Daraufhin folgte ein großes Gelächter der anwesenden Studenten. So ungefähr nach dem Motto: THELONIUS MONK weiß selber nicht, was er da haben will. Nach meinem Gefühl liegt der Kern der Sache aber ganz irgendwo anders. Das Einüben eines Stückes anhand von Noten war für THELONIUS MONK eher ungewohnt. Seine Art der Vermittlung war die aus der afrikanischen Tradition, nämlich das Lernen von Musik über die Ohren anstatt über die Augen. Das für mich Befremdliche war eigentlich, dass offensichtlich die Zuschauer ihrer eigenen Perspektiven und Erfahrungen so unbedenklich auf diese Situation projizierten, dass sie diese Szene zum Lachen fanden.

Bernhard Mergner

Es gibt manchmal schon merkwürdige Situationen. Zwei meiner Studenten beschwerten sich einmal bei mir darüber, dass ich ihnen über dasselbe Problem Unterschiedliches erzählt hätte. Sie fragten mich, was denn nun richtig wäre. Ich habe mich über diese Nachfrage gefreut, weil ich ihnen so ganz konkret begreiflich machen konnte, um was es geht. Nebenbei muss ich erwähnen, dass beide mit ihrer jeweiligen Lösung gut klarkamen. Ich antwortete ihnen: „Es stimmt beides. Die eine Lösung stimmt für dich. Die andere Lösung kann aber für dich nicht richtig sein, sie passt nur für den anderen." Die Art der Vermittlung wird also sehr stark mitbestimmt durch den Adressaten, durch seine individuelle Art zu rezipieren und durch seine spezielle Kombination von Stärken und Schwächen.

Sigi Busch

Diese Situation findet man sehr häufig auch in Ensembles. Die Zusammensetzung der Gruppe hängt ja von vielen Faktoren ab, erst einmal von der Hörerfahrung der Teilnehmer, dann natürlich von ihrem instrumentalen Niveau, dann von ihrer Kommunikationsfähigkeit, auch von ihrer sozialen Kompetenz, die natürlich bei jedem der Teilnehmer verschieden entwickelt ist. Jede Gruppe hat bekanntermaßen ihre eigene spezifische Art der Zusammensetzung. Am Anfang ist das immer sehr interessant zu beobachten, wie die Gruppe sich findet, ob und wie sie zusammenwächst. Erfahrungen und Beobachtungen, die ich im Laufe der Zeit gemacht habe, kommen aus vielen verschiedenen Bereichen, sei es nun Hochschule, offene Kursarbeit, Workshops oder Musikschule, wobei es im letzteren Bereich oft sehr schwierig ist, weil das instrumentale Niveau außerordentlich unterschiedlich sein kann. Da etwas Vernünftiges zu machen, zudem noch einschließlich Improvisation, das ist manchmal eine echte Herausforderung.

2. Formen der Kommunikation

Bernhard Mergner

Ich finde es wichtig wahrzunehmen, dass die Kommunikation in einer Band ein Prozess ist, der das Scheitern als Möglichkeit in sich trägt. Diese Spannung macht vielleicht auch das Interessante am Jazz aus: Für den Jazz wesentliche Dinge entstehen nicht ohne Kommunikation in einer Gruppe, oder nicht auf dem nötigen musikalischen Niveau. Es ist sehr schwer, dies als Ensembleleiter zu vermitteln. Man muss eigentlich voraussetzen, dass jemand als Lehrender selbst aktive musikalische Kompetenz hat, selbst Jazz spielen kann und dann noch darüber hinaus das Fingerspitzengefühl besitzt, die verschiedenen Kommunikationsprozesse zu etablieren.

Sigi Busch

... und auch reflektiert hat. Ich meine, dass es beim Musizieren mehrere Kommunikationsebenen gibt. Einmal kommuniziert der Spieler mit sich selber: Er hat eine bestimmte Idee, die er herausbringen will, und er merkt dann, ob's klappt oder nicht. Die nächste Ebene ist die Band, die Musiker kommunizieren untereinander. Sie sind gleichzeitig Sender und Empfänger. Sie vergleichen das, was sie selber spielen, mit dem, was sie hören. Das ist ein simultaner Prozess, der noch dazu mit einer unglaublichen Geschwindigkeit abläuft. Wenn das funktioniert, ist noch lange nicht gesagt, dass die Kommunikation mit dem Publikum, das ist dann die dritte Ebene, dass diese gut funktioniert, indem es z. B. gut reagiert und an dem Kommunikationsprozess aktiv teilnimmt. Bei einer Probe übernimmt diese Rolle dann der Ensembleleiter, der Coach, oder wie immer man ihn nennen will, der sich quasi in der von außen beobachtenden Position befindet, gleichwohl das musikalische Geschehen vielfältig beeinflussen kann. Und, ganz wichtig, alle drei Ebenen hängen zusammen. Ein indisponierter Musiker kann den gesamten Ablauf negativ bestimmen. Das Gleiche gilt natürlich für eine Band. Andererseits kann die Gruppe oder eines ihrer Mitglieder durch eine bewusst positive Kommunikation, so z. B. auf der verbalen Ebene durch eine muntere Ansage, ein Publikum gut einstimmen. Ein gutes Beispiel dafür waren die berühmten Ansagen von CANNONBALL ADDERLEY.[1]

Bernhard Mergner

Das habe ich auch so erlebt. Wenn man von der Bühne aus mit dem Publikum spricht, eventuell geschickte Einführungen in bestimmte Stimmungen gibt – das müssen nicht immer viele Worte sein –, dann ist die Akzeptanz viel größer. Es entsteht eine positive Beziehung, und die Zuhörer haben eher die Möglichkeit, dem Geschehen auf der Bühne zu folgen, als wenn man sich einfach nur hinstellt, vielleicht noch mit dem Rücken zum Publikum.

Sigi Busch

Das ist sicherlich auch eine bestimmte Art von Kommunikation, diese nur scheinbare Art der Kommunikationsverweigerung. So etwas hat MILES DAVIS in

---

[1] CANNONBALL ADDERLEY QUINTET in San Francisco, Riverside OJCCD-035-2

den sechziger Jahren gemacht, damit aber auch heiße Diskussionen über die Notwendigkeit der Kommunikation zwischen Musikern und Publikum entfacht. Das ist natürlich ein ziemlich großer Komplex, diese von uns angesprochenen Kommunikationsebenen. Vielleicht gehen wir doch noch mal zurück auf eine etwas konkretere Ebene, die der Ensembleleitung. Du hast vorhin schon einige Voraussetzungen genannt, die ein Ensembleleiter mitbringen sollte. Ideal wäre es, wenn er praktische Erfahrungen gesammelt hat, wenn er Jazz dieser Art schon einige Zeit gespielt hat. Was ist aus deiner Sicht ganz konkret an Voraussetzungen nötig, was sollte vorhanden sein?

3. Wünschenswerte Voraussetzungen

Bernhard Mergner
Beim Leiter oder bei den Spielern?

Sigi Busch
Sowohl als auch.

Bernhard Mergner
Ich möchte erst einmal mit einem weit verbreiteten Vorurteil aufräumen: Ich habe sehr oft in der Workshop- und Musikschularbeit die Erfahrung gemacht, dass selbst mit sehr begrenztem instrumentaltechnischen Hintergrund Jazz und verwandte Musik gemacht werden kann, obwohl das oft verneint wird. Von der Seite der Spieler her sind die Voraussetzungen also sehr variabel. Der Leiter hingegen muss sehr viele Voraussetzungen erfüllen, gerade wenn er mit unerfahrenen Personen arbeitet. Unabdingbar finde ich, dass er über die verschiedenen Funktionsbereiche in einer Band aktiv Bescheid weiß, die du in deinem Buch so gut beleuchtet hast: Rhythmik, Harmonik, Melodik einschließlich Artikulation und Phrasierung, Klang/Sound und Form. Darüber hinaus muss er fähig sein, den Entwicklungsstand und die Probleme seiner Schüler zu erkennen und gezielte Informationen so zu geben, dass sie auch aktuell verarbeitet werden können. Am wichtigsten finde ich, dass er in der Lage ist, seinen Schülern die Möglichkeit zu geben, bestimmte Erfahrungen zu machen. Ich will noch von einer Jazzcombo erzählen mit Kindern im Alter von elf/zwölf Jahren, die zum Teil erst ein halbes Jahr Instrumentalunterricht hatten. Ich habe für diese Gruppe das musikalische Material so reduziert und zielgerichtet eingesetzt, dass es von den Kindern beherrschbar war: eine leichte Melodie als Thema, eine pentatonische Tonleiter im Oktavraum als Tonmaterial für die Improvisation, einen leichten Groove für das Schlagzeug, eine einfache ostinate Bassfigur, ein/zwei Akkorde für das Klavier oder die Gitarre. Zuerst haben wir gemeinsam erste grundlegende Erfahrungen mit den verschiedenen Funktionsrollen in einer Band (Melodie-, Harmonie- und rhythmische Funktion) gemacht, dann konnten die Kommunikationsprozesse in der Gruppe laufen. Es machte den Kindern großen Spaß zu solieren, zu begleiten, das Thema zu spielen, Breaks zu machen, den Formablauf des Stückes zu gestalten etc. Es entstanden schöne musikalische Intensitätsverläufe. Fast alle Mitglieder schrieben nach kurzer Zeit eigene Kompositionen. Sie imitierten mein Vorgehen und eigneten

sich so die verschiedenen Gestaltungsmittel an. Je fortgeschrittener die Teilnehmer einer Gruppe instrumentaltechnisch und musikalisch sind, desto komplexer können die kompositorischen und improvisatorischen Vorlagen und die
Kommunikationsstrukturen sein. Es wäre vielleicht nützlich, einmal typische
Interaktionsverläufe innerhalb einer Combo zu skizzieren, wer auf wen achtet
und reagiert, und was dabei abläuft.

Sigi Busch
Das finde ich auch sehr wichtig. Ich habe die gleiche Erfahrung, bezogen auf
das Material. Reduzierung heißt nicht unbedingt Beschränkung. Ich habe zudem festgestellt, dass für die Teilnehmer ihre eigenen Hörerwartungen, die ja
von bestimmten, meistens sehr professionellen Aufnahmen geprägt sind, sehr
oft hinderlich sein können. Da muss man es schaffen, das eigene Spielen davon
abzukoppeln: „Hört mal zu, wir nehmen unser Spiel mal auf und achten beim
Abhören nur auf ganz bestimmte Details." Heutzutage ist das Equipment ja
schon einigermaßen, so dass man nun nicht mehr generell eine grottenschlechte
Aufnahme erhält. Nach einigem Probieren ist das Klangresultat meistens einigermaßen erträglich.

Hierbei sehe ich zwei Phasen eines Lernprozesses. In der ersten wird vom
Allgemeinen, in diesem Fall der vorliegenden Aufnahme, das Besondere, der
Einzelfall herausgearbeitet, bewusst gemacht und nötigenfalls geübt. Das ist
der deduktive Teil. Sind die dabei erkannten Probleme bzw. die sich dabei er-
gebenden Aufgabenstellungen gelöst, geht man vom Einzelnen wieder zum
Allgemeinen. Das wäre der induktive Teil.

Mir liegt sehr viel daran, bei allen Beteiligten Verständnis für diesen Prozess zu wecken, ihnen hierbei die verschiedenen Lernfelder zu verdeutlichen,
sie zu animieren, eigene Lösungsvorschläge zu machen. Interessant ist auch die
von mir häufig gemachte Beobachtung, dass sich so etwas wie ein Balancege-
fühl entwickelt. Die Balance zwischen dem, was sie selber spielen, und dem,
was sie von den anderen hören. Wenn man als Leiter das Material zu komplex
wählt, z. B. mit einer nur sehr schwer zu lesenden Notenvorlage, dann sind die
Einzelnen mit dem Notenlesen so sehr beschäftigt, dass Aufmerksamkeit und
Kontrolle im Hinblick auf die anderen musikalischen Parameter kaum noch
möglich sind. Wenn ich das Notenlesen vereinfache, sind die Teilnehmer zu
größerer Aufmerksamkeit für andere Bereiche fähig. Sie können besser wahrnehmen, was z. B. der Schlagzeuger spielt. Sie können zudem mit sich selbst
besser kommunizieren, indem sie z. B. innerlich darauf achten, wie die rhythmischen Strukturen ablaufen, können besser den zugrunde liegenden Puls
fühlen, erhalten ein besseres Timing. Ich glaube, dass man bei den von mir häufig genannten fünf Elementen der Improvisation: Rhythmus, Klang, Melodie,
Form und Harmonie Schritt für Schritt eine größere Sensibilität entwickeln
kann. Normalerweise ist man ja als Mitteleuropäer sehr stark melodisch geprägt. Wenn man sich dessen bewusst ist, kann man bei den Proben für einige
Zeit den Schwerpunkt mehr auf Rhythmus oder Harmonie legen. Ein weiteres
Beispiel: Wenn das zu übende Stück zu schnell gespielt wird, sich die Aufmerksamkeit zu sehr auf das technische Bewältigen des schnellen Tempos konzentriert, entstehen Defizite in den anderen Bereichen. Die Teilnehmer verlieren

den Überblick beispielsweise bei der Form oder bei den Harmonien. Die Lösung besteht nun nicht unbedingt in dem altbekannten Mittel, das Stück langsamer zu spielen. Es wäre auch eine Vereinfachung der Melodie z. B. im Hinblick auf deren rhythmische Struktur, eine Reduktion im harmonischen Bereich oder auch eine formale Vereinfachung denkbar. Ein häufiges Erlebnis ist, dass die Teilnehmer auf einmal bewusster und schneller lernen, dass sie Erfolgserlebnisse haben, die ganz anders aussehen als die, die sie aufgrund ihrer bisherigen Hörerfahrungen erwartet haben.

4. Methodische Vielfalt

Bernhard Mergner

In diesem Kontext ist das beteiligte Vor- und Nachmachen durch den Leiter eine wichtige Möglichkeit zu vermitteln, wie man in solchen Zusammenhängen agiert. Wenn jemand z. B. mit einer Pentatonik improvisieren soll und mit dem Begriff Improvisation erst einmal einen angstbesetzten Zustand assoziieren könnte, ist es vielleicht besser, gar nicht von Improvisation zu sprechen, sondern das Ganze nur so vorzumachen, dass es nachvollziehbar ist. „Ich nehme jetzt diese Töne und spiele damit herum":

Notenbeispiel 1:

(abgeleitet aus der G Dur Pentatonik)

und den Teilnehmer dann zu bitten: „Versuche, etwas Ähnliches zu spielen":

Notenbeispiel 2:

(abgeleitet aus der D Moll Pentatonik)

und ihm ein paar Varianten zu zeigen. Die Aufgabenstellung ist so nicht durch eine Formulierung klar geworden, sondern durch das Machen. Ich nehme also ein kleines Motiv oder ein Intervall und fange an, damit zu spielen. Das ist ein einfaches Beispiel, um einen derartigen Lernprozess zu charakterisieren, der in diesem Zusammenhang auftreten kann. Auch die anderen Funktionen in der Band, die rhythmische und die harmonische, kann man durch ähnliche Vorgehensweisen verdeutlichen und dadurch die Aufgabenstellung und die Lösungen erfahrbar machen. Wenn jemand am Klavier einen melodisch improvisierenden Solisten begleiten soll, ist das eine bestimmte Aufgabenstellung, die man sozusagen erlebt haben muss, um variabel agieren zu können. Durch Vor- und Nachsprechen z. B. von rhythmischen Strukturen wird die musikalische Aufgabe viel schneller begreifbar als durch eine abstrakte Beschreibung dieses Begleitprozesses.

Sigi Busch

Modellhaftes Lernen als methodischer Schritt ist sicherlich oft besser als be-
schreibendes Lernen; eventuell noch verbunden mit der schrittweisen Entwicklung von der Imitation zur Emanzipation. Damit wären wir bei einer wünschenswerten methodischen Vielfalt. Das Medium Jazz ist bekanntlich vor allem mit Improvisation verbunden. Das sollte sich natürlicherweise auch in den
Vermittlungsmethoden wiederfinden. Es gibt da den Begriff des „Improvisierenden Unterrichtens". Dazu gehört für mich auch das bisher noch nicht erwähnte Erzeugen einer bestimmten Klangvorstellung bei den Teilnehmern, so
z. B. durch vorbereitetes und gezieltes Vorspielen einer Aufnahme. Man hört
mal den Unterschied zwischen dem Pianoklang des schon erwähnten THELO-
NIUS MONK und beispielsweise BILL EVANS, erfährt dabei auch Unterschiede
und Vielfalt in der Art, wie Pianisten begleiten. Auch das ein Beispiel für modellhaftes Lernen.

Bernhard Mergner

Darf ich hier einmal kurz eingreifen: Beim Vorspielen von Tonaufnahmen muss
ebenfalls das improvisierende Lehren angewendet werden. Wenn man eine
Band hat, die noch nicht über große Erfahrung verfügt, kann ein tolle Aufnahme von CHARLIE PARKER – oder wem auch immer – die Leute wegen der zu
großen Diskrepanz zwischen dem Beispiel und den eigenen Realisierungsmög-
lichkeiten sehr demotivieren. Deswegen sollte man da sensibel sein und die
Funktion, die das Beispiel haben soll, vorher überdenken. Wenn sich die Teilnehmer anhand der Aufnahme wesentliche und für den Augenblick genau
richtige Informationen tatsächlich holen können, ist es eine sehr gute Möglichkeit. In anderen Fällen kann es desaströs sein.

Sigi Busch

Die Gefahr ist gegeben. Wenn ich dagegen das Augen-, besser das Ohrenmerk
in eine bestimmte Richtung leite, mit der Bemerkung: „Wir lassen uns durch
die vielen gespielten Töne nicht verwirren und hören allein auf den Klang, alles
andere ist im Moment sekundär", dann kann das weiterhelfen. Entdecken lassen ist hier die Methode. Eine mögliche Vorgabe lautet: „Ihr spielt einfach mal
und seht, was dabei passiert." Es gibt in diesem Sinne keine misslungenen Aktionen, sondern es werden bestimmte Erfahrungen erworben. Hier hilft der
Hinweis, dass eine als Fehler wahrgenommene Sachlage auch eine Quelle der
Inspiration sein kann. Eigene Tonaufnahmen sind ebenfalls sehr nützlich, besonders im Hinblick auf die anschließende Reaktion und Reflexion aller Beteiligten. Eine Videoaufzeichnung bietet sich ebenso als Unterrichtsmittel an. Die
Teilnehmer sehen sich selbst agieren, erkennen ihre Körpersprache, werden
sich dessen bewusst, wie sie auf Mitmusiker und Betrachter wirken. Mit Unterstützung dieser Medien kann das Entdeckende Lernen sehr viel intensiver werden. Bei dieser Methode lernt man im Laufe der Zeit, bestimmte Informationen
auch mal zurück zu halten, natürlich verbunden mit der Hoffnung, dass diese
dann von den Mitgliedern der Band entdeckt werden.

Bernhard Mergner

Das berührt die altbekannte Problematik: sich als Lehrender allmählich überflüssig zu machen. Das wäre das Ziel.

5. Leitung und Beratung

Sigi Busch

Ja, das ist oft gesagt worden und klingt inzwischen etwas platt. Es gibt natürlich das bekannte Modell: Vom Leiter zum Berater. Zu Beginn einer Arbeitsphase hat er eine mehr leitende Funktion, bei der fast nur Anweisungen erteilt
werden. Im Laufe der Zeit gelangt er zu einer mehr beratenden Funktion. Sogar
noch weiter, bis zu dem Punkt, wo er nicht mehr benötigt wird. In diesem Zusammenhang hatte ich eine ganz eigene Erfahrung. Bei einem Workshop, der
unter der Leitung von JAMEY AEBERSOLD stattfand und bei dem ich auch als
Lehrer teilgenommen habe, gab es für die dabei gebildeten Ensembles ein Ab-
schlusskonzert. Meine Intention war es, die von mir betreute Band innerhalb
der zur Verfügung stehenden Zeit nach dem eben beschriebenen Modell zu
betreuen. Ich saß also während des Abschlusskonzertes im Publikum. JAMEY
AEBERSOLD als Kursleiter rief vor dem Auftritt meiner Band ganz verzweifelt
nach mir und verlangte sogar, dass ich mit auf die Bühne kommen sollte, um
meine Musiker nicht im Stich zu lassen. Im Anschluss gab es natürlich heftige
Diskussionen, bei der die unterschiedlichen Auffassungen hart aufeinander
prallten. Meine Ansicht auf Förderung der Eigenverantwortlichkeit der Bandmitglieder stieß auf wenig Verständnis. *„You can't do this to the students! They
need your help."* Und ich war der Meinung, dass sie diese Hilfe schon vorher
ausreichend bekommen hatten... Mittlerweile weiß ich, dass es nicht die allein
selig machende Methode geben kann. Es kommt vielmehr auf die entsprechende Situation an. Bei einer jungen, sehr unerfahrenen Band kann meine unmittelbare Präsenz auf der Bühne natürlich sehr hilfreich sein.

Bernhard Mergner

Dies ist auch eine Frage des Entwicklungsprozesses. Ich möchte gerne zurück-
kommen auf mein Beispiel mit der Combo von Elf-/Zwölfjährigen. Bei den Proben eines modalen Stückes mit Intro, Thema und verschiedenen Improvisati-
onsteilen bis hin zum Schlagzeugsolo habe ich anfangs immer die Einsätze gegeben. Wenn z. B. der Schlagzeuger aus dem Rhythmus kam, habe ich ihm
geholfen, wieder reinzukommen. Irgendwann sollten die Teilnehmer dann alles
alleine machen: Zeichen geben für den Beginn des Themas (z. B. durch einen
Wink mit dem Instrument), für das Ende der Solos, für den Beginn des Schlag-
zeugsolos etc.. Wir mussten das natürlich trainieren. Aber schon bald stellte
sich großer Spaß an diesem selbstregulativen Prozess ein, der in einer kleineren
Formation eigentlich der Idealfall ist. Alle Beteiligten sind sozusagen Ensembleleiter und alle fühlen sich verantwortlich für den gemeinsamen Prozess. In einem sehr großen Ensemble hingegen kann ein Dirigent im klassischen Sinn
durchaus eine wichtige Rolle spielen, um z. B. übergreifende Intensitätsverläufe, die klangliche Mischung der Instrumente, rhythmische, dynamische und
formale Parameter zu gestalten und damit das Musikstück noch feiner zu diffe-

renzieren und den musikalischen Ausdruck auf ein höheres Niveau zu bringen. In größeren Ensembles kann diese Art von Leitung auch deshalb sinnvoll sein, da hier die einzelnen Mitspieler nicht immer den Überblick über das Gesamtresultat haben können.

6. Besonderheiten der Begleitung

Sigi Busch
Ein weiteres wichtiges Lernfeld ist für mich das Begleiten. Ich sehe oft einen gewissen Unwillen der Rhythmusgruppenmitglieder, die Rolle eines Begleiters positiv auszufüllen. Man wartet nur ungeduldig darauf, zum eigenen Solo zu kommen. Es bedarf einiger Aufklärungsarbeit, um klar zu machen, dass die Auffassung von der Art der Begleitung im Jazz eine völlig andere ist als z. B. in der Klassischen Musik. Denn im Jazz ist auch die Begleitung zum großen Teil improvisiert. Bass, Schlagzeug und Harmonieinstrumente spielen nicht andauernd bis ins Detail festgelegte und ausnotierte Teile, sie improvisieren ihre passende Begleitung. Es entsteht dabei so eine Art von Kollektivimprovisation, worauf sich auch der Solist beziehen muss, ansonsten ist er verloren. Die Fähigkeit, beim Begleiten zu interagieren, einen Dialog mit den Mitspielern zu führen, ist ein Punkt, auf den man gar nicht genug achten kann. Es ist nicht mehr nur eine lästige Pflicht, es macht auf einmal Spaß. Diese Kultur des Kommunizierens zwischen den Solisten und der Rhythmusgruppe sehe ich im Moment etwas gefährdet, und zwar durch die ungeheure Flut von Material, die auf dem Markt ist. Da wimmelt es nur so von Regeln und Anweisungen, die überwiegend das solistische Improvisieren behandeln. Das geht hin bis zu diesen Mitspielplatten, die sicherlich manchmal beim Üben hilfreich sein können, aber den Aspekt der so nötigen Interaktion beim Musizieren völlig außen vor lassen. Bei Aufnahmeprüfungen habe ich des öfteren erlebt, dass ein Kandidat ungehalten war, dass ihn die von uns gestellte Rhythmusgruppe anders begleitet hatte, als er es von den Play Alongs gewohnt war. Er war nicht in der Lage, aus dem Moment heraus auf das Angebot der Begleiter zu reagieren. Es fehlte die Fähigkeit zum Dialog.

Bernhard Mergner
Das begleitende Mitsolieren ist sicherlich ein sehr interessanter Prozess, der außerordentlich reich ist an Varianten, wie ja berühmte Bands gezeigt haben, die mit verschiedenen Solisten sehr unterschiedlich spielten. Die Rollenmodelle, die man da beschreiben könnte, sind ja für jedes Instrument ganz unterschiedlich. Es ist eine große Aufgabe für Ensembleleiter, so etwas begreifbar, erfahrbar und erlebbar zu machen.

Sigi Busch
Klassische Beispiele für eine Besetzung Rhythmusgruppe plus Solist sind die Bands von MILES DAVIS in den Sechzigern[2] und das JOHN COLTRANE Quartett

---

[2] SIEGFRIED BUSCH: Stella By Starlight, Anregungen zum Hören und Musizieren aus der Kommunikationspsychologie, Diskussion Musikpädagogik 1/99, Oldershausen S. 95

aus der gleichen Zeit. Interessant ist dabei zu beobachten, wie die jeweiligen Rhythmusgruppen unterschiedlich agieren, welche Rolle den jeweiligen Schlagzeugern zufällt, wie anders ELVIN JONES bei COLTRANE trommelt gegenüber TONY WILLIAMS bei MILES, auch wie sich dessen Spiel im Laufe der Zeit verändert hat. Die Rolle des Bassisten wurde und wird von verschiedenen Musikern unterschiedlich gesehen. RON CARTER war bei MILES der Walking Bass spielende Timekeeper, SCOTT LAFARO im Trio des Pianisten BILL EVANS mehr der kongeniale Mitspieler, der sich sehr stark melodisch orientierte. Im Moment finde ich in dieser Beziehung besonders das Trio des Pianisten BRAD MEHLDAU sehr interessant, sehr differenziert und reich an Facetten. Sich mit so etwas innerhalb einer Ensembleprobe zu beschäftigen, hat seinen Reiz. „Heute wird nur wenig gespielt, wir hören uns einfach mal an, welche Qualität die Begleiter haben." Man begegnet so auch der häufigen Angewohnheit, dass die Musiker beim Anhören einer fremden oder auch einer eigenen Aufnahme nur auf ihr eigenes Instrument fixiert sind und so die musikalische Welt sozusagen nur aus der eigenen Froschperspektive verstehen. Manche Musiker sind dann äußerst überrascht, was sonst noch alles passiert und auf welchen Ebenen wer mit wem kommuniziert.

Bernhard Mergner
Für mich ist es auch wichtig, bestimmte Beschränkungen oder Erweiterungen der Freiheitsgrade innerhalb des Kommunikationsprozesses auszuprobieren. Wenn jemand sich sehr viele Freiheiten in seinem Spiel herausnimmt, müssen die anderen das auffangen, um eine kommunikative Situation entstehen zu lassen, die noch aufeinander bezogen ist. Es gibt da die unterschiedlichsten Modelle, dass sich der Schlagzeuger z. B. mal nur auf die Funktion des Timekeepers beschränkt oder sich bei einer anderen Gelegenheit sehr viele Freiheiten nimmt. Im letzteren Fall muss, wenn es noch einen steten Rhythmus geben soll, jemand anderes die Timekeeperfunktion übernehmen. Gerade in diesem Bereich hat sich sehr viel entwickelt, auch dadurch, dass eben nicht mehr nur ternäres Spiel, also Swing im weitesten Sinne, sondern z. B. auch Rock, Latin, Fusion etc. zum Jazz gehört. Es gibt da die unterschiedlichsten Konzepte des „Sich-aufeinander-Beziehens". Ich würde hier gerne weniger buchstabengetreues Nachbeten der Tradition und Erfüllen von vorgegebenen Schablonen sehen, sondern mehr Kreativität und Entdeckertum.

7. Formale Gestaltung

Sigi Busch
Genauso spannend finde ich es, wenn man bei einer Probe den Focus auf Form legt. Wie kann die Band die gesamte Form eines Stückes gestalten? Welche Art von Einleitung, welches Zwischenspiel, welche Backgrounds, welches Ending? Ich bezeichne das als Gestaltung der Makroform. Oder wie formt ein Solist sein Solo, dementsprechend die Mikroform? Welche Reihenfolge soll es bei den verschiedenen Solisten geben? Gibt es Vorschläge und Ideen, ein Stück auf mehrere Arten zu arrangieren? Welche Formteile könnte man eventuell austauschen, ergänzen, ausarbeiten etc.? So etwas kann den eigenverantwortlichen

Umgang mit dem Element Form enorm verbessern. Ich habe es auch immer wieder erlebt, dass bei Anfängern mit einem klassischen Hintergrund nach ihrem Solo eine Art von Pausen- und Ruhezustand eintritt. Die Solisten haben ihr Teil erfüllt und melden sich mental ab. Sie erwarten einfach vom Leiter das Zeichen zum nächsten Einsatz. Bei einigermaßen erfahrenen Musikern läuft jedoch im Kopf die Form weiter. Sie wissen meistens genau, wo sie sich innerhalb der Form befinden. Ein entsprechender Lernprozess beansprucht einige Zeit. Es entsteht eine formale Sicherheit, wobei der Ablauf eines Stückes, so wie du das vorhin schon geschildert hast, über bestimmte, unter Umständen auch selbst erfundene Gesten und Zeichen gesteuert werden kann. Als Ensembleleiter sollte man Eindeutigkeit darüber schaffen, welche Zeichen welche Funktion haben. Auch hier ist es wie bei jeder Art der Informationsübermittlung: Je klarer die Zeichen sind, umso größer ist die Chance, dass sie verstanden werden.

Bernhard Mergner
Selbst bei Anfängern kann schon ein Gefühl für solche Strukturen erzeugt werden. Man kann sehr bald spüren, wann ein Solo zu Ende geht und ein irgendwie gearteter nächster Teil kommen muss. Man kann begreiflich machen, dass alle ihre Instrumente spielfertig haben müssen, wenn das Thema drankommen soll. Es muss in irgendeiner Form vorher klar sein, dass dieses Ereignis jetzt kommen soll. Wenn man merkt, dass ein Solist sich emotional so sehr verausgabt, dass er sich von der Form so weit entfernt, dass er gar nicht mehr weiß, wo er ist, kann das von den anderen aufgefangen werden. Wenn sie merken, dass der Solist wer weiß wo umherfliegt, behalten sie die Füße auf dem Boden und halten die Sache zusammen. Dann kommt eben auf ein Zeichen eines anderen Bandmitgliedes das Thema wieder.

Sigi Busch
Das, was du gerade beschreibst, ist eine immer wieder stattfindende typische Spielsituation. Auch hier wieder die Erfahrung, dass man durch zeitweise Reduktion der anderen Parameter ein bestimmtes Element besser entwickeln kann, z. B. indem man auf einen durchlaufenden Rhythmus oder einen festgelegten Puls verzichtet. Stattdessen kann man einen zeitlichen Rahmen vorgeben, in dem formale Entwicklungen und Entdeckungen stattfinden können. Man kann sich da sehr gut auf die Elemente Form und Melodie beschränken. Losgelöst von einengenden Harmonien und durchlaufendem Beat werden Melodien erfunden. Durch die verschiedenen melodischen Möglichkeiten – in diesem Fall hilft bemerkenswerter Weise auch ein Blick in die klassisch-europäische Formenlehre – entsteht ganz natürlich ein Gefühl für formale Gestaltung. Frage- und Antwortspiele der verschiedenen Bandmitglieder sind sehr gut geeignet, ein Empfinden für Dialoge zu entwickeln, Stichwort aktive Gehörbildung. Dynamik unterstützt die Form, z. B. um Anfang und Ende eines kurzen Solos zu markieren. Nach einiger Zeit kann man zu geradzahligen Takteinheiten in Verbindung mit einem einfachen Groove wie z. B. einem langsamen Bossa Nova übergehen. Ein weiteres gutes Werkzeug zur formalen Unterstützung erhält man dadurch, dass in bestimmten Formteilen einer Komposition, z. B. in der einfachen 32-taktigen Songform AABA, im B-Teil von den nicht solierenden

Instrumenten ein Background, vielleicht auf der Basis von rhythmisierten Leittönen, gespielt werden kann. Klangfarbenwechsel des Schlagzeugs zum Beginn bestimmter Formteile sind ebenfalls sehr hilfreich. *Fill Ins* des Drummers am Ende eines Formteils etablieren Dynamik und Energie, um so zu zeigen, dass ein neuer Formteil naht. Beschränkt man sich auf die Elemente Harmonie und Form, verzichtet auf einen festen Rhythmus, so kann z. B. ein Solist allein durch seine Phrasen den ihn begleitenden Harmonieinstrumenten, die den zugrunde liegenden Akkord aushalten, anzeigen, wann der nächste Akkord folgen soll. Der Saxophonist DAVID LIEBMAN nennt dieses Spiel mit den Akkordflächen *„stretch chords"*, gleichzeitig eine sehr gute Übung für das Lernfeld Akkorde/Harmonie.

Bernhard Mergner
Oft reduziert sich der Umgang mit der Form allein auf zyklische Formen. Das ist einfach eine Einschränkung, die man heute, nach dem, was alles in der Jazzgeschichte schon passiert ist, nicht mehr machen sollte.

Sigi Busch
… nicht mehr unbedingt machen muss. Man hat gegenwärtig im Umgang damit viel mehr Freiheiten. Für mich ist eine der positiven Seiten des Free Jazz, dass da die klanglichen und auch die formalen Ebenen sehr weit entwickelt wurden. Stücke wurden häufig zu größeren Formen, z. B. zu Suiten zusammengestellt. Die Dauer der Stücke wurde erweitert, manchmal bis zu 60 Minuten. In Ansätzen findet man so etwas natürlich auch in der Konzeption eines so genannten Sets. Stücke werden für einen Auftritt oder einen Konzertteil so ausgewählt, dass sich ein abwechslungsreicher, großer Bogen ergibt. Die Beteiligung der Bandmitglieder ergibt immer wieder spannende und anregende Diskussionen. Zudem ist ein ganzer Set noch eine Herausforderung an die Konzentrationsfähigkeit der Musiker. Vor wichtigen Auftritten lasse ich deshalb die Band den gesamten Set ohne Unterbrechung durchspielen, damit hierbei auch ein Sinn für größere Abläufe und Ökonomie entsteht.

Bernhard Mergner
Da gibt es ja auch für Leiter ganz interessante Konzepte von verschiedenen Leuten, um mit einer größeren Anzahl von Musikern solche Strukturen improvisatorisch zu etablieren. Es werden Gesten verabredet, mit denen man die Umsetzung bestimmter musikalischer Parameter oder Materialien verbindet und so die Improvisation der Beteiligten steuert. Das ist mal ein ganz anderer Ansatz für das Konzept eines Ensembleleiters.

Sigi Busch
Der Arrangeur und Komponist GIL EVANS hat etwas in der Art bei seinen Arrangements gemacht. Die einzelnen Formteile waren nummeriert, und GIL hat diese während der Aufführungen in einer von ihm gewählten Reihenfolge per Fingerzeichen angezeigt. Jedes Stück wurde so bei jedem Konzert anders gespielt.

Bernhard Mergner
Es gibt auch verschiedene deutsche Musiker, die so etwas gemacht haben, z. B. PETER KOWALD, der ein großes Ensemble von frei Improvisierenden durch bestimmte Gesten dirigierte, die sehr leicht assoziiert werden konnten mit bestimmten musikalischen Parametern.

8. Fazit

Sigi Busch
Diese Gedanken, die uns innerhalb des Gesprächs mehr oder minder geordnet gekommen sind, und die gewachsen sind aus unserer eigenen langjährigen Vertrautheit im Umgang mit diesem Stoff, können doch, so glaube ich, das Spektrum eines Ensembleleiters enorm erweitern. So schafft man es sicher auch, über längere Zeit bei der Arbeit mit einer Gruppe die Spannung zu erhalten und die Bandmitglieder über einen größeren Zeitraum zu motivieren.

Bernhard Mergner
Das ist ein riesengroßer Bogen, den wir geschlagen haben: vom traditionellen Bereich bis hin zu Interaktionsmodellen im freien Bereich. Man muss die vielen Vorschläge und Ideen natürlich rückkoppeln mit den musikalischen und technischen Möglichkeiten, die eine zu betreuende Band in einem bestimmten Entwicklungsstadium hat. Da ist die Sensibilität des Leiters gefragt. Ich spreche das deswegen an, weil man nicht immer erst warten sollte mit dem nächsten Schritt, so etwa nach dem Modell: In den ersten zwei Jahren einer Schülerband macht man eben Dixieland, dann folgt Bebop, Hardbop und so weiter. Wenn man dann ungefähr 360 Jahre alt ist, darf man das oder jenes spielen. Die grundsätzliche Frage hierbei ist, inwieweit es ein Leiter schafft, eine Situation zu gestalten, in der die Teilnehmer in der Lage sind, die musikalischen Parameter zu beherrschen. Dies kann durch eine Einschränkung der musikalischen Gestaltungsmittel geschehen, oder auch dadurch, dass man bestimmte Faktoren einfach offen lässt und damit die Notwendigkeit erzeugt, dass die Teilnehmer musikalische Entscheidungen fällen müssen.

Sigi Busch
Ja, natürlich auch eine der Erfahrungen, die ein Ensembleleiter haben sollte. Da gibt es aus meiner Sicht auch nicht den einfachen Weg, keine Abkürzung. Das ist manchmal Kärrnerarbeit, die eben ihre Zeit braucht. Das verlangt auch einen gewissen Grad an Vertrauen, den die Gruppenmitglieder aufbringen müssen, damit auch Durststrecken gemeinsam überwunden werden können. Manchmal weiß man zu Beginn eben noch nicht genau, wo man hingelangt. Das kann wiederum anregend sein, so wie es in dem inzwischen schon sehr strapazierten Satz heißt: Der Weg ist das Ziel, den ich aber für mich in der Ensemblearbeit sehr oft bestätigt gefunden habe. Unerwartete Ergebnisse geben dann häufig Anlass zur Freude. Enttäuschung darüber, dass das, was man sich zu Beginn der Stunde vorgenommen hat, nicht erreicht wurde, ist nicht angebracht. Im Ensembleunterricht kann das Durchziehen eines bestimmten Konzeptes tödlich sein. Manchmal braucht es eben seine Zeit, bis der richtige Groove als lebens-

notwendige Basis etabliert ist. Das erfordert Flexibilität und Offenheit, verbunden mit einer großen methodischen Vielfalt, eben das Konzept des improvisierenden Unterrichtens. Wenn nun jemand annimmt, dass er sich doch noch sehr in den Anfängen dieses Metiers bewegt, gibt es für den erfreulicherweise in den letzten Jahren die Möglichkeit, sich auf Kursen – Remscheid, Burghausen oder Trossingen fallen mir da ein – aus- und weiterzubilden. Oder es besteht die Gelegenheit, an Musikschulen bis hin zu den Hochschulen bei erfahrenen Kollegen zu hospitieren. Jedenfalls bieten wir an der HdK in Berlin so etwas an. Ich kann mir gut vorstellen, dass das auch an anderen Institutionen möglich ist.

Bernhard Mergner
Nach meiner Beobachtung wird leider nur sehr selten hospitiert. Ich habe für mich sehr bedeutungsvolle und befördernde Erlebnisse vor allen Dingen gehabt, wenn ich hervorragende Leute beobachten konnte, wie sie in ihren Proben mit bestimmten Problemen umgingen. Der Hospitant ist im gleichen Raum wie der Leiter des Ensembles; er hört das Gleiche. Diese Situation ist für einen Lernprozess unvergleichlich wertvoll. Der Hospitant kann sich nach dem Hören einer Passage überlegen, was er an Stelle des Leiters jetzt machen würde und diese Überlegungen vergleichen mit dem, was der erfahrene Leiter dann tatsächlich macht. Er kann lernen wahrzunehmen, was der Leiter alles hört, kann die Wirkung seines methodischen Vorgehens, seine Gestik und Mimik und seine leitungstechnische Gestensprache beobachten und reflektieren.

Sigi Busch
Hospitationen sind wirklich sehr zu empfehlen, zudem die bei weitem konkreteste Hilfe – mehr jedenfalls als jede zu Papier gebrachte Häufung von Erfahrungen, Regeln, Anweisungen und Ratschlägen.

Anhang

Medien

Band In A Box, Play Along and Improvisation Software by PG Music,
www.pgmusic.com (Play Along Computer Sequenzen)
Rock, Rap'N Roll, CD Rom Sequenzer Programm, ISBN 0-382-26972-1;
www.sbgschool.com/products/music/html

Video
CHICK COREA: Keyboard Workshop, DCI Music Video Inc. (enthält eine Übesession des Chick Corea Trios)

Internet

<www.darmstadt.de/kultur/musik/jazz>
    (die ultimative Jazzadresse in Deutschland mit sehr vielen und guten Links)
<www.jazzcorner.com>
<www.links2Go.com>
<www.jajazz.com/jazzlinks/>
<www.jazze.com>
<www.wnur.org/jazz>
<www.4jazz.4anything.com>
<www.shoko.calarts.edu/~chung/JazzViolin.html>
<www.sigibusch.de> (Midifiles, Hörbeispiele, Artikel etc.)

Literaturliste

BURBAT, WOLF: Die Harmonik des Jazz, Kassel 1988

BUSCH, SIGI: Jazz & Pop Musiklehre, Rottenburg 1992

BUSCH, SIGI: Hörtraining Jazz Rock Pop, Bd. 1, 2 & 3, Rottenburg 1994

BUSCH, SIGI: Improvisation im Jazz. Ein dynamisches System, Rottenburg 1996

COLLIER, GRAHAM: Interaction - Opening Up The Jazz Ensemble, Rottenburg 1996

COPLAND, AARON: What To Listen For In Music, New York 1957

CROOK, HAL: How To Improvise, Rottenburg 1991

DOBBINS, BILL: Die Jazz Workshop Reihe, Rottenburg 1988-94

DOBBINS, BILL: Creative Approach To The Jazz Piano Harmony, Rottenburg 1994

FRIEDMAN, DAVID: Beyond Dreams, Piano Music For Musicians, Rottenburg 1999

GIGER, PETER: Die Kunst des Rhythmus, Mainz 1993

Jazz Educators Journal, official magazine of the International Association of Jazz Educators. IAJE
    Box 724, Manhattan, Kansas 66505 U.S.A.

LEVINE, MARK: Das Jazz Piano Buch, Rottenburg 1992

LEVINE, MARK: Das Jazz Theorie Buch, Rottenburg 1996

MCNEELY, JIM: Die Kunst des Begleitens, Rottenburg 1992

RICKER, RAMON: Pentatonic Scales For Jazz Improvisation, Lebanon, Indiana, U.S.A. 1975

WIEDEMANN, HERBERT: Klavier, Improvisation, Klang, Regensburg 1992

Notensammlungen

Real Book, Vol. 1, 2, 3, (in C, Bb und Eb) Petaluma, Ca. U.S.A. 1991

The Latin Real Book, Petaluma, Ca. U.S.A. 1997

Fake Book In C, Rottenburg 1998 (Jazzthemensammlung, teilweise mit vollständigen Arrangements
    für Bläser, Bass, Piano und Drums, Einleitungen und Endings)

Transkriptionen

Piano Voicings der JAMEY AEBERSOLD Play Alongs von div. Pianisten:
    z. B. Vol. 54, MAIDEN VOYAGE (J. AEBERSOLD als Pianist), Vol. 50, Transkription der Piano-
    voicings von MARK LEVINE

Rock/Popmusik: Arbeit mit Anfängerbands

BERNHARD HOFMANN

1. Begriff

Was ist „Rockmusik" und „Popmusik"? Welches sind die rock/pop-typischen Instrumente und Instrumentalbesetzungen? Diesem Beitrag stünde es gut an, Antwort auf solche Fragen zu geben, indes: Rock- und Popmusik auf einen genauen und einvernehmlichen Begriff zu bringen, erscheint als vergebliches Bemühen und ist im vorgegebenen Rahmen nicht möglich. „Rock"- und/oder „Popmusik" stellen sich, nach übereinstimmender Meinung relevanter Autoren, als komplexe und widersprüchliche Bündel musikalischer, (musik)historischer, ästhetischer, soziologischer und kommerzieller Phänomene dar.[1] Entsprechend unterschiedlich fallen die Versuche aus, „Rock"- bzw. „Popmusik" näher zu umschreiben.

WICKE/ZIEGENRÜCKER fassen *Rockmusik* als *Form der populären Musik , die auf Jugendliche, ihre Bedürfnisse, sozialen Erfahrungen, geistigen und kulturellen Ansprüche bezogen ist und auf den Produktions- und Verbreitungsbedingungen der audiovisuellen Massenmedien beruht.*[2] Die Autoren grenzen *Popmusik* ab als *Bezeichnung für solche Musik, die in Stilistik und Soundform Extreme sowie den ausschließlichen Bezug auf bestimmte Segmente des Publikums (Subkulturen) vermeidet.*[3] Dieser Ansatz verknüpft musiksoziologische und musikpsychologische Sichtweisen. Die Herstellungs- und Distributionsfaktoren von Rock und Pop, so der Leitgedanke, orientieren sich maßgeblich an bestimmten Rezipienten, genauer: an Jugendlichen. Gewissermaßen das passende Gegenstück auf Seiten des Publikums macht BAACKE geltend: Rock und Pop, so seine These, konstituieren sich durch ihre *Akzeptanz* bei Jugendlichen.[4]

Lässt sich das quantitativ untermauern? Auf dem deutschen Tonträgermarkt wurden 1998 Umsätze in Höhe von rund 5, 2 Milliarden DM erzielt.[5] Davon entfielen auf die Genres Pop 45,7 %, Rock 14,1 % und Dance 6,5 % (zum Vergleich: Schlager 7,7 %, Jazz 1,1 %, Klassik: 9,6 %).[6] Mit Tonträgern aus den Bereichen Pop und Rock wurden folglich über 3 Milliarden Mark umgesetzt.

---

[1] Stellvertretend hierzu SCHÜTZ 1982 - WICKE 1995 - BEHRENS 1996
[2] WICKE/ZIEGENRÜCKER 1997, S. 437
[3] Ebd., S. 387
[4] BAACKE 1997, S. 15. Hervorhebung im Original.
[5] Jahrbuch der Phonographischen Wirtschaft 1999, S. 8 ff.
[6] Jahrbuch der Phonographischen Wirtschaft 1999, S. 13

Altersstruktur der Tonträgerkäufer nach Repertoiresegmenten in Prozent[7]

	10-19 Jahre	20-29 Jahre	30-39 Jahre	40-49 Jahre	50 Jahre und älter
Pop 1997	15,0	30,1	29,0	16,6	9,3
Pop 1998	12,5	29,8	31,3	18,0	8,4
Rock 1997 *	17,2	36,1	30,2	11,3	5,2
Rock 1998 *	16,2	33,1	29,9	15,5	5,3
Dance 1997	29,1	34,1	23,3	9,0	4,5
Dance 1998	23,6	40,3	21,1	11,0	4,0

* incl. Deutsch-Rock und Heavy Metal

Der Sektor „Pop" fand also mehr Käufer in der Altersgruppe der 40-49-Jährigen als bei Jugendlichen zwischen 10 und 19 Jahren. Die 30-49-Jährigen bildeten 1997 45,6 %, 1998 bereits 49,3 % der Tonträgerkäufer im Pop-Segment. Der Anteil der „Rock"-Käufer verschob sich 1998 zugunsten der 40-49-Jährigen, während alle jüngeren Altersgruppen zum Teil deutliche Rückgänge verzeichneten. Es wäre nun zu fragen, ob und inwieweit vom Kaufverhalten auf die Akzeptanz des gekauften Produkts geschlossen werden darf. Vorerst aber bestehen erhebliche Bedenken, ob „Rock" und/oder „Pop" noch als dezidiert jugendspezifische Musiken gelten können. Vielmehr scheinen diese Musikgenres generationenübergreifend und altersunabhängig Anklang zu finden.

Definitionsschwierigkeiten ergeben sich auch bei der Beschreibung eines rock/poptypischen Instrumentariums. Denn die Geschichte von Rock- und Popmusik lässt sich als eine Geschichte der Klangexperimente lesen. So genannte „Novelty-Hits" setzen seit den 1950er Jahren auf eigentümliche Effekte. Dazu zählen etwa das Motorrad-Anlassergeräusch bei „Leader of the Pack" von den SHANGRI-LAS, der berühmte Gitarrenakkord zu Beginn des Songs „A Hard Day's Night" von den BEATLES oder, als neueres Beispiel, der vocoder-gefilterte, synthetisch wirkende Stimmklang in „Believe" von CHER.[8] Auf dem berühmten Album *Pet Sounds* der BEACH BOYS von 1966 sind folgende Instrumente zu hören: Akkordeon, Bass-Harmonika, Cello, Cembalo, E-Orgel, Fahrradglocke, Fender Bass, Fingerzimbel, Flöte, (E-)Gitarre, Glocken, Horn, Klavier (z. T. präpariert), Kontrabass, Pauke, Saxophone, Drum-Set, Theremin, Trompete, Vibraphon, Viola und Violine.[9] Wechselnde Besetzungen, ausgefeilte Arrangements und Klangexperimente durchziehen diese LP; gleiches gilt für das 1967 erschienene, berühmte „Sgt. Pepper"-Album der BEATLES. Neuere Entwicklungen in der Populären Musik weisen in dieselbe Richtung. Unter der Modevokabel „Crossover" firmieren eine Vielzahl von Ensembles mit ungewöhnlichen Instrumentalbesetzungen. In den Bereichen HipHop, House und Techno dienen Plattenspieler, Sampler, Beatbox oder Rechner als neuartige Instrumente. Die Digitalisierung hat der Klangerzeugung und -bearbeitung innovative und schier

[7] Jahrbuch der Phonographischen Wirtschaft 1999, S. 28

[8] DIEDRICHSEN 1996

[9] Begleitheft zur Kompilation „THE BEACH BOYS: *The Pet Sounds Sessions*", EMI-Capitol 7243 8 37 66222, S. 22 ff.

unerschöpfliche Gestaltungsfelder eröffnet. Sounds, Samples und Patterns aller Art lassen sich nach Belieben abrufen, auswählen, kombinieren und speichern: Möglichkeiten, von denen Deejays und Produzenten reichlich Gebrauch machen. Fazit: Für „Rock" und „Pop" scheint die Verwendung eines festgelegten Instrumentariums weniger charakteristisch zu sein als vielmehr die Nutzung vielfältiger Möglichkeiten der Klangerzeugung und Klangfilterung.

2. Ausgangspunkte und Ziele

Aus neueren Studien zu Aktivitäten von Musikern im Bereich Populärer Musik lassen sich Hinweise zu Lernbedingungen und -voraussetzungen ableiten. Demnach organisieren sich Rock/Popbands meist selbst, sie können *als typisch für Organisationsformen informeller Gruppierungen"* gelten.[10] Dementsprechend entfalten sie Eigeninitiativen in hohem Maße, etwa bei der Festlegung von Stilrichtungen und Stücken. Häufig gehören die Musiker nicht nur einer, sondern mehreren Bands an und spielen mehrere Instrumente.[11] Selbstgesteuertem Lernen kommt besondere Bedeutung zu, sei es beim individuellen Instrumentalspiel, beim gemeinsamen Üben in der Band oder beim Songwriting.[12] Eine Untersuchung von Musikern in Popularmusikbands zeigte, dass die Zahl derer, die Instrumentalunterricht erhalten hatten oder erhielten, etwa gleich hoch lag wie die der AutodidaktInnen.[13] Musiker mit Instrumentalunterricht spielten signifikant häufig Keyboard oder Saxophon, selten hingegen E-Bass.[14] Notenlesen, Vomblattspiel oder Kenntnis elementarer Musiktheorie – Fähigkeiten, auf deren Vermittlung üblicherweise der Instrumentalunterricht abzielt – sind beim Bandspiel weniger bedeutsam als das Heraushören und Nachspielen von Melodien, Rhythmen, Harmoniefolgen und Sounds von Tonträgern oder die Fähigkeit zur Improvisation.[15] Der Wunsch, ein bestimmtes Instrument zu erlernen, eine präferierte Musikrichtung selbst zu spielen und in einer Band mitzumachen, scheint sich vor allem in der Pubertätsphase herauszubilden, und zwar überwiegend bei Buben.[16] Das Einstiegsalter liegt häufig zwischen 12 und 19 Jahren.[17] Mädchen sind in Rock/Popbands weit unterrepräsentiert.[18]

Die Selbständigkeit der Musiker bzw. Bands zu wahren und zu würdigen, zu initiieren und zu fördern, sollte demnach die wesentliche und grundlegende Intention musikpädagogischer Arbeit in diesem Sektor sein. Darüber hinaus zeigt sich, dass bei der Arbeit mit Rock/Popbands der Erwerb einer Fülle erwünschter Dispositionen einhergehen kann, etwa auf sensomotorischer, affek-

---

[10] PICKERT 1998, S. 135

[11] PICKERT 1998

[12] FÜSER/KÖBBING 1997

[13] ROSENBROCK 1999, S. 4

[14] Ebd., S. 5

[15] Ebd., S. 1

[16] FÜSER/KÖBBING 1997, S. 192 - ROSENBROCK 1999, S. 12

[17] PICKERT 1997 - FÜSER/KÖBBING 1997 - ROSENBROCK 1999

[18] NIKETTA/VOLKE 1994, S. 40 - ROSENBROCK 1999, S. 7

tiver, kognitiver und sozialer Ebene.[19] Daraus lassen sich, bei Bedarf, Legitimationsfiguren für die Einrichtung von Kursen und Arbeitsgemeinschaften an Schulen oder Musikschulen entwickeln. Schon aufgrund der Komplexität und der vielfältigen Verflechtungen dieser Ebenen ist die folgende Zusammenstellung von Zielsetzungen lediglich als Beispielsammlung zu verstehen, die keinen Anspruch auf Vollständigkeit erhebt.

- **Sensomotorische Ebene**
  Erwerb von Spieltechniken
  - Koordination von Muskulatur (z. B. Haltung, Tonerzeugung)
  - Fähigkeit zur eigenständigen Selbst- und Fremdwahrnehmung, -kontrolle und -korrektur
  - Aneignung von Darstellungsweisen, wie sie typisch für Rock/Pop-Subgenres sind
  - Fähigkeit zum Spielen nach Vorlagen (z. B. Hören, Erfassen und Wiedergeben von Rhythmen, Melodien, Akkorden, Sounds von Tonträgern, Leadsheets oder Noten)

- **Affektive Ebene**
  - Fähigkeit, das eigene Spiel als Mittel emotionalen Ausdrucks zu nutzen
  - Fähigkeit, dem Spiel anderer emotionalen Ausdruck zu entnehmen
  - Fähigkeit, in Songs Ausdruckspotentiale zu entdecken und freizulegen
  - Fähigkeit, zum eigenen und zum gemeinsamen Spiel ein positives Verhältnis zu gewinnen

- **Kognitive Ebene**
  Individueller Bezug
  - Kenntnisse über Bau, Spielweise, Funktion von Instrumenten erwerben
  - Fähigkeit zum selbständigen Spiel nach Vorlagen
  - Fähigkeit, Songs umzuarbeiten, zu verändern, neu zu erfinden
  Musikkultureller Bezug
  - Kenntnis der Vielfalt an Arten, Funktionen und Verbreitungsformen von Rock/Popmusik
  - Kenntnis von Wirkungen der Rock/Popmusik
  - Kenntnis aktueller und historischer Songs
  - Bewusstsein um deren historische Kontexte

- **Soziale Ebene**
  - Fähigkeit zur Teamarbeit
  - Angebot eigener Vorschläge
  - Toleranz gegenüber Vorschlägen anderer entwickeln
  - Regeln beim Bandspiel einhalten

---

[19] BLOOM 1974 - KRATHWOHL u. a. 1975 - SIMPSON 1971

3. Strukturbedingungen

Die *musikalische Infrastruktur* gilt als wichtiger *Einflussfaktor* für musikalische Aktivitäten von Musikern im Bereich Populärer Musik.[20] Darunter rechnen FÜSER/KÖBBING unter anderem die Möglichkeiten, Konzerte zu besuchen, Kontakte zu anderen Musikern zu knüpfen und mit ihnen Erfahrungen auszutauschen, öffentlich aufzutreten, Demos aufzunehmen, an Maßnahmen wie etwa Bandworkshops, Wettbewerben usw. zu partizipieren. Schulen, Musikschulen und andere Institutionen können beim Aufbau dieser Strukturen sicherlich wichtige Initiativen ergreifen. Priorität haben erfahrungsgemäß jedoch solche Hilfen bei der Bereitstellung grundlegender Bedingungen, um überhaupt in einer Band spielen zu können, primär also in Bezug auf Instrumente, Geräte und Räume.

Instrumente

Die Qualität von Klang, Verarbeitung und Service sollten – in dieser Rangfolge – bestimmende Faktoren bei der Auswahl von Instrumenten und Geräten für die Bandarbeit in Schule und Musikschule sein.

Im Hinblick auf den Klang sind stilistische Intentionen und individuelle Präferenzen ausschlaggebend. Insofern tut Klarheit darüber Not, welche Stilrichtung gespielt werden soll: Eine Heavy-Metal-Band benötigt ein anderes Equipment als eine Country-Rock-Gruppe. Erfahrungsgemäß neigen einige Jugendliche dazu, sich bei der Auswahl weniger von akustischen als vielmehr von optischen Eindrücken leiten zu lassen. Dringend ratsam ist es deshalb, vor einer Kaufentscheidung das Equipment in wohlsortierten Fachgeschäften anzuhören und möglichst auch selbst zu spielen.

Mit der Band-Ausrüstung einer Schule oder Musikschule musizieren in der Regel viele und verschiedene Nutzer, die über höchst unterschiedliche Sachkenntnis verfügen. Auch lehrt die Erfahrung, dass im Umgang mit Schulbesitz meist weniger Vorsicht waltet, als dies bei Privateigentum der Fall wäre. Instrumente und Geräte werden also stark beansprucht. Insofern empfiehlt es sich dringend, auf beste Verarbeitungsqualität der Produkte zu achten und Fragen der Ersatzteilbeschaffung sowie der Reparaturmöglichkeiten mit dem Händler eingehend zu klären. Markenprodukte, die im seriösen Fachhandel bezogen werden, bieten in diesen Punkten deutliche Vorteile gegenüber billiger Stapelware aus dem Kaufhaus. Das gilt auch für den Fall eines Wiederverkaufs oder einer Inzahlungnahme.

Über das Angebot an gebrauchter Ausrüstung informieren Annoncen in Tageszeitungen, Anzeigenblättern und Fachzeitschriften. Mittlerweile gibt es eine Vielzahl kommerzieller „Second-Hand"-Geschäfte. Dass der Kauf eines gebrauchten Instruments Risiken birgt, liegt auf der Hand; Expertenwissen und Zeit sollten also reichlich zur Verfügung stehen.

Viele Fachhändler gewähren Abschläge vom sog. „Listenpreis". Das Einholen von mehreren Angeboten empfiehlt sich; die Differenzen betragen nach meinen Erfahrungen bis zu 40 %. Einige Geschäfte bieten günstige Vorführ- oder Leih-

---

[20] FÜSER/KÖBBING 1997, S. 197

geräte an, die zwar neuwertig, aber nicht mehr fabrikneu sind. Besonders attraktiv sind Abverkäufe von Auslaufmodellen und Einzelstücken; häufig gibt es solche Sonderangebote nach Weihnachten oder nach internationalen Musikmessen.

Falls nur ein geringes oder gar kein Budget zum Kauf einer Band-Ausrüstung zur Verfügung steht, könnte man versuchen, Instrumente vom Händler zu mieten. Womöglich verfügen Eltern und Kollegen über Equipment, das als Sachspende in Frage kommen könnte.

Der folgende Überblick streift einige, vor allem bei Cover- und Tanzmusikbands verbreitete Instrumente und soll lediglich erste Anhaltspunkte vermitteln.

Schlagzeug

Übliche Drumsets („Basic Drumkits") bestehen aus:
- Trommelsatz: z. B. Basstrommel (auch „Kickdrum", z. B. 20" oder 22"), Stand-Tom („Floor-Tom", 16"), zwei Tom-Toms (8"-14", meist 12"/14"), Snare-Drum (14", Tiefe: 5,5" oder 6,5")
- Beckensatz: z. B. zwei HiHat-Becken 14", ein Crash-Becken 16"-24", ein Ride-Becken 20"-24"
- „Hardware": z. B. HiHat, Fußmaschine, Becken- und Snare-Drum-Ständer; Schlagzeughocker
- Zubehör: z. B. Trommelstöcke („Sticks"), Ruten („Rods"), Besen („Brushes")

Der Kessel einer Trommel ist aus 4-9 Holzschichten oder aus Kunststoff gefertigt, der einer Snare-Drum meist aus Metall (Stahl oder Messing). Am unteren Ende der Preisskala tummeln sich Trommeln, die innen mit Kunststoff beschichtet sind und Füllschichten aus Spänen und Leim aufweisen. In unteren und mittleren Preiskategorien finden sich Kombinationen (z. B. aus Mahagoni/ Pappel) oder Birkenholz. Hochwertige Serien sind, aufgrund der ausgewogenen Klangeigenschaften des Materials, häufig aus Ahorn gebaut.

Häufig werden hübsche, preisgünstige (derzeit ca. 700 DM) Komplett-Sets mit einer beeindruckenden Zahl an Einzelteilen angeboten. In aller Regel hält aber der Klang nicht das, was die Optik verspricht. Auch zeigt sich in der Praxis, insbesondere im Klassenunterricht, dass viele der einzelnen Komponenten nur selten zum Einsatz kommen und beim Spielen im Weg stehen. Daher empfiehlt sich der Kauf eines Sets mit wenigen, dafür aber hochwertigen Teilen. Beginnend mit Snare, Bassdrum und HiHat, kann das Set dann nach und nach erweitert werden. Gleiches gilt für die Wahl der Becken. Ein Hörvergleich verschiedener Produktlinien eines Herstellers vermag eindrucksvoll zu belegen, wie groß die Klangunterschiede sein können. Auch hier sollte man unbedingt auf Qualität, weniger auf Quantität setzen. Ein Paar HiHat-Becken und ein gutes „Ride"-Becken genügen für den Anfangsunterricht.

Neben der Art und Qualität von Materialien und Verarbeitung hat das sorgfältige Präparieren und Einstimmen des Sets entscheidenden Einfluss auf den Klang. Das Gleichstimmen von Schlag- und Resonanzfell etwa führt zu langem Ausschwingen bei gleichbleibender Tonhöhe, das Höherstimmen des Schlagfells bewirkt ein Absinken, das Höherstimmen des Resonanzfells ein Aufsteigen der Tonhöhe während des Ausschwingvorgangs. Die Ausschwingzeit kann mit speziellen Dämpfringen verkürzt werden. Wer die Ausgaben dafür scheut, kann notfalls Papiertaschentücher mit Klebestreifen an den Fellen befestigen bzw. Kissen oder Decke in die Basstrommel legen.

Die Hardware soll solide gearbeitet sein, exzellente Stabilität garantieren und stufenlose Anordnungs- bzw. Verstellmöglichkeiten in allen Höhen und Winkeln erlauben. Die Führungsrohre guter Stative sind innen mit Kunststoff ausgekleidet, das vermeidet Kratzer auf den Oberflächen beim Verstellen. Schrauben und Muttern sollten ohne Werkzeug und mit geringem Kraftaufwand bedienbar sein; einige Hersteller bieten komfortable Hebelmechaniken an. Bassdrum und HiHat rutschen beim Spielen meistens nach vorne. Ausladende, massive Stützteile mit breiten Gummiauflagen oder ein Teppich als Unterlage können dem entgegenwirken.

E-Gitarre

Elektrisch verstärkte Gitarren gelten als Ikonen der Rockmusik. Analog zur stilistischen Vielfalt dieses Musikgenres gibt es ein breit gefächertes Angebot an Instrumenten (sog. Vollresonanz-, Halbresonanz-, Solid-Body-Gitarren mit 6 oder 12 Saiten – oder mit 6 *und* 12 Saiten als „Double-Neck"-Gitarre usw.). Sofern Klarheit darüber besteht, welche Stilrichtungen die Band einschlagen will, lassen sich spezielle Instrumente mit entsprechender Klangcharakteristik, geeigneten Tonabnehmern und passenden Saiten auswählen. Einige Hersteller bieten Jahrgangsgitarren („Vintage"-Serien) an, mit denen historische Sounds wieder zum Klingen gebracht werden können.

Fachvertreter von Schulen und Musikschulen werden wohl den Wunsch nach „Allround"-Instrumenten mit einer breit gefächerten Klangpalette hegen, weil die finanziellen Mittel zum Aufbau einer umfangreichen Spezialgitarren-Sammlung fehlen. Nahezu alle namhaften Hersteller bieten solche Instrumente an. Meistens handelt es sich dabei um Gitarren mit Solid-Body-Korpus aus lackiertem Holz und einem mittels Konterplatte verschraubten Hals mit 22 bis 24 Bünden. Entscheidend für die Bundreinheit und damit für die Intonation des Instruments ist ein absolut gerader Hals. Das lässt sich durch Peilen von der Kopfplatte an der Kante des Griffbretts entlang (biegt sich der Hals nach oben oder unten?) bzw. über die Bünde (sind die Bünde auf einer Höhe?) überprüfen. Eine Vibrato- oder Tremoloeinheit, erkennbar am Hebel nahe des Stegs, eignet sich für schulische Zwecke weniger. Obschon moderne Systeme das leidige Problem der ständigen Verstimmung mildern, ist ein Tremolo in der Hand von Anfängern ein überflüssiges und störendes Spielzeug. Bei günstiger Ergonometrie des Instruments stellt sich im Sitzen wie im Stehen gleichermaßen ein angenehmes Spielgefühl ein. Abflachungen am Korpus, eine ausgewogene Balance, ein grifffreundlicher Durchmesser des Halses, die einwandfreie Verarbeitung der Bünde tragen hierzu bei.

Auf E-Gitarren werden Stahlsaiten aufgezogen; dicke Saiten klingen lauter und länger nach, während dünne Saiten das „Ziehen" („Bending") beim Solospiel erleichtern. „Roundwound"-Saiten, deren Metallkern mit einem runden Metalldraht umwickelt ist, haben einen klaren, metallisch-hellen Sound, „flatwound"-Saiten (Metallkern mit Metallband umwickelt bzw. geschliffene Oberfläche) klingen etwas weniger brillant und wärmer.

Bestückt sind Allround-Gitarren zumeist mit drei Tonabnehmereinheiten („Pick ups") unterschiedlicher Bauart. „Single Coil"-Tonabnehmer mit einer Spule verfügen über helle Klangcharakteristik; „Humbucker"-Pickups mit zwei nebeneinander liegenden Spulen ergeben einen weicheren Ton. Die Anordnung der Pickups auf der Gitarre wirkt sich auf das Klangergebnis stark aus; Pickups nahe des Stegs klingen mitunter sehr höhenlastig und schrill. Durch Schalter und Potentiometer für Lautstärke und Frequenzgang stehen diverse Möglichkeiten zur Regelung des Tonabnehmersignals offen.

Beim Hören des unverstärkten Klangs der E-Gitarre lassen sich wichtige Informationen über das Schwingungsverhalten des Instruments gewinnen. Die Qualität der Tonabnehmer sollte man einzeln (per Solo-Schaltung) und bei offenen Lautstärke- und Klangfiltern testen.

E-Bass

E-Bässe werden aus unterschiedlichen Materialien (meist Holz-Korpus mit geschraubtem Hals, aber auch Korpus aus Kunststoff oder Epoxydharz, Hälse aus Graphit), in unterschiedlichen Größen, Formen und Bauweisen gefertigt (z. B. mit vier, fünf und sechs Saiten und jeweils breiterem Griffbrett, mit oder ohne Resonanzkörper („solid body"), mit oder ohne Wirbelbrett („headless"), mit oder ohne Bünde („fretless"). Zur Auswahl gilt das bereits für E-Gitarren Gesagte entsprechend.

Den Anforderungen in Schule und Musikschule genügt ein E-Bass mit vier Saiten durchaus. Während der Fünfsaiter Vorteile bietet, die auch Anfänger nutzen können (z. B. erweiterter Tonumfang, leichteres Lagenspiel), empfiehlt sich der Sechssaiter nur für Fortgeschrittene, die E-Bass-Virtuosen wie ANTHONY JACKSON oder JOHN PATITUCCI nacheifern wollen, solistische Aufgaben anstreben und sich im Akkordspiel spezialisieren möchten. „Fretless"-Bassgitarren klingen warm und weich, sie sind insbesondere in Jazzrock- bzw. Fusion-Formationen verbreitet, eignen sich aufgrund der diffizileren Intonation für die Arbeit mit Anfänger-Bassisten jedoch weniger.

Keyboard

Der Terminus „Keyboard" hat im Kontext der Rock/Popmusik mehrere Bedeutungen. Unter „Keyboards" versteht man im weiteren Sinn Instrumente mit Klaviatur, wobei die Art und Weise der Klangerzeugung (z. B. mechanisch/elektromechanisch/elektronisch) außer Acht bleibt, im engeren Sinne 1. portable, preisgünstige Synthesizer mit integriertem Verstärker und Lautsprechern und 2. Tastaturen oder Klaviaturen zur Steuerung von Computern, externen Synthesizern oder Soundmodulen („Expandern").

Hammond-Orgel B3, Vox E-Orgel Continental, Fender-Rhodes-Piano, Wurlitzer-Piano, Hohner-D6-Clavinet: Auch wenn der Klang solcher Instrumente stilprägend gewirkt hat und von Puristen nach wie vor hoch geschätzt wird, so sprechen doch gravierende Nachteile im Hinblick auf Gewicht, Handlichkeit, Robustheit, Wartung und Stimmung gegen eine Anschaffung für den schulischen Einsatz. Wer meint, auf solche klassischen Klänge nicht verzichten zu können, möge den Kauf eines Samplers samt CD-ROM (z. B. „Vintage Traveller") erwägen, auf der Sounds dieser und anderer Instrumente aus drei Jahrzehnten Rock- und Popmusik abgespeichert sind. Was nun Tasteninstrumente mit elektronischer Klangerzeugung betrifft, so gibt es eine mittlerweile schier unüberschaubare Produktvielfalt.

Der folgende Versuch einer Systematik soll eine erste Orientierung erleichtern.

Hauptfunktion des Instruments	Ort	Bezeichnung
Klangerzeugung, Klangbearbeitung: ◦ Vielfältige Möglichkeiten zum Bearbeiten, Editieren, Abspeichern von Klängen ◦ ggf. Sampeln (= digitale Aufnahme und Speicherung) ◦ Aufnehmen von Tracks oder Songs („Sequencing", „Home-recording") ◦ Steuerung von MIDI-Komponenten	Studio	Synthesizer Workstation
Einsatz bei Live-Aufführungen: ◦ Hohe Qualität der Klaviatur (z. B. 88 Tasten, ◦ gewichtete Mechanik, Holztasten, Hammermechanik) ◦ Hohe Qualität einiger weniger Sounds ◦ Schaltzentrale für MIDI-Komponenten	Bühne	Stage-Piano, Master-Keyboard
Einstieg, Spielen, Lernen: ◦ Leichte Bedienbarkeit ◦ eingebauter Verstärker/Lautsprecher ◦ Lernhilfen (z. B. Noten- und Akkordanzeige, Führungslichter) ◦ Spielhilfen (z. B. Sound-, Song- und Stilvorgaben, Begleitautomatik) **Alternative zum mechanischen (Klein-)Klavier:** ◦ aufwendig gestaltetes Gehäuse ◦ hohes Gewicht	Heim	Portable Key-board, Home-Keyboard Digital Piano

Die Grenzen, die noch vor einiger Zeit zwischen Profi-Synthesizern und Keyboards bestanden haben, sind mittlerweile aufgeweicht. Keyboards der oberen Preisklasse (derzeit etwa DM 1.500-2.500) besitzen häufig dieselbe Klangerzeugungseinheit wie deutlich teurere Synthesizer. Einschränkungen gibt es freilich bei der Programmierbarkeit und bei den Klangbearbeitungsmöglichkeiten. Zur Standardausstattung von Home-Keyboards zählen mittlerweile die Auslegung auf 32- oder 64-stimmige Polyphonie, eine Fülle brauchbarer voreingestellter Sounds und Rhythmen, Begleitautomatik und Demosongs, digitale Effekte wie Hall, Echo oder Chorus, eingebauter 16-Spur-Sequencer, Diskettenlaufwerk, 61 anschlagdynamische Tasten, Pitch-Bend-Rad zum stufenlosen Verändern der Tonhöhe, Transpose-Schalter zum einfachen Transponieren, MIDI- Schnittstelle (8 oder 16 Kanäle In/Out) und vieles mehr. Geringes Gewicht und eine Option für Batteriebetrieb machen mobile Einsätze möglich, die eingebauten Stereo-Verstärker und Lautsprecher reichen für Demonstrations- und Übezwecke allemal aus und ersparen lästiges Verkabeln. Ausgänge zum Anschluss externer Verstärker und Kopfhörer stehen in aller Regel zur Verfügung. Manche Geräte bieten einen Mikrophoneingang mit umfangreicher Klangregelung; Spitzengeräte für Alleinunterhalter können die gesungene Melodie automatisch und in Echtzeit mehrstimmig arrangieren, so dass Chorgesang hörbar wird. Für Lernzwecke gibt es Features wie „Minus-One-Funktion" (Möglichkeit zum Ausschalten der Melodiespur), Schriftanzeige (z. B. Akkordsymbole, Songtexte) oder Leuchtsignale (optische Umsetzung von Takt, Betonungsfolge und Tempo; Führungslichter zum Finden der nächsten Taste usw.). Das Versprechen, dadurch werde das Lernen zum Kinderspiel, erweist sich in der Realität aber häufig als überzogen. So brachte ein namhafter Hersteller 1999 ein Keyboard auf den Markt, das über Leuchttasten verfügte. Im Lernmodus blinkte die Taste rot auf, die als nächste gedrückt werden musste, und dazu erklang ein automatisches Playback. Erlernt werden sollte so die Melodie zu *„Candle in the Wind"* von ELTON JOHN. Der differenzierte, synkopendurchsetzte und kleingliedrige Rhythmus des Songs entfesselte ein regelrechtes Blinklichtgewitter auf der Tastatur, was vermutlich weniger für Lern-, als vielmehr für Heiterkeitserfolge sorgen dürfte.

Das Probe-Hören und -Spielen eines Keyboards sollte sich keinesfalls nur auf den meist durch eine eigene Taste abrufbaren Demo-Song beschränken. Vielmehr empfiehlt sich zunächst ein eingehender Test von Registern mit Naturklängen (z. B. Klavier, Flügel, Orgel, Streicher). Spitzengeräte verfügen über eine brauchbare Simulation von „Zugriegel" (Hammond)-Orgel. Home-Keyboards fehlt meist eine gute Klaviatur; selbst Instrumente der gehobenen Preisklasse verfügen meist nur über 61 Leichtbau-Kunststofftasten mit einfacher Rückstellfeder.

Digital-Pianos, Stage-Pianos und Master-Keyboards bieten in diesem Punkt deutliche Vorzüge. Instrumente mit 88 gewichteten (Holz-)Tasten und Hämmern vermitteln näherungsweise das Spielgefühl einer Klavier- oder Flügelmechanik und erlauben entsprechende Differenzierung des Anschlags. Während Digital-Pianos in erster Linie für den stationären (Heim-)Betrieb gedacht und teilweise als schwere, dekorative Möbelstücke gefertigt sind, zielen Stage-Pianos auf den mobilen Einsatz bei Live-Auftritten. Sie sind leicht transportabel und verfügen meist über einige wenige Sounds. Master-Keyboards dienen als Steuerzentrale eines MIDI-Setups; sie bieten hohen Tastenkomfort, verzichten aber auf eine eingebaute Klangerzeugung und werden mit externen Sound-Modulen kombiniert.

Geräte

Für E-Gitarre und E-Bass wird jeweils ein eigener Verstärker benötigt. Die in vielen Anfängerbands gewählte Notlösung, mehrere Eingänge eines Verstärkers mit verschiedenen Instrumenten gleichzeitig zu belegen, führt in aller Regel zu unbefriedigenden Klangergebnissen. Im Angebot finden sich sog. „Combo" („Koffer")-Geräte, d. h. Verstärker und Lautsprecher befinden sich in einem Gehäuse und Anlagen mit Verstärkerteilen („Top", „Head") und separaten Boxen. Die Palette reicht vom batteriebetriebenen Mini-Verstärker bis zum monströsen Boxen- und Verstärkerturm. Ausstattungsmerkmale wie mehrere Kanäle, aufwändige Effektwege, MIDI-Schaltungen etc. sind im schulischen Betrieb nachrangig, wesentlich ist hingegen der Grundklang des Gerätes. Der Markt bietet eine Fülle guter Geräte, bestückt mit Röhren oder mit Transistoren; einige Hersteller liefern, passend zu „Vintage"-Instrumenten, Repliken oder Neuauflagen von historischen Geräten. Schon für (derzeit) ca. 170 DM kann man kleine, leichte und ziemlich lautstarke Combos kaufen, die ursprünglich für Straßenmusiker ausgelegt sind, jedoch auch für den schulischen Einsatz nützliche Ausstattungsmerkmale aufweisen, etwa Eingänge für CD-Spieler, Mikrophon und Instrument, Kopfhörer- und Lineausgang, eingebauter Stimmton 440 Hz. So ein Gerät eignet sich bestens zum Üben und kann, im bescheidenen Rahmen, auch als Not-Gesangsanlage dienen, wenn die PA („Public Address", s. u.) fehlt. Durchschnittlichen Anforderungen genügt meist ein Combo mit 50-100 Watt Leistung und 10"-12"-Lautsprecher für die E-Gitarre und ein Combo bzw. eine Top/Box-Kombination mit 150-200 Watt und 10"-15"-Lautsprecher für den E-Bass. Manche Combos für E-Bässe bringen 50 kg und mehr auf die Waage; man sollte sich also Gedanken über die Transportmöglichkeiten machen. Da Keyboards fast immer über die PA-Anlage abgenommen werden, bieten nur noch wenige Firmen spezielle Verstärker an. Sie verfügen über eine Leistung von 100-150 Watt und sind mit 12"-15"-Lautsprechern, zuweilen sogar mit einem XLR-Anschluß für ein Mikrophon ausgestattet.

Unverzichtbar, wenngleich kostspielig, ist die Anschaffung einer PA-Anlage („Public Address"). Das PA-System dient der Erfassung, Abmischung und Verstärkung aller Stimmen und Instrumente der Band sowie zur Beschallung des Publikums bei Auftritten. Es besteht aus Mischpult, Endstufe, Lautsprecherboxen und Effektgeräten (z. B. für Hall und Echo). Unverstärkte (Gesang, Drums, Bläser, Keyboards) und verstärkte Signale (E-Gitarre, E-Bass) werden mittels Mikrophon, Kabel oder drahtloser Übertragung in das Mischpult eingespeist. Jedes Mikrophon oder Instrument bekommt einen eigenen Kanal, d. h. das Drumset braucht drei bis fünf Kanäle, Keyboards belegen meist Stereokanäle. Daher ist, auch für kleine Bands, ein Mischpult mit mindestens 16 Kanälen ratsam; diese Zahl reicht aber kaum mehr aus, wenn Bläser oder Chor in der Band mitwirken. Vom Mischpult der PA-Anlage werden Monitor-Boxen gesteuert, die einzelnen Spielern und den Sängern Sound-Rückmeldungen verschaffen. Erhältlich sind passive und aktive Monitore, d. h. ohne und mit eingebautem Verstärker. Im professionellen Bereich werden häufig sog. In-Ear-Monitore bevorzugt; der Vorteil dieser Lösung besteht unter anderem darin, die Gesundheitsrisiken zu großer Lautstärken auf der Bühne zu minimieren. Zuständig für die Regelung und Gestaltung des Sounds ist ein Tonmeister („Mixer"), der bei Konzerten in einiger Entfernung zur Band im Zuschauerraum postiert ist. In diesem Fall sind die einzelnen Instrumente und Mikrophone auf der Bühne an „Stageboxen" angeschlossen, die wiederum in ein ausreichend langes, mehradriges „Multicore"-Kabel münden, das die Signale gebündelt zum Mischpult leitet.

Raum

Bandräume müssen durch ihre Lage störungsfreies Musizieren erlauben, d. h. Lärmbelästigungen nach außen oder von außen sollten ausgeschlossen sein. Da die Bandräume in der Regel auch zur Aufbewahrung des Equipments dienen, müssen sie absolut trocken (Raumfeuchtigkeit schadet Menschen und Materialien!), gut zugänglich (Instrumententransporte!), genügend groß (ab ca. 30 qm), ausreichend beheiz- und belüftbar sein und über eine geeignete Elektroinstallation verfügen (Kapazität der Leitungen, Anzahl der Steckdosen, ausreichende Absicherung, möglichst FI-Schutzschalter). Die Praxis, das Bandquartier im

Keller aufzuschlagen, ist zwar häufig, aber aus den genannten Gründen nicht immer vernünftig.

Eine wesentliche Rolle spielen Fragen der Schallisolierung und der Raumakustik. Sofern professionelle, aber kostspielige Lösungen nicht in Frage kommen, hilft manchmal ein Teppichboden und eine einfache selbstgebaute Holzvertäfelung an Wänden und Decken über die gravierendsten Probleme hinweg.

Die Bandmitglieder stellen sich mit Blickkontakt zueinander auf. Große Distanzen zwischen den Spielern erschweren das genaue „timing", das präzise rhythmische Zusammenspiel der Band. Aus diesem Grund stehen Schlagzeuger und Bassist unmittelbar nebeneinander, ein guter Platz für den Bassisten ist links neben dem HiHat. Gitarre(n) und Keyboard hingegen postieren sich separat voneinander, z. B. links und rechts vom Schlagzeug. Diese Trennung erleichtert die Orientierung und Differenzierung beim Hören. Lautsprecher und PA-Boxen befinden sich in Ohrhöhe, kleine Kofferverstärker kommen auf einen Tisch. Monitore für Keyboarder, Schlagzeuger und Sänger werden unmittelbar vor den Spielern auf dem Boden platziert.

Um das Abhören von Stücken, Stilen und Spielweisen und die Hörkontrolle des eigenen Spiels zu ermöglichen, sollte der Bandraum mit einem Abspielgerät und mit einem Aufnahmesystem ausgerüstet sein. Eine einfache Lösung besteht darin, CD-Player und DAT-Recorder am Mischpult anzuschließen.

4. Methoden

In einer Rock/Popband kann sich Lernen auf folgende Arten vollziehen:
- Selbstgesteuertes Lernen
- Lernen mithilfe eines Lehrwerks oder einer Instrumentalschule
- Lernen unter Anleitung einer Lehrkraft

Als Sozialformen kommen in Betracht:
- Einzelarbeit
- Partnerarbeit
- Gruppenarbeit
- Frontalunterricht

Wesentliche Merkmale beim selbstgesteuerten Lernen in Bezug auf Populäre Musik haben FÜSER/KÖBBING herausgearbeitet. Die Autoren unterscheiden folgende Schritte, wobei sich jedoch keine zwingende Reihenfolge ergibt:
1. Hinwendung zu bestimmten Musikrichtungen (während der Pubertät)
2. Intensives, bewusstes und häufiges Hören dieser Stilrichtungen
3. Entstehung des Wunsches, die präferierte Musik nachzuspielen
4. Medienunterstütztes Lernen durch Mitspielen zur Originalaufnahme
5. Übungseffekt durch wiederholtes Spielen, Entwicklung von Spielroutine
6. Entstehung des Wunsches, in einer Band zu spielen[21]

Häufig mündet dies in die Suche nach einem weiteren Mitspieler, oft aus den Reihen enger Freunde, *„um zu zweit erste Erfahrungen im Zusammenspiel zu ma-*

---

[21] FÜSER/KÖBBING 1997, S. 194

chen".[22] Bei der ersten Band handelt es sich oft um Coverbands; dem Nachspielen von Musikstücken schließt sich in einem weiteren Schritt das Schreiben eigener Songs an.[23]

Eine Analyse relevanter Lehrwerke, Instrumentalschulen, Handreichungen und Schriften zeigt, dass sich die dort beschriebenen Verfahrensweisen gewissermaßen um zwei methodische Pole gruppieren lassen. Sie werden im Folgenden als *additive* und *integrative* Methoden unterschieden. Additive und integrative Verfahren können sich gegenseitig überlagern oder ergänzen, sie erscheinen in zahlreichen Varianten und Mischungen.

Im Kern *additiver* Verfahren steht die Überlegung, dass die Voraussetzung für das Zusammenspiel der Band individuelle Fähigkeiten und Kenntnisse der einzelnen Spieler bilden. Die Spielfertigkeit einer Band, so die leitende Vorstellung, ergibt sich gewissermaßen aus der Summe der Spielfertigkeiten ihrer Mitglieder. Demgemäß setzen additive Verfahren bei der Vermittlung individueller Fähigkeiten und Kenntnisse an, wobei elementhaft-synthetisierende Formen, etwa in der Art eines Lehrgangs, bevorzugt werden. Die vorliegenden Lehrwerke enthalten etwa Informationen zu Bauweise und Haltung des Instruments, Einführungen in elementare Musiklehre, Etüden zu Anschlag und Fingersatz, Hörübungen, Anregungen zum Playback-Spiel mit einem Tonträger usw. In einem weiteren Schritt wird dann das Spiel in der Band thematisiert. Der Aufbau erfolgt ebenfalls stufenweise, beginnend z. B. mit einer Kombination aus Schlagzeug und Bass, später ergänzt durch Gitarre und Keyboards.

Demnach zeigt sich insgesamt, dass die Wege der Lehrwerke und das oben beschriebene Vorgehen beim selbstgesteuerten Lernen nahezu parallel verlaufen.

Der Bassist

Als Bassist bist du nicht nur mit dem Drummer zusammen für eine solide rhythmische Grundlage zuständig, sondern gleichzeitig lieferst du noch die harmonische Basis für den Song; eine ziemlich verantwortungsvolle Aufgabe. Es ist deshalb wichtig, daß die Basslines und Grooves, die du spielst, „einfach und solide" sind. Damit du eigene Basslines entwickeln kannst, gebe ich dir im folgenden Kapitel die richtigen Tips. Wir wollen uns aber auch mit Themen wie Spieltechniken und Skalen usw. beschäftigen.

Anschlagtechniken

In der Rock- und Heavy-Metal-Szene ist es geradezu Pflicht, die „dicken Saiten" mit einem Plektrum zu spielen. Logischerweise kann man eine Heavy Bassline auch mit den Fingern zupfen, wie uns das Billy Sheehan (Mr. Big) und Steve Harris (Iron Maiden) eindrucksvoll demonstrieren.

Plektrumtechnik

Wenn du deine Saiten mit dem Plektrum spielst, ist der Moment des Anschlags genauer zu hören; der Baß klingt härter und höhenreicher und setzt sich im Bandsound besser durch. Man sagt auch, der Ton bekommt mehr „Attack". Die besten Soundergebnisse wirst du aller Erfahrung nach mit einem Plektrum der Stärke „Heavy" erzielen. Wie du das Plektrum richtig hältst und anschlägst, siehst du auf den beiden Fotos:

---

[22] Ebd., S. 195
[23] Ebd., S. 196

Downstrokes/Upstrokes

Solange das Tempo des Songs es erlaubt, solltest du deine Saiten mit *Downstrokes*, also mit Abschlägen spielen.

⊓ = Downstroke (Abschlag)

Bei schnelleren Tempi ist es einfacher, abwechselnd Downstrokes und *Upstrokes* zu spielen. Beim Upstroke schlägst du die Saite von unten nach oben an:

∨ = Upstroke (Aufschlag)

Mit diesen zwei Schlagrichtungen bist du bestens für alle rhythmischen Hindernisse gewappnet.

Plektrumübung

Nun ein paar typische rhythmische Figuren, wie sie für Bassisten und Gitarristen in Rock- und Heavy-Metal-Songs häufig vorkommen, an denen du die Plektrumtechnik ausprobieren kannst.

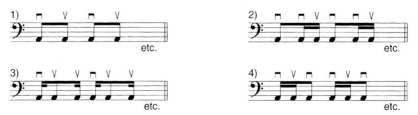

KELLERT, P./LONARDONI, A./SCHOPF, B.: Band Workshop Rock & Heavy Metal, 1996, S.39 f.

Für größere Gruppen oder im schulischen Klassenmusikunterricht fehlen in aller Regel die Instrumente: Welche Schule hat schon 30 E-Bässe oder Drumsets? Und selbst bei ausreichender Zahl an Instrumenten läge die Lärmkulisse naturgemäß so hoch, dass die Wahrnehmung oder gar Behebung individueller Defizite kaum möglich wäre.

Der Idee, ersatzweise auf das kleine Schlagwerk oder auf Stabspiele des sog. ORFF'schen Instrumentariums auszuweichen, stehen gravierende Einwände entgegen. ORFF-Instrumente halten dem für Rock/Popmusik erforderlichen körperlichen Einsatz in der Regel nicht stand. Ein Forteschlag auf das Naturfell einer kleinen Pauke vermag das hörbar zu machen; Stäbe von Xylophonen oder Glockenspielen springen schon bei etwas kräftigerer Spielweise aus ihren Lagern. Kurz: Zum körperlichen Ausagieren sind die ORFF-Instrumente nicht gebaut. Umgekehrt ist so manche sachte Bewegung, wie sie das sachgerechte Spiel mit ORFF-Instrumenten erfordert, nicht kompatibel zum Instrumentalspiel im Bereich Rock/Pop.

Eine mögliche Lösung dieser Problematik liegt darin, Spielbewegungen zu abstrahieren, zu elementarisieren und simulieren.

Beispiel: „Schlagzeug-Lernen im Klassenverband"

1. Koordinationsübung

Ein gleichmäßiger (!) Viertelpuls (ca. = 80-100) im 4/4-Takt wird auf Hände („oben") und Füße („unten") verteilt. Die sitzende Gruppe klopft mit den Füßen auf den Boden und lässt die Hände auf die Schenkel fallen. Die folgenden Übungen verstehen sich als Baukasten; sie können je nach Bedarf und Leistungsfähigkeit kombiniert und variiert werden.

Grundbausteine:
- Nur unten (rechter/linker Fuß abwechselnd oder je zweimal klopfen)
- Nur oben (rechte/linke Hand abwechselnd oder je zweimal patschen)
- Nur rechts (rechter Fuß/rechte Hand abwechselnd; Beginn oben oder unten)
- Nur links (linker Fuß/linke Hand abwechselnd, Beginn oben oder unten)
- Waagerecht (Füße gleichzeitig/Hände gleichzeitig)
- Senkrecht (Rechte Seite gleichzeitig/linke Seite gleichzeitig)
- Über Kreuz (rechter Fuß/linke Hand abwechselnd und umgekehrt; linker Fuß/rechte Hand und umgekehrt)
- Dreieck rechts (zweimal rechter Fuß, rechte Hand, linke Hand; auch im Rückwärtsgang, auch mit anderer Verteilung)
- Dreieck links (zweimal linker Fuß, linke Hand, rechte Hand; auch im Rückwärtsgang oder mit anderer Verteilung)
- Viereck (unterschiedliche Varianten: jeweils viermal/zweimal/einmal klopfen bzw. patschen; bei unterschiedlichen Positionen beginnen; zuerst unten, dann oben spielen; zuerst rechts, dann links spielen; diagonal, im Uhrzeigersinn oder umgekehrt weitermachen usf.)

Andere Tempi, Rhythmen und Taktarten sind selbstverständlich möglich. Die SchülerInnen können eigene Varianten erfinden. Dabei kann folgende Grafik an der Tafel oder auf dem OH-Projektor helfen:

<	>
(	)

Die vier Felder symbolisieren die vier Körperinstrumente (< = linke Hand, > = rechte Hand usw.). Ein Schüler zeigt auf die zugehörigen Felder und gibt dabei Rhythmus, Tempo und Reihenfolge vor.

2. Rhythmustraining

Als Begleitmuster für den Song *Itsy Bitsy Teenie Weenie Yellow Polkadot Bikini* von BRIAN HYLAND soll folgender Rhythmus erarbeitet werden:

Drum- und Percussionsatz

Die Gruppe klopft im Sitzen mit dem rechten Fuß zunächst den Rhythmus der Kickdrum. Die Ferse hält dabei Bodenkontakt. Die linke Hand kommt mit dem Snare-Part dazu, schließlich übernimmt die rechte Hand das HiHat-Pattern. Schließlich kann die Haltung eines Drummers imitiert werden: Hände zur Faust geschlossen, rechte Hand kreuzt über linke Hand. Vielen Anfängern fällt die Koordination dreier verschiedener Rhythmen schwer, in diesem Fall genügt es, wenn zwei Rhythmen kombiniert und sicher beherrscht werden. Drei Spieler übertragen die Patterns auf das Drumset (je ein Spieler an Kickdrum, Snare und HiHat). Die Gruppe bleibt unterdessen bei den Körperinstrumenten.

Die Bewegungen für die Percussion-Patterns werden im ähnlichen Verfahren erarbeitet. Die schnelle, ruckartige Drehung der Hand für die Cabasa, das gezielte Schütteln für die Maracas, das Aufeinanderschlagen der Claves werden von allen gemeinsam simuliert. Für den Guiro-Rhythmus ersetzt der linke Arm das Instrument, die rechte Hand streicht darauf bei den Zählzeiten 1 und 3 schnell auf und ab. Bei den Zählzeiten 2 und 4 wird am Zielpunkt, also Schulter- oder Handgelenk, jeweils zweimal geklopft. Die additive Vermittlung differenzierter Spieltechniken ist im Rahmen des schulischen Klassenunterrichts aufgrund des Zeitaufwands und der nötigen Einzelbetreuung nicht möglich. Ersatzweise bietet sich die Einrichtung von Instrumentalwahlkursen oder -Workshops an allgemein bildenden Schulen, etwa in Kooperation mit Privat- oder Musikschullehrern, an. Wer auf feste Regeln, Kontrolle und Disziplin Wert legt, könnte „Führerscheine" für den Umgang mit schuleigenen Instrumenten oder Geräten einführen. Die „Führerscheinprüfung" bestünde aus einem theoretischen und einem praktischen Prüfungsteil, d. h. aus Fragen zum Instrument, zu Stimmung oder Tonumfang und aus dem Vortrag eines Spielstücks. Gravierendes Fehlverhalten im Umgang mit Mitspielern oder Sachen wäre mit dem Risiko des „Führerscheinentzugs" verbunden.

Integrative Verfahren beziehen sich auf Inhalte, die über die Fertigkeit der Einzelspieler hinausweisen. Die Qualität einer Band, so die leitende Vorstellung, ergibt sich nicht allein aus dem technischen Können der Einzelspieler. Gegenstand integrativer Methoden sind daher Fähigkeiten, die für das Zusammenspiel der Band wesentlich sind, z. B. Selbst- und Fremdwahrnehmung, Erzeugen und Aufrechterhalten rhythmischer Spannung in der Gruppe („timing" und „groove"), Sensibilität und Aufmerksamkeit für melodische, akkordische, klangliche und dynamische Qualitäten, Fähigkeit zur Kommunikation über und durch Musik, zur Gruppenimprovisation oder zum gemeinsamen Songwriting. Im Unterschied zu additiven Verfahren vollziehen sich integrative Methoden stets in einer Gruppe, sie eignen sich auch für die Arbeit im Klassenverband, für Hochschule und Fortbildung.[24]

Bsp.: „Sweets for my sweet" (THE SEACHERS) mit einfacher Bandbegleitung im Klassenverband [25]

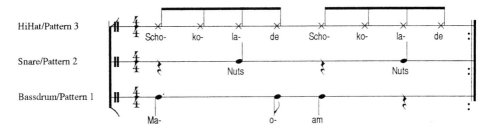

---

[24] vgl. TERHAGS anregende Vorschläge zu „Live-Arrangement" und „Live-Komposition". (TERHAG 1994).

[25] Copyright Intersong Hamburg, Brenner Music, Progressive Trio Music

Sweets for my sweet

Text und Musik: Doc Pomus/Mort Shuman,
© Intersong

2. If you wanted a dream to
   keep you smiling.
   I'd tell the sandman you
   were blue.
   And I'd ask him to keep
   that sand a pilin',
   until your dreams will
   all come true.
   And I would bring ...

3. If you wanted a love to last
   forever *(Darling)*.
   I would send my love your
   way.
   And my love not only last
   forever,
   but forever and a day.
   And I would bring ...

Methodische Bausteine (Reihenfolge nicht zwingend):

- Kreisaufstellung der Gruppe mit Gesicht zur Mitte. Bei beengten Raumverhältnissen Innen- und Außenkreis bilden. Gemeinsame Schrittfolge, Tempo etwa = ca. 60 M.M.: Takt 1, Zählzeit 1: rechter Fuß nach rechts, 3: linker Fuß schließt, Takt 2, 1: linker Fuß nach links, 3: rechter Fuß schließt. Auf Gemeinsamkeit beim Heben und Niedersetzen der Füße achten. Der Impuls für die Bewegung kommt genau auf die Zählzeiten 2 und 4 jedes Taktes. Sichtbar wird das durch gemeinsames Ausholen in den Knien, das ggf. durch Fingerschnippen akustisch unterstützt wird. In aller Regel eilt die Gruppe, ein Hinweis auf bewusstes „In-die-Knie-gehen" kann dem entgegenwirken.
- Vor- und Nachsprechen des Rhythmusmodells zur eben beschriebenen Bewegung. Unbedingt auf stabiles und präzises Timing achten. Hilfen: Bei Pattern 1 Silbe „o" zunächst weglassen. „Ma" und „am" kommen gleichzeitig mit rechtem und linkem Fuß. Schreiten und Sprechen zum Hörbeispiel.
- Aufteilung in drei Gruppen, Rhythmusmodell wie zuvor, jedoch im Kanon. Jede Gruppe beginnt mit einer bestimmten „Süßigkeit" und wechselt nach vier Takten zu einer anderen.
- Erarbeitung des Refrains durch Vor- und Nachsingen. Der Chorsatz (SABar oder SAA) kann ggf. im Rhythmus und mit dem Text der Lead-Vocalstimme gesungen werden.
- Ein Spieler übernimmt den E-Bass. Die Töne D, G, A sind leere Saiten, so dass selbst Anfänger nicht überfordert werden. Nach dem Zupfen dämpft die linke Hand die Saite ab, weil andernfalls die Töne ineinander klingen. Ggf. kann dieses Pattern zusätzlich von einer E-Gitarre gedoppelt werden.
- Drei Spieler verlagern die Drum-Patterns auf das Drumset (Pattern 1: Kickdrum, Pattern 2: Snare, Pattern 3: HiHat). Die Gruppe geht, singt, spricht weiter.
- Drei Spieler übernehmen jeweils eine Piano-Stimme.

Die Harmoniefolge lässt sich, bei entsprechend geändertem Tempo und Rhythmus, auch für andere Popsongs nutzen, z. B. für *„Twist and shout"* (ISLEY BROTHERS bzw. THE BEATLES) oder *„La Bamba"* (RICHIE VALENS).

5. Gesundheitsvorsorge

Rock- und Popbands erreichen Schallpegel, die zu irreversiblen Gehörschädigungen führen können. Besonders gefährlich sind hohe und/oder dauerhafte Schallpegel im mittleren und hohen Frequenzbereich, z. B. bei Beckenschlägen und in der Nähe von sog. Hochtönern. Zum pädagogischen Umgang mit Rock- und Popmusik zählt deshalb die Aufklärung über gesundheitliche Risiken und die Kenntnis von Maßnahmen zu deren Minimierung (z. B. Einhalten moderater Lautstärken und von Ruhezeiten, Tragen von Gehörschutz, Vermeidung unnötigen Lärms wie Feedback-Pfeifen, Kurzschlusskrach durch Kabelstecken bei aufgedrehtem Verstärker usw.). Der „groove" einer Band gründet nicht auf hoher Lautstärke, sondern auf hoher rhythmischer Präzision. Selbst einer zurückhaltend spielenden Band hat die unverstärkte Stimme wenig entgegenzusetzen.

Falls in der Band, und dies dürfte die Regel sein, Sing- oder Sprechstimmen mitwirken, muss unbedingt für eine ausreichende Gesangsverstärkung gesorgt werden. Dass Schüler oder Lehrer gegen eine Band anschreien müssen und dadurch Stimmschäden riskieren, ist nicht zu verantworten.

Anhang

Literatur allgemein

AGNEW, JOHN/BISH, DOUGLAS E.: The fundamental band director. A guide to teaching the modern concert band. Dubuque, Iowa 1993

BAACKE, DIETER (Hrsg.): Handbuch Jugend und Musik. Opladen 1997

BÄHR, JOHANNES (Hrsg.): Klassenmusizieren: Probleme, Perspektiven, Materialien (= Ergebnisse der HILF-Akademietagung „Perspektiven und Probleme des Klassenmusizierens" vom 23. bis 27.10.1995 in der HILF-Hauptstelle Reinhardswaldschule) Fuldatal [u. a.] 1996

BEHRENS, ROGER: Pop, Kultur, Industrie: zur Philosophie der populären Musik. Würzburg 1996

BLOOM, BENJAMIN S.: Taxonomie von Lernzielen im Kognitiven Bereich. (1956) dt.: Weinheim u. a. 4/1974

BROCK, JOSEF/MOSER, JÜRGEN (Hrsg.): Pop-Musik mit Schülern. Arbeitshilfe zur Leitung und Beratung von Popgruppen (= Bausteine für Musikerziehung Bd. 36) Mainz 1981

DIEDRICHSEN, DIEDRICH: Technologie und Popmusik. In: DE LA MOTTE-HABER, Helga u. a. (Hrsg.): Musik und Technik. Fünf Kongreßbeiträge und vier Seminarberichte (= Veröffentlichungen des Instituts für Neue Musik und Musikerziehung Darmstadt, Bd. 36). Mainz 1996, S. 49-62

DVORAK, THOMAS L.: Best music for young band. A selective guide to the young band, young wind ensemble repertoire. Brooklyn, NY, 1986

FÜSER, M./KÖBBING, M.: Musikalische Werdegänge von Unterhaltungsmusikern In: KRAEMER, R.-D.(Hrsg.): Musikpädagogische Biographieforschung. Fachgeschichte – Zeitgeschichte – Lebensgeschichte (= Musikpädagogische Forschung, herausgegeben vom Arbeitskreis Musikpädagogische Forschung e. V. Bd. 18) Essen 1997, S. 189-200

KRATHWOHL, D. R./BLOOM, B. S./MASIA, B. B.: Taxonomie von Lernzielen im affektiven Bereich (1964), dt.: Weinheim u. a. 1975

NEUMANN-SCHNELLE, FRIEDRICH: Arrangieren von Popmusik für die Schulpraxis. In: SCHÜTZ, Volker (Hrsg.): Musikunterricht heute. Beiträge zur Praxis und Theorie. Oldershausen 1996, S. 114-134

NIKETTA, REINER/VOLKE, EVA: Rock und Pop in Deutschland. Ein Handbuch für öffentliche Einrichtungen und andere Interessierte. (= Kulturhandbücher NRW, Bd. 5) Essen 1994

PICKERT, DIETMAR: Musikalische Werdegänge von Amateurmusikern. Zwischenergebnisse einer empirischen Untersuchung. In: KRAEMER, (Hrsg.): Musikpädagogische Biographieforschung. Fachgeschichte – Zeitgeschichte – Lebensgeschichte (= Musikpädagogische Forschung, herausgegeben vom Arbeitskreis Musikpädagogische Forschung e. V. Bd. 18) Essen 1997, S. 168-188

PICKERT, DIETMAR: Ensembleaktivitäten von Musikamateuren. In: V. SCHOENEBECK, MECHTHILD (Hrsg.): Entwicklung und Sozialisation aus musikpädagogischer Perspektive (= Musikpädagogische Forschung, herausgegeben vom Arbeitskreis Musikpädagogische Forschung e. V. Bd. 19) Essen 1998, S. 131-148

ROHRBACH, KURT: Rockmusik. Die Grundlagen. Ein Arbeitsbuch für den Musikunterricht an Schulen. Oldershausen 1992 + 1 CD

ROHRBACH, KURT: HipHop, Techno, Heavy Rock. Die Grundlagen. Ein Arbeitsbuch für den Musik-unterricht in den Klassen 5 bis 10. Oldershausen 1996

ROSENBROCK, ANJA: AutodidaktInnen und Instrumentalunterrichtete in Popularmusikbands. Eine empirische Untersuchung. (Mskr. zum Kongreß des AMPF, Magdeburg 1999)

SCHÜTZ, VOLKER: Rockmusik, eine Herausforderung für Schüler und Lehrer. Oldenburg 1982

SIMPSON, E.: The Classification of Educational Objectives, Psychomotor Domain. Urbana (Illinois) 1966

TERHAG, JÜRGEN (Hrsg.): Populäre Musik und Pädagogik. Grundlagen und Praxismaterialien. Bd. 1: Oldershausen 1994, Bd. 2: Olderhausen 1996

VIERA, JOE: Die Big Band in der Schule. Aufbau, Praxis, Tips. Trossingen 1995

WICKE, PETER/ZIEGENRÜCKER, KAI-ERIK und WIELAND: Handbuch der populären Musik. Mainz 3/1997

Schriften zur Musiklehre

FRITSCH, MARKUS/KELLERT, PETER/LONARDONI, ANDREAS: Harmonielehre und Songwriting. Geschichte des populären Songs, Songwritingtechniken, Notationsgrundlagen, Rhythmik, Harmonik, Melodik, Textdichtung, Songformen, Business-Tips, Songwriterkatalog. Bergisch Gladbach 1995.

FRITSCH, MARKUS/KELLERT, PETER/LONARDONI, ANDREAS: Arrangieren und produzieren. professional music; Instrumentenkunde, Satztechnik, Arrangiertechnik, Groovekatalog, Stilistikübersicht, Grifftabellen, Besetzungen, Notation. Bergisch-Gladbach 2/1996 + 1 CD

Lehrwerke für das Bandspiel, Instrumentalschulen:

JANOSA, FELIX/KÖHNE, ANDREAS: Die Pop Rock Ambulanz. Das Unterrichtsbuch für Rockmusik in der Schule. Lilienthal 1990

KELLERT, PETER/LONARDONI, ANDREAS/SCHOPF, Bodo: Band-workshop rock & heavy metal. Für Gitarristen, Bassisten und Drummer. Mainz 1996 + 1 CD

KRAMARZ, VOLKMAR: Die Band. Feeling für's Zusammenspiel. Bonn-Bad Godesberg 1984

LONARDONI, ANDREAS: Band Workshop. Rhythm & Blues. Mainz u. a. 1997 + 1 CD

LONARDONI, ANDREAS: Schule für Elektrobass Köln 1986 + 1 MC

LONARDONI, ANDREAS/MERCK, ALEX: Drumcomputer. Möglichkeiten, Modelle, Synchronisation, musikal. Rezepte, prakt. Programmierbeisp., Entscheidungshilfen; mit 42 notierten Drum-pattern; eine praxisorientierte Einführung in die Arbeit mit Drumcomputern für den Schlag-zeuger u. jeden Musiker, der einen Drumcomputer als Hilfe beim Komponieren oder Arrangieren einsetzen will Köln 1987

LONARDONI, MARKUS: Rock drumming. Das richtige Drumset; Timing; Rockrhythmen; Grundarten des Rocks; Songformen; Drumfills; Übungen und Tips. Bonn 1994 + 1 CD

PETEREIT, DIETER: Easy Rock Bass. Bonn-Bad Godesberg 1994 + 1 CD

WIEDEMANN, HERBERT/WILLISOHN, CHRISTIAN: The Real Blues´n Boogie Buch. Spielpraxis und Technik des Blues- und Boogieklaviers. Regensburg 1995

Play-Alongs, Spielhefte

DANIEL, WILDERICH/JANOSA, FELIX: Groove. 10 Spielstücke für die Schule. Pop, Rock, Latin, Blues, Jazz. 10 Bde. Frankfurt/Main 1992 ff. + MCs/CDs

KLOMFASS, MICHAEL: Spotlight. 3 Bde. Bergisch Gladbach 1995 ff. + CDs

LONARDONI, ANDREAS: Play along rock bass. Rockmusik „spielend" lernen mit Play Along; 10 komplett notierte Rocksongs zum Mitspielen; 50 Sololicks passend zu d. Songs; Tips für In-strument u. Anlage; mit einer Rhythmik- u. Harmonielehre Köln 1988 + 1 MC

LONARDONI, ANDREAS: Play along rock drums. Rockmusik „spielend" lernen mit Play Along;
10 komplett notierte Rocksongs zum Mitspielen; 50 Sololicks passend zu d. Songs; Tips für
Instrument u. Anlage; mit einer Rhythmik- u. Harmonielehre Köln 1988 + 1 MC

LONARDONI, ANDREAS: Play along rock gitarre. Rockmusik „spielend" lernen mit Play Along;
10 komplett notierte Rocksongs zum Mitspielen; 50 Sololicks passend zu d. Songs; Tips für
Instrument u. Anlage; mit einer Rhythmik- u. Harmonielehre Köln 1988 + 1 MC

LONARDONI, ANDREAS: Play along rock keyboards. Rockmusik „spielend" lernen mit Play Along;
10 komplett notierte Rocksongs zum Mitspielen; 50 Sololicks passend zu d. Songs; Tips für
Instrument u. Anlage; mit einer Rhythmik- u. Harmonielehre Köln 1988 + 1 MC

LONARDONI, ANDREAS: Play along rock saxophon. Rockmusik „spielend" lernen mit Play Along;
10 komplett notierte Rocksongs zum Mitspielen; 50 Sololicks passend zu d. Songs; Tips für
Instrument u. Anlage; mit einer Rhythmik- u. Harmonielehre Köln 1988 + 1 MC

LONARDONI, MARKUS (Bearb.): Jazz & Pop für kleine Hände. 12 Stücke im Rock-Pop-Jazz-Blues-Stil;
für Orff-Instrumente (Schlagwerk), Melodieinstrumente und Klavier (Keyboard) für kleines
Ensemble (mit CD) bis zur Schulband. Köln [u. a.] 1997. Partitur + 11 St. + 1 CD

LUGERT, WULF DIETER/SCHÜTZ, VOLKER u. a. (Hrsg.): Pop&Rock Singen&Spielen. Materialien für
den Musikunterricht in den Klassen 5 bis 10. 5 Bde. Oldershausen 1990 ff. + MCs/CDs

NEUHÄUSER, BURKHARD: Musik zum Mitmachen Bd. 5: Spiel mit zu Rock und Pop Frankfurt/Main
1989 + 1 SP

Experimentelles Ensemblespiel
am Beispiel Cage:
Soziale Modelle und Versuchsanordnungen
für Musik

Wolfgang Rüdiger

Das 20. Jahrhundert ist das Jahrhundert des Ensembles. Hier entsteht, vorbereitet von der klassisch-romantischen Kammer- und Orchestermusik, eine neue Idee von Werk und musikalischem Zusammenwirken: das Ensemblewerk als Gefüge individualisierter Stimmen in unterschiedlicher Zahl und Wahl der Instrumente und die entsprechende Praxis eines gleichberechtigten Miteinanders individueller Musikerpersönlichkeiten. Den Beginn markiert ARNOLD SCHÖNBERGS Kammersymphonie op. 9 von 1906. Solistische Aufgaben der einzelnen Spieler verbinden sich hier mit kammermusikalischen Kommunikationsformen zu einem orchestralen Klangbild, in dem der einzelne Musiker erkennbar Einzelner bleibt und mit anderen zusammen ein strukturiertes musikalisches Ganzes bildet – Ursinn des Begriffs „ensemble" als soziales „Miteinander" und künstlerische „Ganzheit" zugleich. Dass dieses Modell eines „demokratischen" Miteinanders emanzipierter Musikerpersönlichkeiten gern auf einen Dirigenten im herkömmlichen Sinne verzichtet, ihm allenfalls (klang-)organisatorische Aufgaben zuweist und die künstlerische Verantwortung an jeden einzelnen Musiker delegiert, ist neben der Besetzungs- und Klangfarbenvielfalt die neue soziale Idee der Ensemblemusik in Werkgestalt und Weise des Zusammenspiels.[1]

Der Geist der Emanzipation, der dem Ensemblegedanken innewohnt, kennzeichnet die Musik des 20. Jahrhunderts von Anbeginn bis heute und ruft immer wieder neue Formen von Klangfindung und -organisation hervor. Eine besondere Ausprägung gewinnt er dort, wo mit der Gestalt des dominierenden „Leiters" auch die herkömmliche Rolle des werkschaffenden Autors und Komponisten als alleinigem Organisator des musikalischen Materials in Frage gestellt wird: in all jenen *konzepte(n) zur ver(über)flüssigung der funktion des komponisten*[2], in denen die Ensemblemusiker selbst beim Erstellen eines musikalischen Sinnzusammenhangs schöpferisch tätig sind, sei es nach vorgegebenen Mustern und Materialien oder nach eigenen Gestaltungsideen. Diese Praxis

---

[1] Vgl. hierzu vom Verfasser: Artikel „Ensemble" und „Ensembleleitung", in: *Neues Lexikon der Musikpädagogik. Sachteil*, hg. von SIEGMUND HELMS, REINHARD SCHNEIDER UND RUDOLF WEBER, Kassel 1994, S. 58-60; „… von einem einzigen Geist beseelt". Grundlagen des instrumentalen Ensemblespiels, in: ULRICH MAHLERT (Hg.), *Spielen und Unterrichten. Grundlagen der Instrumentaldidaktik*, Mainz 1997, S. 220-247.

[2] Vgl. MATHIAS SPAHLINGER, vorschläge. konzepte zur ver(über)flüssigung der funktion des komponisten, Rote Reihe, Wien 1993.

gemeinsamer Produktionen und offener Konzepte des Ensemblespiels führt indes nicht per se zur Beliebigkeit des Resultats und Minderung der künstlerischen Qualität, sondern deutet das „Kunstwerk" und sein Zustandekommen lediglich um: vom integralen Werk eines bestimmten Komponisten zur schöpferischen Aktion von Komponisten-Interpreten, die um so mehr kritische Aufmerksamkeit und innere Notwendigkeit beansprucht, je größer die Freiheit ihres Spielraums ist. In den Begriffen „Offene Form" oder „Konzept", „offenes Werk" oder „Kunstwerk in Bewegung" kommen diese Aspekte: die gestalterische Freiheit der Interpreten, die *Fähigkeit, verschiedene … Strukturen anzunehmen*, und eine Form, die sich zuallererst in der Aufführung konstituiert, am besten zum Ausdruck.[3] Das soziale Miteinander aber und Modell des Zusammenspiels, in denen die offenen Konzepte jeweils neu realisiert werden, nenne ich „experimentelles Ensemblespiel".

Der Begriff des Experiments und des Experimentellen meint in diesem Zusammenhang nicht sowohl jede neuartige Klangentdeckung und Erfindung von Musik als vor allem jede musikalische Aktion, deren Ergebnis nicht voraussehbar ist und nicht nach den Kriterien von richtig oder falsch beurteilt werden kann.[4] Diese Definition stammt von JOHN CAGE, dessen Werk die Musikgeschichte der zweiten Hälfte des 20. Jahrhunderts vor allem in Richtung jener Offenheit beeinflusst hat, die die Basis experimentellen Ensemblespiels ist.

Experimentelles Ensemblespiel bedeutet demzufolge jedes besetzungsmäßig offene, schöpferisch-kommunikative Zusammenwirken individueller Musikerpersönlichkeiten in Aktionen, deren Ergebnis unbestimmt und immer wieder anders ist. Welcher Art diese Aktionen sein können, wird sich im Verlauf unserer Ausführungen zeigen. Entscheidend ist ihre sowohl künstlerische wie eminent pädagogische Bedeutung. Denn so wie CAGEs Wirken von einem beispiellos vielseitigen Erfindergeist mit lebensphilosophisch-missionarischen Impulsen getragen ist, enthalten seine Anregungen zum musikalischen Miteinander einen stets präsenten pädagogischen Kern im weitesten Sinne des Wortes: als künstlerische Szenarien eines existentiellen, experimentellen und emanzipatorischen Lernens und als Erfahrungsräume zur Entwicklung einer offenen, für alles Neue in Musik und Leben aufgeschlossenen Persönlichkeit.

Ich verstehe nicht, warum Leute vor neuen Ideen Angst haben, ich habe Angst vor alten.

Dieses Zitat (aus einem Programmheft) mag als Motto und Motiv am Eingang einer Reihe von Anregungen zur experimentellen Ensemblepraxis in Schule und Musikschule stehen, die sich in sieben Abschnitten an zentralen Grundbegriffen der Ästhetik CAGEs orientieren: 1) Zeitraum, 2) Stille, 3) Fülle, 4) Klang, 5) Geschichte, 6) Lernen, 7) Leben.

Und da JOHN CAGE ein erfrischend offener „narrativer" Mensch war, der gerne lachte, Geschichten erzählte, Anekdoten zum Besten gab und mit ebenso

---

[3] UMBERTO ECO, *Das offene Kunstwerk*, Frankfurt/M. 1977 (Titel der Originalausgabe: *Opera aperta*, Mailand 1962), S. 42 und 54 ff.

[4] Vgl. CHRISTOPH VON BLUMRÖDER, Art. „Experiment, experimentelle Musik" und „Offene Form" in: *Terminologie der Musik im 20. Jahrhundert*, hg. von HANS HEINRICH EGGEBRECHT, Stuttgart 1995, S. 118-140 und S. 324-332.

heiteren wie hintersinnigen Sprüchen aufwartete, wird jedes Konzept, jede Übung und Spielanweisung von Zitaten begleitet, die das Grundsätzliche seines Denkens beleuchten und bereits Bestandteil des ersten Ensembleexperimentes sind.[5]

1) Zeitraum

Seitdem habe ich immer die Zeit als die wesentliche Dimension aller Musik angesehen.[6]

Denn der Raum, die Leere schließlich ist's, die zu diesem Zeitpunkt der Geschichte so dringend notwendig wird.[7]

Aus dem Vergleich der scheinbaren Antipoden Klang und Stille, der „Entdeckung" ihres gemeinsamen Nenners: der Zeitlänge oder Dauer, und einem grundsätzlichen Unbehagen gegenüber Harmonik als primär formbildendem Mittel folgerte CAGE, dass nicht der Ton, sondern die Zeit das fundamentale Charakteristikum der Musik und die zentrale kompositorische Kategorie ist – ein Paradigmenwechsel mit unabsehbaren Konsequenzen für das tonalitätsbezogene europäische Musikdenken.[8] Denn ein musikalischer Zeitraum ist wie ein leeres Gefäß empfänglich für alle möglichen Einflüsse: für Geräusche ebenso wie für *sogenannte musikalische Töne* (V 79), für Stille und für Lärm, für rhythmische Gliederung und für zufälliges Sich-Ereignen von Klängen aller Art. Die meisten Neuerungen CAGEs entspringen dieser Ortung des leeren „Zeit-Raums" als wesentlicher Dimension des Musikalischen. Die Grundidee der Zeit und die Arbeit mit dem Raum bilden die Konstanten in seinem Gesamtwerk, sie verbinden die frühen rhythmischen Strukturen mit den experimentellen Konzepten der mittleren Schaffensphase und den Zahlenstücken des Spätwerks – und regen uns zu einem ersten experimentellen Gestaltungsversuch an.

Während der Beschäftigung mit dem Thema habe ich zentrale Aussagen CAGEs zu Zeit, Stille, Fülle, Klang, Geschichte, Lernen und Leben gesammelt. Einige der Zitate sind in diesen Aufsatz eingestreut und stellen, auf Karteikarten übertragen, das Material bereit für ein „CAGE-Kärtchen-Spiel".

---

[5] Vgl. den Aufsatz des Verfassers: „I am for the birds, not the cages that people put them in". Zur Bedeutung JOHN CAGEs für die Instrumentalpädagogik, in: Üben & Musizieren 4/1998, S. 14-20. Der vorliegende Text erweitert die Grundgedanken dieser ersten pädagogischen Annäherung um entscheidende Aspekte. Zu Leben und Werk John Cages vgl. DAVID REVILL, *Tosende Stille. Eine John-Cage-Biographie*, München 1995 (im Folgenden zitiert als R).

[6] JOHN CAGE, *Für die Vögel. Gespräche mit Daniel Charles* (1976), Berlin 1984, S. 76 (im Folgenden zitiert als V).

[7] JOHN CAGE, Zur Geschichte der experimentellen Musik in den Vereinigten Staaten, in: *Darmstädter Beiträge zur Neuen Musik*, hg. von WOLFGANG STEINECKE, Mainz 1959, S. 48 (im Folgenden zitiert als E).

[8] Vgl. JOHN CAGE, Plädoyer für Satie (1948), in: RICHARD KOSTELANETZ, *John Cage*, Köln 1973, S. 108 ff. (im Folgenden zitiert als K) und KLAUS WOLFGANG NIEMÖLLER, John Cage und das Zeitproblem in der Musik des 20. Jahrhunderts, in: *Bericht über das Internationale Symposion „Charles Ives und die amerikanische Musiktradition bis zur Gegenwart" Köln 1988*, hg. von KLAUS WOLFGANG NIEMÖLLER, Regensburg 1990, S. 223-248 („Dauern, in Sekunden gemessen, ersetzen das, was bisher im Rahmen von Takt und Metrum als ‚Rhythmus' sein Wesen ausmachte." S. 227).

CAGE-Kärtchen-Spiel

Improvisationsmodell für Vokal-Ensemble (Instrumente ad lib.)

Auf den Karten dieses Spiels sind Zitate von JOHN CAGE versammelt. Sie bilden das Material eines einfachen Improvisationskonzepts für ein Ensemble von 3 bis 30 Mitwirkenden (und mehr) mit Stimme und Sprache. Jedermann kann hier mitmachen, es gibt keinen Unterschied zwischen Musikern und Nichtmusikern. Instrumente und Klangquellen des Alltags können nach Belieben einbezogen werden.

Alles was notwendig ist, ist ein leerer Zeitraum, um ihn auf seine eigene magnetische Weise wirken zu lassen.[9]

Das Spiel-Design ist denkbar einfach. Es lautet: Jeder Mitwirkende zieht ein oder zwei CAGE-Kärtchen und hält sie bis Spielbeginn verdeckt. Alle verteilen sich im Raum. Gemeinsam wird ein Zeitrahmen vereinbart: bei einer kleineren Gruppe (ca. 7-10 Mitwirkende) z. B. zwei Minuten, die jedoch nicht abgemessen, sondern innerlich empfunden werden. Diesen Zeitraum gilt es nun musikalisch zu füllen, und zwar nach folgenden Vereinbarungen: Einer gibt das Einsatzzeichen. Danach liest und gestaltet jeder sein CAGE-Zitat oder Teile daraus in freiem Einsatz und auf musikalisch vielfältige Weise:

- als Ganzes oder fragmentiert (Satzteile, Worte, Silben, Vokale, Konsonanten)
- in freier Reihenfolge (vorwärts, rückwärts, von der Mitte aus, mit Wortwiederholungen)
- in freiem, variablem Tempo
- in freier, variabler Lautstärke, mit Pausen ad lib.
- in freiem, variablem Tonfall (normal gesprochen oder gesungen, nüchtern oder ausdrucksvoll, hoch, tief, mit Stimmverfremdungen etc.)
- oder er/sie entscheidet sich, nur zuzuhören und nicht mitzuagieren.

Kommentar:
Das Ergebnis ist ein überaus spannendes musikalisch-meditatives Klanggebilde mit offenen Rändern aus Stille. Zwischen absoluter Stille und totaler Fülle liegt ein weites Feld unendlich vieler faszinierender Möglichkeiten, die immer wieder anders ausfallen, je nachdem, wie der Einzelne sich zwischen Gestalten und Geschehenlassen, Handeln und Zuhören, Mitwirken und Wahrnehmen entscheidet. Ein erster Durchgang ist meist von zuviel Aktion geprägt, die es in einem zweiten Schritt durch Stille und leise Klänge auszugleichen und zu differenzieren gilt. Denn vor allem in den Zonen der Stille und des Leisen treten unerhörte Klänge auf: das Vibrieren des eigenen Körpers und die Präsenz der anderen, Geräusche des Raums und der Umwelt, minimale akustische Bewegungen, die alle mit zum Stück gehören. Und jedes explosivere Ereignis gewinnt eine um so größere Intensität, je mehr es vorbereitet ist und umgeben von Inseln der Sparsamkeit und Stille. Mit jeder Wiederholung steigert sich von

---

[9] JOHN CAGE, *Silence* (1954). Übersetzt von ERNST JANDL, Frankfurt/M. 1987, S. 129 (im Folgenden zitiert als S).

selbst die Stimmigkeit des Formverlaufs in dem Maße, in dem die Ensemblespieler ihre Fähigkeit zum gegenseitigen Zuhören, Einfühlen und Einfädeln in den musikalischen Fluss der Zeit entfalten. Gemäß der Bedeutung des Raums als Klangszenario können auch behutsame Veränderungen der Ausgangsposition vorgenommen oder Alltagsmaterialien und Instrumente als zusätzliche Klangerzeuger einbezogen werden. Und jede Wiederholung wird dabei eine wunderbare neue Erfahrung vermitteln –

Ob ich sie erzeuge oder nicht, es gibt immer Klänge zu hören und alle sind sie vortrefflich. (S 77)

Kunst kann man auch haben, ohne daß man welche macht. Nur eines muß man machen, man muß sein Bewußtsein ändern. (K 34)

Die Musik, die mir am liebsten ist …, ist einfach das, was wir hören, wenn wir ruhig sind. (K 34)

Indem der Zufall akzeptiert wird, verschwinden Vorurteile, vorgefaßte Meinungen und frühere Ideen über Ordnung und Organisation. (V 44)

– und es verschwindet die Instanz des Komponisten als Schöpfer eines durchgeformten Werkes. Jede(r) Einzelne kann nun zum „Klangorganisator" (K 84) künstlerischer Aktionen aller Art werden, oder wie JOSEPH BEUYS CAGE-verwandt formuliert: *Jeder Mensch – ein Künstler.*

Eine der einfachsten – und schönsten – Varianten besteht in der Arbeit mit Körperklängen, z. B. Atemlauten – hoch und hell bis tief und dunkel, mit Farbwechseln, kurz und explosiv, lang und klingend usw. –, die aus dem Meer der Stille auftauchen wie Blasen oder Wellen und wieder eintauchen ins Nichts.[10] Dass dieses Nichts aber, dass die Leere selbst voll Intensität und Klang ist, ist die zweite große Entdeckung CAGES.

2) Stille

Was wir brauchen, ist Stille. (S 6)

Es gibt nicht so etwas wie Stille. Etwas geschieht immer, das einen Klang erzeugt. (S 155)

Stille ist nicht die Abwesenheit von Klängen, sondern anzufangen, sich für die Klänge zu öffnen, die da sind – sie zu hören.[11]

Es gibt keinen wirklichen, wesentlichen Unterschied zwischen einer geräuschvollen Stille und einer ruhigen Stille. Das, was Ruhe und Geräusch verbindet, ist der Zustand der Nicht-Intention. (P 11)

---

[10] Vgl. vom Verfasser, Improvisationen mit Atem und Stimme, in: Musik & Bildung 3/1998, S. 45-48.

[11] CAGE, zitiert in: ERIC DE VISSCHER, Fragmente einer Geschichte der Stille. Wenig bekannte Konzepte zwischen Marinetti und Cage, in: positionen 10/1992 („Stille und Lärm"), S. 10 (im Folgenden zitiert als P).

In den vierziger Jahren erfuhr ich, ... daß Stille nicht gehört werden kann. Sie ist geistige Veränderung, eine Umkehr. Ich widmete ihr meine Musik. Meine Arbeit wurde zur Erforschung des Nicht-Intentionalen.[12]

Worauf CAGE im letzten Zitat anspielt, ist das berühmte Schlüsselerlebnis in Harvard:

Als ich nach Boston gelangt war, ging ich in den schalltoten Raum der Harvard-University. Nun – in jenem stillen Raum – hörte ich zwei Geräusche: ein hohes und ein tiefes. Nachher fragte ich den zuständigen Techniker, warum ich, obwohl der Raum so still war, zwei Geräusche gehört hatte. Beschreiben Sie es, sagte er. Ich tat es. Er sprach: Das hohe Geräusch war Ihr arbeitendes Nervensystem; das tiefe Ihr zirkulierendes Blut.[13]

Diese Geschichte markiert den entscheidenden Wandel im Begriff der Stille bei CAGE – eine Entwicklung, die das Verhältnis von Klang und Stille in der Musik bis DEBUSSY und WEBERN in komprimierter Form widerspiegelt, aufhebt und umkehrt.[14] Sie geht aus von der Dominanz des Klanges und definiert Stille als Abwesenheit von Klängen, als äußerstes Pianissimo, Ferne (Echo) oder Verlöschen (morendo), als Vor- und Nachklang[15]. Stille gibt es in der traditionellen Musik hauptsächlich als Pause mit ihren vielfältigen sinngliedernden, rhetorischen und dramaturgischen Funktionen (als Bild des Todes bei BACH zum Beispiel oder als Nachzittern der Fortissimo-Schläge in BEETHOVENs Coriolan-Ouvertüre). In diesem Sinne hat CAGE in seinem Frühwerk mit Pausen als Gegenteil und notwendigem Partner des Klangs gearbeitet (*Three Pieces for Flute Duet* u. a.). Die ausgedehnten Stille-Inseln jedoch führen ihn, wie oben beschrieben, zur fundamentalen Entdeckung des leeren Zeitraums als Magnetfeld aller möglichen Klänge. Das komplementäre Verhältnis von Klang und Stille kehrt sich um in ein dialogisch-gleichzeitiges, als CAGE die wechselseitige Durchdringung von Klang und Stille erfährt, die nicht mehr bloß Abwesenheit von Klang ist, sondern von ihm *genährt wird. Stille verschwindet nicht, wenn ein Ton erklingt*, beide entwickeln sich parallel, ohne sich gegenseitig auszuschließen, in einem vertikalen Raum.[16] Von da aus ist es nur noch ein kleiner Schritt zur Gleichsetzung von Stille und Klang. Wenn Stille, das Nichts, die Leere mit

---

[12] JOHN CAGE, Eine autobiographische Skizze, in: *John Cage. Anarchic Harmony*, hg. von STEFAN SCHÄDLER & WALTER ZIMMERMANN, Mainz 1992, S. 25 (im Folgenden zitiert als AH).

[13] JOHN CAGE, Indeterminacy (Unbestimmtheit, Übersetzung von HANS G. HELMS), zitiert in: HERMANN DANUSER, Innerlichkeit und Äußerlichkeit in der Musikästhetik der Gegenwart, in: EKKEHARD JOST (Hg.), *Die Musik der achtziger Jahre*, Mainz 1990, S. 21 f. (= Veröffentlichungen des Instituts für Neue Musik und Musikerziehung Darmstadt, Band 31).

[14] Zum Folgenden vgl. die Aufsätze von ERIC DE VISSCHER, „So etwas wie Stille gibt es nicht ...". John Cages Poetik der Stille, in: MusikTexte. Zeitschrift für Neue Musik, Heft 40/41, August 1991, S. 48-54; Fragmente einer Geschichte der Stille. Wenig bekannte Konzepte zwischen Marinetti und Cage, in: positionen 10/1992 („Stille und Lärm"), S. 8-12; Die Künstlergruppe „Les Incohérents" und die Vorgeschichte zu 4'33", in: AH (wie Anm. 12), S. 71-76.

[15] Vgl. MARTIN ZENCK, Dal niente – Vom Verlöschen der Musik. Zum Paradigmenwechsel vom Klang zur Stille in der Musik des neunzehnten und zwanzigsten Jahrhunderts, in: MusikTexte. Zeitschrift für Neue Musik, Heft 55, August 1994, S. 15-21.

[16] Vgl. ERIC DE VISSCHER, MusikTexte 40/41, August 1991 (wie Anm. 14), S. 49 f.

dem Klang gleichberechtigt kommuniziert und wenn sogar in einem schalltoten Raum Klänge – die Klänge des Körpers – zu hören sind, so muss Stille notwendig als Klang definiert werden, als Klang des Lebens, ja *als Leben selbst* in seinem veränderlichen Fließen, Entstehen und Vergehen. Stille wandelt sich bei CAGE vom komponierten Nichtklang zum omnipräsenten Klang des Lebens in uns und um uns, zur *Gesamtheit unbeabsichtigter Klänge (V 38),* die innen wie außen pulsieren, geräuschvoll sein können oder ruhig und sich ständig (in der Zeit, im Leben) um uns herum (im Raum) ereignen.

CAGEs Evolution der Stille kulminiert in dem „stillen Stück" *4'33'',* einem Schlüsselwerk, dessen drei Sätze mit einer Spieldauer von 33'', 2'40'' und 1'20'' jeweils mit „Tacet" überschrieben sind (die Satzdauern sind durch Zufallsoperationen ermittelt). Schweigen, Nichtspielen, traditionell gesprochen: drei Sätze Pause machen das Stück aus – eine Stille indes, die künstlerisch zelebriert wird. Bei der Uraufführung in Woodstock 1952 zeigte der Pianist DAVID TUDOR den Beginn jeden Satzes durch Schließen, das Ende durch Öffnen des Klavierdeckels an. Das „Werk" (CAGE spricht in der Anmerkung der Peters-Ausgabe von „work") kann aber auch von jedem anderen Instrument solo oder im Ensemble mit einer beliebigen Dauer der drei Sätze aufgeführt werden.

4'33'' ist eine der intensivsten Hörerfahrungen für Lehrer und Schüler, im Einzelunterricht und Solospiel, vor allem aber im Ensemble mit gleichen oder verschiedenen Instrumenten. Für Klassenvorspiele, Schülerkonzerte und Veranstaltungen mit Einbezug des Publikums ist das „stille Stück" ideal geeignet. Wer einmal *4'33''* adäquat, d. h. mit der nötigen Ernsthaftigkeit und CAGE'schen Disziplin aufgeführt oder gehört hat, für den ist nichts wie vorher, Unterricht nicht und Leben nicht. Entscheidende Dinge haben sich verändert, unbekannte Regionen erschlossen.

Menschen sind auf einmal wieder Menschen, und Klänge sind auf einmal wieder Klänge. (V 36)

Jeder Augenblick ist absolut, lebendig und bedeutsam. (S 13)

Kunst … ist nicht vom Leben isoliert. (K 123)

Für die Aufführung von *4'33''* im Ensemble bedarf es einer Reihe von Vorbereitungen und Vorabsprachen. Zunächst ist festzulegen, ob jeder Spieler die Dauern der Sätze mittels Stoppuhr kontrolliert oder ein Ensembleleiter die Sätze anzeigt. Sodann einigt sich das Ensemble auf Grundzüge der Inszenierung, vor allem die Stellung im Raum. Hier kommt der räumliche Aspekt der Stille als leerer Zeit*raum* zum Tragen. Wo stehen die Spieler, wo befindet sich das Publikum? Als Alternative zu einer weitgezogenen Podiumsaufstellung können die Ausführenden z. B. einen Kreis um das Publikum beschreiben oder sich mitten unter die Zuhörer verteilen (bzw. umgekehrt). Hier zeigt sich, wie wichtig die Organisation des Raums für jede musikalische Darbietung und Unterrichtsform ist. Als nächstes ist die Darstellungsweise der drei Sätze zu klären. Setzen die Mitwirkenden ihre Instrumente an oder ab bei Satzbeginn resp. Satzende? Wie sehen die Zeichen des Dirigenten für die Satzfolge aus? Wie endet das Stück? Geht es attacca weiter mit dem nächsten, oder wird der

Applaus erwartet und provoziert (wobei das Publikum sich selbst mitbe-klatscht)? Bleiben die Fenster und Türen geschlossen oder werden sie geöffnet? Die Diskussion über all diese Fragen hat einen immensen kommunikativen Wert. Das Verhalten der „Interpreten" zu CAGEs Werk offenbart ihre ganze Individualität und ihr soziales Bewusstsein. Denn *der Inhalt ist bei Cage die ‚Form' und die ‚Form' ist eine soziale Situation*, zu der der „Komponist" nur die Spielregeln liefert, Spieler und Hörer aber die Hauptakteure darstellen.[17]

Ich höre es jeden Tag. (P 11)

Es ist ein Werk über ein Werk – wie alle meine unbestimmten Werke! (V 266)

Ich ziehe es tatsächlich allem anderen vor, aber ich betrachte es nicht als ‚mein Stück'. (K 34)

4'33'' ist nicht CAGEs Stück insofern, als er die Rolle des Komponisten im her-kömmlichen Sinne preisgibt und lediglich Rahmen und Regeln für ein stets wechselndes, unbestimmtes Klangresultat formuliert. Und doch bleibt es CAGEs Stück. Denn wenn auch die experimentelle Versuchsanordnung den alten Kunstwerk-Begriff aufhebt, so formt und fügt das Resultat sich allenthalben zu einem „Stück" oder „Werk" im gewandelten Sinne. Dort wo das stille Stück Wirklichkeit in Musik einlässt, die Welt in Klang verwandelt, Kunst mit Leben partiell gleichsetzt und das Bewusstsein auf der ganzen Linie verändert, bleibt es doch immer ein ästhetisierter Ausschnitt von klingender Welt, ein vorüber-gehender Blitz des Bewusstseins, das nicht in jedem Augenblick so licht und intensiv, so gegenwartsbezogen hellwach sein kann – ähnlich einer Zen-Medi-tation, die sich auf das Leben auswirkt, obwohl oder gerade weil sie sich von ihm als Besonderheit zeitlich und räumlich abhebt.

Ein Werk über ein Werk ist das stille Stück insofern, als das Sich-Ereignen von Klang in jedem Augenblick in der Natur schon stattfindet und CAGE nichts anderes beabsichtigt, als *die Wirkungsweise der Natur nachzuahmen* (AH 24). In ei-nem weiteren Sinne aber ist es ein Werk über ein Werk – Musik über Musik –, als es zeigt, dass jedes noch so wohlgeformte klassische Werk aus dem Urgrund der Leere, dem Nichtverfügbaren, dem unbeabsichtigten *Gewimmel unter dem Stein musikalischer Organisation*[18] entspringt – aus namenlosen Körperregungen, mimetischen Impulsen, improvisatorischen Experimenten – im weitesten Sinne aus der „Natur", die komplexer ist als jede organisierende und formende Hand des Menschen.

So kann CAGEs stilles Stück ein Tor zur Musikgeschichte der Vergangenheit und Gegenwart öffnen und Erfahrungen vermitteln, die sich auf das gesamte künstlerische Bewusstsein auswirken. Und auch das pädagogische Bewusstsein ändert und erweitert sich. Durch 4'33'', das Äußerste an Absichtslosigkeit und Nicht-Handeln, lernt man den Mut, sich auf offene Situationen einzulassen;

---

[17] Vgl. RAINER RIEHN, Noten zu Cage, in: *Musik-Konzepte Sonderband John Cage I*, hg. von H.-KL. METZGER und R. RIEHN, München 1978, S. 104 und 100.

[18] HEINZ-KLAUS METZGER, John Cage oder Die freigelassene Musik, in: *Musik-Konzepte Sonderband John Cage I*, hg. von H.-KL. METZGER und R. RIEHN, München 1978, S. 10.

nicht alles zu kontrollieren und zu planen, sondern abzuwarten, was geschieht, Geduld zu üben, sich als Lehrer zurückzunehmen und die Schüler kommen zu lassen.

„Ich habe beschlossen, daß meine Aufgabe darin besteht, die Persönlichkeit zu öffnen" (aus einem Interview).

Solche Ideen aber verweisen auf ein weiteres Konzept JOHN CAGEs, das mit dem offenen Zeitraum und mit Stille als Fülle aller möglichen Klänge aufs Engste verknüpft ist.

3) Fülle

… alles kann geschehen und alles paßt zusammen. (S 46)

… es gibt kein Chaos, weil alles … mit allem verbunden ist – es handelt sich um eine äußerst komplexe gegenseitige Durchdringung einer unvorstellbaren Anzahl von Zentren. (K 236)

An einer Straßenecke von Sevilla bemerkte ich, wie die Vielzahl visueller und akustischer Eindrücke in der Erfahrung verschmolz und ich dies genoß. Das war für mich der Beginn von Theater und Zirkus. (AH 23)

Ist es eines der erklärten Ziele CAGEs, die Natur in ihrer Wirkungsweise nachzuahmen, so gehört dazu neben der Inszenierung einer „leisen Stille" die Nachbildung ihrer chaotischen Überfülle, ihrer zufälligen Gleichzeitigkeit und grandiosen Gleich-Gültigkeit von Klangereignissen (einer „lauten Stille", in der beabsichtigte und unbeabsichtigte Klänge zusammenkommen).

Einen Zirkus der Gleichzeitigkeit aller möglichen Klänge und Aktionen habe ich während des JOHN CAGE-Festivals in Bonn 1979 erlebt, und der überwältigende Eindruck klingt bis heute nach. *Musicircus: für verschiedene Leute, die etwas aufführen* lautet die lakonische Anweisung des Happenings aus dem Jahre 1967 (vgl. R 446). In einem riesigen Zirkuszelt war alles versammelt, was mit Musik und Theater zu tun hat, vom Sinfonieorchester bis zu Straßenmusikern, von Opernsängern bis zu Tänzern, Zauberern, Artisten, Clowns, Klangerzeugern fürs Publikum u. v. m. Der ganze Raum war von Musik und Menschen erfüllt, die alle auf ihre Weise zur Universalsymphonie des Lebens beitrugen.[19] Das Programmheft verzeichnet folgende Information:

Es werden Leute eingeladen, die willens sind, alle zugleich am gleichen Ort zur gleichen Zeit zu spielen. Sie werden nichts hören – sie werden alles hören.

---

[19] CAGEs Theater-, Zirkus- und Simultankonzepte gehen zurück auf den Begründer der amerikanischen Avantgarde CHARLES IVES, dessen Werke vielfach geprägt sind von der Polyphonie des Lebens und der Gleichberechtigung resp. Gleichzeitigkeit verschiedener musikalischer Idiome aus Kunst und Alltag, amerikanischer U- und E-Musik. Seine großangelegte *Universe-Symphony*, bei der Gruppen von Musikern sich über das Land verteilen und die Umgebung in ein musikalisches Kunstwerk verwandeln sollten, blieb unvollendet.

Der Musicircus ist ein schwierig durchzuführendes Ereignis, weil z. B. ein Klavichord-Spieler geneigt ist aufzuhören, sobald eine Rock'n Roll-Band zu spielen beginnt. Aber wenn sich Leute finden, die da weiterspielen, hat man es geschafft.
Was man braucht, ist **Hingabe**. *Dann wird jemand, der mitmacht, nicht den Druck eines einzelnen Egos spüren … und diese Erfahrung ist euphorisch.*[20]

Ein solches Environment (d. i. eine künstlerische Raumgestaltung) lässt sich nun mit jeder Anzahl von Schülern aller Alters- und Ausbildungsstufen durchführen. Zu Beginn einer Ensemble-Improvisation spielt jeder Schüler in einem vereinbarten Zeitraum, was ihm gerade in den Sinn kommt, spielt sich ein, übt, pausiert, geht herum, hört zu und taucht spielend und hörend ein in das Ganze des Klangraums. Bei einem Schülervorspiel können die Eltern mit einbezogen werden, indem sie ihre Instrumente mitbringen, Schlaginstrumente oder Alltagsgegenstände zum Klingen bringen, CAGE-Kärtchen zitieren oder einfach herumlaufen, zuhören und feststellen, *was für eine Vielfalt an interessanten klanglichen Effekten sich an den verschiedenen Orten ergibt.*[21]

If you celebrate it, it's art: if you don't, it isn't.[22]

Jeder Person, sowie jedem Klang, zu erlauben, das Zentrum der Schöpfung zu sein.
(V 115)

Es gefällt mir aber zu denken, daß jedes Ding nicht nur sein eigenes Leben, sondern auch sein Zentrum hat, und daß dieses Zentrum immer das wahre Zentrum des Universums ist. (V 101)

Die Dinge … durchdringen einander viel fruchtbarer und mit mehr Komplexität, wenn ich selbst keine Verbindung herstelle. Aber gleichzeitig behindern sie sich nicht. Sie sind sie selbst. Sie sind. (V 86)

Mit Stille und Musicircus – Konzepten, denen die lebensphilosophische Idee gegenseitiger Durchdringung und Nicht-Behinderung einer Vielzahl von Zentren zugrunde liegt – dehnt JOHN CAGE den abendländischen Musikbegriff bis zum Zerreißen aus. Im neugewonnenen Raum aber ist Platz für jedermann. Jeder kann zum „Erfinder" neuer musikalischer Gestalten und Gestaltungsprozesse werden. Setzt man Stille und Fülle, Alles und Nichts, Leere und Lärm an die Enden einer Improvisationsschiene, auf der man sich in frei gewählten Dauern hin und her bewegen, gleichsam auf und ab surfen kann, so ergeben sich unzählige Möglichkeiten von Gestaltungsversuchen mit allen denkbaren Klangmaterialien und Spielregeln, die sich immer wieder ändern. Einige Ensembleexperimente zum Füllen der Stille und zum Stillen der Fülle habe ich an

---

[20] JOHN CAGE, Musicircus, in: *Cage Box, Programm des John Cage-Festivals Bonn 1979*, hg. vom Kulturamt der Stadt Bonn, Bonn 1979, gelbe Blätter.

[21] CHARLES IVES, Die Musik und ihre Zukunft (Music and Its Future, 1933), in: *Amerikanische Musik seit Charles Ives. Interpretationen, Quellentexte, Komponistenmonographien*, hg. von HERMANN DANUSER, DIETRICH KÄMPER und PAUL TERSE, Laaber 1987, S. 202.

[22] CAGE, zitiert in RAINER RIEHN, Noten zu Cage, in: *Musik-Konzepte Sonderband John Cage I*, hg. von H.-KL. METZGER und R. RIEHN, München 1978, S. 97.

anderer Stelle bereits vorgeschlagen.[23] Im Folgenden skizziere ich drei weitere Möglichkeiten einer musikalischen Gestaltung zwischen den Polen Stille und Fülle.

Zeitraum/Dauern in Minuten

Stille --- **Fülle**

Leere	Lärm
Nichtstille	Allklang
des Lebens,	der Welt,
Summe aller	Summe aller
unbeabsichtigten	sich ereignenden
Klänge	Klänge
(Körper, Umwelt)	(beabsichtigt/unbeabsichtigt)

a) *Material:*　　　　　Atem, Ausdruck, Sprache, Text
    Mitwirkende:　　　5-10
    Dauer:　　　　　　5'-10'
    Stille – Atemimpulse – Phoneme – Ausdruckslaute – Silben – Worte – Wortverbindungen – Sätze – Textfülle; unterschiedliche Gestaltungsformen in Raum und Zeit, zunehmende Dichte und Dynamik
    Möglicher Rückweg: Aufgreifen und Wiederholen einzelner Worte bis zum gemeinsamen Treffen auf einem Wort – einer Silbe – einem Vokal – Verlöschen – Stille

b) *Material:*　　　　　Natur-, Alltags- und Instrumentalklänge
    Mitwirkende:　　　10-20
    Dauer:　　　　　　7'-12'
    Stille – Klangpunkte (Holz, Papier, Steine) – Punkt/Halteklänge (Natur/Instrumente) – Geräusch/Tonfülle
    Möglicher Rückweg: Plötzlicher Abbruch der Instrumentalklänge, Verlöschen der Natur- und Alltagsklänge

c) *Material:*　　　　　Instrumentalklänge
    Mitwirkende:　　　6-10
    Dauer:　　　　　　6'-10'
    Stille – Einzeltöne kurz/leise – länger/lauter – Klangketten – Überlappungen – Motive – Themenfülle
    Möglicher Rückweg: Reduktion der Themen – allmähliche Verschmelzung kleinerer Motive (je zwei Spieler) – Zueinanderfinden räumlich und musikalisch – Treffen auf einem Motiv – Stehenbleiben auf einem Ton – Intonationsübungen in metrisch-rhythmischer Pulsation – Naturtonimprovisation

---

[23] Vgl. WOLFGANG RÜDIGER, „... von einem einzigen Geist beseelt" (wie Anm. 1, besonders S. 234 ff.) und ORTWIN NIMCZIK/WOLFGANG RÜDIGER, *Instrumentales Ensemblespiel. Übungen und Improvisationen – klassische und neue Modelle*. Material- und Basisband, Regensburg 1997.

Erläuterung:

- Die Skizzen, Materialien und Gestaltungsabläufe sind lediglich als Vorschläge gemeint, keinesfalls als Rezepte. Die besten Verlaufspläne und Materialien entwickeln Schüler selber, wenn sie erste Erfahrungen gesammelt haben.
- Der kontinuierliche, lineare Verlauf kann auch umgekehrt und durchbrochen werden: von Fülle zur Stille, von der Mitte der Skala nach vorn zur Stille und plötzlich zur Fülle, in mehreren Schüben oder Sprüngen etc.
- Zeitraum sowie Zeichen für Anfang und Ende, Einsetzen und Aufhören (sofern das Konzept nicht im Verlöschen endet) müssen klar festgelegt werden (besonders bei einem großen Tutti-Schluss).
- Es ist sinnvoll, den Verlaufsplan anfangs auf Papier zu skizzieren und dann auswendig zu lernen. Dies schult das Gedächtnis für Formverläufe. Bei perfekter Ausstattung können Dias die Abfolge anzeigen.
- Klangergebnisse sollten auf Cassettenrecorder aufgezeichnet, abgehört und gemeinsam besprochen werden. Dies schafft eine gute Basis für weitere Gestaltungsversuche und ein Gespür für improvisatorische Abläufe allgemein.

Dem Zusammenwirken von offenem Zeitraum, Stille und Fülle aber entspringt naturgemäß eine weitere – pädagogisch überaus produktive – Neuerung CAGES, die bereits unter dem Aspekt des Hörens zur Sprache kam. So wie jeder Klang, jedes Geräusch, mag es auch vordergründig noch so störend wirken, durch eine winzige Verschiebung der Perspektive, durch Öffnung des Ohres zum unvoreingenommenen Lauschen und neugierigen Horchen, plötzlich eine faszinierende musikalische Qualität bekommt (vgl. K 83), so kann umgekehrt alles in der Welt Vorfindbare sich in Klang verwandeln und zum Material der Erzeugung von Kunst werden. Wurde alles, *was Cage an Materialien berührte, … ohne Zwang zur Kunst*[24], so können alle, Kinder und Erwachsene, Profis und Laien, *die gesamte Welt … in Musik verwandel(n)* (V 260). Denn jedem Gegenstand dieser Welt wohnt ein spezifischer Klang inne, den es zu erforschen, zu entdecken und zu gestalten gilt.

4) Klang

Ich mochte Geräusche ebenso gern, wie ich Einzeltöne gemocht hatte. (S 19)

Jeder Klang hat seine eigene Seele, sein eigenes Leben. Und wir können nicht vorgeben, dieses Leben zu wiederholen. (V 101)

In all den vielen folgenden Jahren … unterließ ich es nicht, Dinge zu berühren, um ihnen Töne, Klänge zu entlocken und herauszufinden, welche Klänge sie produzierten. (V 80)

Die Grundidee, dass alle Gegenstände der Natur und Umwelt geistfähiges Material von Kunst werden können, verdankt CAGE der Lehre des experimentellen

---

[24] REINHARD OEHLSCHLÄGEL, Artikel John Cage (Grundblatt), in: *Komponisten der Gegenwart*, hg. von HANNS-WERNER HEISTER und WALTER-WOLFGANG SPARRER, München 1992 ff.

Filmemachers OSCAR FISCHINGER: *Alles in der Welt hat seinen eigenen Geist, und dieser Geist wird hörbar, wenn man ihn in Schwingung versetzt* (R 71). Unter seinem Einfluss begann CAGE in den dreißiger Jahren, *alles, was ich sah, zu beklopfen*, und die verschiedensten Materialien – gesammelt auf Schrottplätzen, in Trödelläden, Werkstätten etc. – für sein Schlagzeugensemble zu verwenden (vgl. R 72 ff.). Auf seinen Klang hin erkundet, enthüllt alles Vorgefundene seine Seele, seinen Geist. Der Klang von Glas hat einen anderen „Geist" als der Klang von Holz, und jedes Ding, jedes Möbelstück und Metallophon zum Beispiel, besitzt ebenso wie ein klassisches Musikinstrument seinen eigenen spezifischen Klang, dessen Facetten zudem so unendlich reich sind wie die Möglichkeiten, ihn hervorzulocken und zu verändern: mit den Händen, durch Klopfen, Streichen, Schaben, Kratzen – mit verschiedenen Materialien, Schlagzeugschlägeln, Stäben, Bürsten, Pinseln – mittels klangverändernden Eingriffen, Manipulationen, Präparationen. Von den frühen Schlagzeugstücken über das präparierte Klavier als Schlagzeugersatz bis zur elektronischen Musik, ja bis zum „Sampling" der Live-Elektronik und zum Schallplatten-„Scratching" der Audio-Künstler und Diskjockeys führt ein konsequenter Entwicklungsweg, den CAGE bereits 1937 in seinem Manifest *Die Zukunft der Musik – Credo* voraussagt: *Die Schlagzeugmusik ist der zeitgenössische Übergang von einer aufs Klavier bezogenen Musik zu einer Allklangmusik der Zukunft. Jeder Klang ist für den Komponisten von Schlagzeugmusik annehmbar; er erforscht das akademisch verbotene ‚nichtmusikalische' Klangfeld, soweit dies manuell möglich ist.* Rhythmische Strukturierung und die Arbeit mit formbildenden Zeitrahmen führen zur *Gruppenimprovisation einer ungeschriebenen, aber kulturell bedeutsamen Musik,* wie sie *in den östlichen Kulturen und im Jazz … bereits stattgefunden* hat (K 85) – und zu einer pädagogisch relevanten Musik, so können wir ergänzen, an der alle aktiv teilhaben können.

CAGES Klangexperimente, die zusammen mit Zeit, Stille und Fülle den neuen zukunftsweisenden „Ton" seiner Musik ausmachen, lassen sich in vier Aspekte unterteilen, die auf verschiedenen Altersstufen experimentellen Ensemblespiels zum Zuge kommen können:

a) die Entdeckung und Verwendung aller möglichen Alltagsgegenstände als unkonventionelle Instrumente (Beispiel: *Living Room Music* – Wohnzimmer-Musik – für Schlagzeug und Sprechquartett aus dem Jahre 1940),

b) die unkonventionelle Behandlung und Klangverfremdung traditioneller Instrumente (Beispiel: *Bacchanale* für präpariertes Klavier aus dem Jahre 1940),

c) die kreative Verwendung „elektrischer Musikinstrumente" (Beispiel: *Radio Music* für 1 bis 8 Spieler, jeder an einem Radio, von 1956) und

d) die innere Haltung beim Erzeugen von Klängen, sei es auf konventionellen oder unkonventionellen Instrumenten.

Im Folgenden konzentriere ich mich auf die Aspekte a) und c) und deute b) und d) lediglich kurz an.

a) Unkonventionelle Instrumente

Bereits im Vorschulalter sind Kinder empfänglich für Übungen der Stille und für Klangexperimente mit den Schallquellen ihrer Wohnung und Umgebung. Im Familienkreis und in der musikalischen Elementarausbildung kann dieser natürliche Explorationsdrang geweckt und gefördert werden, indem alles Mögliche auf seinen Klang hin erkundet, ertastet, erhorcht, abgeklopft, gestreichelt, gerieben, mit Händen, Fingern, Nägeln zu klingendem Leben und rhythmischer Gestalt erweckt wird. Das ganze Wohn- oder Unterrichtszimmer enthält unendlich viele Angebote an Entdeckungsfahrten in neue Klangwelten – akustische Expeditionen, die mit dem entdeckten Klangkörper das Sich-Selbst-Entdecken als musikalischer Körper verbinden.

CAGE hat dies in einem seiner frühen Werke kompositorisch genutzt. Seine *Living Room Music* („Wohnzimmer-Musik") für Schlagzeug und Sprechquartett aus dem Jahre 1940 ist eines der ersten „Environments" der Musikgeschichte und eine Art viersätziges musikalisches Theater zugleich; denn die Aktionen der Ausführenden sind hier ebenso wichtig wie das Klangresultat. Vier Spieler wählen als Instrumente *any household objects or architectural elements* (alle möglichen Haushaltsgegenstände oder Bau-Elemente), z. B. Zeitschriften, Zeitungen, Pappkartons; Tische oder andere Möbel aus Holz; größere Bücher; Fußböden, Wände, Türen oder Fensterrahmen – wobei eine Klangabstufung von hoch zu tief vom ersten bis zum vierten Spieler angestrebt werden sollte. Die ersten drei Spieler gebrauchen ihre drei Mittelfinger, der vierte Spieler seine Fäuste zur Klangerzeugung, der Notenhals nach oben zeigt die rechte Hand mit Akzentuierung an, der Hals nach unten die linke Hand ohne Akzentuierung. Während der erste und vierte Satz *(To Begin* und *End)* reine Schlagzeug-Stücke sind, besteht der zweite Satz *(Story)* aus einem Sprechquartett nach einem Text von GERTRUDE STEIN, im dritten Satz *(Melody)* spielt die vierte Stimme eine einfache Melodie auf einem passenden Instrument (Blas-, Streich- oder Tasteninstrument, präpariert oder nicht).

Story

"Once upon a time the world
was round and you could go on
it around and around."
—Gertrude Stein

Melody

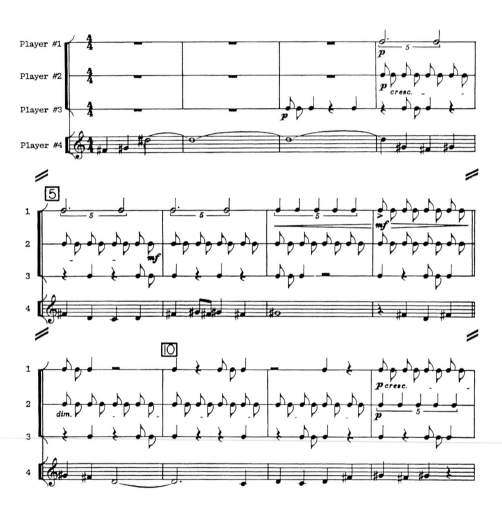

End

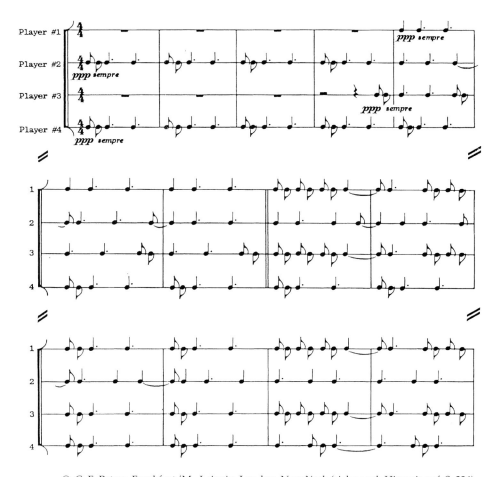

Beispiel: CAGE, *Living Room Music (Story, Melody, End, jeweils erste Seite)*

Während der erste Satz aus einem rhythmisch zu vertrackten Strukturgefüge besteht, sind die letzten drei Sätze mit Schülern gut realisierbar. Es empfiehlt sich, anfangs ein langsames Tempo zu wählen und den Rhythmus erst einmal im Sinne einer rhythmischen Solfège-Übung zu sprechen (besonders die Quintolenfiguren müssen klar organisiert werden). Sodann ist auf die Klangqualität der Schlag- und Sprechaktionen zu achten, die aus einem frei schwingenden, gelösten Körper (aktiver Sitz, durchlässige Arme, geschmeidige Hände und Finger, freie Kehle!) heraus entstehen sollten. Gemeinsame Körper-, Klang- und Klopfübungen auf Tischen, Trommeln, Blechbüchsen u. a. können den verschiedenen Wohnzimmer-Instrumenten vorausgehen. Zuletzt werden die Sätze im Original Schritt für Schritt, zunächst langsam, dann schneller geübt, wobei stets auf Klangqualität, Homogenität der vier Stimmen und vor allem rhythmische Präzision zu achten ist. Eine weiträumige, den Aufführungsort ausfüllende Verteilung wäre der letzte, virtuose Schritt in Richtung einer Aufführung, in die – über das Stück hinaus – die Zuhörer mit rhythmischen Beats (Schnipsen, Klatschen, Schnalzen) einbezogen werden können. Für fortgeschrittene Schüler der Oberstufe mag die *Living Room Music* in ihrer Mischung aus rhythmischer Strukturierung und einfacher Klangerzeugung als Muster für eigene gruppenimprovisatorische oder kompositorische Versuche mit alltäglichen Schlaginstrumenten, einfachen Melodien und musikalisierter Sprache dienen.

Klangexperiment und unkonventionelle Instrumentenwahl verbinden das rhythmisch strukturierte Stück von 1940 mit einem der letzten „Werke" CAGEs: *Four*[6] *for any way of producing sounds (vocalization, singing, playing of an instrument or instruments, electronics, etc.)* aus dem Jahre 1992 (auch als Solo unter dem Titel *One*[7] mit dem Part des ersten Spielers aufzuführen). *Four*[6] für vier Spieler ist eines der sogenannten *number pieces* (Zahlenstücke), die CAGE in großer Anzahl ab 1987 verfasst hat. Die Titel geben die Zahl der Mitwirkenden an, Hochzahlen verweisen auf verschiedene Stücke in unterschiedlichen instrumentalen Besetzungen. Grundgerüst dieser Kompositionen ist eine durch Zufallsverfahren (per Computer) ermittelte Zeitgliederung in *time brackets.*[25] Jeweils zwei Zeitklammern bezeichnen den Zeitraum, in dem das jeweilige Klangereignis frei begonnen resp. beendet werden kann. Im Notenbeispiel – erste Seite von Spieler 1 – wird sichtbar, dass die erste Aktion innerhalb des Zeitraums 0'00" bis 1'15", also innerhalb der ersten Minute plus 15 Sekunden, einsetzt und in der Zeit zwischen 55 Sekunden und 2 Minuten plus 5 Sekunden endet. Die diagonale Linie zeigt an, dass der erste und zweite Klang sehr eng miteinander verbunden sind; der zweite Klang sollte spätestens bei 1 Minute 30 Sekunden einsetzen. *Four*[6] dauert 30 Minuten und wird von den vier Spielern aus Einzelstimmen in individueller Zeitgestaltung mit laufenden Stoppuhren musiziert. Im Gegensatz zu anderen *number pieces,* die mit verschiedenen Instrumentalklängen bis hin zur Größe eines ganzen Orchesters operieren (z. B. *Eighty* für 80 Ausführende), sind bei *Four*[6] die Klänge lediglich als Zahlen zwischen 1 und 12 notiert, d. h. jeder Spieler kann sich zwölf verschiedene Klänge unverwechselbaren Charakters aussuchen. Dies setzt eine unbegrenzte Anzahl von Realisa-

---

[25] Vgl. GISELA GRONEMEYER, „I'm finally writing beautiful music". Das numerierte Spätwerk von John Cage, in: MusikTexte. Zeitschrift für Neue Musik Heft 48, Februar 1993, S. 19-24.

tionsmöglichkeiten frei und erlaubt jedem mitzumachen. Denn die 12 Klänge müssen nicht von traditionellen Instrumenten erzeugt werden, möglich sind auch Realisationen nur mit Alltags-Schallquellen und alle erdenklichen Kombinationen instrumentaler, unkonventioneller und vokaler Aktionen. Insgesamt gibt es also 12 mal 4 = 48 verschiedene Klangqualitäten, die sich deutlich voneinander unterscheiden. Jeder Spieler versammelt ein Ensemble von 12 Klangerzeugern um sich herum, schafft sich sozusagen ein eigenes „Mini-Orchester" individuellen Profils. Selbst elektrische Rasierapparate, Staubsauger und Papiertüten können zum Einsatz kommen und einen Kontrapunkt zu „schönen Tönen" bilden. Allein schon diese Auswahl – was jeder an Klangerzeugern mitbringt und wie er sie einsetzt – ist ein spannendes Ereignis, mehr noch dann, wie die erzeugten Klänge sich zueinander verhalten, ob sie zueinander „passen" oder nicht, beibehalten oder durch andere ersetzt werden sollten. Dies ist ebenso sehr eine Frage des Geschmacks, der Sensibilität für Klänge und des aufmerksamen Aufeinander-Hörens wie das Verhalten zum Klang selbst: wie lange die einzelnen Töne oder Geräusche dauern, wann sie einsetzen und aufhören, wie dicht oder ausgedünnt, laut oder leise das Stück klingen soll. Mehrere Proben und Durchläufe sind hier nötig, um sich aufeinander ein- und miteinander abzustimmen.

Von älteren, erfahrenen Schülern kann *Four6* sicherlich im Original erprobt und aufgeführt werden. Für Jüngere ist das Stück zu lang und langwierig. Hier bieten sich Teilaufführungen oder Bearbeitungen an, die die number piece-Idee als *ästhetisches Modell*[26] für eigene Gestaltungsprozesse aufgreifen. Der erste Schritt eines derartigen Arbeitsverlaufs sollte der Bewusstmachung der ganz anderen Zeiterfahrung gewidmet sein, die durch die Zahlenstücke freigesetzt wird. Schülern ist die metrische Zeitgestaltung und das Prinzip der Taktordnung geläufig. Bei CAGES Modellen geht es hingegen um die Platzierung von Klangaktionen in einen ungegliederten Zeit*fluss*, um das Erlebnis einer nicht metrisch geformten und rhythmisch pulsierenden, sondern einer freien, amorphen Zeit ohne Rasterung und Präformierung.

---

[26] PETER YATES, zit. in PETER GARLAND, *Six American Composers. Partch, Cage, Harrison, Nancarrow, Tenney, Bowles.* Aus dem Amerikanischen von ALMUTH CARSTENS, Berlin 1997, S. 51.

FOUR⁶

PLAYER 1   JOHN CAGE

0′00″ ↔ 1′15″   0′55″ ↔ 2′05″

2

0′00″ ↔ 1′30″   1′00″ ↔ 2′30″

4

1′50″ ↔ 2′35″   2′20″ ↔ 3′05″

9

2′50″ ↔ 3′35″   3′20″ ↔ 4′05″

11

3′00″ ↔ 4′00″   3′40″ ↔ 4′40″

5

3′40″ ↔ 4′55″   4′35″ ↔ 5′45″

8

4′10″ ↔ 5′40″   5′10″ ↔ 6′40″

2

5′15″ ↔ 6′45″   6′15″ ↔ 7′45″

8

Beispiel: CAGE, Four⁶ (erste Seite Spieler 1)

b) Unkonventionelle Behandlung und Verfremdung traditioneller Instrumente

Die optimistische Grundhaltung, jede Schranke als Chance zu betrachten und aus jeder Not eine Tugend zu machen, führte bei CAGE, dem genialen Erfinder, in der Regel zu epochalen Entdeckungen und Entwicklungen. So entsprang aus einer simplen Raumnot eine folgenreiche Verwandlung und Neudefinition des Instruments, das als Inbegriff romantischen Virtuosentums gilt: das Klavier. Da das CORNISH THEATRE in Seattle für ein Schlagzeugensemble zur musikalischen Begleitung der schwarzen Tänzerin SYVILLA FORT keinen Platz bot, ersetzte CAGE die Perkussionsinstrumente einfach durch ein Klavier, das er auf experimentellem Wege klanglich verfremdete. Durch Präparation mit kleinen Bolzen, Schrauben mit Muttern und Dichtungsmaterialien aus Filzfaser, die zwischen den Saiten in einer bestimmten Distanz vom Dämpfer befestigt wurden, konnten schlagzeugähnliche Klänge und Geräusche erzeugt werden, die das klassische Instrument in ein *Schlagzeugensemble in den Händen eines einzigen Spielers* (K 107) verwandelten. So entstand mit *Bacchanale* 1940 das erste Stück für präpariertes Klavier, dem etliche folgten. Zu nennen ist hier vor allem die berühmte Sammlung der *Sonatas and Interludes* aus den Jahren 1946-1948 (sie verwenden indes weniger perkussive als vielmehr poetisch-meditative Klänge zur Darstellung des Gefühlskosmos indischer Tradition). Das präparierte Klavier, eines der Markenzeichen JOHN CAGEs, ist seither aus dem Klangrepertoire der Musik unseres Jahrhunderts nicht mehr wegzudenken – Grund genug, sich über bloße Experimentierlust hinaus im Ensemble damit auseinander zu setzen. Der beim Beschreiben der Resultate zur Sprache kommende Klang- und Assoziationsreichtum des präparierten Klaviers regt zu experimentellen Gestaltungsprozessen – auch mit anderen vielfältig zu verfremdenden Instrumenten – an, die von einem realen Stück ihren Ausgang nehmen können. Dafür bietet sich z. B. *Bacchanale* bestens an, denn es ist leicht zu präparieren, konventionell notiert und nicht schwer zu spielen[27].

c) Elektronische Musikinstrumente

Wo immer wir auch sein mögen, meistens hören wir Geräusche. Beachten wir sie nicht, stören sie uns. Hören wir sie uns an, finden wir sie faszinierend. Das Geräusch eines Lastkraftwagens bei 50 Stundenkilometer. Atmosphärische Störungen im Radio. Regen. Wir wollen diese Klänge einfangen …, nicht um sie als Klangeffekte einzusetzen, sondern als Musikinstrumente. (K 83)

Nicht nur verwandelt und erweitert CAGE das Klavier in ein Schlagzeugensemble eigener Art; seine Experimente mit allen vorfindbaren Schallquellen erweitern auch, radikaler noch als bei GEORGE ANTHEIL und EDGARD VARÈSE, das Schlagzeugensemble durch Klänge, die *auf anderem Wege als durch Schlagen erzeugt (werden). Muscheln und Pfeifen werden geblasen; Regler gedreht und Knöpfe gedrückt; Nadeln werden auf Platten gesetzt* (K 92). Auf dem Weg von klassischen

---

[27] Zu Klangmaterial, Form und Struktur von *Bacchanale* vgl. MONIKA FÜRST-HEIDTMANN, *Das präparierte Klavier des John Cage*, Regensburg 1979, S. 152 ff.

über perkussive, präparierte und alltägliche Instrumente hin zu einer *Allklang-musik der Zukunft* spielen elektroakustische Klangerzeuger, Schallplattenspieler, Tonbandgeräte und Radios eine wichtige Rolle. Ein Radio unterscheidet sich indes von anderen musikalisierten Gebrauchsgegenständen dadurch, dass es fremde, vorgefertigte, aus ihrem ursprünglichen Zusammenhang gerissene Laute durch den Äther schickt, die den „akustischen Raum" unbegrenzt aus-weiten und die „Lautsphäre" unserer Umgebung, unsere moderne Klangland-schaft, maßgeblich bestimmen. *Das moderne Leben spricht aus einem Kasten*[28] – mit allen positiven und negativen Implikationen wie Informationsvermittlung und –überflutung, Vertreibung von Stille und von Einsamkeit, Förderung und Stö-rung von Kommunikation und Konzentration. Ein ökologisch orientiertes Komponieren greift akustische Klanglandschaften auf und thematisiert ihren Einfluss auf unsere Wahrnehmung und unser Verhalten. Mehr noch, die künstlerische Gestaltung des *beziehungslosen Lärms des Lebens* hilft diesen zu bewältigen, bewusst zu machen und potentielle Störungen in kreative Ströme zu verwandeln (vgl. R 87 f.).

In diesem Zusammenhang sind auch CAGES Kompositionen mit elektro-akustischen Medien anzusiedeln, vor allem die fünf *Imaginary Landscapes,* deren erste aus dem Jahre 1939 ein frühes *Stück Ur-musique concrète* (K 179) darstellt. Für Schüler-Ensembles gut geeignet ist die sechsminütige *Radio Music* aus dem Jahr 1956, *to be performed as a solo or ensemble for 1 to 8 performer, each at one radio.* Dazu benötigt man lediglich einfache Transistorradios, Mehrfachstecker und Verlängerungskabel. Das Stück besteht nur aus Zahlen in vier Sektionen und aus einigen horizontalen Linien. Die Zahlen markieren die Radiofrequenzen, die in raschem Wechsel und in voller Lautstärke angesteuert werden; ihre je-weilige Dauer ist freigestellt, doch real begrenzt durch den Zeitrahmen der sechs Minuten. Die Linien zeigen „Stille" durch Herunterregeln der Lautstärke auf Null an, die vier Abschnitte können ebenso durch Pausen gegliedert wer-den. Jeder Spieler hat eine unterschiedliche Zahl von Frequenzen, d. h. Dichte-grad und Aktionstempo variieren von Part zu Part. Der Spieler von Part C mit 54 Zahlen und 24 Linien muss sich z. B. sehr beeilen, um alle Stationen in sechs Minuten unterzubringen, derweil der Spieler von Part E sich für seine 26 Fre-quenzen und 10 Stille-Zonen Zeit lassen kann. Deutsche Radios können das Stück nur auf Mittelwellensender im Frequenzbereich zwischen 530 und 1600 MHz realisieren, denn CAGES „tuning"-Zahlen erstrecken sich von 55 bis 156. Jeder Spieler sollte einen der Dichte seiner Stimme entsprechenden Zeitplan entwerfen, der mit der Stoppuhr geregelt wird. Und ganz wichtig ist es, vor ei-ner Aufführung die Radios, ihre Frequenzen und Klangqualitäten zu überprü-fen; das Stück ist zwar klanglich weitgehend unbestimmt, aber alles andere als beliebig. So sehr CAGE auch mit den Faktoren Zufall als kompositorisches Prin-zip und Unbestimmtheit als Offenheit des Klangresultats operierte, so bestimmt und diszipliniert war er selbst sowohl kompositorisch als auch aufführungs-praktisch. Gerade Zufall und Unbestimmtheit bedürfen einer um so präziseren

---

[28] R. MURRAY SCHAFER, *Klang und Krach. Eine Kulturgeschichte des Hörens.* (Originaltitel *The Tuning of the World*, Toronto 1977). Aus dem Amerikanischen von KURT SIMON und EBERHARD RATHGEB. Hg. von HEINER BOEHNCKE, Frankfurt/M. 1988, S. 124.

und kontrollierteren Vorbereitung und Ausführung. Dies aber lohnt die *Radio Music*, die bei voller Besetzung ein spannendes, überwältigendes Hör-Spiel inszeniert. Über den ganzen Raum verteilt, verursachen die acht Radios, bei bester Sende- und Konzertzeit von Null auf Hundert aufgedreht, einen gewaltigen Lärm – ein ebenso aggressiv-andrängendes wie differenziertes Klangszenario, das vor lauter Musikfetzen und Wortzuckungen, Sprachpartikeln und Bruchstücken klassischer Werke, Schlagerklängen, Sinustönen und Geräuschen nur so fluktuiert, in seinen Wiederholungsmomenten, unvorhergesehenen Bezügen und Pausen hochkomplex ist und ebenso plötzlich abbricht, wie es anhebt – ein Ausschnitt radiophonen Allklangs und Sinnbild der Fülle des Lebens wie alle Stücke CAGES. (Bei Proben um die Mittagszeit indes ändert sich das Klangbild völlig: Nachrichtenfetzen beherrschen hier die Rundfunkszene.)

d) Erzeugen von Klängen – Zur Aufführungspraxis CAGES

Und wenn Sie Klänge zu machen haben, spielen Sie sie mit etwas Extremismus, als ob Sie in einem Wald wären und einen solchen Klang vorher nie angetroffen hätten, so daß seine plötzliche Entdeckung Sie entzückt.[29]

CAGES *Rede an ein Orchester*, der dieses Zitat entstammt, ist ein faszinierendes philosophisch-ästhetisches Dokument und eine der wichtigsten Quellen zur Aufführungspraxis nicht nur CAGE'scher Musik. CAGE improvisierte seine Ansprache vor den Mitgliedern des Residentie-Orchesters Den Haag während der Proben zu *Atlas Eclipticalis* (1961/62), einem mikrotonalen Klangstück in freier Dauer und Besetzung (bis zu 86 Spieler), dessen Parts von Sternenkarten auf transparentes Notenpapier gepaust wurden.[30] Die Rede dokumentiert die Schwierigkeiten traditioneller Orchestermusiker mit CAGES Musik und seinen Versuch einer Lösung der Probleme. Sie vermittelt den Musikern Grundzüge seiner „Philosophie der Musik" und ihrer praktischen Realisation und will dadurch zu einem besseren Verständnis seines Werks beitragen. Im Mittelpunkt steht die zen-buddhistische Idee, dass jedes Wesen – jeder Mensch, jeder Klang, jeder Stein – das Zentrum des Universums bildet. Beim Erzeugen eines Klangs, vor allem in einer sozialen Situation wie einer Probe, kommt es darauf an, aus seinem eigenen Zentrum heraus zu handeln, wie ein Mittler, der einen *Klang, der sein eigenes Zentrum hat, zur Existenz bringt*, also z. B. sich nicht *über etwas lustig zu machen oder jemanden abzulenken*, vor allem in den Phasen, *in denen Sie nichts zu tun haben*, wie im Großteil des Stückes.

---

[29] CAGE, Rede an ein Orchester, in: *Musik-Konzepte Sonderband John Cage I*, hg. von H.-KL. METZGER und R. RIEHN, München 1978, S. 61.

[30] Vgl. MICHAEL NYMAN's Anmerkungen zur *Rede an ein Orchester*, ebd., S. 56-61; die folgenden Zitate CAGES ebd.

PART E OF RADIO MUSIC to be played alone or in combination
with parts A-D and F-H. In 4 Sections (I-IV) to be programmed
by the player with or without silence between sections, the
4 to take place within a total time-length of 6 minutes.
Duration of individual tunings free. Each tuning to be
expressed by maximum amplitude. A ____ indicates 'silence'
obtained by reducing amplitude approximately to zero. Before
beginning to play, turn radio on with amplitude near zero.

I
79

————

71

63

57

107

86

57

II
66

64

57

55

71

————

122

55

57

————

III
86

————

IV
55

————

99

86

————

71

————

55

————

86

91

————

57

135

————

105

John Cage
May 1956
Stony Point, N.Y.

© C. F. Peters, Frankfurt/M., Leipzig, London, New York

Beispiel: CAGE, Radio Music Part E

Versuchen Sie zu lernen, es schön zu tun und *zu hören, was vor sich geht. Und wenn Sie einen leisen Klang erzeugen, erzeugen Sie ihn so leise, daß Sie nicht sicher sind, ob er tatsächlich anspricht. Planen Sie das Ergebnis nicht, helfen Sie ihm nicht gewaltsam nach, bringen Sie es einfach zur Existenz, lassen Sie den Vogel aus seinem eigenen Nest fliegen. Und lassen Sie die meisten Klänge so leise sein, wie Sie noch keine gehört haben. Wenn Sie allerdings einen lauten Klang von jemand anderem hören, verändern Sie Ihren leisen Klang nicht automatisch in einen weniger leisen. … Und wenn Sie gerade im Begriff sind, einen lauten Klang zu spielen, spielen Sie ihn so laut, daß man geradezu aufspringt. Statt uns das Leben langweilig zu machen, können wir es auch überraschend anlegen, und es wird uns mehr überraschen, wenn wir es nicht mit unseren Intentionen vollstopfen, sondern uns selbst hingeben gerade bei der Erledigung unserer einfachen Arbeiten.*

CAGEs Musizierideal intensiver Absichtslosigkeit und glühender Gelassenheit ist ein wichtiges Korrektiv für westliche Musiker, deren Ausbildung, Repertoire und Verhaltensmuster in der Tradition romantischen Virtuosentums und Geniekults stehen. Bei CAGE spielt sich das musizierende Ich nicht auf; es drängt sich nicht narzisstisch in den Vordergrund und stellt sich nicht zur Schau. Sein Kunstideal gründet vielmehr in der Zurücknahme des Ichs, in geistiger Klarheit, körperlicher Gelöstheit und selbstvergessener Hingabe – auch und gerade bei der Gestaltung ausdrucksvollster Gesten klassisch-romantischer Musik, die nicht von einem Subjekt gewaltsam erzwungen, sondern gleichsam absichtslos zugelassen werden wollen, um sich mitteilen und klingen zu können.

5) Geschichte

Geschichte ist Geschichte origineller Aktionen. (E 53)

Ich fange an, die alten Klänge zu hören, die ich für verbraucht gehalten hatte, verbraucht durch Intellektualisierung, ich fange an, sie zu hören, als seien sie nicht verbraucht. (S 76)

Wir müssen intentionales Material wie Beethoven nehmen und es in nicht-intentionales verwandeln … Hören Sie sich bei Gelegenheit Beethoven an und holen Sie etwas heraus, das er nicht hineingelegt hat. (K 58)

… ich wollte zeigen, daß alle Musik der Vergangenheit zu Material für neue Musik werden kann.[31]

Wenn alle vorfindbaren Gegenstände zum Material von Kunst werden und alle innovierten Instrumente unerhört neue Klänge erzeugen können, so betrifft diese kreative Anverwandlung von Welt auch den Bereich des *objekthaft Sedimentierten in der Musik – sei es das, was wir „geschichtliche Quellen" nennen, sei es der geschriebene Notentext, sei es auf Tonträgern gespeicherte Musik. All dies wird nicht als festgeschriebener „Wert" behandelt, den es möglichst getreu zu reproduzieren gilt,*

---

[31] „Ich habe das Gefühl, ständig zuzuhören". John Cage im Gespräch mit PAUL VON EMMERIK, in: MusikTexte. Zeitschrift für Neue Musik, Heft 40/41, August 1991, S. 81.

sondern als „objet trouvé", das von der aktuellen Gegenwart ... her neu gedeutet beziehungsweise in einen veränderten Kontext gestellt wird. Dabei wird auch das auf diese Weise Entstandene wiederum nicht als geheiligter neuer Text betrachtet; vielmehr will Cage die musikalische Überlieferung radikal als einen sich permanent erneuernden Prozeß verstehen.[32]

Der von HANS ZENDER beschriebene Prozess steter Verwandlung betrifft nicht nur die spezifische Klangphysiognomie und kompositorische Verfahrensweise CAGES, sondern auch seine Stellung in der Musikgeschichte des 20. Jahrhunderts. Nichts weniger als ungeschichtlich, steht CAGE in einer Tradition, deren Wesensmerkmal das avantgardistische Brechen mit Tradition, besser: Neubestimmen, Umformen, Entstauben des Überlieferten ist. Darin hat er seine Wegbereiter, Vorläufer und Parallelen: in CHARLES IVES (Gleichzeitigkeit und Gleichberechtigung verschiedener, auch populärmusikalischer Idiome), ERIK SATIE (Musik ohne subjektiven Ausdruck, musikalisches Environment), EDGARD VARÈSE und GEORGE ANTHEIL (Körperlichkeit des Klangs, Schlagzeug- und Geräuschmusik, synthetische Instrumente), HENRY COWELL (neue Klavierbehandlung), ANTON WEBERN (Stille), bei den Futuristen und Dadaisten (Vereinigung von Kunst und Leben, Musikalisierung der Sprache und der Körperklänge, Simultangedichte, Spektakel der Fülle) und bei bildenden Künstlern (DUCHAMPS *ready mades*, RAUSCHENBERGS *white paintings*, JOSEPH BEUYS). Ja die geistigen Wurzeln reichen bis ins 18. und 19. Jahrhundert zurück. Einerseits extremer Gegenpol zu BEETHOVEN, dem Komponisten unbändigen Wollens, zum subjektiven Ausdrucksprinzip des musikalischen Sturm und Drang und zum Welt-Gegenwelt-Dualismus der Romantik, ist CAGE, der *Pädagoge des Nicht-Wollens*, in manchen Aspekten näher zur (Vor-)Klassik und Romantik, als es vordergründig scheinen mag. Mit BEETHOVEN teilt er z. B. bei aller Verschiedenheit der Verfahren – Konstruktion versus Zufall, Ausdruck versus Geschehenlassen – den auf Veränderung von Mensch und Welt gerichteten Impetus, die quasi religiöse, ethische Zielrichtung. Und auch die Grenzverwischung bzw. Gleichberechtigung von Komponist und Ausführenden hat ihre Wurzeln in der improvisatorischen Vortragspädagogik des 18. Jahrhunderts.

Diese Traditionsverhaftung bei gleichzeitiger Traditionserneuerung und Umwertung aller Werte betrifft sowohl das Hören als auch das Schaffen von Musik. CAGE lehrt uns eine ganz neue Leichtigkeit und Beweglichkeit im Umgang mit Geschichte. Sein Postulat „nicht-intellektueller" Rezeption wandelt die Wahrnehmung klassischer Musik in ein unbefangenes Lauschen auf die Einzelklänge z. B. MOZART'scher Werke, deren Schönheit auch jenseits aller hergebrachten Rezeptionsmuster bewundert werden kann: *durch aufmerksames Hören in der Art, wie man auf Dinge hört. Von Raum umgeben, anstatt durch das verknüpft, was wir Beziehungen nennen – oder ganz beziehungslos* (R 210), mit jedem, nicht einem einzigen Klang als Zentrum. Denn was CAGE an Tonalität kritisiert, ist ihre „Trugschlüssigkeit": die Funktionalisierung aller Töne und Klänge im hierarchischen System tonaler Beziehungen (f als Subdominante, g als

---

[32] HANS ZENDER, *Wir steigen niemals in denselben Fluß. Wie Musikhören sich wandelt*, Freiburg 1996, S. 36 f. (Kap. John Cage und das Zen).

Dominante, h als Dominantterz von C-Dur etc.), so dass das Ohr stets getäuscht und abgelenkt wird vom Klang des Augenblicks.

Und so wie CAGE den Sinn von Tonalität wahrnehmungspsychologisch gegen den Strich bürstet, Ohr und Musikverstand gleichsam umpolt und die Klänge jenseits aller tonalen Bezüge zu sich selber kommen lässt, um Bekanntes, mit Bildungsballast Versehenes in Unbekanntes, neu zu Hörendes zu verwandeln[33], so benutzt er Zitate, Versatzstücke und Vorlagen existierender Musik, um sie zu collagieren und zu kontextieren, zu verwandeln und „aufzuheben" in neuen Werkkontexten (so wie für dadaistische Collagekünstler, RAOUL HAUSMANN z. B., auch MARCEL DUCHAMP, KURT SCHWITTERS u. a. jedes Material Element einer Bildkomposition werden kann).

Ein Beispiel für jene Werkgruppe, die durch Dekonstruktion, Zitat und Collage neue Sinnbezüge schafft, ist *cheap imitation* (1969) nach ERIK SATIEs *Socrate* (siehe die Notenbeispiele S. 323-326).[34] CAGEs „billige Nachahmung" von 1969 ist ein *Ergebnis meiner großen Liebe zu Satie* (R 331) – und eine pragmatische Antwort auf ein Finanz- und Copyright-Problem. Als Begleitmusik für eine Tanzchoreographie seines langjährigen Partners MERCE CUNNINGHAM hatte CAGE SATIEs dreiteiliges symphonisches Drama *Socrate* (1919) für Stimme und Instrumentalensemble vorgesehen. Da die Aufführung in voller Besetzung samt Leihgebühren das Finanzbudget überstieg und der Verlag die Rechte für ein bereits existierendes Arrangement für zwei Klaviere verweigerte, schuf CAGE aus SATIEs Original ein neues, im doppelten Wortsinn „billiges" Stück für Klavier solo, das die Vorlage noch einmal reduziert und entschmückt, so wie *Socrate* selbst ein schmucklos-nüchternes, „archaisch-reines" Porträt des Philosophen zeichnet: Eine syllabische Gesangsstimme trägt hier den Platon-Text schlicht vor, völlig undramatisch, ohne Entwicklungen und Emotionen in sich ruhend. Der begleitende Instrumentalpart, eine blockhafte Reihung und Permutation mehrerer Motivbausteine, ist ebenso „objektiv" und „ausdruckslos" gehalten. CAGE liebte die Musik SATIEs, weil sie *schlicht und unprätentiös* war (K 119), einfach vorhanden wie ein Möbelstück *(musique d'ameublement)*, lebensnah und ohne falsche Expression, mehr akustisches Ambiente als Ausdrucksform. Diese Schlichtheit steigert CAGE ein weiteres Mal, indem er *Socrate* auf ein weitgehend einstimmiges Klavierstück reduziert (und dabei das Klavier wieder einmal gegen den Strich bürstet), das in Taktzahl, Rhythmus, Dauer und Phrasierung mit dem Original identisch ist; die Tonhöhen der Gesangsmelodie indes wer-

---

[33] Ob CAGE mit dem Postulat beziehungs- und geschichtslosen Hörens *in einem Zustand geistiger Leere (S 81)* – einem Ausschalten der linken Gehirnhälfte gleich – all die Werke grundsätzlich verfehlt, deren Wesensmerkmal struktureller Beziehungsreichtum bei höchster Ausdruckskraft ist, oder ob er durch das strategische Verfehlen und Verweigern einer nur scheinbar adäquaten Hörhaltung allererst zu tieferen Werkschichten vorzudringen vermag, die durch die Anhäufung historisch-theoretischen Rezeptionswissens verdeckt worden sind – eine solche Diskussion über unsere musikalische „Intellektualkultur" und neue Formen des Wahrnehmens und „Verstehens" wäre Aufgabe eines ensemblespielbegleitenden Musikunterrichts in Schule und Musikschule.

[34] Zum Folgenden vgl. ORTWIN NIMCZIK, Erik Satie und John Cage. Ein Sokrates-Portrait und seine „billige" Nachahmung – Anregungen für musikpraktische Gestaltungsversuche durch Schüler (Teil I) in: Musik & Bildung 9/1989, S. 478-484, und ders., Erik Satie und John Cage. „Jeder kann es mitmachen. … Einige weigern sich …" (Cage). Planung, Entwicklung und Durchführung von Gestaltungsversuchen auf der Grundlage der thematisierten Komposition (Teil II), in: Musik & Bildung 10/1989, S. 539-544.

den phrasenweise durch Zufallsverfahren so verändert, dass der diatonische Melodieverlauf eine ganz neue Bewegungsform und chromatische Färbung gewinnt. Phrasenenden und Pausen der Gesangsstimme werden dabei durch Pedalisierung überbrückt, der Beginn greift die Pendelbewegung des instrumentalen Vorspiels auf. Reduktion auf eine einzelne Stimme, Elimination des Textes und Verfremdung der tonalen Melodie durch unerwartete Intervallführung und -färbung sowie durch den ungewohnt verhaltenen, diskreten Klavierklang erzeugen einen fremd-vertrauten Melodiegang, der ohne Absicht und Ziel weiterschreitet und sich dem Hörer nur im konkreten Augenblick des Hörens erschließt, in der meditativen Haltung gelassener Intensität, die auch die Spielweise prägen sollte.

Experimentelles Ensemblespiel kann an die Orchesterfassungen in verschiedenen Größenordnungen (24, 59 oder 95 Mitwirkende) anknüpfen, die CAGE 1971/72 von *cheap imitation* erstellt hat (es gibt weitere Versionen für Violine solo und für zwei Klaviere). Mittels Zufallsoperationen ermittelte er, welche der zur Verfügung stehenden Instrumente die Melodiephrasen, einzelne Teile oder Töne daraus auf welche Weise übernehmen konnten. Das Ergebnis ist eine große einstimmige Klangfarbenkomposition voll innerer Farbwechsel und Fluktuationen, die ohne Dirigent aufgeführt wird und wie ein Strom, ein Fluss dahinfließt.

Die klangfarblich abwechslungsreiche Instrumentierung einer einstimmigen Melodielinie lässt sich auf vielfältige Weise im Schülerensemble erproben, sie schult ganz ungemein Klangsinn, Intonation, gemeinsames Atmen und Agieren innerhalb der Hüllkurve allgemein bekannter Tonhöhenverläufe. Einer instrumentalen Bearbeitung und Aufführung der ungewohnten Melodie von SATIE/CAGE können mehrere Schritte vorausgehen. Zunächst wird ein einfaches Lied, nehmen wir „Hänschen klein", gemeinsam im Ensemble mit verschiedenen Instrumenten in einer vereinbarten Tonart gesungen und gespielt. Sodann übernimmt jedes Instrument einen Ton (= eine Silbe) des Liedes, das sich so in Kreisrichtung fortbewegt und zu einer farbigen Klangkette formt. Dies ist gar nicht so einfach, Text, Rhythmus und Töne müssen von jedem Spieler stets mitgedacht werden. Auch hier sind Singen und Proben im langsamen Tempo wichtige Vorübungen. Für den Zusammenhang der Melodiekette ist die Klangintensität der einzelnen Töne immens wichtig; es kommt darauf an, den einzelnen Ton nicht „für sich" zu spielen, sondern ihn intensiv in das Ganze einzubinden und zum anderen weiterzutragen, mit viel Luft und großem Bogen. Wenn auf diese Weise ein dichtes einstimmiges Klangband im Tempo erzielt ist, kann die Instrumentation im Wechsel von Auffüllung und Ausdünnung beginnen. Je nach Vereinbarung oder gänzlich frei integriert jeder Spieler zusätzlich zu seinem Melodieton einen oder mehrere Töne in den Melodieverlauf, so dass sich ein vielfältig fluktuierendes Klangband ergibt, das in verschiedenen Dichtegraden und Dynamiken variiert. Auf diese Weise kann jede einstimmige Melodie in ein „mehrstimmiges" Klangfarbenwunder verwandelt werden, improvisatorisch frei, nach bestimmten Regeln oder auskomponiert. Eine von der Schülergruppe ausgearbeitete neue Ensembleversion von CAGEs *cheap imitation* oder einzelner Abschnitte daraus, deren Ausführung aufgrund der unbekannten Melodiewege und Phrasenbildungen, Liegetöne und Pausen höchste Ensemblequalitäten erfordert, bildet eine mögliche Station auf dem Wege der Nachah-

Erik SATIE
Socrate (1919)
Drame Symphonique en 3 Parties avec Voix

1. Portrait de Socrate
Text: PLATON Symposion:
Übersetzung von Victor COUSIN
(1792-1867)

Beispiel: SATIE, *Socrate, Drame Symphonique en 3 Parties avec Voix*

mung von CAGEs produktivem Nachahmungsverfahren. Dies kann ebenso eine opulente wie eine noch weiter ausgehöhlte Fassung (z. B. durch Schlagzeug) sein, die sich zu CAGEs Vorlage verhält wie CAGE zu SATIE. So schraubt sich die Spirale praxisorientierten Verstehens von historischer Musik durch zeitgenössische Musik eine Stufe höher. Die Schülerversion von *cheap imitation,* die auch ganz anders geraten kann als beschrieben, stellt eine der vielen Möglichkeiten dar, CAGEs Werk in produktiver Aneignung als Material für neue Musik zu benutzen, so wie er selbst alles geschichtlich Überlieferte durch originelle Aktionen erneuerte und die Vergangenheit im gleichen Maße beeinflusste, wie er von ihr beeinflusst war.

CHEAP IMITATION

JOHN CAGE

Beispiel: CAGE, *Cheap Imitation (für Klavier)*

6) Lernen

Unsere Erziehung hat unser Denken verkümmern lassen. (K 53)

… der Lehrer (ist) der beste, der mit den Schülern studiert. (R 265)

… alle scheinen darin übereinzustimmen, daß in der Erziehung der Lehrer der unwichtigste Faktor ist. (K 63)

CAGES freies Verhalten allem Existierenden gegenüber prägt auch seine Pädagogik. Sie ist von grundsätzlicher Offenheit und Achtung des Einzelnen bestimmt, dessen Lernen in seinem individuellen Leben fundiert sein soll. Wie jeder Klang hat jeder Mensch sein eigenes Zentrum und ist so zu akzeptieren, wie er ist. CAGES bekanntem Ausspruch *I welcome whatever happens next* kommt in diesem Sinne eine künstlerisch-produktive und eine kommunikativ-pädagogische Bedeutung zu. Universale Akzeptanz und Achtung bezieht sich sowohl auf Töne als auch auf Menschen, die erzieherische Komponente ist seinem Schaffen immanent: *Ich glaube, meine Musik enthält ein didaktisches Moment. Ich denke, daß Musik damit zu tun hat, daß man sich ändert* (K 172). Indem CAGE ästhetische Modelle der steten Wandlung und Veränderung bereitstellt, lädt er Menschen und Musiker zu einem permanenten Prozess der Selbsterfahrung und Selbstfindung ein. In diesem erzieherischen Prozess, der aus der Beschäftigung mit der Sache entsteht, kommt es nicht darauf an, Spieler oder Schüler in eine bestimmte Richtung zu lenken, sondern ihnen Wege persönlichen Denkens, Handelns und Erlebens aus der Tiefe ihrer Existenz aufzuzeigen. Dass alle in einem bestimmten Zeitraum das gleiche Buch lesen und die gleichen Inhalte lernen sollten, war für CAGE eine absurde Vorstellung (vgl. R 48 f.). Vielmehr sollte jeder Einzelne auf seine eigene Weise forschen, sich in die Themen vertiefen, die ihm am Herzen liegen, und seine Ergebnisse den anderen mitteilen.

Eine Form bedeutungsvollen Lernens ist die experimentelle Musik, *bei der geforscht wird … ohne jedoch schon das Resultat zu wissen* (V 49). In sozialen Situationen und experimentellen Aktionen, *deren Ergebnis nicht vorausgesehen wird* (E 48), lernen Schüler, mit Musik (Instrumenten und Klangerzeugern aller Art, Werken, Stücken, Techniken) experimentierend, suchend-forschend, prozesshaft umzugehen. In diesen Situationen ist der Lehrer kein Lehrer, sondern selbst ein Schüler, ein Mitlernender und Suchender, der mit Gelassenheit und Geduld, Humor und Heiterkeit bei jedem Einzelnen *versucht herauszufinden, wer er war und was er tun könnte* (V 98), und ihm das Lernen erleichtert. Ein Bericht über CAGES *pädagogischen Stil, der eher auf Gedankenaustausch als auf seiner Autorität beruhte* (R 249), mag dies veranschaulichen. Er bezieht sich auf einen Kurs zum Thema „Komposition experimenteller Musik" an der New School for Social Research in New York 1960 und beschreibt die entspannte Atmosphäre einer offenen Forschungs- und *Beratungsgemeinschaft* (EUGEN FINK):

Ich erzählte den Leuten zu Beginn der Unterrichtsstunde, es sei meine Absicht, sie eher nach unvertrauten als nach vertrauten Ideen Ausschau halten zu lassen … Wenn ich den Eindruck hatte, daß sie sich nicht mehr bewegten, versuchte ich sie zu irritieren, um sie in Bewegung zu versetzen. Der Kurs … begann im allgemeinen damit, daß ich die Studenten dahin brachte, daß sie wußten, wer ich war, das heißt: welches meine

Aktivitäten und Bemühungen waren, und ich wollte, daß sie ebenso herausfanden, wer sie selbst waren und was sie taten. Mir ging es nicht um eine Lehrer-Schüler-Beziehung, die eine Sammlung von Material ins Spiel brachte, das ihnen vermittelt werden mußte. Wenn es nötig war, gab ich ihnen einen Überblick über frühere Werke von mir und anderen, zumeist aber legte ich das Schwergewicht auf das, was ich gerade machte, ich zeigte ihnen, was ich machte und warum ich daran interessiert war ... Meine Funktion war es – wenn ich denn überhaupt eine Funktion hatte –, sie zur Veränderung anzuregen.

Dabei spielte die praktische Realisation ihrer Arbeiten eine wichtige Rolle. Der Bezug zur Praxis und die Realisierbarkeit von Ideen waren für CAGE wichtige künstlerische Kriterien (R 249 f.).

Fassen wir die Aspekte des Unterrichtsstils CAGEs zusammen, so ergibt sich folgendes Bild:

a) Ein *informierender Unterrichtseinstieg*[35] macht die Absichten und Methoden des „Lehrenden" für die Lernenden transparent. Diese Offenheit motiviert. Sie ist persönlich begründet, spricht alle positiv an und fordert zur Stellungnahme heraus. CAGE informiert in diesem Fall über sein Verständnis von Lernen allgemein, das zugleich der eigentliche Inhalt des Kurses über experimentelle Musik ist.

b) Wer lernt, betritt unvertrautes Terrain und muss nach neuen Ideen Ausschau halten.

c) Dazu bedarf es einer Beweglichkeit des Geistes, die durch Irritation in Schwung gehalten werden kann. Jeder Einzelne ist gefordert, wach zu bleiben, präsent zu sein und aktiv mitzumachen.

d) Lerninhalte und Lernstil werden aus der Biographie des Kursleiters heraus begründet, sie zeugen von der Einheit von Person und Sache, erhalten ihren Sinn durch Lebensfülle, Echtheit, Authentizität.

e) Lernen gründet in individuellem Interesse und ist stets rückverwiesen auf die Frage nach der Identität des Einzelnen und nach seinen individuellen Entwicklungs- und Wirkungsmöglichkeiten.

f) Effizientes Lernen findet nicht in einer konventionellen Lehrer-Schüler-Beziehung statt, sondern in einem offenen Austausch zwischen gleichberechtigten Partnern, von denen einer lediglich einen altersbedingten Erfahrungsvorsprung besitzt.

g) Nicht Vermittlungs-, sondern Sinnbildungsprozesse, nicht fertige Lehrstoffe, sondern anregende Materialien zum Entdecken und Entwickeln eigener Lerninhalte stehen im Zentrum selbstbestimmten Lernens.

h) Stete Veränderung, Lernen des Lernens und die Einsicht in Lernen als lebenslangen Prozess sind der eigentliche Inhalt und das eigentliche Ziel aller Pädagogik.

---

[35] Vgl. JOCHEN und MONIKA GRELL, *Unterrichtsrezepte*, München/Wien/Baltimore 1979, S. 106 f. und S. 134-171.

Klingt hier einerseits die alte Idee der Handwerkslehre an, bei der die Lehrlinge auf natürliche Weise in Leben und Arbeit des „Meisters" einbezogen werden und *Lernen als ein 1 : 1-Verhältnis* (K 64) entsteht, so konvergiert CAGES Ablehnung traditioneller (autoritärer) Lehrmethoden andererseits sowohl mit den reformpädagogischen Bestrebungen zu Beginn unseres Jahrhunderts als auch mit der – in der Tradition der Reformpädagogik stehenden – humanistischen Psychologie und Pädagogik CARL ROGERS', wie sie in seinem Buch *Lernen in Freiheit (Freedom to learn*, 1969) dargelegt ist – ein Titel, der CAGES erzieherisches Denken und Handeln präzise trifft.[36] Die Übereinstimmungen sind verblüffend: CAGES Plädoyer für eine experimentelle Musik, bei der geforscht wird, ohne das Resultat zu kennen, entspricht ROGERS' Postulat eines *experimentellen Lernens* und *forschenden Verhaltens,* zu dem der „Lehrer" nur Hilfestellungen leistet; CAGES Ablehnung des Lehrens konvergiert mit ROGERS' Begriff des *facilitators* (d. h. eines „Erleichterers von Lernprozessen", „Lernhelfers"); CAGES authentisches Verhalten hat seine Analogie in ROGERS' *Real-Sein*, und dessen *Erziehung durch lebendigen zwischenmenschlichen Kontakt* (in Anlehnung an MARTIN BUBER) ihre Entsprechung in CAGES musikalischer Inszenierung sozialer Situationen. Die Grundlage allen Lernens aber ist für beide die persönliche Erfahrung.

Rogers charakterisiert zu Beginn seines Buches signifikantes, auf eigener Erfahrung beruhendes Lernen (im Gegensatz zu bedeutungslosem Unsinnlernen) durch folgende Faktoren:

- persönliches Engagement (die ganze Person steht sowohl mit ihren Gefühlen als auch mit ihren kognitiven Aspekten im Lernvorgang),
- Selbst-Initiierung (mit dem Gefühl des Entdeckens, des Hinausgreifens, Ergreifens und Begreifens von innen),
- Durchdringung des ganzen Menschen (es ändert das Verhalten, die Einstellungen, vielleicht sogar die Persönlichkeit des Lernenden),
- Selbst-Bewertung (er weiß, ob es sein Bedürfnis trifft, ob es zu dem führt, was er wissen will, ob es auf den von ihm erlebten dunklen Fleck der Unwissenheit ein Licht wirft. Wir können sagen, dass der geometrische Ort des Bewertens zweifelsfrei im Lernenden selbst liegt – was das Werten in CAGES Sinne im Grunde aufhebt; denn CAGES Anliegen war es, Werten – judgement – in vorurteilsfreies Gewahrwerden – awareness – zu verwandeln),
- Verwiesenheit auf Sinn.

Vor diesem Hintergrund erscheint Lehren als eine vollkommen überschätzte Tätigkeit, die gar nichts bedeutet gegenüber der Fähigkeit, Veränderung zu fördern und Lernen zu erleichtern.[37] Signifikantes, selbstbestimmtes Lernen aber

---

[36] Zum Folgenden vgl. CARL R. ROGERS, *Lernen in Freiheit (Freedom to learn, 1969). Zur inneren Reform von Schule und Universität.* Aus dem Amerikanischen übersetzt von FRANK und CLAIRE HÖFER, Frankfurt/M. 1988, S. 13, 113 ff., 164 ff. Vgl. auch ders., *Entwicklung der Persönlichkeit. Psychotherapie aus der Sicht eines Therapeuten*, Stuttgart [12]1998 (1973), S. 267-306 (Kapitel über signifikantes Lernen). Die Grundzüge von ROGERS' humanistischer Psychologie prägen die verwandte *Erziehungspsychologie. Begegnung von Person zu Person* von REINHARD und ANNE-MARIE TAUSCH (1963), Göttingen [9]1979.

[37] Man bedenke, dass *Freedom to learn* 1969, in der Zeit eines großen mentalen, sozialen und politischen Umbruchs publiziert wurde, dessen Dynamik in den 90er Jahren – nach den stagnierenden 80ern – noch zugenommen hat. CAGES und ROGERS' Überzeugungen scheinen daher heute,

lässt sich nach ROGERS durch bestimmte psychische Dispositionen und organisatorische Verfahrensweisen (Innen- und Außenbedingungen) fördern. Zu den Ersteren zählt, ganz im CAGE'schen Sinne, das *Real-Sein des Facilitators* (Offenheit, Echtheit, Ursprünglichkeit), *grundlegendes Vertrauen, Wertschätzung und Anerkennung des Lernenden* sowie *einfühlendes Zuhören und Verstehen*, ein *sensibles Bewußtsein, wie der Erziehungs- und Lernprozeß für den Lernenden aussieht.*

Real-Sein, Wertschätzung und Empathie sind ebenso Grundeigenschaften CAGES, sie stellen Lehrende und Lernende in die *Unsicherheit des Entdeckens* und ermutigen zu einem Leben mit offenen Flanken und steter Risikobereitschaft. Wenn Rogers sagt: *Lernen wird Leben – und ein sehr lebendiges Leben obendrein*, so lautet CAGES Maxime: Musik wird Leben, und ein sehr lebendiges obendrein.

Die materialen Voraussetzungen dafür sind nach ROGERS (übereinstimmend mit CAGE) die Konfrontation mit möglichst viel „Welt": Zur-Verfügung-Stellen aller möglichen Hilfsquellen und Materialien des Lernens – *akademische Quellen* wie Bücher, Aufsätze, Lexika etc. – musikalische Materialien wie Instrumente, Noten, Tonträger, Tuner etc. – menschliche *Hilfsquellen* wie ältere Schüler, andere Lehrer, Künstler, Komponisten, Instrumentalisten. Für die Ensemblekommunikation spielt auch der Besuch von Konzerten und Tonstudios eine wichtige Rolle, ebenso der Brückenschlag zu anderen Künsten, das Experimentieren und Ausprobieren neuer Modelle und Konzepte, die von Schülern kritisiert und korrigiert, ergänzt und selber entwickelt werden, das Eingehen auf Schüler-Interessen und Einbeziehen der Schüler in die eigenen künstlerischen Unternehmungen.

Am Anfang und am Ende eines solchen existentiellen, experimentellen und emanzipatorischen Unterrichts steht jeweils die brennende Frage: Was hat das, was ich im Musikunterricht mache (und darüber hinaus, denn *es gibt kein übriges Leben, das Leben ist eins*), mit dem Leben (meinem, meiner Schüler) zu tun, wie betrifft es jede(n) Einzelne(n) in seiner Existenz, was bringt es für seine ureigene persönliche Erfahrung? Hinzu kommt die Einsicht, dass alle Menschen Musik machen können, auch wenn sie kein Instrument spielen, dass alle im Prinzip Künstler sind (*Jeder kann es mitmachen*). Und dies bedeutet, dass alle am Ensemblespiel Anteilnehmenden – Eltern, Geschwister, Verwandte, Freunde – in den musikalischen Prozess des gemeinsamen Lebens und Musizierens einbezogen werden können. Denn CAGE stiftet offene, integrative Konzepte gemeinsamer Musikerfahrung – *Versuchsanordnung(en) für Aktionen ..., deren Ergebnis nicht vorherzusehen ist*[38] –, die die Wahrnehmungs-, Erlebnis- und Handlungsfähigkeit aller Menschen steigern. CAGES Konzepte dienen nicht nur der Entfaltung höchster Bewusstheit und Kreativität bei Musikern, sie richten sich vielmehr prinzipiell an ein unbegrenztes Ensemble: die Gattung Mensch auf dem Weg zu einem bewussteren, lebendigeren Leben.

---

da der Ruf nach steter Weiterbildung und fortdauerndem Lernen um so dringlicher wird, aktueller denn je.

[38] HEINZ-KLAUS METZGER, *Musik wozu. Literatur zu Noten*, hg. von RAINER RIEHN, Frankfurt/M. 1980, S. 305.

7) Leben

CAGEs musikalischen *Versuchsanordnungen*, die im Prinzip alle zum Mitmachen einladen und Möglichkeiten hörender, handelnder Selbsterfahrung für jedermann bereitstellen, wohnt eine universale Pädagogik inne, die über alle institutionalisierten Formen der Erziehung weit hinausreicht. Seine ästhetischen Modelle implizieren, mehr noch: sie *sind* eine „Erziehung zum Leben" durch Musik in einem erweiterten Sinne des Wortes. Sie formen eine „Musik des Lebens" aus mit dem Ziel eines Lebens in Musik – d. h. eines Lebens, das in der gleichen höchsten Bewusstheit, gesteigerten Erlebnisfähigkeit und gelassenen Intensität gelebt wird, in der man Musik macht und hört. Dies ist der Sinn der Rede von Kunst als einer *Art Labor, in dem man das Leben ausprobiert* (S 54), und dies meint auch die missverständliche Rede von der *Gleichsetzung* und *Vermischung* von Kunst und Leben (V 142, K 37, 221) resp. von der *Rückführung der Kunst in die Lebenspraxis* – eine avantgardistische Stoßrichtung, die indes nicht zum Verschwinden der Kunst oder ihrer Aufhebung in Lebenspraxis führen kann und soll.[39] Denn Kunst und Musik sind zwar ein Teil des Lebens, gehen aber nicht darin auf, sondern wirken lediglich auf andere Lebensbereiche in dem gleichen Maße zurück, in dem sie Aspekte des Alltagslebens in sich einlassen.

Dieses zentrale Wechselverhältnis von Kunst und Leben betrifft als philosophisches und historisches Thema jedes experimentelle Ensemblespiel und sollte stets entsprechend mitreflektiert werden. Die folgenden Zitate und Überlegungen mögen dabei als Orientierungshilfe dienen.

Dass CAGE mit Teilen seines Werkes nie eine Aufhebung der Kunst und ihre totale Verschmelzung mit dem Leben beabsichtigte, belegen die folgenden Äußerungen.

Wenn sie [die Kunst] nützlich ist, sollte sie vor lauter Schönheit überfließen und auf die anderen Aspekte des Lebens übergreifen, so daß sie, auch wenn wir ohne Kunst sind, … unsere Handlungen oder Reaktionen … beeinflußt. (R 160 f.)

Die Kunst hat immer die Funktion gehabt, die Leute für das Leben in ihrem Umkreis wach zu machen. (R 269)

Dieses Erproben der Kunst am Leben … ich begann, sie zu Dingen, die ich in meinem Leben beobachtet hatte, in Beziehung zu setzen. (K 49 f.)

Kunst sollte ins Leben einführen. (V 52) – *Kunst ist eine Lebensform.* (K 122)

Ganz deutlich tritt in diesen Äußerungen zutage, dass CAGE lediglich Teilberührungen, partielle, partikulare Grenzverwischungen von Kunst und Leben inszeniert, deren situative Erfahrungen allgemeine, auf andere Lebensbereiche übergreifende Bewusstseinsänderungen bewirken. Musikalische Modelle wie *Musicircus*, *Radio Music* oder das *stille Stück* sind über ihren ästhetischen Eigenwert hinaus Mittel und Erfahrungsmöglichkeiten zu einem wacheren, bewussteren Leben jedes Einzelnen. Es ist vollkommen klar, dass Musikmachen und

---

[39] Vgl. PETER BÜRGER, *Theorie der Avantgarde*, Frankfurt/M. 1974, S. 80 et passim.

-hören sich grundsätzlich unterscheiden von Schlafen, Essen, In-die-Schule-oder Ins-Kino-Gehen, dass aber zugleich die vielfältigen Aspekte des Lebens durch CAGEs Musikpraxis beeinflusst werden. Kunst und Leben bewahren ihre Eigenständigkeit und werden durch CAGE gleichwohl miteinander vermittelt, ganz im Sinne des Zen-Prinzips von *Ungehindertheit und wechselseitiger Durchdringung* beider Sphären, die getrennt bleiben und ineinander fließen, ihre eigene Qualität bewahren und sich zugleich wechselseitig bedingen. *4'33''* beispielsweise ermöglicht eine höhere Wahrnehmung von Welt und einen „Blitz des Bewusstseins", der sich auch auf andere Bereiche auswirkt, und bleibt doch das „stille Stück" in einem umgrenzten räumlichen und zeitlichen Rahmen. CAGEs Modelle thematisieren Aspekte individuellen Erlebens und sozialen Verhaltens in begrenzten und doch über ihre Grenzen hinausweisenden Geltungsbereichen und schulen dadurch um so mehr fürs Leben. Welche Aspekte des Lebens dabei anklingen und was „Leben" in diesem Zusammenhang bedeutet, mag in einigen weiteren Äußerungen zum Vorschein treten, die auch und besonders fürs Musikmachen und -unterrichten von höchster existentieller Bedeutung sind.

Wenn man nicht lernt, die gewöhnlichen Aspekte seines Lebens als etwas Besonderes zu sehen, dann wird man ein sehr unglücklicher Mensch.[40]

(Es) gibt keinen Augenblick im Leben, der nicht ,ideal' wäre und im Stande der größtmöglichen Verwirklichung. (K 123)

Es ist nicht irritierend, zu sein, wo man ist. Es ist nur irritierend, zu denken, man wäre gern irgendwo anders. (S 26)

Das Leben ist zu kurz, um es mit dem Wunsch zu vertun, daß es anders verliefe.[41]

... Augen und Ohren öffnen und das Leben jeden Tag als so vollkommen zu sehen, wie es ist. (R 151)

Ich habe das Gefühl, daß Optimismus ein natürlicher Zustand des menschlichen Verhaltens ist. Und daß es nur die Müdigkeit ist, die einen ... pessimistisch macht, auch wenn die Situation sehr schwierig ist. (R 26)

... ich mag meine Arbeit. Nichts verschafft mir bessere Unterhaltung. Deshalb mache ich sie. Also brauche ich keine Unterhaltung. Und meine Arbeit ist nicht wirklich ermüdend, also brauche ich keine Erholung. (R 23)

... er [der ichbezogene Komponist und Musiker] nimmt sich ernst (und) wünscht als groß betrachtet zu werden und er vermindert dadurch seine Liebe und vergrößert seine Angst und Sorge darüber, was die Leute denken werden. (S 40)

Es geht nicht darum, nicht zu wollen, sondern im Hinblick seines eigenen Willens frei zu sein. (V 100)

---

[40] ROBERT RAUSCHENBERG, zit. im Spiegel 14/1997, S. 196.
[41] Ebd., S. 196.

Man kann eine Emotion fühlen; nur denke man nicht, sie sei so wichtig … Nimm sie so, daß Du sie fallen lassen kannst. (V 57)

Die Welt, das Reale, ist kein Objekt. Sie ist ein Prozeß … Flexibilität, Veränderlichkeit, Fließen. (V 89, K 32)

Nichts weniger als affirmativ, d. h. die negativen Seiten der Wirklichkeit passiv hinnehmend und ihre Widersprüche verschleiernd, ist die hier zum Ausdruck kommende Haltung in Wahrheit von einer fundamentalen Kritik der konkurrenzbetonten Leistungsgesellschaft und ihres Erziehungssystems und von einem kritisch-ethischen Impuls getragen, der die Veränderung von Welt und Erziehung einschließt. CAGES Modelle sind jedoch nicht allein Gegenmodelle zum Kontroll- und Konkurrenzprinzip und Reservate der Sanftmut, in denen *die Idee der Freiheit … als Theaterstück vorgespielt* wird[42], sondern fordern und fördern bei aller Durchlässigkeit und allem Loslassen ebenso äußerste Intensität, Präzision und Disziplin und bereichern das Verhaltensrepertoire jedes Einzelnen um ganz wichtige, in Kunst und Kultur ansonsten wenig geübte Aspekte. Sie befreien reproduktionsgewohnte, „texttreue" Interpreten klassischer Musik in produktive Erfinder neuer Klangwelten, sie öffnen die Persönlichkeit und fördern rollennonkonformes kreatives Verhalten, das bestehende Wirklichkeit nicht hinnimmt, sondern schöpferisch verwandelt und mit neuem Sinn erfüllt.

Dies alles aber sind gewichtige Aspekte des Lebens, auf das sich CAGES Musik auswirkt – wobei mit „Leben" nicht die Summe aller ökonomisch-sozialen Prozesse, nicht das Total aller menschlichen Handlungsweisen, erst recht nicht das bloß vegetativ-unbewusste oder instinktiv-vitale Triebdasein gemeint ist, sondern eine Form des Bewusstseins und Weise des Denkens, Handelns und Erlebens in der „Nahwelt" des sinnlich-geistig gegenwärtigen Lebenszirkels („Umkreis"), in dem der Einzelne zusammen mit anderen lebt. Diese Weise des Denkens und Handelns zeichnet sich durch höchste Bewusstheit und geistige Gegenwärtigkeit im Augenblick aus. Daraus entspringen alle weiteren „Lebensregeln", die oben anklingen: vorbehaltlose Hingabe an die gewöhnlichen Verrichtungen des Alltags, Akzeptieren der eigenen Existenz und grundsätzlicher Optimismus, Freude an der eigenen Arbeit und Abschied vom sich allzu wichtig nehmenden Ego, von falschem Ehrgeiz und sozialem Statusdenken, Freiheit vom dominanten Willen zugunsten einer Einheit von Wollen und Nicht-Wollen, intelligenter, kontrollierter Umgang mit Gefühlen und die Bereitschaft zur Veränderung und zu fortdauerndem Lernen in einer rasant sich wandelnden Welt.

All diese Prinzipien aber sind musikalische und lebensweltliche Prinzipien zugleich, im Musikmachen treten sie in fokussierter Form auf, ja Musizieren ist ein Modellfall und Fokus des Lebens. In sich zweckmäßig ohne Zweck und absichtslos in seiner kreativen Absicht, schult experimentelles Ensemblespiel zugleich Körpergefühl, emotionale Intelligenz und Expressivität, mentale Be-

---

[42] HEINZ-KLAUS METZGER, John Cage oder „Die freigelassene Musik", in: *Musik-Konzepte Sonderband John Cage I*, hg. von HEINZ-KLAUS METZGER und RAINER RIEHN, München 1978, S. 11. Vgl. auch THEODOR W. ADORNO, Kammermusik, in: *Einleitung in die Musiksoziologie*. Gesammelte Schriften 14, S. 272 f.

weglichkeit und interpersonale Fähigkeiten auf ebenso entspannte wie zentrierte Weise und vermittelt Grunderfahrungen von Leben und Musik in einem.

Dies aber, das Verhältnis von Kunst und Leben auf neue Weise erhellt, das Leben in die Musik und eine einzigartige Musik ins Leben gerufen zu haben, ist die epochale Leistung CAGEs als einem der größten, vielseitigsten Komponisten des 20. Jahrhunderts. Sein Werk im Konzertleben zu erhalten, sein Wirken für die Ensemblepraxis und -pädagogik fruchtbar zu machen und seine universale Wahrnehmungsschulung möglichst vielen Menschen zu vermitteln – nicht als Ersatz, sondern als Ergänzung des klassisch-romantischen Kammermusikrepertoires, in dem es ebenso viel Faszinierendes, Kreatives, Neues zu entdecken gibt – ist die Aufgabe aller Ensemblemusiker, die auf ihre je persönliche Weise die skizzierten Modelle neu erproben und weiterentwickeln. So bringt uns CAGE mit seiner Einheit von Musik- und Lebenlernen vielleicht einen kleinen Schritt näher zum Ziel aller musikpädagogischen Bemühungen: dass Menschen friedlich, freundlich und in größtmöglicher musikalisch-schöpferischer Freiheit *miteinander leben*.

Hinweis:

Der Abdruck der Notenbeispiele *Living Room Music (Story, Melody, End)*, *Four⁶*, *Radio Music Part E* und *Cheap Imitation* erfolgte mit freundlicher Genehmigung von C. F. Peters, Frankfurt/M., Leipzig, London, New York

Die Arbeit mit dem Schulorchester

GEORG BRUNNER

1. Einleitung

Das Schulorchester im traditionellen Sinne, d. h. eine Besetzung in Anlehnung an das Sinfonieorchester, hat sicherlich in den letzten Jahren an Bedeutung verloren. Wenngleich BRUGGAIER (S. 17 f.) 1992 noch davon spricht, dass die Tendenz bei den Schulorchestern in Richtung abendfüllender Konzertprogramme mit „klassischem" Repertoire ginge (vgl. auch dort die Literaturliste, S. 208-378), so kann man doch feststellen – allein wenn man durch das Internet unter dem Stichwort „Schulorchester" surft –, dass der Trend zu sehr variablen Besetzungen (bereits PFORTNER 1981, S. 9), je nach instrumentalen Möglichkeiten der SchülerInnen, und zu einer Repertoireerweiterung weit über obige Literatur hinaus geht, wie folgende Grafik zeigt:

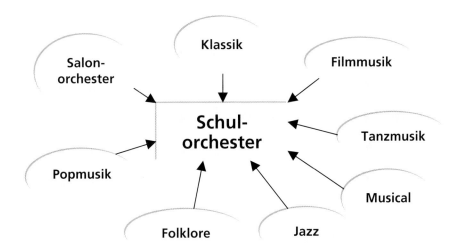

So sollen mit diesem Artikel zwei wichtige Zielrichtungen verfolgt werden:
- Ausgangspunkt bildet das traditionelle Schulorchester mit einer Besetzung von Streichern und Bläsern. Es wird aber auch der Situation Rechnung getragen, dass diese Form des herkömmlichen Schulorchesters mitunter aufgebrochen ist, d. h. es fehlen beispielsweise bestimmte Instrumente, andere (z. B. Flöten) sind hingegen zahlreich vorhanden, oder es entstehen vielerorts Projekte zusammen mit vokalen Besetzungen.
- Resultierend aus obiger Grafik werden Beispiele der Repertoireerweiterung aufgezeigt.

2. Organisation

Der Aufbau eines Schulorchesters wirft gewisse organisatorische Probleme auf, die hier kurz erörtert werden.

Der Bildung der Schulorchester-Gruppe kommt eine besondere Rolle zu (BRUGGAIER, S. 20 ff.; RAITHEL, S. 302; PFORTNER 1981, S. 9 ff.). In Zusammenarbeit mit den anderen Musik- sowie den Instrumentallehrern der Schule verschafft man sich zunächst einen Überblick über das musikalische Können der Schüler. Dies kann etwa in Form von klasseninternen Vorspielen erfolgen: Schüler musizieren für Schüler in Form eines Klassenkonzertes. Besonders reizvoll ist es, dieses wie ein richtiges Konzert aufzuziehen und entsprechende Aufgaben – vor allem an SchülerInnen, die nicht vorspielen – zu verteilen: Plakat, Programmheft, Kritik, Foto etc. Ein Klassenkonzert wird man vor allem in den unteren Jahrgangsstufen durchführen. Durch die Anlage einer Kartei, die jeweils zu Beginn des Schuljahres aktualisiert wird, kann man sich so einen Überblick über (potentielle) Orchestermitglieder verschaffen. Aus dem Klassenvorspiel heraus bietet es sich an, einen öffentlichen Vorspielabend zu veranstalten; man schafft damit den SchülerInnen eine Plattform, Publikumserfahrung bei Auftritten zu sammeln. Hierbei kommt dem Kontakt zu den örtlichen außerschulischen Musiklehrern und Musikschule(n) eine besondere Bedeutung zu. Ihnen muss vermittelt werden, dass diese Schulkonzerte keine Konkurrenz, sondern eine wertvolle Ergänzung zu der von ihnen geleisteten musikpädagogischen Arbeit darstellen.

Im Anschluss an dieses Kammerkonzert können SchülerInnen gezielt angesprochen werden, ob sie nicht Lust hätten, im Orchester (am besten für ein attraktives Projekt) mitzuwirken. Parallel hierzu kann im Rahmen der Instrumentenkunde des Klassenunterrichts ein erster lockerer und ungezwungener Kontakt mit verschiedenen orchesterrelevanten Instrumenten geschaffen werden. Dadurch entsteht in entspannter Atmosphäre ein Erprobungsfeld für SchülerInnen, die noch kein Instrument spielen oder ein neues erlernen wollen. Dem pädagogischen Geschick des Fachlehrers obliegt es, weitere Schritte in Richtung Instrumentalausbildung zu initiieren und so entsprechende Nachwuchsarbeit zu leisten. Sicherlich wird man die SchülerInnen nicht drängen, sondern nur vorsichtige Empfehlungen aussprechen. Hier wird man besonders der Kontakt zu den Eltern suchen.

Je nach personellen und finanziellen Gegebenheiten wird man an der Schule selbst Instrumentalunterricht in verschiedenen orchesterfähigen Instrumenten anbieten. Um den SchülerInnen und Eltern die Entscheidung hierfür zu erleichtern, hat es sich bewährt, einen gewissen Fundus an Instrumenten seitens der Schule anzuschaffen und diesen leihweise für eine gewisse Zeit zur Verfügung zu stellen.

Um das allgemeine Interesse der SchülerInnen am Orchester per se zu wecken, wirken sich in der Praxis Besuche von Konzerten besonders positiv aus. Viele Orchester präsentieren eigene Jugendkonzerte (z. B. Münchner Philharmoniker), die in der Regel bei den Jugendlichen auf großes Interesse stoßen (auch Gesprächskonzerte oder Besichtigungen von Opernhäusern), bieten sie doch neben einer fachlichen Komponente, dem musikalischen Live-Erlebnis, auch einen nicht zu unterschätzenden sozialen Aspekt, nämlich die Möglichkeit, aus dem gewohnten Schulalltag etwas auszubrechen (vgl. EBERWEIN, S. 34 f.).

Hat man SchülerInnen für die Orchesterarbeit gewinnen können, so ist es unabdingbar, ein formelles Anmeldeverfahren zu entwickeln (mit Hinweis auf regelmäßige Teilnahme, Verpflichtung für ein Schuljahr, Probenbeurlaubung nur nach Rücksprache mit dem Orchesterleiter bzw. Schulleiter etc.), um eine Fluktuation im Bereich dieses Wahlkurses einzudämmen (vgl. auch PFORTNER 1981, S. 20 f.). Ebenso wird sich eine positive Zeugnisbemerkung auf die Motivation der Orchestermitglieder auswirken, eröffnet sich hier doch erstmals die Möglichkeit, seine musikalischen Fähigkeiten – oft durch teuren Privatunterricht erworben – in schulische Leistungen einzubringen.

Die bereits erwähnte Zusammenarbeit mit den Musikschulen spielt eine zentrale Rolle: eine Schule kann in der Regel nicht in allen Instrumenten ausbilden; je nach Situation wird man im Rahmen eines Wahlunterrichts nur bestimmte Instrumente anbieten können; bei den restlichen Instrumenten ist man auf außerschulische Lehrkräfte angewiesen, von deren Arbeit man erheblich profitiert. Dies kann durchaus ein „diplomatischer" Balanceakt werden. Mit viel pädagogischem Feingefühl wird man versuchen, ein gutes Klima zwischen schulischer und außerschulischer Musikausbildung zu schaffen. Nach einem informellen Vorgespräch kann es dann durchaus zu gemeinsamen „Joint-Ventures auf offizieller Ebene" kommen.

Um die Arbeit des Schulorchesters zu etablieren, ist eine gezielte Öffentlichkeitsarbeit erforderlich. Eine Möglichkeit, auf die Belange der Fachschaft Musik aufmerksam zu machen, ist die Einladung zu einem Informationsabend für die Eltern, bei dem man über die musikalischen Aktivitäten der Schule wie Konzerte, Ensembles (Chöre, Orchester), Instrumente spricht und diese beispielsweise klingend vorstellt (vgl. PFORTNER 1981, S. 17 ff.). Insgesamt ist auf das Wecken des Interesses der Gesamtschulgemeinschaft hinzuwirken etwa durch SMV-Durchsagen, Handzettelwerbung, Anerkennung des Orchesterengagements durch die Schulgemeinschaft (Schulleitung, Eltern, Kollegen) oder finanzielle Zuwendungen beispielsweise für den Aufbau einer entsprechenden Instrumentensammlung (evtl. Verleih von orchesterfähigen Instrumenten, insbesondere Viola, Violoncello, Kontrabass). Auch sollte man nicht davor zurückschrecken, private Sponsoren für die Belange der Musik zu gewinnen. Vielerorts wird man die schuleigene Homepage – vielleicht sogar mit Hörbeispielen im MP3-Format – als Plattform für eine Präsentation verwenden können.

Die stundenplanmäßige Verankerung, d. h. die Probenzeit, spielt eine zentrale Rolle. Man wird darauf drängen, einen regelmäßigen Termin zu finden, an dem möglichst alle Klassen frei haben, da es sich beim Orchester um ein jahrgangsübergreifendes Wahlfach handelt. Probleme ergeben sich häufig in der Kursphase der Oberstufe insbesondere durch (bevorstehende) Prüfungstermine (vgl. URBAN, S. 205). Eine Probenzeit von eineinhalb Stunden ist erstrebenswert.

Für einen möglichst reibungslosen und erfolgreichen Ablauf auf organisatorischer Ebene kann die Akzeptanz der Institution Schulorchester durch Direktorat und Kollegium nicht hoch genug in ihrem Stellenwert hervorgehoben werden. Während es in der Regel mit dem Direktorat wenig Komplikationen geben wird, fungiert man doch als Aushängeschild der Schule, kann es in Bezug auf die Kollegen durchaus zu kleinen Unstimmigkeiten kommen. Insbesondere in den „heißen" Phasen vor den Auftritten wird man evtl. Zusatzproben während der Unterrichtszeit ansetzen müssen. Dies bedeutet, dass Schüler aus dem Unterricht abgezogen werden. Darum gilt es, derartige Proben sorgfältig zu planen und den Kollegen rechtzeitig anzukündigen (Zeitpunkt, welche Schüler welcher Klassen sind betroffen? Berücksichtigung von Klassenarbeiten usw.). Es ist wichtig, in den entsprechenden Gremien (z. B. Lehrerkonferenz, Personalversammlung) für eine breite Unterstützung und einen Konsens innerhalb des Kollegiums zu werben (vgl. GRUHN).

Da das Leistungsniveau der SchülerInnen oft sehr differiert, kann man je nach personeller Ausstattung – sowohl seitens der Lehrer als auch der Anzahl der SchülerInnen – Gruppen mit verschiedenen Leistungsstufen einrichten. Die Anfänger können so in ein eigenes kleines Orchester (Vororchester) zusammengefasst und gezielt in die Orchesterarbeit eingeführt werden. Bei Konzerten werden erste Podiumserfahrungen gesammelt, so dass dann ein Aufstieg in das große Orchester möglich ist. Damit wird der Nachwuchs rechtzeitig herangebildet, kommt es doch jährlich durch das Ausscheiden der Schulabgänger zu einem oftmals erheblichen Aderlass mit Qualitätseinbußen.

Durch die Pflege von Kammermusik (auch etwa im Rahmen der Kursphase der Oberstufe) wird die Qualität eines Schulorchesters erheblich gesteigert. Dazu werden gute SchülerInnen aus dem Orchester zu eigenen Ensembles herausgezogen. Nebenbei sollen diese außerdem befähigt werden, im Sinne eines partnerschaftlichen Umgangs später als Tutoren Teilaufgaben bei der Einstudierung und Leitung des Schulorchesters zu übernehmen (z. B. Grundkurs Orchester; s. u.).

Schließlich kann der Zusammenhalt innerhalb der Orchestergruppe durch verschiedene flankierende Maßnahmen unterstützt werden, wie etwa Aufkleber oder T-Shirts, die eine Identifikation erlauben, Förderung des Gemeinschaftsgefühls und der sozialen Kontakte durch Fahrten (s. u.) oder die Bildung eines Orchesterrats, der in die Planung der Projekte eingebunden ist.

3. Probenarbeit

Grundsätzlich stellt sich die Frage, mit welchem Anspruch man an die Arbeit mit dem Schulorchester herangeht. Es kann nicht darum gehen, professionelle Arbeitsformen einfach zu übernehmen, sondern wesentlich mehr im Mittelpunkt werden die Vermittlung von Freude an der Sache, der Weg der Einstudierung (Prozessorientierung vor Produktorientierung), soziale und personenbezogene Aspekte oder die Reflexion über das Gespielte stehen (URBAN, S. 214). Um aber gute musikalische Ergebnisse zu erzielen, sind einige Dinge – die auch für Profis gelten – zu beachten. Im Folgenden werden Hinweise gegeben, die aus einer langjährigen Arbeit mit dem Schulorchester erwachsen sind. Jeder Orchesterleiter wird diese auf seine Situation vor Ort anpassen und mit eigenem Leben und eigenen Ideen bereichern müssen. Die Vorschläge sind auch nicht als sklavisch abzuarbeitende Checkliste zu verstehen. Je nach Gegebenheit wird man aus dem vorgeschlagenen Repertoire an Möglichkeiten selektieren und diese adaptieren.

3.1 Notenmaterial

Steht das Programm (s. u.), erhält vor der ersten Probe jedes Orchestermitglied seine Noten. Auf Listen wird vermerkt, wem welche Stimme ausgehändigt wurde. Bewährt hat es sich, statt Originalstimmen Kopien auszugeben (bei Leihmaterialien muss vorab mit der Partitur verglichen werden, da auch große Verlage oft schlechtes Material besitzen). Man weist darauf hin, dass alle SchülerInnen immer die Noten mitbringen müssen. Für evtl. Gruppenproben werden mehrere Partituren beschafft. Um von Anfang an einen möglichst reibungslosen Probenablauf zu gewährleisten, werden die Stimmen vor der Ausgabe eingerichtet (LENZEWSKI, S. 4 ff., 8 f.; BRUGGAIER, S. 44 ff.; MÖLLER-REHM, S. 69). Vorab überprüft man die einzelnen Orchesterstimmen auf ihre Spielbarkeit und nimmt evtl. Erleichterungen (s. u.) vor. Dies ist insbesondere bei den Streichern sehr wichtig (PFORTNER 1999, S. 84 f.).

Folgende **Angaben** sollten **in den Noten** enthalten sein:
- Taktzahlen (nicht nur Buchstaben; Notenmaterial ohne Taktzahlen bzw. nur mit Direktionsstimmen sollte grundsätzlich nicht verwendet werden)
- dynamische Angaben
- Phrasierungen und Artikulationen
- Atemzeichen bei den Bläsern
- Bläserstimmen (transponierende Instrumente: Klarinetten, Trompeten, Hörner) evtl. umschreiben

Bei den **Streichern** dürfen weiterhin nicht fehlen:
- Ab- und Aufstrich (Abstrich meist auf der „1" im Takt; evtl. auch Noten zusammenhängen)
- Stricharten (spiccato, détaché, martelé etc.)
- Angabe der Bogenstelle: Spitze, Mitte, Frosch; Bindungen
- Punktierungen: zusammengehängt oder hin und her?
- bei langen Legato-Stellen Bogen evtl. teilen (unregelmäßig wechseln, vergleichbar dem chorischen Atmen)
- Schlusston: Bogenwechsel
- mehrere Abstriche bei Akkorden, außerdem: teilen oder arpeggieren?
- Fingersätze (besonders bei höheren Lagen)
- evtl. hohe Stellen der ersten Geige eine Oktave tiefer spielen lassen
- benötigt man statt Viola eine 3. Violine?

Um während der Proben weitere Einzeichnungen vornehmen zu können, sollte auf jedem Pult stets ein Bleistift vorhanden sein. Am besten verfügt der Lehrer über ein gewisses Ersatzreservoir an Bleistiften. Ebenso ist es hilfreich, über einen gewissen Fundus an Dämpfern für die Streicher, Kolophonium, Cellobrettern und Ersatzsaiten zu verfügen.

3.2 Methoden

Der Person des Leiters kommt eine entscheidende Aufgabe zu. Die Arbeit mit dem Schulorchester erfordert neben organisatorischem Geschick und Engagement ein hohes Maß an pädagogisch-psychologischem Einfühlungsvermögen (RÜDIGER, S. 59).

In der Regel kommen die Schüler freiwillig in das Schulorchester, zählt es doch zum Wahlfachangebot einer Schule. Dieser Situation wird man entsprechend Rechnung tragen und keinen Zwang auf die Schüler ausüben, sondern vielmehr versuchen, Freude am gemeinsamen Spiel sowie Eigenverantwortung für den Geist des Ganzen zu wecken. Andererseits wird man es vermeiden, den Schülern „nachzulaufen". Dies wird sicherlich immer wieder eine Herausforderung sein, und es hängt sehr stark von der Persönlichkeit des Leiters ab, inwieweit es ihm gelingt, als Integrationsfigur zu wirken. Begeisterungsfähigkeit, kritische Bobachtungsgabe, Intuition, Ausstrahlungskraft, menschliche Souveränität sind weitere wichtige Voraussetzungen des Orchesterleiters.

Von besonderer Wichtigkeit ist die musikalisch-fachliche Autorität bzw. Kompetenz des Leiters. Entsprechende Sachkompetenz in Literaturkunde, Gehörbildung, Intonation, Formenlehre, Aufführungspraxis, Dirigieren (Schlagtechnik!), Instrumentieren und Arrangieren sind unabdingbare Voraussetzungen. Bei fehlenden Grundkenntnissen sollte man sich nicht scheuen, entsprechende Fortbildungen zu besuchen.

Musikalisch überzeugend arbeiten kann man nur, wenn man musikalisch in den Stilbereichen der zu musizierenden Stücke „zu Hause" ist. Nie sollte man in dem Bemühen ermüden, kreativ und innovativ zu sein und immer wieder nach neuen Wegen der musikalischen Vermittlung zu suchen.

Deshalb kommt der **Vorbereitung des Leiters** eine nicht zu unterschätzende Bedeutung zu:

- Auswahl der angemessenen Literatur (nach Leistungsstand des Ensembles), evtl. in Zusammenarbeit mit dem Orchesterrat
- Analyse des Stückes und eigene Beherrschung (mögliche Problemstellen herausfinden)
- Wissen über Komponist, Stil und Epoche
- Wissen über Probleme der Instrumente (vor allem „Lesen" von transponierenden Instrumenten wie Klarinetten, Trompeten, aber auch Bratschen- und Tenorschlüssel; ausführlich bei PFORTNER 1999, S. 8-72)
- Erarbeitung einer Interpretation (Phrasierung, Spannungsverlauf, Dynamik, Artikulation, Tempo, Agogik, Profilierung der rhythmischen Struktur)
- Umsetzung der Interpretation in Bewegung (Dirigierpartitur s. u., schlagtechnische Probleme, Vorzählen, ritardando, Fermaten etc.)
- **Einrichtung der Partitur**:
  - grundsätzlich alle Überlegungen, die mit der Interpretation zu tun haben (Phrasenbildung, Spannungsverlauf, Zielpunkte, dynamische Modifikationen etc.: hierbei kann man sich ein eigenes Zeichensystem zurechtlegen)
  - Bleistiftstrich über den Streichern, zwischen Holz- und Blechbläsern etc.
  - Trennstriche zwischen den Akkoladen auf einer Partiturseite

- ◦ Taktzahlen bei Schlüsselstellen notieren (z. B. 7 vor A usw.)
- ◦ Perioden zusammenfassen: z. B. 2 x 8 + 3, dann Strich!
- ◦ Zeichen für schlagtechnische Besonderheiten wie Stauschlag ⊥, Auslösepunkte ↓, Richtung für stumpfen Auftakt (links steht, rechts im Puls ohne Auslösung)
- ◦ Schlagpuls eintragen: in 2, in 4, auf Viertel geben, in Achtel unterteilen etc.
- ◦ Fermaten und Rezitative: Impulse eintragen etc.
- ◦ nach langen Pausen von einem Instrument: Auftakt eintragen
- ◦ Ritardando: ~ ~ Dirigierfigur wird z. B. bei 4/4-Takt bei 2 + 3 sehr breit
- ◦ Accelerando: ~ → Dirigierfigur wird z. B. bei 4/4-Takt bei 2 + 3 sehr kurz
- **Überlegungen zu den einzelnen Schritten der Einstudierung** (Probenplan für die jeweilige Probe erstellen).
  Gerade letztgenannter Punkt bedarf einiger Erläuterungen:
  - ◦ eingerichtete Noten (s. o.) vorher verteilen und Stücke von Schülern im Instrumentalunterricht durcharbeiten lassen (Absprache mit den Instrumental-Lehrern)
  - ◦ Einstimmen: bestimmte Reihenfolge festlegen: Streicher: nur a' stimmen lassen; Bass zuerst, dann bis zur 1. Violine → Durchstimmen → dann Holzbläser, Blechbläser (evtl. auf b' einstimmen) – die Blasinstrumente sollten bereits warmgespielt sein – bei Besetzung mit Bläsern: sich nach „tiefstem" Blasinstrument richten – ansonsten: Cembalo, Klavier, Orgel; Stimmgabel oder Stimmgerät verwenden (bei Streichern selbst für die Schüler einstimmen; auch das Einstimmen der Bläser kritisch überwachen; Akkorde ausstimmen lassen; vgl. PFORTNER 1999, S. 82 f.) – auch während der Probe immer wieder nachstimmen lassen; leise stimmen (auf Disziplin achten!)
  - ◦ Problem bei Blasinstrumenten: hoher Tonbereich zu hoch, tiefer zu tief
  - ◦ bei einfachen Stücken einen gemeinsamen Durchgang versuchen, um sich einen Überblick zu verschaffen (ansonsten gleich Stimmproben) – evtl. eine Aufnahme anhören (vgl. MÖLLER-REHM, S. 70 f.)
  - ◦ daraufhin Probenplan (Aushang und Handzettel für die Orchestermitglieder) entsprechend abstimmen bzw. modifizieren (wichtig auch für Konzerttag!)
  - ◦ schwierige Stellen ausmachen: Hinweise geben, wie man damit zurechtkommt
  - ◦ Stimmproben sind besonders wichtig: auf verschiedene Räume verteilen und leistungsfähige Schüler zur Leitung bestimmen; Lehrer geht von Gruppe zu Gruppe – Bläser paarweise proben lassen bzw., wenn Bläser mit Streicher colla parte spielen, entsprechende Stimmen zusammenfassen; komplizierte Stellen zunächst vereinfachen und kleine Übungen (Loops) durchführen
  - ◦ Rhythmus auf Silben sprechen; auch: Melodie spielen lassen, die anderen „begleiten" mit Silben
  - ◦ bei Streichern: auf gleiche Bogenstelle und gleiche Bogenlänge achten (auf Konzertmeister schauen), Stück gedanklich durchspielen: Bogen in

der Luft über den Saiten „spielen" – rhythmisch komplizierte Stellen bzw. Stricharten von allen Streichern auf einer (gemeinsamen) leeren Saite (z. B. a) üben lassen

○ dann sinnvolle Gruppen zusammenfassen (z. B. 1. und 2. Violinen, Viola und Violoncello/Bass; Holz- und Blechbläsersatz: Intonationsproben; Akkorde vom Grundton her aufbauen; bei Streichern: von leeren Saiten ausgehen; intonationsgefährdete Töne mit Pfeilen für höher bzw. tiefer versehen ↑↓)

○ grundsätzlich: stets auf Intonation achten; evtl. Einspielübungen mit gesamtem Orchester durchführen (Tonleitern, Akkorde: einzeln, in Kadenzen, Bewegung mit intonierten Akkorden; vgl. PFORTNER 1999, S. 88 f.); Akkorde/Intervalle genau ausstimmen; Bewusstsein für Sauberkeit fördern; Akkorde voraushören (zwischen den Akkorden kurze Pausen machen, dann erst spielen); auch hier kann man Loops bilden und bei jeder Wiederholung ein Instrument mehr hinzunehmen

○ Gesamtproben: möglichst bald ansetzen, zumindest spielbare Ausschnitte

○ auch in Gesamtproben immer wieder bestimmte Zeit für genaue Intonationsproben veranschlagen (verschiedene Stimmkombinationen probieren; aber: *nicht übertreiben!*); dies ist ein Prozess, der erst über längere Zeit zum Erfolg führt

○ weitere Möglichkeit: im weiteren Verlauf der Proben immer zunächst alle kommen lassen und letzte halbe Stunde mit wechselnden Gruppierungen (je nach Bedarf) weiter proben

○ Takt laut mitzählen bzw. mit Taktstock klopfen und Tempo so wählen, dass alle leicht mitkommen

○ komplizierte Rhythmen auf Silben sprechen; auch alle Stimmen kombiniert

○ Beispiel: Sechzehntel (Presto) → da-ga-da-ga (nur Zunge und Schneidezähne, ohne Unterkiefer)

○ Sechzehntel-Triolen (Allegro con fuoco) → ba-dl-da (drei Silben mit einer Lippenverschlussbewegung)

○ bessere und schlechtere Spieler nebeneinander setzen (Tutorenprinzip)

Grundsätzliche Hinweise zur Probenarbeit und Orchesterleitung:

• auf Probendisziplin achten, aber humorvoll, nicht zynisch; Lob nicht vergessen

• Pünktlichkeit: alle müssen den Probenplan lesen (kopieren!)

• auch Gespräche über Stück führen

• neue Stücke nicht immer von vorne beginnen

• guten Einstieg schaffen (entsprechende Stelle auswählen)

• nicht zu lange an schwierigen Stellen proben – lieber längere Abschnitte spielen, nochmals wiederholen; so manche schwierige Stelle geht dann von selbst: also nicht ständig abbrechen (nicht im f/ff-Bereich abbrechen, sondern in einer mf- oder p-Stelle)

• bei Tutti-Proben nicht zu lange mit einer einzelnen Instrumentengruppe proben (besser: Stellen merken und in einer Stimmprobe nochmals aufgreifen)

- nicht zu lange erklären: präzise Spielanweisungen geben (Streicher: mehr Bogendruck und ganzen Bogen; Bogen verkanten, zum Griffbrett; Bläser: mit Backenluft und weichem d anblasen, etc.)
- Notenordner- und Räumdienst bestimmen
- besonders wichtig ist eine klare Schlagtechnik (die Zählzeiten müssen deutlich erkennbar sein)
- Kontakt zum Dirigenten fördern: bei den Einspielübungen gibt der Dirigent Agogik, Tempo und Dynamik in freier Form an
- Förderung des Zusammenspiels: mit Rücken zueinander spielen (ohne Sichtkontakt); Dirigent zählt nur vor, dann wird sich das Orchester selbst überlassen
- Einsätze – besonders nach längeren Pausen – müssen deutlich gegeben werden; man sollte aber die jungen MusikerInnen stets zum Mitzählen anhalten
- das Tempo muss zu Beginn klar erkennbar sein: deshalb lieber mehr vorzählen oder den Anfang leise vorgeben
- Übergänge gesondert proben (Taktwechsel, Ritardandi etc.), erklären, was sich in anderen Stimmen abspielt (z. B. T. 12 dehnt sich für Viola, da die Flöten 1/2 ritardierende Triolen spielen)
- Einbeziehung von erfahrenen Schülern in die Orchesterleitung, z. B. auch in Form eines Grundkurses oder einer AG (vorher Absprache mit Lehrer)
- Sitzordnung: neben der häufig üblichen Anordnung (1., 2. Violine, Viola, Violoncello, Kontrabass im Halbkreis vor dem Dirigenten und dahinter entsprechend die Bläser) kann man folgende Sitzordnung ausprobieren: links 1. Violine, dahinter Viola, rechts 2. Violine, dahinter Violoncello und Kontrabass, in der Mitte vorne die Holzbläser, dahinter Blechbläser
- evtl. am Ende einer Probe ein bekanntes und beliebtes Stück durchspielen (SchülerInnen sollen mit Erfolgsgefühl die Probe verlassen)

3.3 Exkurs: Neue Impulse aus der „historischen Aufführungspraxis"

Spätestens seit den 50er-Jahren gibt es eine alternative Aufführungsform, die sog. historische Aufführungspraxis, die zu Beginn eng mit den Namen NIKOLAUS HARNONCOURT und GUSTAV LEONHARDT verbunden war. Hier ist sicherlich nicht der Ort, sich mit der oft heftig geführten Diskussion der Befürworter und Gegner dieses Musizierstils auseinander zu setzen. Betrachtet man aber die Musiklandschaft der vergangenen Zeit, so stellt man fest, dass tatsächlich neue Impulse im Bereich der Interpretation von Musik bis hin zur Romantik vor allem von Interpreten aus dem Lager der „Alten Musikszene" (JOHN ELIOT GARDINER, ROGER NORRINGTON) gekommen sind. Es scheint dringend an der Zeit, auch die Ausbildung der jungen MusikerInnen diesbezüglich neu zu überdenken.

So macht es durchaus Sinn, Erkenntnisse aus der historischen Aufführungspraxis auf die Arbeit mit einem Schulorchester, insbesondere die Streicher, zu übertragen. Vorrangig kann es hier sicherlich nicht darum gehen, historisches Instrumentarium etwa in Form von Darmsaiten und Barockbogen einzufordern, sondern vielmehr Spielweisen und Interpretationsansätze adäquat auf das moderne Instrumentarium zu übertragen (vgl. BOYDEN, S. 562-571).

Für die Streicher gilt es zunächst wieder den Blick bei der Tonerzeugung auf die rechte Hand, den Bogen zu richten. So sollte man über geraume Zeit versuchen, ohne Vibrato zu spielen (später wird man das Vibrato natürlich wieder hinzunehmen, aber bewusst als Verzierungs- und Ausdrucksmittel verwenden), aber trotzdem ein möglichst ausdrucksstarkes Spiel ausgehend vom Bogenarm anzustreben. Dabei ist auf eine äußerst differenzierte Tongebung und eine sinnvolle, differenzierte Phrasenbildung zu achten. Erleichtert wird dies bei Stücken aus entsprechenden Epochen durch eine etwas höhere Haltung des Bogens, etwa oberhalb der Wicklung. Der Bogen wird leichter und somit wendiger und flexibler. Viele geforderte Artikulationen ergeben sich dann von selbst. Ebenso sollte wieder das Gefühl für die (natürlich gegebene) Ungleichheit von Ab- und Aufstrich geweckt und nicht die nivellierende dynamische Einebnung moderner Streicherdidaktik postuliert werden. Jeder Ton erhält einen in sich dynamischen Lautstärkeverlauf. Hilfreich ist es, möglichst einfache Fingersätze zu wählen und wo möglich die leeren Saiten (in der traditionellen Ausbildung ein verpöntes Ansinnen!) zu verwenden, um den Sinn für den Klang der Streichinstrumente wieder zu schärfen. Bei den Stricharten kann man sich vor allem an den seit längerem bereits leicht zugänglichen Werken von LEOPOLD MOZART, FRANCESCO GEMINIANI und JOHANN JOACHIM QUANTZ orientieren. Darüber hinaus wird man dort sehr aufschlussreiche Dinge über weitere Detailfragen der Aufführungspraxis – ebenso auch bei JOHANN MATTHESON und CARL PHILIPP EMANUEL BACH – unabhängig von den Instrumenten erhalten. (Interessante Hinweise gibt hier auch NIKOLAUS HARNONCOURT).

Die dynamische Gestaltung (von Phrasen) war im 17. und 18. Jahrhundert wesentlich kleindynamischer, als man es gemeinhin vermittelt bekommt. Man muss von den Motiven bzw. Figuren ausgehen sowie die Taktabstufung nach schweren und leichten Zählzeiten berücksichtigen. Andererseits wird dieses geordnete Gefüge durch zahlreiche Ausnahmen wie etwa höchster Ton (Exclamatio) oder Dissonanzen aufgebrochen bzw. gestört. In der musikalischen Gestaltung ist eine Differenzierung nach wichtigen und unwichtigen Noten anzustreben, keine Note darf wie die andere gespielt werden. Die Devise lautet: Mut zu mehr Kontrasten (besonders dynamischer Art) und diese tatsächlich auch hörbar machen. In diesem Zusammenhang möchte ich auch das Verhältnis zur Zeit ansprechen. Besonders spannend kann eine Interpretation werden, wenn man etwa bei Sechzehntelpassagen größere Unterschiede in Länge und Gewichtung der einzelnen Noten wagt. Bereits LEOPOLD MOZART fordert, dass die erste Note einer Viertongruppe gedehnt bzw. akzentuiert werden sollte (MOZART, S. 124 ff.). Ein beredtes Zeugnis vom freien Umgang mit Rhythmus und Metrum – eigentlich im Sinne, wie wir es vom Jazz her kennen – geben Aufnahmen von Musikern um die Jahrhundertwende (Große Geiger unserer Zeit). Hier kann man diese alte Tradition der Überlagerung von verschiedenen Tempi innerhalb eines Taktes bestaunen und sich von der Lebendigkeit derartiger Musizierweise überzeugen.

Die Punktierungen sind in der Regel etwas schärfer zu nehmen als notiert und zu trennen. Allerdings war die Notationsweise sehr uneinheitlich und man hatte eine große Bandbreite an Möglichkeiten der Ausführung (VEILHAN, S. 27 ff.).

Akkorde werden normalerweise nicht geteilt, sondern arpeggiert gespielt. Da manche Akkordgriffe im Schulorchester zu Intonationstrübungen führen können, schlage ich folgende Vorgehensweise vor: man teilt die Akkorde in Doppelgriffe und lässt diese arpeggiert spielen.

Basis der Stücke ab 1600 bildet der Basso Continuo. Selbstverständlich wird man auch im Schulorchester ein passendes Akkordinstrument – in der Regel Cembalo oder Orgel (auch fortgeschrittene Gitarristen sind einsetzbar) – verwenden. Bis zu MOZARTs Zeit hat sich diese Praxis als Basis des Orchesters erhalten. Mit der improvisierten Aussetzung des bezifferten Basses sind Schüler sicherlich überfordert. Meist sind aber ausgesetzte Ausgaben im Handel erhältlich. Diese sind von sehr unterschiedlicher Qualität, so dass ein gewisses kritisches Misstrauen angesagt ist. Eigene – zumindest rudimentäre – Erfahrungen im Umgang mit dem Generalbass können somit sehr hilfreich werden, um gegebenenfalls Modifikationen vorzunehmen. Ein näheres Eingehen auf die Generalbasspraxis würde den Rahmen dieses Artikels sprengen. Hier ist die intensive Weiterbildung jedes Einzelnen gefragt (CHRISTENSEN).

Mit einiger Geduld und pädagogischem Geschick wird es sicherlich möglich sein, Schüler für die weitaus lebendigere Spielweise im Sinne einer „historischen Aufführungspraxis" einzunehmen und neue Motivation für das Spiel vermeintlich „alter" Musik zu fördern. Hierzu gehört ein gewisser Mut zur Experimentierfreudigkeit und Innovation in Sachen Interpretation, frei von alten Klischees. Zu bedenken gilt es vor allem, dass der Notentext vieldeutig ist und folglich verschiedene Lösungen zulässt. Hilfreich kann es sein, sich bei der Ausführung der Musik – insbesondere der Barockzeit – eine affektenreiche Geschichte auszudenken, die es gilt, musikalisch darzustellen (BACH, S. 122).

Grundlegende Voraussetzung hierfür ist – ähnlich wie bei der Popmusik – eine entsprechende Bereitschaft seitens des Lehrenden, sich auf diese Art des Musizierens einzulassen, selbst über eigene Erfahrungen im Umgang mit historischen Instrumenten zu verfügen und durch entsprechenden Besuch von Fortbildungen bzw. Kursen eventuelle Wissenslücken, die durch eine defizitäre Ausbildungssituation an Hochschulen verursacht sind, zu schließen. Auch das Anhören von Einspielungen führender Ensembles aus der Alten Musik-Szene ist sehr hilfreich (sehr gute Anregungen mit praktischen Beispielen und weiterführender Literatur finden sich bei DARMSTADT und MAHLERT).

4. Projekte

4.1 Planung

Folgende **Checkliste** hat sich in der Praxis gut bewährt (evtl. kann man diese noch nach Wochen aufschlüsseln):

- möglichst langfristige Planung der Projekte (z. B. Orchester-Freizeiten); zu Beginn des Schuljahres Festlegung der Konzerte/Auftritte und Aufnahme in den Jahresplan der Schule (Absprache mit Direktorat/Kollegium, insbesondere mit anderen Fachschaften, die über das Jahr Veranstaltungen durchführen, wie beispielsweise Theatergruppe, Sport etc.)

- eigenes „schwarzes" Brett für Musik einrichten, wo Termine etc. aushängen
- Konzertorte festlegen und evtl. reservieren (z. B. Kirche für Weihnachtskonzert, Stadthalle)
- Absprache der Programme innerhalb der Fachschaft
- rechtzeitig Plan für Zusatzproben und Generalprobe ausarbeiten (Schüler und Lehrer bekannt geben, mit Direktorat absprechen, evtl. Vertretungen organisieren, Rücksicht auf Klassenarbeiten)
- Plakate erstellen (evtl. in Zusammenarbeit mit den Kunsterziehern)
- Einladungen verteilen bzw. verschicken (Verteiler einrichten)
- Zeitungsbericht (Lokalpresse zu einer Probe einladen; Phototermin)
- evtl. Kartenvorverkauf klären (SMV etc.)
- evtl. Transporte (Pauken, Cembalo, Klavier, Schlagzeug etc.) bzw. Aufbauten (Podeste) organisieren
- Programme schreiben und vervielfältigen
- soll eine Aufnahme (Audio/Video) angefertigt werden?
- detaillierten Plan für den Konzerttag erarbeiten und den Beteiligten aushändigen

4.2 Auftrittsmöglichkeiten – Programme

Die Attraktivität und Akzeptanz eines Schulorchesters steigt und fällt zum großen Teil mit der Öffentlichkeitsarbeit. Man muss in der Schulfamilie wie auch im öffentlichen Leben der Kommune (Presseberichte) präsent sein. Dies erfolgt am besten durch Auftritte mit attraktiven Programmen. Hierzu bieten sich im Laufe eines Schuljahres eine Vielzahl von Möglichkeiten an: klassisches Schulkonzert, Gestaltung von Schulgottesdiensten, Einbindung in kommunale Feiern, Abiturientenverabschiedung, Elternabend, Faschingsball, Auftritte bei Altennachmittagen, Tag der offenen Tür usw.

Ein besonderer Anreiz für die SchülerInnen und gleichzeitig ein sehr effektives Mittel für die Qualitätssteigerung eines Schulorchesters sind Orchesterfreizeiten. In der Regel wird man ein größeres Haus anmieten, in dem genügend Probenräume und Unterkunftsmöglichkeiten sowie Freizeitmöglichkeiten vorhanden sind. Dort ergibt sich ausreichend Gelegenheit, Projekte vorzubereiten und in verschiedenen Formationen zu proben. Der zeitliche Rahmen kann hier bis zu einer Woche betragen. Eine rechtzeitige Absprache mit Direktorat, Kollegen und vor allem Eltern ist dringend geboten.

Hat die Schule oder Stadt eine ausländische Partnerschule bzw. -stadt, so bieten sich ein Austausch oder gar gemeinsame Projekte an. Daraus resultierende gemeinsame Fahrten erfreuen sich erfahrungsgemäß großer Beliebtheit und erhöhen das Zusammengehörigkeitsgefühl des Schulorchesters. In gleicher Weise können Orchestertreffen oder schulische Orchesterwettbewerbe motivierend wirken.

Jedes Jahr steht man als Orchesterleiter vor der Aufgabe, ein interessantes Programm für die anstehenden Auftritte zusammenzustellen. Hier ist Kreativität, Innovation und Fingerspitzengefühl für das, was sinnvoll machbar ist, gefragt. Zunächst wird man sich einen Überblick über die Anlässe der Auftritte, über Termin, Ort, Publikum, Länge der Spielzeit (etwa bei Umrahmungen), passende Stilrichtung etc. Klarheit verschaffen. Natürlich wird man in sein Kalkül auch die vorhandenen Gegebenheiten des Schulorchesters wie Größe, Besetzung, Leistungsstand, die zur Verfügung stehende Probenzeit etc. mit einbeziehen. Dabei kann der bereits erwähnte Orchesterrat integriert werden.

Obwohl dieser Artikel sich vor allem mit dem Schulorchester im tradierten Sinne beschäftigt, sei hier ausdrücklich darauf hingewiesen, dass vielerorts inzwischen ein Miteinander von Chor und Orchester im Mittelpunkt der schulischen musikalischen Aktivitäten steht (vgl. BÜHRIG 1993, S. 25 ff.). Dies belegen auch Berichte zahlreicher Homepages deutscher Schulen, in denen das Schulorchester vorgestellt wird. Dort nimmt die Zusammenarbeit mit dem Chor einen zentralen Platz ein. Dadurch werden natürlich die Möglichkeiten für Projekte enorm erweitert. Die Palette reicht vom barocken Chorsatz, colla parte, gespielt bis hin zu Aufführungen von Musicals oder Revuen (vgl. ERWE, S. 4 ff.; FAATZ, S. 49 f.; URBAN, S. 214 f.). Häufig werden auch Stücke aus dem Bereich der Popmusik aufgeführt.

Die musikalischen Großprojekte erfordern eine immense Kooperationsbereitschaft sowohl innerhalb der Fachschaft als auch innerhalb des Kollegiums und ein enormes Engagement. Hier bietet sich ein großes Betätigungsfeld für fächerübergreifenden Unterricht etwa mit Kunst (Kulissen), Sport (Choreographie), Deutsch (szenische Gestaltung, Texte), Physik (Beleuchtung, Ton). Die mühevollen Strapazen werden oftmals mit gelungenen Aufführungen und der Zufriedenheit aller Beteiligten belohnt.

Weitere Möglichkeiten:
- Musik aus dem Bereich der Schule hinausverlegen, z. B. Stadel, Kirche (Weihnachts-, Passionskonzert), Stadthalle (z. B. auch offizielle Feiern einer Stadt)
- Orchestertreffen
- Konzerte in Verbindung mit Theater oder Lesung
- Konzerte mit bestimmtem Motto (Karneval, Humor, bestimmtes Land etc.)
- Begleitorchester für andere Chöre
- Aufführung von Werken aus Archiven der Umgebung oder lokalen Komponisten (z. B. Klöster, Pfarrhöfe, Stadtarchive etc.)

4.3 Materialbeschaffung

Materialbeschaffung und Programmgestaltung bedingen sich gegenseitig. Oft steht zu Beginn der Materialsuche eine Vision, eine Idee von einem möglichen Programm. Dann beginnt die oft langwierige Suche nach den richtigen Stücken. Man kann sich zunächst anhand von bereits veröffentlichten Literaturlisten für Schulorchester (ZILCH, S. 253-274; BRUGGAIER, S. 208-378; ältere Literatur auch bei LENZEWSKY, S. 26-30) einen Überblick über gängige Orchesterliteratur verschaffen. Meistens sind dort spielbare Originalkompositionen angegeben.

Hier können aber erste Probleme hinsichtlich der Besetzung auftreten. Will man gar in den Bereich populärer Musik vordringen, muss man zu anderer Literatur greifen. Inzwischen sind einige Reihen erschienen, die beiden Situationen – variable Besetzung und populäre Musik – Rechnung tragen.

Hier eine **Auflistung wichtiger Reihen und Ausgaben** (ohne Anspruch auf Vollständigkeit):

Reihen:

◦ Boosey & Hawkes, Young Orchestra Series
◦ Bosworth, Musik für Amateur- und Schulorchester
◦ Chester, Kaleidoscope
◦ Diesterweg, Kleine Orchester Werkstatt (vergriffen)
◦ Eres, Musik für die Schule
◦ Faber Music, flexiband
◦ Lienau, Gradus ad Symphoniam
◦ Kurt Maas, Symphonic Band
◦ Möseler, Schulorchester
◦ Sikorski, Musik für Kinder
◦ Tosca-Musikverlag, Oper/Konzert
◦ MPV-Musikverlag, Affetti musicali
◦ Joh. Siebenhüner Musikverlag, Ausgaben für Schul- und Amateurorchester
◦ Schott, Orchester-Schulwerk/Schulorchester

Spielliteratur-Sammelbände für Einsteiger:

◦ FORTNER, W.: *Instrumental Spielbuch I-III*, Schott
◦ MAY, HELMUT: *Musik der Klassik*, Schott
◦ MAY, HELMUT: *Musik der Romantik*, Schott
◦ MAY, HELMUT: *Neue Musik*, Schott
◦ MAY, HELMUT: *Spielbuch für Orchester I/II*, Schott
◦ REITER, ALBERT: *Orchesterschule für verschiedene Instrumente*, Doblinger

Diese Ausgaben geben wichtige Anregungen für eigene Instrumentations- bzw. Arrangierversuche, wovon noch später die Rede sein wird.

Eine gute Möglichkeit für die Beschaffung neuerer Literatur (vor allem aus dem Bereich der Pop-/Rockmusik) bietet die Nutzung des Internets. Dort findet man eine Fülle von Internetseiten, die MIDI-Files zum Herunterladen gratis anbieten. Verfügt man über ein entsprechendes Sequenzer- oder Notenschreibprogramm (z. B. Cubase Score, Capella, Finale), so kann man sich mit etwas Geschick auf sehr einfache Weise spielfertige Partituren und Stimmen beschaffen (s. Internetadressen). Auch weitere Bearbeitungen wie Transposition oder Umarrangement sind dann sehr einfach zu bewerkstelligen.

Besonders reizvoll und interessant für SchülerInnen und Leiter ist die Einbeziehung von avantgardistischer Musik in die Programmgestaltung (vgl. SCHAPER 1992, S. 110 ff.; NIMCZIK, S. 32-35). Als Beispiel sei hier *Polymorphia* von KRYSTOF PENDERECKI für Streicher erwähnt. Man kann dieses Stück zunächst etwa in der Oberstufe besprechen und anhand der Originalpartitur eine eigene Spielpartitur erstellen. Dies kann je nach Gegebenheit auch mit dem gesamten Streichorchester – in einer Art Gruppenarbeit können einzelne Abschnitte erarbeitet werden – erfolgen. Dabei exzerpiert und erprobt man die neuen – vom Komponisten relativ detailliert vorgeschriebenen – Spielanweisungen und ver-

sucht, in Anlehnung an das Original eine vereinfachte, spannungsreiche Neu-
schöpfung zu „komponieren". Besonders wichtig ist der Prozess der „Komposition". Dabei wird stets das klangliche Resultat kritisch überprüft und korrigiert, bis ein von allen akzeptiertes Endergebnis herausgekommen ist. Dadurch
erhalten die SchülerInnen einen praktischen und affektiven Zugang zu dieser
Stilrichtung. Im folgenden Beispiel wurde auf die im Original vorgesehene Differenzierung für jeden Spieler verzichtet. Dadurch aber, dass es sich um aleato-
rische Spielelemente handelt, kann man trotzdem ein ähnliches Klangergebnis
wie von PENDERECKI intendiert erhalten.

*Notenbeispiel 1 – Ausschnitt aus einer Schülerarbeit – PENDERECKI, Polymorphia
(Original: Hermann Moeck Verlag, Celle 1963)*

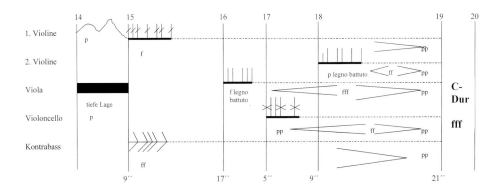

Besonders spannend ist es, graphische Partituren zu realisieren. Diese Form der
Notation entzieht sich in der Regel gänzlich dem Erfahrungshorizont der SchülerInnen. Dies macht sie aber gleichzeitig neugierig. Sie sind sehr motiviert und
darauf gespannt, wie man mit derartiger Musik umgeht. Hier wird der Weg der
Umsetzung, die Kommunikation über die pluralistische Bedeutung, die Definition der graphischen Zeichen ein ungemein interessanter und pädagogisch reiz-
voller Vorgang. Auch die Tatsache, dass sich bei jedem Musizieren ein anderes
klangliches Resultat ergibt, macht diese Musik für die SchülerInnen ungemein
attraktiv. Interessanterweise entwickeln die SchülerInnen auch sehr schnell ein
Gespür für Qualität. Es ist eben nicht so, dass jeder spielen kann, was er will, sondern es kommt durchaus auf das „Wie" und „Was" an. Bei dem Beispiel *Styx*
von ANESTIS LOGOTHETIS, einer Komposition für variable Besetzung aus dem
Jahre 1968, fungiert der Dirigent als Zeitgeber und bestimmt so letztlich auch
die tatsächliche Länge des Stückes, je nach „Spannkraft" der SchülerInnen. Ausführung und Leserichtung folgen dem griechischen Buchstaben Sigma (Σ).

Notenbeispiel 2 – ANESTIS LOGOTHETIS, Styx (Gerig Verlag, Köln 1972)

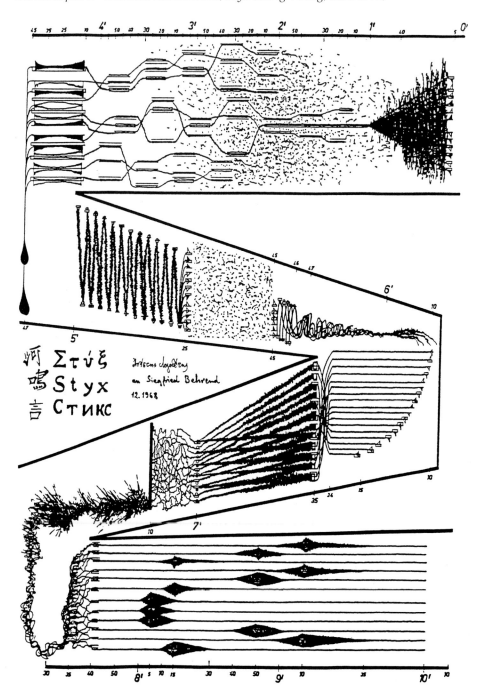

4.4 Ersatz von fehlenden Instrumenten

Ein Problem, mit dem sich der Orchesterleiter „vor Ort" konfrontiert sieht, ist die Tatsache, dass häufig gerade bei den Bläsern oder den tiefen Instrumenten nicht alle besetzt werden können.

Was macht man also mit Stimmen, die fehlen? Zunächst ist zu klären, ob die entsprechende Stimme überhaupt erforderlich ist. Handelt es sich lediglich um ein Instrument, das eine bereits vorhandene Stimme doppelt, so kann sie möglicherweise wegfallen. Ansonsten wird man nach Ersatzinstrumenten suchen. Es ist auch zu erwägen, ob evtl. ein Lehrer aus dem Kollegium oder eine Person von außerhalb (Musikschule, Elternteil etc.) miteinbezogen werden kann.

Im Folgenden sind nun einige **Lösungen für „Ersatzinstrumente"** angeboten, die sich in der Praxis bewährt haben. Trotzdem wird man von Fall zu Fall nochmals sorgfältig prüfen müssen, ob das klangliche Ergebnis befriedigend ist (vgl. BRUGGAIER, S. 162 ff.).

- Pikkolo: tiefe Partien auf großer Flöte oktavieren – schwierig; auch Klavier möglich
- Oboe: Ersatz durch zwei Flöten – auch Klarinette gut geeignet – besser allerdings, wenn wenigstens eine Oboe vorhanden ist (1. Oboe durch Flöte ersetzen, aber nur Harmoniefüllung; s. MÖLLER-REHM, S. 65 f.)
- Fagott: Klarinette (1. Fagott) – besser noch Bassklarinette – oder entfallen lassen – denkbar auch: Violoncello oder guter Posaunist
- Horn: Trompete – aber je nach Stück auch Klarinette/Saxophon (besser!)
- hohe Trompete: höchste Töne durch Klarinette ersetzen bzw. Trompete wird durch Klarinette gedoppelt
- Posaune: von Lage abhängig – Tenorhorn, Horn, Flügelhorn, Tenorsaxophon möglich
- Violinstimmen evtl. auch durch Flöten ergänzen oder ersetzen
- Viola: auf 3. Violine und Violoncello aufteilen, auf sinnvolle Stimmführung achten (MÖLLER-REHM, S. 60-64) – auch bewährt: jeder Geiger wird verpflichtet, ein Jahr lang im Orchester Bratsche zu spielen (Leihinstrument von Schule stellen!)
- Kontrabass: Tuba (langsam), Kontrabassklarinette, Celli 1 Oktave tiefer – nur im Ausnahmefall: E-Bass, Keyboard

Eine gute Übung im Umgang mit variablen Besetzungen bieten **Werke der venezianischen Mehrchörigkeit**, die nach Instrumentalgruppen getrennt werden können (vgl. SCHAPER 1982b, S. 5 ff.; BRUGGAIER, S. 194 ff.):
- Kombinationen:
  ◦ Holzbläser + Streicher
  ◦ Holzbläser + Blechbläser
  ◦ Blechbläser + Streicher
  ◦ Tutti
- Wechsel der Besetzung: je nach Absicht des klanglichen Effekts
- Möglichkeiten: Wechsel bei formalen Abschnitten auch auf kleinstem Raum, Wiederholungen anders instrumentieren

- auch an die Einbeziehung eines Blockflötenensembles als eigenständiger Chor ist zu denken
- auch Oktavierung möglich (z. B. Fl 1./2./3. Stimme)
- räumliche Trennung (etwa in einer Kirche) wirkt besonders gut

Ein gutes Beispiel für den variablen Einsatz findet man in einigen Suitensätzen der *Wassermusik* bzw. *Feuerwerksmusik* von GEORG FRIEDRICH HÄNDEL. Eine Orientierung für mögliche Varianten bieten neben den Angaben HÄNDELs in der Partitur Einspielungen von Orchestern auf Originalinstrumenten.

4.5 Instrumentierung

Vorausgesetzt wird die Kenntnis über die Umfänge und die Notation der einzelnen Instrumente (vgl. PFORTNER 1999, S. 7-72; KELLERT/FRITSCH, S. 51-130). In der Schule taucht wiederholt das Problem auf, dass von einem Stück zwar eine Klavierstimme (evtl. mit Gesang), jedoch kein Orchestermaterial erhältlich ist. Man möchte aber dieses Werke gerne aufführen. Hier bleibt nichts anderes übrig, als das betreffende Werk selbst für eine bestimmte Besetzung zu instrumentieren. Dies kann auch bei Anfängerliteratur sehr sinnvoll sein (vgl. SCHAPER 1992, S. 151 ff.; BRUGGAIER, S. 198 ff.). Gerade im Bereich der Popmusik steht vielfach nur ein Leadsheet mit Gesangsstimme und einfachem Klaviersatz oder lediglich Begleitakkorden für Gitarre zur Verfügung. Soll das Orchester einbezogen werden, muss ein Arrangement erstellt werden. Hier ist die fachliche Kompetenz des Lehrers gefragt (vgl. BÜHRIG 1997, S. 402).

In der Regel bereitet die Instrumentierung innerhalb einer Instrumentenfamilie (z. B. nur Streicher, nur Blockflöten, nur Holz- oder Blechbläser) kein Problem. Schwieriger wird es bei Kombinationen unter den Instrumentengruppen.

Als Ausgangsbasis kann man sich zunächst in die Klavierstimme eine mögliche Zuteilung und Kombination der Instrumente eintragen und diese gegebenenfalls ausprobieren, bevor mit dem Ausschreiben der Stimmen begonnen wird. Auch hier bietet sich natürlich wieder der Einsatz eines Noteneditions-Programmes an. Damit kann man je nach Bedarf Stimmen hinzufügen oder bereits vorhandene bearbeiten (z. B. transponieren).

Es gibt keine allgemeingültigen Regeln, aber doch einige **grundsätzliche Überlegungen** (siehe auch BERLIOZ/STRAUSS, MACINI):
- auf Transparenz achten und nicht zu dick instrumentieren
- auf Abwechslung Wert legen, damit das Interesse beim Zuhörer erhalten bleibt
- grundsätzlich klingen die Instrumente in ihrer Mittellage immer am besten (Ausnahmen: Klarinette; Flöte lieber höher, da sonst kaum hörbar)
- die Dynamik der einzelnen Instrumente untereinander abwägen
- die Spielbarkeit hat Vorrang.

Notenbeispiel 3: Beispiel einer Instrumentierung – Bereich Klassik:
JOHANN BAPTIST SCHIEDERMAYR: Menuett (es ist nur eine Klavierstimme erhalten;
Arrangement: RITA BRUNNER)

Notenbeispiel 4 (siehe folgende Seite): Beispiel einer Instrumentierung – Bereich Pop-
musik (Only You, Text und Musik: VINCENT JOHN MARTIN, Musical Moments
Ltd./Sony Entertainment, UK, Ltd.; für Deutschland: Sony Entertainment Holdings
GmbH, Frankfurt; Arrangement: GEORG BRUNNER)

Only You

Text u. Musik: Vincent John Martin

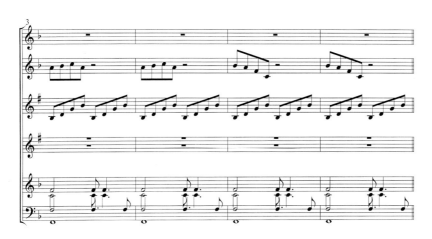

Vorschläge für mögliche Kombinationen (vgl. FIEDLER, S. 93 ff.):

- *Flöten:*
  c '- c'''' – unisono/mehrstimmig/Solo
  - mit anderen Holzbläsern unisono/oktavierend
  - dasselbe mit Streichern und Blechbläsern (gedämpft)
  - dasselbe mit Blech (bei Trompeten problematisch)
  - zu Oboen hinzufügen

- *Saxophone:*
  Sopran: (in B) b - es'''' (große Sekunde tiefer als notiert)
  Alt: (in Es) es - as'' (klingt große Sexte tiefer als notiert)
  Tenor: (in B) B - es'' (klingt große None tiefer als notiert)
  Bariton: (in Es) Es - as' (in Violinschlüssel notiert, klingt große Sext + Oktave
  Bass: (in B) Kontra-A - des'   tiefer)
      (in Violinschlüssel notiert, große Sekunde + 2 Oktaven tiefer)
  ideales Soloinstrument; mischt sich gut im Satz mit anderen Instrumenten,
      wenn in Mittellage
  - Ersatz von Horn
  - gut im Saxophonsatz
  - unisono mit Posaunen/Horn

- *Klarinette:*
  d - f'''' (in B), auch andere Stimmungen
  unisono/oktavunisono/Dreiklangsbrechungen/Kantilenen
  - unisono mit Trompete (in Mittellage schwierig)/Horn
  - mit anderen Holzbläsern unter Flöten/Oboen
  - gut in Verdopplung mit Streichern
  - + Viola oder Oboen

- *Oboe:*
  c - f''' – Solo/Harmonie
  - mit Flöten unisono/oktavierend
  - auch mit Streichern oder Sopran-Saxophon

- *Trompete:*
  (in B) e - b'' (Höhe vom Können des Instrumentalisten abhängig)
  - gut in Mittellage
  - im Satz mit anderen Blechbläsern
  - rhythmische Impulse, auch Melodie
  - Trompeten/Pauken: in klassisches Orchester einfügen: Grundtöne

- *Posaune* (Tenor):
  E - g' (notiert im Bassschlüssel ohne Transposition) – Soli, Bassverstärkung
  - unisono mit Trompete
  - als Fagott-Ersatz
  - + Klarinette
  - + Tenor-Alt-Saxophon
  - + Bass, aber: keine schnellen Passagen (schwierig: Wechsel zw. 1-6/7 Zug)
      nur bei Tuttistellen

- *Hörner:*
  c - c'' (in F) (klingen Quinte tiefer als notiert) – relativ leise
  ◦ Füllung (Pedal des Orchesters)
  ◦ Haltetöne
  ◦ weniger im ganzen Satz der anderen Blechbläser geeignet
  ◦ 2 Hörner im Solo bei langsamen Stücken

- *Streichinstrumente:*
  Violine: g - d' - a' - e''
  Viola: c - g - d' - a'
  Violoncello: C - G - d - a
  Kontrabass: E - A - d - g (Oktave tiefer): bes. Spieltechniken (s. o.)
  ◦ Harmonieträger (Liegetöne)
  ◦ Rhythmische Begleitpatterns
  ◦ Gegenmelodie im Unisono

- *ORFF-Instrumente:*
  ◦ Kolorit
  ◦ perkussive Klänge (Xylophone)
  ◦ Haltetöne: Metallophone
  ◦ Einsatz von Stück abhängig (gerne bei weihnachtlichen Arrangements)

4.6 Vereinfachung von Stimmen

Je nach Literatur und Leistungsstand der Orchestermitglieder bzw. einzelner SchülerInnen wird es manchmal erforderlich sein, Passagen zu vereinfachen. BRUGGAIER (S. 180 ff.) nennt hier mögliche Fälle.

Fall I: nur einzelne Stellen zu schwer
  ◦ Sextenfolgen in Streichern → in Tonrepetitionen bzw. zweistimmige Passagen umwandeln
  ◦ lange Bläserpassagen auf 2 Spieler aufteilen
  ◦ Sechzehntelpartie → auf Kernmelodie (Tonrepetitionen) reduzieren
  ◦ Dreiklangsbrechungen → nur ersten Ton spielen (in 16teln) bzw. Sechzehntelläufe auf Achtelfiguren reduzieren (PFORTNER 1999, S. 85)

Fall II: Bassstimme (vgl. auch QUANTZ, S. 218 ff.)
  ◦ nur Kernmelodie z. B. Kadenzharmonik spielen – Figurationen weglassen
  ◦ bei 16teln nur 1. Note spielen
  ◦ schnelle Dreiklangsbrechungen auf 8tel reduzieren
  ◦ große Sprünge vermeiden

Fall III: nur einzelne Spieler sind nicht in der Lage, die Stimme zu spielen
  ◦ jeden zweiten Ton weglassen = Kernmelodie
  ◦ 2. Geigen Violastimme mitspielen lassen

Fall IV: zu hohe Stellen werden tiefer gesetzt (z. B. 1. Violine). Sinnvolle Übergänge innerhalb der Läufe berücksichtigen (Tonumfang der Instrumente beachten! vgl. PFORTNER 1999, S. 85)

Anhang

Literatur

BACH, CARL PHILIPP EMANUEL: *Versuch über die wahre Art das Clavier zu spielen, Erster und zweiter Teil,* Faksimile - Nachdruck der 1. Auflage, Berlin 1753 und 1762, hrsg. von LOTHAR HOFFMANN-ERBRECHT, Wiesbaden [5]1981

BERLIOZ, HECTOR: *Instrumentationslehre,* ergänzt und revidiert von RICHARD STRAUSS, Frankfurt 1986

BOYDEN, DAVID D.: *Die Geschichte des Violinspiels von seinen Anfängen bis 1761,* Mainz 1971

BRUGGAIER, ACHIM UND EDUARD: *Das Schulorchester: Anspruch und Realität. Probleme und Lösungen,* Mainz u. a. 1992

BÜHRIG, DIETER: *Warum denn nicht gleich Anatevka,* in: MuU, 20/1993, S. 25 ff.

BÜHRIG, DIETER: *Musik aufführen,* in: Handbuch des Musikunterrichts. Sekundarstufe I, hrsg. von HELMS, SIEGMUND / SCHNEIDER, REINHARD / WEBER, RUDOLF, Kassel 1997, S. 383-406

CHRISTENSEN, JESPER B.: *Die Grundlagen des Generalbaßspiels im 18. Jahrhundert. Ein Lehrbuch nach zeitgenössischen Quellen,* hrsg. von STEFAN ALTNER, Kassel u. a. 1992

Die Großen Geiger unserer Zeit. Historische Aufnahmen, MC, I. von Sarasate bis Huberman 1904-1946, Zürich 1988

DARMSTADT, GERHARD: *Über den Umgang mit Barockmusik,* in: Instrumental- und Vokalpädagogik. 1. Grundlagen, hrsg. von CHRISTOPH RICHTER (= Handbuch der Musikpädagogik, Bd. 2), Kassel u. a. 1993, S. 268-286

DILLON-KRASS, JACQUELYN: *Tips: establishing a string and orchestra program,* Reston 1991

EBERWEIN, ANKE: *Orchestermusik für Kinder und Jugendliche in Konzertpädagogischen Veranstaltungen,* in: MuU 35/1995, S. 34-35

ERWE, HANS-JOACHIM: *Das Musical. Populäres Musiktheater in der Schule,* in: MuU 30/1995, S. 4-8

FAATZ, SUSANNE: *Kokon-Flugversuch eines Schmetterlings,* in: MuU 35/1995, S. 49-50

FIEDLER, WOLFGANG: *Songwriter´s Guide. Das Handbuch für die Komponier- und Arrangierpraxis mit CD,* Brühl: AMA 1996

GEMINIANI, FRANCESCO: *The Art of Playing on the Violin,* London 1751, Facsimile Edition, hrsg. von DAVID D. BOYDEN, London 1952

GRUHN, WILFRIED: *Schüler machen Konzerte,* in: MuU 20/1993, S. 4-8

HARNONCOURT, NIKOLAUS: *Musik als Klangrede,* 2. Aufl., Salzburg 1983

KELLERT, PETER/FRITSCH, MARKUS: *Arrangieren und Produzieren,* Bergisch-Gladbach 1995

LENZEWSKI, GUSTAV: *Ratgeber für die Leitung eines Streichorchesters,* Köln 1959

MAHLERT, ULRICH: *Historische Aufführungspraxis im Instrumental- und Vokalunterricht,* in: Instrumental- und Vokalpädagogik. 1. Grundlagen, hrsg. von CHRISTOPH RICHTER (= Handbuch der Musikpädagogik, Bd. 2), Kassel u. a. 1993, S. 235-267

MANCINI, HENRY: *Sounds and Scores: A Practical Guide to Professional Orchestration,* (Warner Bros Pubns). Berlin u. a. 1999

MATTHESON, JOHANN: *Der vollkommene Capellmeister.* (Hamburg 1739) Studienausgabe im Neusatz des Textes und der Noten, hrsg. von FRIEDERIKE RAMM, Kassel u. a. 1999

MÖLLER-REHM, KARL-HEINZ: *Das Laienorchester,* in: MÖLICH, THEO: Praxis der Orchesterprobe, Frankfurt u. a. 1975, S. 58-71

MOZART, LEOPOLD: *Versuch einer gründlichen Violinschule,* Augsburg 1756; Nachdruck: Kassel 1965

NIMCZIK, ORTWIN: *Plädoyer für das Wagnis. Musikalische Gestaltungsarbeit im Schulorchester,* in: MuU 20/1993, S. 25-32

PFORTNER, ALFRED: *Aufbau und Leitung von Jugend- und Schulorchestern,* Mörfelden/Walldorf 1981

PFORTNER, ALFRED: *Aus der Praxis für die Praxis. Ein Ratgeber und Nachschlagewerk für Leiter von Schul- und Jugendorchestern sowie für das Klassenmusizieren,* Mörfelden/Walldorf 1999

QUANTZ, JOHANN JOACHIM: *Versuch einer Anweisung, die Flöte traversière zu spielen,* 3. Aufl., Breslau 1789; Nachdruck: Kassel 1953

RAITHEL, HERMANN: *Wie ein Schulorchester entsteht,* in: MuB 4/1988, S. 302-306

RÜDIGER, WOLFGANG: *Ensembleleitung,* in: Neues Lexikon der Musikpädagogik, Sachteil, hrsg. von HELMS/SCHNEIDER/WEBER, Kassel 1994, S. 59 f.

SCHAPER, HEINZ-CHRISTIAN: *Dirigieren compact. Grundwissen und Übungen,* Mainz u. a. 1982a

SCHAPER, HEINZ-CHRISTIAN: *Zur Entwicklung eines neuen Schülerorchestertyps,* Wolfenbüttel 1982b

SCHAPER, HEINZ-CHRISTIAN: *Ensembleleitung/Grundkurs. Lehr- und Spielbuch* (= bosse musik paperback 43), Regensburg 1992

STRAUB, DOROTHY A.: *Stragedies for teaching strings and orchestra,* Reston 1996

URBAN, Uwe: *Musik aufführen,* in: Handbuch des Musikunterrichts. Sekundarstufe II, hrsg. von HELMS, SIEGMUND/SCHNEIDER, REINHARD/WEBER, RUDOLF, Kassel 1997, S. 205-215 (Literaturliste: S. 239)

VEILHAN, JEAN-CLAUDE: *Die Musik des Barock und ihre Regeln (17.-18. Jahrhundert) für alle Instrumente,* Paris 1982

ZILCH, JOSEF: *Materialien zur Arbeit mit dem Schulorchester,* in: Handbuch der Schulmusik, hrsg. von HELMS/HOPF/VALENTIN, 3. Aufl., Regensburg 1985, S. 253-274

Spielliteratur aus „Musik und Bildung"

HEMPEL, CHRISTOPH: *Wayne Shorter: Spuren. Modaler Jazz in einem einfachen Streicher-Arrangement,* in: MuB 2/1999, S. 48-53

Meet Mr. Joplin. Ein Ragtime für Schulorchester, bearb. von SEARLE, LESLIE, in: MuB 6/1998, S. 42-45

NEUGEBAUER, MATTHIAS: *Der Mars aus „Die Planeten" von Gustav Holst,* in: Praxis des Musikunterrichts 56/1998, S. 28-41

RHEINLÄNDER, MATTHIAS: *Lullaby for an old child,* in: MuB 6/1992, S. 92-94

RUTLEDGE, MIKE: *„Summertime" für Schulorchester,* in: MuB 5/1991, S. 46-47

STROH, WOLFGANG MARTIN: *My Love is a Tango: Ein Hit für Salon-Besetzung,* in: Populäre Musik im Unterricht 22/1988, S. 32-35

Tango, bearb. von SEIBERT, MATYAS/GIES, STEFAN, in: MuB 4/1990, S. 234-235

WILSCHER, ANDREAS: *Raumpatrouille. Ein Arrangement der Titelmusik zur gleichnamigen Fernsehserie,* in: MuB 4/1991, S. 52-53

Internetadressen (Midifiles)

http://www.midiworld.com/mw_mflib.htm
http://tolstoi.saccii.net.au/~philco/midi.htm
http://www.musicmedia.de/midifiles/
http://pellworm.freepage.de/midi.htm
http://www.midimarket.com/g-tme.htm
http://www.tonstudios.de/tonstudios/Othersites/midifiles.htm
http://pluto.spaceports.com/~midworld/
http://www.prs.net
http://www.midifarm.com
http://www.filecity.com
http://midisites.com

Wichtige Adresse

Bund Deutscher Liebhaberorchester e.V. (BDLO) Nürnberg, Schlegelstr. 14, 90491 Nürnberg (Notenbibliothek; „Nürnberger Katalog" = Datenbank zu Orchestermaterial für Liebhaberorchester)

Verlage mit Literatur für Schulorchester

(es erscheint zunächst der Name und Ort des Verlags, dann die Bezeichnung des Katalogs sowie anschließend die Rubrik innerhalb des Katalogs, soweit erforderlich)

◦ Amadeus, Winterthur: (allgemeiner) Katalog (Orchester/Streichorchester, Konzerte)

◦ Bärenreiter, Kassel: Auswahlkatalog „Editio Praga" und „Editio Supraphon Praha" (Denkmälerausgaben) – Katalog „Orchestermusik" – Katalog „Nagel Musik-Archiv" – Katalog „Hortus Musicus" – Katalog „Neue Hausmusik"

◦ Bosworth, Köln: Katalog „Musik für Amateur- und Schulorchester"

◦ Breitkopf & Härtel, Wiesbaden: Katalog „Käufliche Orchestermaterialien"

◦ Coppenrath, Altötting

◦ Doblinger, Wien: Katalog „Diletto Musicale"

◦ Editio Musica, Budapest: „Music Catalogue" (Works for Youth Orchestra, Leggiero)

◦ Edition Molinari, Regensburg: „Verlagsprogramm"

◦ Edition Peters, Frankfurt/Main: „Katalog" (Salon-Orchester, Partituren/Studienpartituren/ Aufführungsmaterial; Reihe „Sinfonietta")

◦ Edition Sikorski, Hamburg: „Verlagsverzeichnis klassische und zeitgenössische Musik" (Orchesterwerke alter Meister, Schul- und Jugendmusik)

◦ Faber Music, London: Katalog „Music for Strings" (Strengstes, Larve String Ensemble)

◦ Gérard Billaudot, Paris: „Catalogue orchestral-vocal" (Werke für Jugendorchester)

◦ Heinrichshofen's Verlag & Noetzel Edition: „Gesamtkatalog" (Schulmusik, Kammerorchester, Consortium)

◦ Hofmeister, Leipzig: „Verlagsverzeichnis" (Orchester)

◦ International Music Company, New York: „Catalogue of Music Distinguished Editions" (String Orchestra, Orchestral Works available on rental)

◦ Kunzelmann (in Deutschland: Peters, Frankfurt/Main): „Verlagskatalog" (Orchester/Streich-orchester/Chorwerke)

◦ Möseler, Wolfenbüttel: Reihe „Corona"

◦ Musica Rara, Monteux: „Catalogue" (Leihmaterialien)

◦ Novello, London (für Deutschland Sikorski, Hamburg): „Sales Catalogue" (String Orchestra, Orchestra)

◦ Pan, Zürich: „Verlagskatalog" (Reihen)

◦ Ricordi, München: (allgemeiner) Katalog (Orchestermaterialien); bei Ricordi sind auch sämtliche Werke Vivaldis erschienen

◦ Ries & Erler, Berlin: „Verlagskatalog" (Streichorchester) – „Orchesterkatalog" (Leihmaterial)

◦ Schott, Mainz: Katalog „Ensemble-Musik" (Orchester-Schulwerk, Schulorchester, Streichorchester, auch mit Bläsern und Soloinstrumenten) – Katalog „Concertino"

◦ Thomi-Berg, Planegg: Katalog „Orchester und Konzert"

◦ Universal Edition, Wien: Katalog „Klavier – Orgel ..." (Schulmusik)

◦ Warner Bros, Berlin u. a.

◦ Weinberger, Frankfurt/Main: „Katalog der lieferbaren Werke" (Orchesterwerke, Tanzorchester)

◦ Zimmermann, Frankfurt: „Verlagskatalog" (Kammermusik)

Die Blockflöte als Ensembleinstrument

ANDREA ROTHER

Einleitung

Die Blockflöte ist eines der wenigen Instrumente, das von mittelalterlicher Spielmannsmusik über die Consortmusik der Renaissance bis hin zur Solo- und Konzertmusik des Barock, eine Zeitspanne von über 500 Jahren, Verwendung gefunden hat. In der Klassik und Romantik von der dynamisch flexibleren Traversflöte verdrängt, feierte sie um 1920 ein grandioses Comeback durch Persönlichkeiten wie ARNOLD DOLMETSCH und PETER HARLAN. Schließlich hielt sie im Zuge der „Wandervogel- und Jugendbewegung" als das Anfängerinstrument schlechthin Einzug in die Grundschule und wird dort seither auch im Klassenunterricht oder in Neigungsgruppen unterrichtet: *„In Tausenden von Schulen hat sie Eingang gefunden. Hunderttausende von Kindern spielen sie überall. Ich selbst spiele seit einem viertel Jahrhundert immer mit der ganzen Volksschulklasse."* (SCHOCH 1958, S. 352) Diese Entwicklung machte die Blockflöte in unserem Jahrhundert zu dem „Dilettanteninstrument für Dilettanten". Trotz einer rasanten Weiterentwicklung wie der Erforschung alter Literatur, Verfeinerung und Perfektionierung der gesamten Technik, Rekonstruktionen originaler Blockflöten und letztlich dem Einzug in die moderne Musik des 20. Jahrhunderts mittels neuer Spieltechniken und Kompositionen namhafter Komponisten wie HINDEMITH, STOCKHAUSEN und JOHN CAGE, konnte sich die Blockflöte bis heute nicht von dem Image des Kinderinstrumentes befreien. Leider ist es nach wie vor zu wenig bekannt, dass die Blockflöte nicht nur ein hervorragendes Anfängerinstrument ist, sondern auch ein anspruchvolles Profiinstrument in der Solo- wie in der Consortmusik sein kann. Es liegt in der Verantwortung eines jeden Blockflötenlehrers, durch fundiertes, vorbildliches Können und Wissen dem Schüler dies zu vermitteln.

Schon im Anfängergruppenunterricht beginnt die Arbeit am Ensemblespiel. Bereits leichte Sopranblockflötenduette und -trios fördern das erste Zusammenspiel, und nach dem Erlernen der Altblockflöte stehen dem Schüler nahezu alle Instrumente der Blockflötenfamilie zur Verfügung. An diesem Punkt wird der Besuch einer Ensemblestunde zur sinnvollen und notwendigen Ergänzung des Einzel- oder Gruppeninstrumentalunterrichts.

Gruppenstärke

Die Gruppenstärke sollte im Anfängerunterricht drei Kinder nicht überschreiten und möglichst nach Beginn eines ergänzenden Ensembleunterrichts auf Einzelunterricht reduziert werden. Die Zahl der Spieler eines Blockflötenspielkreises kann jedoch stark variieren. Sie hängt ab von der jeweiligen Literatur und der entweder einfachen oder chorischen Besetzung der einzelnen Stimmen. Ist es anfangs für die Schüler noch sehr hilfreich, zu mehreren in einer Stimme zu spielen, da sie sich gegenseitig im Rhythmus oder bei Einsätzen stützen können, wird es im fortgeschrittenen Spiel hinderlich und sogar unakzeptabel, da u. a. die Intonation und die Präzision der Stimmen stark darunter leiden.

Außerdem ist es empfehlenswert, im chorischen Spiel auf eine Ausgewogenheit der Stimmen zu achten. Da Sopranblockflöten wesentlich durchdringender und auffälliger klingen, werden immer eine größere Zahl tiefer Blockflöten benötigt, um dieses klangliche Ungleichgewicht auszugleichen.[1]

Instrumentenwahl

Normalerweise benötigt ein Instrumentalist nur ein einziges Instrument. Bei den meisten historischen Instrumenten ist es hingegen notwendig, mehrere Instrumente je nach Stil und Zeitepoche zu besitzen. Ein Cembalist braucht ein italienisches Cembalo für Musik des Frühbarock und ein französisches, doppelmanualiges Cembalo für französische Barockmusik. Genauso ist es bei der Blockflöte: eine Ganassiblockflöte für frühbarocke Musik, eine Voiceflute für französische Barockmusik, eine Altblockflöte in tiefer Stimmung für italienische und deutsche Barockmusik und noch viele mehr.

Die Wahl einer Blockflöte für den Unterricht hängt von verschiedenen Faktoren ab. Die Sopranblockflöte ist aus grifftechnischen Gründen in der Regel das Anfängerinstrument. Die Erfahrung jahrelanger Unterrichtstätigkeit belegt, dass sich Plastikblockflöten für den Beginn des Unterrichts eignen. Besonders zu empfehlen sind Plastikblockflöten der Firmen Aulos und Yamaha. Ihr Klang, ihre Ansprache und ihr günstiger Preis machen sie zu einem guten Anfängerinstrument. Zeigt ein Schüler großes Interesse, kann man ihm als „Motivationsspritze" dann ein wirklich gutes Holzinstrument kaufen.

Ein wichtiges und jedoch auch leidiges Thema ist die Wahl zwischen deutscher und barocker Griffweise. Der Markneukirchner Instrumentenbauer PETER HARLAN entwickelte um 1920 im Zuge der Jugendmusikbewegung eine neue, „vereinfachte" Griffweise für die Blockflöte. Mittels Veränderungen in der Innenbohrung wird u. a. der Ton f': 01234 im Gegensatz zur barocken Griffweise f': 0123467 gegriffen. Diese Vereinfachung der Griffweise hat aber zur Folge, dass verschiedene andere Töne wie das fis'' oder das gis'' wesentlich schwerer zu greifen, unsauber oder gar nicht mehr ansprechbar sind. Somit ist eine Blockflöte in deutscher Griffweise nur für den einfachen Volksliedgebrauch geeignet. Da die Erleichterung minimal ist und ein Umlernen wesentlich mehr Zeit und Anstrengung kostet, sollte die deutsche Griffweise nicht in Betracht gezogen werden.

PETER HARLAN sagte dazu selbst: *„Obgleich ich die neue Griffweise entwickelt habe, war ich selber immer ein Verfechter der alten Griffweise und habe selber niemals eine andere gespielt und würde gern immer weiter dafür eintreten, daß nur noch die al-*

---

[1]   Weitere Hinweise hierzu findet man in RUDOLF BARTHEL: *Ratschläge für einen Flötenchor und seine Instrumentierung,* Moeck-Verlag, Celle 1989, S. 2-3.

te Griffweise verwendet würde. Wenn das Bedürfnis nach der von mir entwickelten Griffweise verschwinden würde, so wäre das zu begrüßen, da wir heute so klar sehen, daß die Erfahrung der Jahrhunderte begründeter ist als unsere Vereinfachungs- oder gar Verbesserungsversuche." (BRAUN 1978, S. 7)

Für den ersten Ensembleunterricht empfiehlt es sich, Blockflöten *eines* Herstellers zu gebrauchen, da es die Intonationsarbeit sehr erleichtert und die Klangeigenschaften der Instrumente ähnlich sind. Da dies meist aber nicht möglich ist, muss man sich mit den Gegebenheiten arrangieren und kann im Kapitel über Stimmung Hilfe finden.

Zunächst wird man mit modernen Instrumenten aus Holz oder auch Plastik beginnen und diese für moderne wie auch alte Musik einsetzen. Mit Erreichen einer höheren Spielfertigkeit wird es jedoch nötig, für jeden Musikstil die passenden Blockflöten zu verwenden: Aus dem Mittelalter sind nur Blockflötenbilder und eine unspielbare Blockflöte erhalten. Sie stammt aus Dortrecht in Holland und wird auf das Jahr um 1335 datiert. Damit haben wir keine Klangvorstellung dieser Instrumente und können nur auf Blockflöten der Renaissance zurückgreifen, um mittelalterliche Musik zu spielen.

Die Renaissancemusik fordert einteilige, zylindrisch gebohrte, eineinhalb Oktaven umfassende und auf a = 466 (Halbton höher als a = 440) gestimmte Blockflöten. Durch ihre Bauweise sind sie obertonärmer und wesentlich leichter zu intonieren. Da sich Blockflöten aus einem Stück nicht aufeinander einstimmen lassen, benötigt man einen ganzen Blockflötenconsortsatz mit aufeinander eingestimmten Instrumenten. Dieser besteht aus zwei Sopran-, G-Alt-, F-Alt-, zwei Tenor-, G-Bass-, F-Bass-, Kontrabass- in C und Subbassblockflöten in F. Oft haben diese Blockflöten zwei Kleinfingerlöcher (rechts und links), von denen eines mit Wachs verklebt ist, um sie je nach Bedarf für Rechts- und Linkshänder zu öffnen. Die Spannweite von Sopran- bis Subbassblockflöte ermöglicht es, mit diesen Instrumenten den klanglichen Reiz des so genannten Vier-Fußes (Sopran-, Alt-, Tenor-, Bassblockflöte) oder des Acht-Fußes (Tenor-, Bass-, Kontrabass-, Subbassblockflöte) auszunutzen. Leider sind die meisten Kontra- und Subbassblockflöten für kleine Frauenhände unspielbar.

Um Barockmusik original spielen zu können, benötigt man mehrteilige, zylindrisch gebohrte, a = 415 (Halbton tiefer) gestimmte, zweieinhalb Oktaven umfassende und obertonreiche Blockflöten. Ein Quartettsatz besteht aus einer Sopran-, Alt-, Tenor- (kann auch durch eine Tenor- in d, der Voiceflute ersetzt werden) und der Bassblockflöte. Tiefere Blockflöten werden in dieser Epoche selten benötigt. Außerdem ist es heute üblich, Blockflöten mit zwei Mittelteilen in unterschiedlichen Stimmungen zu bauen, so dass man die Blockflöte in a = 440, sogenannte hohe Stimmung, und mit anderem Mittelstück in a = 415, sogenannte tiefe Stimmung, spielen kann.

Moderne Musik verlangt normalerweise Instrumente in a = 440, die im Bau Barockinstrumenten nachempfunden sind. Viele moderne Komponisten fordern heute jedoch die Verwendung historischer Blockflöten in ihren Kompositionen, und auch selbst sollte man sich die Freiheit nehmen, im Dienste des Stückes historische Instrumente zu verwenden.

Einstimmen und Intonation

Noch immer entspricht die wohlbekannte Aussage: „Was ist schlimmer als eine Blockflöte? – Zwei Blockflöten!" leider viel zu oft der Wahrheit und fordert alle Blockflötisten auf, mehr Aufmerksamkeit und Fleiß in saubere Intonation zu legen. Jeder Lehrer sollte für Intonationsübungen einen festen Zeitraum in der Unterrichtsstunde einplanen.

Einstimmen

Jede Blockflöte ist anders gestimmt, und jeder Spieler bläst unterschiedlich stark, so dass es notwendig ist, zu Beginn einer jeden Unterrichtsstunde die Instrumente aufeinander einzustimmen. Aber erst, wenn alle Blockflöten warm gespielt wurden, ist es sinnvoll zu stimmen. Ein Ton der Mittellage ist zum Stimmen besser geeignet als der allgemein übliche Kammerton a. Auf der Sopran- und Tenorblockflöte das a oder g und dazu auf der Alt- und Bassblockflöte die passende Quinte d oder c sind die richtigen Töne hierfür. Es wird der gleiche Griff und nicht der gleiche Ton ausgewählt. Dadurch kann man grobe Stimmungsunterschiede aufdecken.

Ist eine Blockflöte zu hoch, korrigiert man, indem man die Blockflöte zwischen Kopf- und Mittelstück auseinander zieht und damit die Blockflöte verlängert. Das Mundstück soll aber nicht weiter als ca. 3 mm ausgezogen werden, weil sonst die Intonation der Blockflöte in sich nicht mehr stimmt. Abhilfe kann hier ein Ausziehen des Fußstückes schaffen. Mittels Verkleinerung des Aufschnittes oder der Labiumseitenwände durch Wachs oder Knetmasse lässt sich die gleiche Wirkung erzielen.

Ist eine Blockflöte zu tief, wird es schon aufwendiger, sie zu erhöhen. Ein effektiver Eingriff kann die Bohrung eines Loches von ca. 0,8-2 mm seitlich in Höhe des Labiums in den Kopf sein. Mit Wachs oder einem Tesafilm überklebt, kann die Bohrung wieder rückgängig gemacht werden. Eine andere Möglichkeit besteht darin, die Zapfen der Blockflöte abzudrehen und die ganze Blockflöte damit zu verkürzen.

Stimmgeräte eignen sich zum Einstimmen nur bedingt. Der Spieler darf keinen Einblick auf die Anzeige des Gerätes haben. Es besteht die Gefahr, den Ton durch übermäßig hohen Blasdruck auf die gewünschte Tonhöhe zu bringen. Routinierte Spieler flöten ein paar Stücke, bis die Instrumente warm sind, und entscheiden dann vom gesamten Klangeindruck her, ob sie zu hoch oder zu tief sind.

Intonation

Um einen Einblick in das Thema Intonation zu bekommen, ist ein wenig theoretisches Wissen erforderlich: In unserem Tonsystem ist es nicht möglich, alle Töne rein zu stimmen, daher hat jede Epoche der Musikgeschichte eine für ihre Musik am besten passende Kompromisslösung entwickelt.

Im *Mittelalter* wurde die so genannte „pythagoreische Stimmung" verwendet. Das System baut sich aus reinen Quinten auf. Es ergeben sich für unser Ohr unakzeptabel große Terzen, die aber dem mittelalterlichen Anspruch auf reine Oktaven, Quinten und Quarten Rechnung tragen. Im Gegensatz zu heute zählten damals die Terzen, Sexten und Sekunden als dissonante Intervalle.

Die *Renaissance* und das Frühbarock verwendeten die so genannte „mitteltönige Stimmung". Sie besteht aus möglichst vielen reinen Großterzen und etwas zu kleinen Quinten. Deswegen ist es nur möglich, Tonarten bis drei Kreuze und drei B zu spielen.

Im *Hochbarock* entwickelten sich verschiedene Stimmungen. Die Stimmungen von WERCKMEISTER und dem BACH-Schüler KIRNBERGER waren die bekanntesten. Eine genaue Darstellung dieser Stimmungen würde den Rahmen dieses Artikels sprengen.[2]

Heute wird die so genannte „gleichschwebende oder auch temperierte Stimmung" verwendet. Bei dieser Stimmung schweben alle Intervalle bis auf die Oktaven, die rein gestimmt sind.

Für uns Blockflötisten hat all dies praktische Konsequenzen. Je nachdem, welche Musik wir spielen und mit welchem Instrument wir musizieren, müssen wir anders intonieren. Ein Blockflötenensemble versucht, möglichst rein zu spielen. Mit einem Cembalo müssen wir uns in einer frühbarocken Canzone an die mitteltönige Stimmung anpassen. Letztendlich erfordert ein gemeinsames Musizieren mit dem Klavier die temperierte Stimmung.

Vielleicht klingt dies alles sehr kompliziert. Verfolgt man aber konsequent und fleißig seinen Übeweg und beachtet einige Grundregeln, stellen sich schon bald motivierende Fortschritte ein.

Intonation zu üben, setzt die Beherrschung eines gleichmäßigen mittelstarken Atemstromes voraus. Wer sich darin nicht sicher fühlt, sollte vor Beginn der Intonationsübungen Atemkontrollübungen wie crescendi oder decrescendi in Extrembereichen und Flageoletttöne üben.

An erster Stelle steht das saubere Einstimmen eines Einklangs in mittlerer Lage. Vielleicht ist es für einige Schüler notwendig, anfangs einen extrem unsauberen Zusammenklang zu erfahren, um überhaupt ein Verständnis für Intonation zu bekommen. Ist der Schüler fähig, die Reibung zu hören, kann er versuchen, durch Ausgleich der Blasstärke den gleichen sauber klingenden Ton zu finden. Ist das Gehör auf diesen Klang sensibilisiert, schließen sich verschiedene Übungen an:

- Das g wird hintereinander geblasen.
- Einer hält den Ton, und der andere spielt kurze Einwürfe dazu.
- Einer hält den Ton, und der andere versucht, das g von anderen Tönen aus zu treffen.
- Beide setzen gleichzeitig mit g ein, wobei ein Spieler die Blasstärke von g zu g stark variiert.

Sehr hilfreich ist es, den zu treffenden Ton gedanklich schon vor dem Spiel innerlich zu hören. Egal welche Übungen gemacht werden, wichtig ist das Prinzip: Eine Tonhöhe wird gehalten, die andere wird gestimmt.

---

[2] Wer sich jedoch für dieses Thema interessiert, dem sei das Buch von HERBERT ANTON KELLNER: *Wie stimme ich selbst mein Cembalo?* (Verlag Erwin Bochinsky, Frankfurt am Main 1986) empfohlen.

Als nächstes intoniert man Intervalle. Hierfür benötigen wir Wissen über Differenz- oder Kombinationstöne. Ein Differenzton erklingt immer, wenn zwei Töne zusammen erklingen. Zwei Sopranblockflöten eignen sich am besten, den Differenzton mit der Terz g-h hörbar zu machen. Wir vernehmen deutlich ein tiefes Brummen. Je nach Differenzton ist es auf dem rechten oder linken Ohr hörbar. Der Differenzton lässt sich genau bestimmen. Ist das Intervall sauber, ergänzt er es zu einem Akkord.

Hier eine Aufstellung aller Differenztöne:

reine Quinte	z. B. c - g = c
reine gr. Terz	z. B. c - e = c
reine kl. Terz	z. B. e - g = c
reine Quarte	z. B. g - c = c
reine gr. Sexte	z. B. g - e = c
reine kl. Sexte	z. B. e - c = g

In der Regel ergibt sich also der Grundton des Dur-Dreiklangs. Die Ausnahme ist die kleine Sexte, sie ergibt die Quinte des Dreiklangs.

Der Differenzton verhält sich wie folgt bei Intonationsfehlern:

z. B. die Quinte a-e

a zu tief	=	Diff. zu hoch
e zu tief	=	Diff. zu tief
a zu hoch	=	Diff. zu tief
e zu hoch	–	Diff. zu hoch

Daraus ergibt sich folgende Regel: Ist das Intervall zu klein, wird der Differenzton zu hoch. Ist das Intervall zu groß, wird der Differenzton zu tief.

Ist man fähig, die Differenztöne zu hören, können nach und nach alle Intervalle geübt werden.

Ab drei Spielern wird ein Akkord in der Art und Weise gestimmt, dass zuerst die Oktaven, dann die Quinte und zuletzt, wenn dies alles rein klingt, die Terz dazwischen gesetzt wird. Dabei ist es wichtig, Durterzen tief zu nehmen und Mollterzen hoch zu spielen. Im reinen Spiel gibt es keine enharmonische Verwechslung. Ein cis muss tiefer intoniert sein als ein des. Hilfreich ist es außerdem, den Grundton eines Dur-Dreiklangs etwas höher zu intonieren und den des Moll-Dreiklangs eher zu tief. Ein Moll-Dreiklang ist schwerer zu intonieren, da die kleine Terz bei a-c den Differenzton f hervorruft, der mit der Dreiklangsquinte e dissoniert. Bei Instrumenten mit feststehenden Tonhöhen, wie dem Klavier, vergleicht und stimmt man geduldig einen Ton nach dem anderen.

Bald entwickelt sich ein Gefühl für die Stimmung des Begleitinstrumentes. Hier nun noch einige pädagogische Tipps zu Intonationsübungen:

- Nehmen Sie sich anfangs viel Zeit für die Intonationsübungen ohne Hinblick auf eine Verwendung im Stück.
- Später werden die Übungen zu Einspielübungen einer jeden Probe.
- Nehmen Sie sich im Stück einen kleinen Abschnitt vor, und üben sie Akkord für Akkord, bis er sauber klingt.
- Spielen Sie aus einer Partitur oder noch besser, versuchen Sie hören zu lernen, welche Position (Grundton, Quinte, Terz) Sie im Akkord haben.

- Achten Sie besonders auf empfindliche Intervalle wie Einklänge, Oktaven oder leere Quinten, Tonwiederholungen in verschiedenen Stimmen und auf Schlusstöne.
- Haben zwei Stimmen gleiche Schlusstöne, soll einer von beiden Spielern den Schlusston mit einem Alternativgriff (siehe nächster Abschnitt) spielen.

Reicht ein Korrigieren der Tonhöhe mittels Änderung des Blasdruckes nicht aus, wird es nötig, einen Alternativgriff zu gebrauchen. Prinzipiell erhält man Alternativgriffe für einen zu hohen Ton, indem ein oder mehrere Löcher mehr abdeckt werden. Die Beeinflussung des Tones ist desto stärker, je näher der zusätzliche Finger dem Griff ist. Nehmen wir an, der Griff a auf der Sopranblockflöte ist zu hoch. Deckt der kleine Finger sein Loch ab, verändert sich der Ton nur gering. Wird jedoch der rechte Zeigefinger aufgesetzt, vertieft sich der Ton hörbar. Benötigt man einen höheren Ton, kommen die sogenannten Pianogriffe zum Einsatz. Durch Aufsetzen zusätzlicher Finger erniedrigt sich der nächsthöhere Ganz- oder Halbton auf die gewünschte Tonhöhe.[3]

Vibrato

Vibrato ist ein natürliches und wichtiges Tongestaltungselement des Blockflötenspiels. Bedauerlicherweise wird es im Unterricht viel zu spät oder gar nicht erarbeitet. Das Vibrato fordert eine kontrollierte Atmung und viel Geduld beim Üben im Anfangsstadium.[4] Es gibt verschiedene Arten von Vibrato:
- Luftdruckveränderungen erzeugen das Atemvibrato und das Lippenvibrato.
- Griffveränderungen erzeugen das Fingervibrato und Labiumvibrato.

Das *Atemvibrato* besteht aus Schwingungen, die durch wechselnden Atemdruck oder unterschiedliche Luftgeschwindigkeiten zustande kommen. Der Ton verschärft sich und steigt in der Tonhöhe, wenn der Atemdruck erhöht wird. Verringert sich der Atemdruck, so wird der Ton leiser und sinkt in der Tonhöhe ab. Dieser Wechsel von Steigerung und Abschwächung lässt eine Art Wellenbewegung um das Zentrum des Tones herum entstehen. Praktisch erreicht man diese Schwingung mit der Vorstellung, verlangsamt in die Blockflöte „zu lachen" (hi, hi, hi). Vollführt man diese Luftschwankungen langsam, erzeugt sie das Zwerchfell, erhöht sich das Tempo, so schaltet sich der Kehlkopf mit ein. Das Übeziel ist es nun, diese Luftbewegungen in verschiedenen Geschwindigkeiten zu kontrollieren. Eine gute Übung hierfür ist es, das Vibrato zu rhythmisieren. Dazu wird ein Metronom auf 60-80 Schläge pro Minute eingestellt. Zuerst soll eine Vibratoschwingung (Viertelnote) pro Schlag gespielt werden, dann zwei Vibratoschwingungen (Achtelnoten), drei (Triole) usw.

---

[3] Eine Aufstellung von Alternativgriffen findet man in WALTER VAN HAUWE: *Moderne Blockflötentechnik*. Band 3, Schott-Verlag, Mainz 1996, S. 17-24. Wir kommen später noch im Zusammenhang mit der Dynamik auf die Alternativgriffe zu sprechen.

[4] Siehe WALTER VAN HAUWE: *Moderne Blockflötentechnik*. Band 1, Schott-Verlag, Mainz 1987, S. 31-40.

Als nächste Stufe trainiert man die Fähigkeit, das Vibrato vom langsamen zum schnellen Tempo (accelerando) und umgekehrt vom schnellen zum langsamen Tempo (ritardando) ohne Unregelmäßigkeiten ausführen zu können. Wichtig ist noch zu beachten, einen Vibratoton nie mit einer Atemverstärkung zu beginnen, sondern den Ton immer fallen zu lassen. Dadurch kann das Vibrato „kommen" und wird nicht gemacht.

Das *Lippenvibrato* wird nicht durch Schwingungen des Atems, sondern durch Bewegungen der Unterarme hervorgerufen, die das Instrument im Mund bewegen. Diese Bewegung komprimiert oder dekomprimiert den Luftdruck in der Mundhöhle. Dadurch entsteht ein Vibrato ähnlich dem des Atemvibratos. In der Praxis kommt diese Art von Vibrato eher selten vor.

Das *Fingervibrato* oder auch *Flattement* genannt, wird von den Fingern produziert. Ein oder mehrere Finger beginnen neben einem Fingerloch in streichelnder Bewegung sich zu heben und zu senken. Im Laufe des Vibratos schiebt sich der Finger etwas in das Loch, bedeckt es aber nie ganz, sonst würde daraus ein Triller entstehen. Ist der Höhepunkt des Vibratos vorbei, verlässt der Finger das Loch wieder in gleicher Weise, wie er begonnen hat, und endet mit einer Bewegung neben dem Loch. Es stehen zwei Techniken der Fingerbewegung zur Auswahl. Bei der ersten Art ist der Finger gebeugt und streicht ellipsenartig über den Rand des Loches. Bei der zweiten Art wird der Finger gerade durchgestreckt und steif über den Rand des Loches hinweg gerollt. Prinzipiell eignet sich das übernächste freie Loch zum Griff hin am besten für ein Flattement. Die Wahl des Fingers, eventuell die gleichzeitige Verwendung mehrerer Finger, ermöglicht es, ein stärkeres oder schwächeres Vibrato zu erzeugen. Wichtig ist, die sehr feinmotorischen Fingerbewegungen ausdauernd zu üben und Erfahrungen zu sammeln, wie die einzelnen Löcher auf die Abdeckung durch die Finger reagieren. Verwendung findet das Flattement in französischer Barockmusik. Über die Anwendung in anderen Stilepochen gibt es kontroverse Meinungen, und letztendlich kann wohl nur der individuelle Geschmack eine Richtlinie sein.

Das *Labiumvibrato* entsteht durch eine Auf- und Abbewegung der Handfläche über dem Labium. Diese Art von Vibrato findet nur in moderner Musik Verwendung.

Die praktische Anwendung des Vibratos übt man am besten an einem langsamen Stück einer vertrauten Stilrichtung und versucht nun, seine musikalische Vorstellung anhand des Vibratos zu verbessern oder zu verschönern. Das Vibrato sollte keine Pflichtübung sein, sondern ein Hilfsmittel, musikalische Ideen und Gefühle besser zum Ausdruck bringen zu können.

Im Ensemble empfiehlt es sich vor allem anfangs, sparsam mit Vibrato umzugehen, um etwaige Intonationsschwächen nicht zu überdecken und eine Verbesserung unmöglich zu machen. Nach und nach findet sich eine gemeinsame musikalische Sprache und ein gemeinsamer Klang, der das Vibrato zu einer großen Bereicherung des Ensemblespieles macht.

Im Zusammenspiel mit Streichern ergibt sich oft das Problem des Dauervibratos der modernen Musiker. Hier ist meist schwere Überzeugungsarbeit zu leisten, um diese zu einem sparsameren Vibratoeinsatz zu bewegen.

Dynamik

Dynamik auf der Blockflöte ist nur in sehr begrenztem Umfang möglich. Es wird sogar nur von der Illusion einer Lautstärkenänderung gesprochen. Durch den eingebauten Ansatz mit fixiertem Windkanal und Labium steigt die Tonhöhe bei stärkerem Blasen sofort stark an, und daraus ergeben sich große Intonationsprobleme. So bleibt den Blockflötisten nur die Möglichkeit, mit Tricks und Suggestionen zu arbeiten.

Spielen wir mit einem dynamisch flexiblen Instrument, wie z. B. dem Klavier oder mit Streichinstrumenten zusammen, können diese die dynamische Hauptarbeit übernehmen. Das Zusammenspiel mit Cembalo gestaltet sich etwas schwieriger, da es auch nur in begrenzten Maße dynamische Veränderungen andeuten kann.

Im Zusammenspiel mit Blockflöten müssen wir unsere ganze Palette an Möglichkeiten ausnutzen, um ein Stück dynamisch interessant zu gestalten. Die technisch einfachste Möglichkeit, forte – piano anzudeuten, ist es, unterschiedliche Artikulationen anzuwenden. Eine leichte kurze Artikulation, die viele Klangpausen zwischen den Tönen entstehen lässt, suggeriert ein piano. Eine breite, klangdichte Artikulation ruft eher den Eindruck von forte hervor. Ist die kurze Artikulation allerdings sehr scharf und die breite Artikulation sehr weich, kann sich der genau gegenteilige Effekt einstellen. Hier gilt es, eigene Erfahrungen durch viele Experimente zu sammeln und ihre Wirkung von einem neutralen Zuhörer überprüfen zu lassen.

Wird der Artikulation ein kräftiges, schnelles Vibrato hinzugefügt, lässt sich der Eindruck eines fortes erhöhen. Kein Vibrato oder ein flaches, langsames Vibrato bewirkt das Gegenteil.

Technisch schwieriger, aber auch effektiver ist die Verwendung von Alternativgriffen. Die Verringerung der Luftmenge und ein gleichzeitiges leichtes Öffnen der Grifflöcher erzeugt ein diminuendo. Einem Absinken der Tonhöhe wird somit entgegengewirkt. Genau das Gegenteil passiert bei einem crescendo. Bei Verstärkung des Atemdruckes korrigiert man die Tonhöhe durch Abdecken zusätzlicher Löcher.

Ein weiterer Vorteil der Alternativgriffe ist die unterschiedliche Klangfarbe. Ein matt klingender Griff eignet sich eher für piano, ein offen klingender Griff für forte.

Da es Alternativgriffe gibt, die höher als die Hauptgriffe klingen, ist es möglich, den Atemdruck ohne eine Veränderung der Tonhöhe des Hauptones zu verringern. Treffsicherheit im Umgang mit Alternativgriffen gibt einem die Übung, den normalen und den alternativen Griff ohne Artikulation hintereinander zu spielen. Dabei sollte das Gehör penibel genau auf Tonhöhenunterschiede achten. Bei etwas Routine kann es eine gute Übung sein, einfache Lieder nur mit Alternativgriffen in verschiedenen Lautstärken zu spielen.[5]

Moderne Spieltechniken

Allgemein herrscht die Meinung, die Blütezeit der Blockflöte sei das Barock. Vergleicht man jedoch die Zahl der Originalkompositionen früherer Jahrhunderte und die der Moderne seit 1960, ist sie annähernd gleich. Dies lässt den Schluss zu, dass eigentlich die jetzige Zeit die Blütezeit unseres Instrumentes ist. Umso bedauerlicher ist das geringe Verständnis vieler Blockflötisten für moderne Musik. Einem Musikschüler des Barock blieb gar nichts anderes übrig, als Musik seiner Zeit zu studieren. Vergangenen Stilepochen wurde keine Aufmerksamkeit geschenkt. Würde ein Schüler der heutigen Zeit nur mit moderner Musik aufwachsen, wäre es für ihn kein Problem, sich in dieser Musiksprache zurechtzufinden. Es liegt also in der Hand des Lehrers, seinen Schülern frühzeitig moderne Musik im Anfängerunterricht und später ebenfalls im Ensembleunterricht nahe zu bringen. Hat der Lehrer keinen Bezug zur modernen Musik, kann er ihn anhand von CDs mit Blockflötenmusik aus unserem Jahrhundert finden. Gefällt ihm ein Stück besonders gut, eignet es sich als Einstieg, es selbst zu probieren.

Hier die Erklärung einer Auswahl der am häufigsten vorkommenden modernen Grundtechniken:

Glissando

Es gibt verschiedene Arten, ein Glissando zu erzeugen:
- Die Drehung des Handgelenkes nach schräg oben bewirkt nach und nach ein Wegziehen der Finger von den Löchern. Bei einem Glissando von g zu e auf der Altblockflöte wird zuerst das untere Handgelenk und dann das obere, sobald man ungefähr den Ton c erreicht hat, weggezogen.
- Das Heben der Finger ist schwer zu kontrollieren und eignet sich am besten für kleine Intervalle bis zur Terz. Besser ist es, die Finger auf der Flöte liegend nach unten oder oben zu ziehen. Das Strecken des Fingers öffnet ebenfalls das Loch langsam.
- Die Drehung des Instrumentes ist eine sehr angenehme Methode. Man dreht das ganze Instrument mit Hilfe der beiden Daumen, hauptsächlich dem rechten, und den Zeige- und Mittelfingern beider Hände, nach rechts oder links. Bleibt die Position der Hände gleich, dann öffnen sich die Löcher.
- Das langsame Öffnen des Daumenloches bei Tönen des ersten Registers (f'-g'' Altblf.) lässt die Tonhöhe sehr zart ansteigen. Diese Methode funktioniert aber nur im piano.

---

[5] Eine ausführliche Liste der gebräuchlichsten Alternativgriffe findet sich bei WALTER VAN HAUWE 1996, S. 16-24.

Mikrointervalle

Die Unterteilung eines Halbtones wird als Mikrointervall bezeichnet. Am häufigsten kommen Drittel-, Viertel-, Sechstel- und Zwölfteltöne vor. Man erzeugt diese Töne mit Alternativgriffen, die nicht durch Korrektur des Blasdruckes auf normale Tonhöhe gebracht werden. [6]

Mehrklänge

Ein Mehrklang wird durch leichtes Überblasen eines Tones des ersten Registers erreicht. Anfängliche Versuche macht man am besten auf einer Tenor- oder Bassblockflöte. Auf diesen Blockflöten sind Mehrklänge leichter zu spielen. Großen Einfluss auf die Ansprache eines Mehrklanges hat die Artikulation. Sanfte Artikulationen mit D, L oder sogar H eignen sich gut. Bei härteren Artikulationen ist Vorsicht geboten. Ein plötzlicher Luftimpuls erzeugt keinen Mehrklang, sondern nur einen überblasenen hohen Ton.[7]

Flatterzunge

Für die Flatterzunge ist es notwendig, ein rollendes R in die Flöte zu sprechen. Der Klang kann mit einem Zungen-R oder mit einem gutturalen R gerollt werden. Um herauszufinden, wie man gut flattert, eignet sich das Wort „Brot" hervorragend. Allmählich wird das R in dem Wort verlängert und die Übung durch crescendi und diminuendi ausgebaut.

Summtöne

Summtöne verlangen ein Summen mit Falsettstimme und gleichzeitiges Blasen in die Blockflöte. Gelingt es, unisono zur Blockflötenmelodie zu summen, ist der nächste Schritt ein systematisches Erarbeiten aller Intervalle zum gehaltenen Ton der Blockflöte. Wer Lust hat, kann sogar leichte Duette oder Ober- und Bassstimmen zusammen üben.

Windgeräusche

Windgeräusche können auf verschiedene Arten erzeugt werden. Hält man das Instrument steil nach unten und öffnet die Lippen leicht, entweicht ein Teil der Luft nach außen. Der Ton beginnt durch den entweichenden Atem zu rauschen. Der gleiche Effekt wird erzielt, indem man das Instrument nach rechts oder links oben hebt. Eine Technik, die sich hervorragend für das Pianissimospiel eignet, ist es, die Schneidezähne in den Labiumsspalt zu stecken und die Lippen sehr fest zu spannen. Je nach Lippenspannung variiert der Geräuschanteil des Tones. Ein Stück entfernt vom Mund in die Flöte zu blasen, ergibt einen ähnlichen Effekt, der jedoch schwerer kontrollierbar ist. Ein Streichholz, in den Windkanal gesteckt, kann je nach Stellung Geräusche im Klang erzeugen und die Blockflöte erheblich leiser klingen lassen, je nachdem wie schräg es angebracht wird.

---

[6] Einige Griffbeispiele für die Altblockflöte finden sich bei WALTER VAN HAUWE 1996, S. 25-27.
[7] Eine Tabelle der gängigsten Mehrklänge findet sich bei WALTER VAN HAUWE 1996, S. 41-46.

Sputato

Beim Sputato fixiert man das Atemsystem, hält also quasi die Luft an und spuckt dann ein explosives T mit der Restluft des Mundraumes in die Blockflöte. Es erklingt ein sehr trockener, kurzer Klang.[8]

Improvisation

In jeder Epoche der Musik gehörte Improvisation zum täglichen Brot der Musiker. Sie lernten von Anfang an, sich in ihrer Musiksprache auch ohne Notentext auszudrücken. Leider ist dies heute nicht mehr selbstverständlich. Oft wird erst nach jahrelangem „Kleben" an den Noten der Versuch unternommen zu improvisieren. Natürlich ist es nicht verwunderlich, wenn Ängste, Hemmungen und ein zu hoher Anspruch an das Ergebnis jemanden schnell wieder zum gewohnten sicheren Notentext zurückgreifen lassen. Beim Erlernen des Notentextes fügt man allmählich immer mehr Töne und Vorgaben hinzu. Genau das Gegenteil geschieht beim Erlernen der Improvisation. Gibt man zu Beginn noch viele einschränkende Anweisungen und Vorgaben, so reduzieren diese sich immer mehr, je weiter man in die Kunst der Improvisation eintaucht.

Grob könnte man das Thema Improvisation nach zwei Gesichtspunkten gliedern:

1. Die *historische Improvisation* beinhaltet das Erlernen bestimmter Satztypen und ihre Sprache. Das Ricercare, was soviel wie „suchen" heißt, war eine typische improvisierte Satzform der Renaissance. Mit Hilfe vieler zeitgenössischer Lehrbücher, von denen einige noch im Kapitel „Verzierungen" genannt werden, kann man diese alte Kunst wieder erlernen. Im Barock waren unter anderem die so genannten „Grounds" groß in Mode. Bassschemata wie die Follia, die Bergamasca oder die Romanesca wurden für lange Improvisationen der Oberstimme ständig wiederholt. Studieren kann man diese Art der Improvisation an Hand alter Sammlungen, etwa „The Division Violin" von JOHN PLAYFORD (London 1684, ²1685) und „The Division Flute" ANONYMUS (London 1722). Die Franzosen bevorzugten im Barock als Improvisationsform das Prélude. Préludes sind kleine Stückchen, mit denen sich der Musiker einspielen konnte oder sich in eine bestimmte Tonart einhörte. JACQUES HOTTETERRES' „L'art de Préluder sur la Flûte traversière" (Michael Sanvoisin, Paris 1966) ist die ausführlichste Quelle französischer Préludes für Blockflöte.

2. Die *moderne Improvisation* eignet sich ausgezeichnet, um die verschiedensten Bereiche der Ensemblearbeit spielerisch zu fördern.[9] Der Kontakt inner-

---

[8] Ausführliche Erklärungen zu modernen Spieltechniken und viele Übungen findet der interessierte Leser in dem Standardwerk für Blockflötisten von WALTER VAN HAUWE 1996, S. 61 ff.

[9] Sehr gute Improvisationsvorschläge enthält MICHAEL VETTERS *Blockflötenschule, Ergänzungsband* (Wien 1983, S. 31-34) unter „kompositorische Konzepte". In Band 2 der Materialien zum Musikunterricht *Instrumentales Ensemblespiel* von ORTWIN NIMCZIK und WOLFGANG RÜDIGER (Regensburg 1997, S. 19-98) lassen sich ausgezeichnete Improvisationsübungen finden. Um nur einige Titel zu nennen: Stille und Klang, Atem und Augenblicke, Klangketten, Kompositionen von John Cage, Beat und Offbeat, Endlos-rallentando, Zusammenklingen, Akkordkatalog, Let's have inter-

halb der Gruppe und zum Instrument kann intensiviert werden. Technische Inhalte wie zum Beispiel Artikulation, Tongebung und Intonation werden geübt. Gemeinsam eine Form entwickeln, Mut zu Einzelaktionen finden, schnell reagieren und aufeinander hören sind weitere Ziele der Improvisationen.

Als musikalische Vorgaben können fungieren:
- Form: Frage – Antwort, Solo-Tutti-Wechsel, Weitergabe, Anfang – Schluss
- Melodie: ein oder mehrere Töne, bekannte Volkslieder, Tonleitern
- Harmonik: Ostinato, Bordun, Akkorde
- Rhythmus: Tempo, Takt, Agogik, Pausen, Synkopen, accelerando – ritardando
- neue Spieltechniken: Mehrklänge, Flötenteile, Glissandi

Als abstrakte Vorgaben können fungieren:
- Bilder, Gemälde, Objekte
- Worte, Gedichte, Geschichten
- Stimmungsbilder, Gefühle
- grafisch notierte Musik

Verzierungen in der Renaissance und im Barock

Die eigentliche Verzierungslehre zu erarbeiten, würde den Rahmen dieses Kapitels sprengen. Der Weg, sich in die Verzierungslehren der Renaissance und des Barock einzuarbeiten, ist es, alte Quellen praktisch zu studieren. An erster Stelle steht für die Renaissance die Blockflötenschule des SYLVESTRO GANASSI „Opera intitulata Fontegara" (Robert Lienau, Berlin 1956). In dieser ersten Blockflötenschule sind neben sehr interessanten Artikulationserklärungen eine Fülle von Verzierungsformeln für alle möglichen Intervalle notiert. Die Floskeln sollten viel gespielt und auswendig gelernt werden, um ein Gefühl für die Melodik dieser Epoche zu entwickeln. Werden diese Schemata an passenden Stellen im Stück eingefügt, entstehen schöne Verzierungen einfacher Melodien. Neben diesem reinen Lehrwerk ist es sehr hilfreich, auch Diminutionen über französische Chansons oder italienische Madrigale von BASSANO oder DELLA CASA (Bernard Thomas, London Pro Musica Edition, London 1982) zu studieren. Barocke Verzierungsbeispiele finden sich in J. J. QUANTZ „Versuch einer Anweisung, die Flöte traversière zu spielen" (Bärenreiter, Kassel 1983, Anhang, [1]1752), und ebenfalls hervorragend erweist sich ein Studium der „methodischen Sonaten" von G. PH. TELEMANN (Max Seiffert, Bärenreiter, Kassel 1955, [1]1728).

Kurz soll das Thema *Triller* besprochen werden, da es einige grundlegende Regeln zu befolgen gilt: Die Triller der Renaissancemusik sind oft in unterschiedlicher Länge ausnotiert und werden ansonsten nur bei Kadenzen eingefügt.

---

action und Flammentropfen. Nach Erarbeitung einiger vorgegebener Improvisationsvorschläge fällt es sicher nicht schwer, eigene Ideen weiterzuentwickeln.

Der frühbarocke Triller beginnt immer von unten. Diese Notierung:

meint aber einen Triller mit Vorhalt von oben und markiert damit den Übergang zum Triller des Barock. Es gibt noch zwei Sonderformen des frühbarocken Trillers, die dem Gesang entnommen sind. Zum Ersten ein Triller, der aus einem sich wiederholenden Ton besteht, der je nach Länge der zu Verfügung stehenden Zeit accelerieren und retardieren kann. Zum Zweiten ein von unten beginnender Triller zwischen zwei Tönen in punktiertem Rhythmus, der immer mehr verwischt, je schneller der Triller wird.

Im Barock wird der Vorhalt von oben immer wichtiger und verbraucht oft einen größeren Teil des Notenwertes als der Triller. Häufige Fehler sind zum einen, den Triller in Ausdruck und Timing nicht an den Charakter des Stückes anzupassen. Ein schnelles Allegro braucht einen rhythmisch klaren und kurzen Triller. Ein Adagio einen ausladenden, harmonisch orientierten Triller. Die zweite Gefahr ist, alle Triller eines Stückes gleich zu spielen und damit monoton zu wirken. Harmonisch ist Vorsicht geboten, falls durch den Trillervorhalt statt eines dissonanten Quart-Terzvorhalt ein Quint-Quartvorhalt zum Bass entsteht. Manchmal können durch ein Trillern in zwei Stimmen gleichzeitig Quintparallelen entstehen, die unbedingt zu vermeiden sind. Es bietet sich im Ensemble häufig an, dass nur einer der Spieler, meistens die Oberstimme, trillert.

Versteht man den Begriff „Verzierungen" weitläufiger als ein Hinzufügen nicht notierter Noten, so kann man unter dieses Thema auch die Frage der *Alterationen* stellen. In der Renaissance wurden viele Versetzungszeichen als selbstverständlich vorausgesetzt und daher nicht notiert. Da wir das Gefühl für die Melodien und Harmonien aber verloren haben, sollten wir wenigstens diese drei Grundregeln beachten:

1. „Fa sopra la" oder auch „Una voce supra la semper est canendum fa", was soviel bedeutet wie: Ist die große Sexte der melodische Spitzenton, so muss diese erniedrigt werden.

2. Vermeidung des Tritonus in der Melodieführung wie auch in zwei Stimmen übereinander und kurz hintereinander.
3. Erhöhung des Leittones bei Kadenzen, wobei man die Freiheit hat, einer Kadenz durch die Erhöhung den Ausdruck eines Abschlusses zu verleihen oder sie unauffällig verstreichen zu lassen ohne Erhöhung.

Die französische Musik hat im Barock eine eigene Musiksprache und eine eigene strenge Verzierungslehre entwickelt. Ohne deren Wissen ist eine stilgerechte Interpretation dieser Musik unmöglich.

Coulès	sind Bindungen kleiner Notenwerte, die immer egal oder ausnahmsweise auch lombardisch interpretiert werden.
Port-de-voix	ist ein Vorhalt von unten, der die Hauptzeit der Notenlänge in Anspruch nehmen kann.
Coulement	ist die stufenweise Ausfüllung einer absteigenden Terz, wobei die zusätzliche Note an die tiefere angebunden wird.
Flattement	ist das Fingervibrato und wurde im Kapitel „Vibrato" besprochen.
Battement	ist ein „Mordent", der oft an einen Port-de-voix angehängt wird.
Cadence	ist ein Triller von oben.
Double Cadence	ist ein Triller, dem ein Nachschlag folgt.
Accent	ist ein kurzes Ausbrechen zum nächsthöheren Ton am Ende eines Tones.
Inégal	werden die kleinsten Notenwerte gespielt. Man erreicht die Ungleichheit der Noten durch die Artikulationssilben tü rü, die nach bestimmten Regeln angewendet werden.[10]

Tempo in der Renaissance und im Barock

Um das *Tempo in der Renaissance* zu erklären, benötigen wir einige theoretische Kenntnisse: In der Renaissance entwickelte sich die weiße Mensuralnotation. Im Gegensatz zur musica plana des Gregorianischen Gesanges stellte man die Mensuralnotation in messbaren Zeitwerten dar. Außerdem wurde es im Gegensatz zur schwarzen Mensuralnotation gebräuchlich, die Köpfe langer Notenwerte weiß zu schreiben. Es gab die Noten

maxima ⊟ , longa ♮ , brevis ♮ , semibrevis ◇ ,

minima ↓ , semiminima ♦ , fusa ♦ , semifusa ♪ .

In der Renaissance konnte man bestimmte Noten zwei- oder dreimal unterteilen: Die dreiteilige Note galt als perfekt (Dreieinigkeit, Anfang – Mitte – Ende), die Zweiteilung als imperfekt. Die Mensur der Brevis wird als „tempus" bezeichnet, der auf zweierlei Arten auftritt. Einmal als tempus perfectum, durch einen Vollkreis symbolisiert, und andererseits als tempus imperfectum, durch einen nach rechts offenen Halbkreis gekennzeichnet. Die Mensur der Semibrevis heißt „prolatio", und auch hier gibt es zwei Möglichkeiten. Die Prolatio perfecta wird durch einen Punkt in der Mitte des Halbkreises oder Kreises angezeigt. Ein Fehlen dieses Punktes nennt man die prolatio imperfecta. Dadurch ergeben sich vier Kombinationen von tempus und prolatio:

---

[10] Genaue Informationen enthält JACQUES HOTTETERRES' *Principes de la flûte traversière*. Bärenreiter, Kassel 1982.

tempus imperfectum cum prolatione imperfecta:

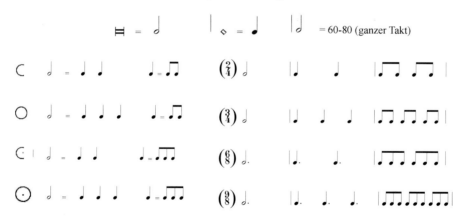

tempus perfectum cum prolatione imperfecta:

tempus imperfectum cum prolatione perfecta:

tempus perfectum cum prolatione perfecta:

Dieses theoretische Wissen benötigen wir, um das Tempo eines Stückes der Renaissance zu bestimmen. Damals war das Metrum eines Stückes immer der Pulsschlag, der zwischen 60-80 Schläge pro Minute lag. Unterschiedliche Tempi ergaben sich durch die verschiedenen Notenunterteilungen. Da das Notenbild, in moderner Notation abgedruckt, sehr befremdlich auf uns wirken würde, ist die am besten geeignete Reduktion die von 1:4. Dann entspricht die Brevis einer Halben, und diese wird unser Grundschlag. Die Semibrevis ist dann die Viertel. Folgende Takte, mit Grundschlag 60 für je einen Takt gespielt, verdeutlichen, wie unterschiedlich schnell die Rhythmen klingen:

Damit wäre ziemlich genau geklärt, welches Tempo gewählt werden müsste, würden uns nicht die heutigen Herausgeber gelegentlich einen Strich durch die Rechnung machen. Sie geben entweder gar keine Angaben über ihre Reduktionsweise oder verändern nur die Noten und lassen die alten Taktzeichen jedoch stehen. Daraus ergeben sich schlichtweg falsche Übertragungen. Das hat katastrophale Folgen für das Tempo eines Stückes. Es kann plötzlich doppelt oder sogar vierfach zu schnell oder zu langsam sein. Am besten eignen sich Ausgaben, die am Anfang des Stückes die Originalnotation angeben:

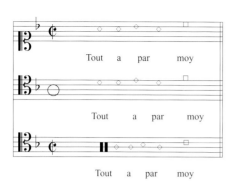

Einfacher ist es, die **Tempi der Renaissancetänze** zu beschreiben. Man stützt sich dabei auf alte Tanzbücher, wie das 1588 erschienene Tanzbuch „Orchéso-graphie" von Thoinot Arbeau (Langres 1596) oder Fabritio Carosos Buch „Il ballarino" (Venedig 1581 / H. Möenkemeyer, Rodenkirchen, 1971) und Cesare Negris „Le gratie d'amore" (Venedig 1602).
Die wichtigsten Tänze dieser Zeit waren:

Basse danse	oder Bassadanza, wie die Italiener ihn nennen, war ein langsam-festlicher, aber leichter, höfischer Tanz mit kleinen geschleiften Schritten.
Salterello	von den Spaniern alta danza genannt, war ein kecker, leicht bewegter Tanz. Es wurden darauf Doppelschritte in raschem Zeitmaß getanzt.
Pavane	war ein Hof- und festlich-gravitätischer Aufzugstanz in gemessenem Tempo.
Galliarde	meist der Pavane folgend, war ein schneller, freudiger Sprungtanz.
Branle	war je nach den beschreibenden Zusätzen ein gravitätischer (Branle double) oder leichtfüßiger (Branle gay) Tanz.

Wer wirklich spüren und wissen will, wie schnell man einen Tanz der Renaissance spielt, sollte einen historischen Tanzkurs belegen.

Das **Tempo des Barock** stützt sich nicht mehr auf ein feststehendes, kompliziertes Proportionssystem, sondern orientiert sich mehr an den Affekten der Musik. Dadurch wird die Tempobandbreite für eine bestimmte Satzbezeichnung relativ groß.

J. J. Rousseau erklärt die Tempi folgendermaßen: „Es gibt fünf Grundarten der Bewegung, die vom Langsamen zum Schnellen durch die Worte Largo, Adagio, Andante, Allegro, Presto bezeichnet werden. Diesen Begriffen entsprechen im Französischen die folgenden Bezeichnungen: Lent, Modéré, Gracieux, Gai, Vite. Jede dieser Stufen wird noch unterteilt; hierbei muss unterschieden werden zwischen denjenigen, die den Grad der Geschwindigkeit anzeigen wie Larghetto, Andantino, Allegretto, Prestissimo und denjenigen, die darüber hinaus den Charakter des Stückes bezeichnen wie Agitato, Vivace, Gustoso, Con brio usw."[11]

J. J. ROUSSEAU beschreibt die Charaktere der verschiedenen Satztypen in seinem „Dictionnaire de musique" (1767)[12]:

Largo	ist der langsamste aller Sätze. Man spielt lange Töne und dehnt die Zeit und Schläge.
Larghetto	ist weniger langsam als das Largo, es ist dem Andantino sehr ähnlich.
Grave	drückt Langsamkeit in der Bewegung und einen Ernst in der Ausführung an.
Adagio	bedeutet gesetzt und angenehm.
Affettuoso	bedeutet ein mittleres Tempo zwischen Andante und Adagio und ist im Ausdruck zart und liebevoll.
Andantino	ist im Tempo im Vergleich zum Andante etwas weniger fröhlich; das muss hervorgehoben werden, da das Larghetto im Vergleich zum Largo das Gegenteil bedeutet.
Andante	bedeutet einen maßvollen, jedoch nicht fröhlichen Satztyp.
Allegretto	bezeichnet eine gemäßigtere Fröhlichkeit als Allegro.
Allegro	bedeutet fröhlich und ist der lebendigste Satz nach dem Presto.
Vivace	ist ein fröhlicher, rascher, bewegter Satztyp und braucht eine gewagte und feurige Ausführung.
Presto	ist sehr schnell und bezeichnet häufig Fröhlichkeit, Zorn, Wut und Geschwindigkeit.

Die meisten Quellen für barocke Tanzmusik kommen aus Frankreich. Die bekannteste deutsche Quelle ist J. J. QUANTZ „Versuch einer Anweisung, die Flöte traversière zu spielen" (Kassel 1983, [1]1752). Die wichtigste französische Schrift ist MICHEL L'AFFILARD „Principes très faciles pour bien apprendre la musique" (Paris 1705). Aus dieser Zeit existieren schon richtige Tempoangaben, die durch verschiedene Pendellängen angegeben wurden. Sie lassen sich in heutige Metronomzahlen umrechnen. Da sie in verschiedenen Manuskripten stark variieren, werden hier immer die niedrigste und höchste Zahl als Eckpfeiler angegeben. Fällt eine Zahl sehr aus dem Rahmen, wird sie mit der Quelle extra genannt.

Allemande	♩ = 192 (sehr schnelle Art), ist ein fröhlicher Tanz aus Deutschland.
Aria	bedeutet Air oder Lied, ist fast immer ein wenig schnell und fröhlich, und der erste Schlag eines jeden Taktes wird deutlich markiert.
Bourrée	♩ = 112-148, bei Quantz = 160, wird lustig gespielt.
Canarie	♩. = 106-128, bei Quantz = 160, ist eine Art Gigue in noch schnellerem Tempo.

---

[11] Zit. n. JEAN-CLAUDE VEILHAN: *Die Musik des Barock und ihre Regeln*. Paris 1977, S. 60.
[12] Ebd. S. 62 f.

Contre-Danse	♩ = 128-150, soll brillant und fröhlich gespielt werden, aber nicht überladen, da er oft wiederholt wird.
Chaconne	♩ = 121-160, wird gleichfalls prächtig gespielt, man wechselt von Dur zu Moll, vom Ernsten zum Fröhlichen, vom Zarten zum Lebhaften über, ohne das Tempo zu verändern.
Courante	♩ = 80-90, ist eine langsame Sarabande, die prächtig gespielt wird.
Gavotte	♩ = 98-128, bei Quantz = 160, kann sowohl langsam als auch fröhlich sein, allerdings ist sie nie besonders schnell oder besonders langsam.
Gigue	♩. = 100-121, bei Quantz = 160, wird sehr rasch gespielt.
Loure	♩. = 75-112 wird prächtig und langsam gespielt.
Menuett	♩. = 53-77, ist ein Stück im Dreiertakt von gemäßigtem Tempo; man sollte darauf achten, dass man immer zwei Takte zusammennimmt, man nennt den einen „gute Zeit" und den anderen „schlechte Zeit".
Ouverture	ist ein Instrumentalsatz, den man hervorstechend, bedeutsam und harmonisch gestalten soll.
Passacaille	♩ = 95-106, bei Quantz = 160, hat ein etwas langsameres Tempo als die Chaconne.
Passepied	♩ = 53-100, ist ein schnelles Menuett und ihm im Charakter sehr ähnlich.
Rigaudon	♩ = 116-148, bei Quantz = 160, wird lustig und mit einer kurzen, leichten Artikulation ausgeführt.
Rondeau	♩ = um 160; hat man ein Dur- und ein Moll-Rondeau hintereinander, kann man das Dur-Rondeau schneller spielen als das Moll-Rondeau.
Sarabande	3/2 Takt ♩ = 72, 3/4 Takt ♩ = 80-96, 6/4 ♩ = 133 (Vorsicht: die englische Sarabande war kein langsamer Tanz, sondern der schnellste in der englischen Suite, siehe z. B. MATTHEW LOCKE, London 1972.)
Siciliano	soll nicht gar zu langsam und sehr simpel, fast ohne Triller und wenig Manieren gespielt werden.
Tambourin	♩ = 160-182 soll hüpfend und klar gespielt werden.[13]

Jazz auf der Blockflöte

Sprechen wir in der Blockflötenmusik von Jazz, handelt es sich entweder um jazz- und popartige Kompositionen oder um Bearbeitungen aus dem Bereich der Unterhaltungsmusik. Um jazzige Stücke zu interpretieren, sollte man mit einigen Grundregeln des Jazz vertraut sein. Oft haben aber klassische Musiker wenig oder gar keinen Bezug zum Jazz. Und da gibt es nur eine wirksame Me-

---

[13] Wer mehr Informationen sucht zu diesem Thema, findet sie in JEAN-CLAUDE VEILHAN: *Die Musik des Barock und ihre Regeln*, Paris 1977, und in: KLAUS MIEHLING: *Das Tempo in der Musik von Barock und Vorklassik: die Antwort der Quellen auf ein umstrittenes Thema*, Noetzel, Wilhelmshaven 1993.

dizin, nämlich sich Aufnahmen und Konzerte anzuhören. Insbesondere der „Bebop" hilft, ein „feeling" für den sogenannten Swing, die Melodieführung, die Harmonik und Improvisation zu bekommen. Das wichtigste und wohl schwerste Element des Jazz ist für Blockflöten der Swing. Vergleichbar den „notes inégales" der französischen Barockmusik, wird im Jazz bei Achtelnotenpaaren die erste etwas gedehnt und die zweite verkürzt. Diese Inegalität kann rhythmisch nicht genau festgelegt werden. Sie sollte etwas weniger als eine triolische Unterteilung sein. Damit das „Jazzinégal" swingt, muss noch Folgendes beachtet werden:

- Das Metrum soll fest bleiben, nichts ist tödlicher für den Swing als ein schwankendes Tempo.
- Je schneller das Tempo des Stückes ist, desto gleichmäßiger müssen Achtelnoten gespielt werden.
- Die Artikulation der Achtelnoten muss weich gestoßen und darf auf keinen Fall staccato gespielt werden.

Fast so schwer wie das Swingen fällt es den klassischen Musikern, die Betonungen nicht wie gewohnt auf eins und drei zu setzen, sondern auf die unbetonte Zählzeit zwei und vier. Ebenso ist es nur durch Hören möglich, ein Gefühl für die Melodieführungen und die Platzierung der synkopierten Betonungen zu bekommen. Befolgt man oben genannte Tipps, so können jazzähnliche Stücke schon sehr gut gelingen.[14]

Die Blockflöte im Zusammenspiel mit anderen Instrumenten und Gesang

Verwendet man die Blockflöte in vorgegebenen Besetzungen, so wird es kaum Schwierigkeiten im Zusammenspiel geben.

Blockflöte / Cembalo / Viola da Gamba

Diese historische Besetzung ist für ein Musizieren frühbarocker bis hochbarocker Musik sicherlich die beste. Der kurze, schnell verklingende Ton des Cembalos wird durch die Linienführung des Basses ausgeglichen. Spielt man ohne Gambe, wird die Basslinie eventuell undeutlich. Eine Kontrolle des Lautstärkenverhältnisses innerhalb des Ensembles ist bei jedem neuen Stück frisch zu überprüfen.

Blockflöte / Klavier

Steht jedoch kein Cembalo zur Verfügung, bleibt oft nur die Möglichkeit, die Stücke mit Klavier zu arbeiten. Dabei muss aber einiges beachtet werden, um ein befriedigendes Ergebnis zu erhalten. Das erste und oft unlösbare Problem im Zusammenspiel ist die Grundstimmung des Klaviers. Die meisten Instru-

---

[14] Wer sich ausführlich mit dem Thema Jazz und Jazzimprovisation beschäftigen will, dem sei JOEL LEVINs und PETER ROSEs Artikel *The Recorder Player's Introduction to Jazz* (Original in *Tibia* 1/97, S. 15) ans Herz gelegt.

mente sind nicht auf a = 440 Hz, dem eigentlichen, in der Londoner Stimmtonkonferenz 1939 festgelegten Stimmton eingestimmt, sondern gehen mit dem momentanen Trend des steigenden Kammertons und schwingen auf a = 442-444 Hz. Im Allgemeinen erreichen aber Blockflöten im aufgewärmten Zustand bestenfalls a = 442 Hz, und ist man nicht bereit, einschneidende Stimmungskorrekturen vorzunehmen – etwa ein Loch in den Flötenkopf zu bohren (siehe Kapitel „Intonation") – hat man keine Chance, an die Stimmung des Klaviers heranzukommen.

Als nächstes Problem ergibt sich die temperierte Stimmung. Ton für Ton muss verglichen werden, bis der Blockflötist eine gewisse Sicherheit im Treffen der Intonation hat. Ein weiteres Hindernis stellt der extreme dynamische Flexibilitätsunterschied beider Instrumente dar. Generell muss sich der Pianist um einen schlanken und zurückhaltenden Ton bemühen, der aber nicht dünn und langweilig klingen darf. Das rechte Pedal sollte sparsam verwendet werden. Hält sich der Pianist in der Dynamik zurück, muss der Blockflötist im Gegensatz dazu versuchen, seine dynamischen Möglichkeiten voll auszunutzen. Das Klavier erweist sich also immer als etwas schwierig. Als Ersatz einer historischen „Basso continuo-Begleitung" eignet es sich wirklich nur als Notlösung, und auch in Originalliteratur muss man ein waches Ohr für Intonations- und Lautstärkenprobleme haben. Ein kleiner Tipp für Begleitinstrumente barocker Sonaten: Die rechte Hand war nicht wie heute ausnotiert, sondern wurde im Barock improvisiert. Daher konnte ein Begleiter unsaubere Tonverdopplungen zwischen Solo- und Begleitinstrument einfach aus dem Akkord weglassen. Spielt die Blockflöte ein e und das Akkordinstrument einen a-moll-Akkord darunter, spielt das Begleitinstrument nur a-c und lässt eine Verdopplung des e aus. Dadurch wird die Intonation stark erleichtert. Meistens ist in modernen Generalbassausgaben die Aussetzung der rechten Hand viel zu überladen. Es empfiehlt sich, einiges, unter Einhaltung der Generalbassregeln, zu vereinfachen und zu streichen.

Blockflöte / Gitarre

Diese Instrumente harmonisieren sehr gut zusammen. Der Klang einer Gitarre ähnelt etwa dem des Cembalos, da beide Instrumente den Klang mittels Zupfen der Saite erzeugen. Neben moderner Originalliteratur gibt es mittlerweile eine Vielzahl von Bearbeitungen aus allen Stilepochen für Blockflöte und Gitarre. Die Gitarre ist dem Klavier eindeutig vorzuziehen.

Blockflöte / Gesang

Volkslieder in der Schule von der Blockflöte begleiten zu lassen, ist sicher für viele Schüler eine große Hilfe. Spielt der Lehrer das Instrument und sind die Finger der Kinder groß genug, um eine Tenorblockflöte zu greifen, sollten diese auf jeden Fall der Sopranblockflöte vorgezogen werden. Sie entspricht der Stimmlage der Kinder. Man darf nicht vergessen, dass Blockflöten Vierfußinstrumente sind. Das heißt, nicht die Sopranblockflöte entspricht der Sopranlage des Gesangs, sondern die Tenorblockflöte. Die Bassblockflöte ist der Altlage gleichzusetzen und die Kontrabassblockflöte der Männertenorstimme. Daher muss man auch vorsichtig sein, eine Gesangstimme durch eine Blockflöte zu ersetzen. Würde man in einem Chor die Altstimme von einer Altblockflöte spielen lassen, ergäben sich Stimmvertauschungen, die falsch klingen. Möglich ist es jedoch, jede Stimme eines Chores mit einer Blockflöte colla parte zu verstärken. Es erklingt damit ein kompletter Satz des Liedes im Vier- und Achtfuß.

Blockflöte / ORFF-Instrumente

Das Zusammenspiel von Blockflöte und ORFF-Instrumenten eignet sich für die Grundschule und den Unterricht in größeren Gruppen sehr gut. Werden Stücke aus dem ORFF'schen Schulwerk gearbeitet, sollte beachtet werden, dass CARL ORFF die Hinzunahme der Blockflöte abgelehnt hat. Es ist wohl eine individuelle Entscheidung, das Verbot ORFFs zu respektieren oder nicht.

Stundenaufbau

Beim Thema Stundenaufbau wird oft diskutiert, ob jede Stunde gleich aufgebaut sein oder variieren soll. Es ist wohl wie im täglichen Leben. Es gibt Menschen, die einen strengen Tagesablauf brauchen und andere, für die selbiger tödlich langweilig wäre. Genauso verhält es sich mit unseren Schülern. Da wir in einer Gruppe wahrscheinlich beide Typen wiederfinden, wird ein Mittelweg eine gute Lösung sein. Feste Bestandteile, auf die sich der Schüler verlassen kann, wechseln mit variablen Unterrichtsphasen ab. In jeder Unterrichtsstunde sollten auf alle Fälle Intonationübungen, Improvisationsübungen, die technische und interpretatorische Arbeit an einem Stück enthalten sein. Hat man ein Stück bereits erarbeitet, kann dies als Repertoirestück zum festen Bestandteil einer Stunde werden. Auflockern lassen sich die festen Punkte der Stunde durch musikalische Spiele wie Geräuschememory (in kleinen Dosen werden immer paarweise Gegenstände getan, die Dosen dann geschüttelt, findet man zwei gleiche, darf man sie nehmen) und Würfelspiele (Menuett von MOZART, in: NIMCZIK/RÜDIGER 1997, S. 61-64), die sogar selbst in der Stunde ausgedacht und gebastelt werden können. Bei der Einführung eines neuen Stückes ist es möglich, Musikgeschichtliches einfließen zu lassen und das neue Stück eventuell auf einer CD-Aufnahme anzuhören. Hat man ein paar Stücke erarbeitet, bietet eine Wunschstunde eine gute Möglichkeit, diese Stücke zu wiederholen. Sehr auflockernd wirkt es auch, einfach aus Spaß zu musizieren und auf nichts näher einzugehen. Und gibt der Lehrer auch gelegentlich seine Ensembleleitung an einen Schüler ab, kann er vielleicht selbst viel über seine Unterrichtsart und Eigenheiten lernen. Der Fantasie sind keine Grenzen gesetzt, eine Ensemblestunde sowohl effektiv als auch unterhaltsam zu gestalten.

Anhang

Literatur für Ensemble

Mittlerweile existiert eine große Auswahl an Literatur für alle Besetzungen mit Blockflöte. Es ist nicht möglich, alles aufzuzählen, und so bleibt nur der Hinweis auf Verlage, die besonders viele Ausgaben für Blockflöte anbieten.

- Moeck-Verlag:
  Monumenta Musicae Ad Usum Practicum
  Der Bläserchor
  Das Blockflöten-Repertoire
  Amsterdam Loeki Stardust Quartett Present
  Zeitschrift für Spielmusik
- Schott-Verlag
- Heinrichshofen-Verlag
- Bornemann-Verlag (Sammelbände, Musikmärchen)
- Universal Edition
- Bosworth Edition (hauptsächlich Bearbeitungen)

Außerdem ist es sehr empfehlenswert, in die nächste Musikbibliothek zu gehen und sich dort über Reihen wie CMM, Musica Britannica und diverse Gesamtausgaben einzelner Komponisten zu informieren.

Blockflöte im Internet

Gibt man in einer Suchmaschine „Blockflöte" ein, erhält man eine wahre Flut von Homepages diverser Firmen, Musikern und Musikschulen des gesamten Netzes. Hier nun eine Aufstellung der wichtigsten Adressen für Blockflöte im Internet:

Die Recorder Homepage von NIKOLAS LANDERS aus Australien ist wohl die erste Adresse für jeden Server. Er bietet eine Einführung in die Geschichte und die Technik der Blockflöte, Links zu Herstellern, Händlern, Verlagen, Spielern, Ausbildungsstätten, Zeitschriften und CDs.

http://www.iinet.net.au/-nickl/recorder.html

Weitere Adressen sind:

Windkanal: www.blockfloete.at/www.blockfloete.de

International Recorder Page: http://www.recorder.net

Early Music Shop: http://www.e-m-s.com

Blockflöte in Frankreich: http://www.dr19.cnrs.fr/-manguin/fltabec/index_eng.htm

Mollenhauer: http://www.mollenhauer.com

Moeck: http://www.moeck-verlag.de

BRAD LEISSA: http://www.intr.net/bleissa

HAN HARTOG: http://www.xs4all.nl/jchartog.htm

WALTER VAN HAUWE: Catalogue for Contemporary Blockflute Music (CCBM)

Literatur

APEL, WILLI: *Die Notation der polyphonen Musik*. Wiesbaden: Breitkopf & Härtel, 1981

BARTHEL, RUDOLF: *Ratschläge für einen Flötenchor und seine Instrumentierung*. Celle: Moeck Verlag, 1989

BLEZINGER, STEPHAN: Die Stimmung – Stimmungskorrekturen an der Blockflöte. In: MOLLENHAUER, CONRAD (Hrsg.): *Die Blockflöte 4*. Fulda: 1985

BOUTERSE, JAN: *Die Blockflöte*. Celle: Moeck Verlag, 1992

BRAUN, GERHARD: *Neue Klangwelt auf der Blockflöte*. Wilhelmshaven: Heinrichshofen, 1978

BRÜGGEN, DANIEL: Das Vibrato im Blockflötenspiel (Teil 1). In: *Tibia* 1 (1996), S. 23-27

BRÜGGEN, DANIEL: Das Vibrato im Blockflötenspiel (Teil 2). In: *Tibia* 2 (1996), S. 116-123

GANASSI, SILVESTRO: *La Fontegara – Schule des kunstvollen Flötenspiels und Lehrbuch des Diminuierens*. Berlin-Lichterfelde: Robert Lienau, 1956

GANASSI, SILVESTRO: *Regola Rubertina – Lehrbuch des Spiels auf der Viola da Gamba und der Laute*. Berlin-Lichterfelde: Robert Lienau, 1972

HARLAN, PETER: *Hausmusik*. Kassel: Bärenreiter, 1950

HAUWE, WALTER VAN: *Moderne Blockflötentechnik*. Band 1-3. Mainz: Schott, 1987, Bd. 2 1996

HAYNES, BRUCE: Das Fingervibrato (Flattement) auf Holzblasinstrumenten im 17., 18. und 19. Jahrhundert, Teil II. In: *Tibia* 3 (1997), S. 481-487

HOTTETERRES, JACQUES: *Principes de la Flûte Traversière*. Kassel: Bärenreiter, 1982

KELLNER, HERBERT ANTON: *Wie stimme ich selbst mein Cembalo?* 3. Auflage. Frankfurt am Main: Bochinsky, 1986

KÖHLER, WOLFGANG: Tanzmusik der Renaissance – Gedanken zu ihrer musikalischen Ausführung. In: *Tibia* 3 (1993), S. 33-36

LEVIN, JOEL; ROSE, PETE: The Recorder Player's Introduction to Jazz. In: *Tibia* 1 (1997), S. 335-345

LOCKE, MATTHEW: *Chamber Music*. Band I/II. London: Stainer und Bell, 1972

METT, SILKE. Intonation im Ensemblespiel – Theorie und Praxis. In: *Tibia* 4 (1989), S. 573-580

NIMCZIK, ORTWIN; RÜDIGER WOLFGANG: Instrumentales Ensemblespiel. Übungen und Improvisationen – klassische und neue Modelle. Material- und Basisband. ConBrio Verlagsgesellschaft, Regensburg: 1997

ORTIZ, DIEGO: *Tratado de glosas sobre clausulas y otros generos de puntos en la musica de violones*. Kassel: Bärenreiter, 1936

OTT, EUGEN; OTT, KARIN: *Handbuch der Verzierungskunst in der Musik*. Band I/II. München: Ricordi, 1997

QUANTZ, JOHANN JOACHIM: *Versuch einer Anweisung, die Flöte traversière zu spielen*. Kassel: Bärenreiter, 1983, Erstausgabe 1752

ROTHE, GISELA: Intonation im Ensemblespiel – Praktische Übungen mit Blockflöten. In: MOLLENHAUER, CONRAD (Hrsg.): *Die Blockflöte 3*. Fulda: 1985

SACHS, CURT: *Eine Weltgeschichte des Tanzes*. Hildesheim: Olms, 1984

SCHMITZ, HANS-PETER: Jazz und Alte Musik. In: *Tibia* 4 (1998), S. 257-261

SCHOCH, RUDOLF: Der Einbau der Blockflöte in den Musikunterricht der Grundschule. In: FISCHER, H. (Hrsg.): Musikerziehung in der Grundschule. Bd. 2, Berlin 1958, S. 351

SCHWARZENBACH, PETER; BRYNER-KRONJÄGER, BRIGITTE: *Üben ist doof – Gedanken und Anregungen für den Instrumentalunterricht*. 2. Auflage. Frauenfeld: Verlag Im Waldgut AG: 1989

VEILHAN, JEAN-CLAUDE: *Die Musik des Barock und ihre Regeln*. Paris: Alphonse Leduc, 1982

VETTER, MICHAEL: *Blockflötenschule Ergänzungsband*. Wien: 1983

WOLGRAM, KLAUS; MEYER JÜRGEN: Über den spieltechnischen Ausgleich von Intonationsfehlern bei Blockflöten. In: *Tibia* 2 (1985), S. 322-335

ZANIOL, ANGELO: Jeder Musik ihre Blockflöte. Blockflöten des 14./15.-17. Jahrhunderts. In: *Tibia* 2 (1988), S. 73-83

Das Orff-Instrumentarium

Michael Kugler

1. Entstehung und didaktischer Ansatz

Die Bezeichnung „Orff-Instrumentarium" geht auf das von Carl Orff und Gunild Keetman entwickelte Orff-Schulwerk zurück.[1] Orff-Instrumentarium und Schulwerkkonzeption hängen so eng zusammen, dass ein Verständnis des einen ohne das andere kaum möglich ist. Als Dorothee Günther und Carl Orff 1924 in München die Günther-Schule für Gymnastik und Tanz gründeten, nahm sich Orff als Ziel eine neue Musikpraxis zur Bewegung vor, die die damals übliche Klavierbegleitung ablösen sollte. Anregungen bekam er aus dem Ausdruckstanz Mary Wigmans, aus Gesprächen mit dem Musikwissenschaftler Curt Sachs und durch eine autodidaktische Beschäftigung mit der frühen Musikgeschichte. In Wigmans Tanzkunst sah Orff ein ganzheitliches Prinzip tänzerisch-musikalischer Expressivität verwirklicht, das er *das Elementare*[2] nannte und das er auf die Musik zu übertragen gedachte. Gunild Keetman erinnert sich in Verbindung mit den Tänzen Wigmans an *Stücke für Trommeln, Gongs und Rasselchöre, oftmals Flötenmelodien von eigenartiger Eindringlichkeit, zauberhafte neue Klänge, die im Zusammenhang mit einem bisher nie gesehenen Bewegungsspiel ... eine untrennbare Einheit zu bilden schienen.*[3] Abbildungen und Besetzungsangaben zeigen, dass das Orchester der Mary-Wigman-Schule in Dresden um die Mitte der zwanziger Jahre bereits über vier Gongs und Tamtams, sieben Rahmentrommeln, eine große Trommel, vier Zylinderpauken, eine Indianertrommel, zwei Becken, zwei Schlitztrommeln, Triangel, Rasseln, Klappern, Kastagnetten und Blockflöten verfügte.[4] Es wurde zum Vorbild des Tanzorchesters der Günther-Schule und damit auch des Orff-Instrumentariums. Curt Sachs, Leiter der Staatlichen Instrumentensammlung Berlin, öffnete Orff den Blick für die Reichhaltigkeit der Perkussion in den verschiedenen Musikkulturen und vermittelte ihm die musikanthropologische Perspektive einer engen Verbindung von Perkussion und Tanz sowie der körperhaften Qualität der Musikausübung in den Ethnokulturen.[5]

In der Günther-Schule baute Orff in wenigen Jahren ein umfangreiches Schlagwerk auf, zu dem ab 1928 Xylophone und Blockflöten als Melodieinstrumente hinzutraten. Die Xylophone schuf der Münchner Instrumentenbauer Karl Maendler in Sopran-, Alt- und Basslage, und zwar sowohl in einer gro-

---

[1] Abgekürzt mit der Sigle OSW (Verzeichnis der verwendeten Abkürzungen siehe S. 408). Vgl. zur folgenden Darstellung des historischen Aspekts ergänzend Orff 1964, Orff 1976, Keetman 1978, Thomas 1977, Jungmair 1992, Fassone 1994, Kugler 2000.

[2] Orff 1976, S. 9.

[3] Keetman 1978, S. 11.

[4] Müller 1986, S. 128 f.

[5] Orff 1976, S. 14 f.

ßen, chromatischen Ausführung für die künstlerische Arbeit der Tanzgruppe GÜNTHER wie auch in einer kleinen diatonischen Ausführung für den Schulgebrauch. Metallophone und Glockenspiele folgten. Der Improvisationsunterricht mit dem großen Schlagwerkensemble war immer mit tänzerischen Vorstellungen oder mit ORFFs *Dirigierübung,* einer gestischen Improvisationsleitung, verbunden. KEETMAN erarbeitete die Spieltechnik auf Blockflöte und Xylophon weitgehend autodidaktisch, erteilte Unterricht und schrieb Musik für den choreographischen und didaktischen Bedarf. Primär diente das Schlagwerk der GÜNTHER-Schule den künstlerischen Aktivitäten der Tanzgruppe GÜNTHER, die in den dreißiger Jahren nationale und internationale Beachtung fand. Aus improvisierten Rhythmen und Melodien gingen in einem langen Arbeitsprozess bedeutende tänzerisch-musikalische Kreationen hervor. Der hierbei von KEETMAN entwickelte Musikstil beruhte auf Patternbildung, variablen Metren, Bordunen und Klangblöcken, Modi und Pentatonik sowie formal auf einfachen Reihenformen, ABA- und Rondoformen.[6] Eine schriftliche Fixierung erfolgte oft erst im Nachhinein. Der zweite Anwendungsaspekt des Instrumentariums ergab sich im Rahmen der Schulwerkkurse 1931-33, auf denen KEETMAN und HANS BERGESE die Grundlagen der Spieltechnik sowie des Ensemblespiels vermittelten, und der dazu parallel erscheinenden Publikation des OSWs *Elementare Musikübung* bei SCHOTT in Mainz.[7] Kurse und Publikation sollten die in der GÜNTHER-Schule entstandene Musikpraxis in die Öffentlichkeit tragen und als didaktische Konzeption bekannt machen. Sie musste nun in meist einwöchigen Kursen an Menschen vermittelt werden, denen wesentliche Elemente des OSWs wie Körperperkussion, Schlaginstrumente, wechselnde Metren und Improvisation fremd waren. Es kam zu problematischen Kompromissen. Der Tanz fiel ganz weg und die Improvisation trat hinter die Vermittlung von Übungen und Modellkompositionen zurück.

Für eine Schulfunkserie, durch die Kinder zum Musizieren angeregt werden sollten, nahmen ORFF und KEETMAN 1948 die Arbeit am Schulwerk wieder auf. KLAUS BECKER, ein Mitarbeiter MAENDLERs, baute aus Altmaterialien die ersten Glockenspiele und gründete 1949 die Instrumentenbauwerkstatt STUDIO 49.[8] Das Medium Rundfunk und musizierende Schulkinder als Adressaten führten zu einer Neufassung des OSWs, das ab 1950 unter dem Titel *Musik für Kinder* veröffentlicht wurde. Sprechen und Singen, Vers und Lied rückten in den Vordergrund. Beibehalten wurde das Instrumentarium und die improvisationsdidaktische Handwerkslehre der *Rhythmisch-melodischen Übung.*[9] Parallel dazu entwickelte H. BERGESE mit A. SCHMOLKE 1951/52 das *Schulwerk für Spiel – Musik – Tanz.* Dass das Instrumentarium trotz der ausgeschriebenen Partituren improvisatorisch und bewegungsorientiert angewendet werden soll und dass

---

[6] THOMAS 1977, S. 17 f., KUGLER 2000, S. 259 ff. Als Kompositionen vgl. KEETMAN 1932 und 1933 (Literaturverzeichnis 4.1). Einen guten Einblick in das Klangbild dieser Musik vermitteln auf der CD-Produktion C. ORFF/G. KEETMAN, Musica Poetica (BMG/RCA Victor) die Einspielungen früher Kompositionen, vor allem auf CD 5 und 6.

[7] Vgl. BERGESE 1932, 1933, KEETMAN 1952, 1953, ORFF 1976, S. 199-203, KRAEMER 1991, KUGLER 1991, 2000.

[8] ORFF 1976, S. 216-219.

[9] Vgl. ORFF 1933 und ORFF/KEETMAN 1950-54, Bd. 1, S. 68-110, Bd. 5, S. 80-99.

die Notation eben nur Modelle für die Improvisation festhalten will, wurde von vielen Musikpädagogen und Kritikern nicht gesehen, geht aber aus den improvisationsdidaktischen Beispielen in *Musik für Kinder* und ORFFs Anmerkungen am Schluss jedes Bandes, aus KEETMANs Arbeit am Salzburger Mozarteum sowie aus ihrer Schulwerk-Didaktik *Elementaria*[10], aus den Aufsätzen von WILHELM KELLER und WERNER THOMAS[11] sowie aus der Arbeit des Studios SUSE BÖHM in München[12] sowie des ORFF-Instituts in Salzburg eindeutig hervor.

ORFF, KEETMAN und BERGESE orientierten sich nicht an der Ästhetik der Schlaginstrumente in der Kunstmusik, etwa bei G. MAHLER oder I. STRAWINSKY, sondern an Modellstrukturen in der Instrumentalmusik des 16. und 17. Jahrhunderts, an der Rolle der Perkussion in Volksmusikkulturen und an der aktivierenden Wirkung des Instrumentariums auf Erwachsene und Kinder.[13] Im Zusammenhang mit seiner bekannten Definition der *Elementaren Musik*[14] hebt ORFF die neue Rolle der Schlaginstrumente hervor: *Für meine Idee, einen elementaren Musikstil zu entwickeln, hatte das urtümlichste aller Instrumentarien, das Schlagwerk, entscheidende Bedeutung. Es trat hier nicht mehr akzidentiell, sondern essentiell, form- und klangbildend Eigenleben entwickelnd, in Erscheinung.*[15]

Das klassische ORFF-Instrumentarium, wie es sich bis zum Anfang der sechziger Jahre entwickelt hat, setzt sich aus drei Instrumentengruppen zusammen:
* Kleine Perkussion (Rasseln, Schellen, Schlitztrommeln, Triangel, Cymbeln, Becken usw.)
* Fellinstrumente (Trommeln und Pauken)
* Stabspiele (Glockenspiele, Xylophone, Metallophone)

Die daneben gebräuchlichen Bezeichnungen *elementare Instrumente* und *elementares Instrumentarium*[16] lassen sich durch ORFFs Bemerkung interpretieren, er wolle für die GÜNTHER-Schülerinnen keine Ausbildung an *hochentwickelten Kunstinstrumenten, sondern eine solche an vorzüglich rhythmisch orientierten und verhältnismäßig leicht erlernbaren primitiven, körpernahen Instrumenten.*[17] Ich folge dem Vorschlag von RUDOLF NYKRIN[18], den inzwischen weltweit verwendeten Begriff ORFF-Instrumentarium für dasjenige Instrumentarium beizubehalten, das unmittelbar auf das OSW zurückgeht. Elementares Instrumentarium kann dann ein ORFF-Instrumentarium genannt werden, das durch Perkussionsinstrumente anderer Musikkulturen erweitert ist, wie beispielsweise durch Instrumente der

---

[10] KEETMAN 1970.

[11] Vgl. KELLER 1962, THOMAS 1964/1990.

[12] Vgl. hierzu ausführlich KREYE 1965 und BÖHM 1975.

[13] ORFF 1932 ohne Seitenangabe, ORFF 1963, S. 17.

[14] Elementare Musik ist nie Musik allein, sie ist mit Bewegung, Tanz und Sprache verbunden, sie ist eine Musik, die man selbst tun muß, in die man nicht als Hörer, sondern als Mitspieler einbezogen ist. Sie ist vorgeistig, kennt keine große Form, keine Architektonik, sie bringt kleine Reihenformen, Ostinati und kleine Rondoformen. Elementare Musik ist erdnah, naturhaft, körperlich, für jeden erlern- und erlebbar, dem Kinde gemäß. (ORFF 1963, S. 16)

[15] ORFF 1976, S. 69.

[16] WIDMER 1997, S. 16.

[17] ORFF 1976, S. 14. Die Bezeichnung *primitiv* übernahm ORFF mit einer positiven Konnotation aus der Musikethnologie seiner Zeit.

[18] NYKRIN 1994, S. 214.

Latin Percussion, Lamellophone und Lithophone. Der Terminus *elementares Instrumentarium* ergibt nur dann einen Sinn, wenn dazu Merkmale einer elementaren Musikpraxis definiert werden, wie z. B. Bewegungsorientierung, Improvisation nach dem Patternprinzip, weitgehende Schriftlosigkeit, Sinnenhaftigkeit der rhythmischen, melodischen und klanglichen Grundmuster, Vorrangigkeit des Gruppenmusizierens, weitgehende Unabhängigkeit von Alter und Bildung sowie die interkulturelle Orientierung.

Die anthropologische Dimension der Perkussion als Teil der didaktischen Begründungsebene kann hier nur angedeutet werden. Das kleine Schlagwerk und die Trommeln dienen in alten Hochkulturen, in der Kunstmusik bis zur Renaissance und in Ethnokulturen bis heute nicht ästhetischen Zielen, sondern in Verbindung mit Kult, Arbeit, Heilung der Steuerung von Bewegung, Bewusstseinszuständen und Emotionen.[19] Da ORFF und KEETMAN auch das bewegungsorientierte Spielen, verbunden mit Patternbildung und Improvisation aufgreifen, ist das ORFF-Instrumentarium in Verbindung mit der Schulwerkidee schon seit Jahrzehnten Träger der interkulturellen Perspektive.[20] Rasseln, Klappern, Schraper, Schellen, Schlagstäbe, Cymbeln und kleine Trommeln sind in besonderem Maße körper- und bewegungsnahe Instrumente. Sie werden zur Tanzbewegung geschlagen und stimulieren die Bewegung. Auf dieser Ebene berühren sich die Bereiche Instrumentalspiel und Tanz in der psychischen Realität wie in der kulturellen Tradition.[21] Die Herkunft der Materialien aus der Pflanzen- und Tierwelt, also die Verwendung von klingenden Hölzern, Kalebassen und Tierfellen, bezieht die Stimmen der belebten Natur ein. Musikmachen bekommt in diesem Verständnis einen ökologischen Aspekt, vor allem, wenn der Instrumentenselbstbau in den Unterricht aufgenommen wird. Bei der Verwendung der Schlaginstrumente sollte über die musikalische Bedeutung hinaus die symbolische Bedeutung des Instruments, der Spielbewegung und seines Klangs berücksichtigt werden, was z. B. im Rahmen von Märchengestaltungen möglich ist.

ORFFs Intention einer *Bewegungs- und Musikerziehung als Einheit*[22] zielt auf die Weckung und Aktivierung eines grundlegenden Ausdruckspotentials. Die affektiven Ziele einer vitalen *Körperfreude*[23] beim Musizieren und die Fähigkeit, *selbst körperlich Musik zu empfinden,*[24] waren ihm ebenso wichtig wie eine Erziehung zum *Klangempfinden*[25] auf den Stabspielen, also um ein differenziertes, sensibles Spiel. Die zentrale Umgangsweise mit Musik bildet das Entwickeln eigener Musikstücke, verbunden mit einem Improvisationsbegriff, der sowohl von der frühen europäischen Kunstmusik wie von tradierter Ethno- oder Volksmusik her geprägt ist. Improvisation setzt auf einer höheren Ebene als die klangliche Exploration von Materialien an und wird so verstanden, dass die

---

[19] Vgl. SACHS 1959, S. 18 ff., SUPPAN 1984, S. 131 ff.

[20] Vgl. beispielsweise die afrikanische Ausgabe *African Songs* 1971, die nordamerikanische *Music for Children* 1977 sowie REGNER 1984, KUGLER 1995 b.

[21] KLAUSMEIER 1978, S. 116.

[22] ORFF 1930/31, Titel.

[23] ORFF 1931/32, S. 673.

[24] Ebd. S. 672.

[25] ORFF 1932/33, S. 221.

Musizierenden musikalische Gestalteinheiten aufgreifen, verändern oder neu erfinden, für die die jeweilige Musikkultur den ästhetischen Rahmen festlegt sowie vorgeformtes Material bereitstellt, wie z. B. Rhythmuspatterns, Melodietypen, Klangordnungen und Instrumente. Eine entscheidende Grundlage für das Schaffen eigener Stücke bildet der *elementare Klangsatz*.[26] Er erfordert die Reduktion des komplexen harmonischen Denkens auf wenige Klänge, ggf. sogar auf einen einzigen Klang. Das Bordunprinzip hat natürlich einen konzentrativen Sinn. Erst wenn die Möglichkeiten **eines** Klanges vom Spielen und Hören her wirklich verstanden und ausgeschöpft sind, ist es sinnvoll, zwei oder mehrere Klänge als Grundlage eines Stücks zu verwenden.

Aus den skizzierten historischen, anthropologischen und pädagogischen Aspekten des ORFF-Instrumentariums lassen sich folgende methodische Prinzipien für das Vorgehen im Unterricht ableiten:

- Vom unmittelbaren Körperausdruck zum Instrumentalspiel kommen (d. h. von der Körperperkussion zum kleinen Schlagwerk und vom Singen und Summen zu den Stabspielen).
- Musik, Sprache und Bewegung soweit als möglich integrieren.
- Von überschaubaren Bausteinen zu größeren Formen weitergehen.
- Imitatives und kreatives Vorgehen abwechselnd akzentuieren.
- Musikmachen vor das Notieren stellen.
- Vom spontanen Ausprobieren zum bewussten Gestalten kommen.
- Lernen in Gruppensituationen bevorzugen.
- Klangfantasie wecken, stimulieren, entfalten.
- Spieltechnik schrittweise ausdifferenzieren; Unterforderung möglichst vermeiden.
- Ausdrucksvolles, gestisches, quasi sprechendes Spiel fördern.

2. Beschreibung und Spieltechnik[27]

2.1 Kleines Schlagwerk ohne Fellinstrumente

Rasseln: Blockrassel, Kugelrassel, Rohrrassel

Rasseln (Abb. 1) sind Schüttelidiophone, mit hartem, kleinkörnigem Material gefüllte Hohlkörper. Rohrrassel und Blockrassel werden durch verschiedene Schüttelbewegungen wie auch durch Schlagen zum Erklingen gebracht. Die Kugelrasseln spielt man paarweise im Wechselschlag, wobei die leicht angewinkelten Arme eine kurze, präzise Bewegung nach unten ausführen. Das klangliche Ergebnis nennt man Secco-Schlag. Der Tremolo-Schlag entsteht durch

---

[26] Der Begriff geht auf WERNER THOMAS zurück. Vgl. zu Definition und Beschreibung THOMAS 1977, S. 89-132.

[27] Für die Beschaffung von Instrumenten stellt der Musikhandel Prospekte bekannter Hersteller wie z. B. Studio 49 und Sonor bereit. Zu den Instrumenten der Latin Percussion wie Cabassa, Claves, Maracas, Bongos, Congas usw. vgl. im vorliegenden Band den Aufsatz von H. KLINGMANN. Da unserem Abbildungsteil enge Grenzen gesetzt sind, sollten zur Spieltechnik ergänzend die instruktiven Abbildungen bei RATHMANN 1979, KEEMSS 1986, URABL 1995 und SCHMITT 1997 herangezogen werden.

rasches Hin- und Herbewegen einer Rassel. Für das Üben mit den Kugelrasseln empfiehlt sich ein Beginn mit gleichmäßigen Notenwerten, dann das Hinzunehmen von Akzenten. In Kompositionen kann das Spiel mit zwei Kugelrasseln auf zwei Linien notiert werden, wie z. B. in G. KEETMANs Komposition *Ekstatischer Tanz*.[28]

Übungs-Rhythmen; KEETMAN, Ekstatischer Tanz.

Holz-Klappern: Kastagnetten

Kastagnetten bestehen in ihrer authentischen Form, wie sie in der Volksmusik Südspaniens verwendet werden, aus zwei Holzschalen, die mit einer Schnur verbunden und an den Fingern befestigt sind. Sie werden zum Tanz geschlagen, was eine professionelle Einführung voraussetzt. Für das Laienmusizieren entstand die einfache (Abb. 2) und doppelte Stielkastagnette.[29] Diese wird mit kleinen, ruckartigen, präzisen Bewegungen geschüttelt oder in die geöffnete Handfläche geschlagen. Im pädagogischen Gebrauch ist die leichtere zweite Schlagart üblich.

Schlitztrommeln:
Holzblocktrommel, Woodblock, Tempelblock, Holzröhrentrommel

Aus Holz gefertigte Schlitztrommeln sind seit Jahrtausenden in Asien, Ozeanien, Afrika, Mittel- und Südamerika bekannt und gehören zur ältesten Instrumententradition. Der Tempelblock geht auf die Kulturen Chinas, Japans und Indonesiens zurück und erklingt dort meist in einem rituellen Kontext. Tempelblocks gibt es in unterschiedlicher Größe und Stimmung. Sie werden an einem Ständer befestigt und im Stehen gespielt. Holzblocktrommel, Woodblock und Holzröhrentrommel (Abb. 3) hält man in der geöffneten Hand. Die Finger dürfen den Schlitz weder berühren noch verdecken. Gespielt wird mit Schlägeln mit Holz-, Kunststoff- oder Gummikopf.

Schellen: Schellenrassel, Schellenkranz, Schellenband, Schellenring

Die Schellenrassel (Abb. 1) war schon in der Antike in Gebrauch und galt im Mittelalter als typisches Instrument fahrender Spielleute und Gaukler. Sie kann dementsprechend zur Begleitung gestischer, pantomimischer, tänzerischer Aktionen eingesetzt werden. Die Handhabung umfasst drei Spielarten: Schütteln

---

[28] ORFF/KEETMAN 1950-54, Bd. 5, S. 101-107.

[29] Es handelt sich hierbei nicht um eine pädagogische Erfindung, sondern um einen Rückgriff auf den Typus der alten europäischen Griffklapper (vgl. MICHEL 1996, Sp. 175).

mit einer Hand, Schlagen in die flache Hand, Anschlagen mit der freien Hand. Schellenkranz (Abb. 4) und Glockenkranz werden am Griff gehalten und entweder geschüttelt oder mit der anderen Hand geschlagen. Dabei trifft die freie Hand als Schlägel auf den Handrücken der haltenden Hand. Schellenbänder werden am Fußgelenk befestigt. Der klangerzeugende Impuls kommt aus einer stampfenden Fußgeste, die zu einer tänzerischen Bewegung erweitert werden kann.

Triangel, Cymbeln, Becken

Der (auch: die) Triangel (Abb. 5) wird mit einer Schenkellänge von 10, 12, 15, 20, 25 und 30 cm in einer leichten und einer schweren Ausführung (vollerer Klang) produziert. Man hält den Triangel an der Schlaufe und schlägt mit dem Schlagstab den unteren Querstab oder einen seitlichen Stab in der Mitte an. Das Tremolo wird oben in der Nähe der Schlaufe durch rasches Hin- und Herschlagen ausgeführt. Wenn Triangeln an einem Ständer befestigt sind, fällt das Spiel leichter und man kann die Helligkeitsdifferenz verschieden großer Instrumente in die Gestaltung einbeziehen.

Die Bezeichnungen Cymbel und Becken (Abb. 6) werden oft synonym verwendet, Becken aber für die größeren Instrumente bevorzugt. Den vollen, typischen Beckenklang produzieren die größeren Instrumente mit mindestens 20 cm Durchmesser. Für kleinere Kinder sollten die leichteren mit 10 und 15 cm Durchmesser benützt werden. Die Becken werden senkrecht an den Lederschlaufen gehalten, dicht am Metall, jedoch ohne es zu berühren. Man schlägt sie entweder aus einer kreisförmigen Armbewegung gegeneinander (offener Schlag) oder streifend aneinander (Streifschlag). Ein Pianoschlag entsteht, wenn die Becken in hängender Stellung an den Rändern leicht streifend aneinandergeschlagen werden. Das hängende Becken wird an der Schlaufe gehalten (auch am Ständer befestigt) und mit Hartfilzschlägeln gespielt (Abb. 6). Die intensivste Resonanz entsteht beim Anschlag in der Randzone. Für das Tremolo bewegt man zwei Schlägel im Gabelgriff rasch auf und ab. Die Fingercymbeln, auch Tanzcinellen genannt, werden an Daumen und Zeigefinger befestigt und in Verbindung mit elementarem Tanz gespielt.

2.2 Fellinstrumente

Trommeln:
Rahmentrommel, Schellentrommel, Doppelfelltrommel, große Trommel

Die Trommel[30] stellt mit ihrem Reichtum an baulichen Varianten in den verschiedenen Musikkulturen der Welt und ihrer Breite an Funktionen vom schamanischen Ritual bis zum Tanz in religiöser und unterhaltender Bedeutung einen Archetypus der Perkussion dar. Diese Tatsache fasste CURT SACHS 1923 ORFF gegenüber in den Satz *Am Anfang war die Trommel*[31] zusammen, den ORFF wiederum ein halbes Jahrhundert später an den Anfang seiner Schulwerk-Retrospektive[32] gesetzt hat. Die Trommeln im ORFF-Instrumentarium gehen auf

[30] Vgl. grundlegend BLADES 1975 und BUCHTA/MEYER 1998.
[31] ORFF 1976, S. 15.
[32] Ebd. S. 17 ff.

die Wiederentdeckung der Perkussion im Ausdruckstanz und in der Gymnastikbewegung zurück, für die die Dresdener Firma Spangenberg bereits Mitte der zwanziger Jahre ein umfangreiches Schlagwerk, darunter auch Trommeln nach außereuropäischen Vorbildern, produzierte.[33]

Rahmentrommeln werden mit Durchmessern von 25 bis 40 cm hergestellt. Je größer das Fell, desto voller und reicher an tieferen Resonanzen ist der Ton. Für Kinder in der GS und MGA sind wegen des Gewichts eher die kleineren Rahmentrommeln geeignet. Vier- bis sechsjährige Kinder der MFE brauchen noch kleinere Trommeln, wie sie Firmen für die sozialpädagogische Arbeit herstellen. Mit Hilfe der Schrauben werden die Rahmentrommeln auf einen resonanzreichen Ton gestimmt.

Hinweise zur Spieltechnik:
a) Die **Rahmentrommel** (Abb. 7) wird ebenso wie die Schellentrommel meist mit der Hand gespielt[34], möglichst im Stehen, damit eine lockere, ganzkörperliche Mitbewegung möglich ist:
    • Normaler, resonanzreicher Schlag mit zwei oder drei gestreckten Fingern in der Randzone.
    • Dumpfer, evtl. knalliger Schlag mit dem Daumen in der Fellmitte.
    • Wechselschlag mit Handballen und Fingern in der Randzone.
    • Spiel mit dem Weichfilzschlägel.
    Weitere Varianten: Haltung zwischen den Knien wie bei den Bongos, mit den Fingern beider Hände oder mit einem Filzschlägel gespielt; Haltung mit dem linken Arm, der sich um die Biegung des Rahmens legt, der Anschlag erfolgt mit den Fingern der rechten Hand.
b) Die **Doppelfelltrommel** (auch große Trommel) wird im Sitzen auf den Oberschenkeln gehalten und mit beiden Händen gespielt. Die große Trommel steht auf dem Boden und wird mit einem Schlägel mit besonders großem Filzkopf gespielt. Für Jugendliche und Erwachsene muss sie auf einen Hocker gestellt werden.

Pauken: Zylinderpauken, Kesselpauken

Im Gegensatz zur Trommel konnte die Pauke ihren Platz in der Kunstmusik auch im 17. und 18. Jahrhundert behaupten.[35] Sie wird auf eine feste Tonhöhe gestimmt und übernimmt deshalb im klassischen Satz nicht nur eine rhythmische, sondern auch eine harmonische Funktion. Die Pauken wurden bereits in der GÜNTHER-Schule häufig verwendet und mit dem *Paukentanz* entstand sogar eine Choreographie, bei der das Paukenspiel in den tänzerischen Ablauf eingebaut wurde.[36] Innerhalb des ORFF-Instrumentariums unterscheidet man die unten offenen Zylinderpauken, auch *Tanzpauken*[37] oder *kleine Pauken*[38] genannt,

---

[33] Vgl. das Faksimile eines Prospekts bei ORFF 1976, S. 69.
[34] Übungen und Modellkompositionen für die Rahmentrommel finden sich bei BERGESE 1932 a, für Trommel und Blockflöte bei BERGESE 1938 und KEETMAN 1965/1976.
[35] Vgl. ausführlich BUCHTA 1997.
[36] ORFF 1976, S. 70 und 190 f.
[37] Ebd. S. 69.
[38] Vgl. KEETMAN 1952, 1953 u. a.

und die aus dem großen Orchester stammenden Kesselpauken (Abb. 8a+b). Von den Zylinderpauken gibt es eine Ausführung mit Spannschrauben und eine mit zentralem Stimmmechanismus (sog. Drehpauken). Die Kesselpauken verfügen zum Stimmen generell über einen Drehmechanismus. Die kleinen Schrauben auf dem Metallrand dienen nur zum gelegentlichen Ausgleichen der Fellspannung. Der Stimmvorgang erfordert Sensibilität und Übung. Bei der Ausführung mit Spannschrauben werden immer die gegenüberliegenden Schrauben nacheinander etwas angezogen und dann wird der Vorgang ggf. in einer weiteren Runde wiederholt. Zu starkes Drehen an einzelnen Schrauben muss vermieden werden. Beim Drehmechanismus wird zunächst durch eine leichte Drehung nach links das Fell etwas entspannt und dann durch ein sensibles Drehen nach rechts die gewünschte Tonhöhe erreicht.

Stimmung:
Die Zylinderpauken mit Spannschrauben haben etwa eine Quint Umfang, die Pauken mit Drehmechanismus eine Sext. Die richtige Stimmung für die jeweilige Pauke lässt sich den Verkaufskatalogen der Schlagzeugfirmen entnehmen und muss für die Schulpraxis an der Pauke deutlich angeschrieben sein, um Fehlstimmungen, die der Elastizität der Felle schaden, zu vermeiden.

Durchschnittswerte für die Stimmung:

Mit Spannschraube		Mit Drehmechanismus	
Felldurchmesser:	Stimmung:	Felldurchmesser:	Stimmung:
25-30 cm	c' - g' bis a - e	30 cm	a - f' bis g - e'
35 cm	f - c bis e - h	40 cm	d - h bis c - a
40 cm	d - a bis c - g	50 cm	a - fis bis g - e

Stimmung für 2 Pauken: Grundton und Quint bei Bordun, Grundton der Stufen I und V bei kadenzierender Tonalität.

Stimmung für 3 Pauken: Grundtöne I, IV, V bei kadenzierender Tonalität. Bei modaler Tonalität sind zahlreiche Varianten möglich.

Spieltechnik:
Die Pauken werden mit zwei Schlägeln mit Wollfilzkopf angeschlagen und zwar etwa in der Mitte des Radius, also auf halbem Weg zwischen Mittelpunkt und Rand. Üblich ist der Wechselschlag, aber nicht starr angewandt, sondern so, dass eine sinnvolle Schlagfolge entsteht. Da eine Grundausstattung aus zwei Pauken (wünschenswert sind bis zu vier) besteht, muss auch das Spiel auf zwei Instrumenten geübt werden. Der Schlägel fällt aus geringer Höhe auf das Fell und springt ein Stück wieder zurück, wodurch ein lockerer und federnder Anschlag entsteht. Im OSW finden sich Übungen für einfache Paukenbässe[39], die der Festigung der tonalen Funktionen I-V dienen, sowie Übungen und Modellkompositionen für eine bis vier Pauken von BERGESE und Übungen und kammermusikalische Ensemblestücke von KEETMAN.[40]

---

[39] ORFF/KEETMAN 1950-54, Bd. 3, S. 8-11.
[40] BERGESE 1932 b und KEETMAN 1952, 1953, 1973.

2.3 Stabspiele

2.3.1 Bauarten und Klang

Xylophone: Sopran-, Alt- und Bassxylophon

Wir beginnen mit den Xylophonen (Abb. 9), die als die ORFF-Instrumente schlechthin gelten. Sie sind vielseitig verwendbar; die Tonhöhe des A-Xs entspricht der Kinder- bzw. Frauenstimme.

Notation und Klang   S-X   A-X   B-X

Das A-X klingt wie notiert, das S-X eine Oktave höher (c'', d'', e'' usw.). Das B-X wird entweder real erklingend im Bassschlüssel oder oktavierenden Violinschlüssel notiert; bei der Notierung im Violinschlüssel klingt das B-X eine Oktave tiefer als notiert.

Zur Position des Spielers gilt grundsätzlich, dass die Arme nicht zu stark abgewinkelt sein dürfen:

- Instrument steht am Boden, S sitzt auf einem dicken Kissen oder kleinem Hocker.
- Instrument steht auf einem Tischchen (vgl. Kataloge der Instrumentenhersteller), S sitzt auf einem Stuhl.
- Instrument ist auf einem Wagen montiert, S steht.

Schlägel mit Filzkopf, mittelhart für S-X und A-X, mit wollumwickeltem Kopf für B-X ergeben einen trockenen, weichen Klang, Schlägel mit Holz- oder Kunststoffkopf einen scharfen, harten Klang.

Glockenspiele: Sopran- und Altglockenspiel

Die Glockenspiele (Abb. 10) bilden im Klang des ORFF-Instrumentariums eine helle, silbrige Oberschicht. Sie können als Klangfarbe symbolisch für Licht oder Wasser, für Mondschein, Schnee o. ä. stehen. Beim Intonieren von Liedern und Begleiten von Singstimmen ist zu berücksichtigen, dass Kinder von den Glockenspielen, vor allem vom S-G, wegen der hohen Stimmung nur schwer den Ton abnehmen können.

Tonumfang S-G und A-G

Das A-G klingt gegenüber der Notierung eine Oktave und das S-G zwei Oktaven höher. Gespielt wird mit Schlägeln mit Holz- oder Kunststoffkopf, für bestimmte Klangnuancen auch mit Hartgummi- oder Filzkopf.

Metallophone: Sopran-, Alt- und Bassmetallophon

Die Stäbe der Metallophone (Abb. 11) bestehen aus einer Aluminiumlegierung und haben einen vollen, lang anhaltenden Klang, der sich für ruhigere Tonfolgen, vor allem liegende Basstöne (B-M) eignet. Rasch gespielte Tonfolgen verschwimmen, was bei entsprechender Gestaltungsabsicht gezielt eingesetzt werden kann. Natürlich können Metallophone für eine naturalistische Glockenimitation eingesetzt werden.

Tonumfang S-M   A-M   B-M

Bei den Metallophonen herrschen die gleichen Stimmungsverhältnisse wie bei den Xylophonen. Das A-M klingt im Violinschlüssel wie notiert, das S-M eine Oktave höher, das B-M eine Oktave tiefer. Das B-M wird auch real erklingend im oktavierenden Violinschlüssel oder im Bassschlüssel notiert. Die Metallophone verfügen über eine Dämpfungsleiste, die herausgezogen werden kann. Als Schlägel werden solche mit wollumwickeltem Kopf und mit Hartgummikopf verwendet.

2.3.2 Spieltechnik

Bei richtiger Schlägelhaltung (Abb. 12) soll der Anschlag locker und federnd erfolgen und die Stäbe in der Mitte treffen. Der Schlägel verlässt den Stab sofort wieder, damit dieser ausschwingen kann. Tremolospiel wird durch rasches Auf- und Abbewegen von zwei Schlägeln im Gabelgriff am Ende eines Stabes ausgeführt. Cluster entstehen dadurch, dass ein Stab herausgenommen und in Längsrichtung auf mehrere Stäbe geschlagen wird. Die lockere Haltung der Schlägel kann durch Übungen gefördert werden, bei denen Körperperkussion, Anschlagen mit der Hand[41] und Schlägelspiel abwechseln:

- Arme angewinkelt, Hände in Brusthöhe, Finger zur Faust schließen (nicht ballen), durch Auseinanderschnellen der Finger öffnen, elastisch und rhythmisch im Ablauf.
- Pa im Wechselschlag, sitzend vor dem Instrument (li-re, li-re), dasselbe auf dem Stabspiel auf ein größeres Intervall mit Fingerspitzen, mit Knöcheln, dann mit Schlägeln.
- Schütteln der Hände bei hochgestreckten Armen, dann Spiel mit Schlägeln.
- Zur Standardhaltung kommt der Gabelgriff hinzu. Zwei Schlägel werden zwischen Daumen und Mittelfinger so gehalten, dass der Zeigefinger zwischen die beiden Schlägel greift.

---

[41] Vgl. zu den Varianten eines Anschlags mit Fingern und Hand ausführlich STADLER, S. 14 a-c.

3. Anwendung und Methodik

3.1 Grundlegende Fertigkeiten

3.1.1 Körperperkussion und kleines Schlagwerk

Rhythmikübungen und Eingrooven

Ein schon erwähntes methodisches Prinzip fordert, dem Instrumentalspiel Bewegungsausdruck vorausgehen zu lassen, damit sich der Spieler körperlich auf metrische und rhythmische Patterns einstellt, bevor er ans Instrument geht. Die Grundübung der Rhythmik besteht aus dem Gehen der Gruppe im Raum, zunächst frei, dann metrisch geregelt.[42] Dazu wird das Schlagen von Metren mit den Armen und vor allem rhythmische Körperperkussion[43] kombiniert. Die folgenden Übungen werden zum Gehen im Raum (wo das aus räumlichen Gründen nicht möglich ist: am Platz) im geraden und im ungeraden Takt ausgeführt:

- Akzent auf schweren und leichten Taktteilen: Gehen und dazu verschiedene Akzente durch betonte Schritte (Sta) oder Kla ausführen.
- Wandernder Akzent: Gehen und Akzent entweder als einzelnen Schlag oder als Achtelgruppe Kla.

- Pausenübung: Gehen mit Kla der Akzente, nach Vereinbarung 1 bis 4 Takte stehen bleiben und das weiterlaufende Metrum zunächst schnippen, dann nur noch innerlich vorstellen.

Auf Kursen zu populärer Musik entstand die Übung Eingrooven, in der eine Gehbewegung am Platz mit Körperperkussion verbunden wird. Die Jazzbegriffe *groove* für rhythmische Patterns sowie *groovy*[44] für das Gefühl, das Musiker bei einem guten Zusammenstimmen von Timing und Rhythmus empfinden, wurden zu sprachlich peinlichen, aber weit verbreiteten Wendungen wie *grooven, es groovt* oder *eingrooven* verarbeitet. Beim Eingrooven versucht man in Kreisaufstellung, körperliche Lockerheit, positive Gestimmtheit und metrische sowie rhythmische Sicherheit zu erreichen. Das Grundmuster beruht auf dem, aus der schwarzen religiösen Musik bekannten *patting and clapping* (Sta/Kla), wobei die Beine den Beat übernehmen und die Hände die Backbeat-Akzentuierung sowie alle Rhyth-

---

[42] Für die vielseitigen Möglichkeiten der klassischen Rhythmik kann hier nur auf Standardliteratur verwiesen werden (KONRAD 1979, GLATHE/KRAUSE-WICHERT 1989, 1997) und andererseits auf das Feld des eigenen Experimentierens, mit dem auch E. JAQUES-DALCROZE um die Jahrhundertwende begann (JAQUES-DALCROZE 1921/1977, KUGLER 1995).

[43] Als notwendige Ergänzung zu unseren knappen Vorschlägen vgl. man das umfangreiche Material bei ZIMMERMANN 1999.

[44] Vgl. Artikel *groove* und *groovy* bei WICKE/ZIEGENRÜCKER 1997, S. 210.

men klatschen.[45] Der Beat in den Beinen kann sowohl als Gehen am Platz wie auch als Pendelschritt (seitlicher Anstellschritt nach re/li) ausgeführt werden. Sinnvoll ist das Eingrooven als Übung nur in Verbindung mit populärer Musik und nur dann, wenn in stilistischer Hinsicht zwischen ternärer (Jazz, Swing, Boogie) und binärer (Latin, Rock) Unterteilung des Beat deutlich unterschieden wird.

Ruf-Antwort-Spiel, Echo-Spiel, Rondo-Spiel

Im Ruf-Antwort-Spiel erfährt ein wichtiges Prinzip sozialen Musizierens eine Wiederbelebung. Rhythmische und melodische Formeln liefern einen Rahmen, der sowohl von feststehenden als auch von neu erfundenen Wendungen ausgefüllt wird. Die Reduktion auf den Rhythmus dient dem methodischen Prinzip vom Einfachen zum Komplexen und öffnet außerdem den Zugang zur Bewegungsqualität von Musik. Im Ruf-Antwort-Spiel werden kurze solistische Motive von der Gruppe mit einem Ostinato beantwortet, während beim Echo-Spiel[46] die solistische Aktivität eines Einzelnen von der ganzen Gruppe exakt wiederholt wird. Die Einführung in das Echo-Spiel kann bei Kindern zunächst ohne Bindung an ein konstantes Metrum geschehen; in der MFE, MGA und GS erleichtert das den Umgang mit der neuen Spielform. Das Ziel liegt bei Ruf-Antwort-Spiel wie Echo-Spiel darin, dass die T mit Körperperkussion, dann mit dem kleinen Schlagwerk kleine, überschaubare Einheiten produzieren, ohne den vereinbarten metrischen und formalen Rahmen zu sprengen und ohne sich oder die Gruppe zu überfordern. Eines der beiden Spiele sollte bei einer regelmäßig musizierenden Gruppe (Klasse) jede Woche einmal geübt werden.

Verlauf: Gruppe steht oder sitzt im Kreis. Der L spricht Metrum und formalen Spielraum mit den T ab. L oder ein T beginnt und die Aktivität läuft im oder gegen den Uhrzeigersinn weiter.

Das Rondo-Spiel[47] dient dazu, rhythmisches oder melodisches Material, das durch das Ruf-Antwort-Spiel oder das Echo-Spiel entstanden ist, in eine größere Form zu bringen, sodass der Improvisationsspielraum für die T größer und ein anspruchsvolles Gestalten möglich wird. Mit Körperperkussion, Vokalimprovisation und Sprache sowie mit Instrumenten ausführen, zu den Solopartien (B, C, D usw.) eine Begleitung weiterlaufen lassen!

Formschemata:
Ruf-Antwort-Spiel: A – B, A – C, A – D usw.
Echo-Spiel: A – A, B – B, C – C, D – D usw.
Rondo-Spiel: A – B – A – C – A – D – A – E ... A

3.1.2 Stabspiele

Auf dem Stabspiel repräsentieren die Stäbe bereits visuell den Tonvorrat. Skalenausschnitte, Intervalle und Klänge können von den Spielmöglichkeiten aus erkundet werden. Zum Problem der visuellen Orientierung auf dem Stabspiel in der MFE, MGA und GS gibt es zwei bewährte Praktiken: Entweder wird der verwendete Tonvorrat durch Herausnehmen von Stäben begrenzt, oder auf

---

[45] Rhythmisches Material bei ZIMMERMANN 1999, S. 71-73.
[46] Vgl. erste Beispiele in der Rhythmisch-melodischen Übung bei ORFF/KEETMAN 1950, Bd. 1, S. 71 f.
[47] Ebd. S. 85 f.

dem vollständigen Stabspiel werden bestimmte Töne durch das Aufkleben von farbigen Punkten oder Symbolen gekennzeichnet. Ohne Klangerfahrung und ohne Üben bleibt jedes Instrumentalspiel unbefriedigend und unterfordert die Spieler. Sowohl im Klassenunterricht der GS und S I, als auch besonders in ORFF-Gruppen und Spielkreisen sollte jede Stunde entweder mit einem improvisierten Klangspiel[48] oder mit einer der folgenden Übungen beginnen. Man wählt ein gemäßigtes Tempo und wiederholt die Übung so lange, bis sich eine lockere, spielerische Haltung einstellt. Die T zur Variantenbildung auffordern! Die folgenden Vorschläge zielen auf Gewandtheit im Umgang mit häufig verwendeten Patterns, ohne die der Einstieg in die Improvisation eine mühsame Angelegenheit bleibt. Wenn in der Gruppe das bekannte Beschleunigen des Tempos auftritt, durch das sich innere Spannungen bemerkbar machen, sollten die Schlägel weggelegt, der Körper im Stehen gedehnt und gestreckt und eine Runde mit Körperperkussion (vor allem Sta und Pa) eingeschoben werden.

Erkunden des Tonraums, Skalen

Kinder, Jugendliche und Erwachsene sollten auf ihrem Stabspiel zunächst Treffsicherheit bekommen und sich mit dem verfügbaren Tonraum vertraut machen. H. URABL spricht von *Treffübungen*[49] und empfiehlt, zunächst mit dem gleichzeitigen Anschlag und dem Wechselschlag alle Töne nacheinander anzuspielen, um Treffsicherheit beim Gebrauch der Schlägel zu bekommen. Diese Übungen werden mit Gegenbewegung, Parallelbewegung und Seitenbewegung ausgeführt und enthalten natürlich bereits Elemente von Skalen mit musikalischer Bedeutung.

Übungen zum Treffen der Stäbe

Quart- und Quintraum, ausfüllen und melodisch gestalten[50]

---

[48] Beispiele bei HOERBURGER/WIDMER 1992, S. 137 ff.

[49] URABL 1994, S. 24 und 1995, S. 20. Das folgende Notenbeispiel in Anlehnung an URABL 1994. Weitere Beispiele bei HOERBURGER/WIDMER 1992, S. 140 ff.

[50] Improvisierende Weiterarbeit mit Melodien aus BÉLA BARTÓK, Für Kinder. Heft 1, 2. London o. J. sinnvoll.

Pentatonik auf C als Kanon, 4 Spieler in gleicher Richtung und in Gegenbewegung

Pentatonik auf G, 1 Spieler, zweistimmig mit Bordunton

Skalenelemente des natürlichen Moll, zwei Spieler[51]

Übungsformen

- Skalen aufbauen: Die Stäbe eines diatonischen Stabspiels liegen neben dem Kasten und werden zu Skalen aus vier, fünf, sechs oder sieben Tönen zusammengestellt.[52] Tonfolge anspielen, nachsingen, später notieren.
- Tonrepetition mit unterschiedlicher Schlägelsetzung (re, re, re, re, li, li, li, li/re, re, li, li/re, li, re, li/auch mit li beginnend).
- Teile von Skalen und vollständige Skalen aufwärts, abwärts, in Parallelbewegung, in Gegenbewegung, in Seitenbewegung und mit Kanoneinsätzen spielen.
- Zu allen Übungen auch mit Metrum oder rhythmischen Ostinati begleiten.

Intervalle, Bordun, drei- bis viertönige Klänge

Die folgenden Beispiele geben jeweils eine Spielformel für *einen* Klang an. Wird in einem Stück nur ein einziger Klang verwendet, meist eine Quint, dann spricht man von Bordun. Da Bordunklänge nicht nur in den Volksmusikkulturen Europas lebendig sind (z. B. auf Sardinien), sondern auch in der orientalischen Musik, vor allem in Indien, eröffnet die Arbeit mit dem Bordun eine interkulturelle Perspektive. Von einem *schweifenden Bordun* ist die Rede, wenn sich entweder eine oder beide Stimmen in Bewegung befinden. Selbstverständ-

---

[51] Weiterarbeit mit Volksliedmelodien aus dem keltischen Kulturbereich oder Griechenland sinnvoll.
[52] Vgl. hierzu für die MFE BÖHM 1975, S. 18-25.

lich lassen sich aus den folgenden Beispielen[53] auch Spielformeln für wechselnde Klänge entnehmen. Das Üben der Ostinati sollte immer mit einem variieren-
den und erfindenden Gestalten verbunden werden, sodass Üben und Gestalten
als zwei Seiten derselben Sache auftreten. Das (leider verbreitete) unsensible
Geklopfe auf den Stabspielen kann durch dynamische Differenzierung und
durch den Wechsel von Spielen und Zuhören abgebaut werden.

Parallelenspiel

Schweifender Bordun

Bordunklänge und pentatonische Klänge

Klänge mit Verwendung des Gabelgriffs

3.2 Gestaltung

Modell 1: Klatsch- und Stampftanz zur Malagueña-Quart

Adressaten: S I, II.
Stabspiele (teilweise chromatisch), Gitarre, Malagueña-Quart als Kurznotation
bereitstellen. Die Gruppe agiert zur Hälfte als Tänzer und zur Hälfte als Instrumentalisten.

---

[53] Dass wir hier aus der Vielzahl der Möglichkeiten nur eine winzige Auswahl andeuten können,
versteht sich von selbst. Weiterführendes Material bei ORFF/KEEMAN 1950, Bd. 1, S. 100-105, VAN
HAUWE, Bordun-Satz, SCHAARSCHMIDT 1981, S. 58 ff. und HOERBURGER/WIDMER 1992, S. 140-142.

Verlauf:

Phase 1: Echospiel mit Sta, Rhythmen im Dreier- oder Vierermetrum, Kombination Kla/Sta ausprobieren, z. B. 2 Takte Sta – 2 Takte Kla, 1 Takt Sta – 1 Takt Kla, 1/2 Takt Sta – 1/2 Takt Kla.

Phase 2: Die Instrumentalisten erarbeiten die Malagueña-Quart (Notenvorlage) auf Stabspielen.

Malagueña-Quart

Die Tänzer-Gruppe (Teilnehmerzahl gerade) stellt sich in zwei Reihen gegenüber auf und versucht, mit 4 oder 8 Schritten eine rhythmisch straffe Gehbewegung aufeinander zu und voneinander weg zu gestalten und die Körperperkussion mit Sta und Kla einzubeziehen.

Phase 3: Die Instrumentalgruppe gestaltet durch Umspielungspraxis die Malagueña-Quart, möglichst durch Gitarre und Bass erweitert, dazu in Abstimmung mit der Körperperkussion der Tänzer Rhythmen auf Schellentrommel und Stielkastagnetten hinzufügen.

Modell 2: Spielen und Sich-Bewegen als elementare Erfahrung

Adressaten: MGA, GS, S I.

Kleines Schlagwerk auf einem langen Tisch bereitstellen, dazu tänzerische Folkloremusik auf Tonträger. Ziel der Stunde ist das Kennenlernen des kleinen Schlagwerks in Verbindung mit spontaner tänzerischer Bewegung.

Verlauf:

Phase 1: L erinnert an die Geschichte vom *Rattenfänger von Hameln.* Er bittet die Gruppe, sich durch die Musik verzaubern zu lassen und ihm in einer Schlange zu folgen. L stellt Kassette/CD an, bewegt sich tänzerisch am Tisch vorbei und nimmt ein Instrument auf, bewegt sich weiter, alle folgen ihm. Wenn die Schlange fertig ist und sich einmal durch den Raum bewegt hat, schließt L die Schlange zum Kreis.

Phase 2: L fordert zum Weiterspielen auf, stellt aber den Tonträger ab. Die Perkussionsmusik der T erklingt jetzt allein. L zählt gestisch 4 Takte aus und winkt dann ab. Nach einer Pause (Break) setzen alle wieder ein (mehrmals). T tauschen Erfahrungen aus, vor allem über das gleichzeitige Sich-Bewegen und Spielen.

Phase 3: Aus den Instrumentennamen Rhythmen entwickeln, rhythmisch sprechen und spielen, dann als Echo-Spiel weiterführen. Eine abschließende Gestaltung unter Einbeziehen elementarer tänzerischer Bewegung erarbeiten.

Modell 3: Sprachgestaltung mit Holzperkussion

Adressaten: MGA, GS 1./2. Klasse.

Verschiedene Holzstücke (kleine Brettchen oder Stäbe), Holzblocktrommeln, Woodblocks, Claves, Holzröhrentrommeln bereitstellen. Ziel ist die Sensibilisierung für den Klang von Holz, das Kennenlernen und Handhaben der Holzperkussion einschließlich des Spiels einfacher Rhythmen zu einem Vers.

Text: Buntspecht und Grünspecht[54]

Buntspecht:	Grüner Specht, ist dir's recht, wenn ich dich besuche?
Grünspecht:	Mir ist's recht, bunter Specht, komm zu meiner Buche!
Buntspecht:	Grüner Specht, ist dir's recht, wenn ich bei dir speise?
Grünspecht:	Mir ist's recht, bunter Specht, mach dich auf die Reise.
Buntspecht:	Ich klopf dreimal bei dir an!
Grünspecht:	So, dass ich es hören kann?
Beide:	Ungeziefer, Käferlein, 1001 Insektenbein
	werden wir uns suchen;
	wenn wir pochen, wenn wir hämmern
	bei den großen Buchen!

Verlauf:
Phase 1: Verschiedene Holzstücke auf Herkunft, Konsistenz und Klang prüfen. Klang durch Gegeneinanderschlagen und durch Schlägel hervorbringen, dann die Holzperkussion des ORFF-Instrumentariums einbeziehen.
Phase 2: Rhythmen spielen, z. B. in Form eines Echo-Spiels oder eines Ruf-Antwort-Spiels.
Phase 3: Text rhythmisch sprechen, dabei auf Ruf-Antwort-Form achten. Mit Holzinstrumenten metrisch begleiten.
Phase 4: Aus den bisher geübten Teilen eine Gestaltung mit dem Thema *Die beiden Spechte und die Musik des Waldes* zusammenfassen.

Modell 4: Klang und Stille

Adressaten: MGA, GS, O-Gr, S I, S II.
Metallinstrumente des kleinen Schlagwerks, ggf. auch Glöckchen oder Schellen aus anderen Musikkulturen, dazu Glockenspiele und Metallophone im Kreis aufstellen, Kissen oder zusammengerollte Decken für bequemes Sitzen am Boden, Gruppe im Kreis. Ziele sind die Erfahrung von Musik und Stille und ein konzentratives Hören. Der Weg führt vom intensiven Hören zu den selbst hervorgebrachten Klängen.

Verlauf:
Phase 1: Gruppe setzt sich in bequemer Position. L spielt verschiedene Instrumente dreimal an; darauf folgt eine längere Pause. Die T konzentrieren sich auf den Klang, in den Pausen auf den Nachklang und das Hören selbst.
Phase 2: Die T nehmen sich die Schlägel und spielen nun selbst. Ablauf wie vorher. Verwendet werden nur der Ton *c* und die Quint *c-g*.
Phase 3: Gemeinsamer Ansatz für eine musikalische Gestaltung, die nur die Töne *c* und *g* verwendet und mit Stilleabschnitten als Bestandteil der Improvisation arbeitet.

---

[54] In: Klang und Zeichen. Musiklehrbuch für die Grundschule, Bd. 1. Düsseldorf 1972, S. 13.

Modell 5: Geschichtete Ostinati – Klang im Raum

Adressaten: GS ab 3. Klasse, S I, S II.

Möglichst viele Stabspiele (Bass-, Alt- und Sopranlage), 2 Pauken, Cymbeln bereitstellen. Ziel ist ein handwerkliches Wissen über den Aufbau von Klängen und den elementaren Klangsatz. Die T arbeiten nach dem Bausteinprinzip an einem Gesamtklang mit. Zum Lerninhalt: Zunächst mit einem pentatonischen Klang beginnen, bei der Wiederholung dieses Modells auf Dur- und Molldreiklang, verschiedene Septakkorde, neue Klanggebilde ausdehnen.

Verlauf:
Phase 1: Tonauswahl (pentatonischer Klang) und verschiedene Tonkombinationen als Bausteine festlegen, dabei zwei, drei und vier Schlägel (Gabelgriffe) verwenden.
Phase 2: Fundamentalschicht bauen, Grundton und seine Oktav, auf B-M und B-X in ruhigen Notenwerten spielen. Mittlere Schicht mit A-X, A-M, S-X, S-M realisieren. Spieler nacheinander einsetzen lassen, um Durchsichtigkeit zu wahren, schließlich mit A-G und S-G die obere Schicht darüber legen.
Phase 3: Falls ein größerer Raum zur Verfügung steht, Gruppen zu je drei Stabspielen im Raum verteilen. Gestaltungsform absprechen. Die einzelnen Abschnitte bzw. das Hervortreten der verschiedenen klanglichen Schichten können durch Cymbeln (hohe Lage) und Becken (tiefe Lage) gegliedert werden.

Modell 6: Chinesischer Palast (Variante zu Modell 5)

Verlauf:
Phase 1: Quinten und Quarten in zwei Gruppen auf Metallinstrumenten üben; einzeln beginnen, ruhiges Vierermetrum auf Pauke dazu spielen.
Phase 2: Zäsuren setzen, Abschnitte bilden, z. B. 3 Takte spielen / 1 Takt Pause, ausgefüllt durch Schlag auf Triangel oder Tamtam.
Phase 3: Schwierigkeitsgrad differenzieren: Gewandtere Spieler lösen auf den Glockenspielen die Klänge in Viertel und Achtel auf.

4. Anhang

Das folgende musikalische Material stellt eine Auswahl mit persönlicher Akzentuierung dar. Einführungen in die Spielpraxis mit methodischen Hinweisen sind unter 4.1 aufgeführt, wenn Notenbeispiele und Stücke überwiegen, unter 4.2, wenn der Text überwiegt. Die Zuordnung zu Adressaten ist mit Zurückhaltung zu interpretieren, da häufig in einem Werk unterschiedliche Schwierigkeitsgrade präsent sind. Um lieferbares Material rascher nachprüfen zu können, wurden im Gegensatz zur theoretischen Literatur Verlage angegeben. Im übrigen besteht bei der Musik für ORFF-Instrumente ein besonderer Bedarf, auch vergriffene Werke, die über Bibliotheken oft leicht erreichbar sind, erneut zugänglich zu machen, zu spielen und aufzuführen. In diesem Sinn sei besonders auf das weitgehend unentdeckte Werk der Komponistin GUNILD KEETMAN (1904-1990) hingewiesen. Eine umfangreiche Sammlung von Spielmaterial bietet das Heft Studio 49, Orff-Schulwerk. Praktische Hinweise und Literatur. Gräfelfing 1998.

4.1 Musikalisches Material

African Songs and Rhythms for Children. A Selection from Ghana by W. K. AMOAKU. Mainz 1971, Schott.

BERGESE, HANS: Übung für Schlagwerk: Handtrommel. Mainz 1932, Schott.

Ders.: Spielstücke für kleines Schlagwerk. Mainz 1932, Schott.

Ders.: Übung für Stabspiele: Xylophon. Mainz 1933, Schott.

Ders.: Gesungen - Gespielt. Ein Liederbuch für Kinder mit Instrumenten. Wolfenbüttel 1958, Möseler.

BERGESE, HANS/SCHMOLKE, ANNELIESE: Singen und Spielen. Schulwerk für Spiel – Musik – Tanz. 2 Bde., Wolfenbüttel 1951/52, Möseler.

FRAZEE, JANEE: Discovering Keetman. Rhythmic Exercices and Pieces for Xylophone by G. Keetman. Selected and Introduced by J. F.. New York 1998, Schott.

GLATHE, BRITA (Hg.): Die kleine Hexe Huckepack. Sieben Singspiele für Kinder. Wolfenbüttel 1984, Kallmeyer (MFE, MGA, GS).

GRAETZER, GUILLERMO: Altindianische Tänze aus Süd- und Mittelamerika für Blockflöte, Gitarre und Schlagwerk. Mainz 1966, Schott (OGr II).

GSCHWENDTNER, HERMANN: Kinder spielen mit Orff-Instrumenten. Anleitung – Themen – Modelle. München 1976, Don Bosco (MGA, GS).

Ders.: Singen und Begleiten. Eine methodische Anleitung zur Liedbegleitung mit Orff- und Percussionsinstrumenten. 2 Bände. München 1980, Don Bosco (MGA, GS, S I, OGr I, II).

KEETMAN, GUNILD: Spielstücke für Blockflöten und kleines Schlagwerk. Mainz 1952, Schott (OGr II).

Dies.: Spielstücke für kleines Schlagwerk. Mainz 1953, Schott (OGr II).

Dies.: Spielbuch für Xylophon im pentatonischen Raum. 3 Hefte. Mainz 1965/66, Schott (OGr I, II).

Dies.: Stücke für Flöte und Trommel. 2 Hefte. Mainz 1965/1973, Schott.

Dies.: Erstes Spiel am Xylophon. Mainz 1969, Schott (MGA, GS, OGr I).

Dies.: Rhythmische Übung. Mainz 1970, Schott (MGA, GS).

Dies.: Üb- und Spielstücke für Pauke. Mainz 1973, Schott.

KELLER, WILHELM: Ludi Musici 1: Spielliederbuch für Kindergarten und Grundschule. Boppard 1970, Fidula (MFE, MGA, GS).

Ders.: Ludi Musici 2: Schallspiele. Modelle zum Gruppenmusizieren mit Geräuschen, Klängen, Tönen. Boppard 1972, Fidula.

KLEIN, RICHARD RUDOLF: Kinder musizieren. Ein Schulwerk für das erste Zusammenspiel. 12 Hefte. Teil 1: Mit Instrumenten, Heft 1-6. 2. Teil: Mit Singstimmen und Instrumenten. Heft 7-12. Beihefte A, B, C mit methodischen Anleitungen. Boppard o. J., Fidula (MFE, MGA, GS).

LANGHANS, HERBERT/LAU, HEINZ: Das Schlagwerk. Spielfibel. 6 Hefte. Zürich 1961.

Music for Children. Orff-Schulwerk American Edition. Vol. 2 Primary. New York 1977, Schott.

NIEMANN, ROLF: Anweisung für das Glockenspiel. Mainz o. J., Schott.

ORFF, CARL: Rhythmisch-melodische Übung. Mainz 1933.

ORFF, CARL/KEETMAN, GUNILD: Musik für Kinder. Orff-Schulwerk. 5 Bde. Mainz 1950-54, Schott (MGA, GS, OGr I, II).

ORFF, CARL/KEETMAN, GUNILD: Die Weihnachtsgeschichte. Mainz 1952, Schott (OGr II).

REGNER, HERMANN: Cancoes das Criancas Brasileiras. Brasilianische Kinderlieder. Mainz 1965, Schott.

Ders.: Klangspiele für Klavier zu vier Händen und Schlagwerk. Mainz o. J., Schott (OGr III).

RÖÖSLI, JOSEPH: Die vier Jahreszeiten. Eine Musik zum Singen und Spielen. Zürich 1988, Pan.

SADLER, HELMUT: Vom dicken gelben Pfannkuchen. Singspiel. Wiesbaden 1972, Breitkopf & Härtel.

Ders.: Jakob Hatschie. Kantate. Text von JAMES KRÜSS. Wiesbaden 1988, Breitkopf & Härtel (GS, OGr I).

SCHWEIZER, ROLF: Kleine Tiergeschichte für Kinderchor und Instrumente. Kassel 1978, Merseburger.

STADLER, WERNER: Percussion I. Verlag des Autors (OGr I, II).

STEINER, LUCIE: Rhythmische Kurzspiele. Regensburg 1980, Bosse.

URABL, HERMANN: Von Räubern, Riesen und Getier. Ein Musizier- und Übebuch für Stabspiele und andere Schlaginstrumente. Mainz 1994, Schott (MFE, MGA, GS).

WAGNER, ELISABETH: Orff-Instrumente kennenlernen. Ideen zur Jahresplanung mit Klanggeschichten, Liedern und Tanzspielen. München 1996, Don Bosco (MFE).

4.2 Literatur

BLADES, JAMES: Percussion Instruments and Their History. London 1975 (2. Aufl.).

BÖHM, SUSE: Spiele mit dem Orff-Schulwerk. Elementare Musik und Bewegung für Kinder. Fotografien von PETER KEETMAN. Stuttgart 1975.

BUCHTA, HARALD: Pauke. In: MGG, 2. neubearb. Ausgabe, Sachteil Bd. 7, Kassel 1997, Sp. 1513-1530.

BUCHTA HARALD/MEYER, ANDREAS: Trommeln. In: MGG, 2. neubearb. Ausgabe, Sachteil Bd. 9, Kassel 1998, Sp. 844-879.

ERWE, HANS-JOACHIM: Musizieren im Unterricht. In: HELMS, SIEGMUND/SCHNEIDER, REINHARD/ WEBER, RUDOLF 1995, S. 241-261.

FASSONE, ALBERTO: Carl Orff. Lucca 1994.

GEBHARD, URSULA/KUGLER, MICHAEL: Didaktik der elementaren Musik- und Bewegungserziehung. München 1979.

GLATHE, BRITA/KRAUSE-WICHERT, HANNELORE (Hg.): Rhythmik. Grundlagen und Praxis. Wolfenbüttel 1989 (2. Aufl.).

Dies.: Rhythmik und Improvisation. Seelze/Velber 1997.

HASELBACH, BARBARA: Orff-Schulwerk – Elementare Musik- und Bewegungserziehung. In: BANNMÜLLER, EVA/RÖTHIG, PETER (Hg.), Grundlagen und Perspektiven ästhetischer und rhythmischer Bewegungserziehung. Stuttgart 1990, S. 183-208.

HELMS, SIEGMUND/SCHNEIDER, REINHARD/WEBER, RUDOLF (Hg.): Kompendium der Musikpädagogik. Kassel 1995.

HOERBURGER, CHRISTIAN/WIDMER, MANUELA: Musik- und Bewegungserziehung. Ein Handbuch für die Ausbildung von Erzieherinnen und Erziehern. Donauwörth 1992.

JUNGMAIR, ULRIKE: Das Elementare. Zur Musik- und Bewegungserziehung im Sinne C. Orffs. Mainz 1992.

KEEMSS, THOMAS: Werkstatt Perkussion. Stuttgart 1986.

KEETMAN, GUNILD: Elementaria. Erster Umgang mit dem Orff-Schulwerk. Stuttgart 1970.

Dies.: Erinnerungen an die Güntherschule. In: Münster/Wagner 1978, S. 11-19.

KELLER, WILHELM, Elementare Musik. In: Orff-Institut Jahrbuch 1962, S. 31-35.

KLAUSMEIER, FRIEDRICH: Die Lust, sich musikalisch auszudrücken. Reinbek 1978.

KRAEMER, RUDOLF-DIETER: Zur Entstehung des Orff-Schulwerks in den dreißiger Jahren. C. Orffs Briefe an den Schott-Verlag. In: Ders. (Hg.), Musikpädagogik. Unterricht – Forschung – Ausbildung. Mainz 1991, S. 280-293.

Ders.: Auf der Suche nach den Urkräften und Urformen der Musik. Zum 100. Geburtstag des Komponisten und Pädagogen C. Orff. In: Neue Musikzeitung 1995, H. 3, S. 45-47.

KREYE, BARBARA: Musik und Bewegung. Bildbericht über die Arbeit mit dem Orff-Schulwerk. Texte K. H. RUPPEL, S. BÖHM. München 1965.

KUGLER, MICHAEL: Zur Entstehung von C. Orffs Schulwerk „Elementare Musikübung." In: RUDOLF-DIETER KRAEMER (Hg.): Musikpädagogik. Unterricht – Forschung – Ausbildung. Mainz 1991, S. 270-279.

Ders.: Bewegung und Musik. In: HELMS, SIEGMUND/SCHNEIDER, REINHARD/WEBER, RUDOLF 1995, S. 223-240 (1995 a).

Ders.: Die Wurzeln des Orff-Schulwerks und die Begegnung mit dem Fremden. In: Hochschule für Musik und Darstellende Kunst Mozarteum (Hg.), Das Eigene – Das Fremde – Das Gemeinsame. Internationales Symposon Orff-Schulwerk 1995. Salzburg 1995, S. 54-56 (1995 b).

Ders.: Die Methode Jaques-Dalcroze und das Orff-Schulwerk „Elementare Musikübung". Bewegungsorientierte Konzeptionen der Musikpädagogik (Habilitationsschrift Universität München 1994). Frankfurt/M. 2000.

MICHEL, ANDREAS: Klappern. In: MGG, 2. neubearb. Ausg., Sachteil Bd. 5, Kassel 1996, Sp. 170-176.

MICHEL, ANDREAS/HEISE, BIRGIT: Schlaginstrumente. In: MGG, 2. neubearb. Ausgabe, Sachteil Bd. 8. Kassel 1998, Sp. 1070-1096.

MÜLLER, HEDWIG: MARY WIGMAN. Leben und Werk der großen Tänzerin. Berlin 1986.

MÜNSTER, ROBERT/WAGNER, RENATA: Das Orff-Schulwerk. Ausstellungskatalog. Tutzing 1978.

NYKRIN, RUDOLF: Orff-Instrumentarium. In: HELMS/SCHNEIDER/WEBER 1994, Sachteil S. 213-214.

PEINKOFER, KARL/TANNIGEL FRITZ: Handbuch des Schlagzeugs. Praxis und Technik. Mainz 1969.

ORFF, CARL: Bewegungs- und Musikerziehung als Einheit. In: Die Musik 23 (1930/31), S. 732-734.

Ders.: Elementare Musikübung, Improvisation und Laienschulung. In: Die Musikpflege 3 (1932/33), S. 214-224.

Ders.: Das Schulwerk - Rückblick und Ausblick. In: Orff-Institut, Jahrbuch 1963. Mainz 1964, S. 13-20.

Ders.: Schulwerk. Elementare Musik. Tutzing 1976 (C. Orff und sein Werk Bd. 3).

RATHMANN, INGEBORG: Orff-Instrumente und wie man sie spielt. Zürich 1979.

REGNER, HERMANN: Musik für Kinder – Music for Children – Musique pour enfants. Anmerkungen zur Rezeption und Adaption des Orff-Schulwerks in anderen Ländern. In: Musik und Bildung 16 (1984), H. 12, S. 784-791.

SACHS, CURT: Vergleichende Musikwissenschaft. Musik der Fremdkulturen (1930). Heidelberg 1959.

Ders.: Handbuch der Musikinstrumentenkunde (1930). Hildesheim 1967.

SALB, MICHAEL: Wozu Keyboard? Wir spielen Xylophon. In: Üben & Musizieren 3 (1986), S. 397-399.

Ders.: Die Stabspiele im Frühinstrumentalunterricht. In: Orff-Schulwerk Informationen (Salzburg) Nr. 29, Juni 1987, S. 17-19.

SCHAARSCHMIDT, HELMUT: Die instrumentale Gruppenimprovisation. Modelle für Unterricht und Freizeit. Regensburg 1981.

SCHMITT, RAINER: Musik erfinden. In: HELMS SIEGMUND u. a. (Hg.): Handbuch des Musikunterrichts Bd. 1, Primarstufe. Kassel 1997, S. 187-236.

Studio 49, Schlaginstrumentenbau: Orff-Schulwerk – die Instrumente. Service-Heft. Gräfelfing b. München 1976.

THOMAS, WERNER: Musica Poetica – Gestalt und Funktion des Orff-Schulwerks. Tutzing 1977.

Ders.: Das Orff-Schulwerk als pädagogisches Modell (1964). In: Ders.: Das Rad der Fortuna. Ausgewählte Aufsätze zu Werk und Wirkung CARL ORFFs. Mainz 1990, S. 261-274.

URABL, HERMANN: Von Räubern, Riesen und Getier. Eine Praxishilfe zum Musizier- und Übebuch für Stabspiele und andere Schlaginstrumente. Mainz 1995, Schott (Vgl. auch URABL unter 4.1).

VAN HAUWE, PIERRE: Bordun-Satz und Orff-Instrumentarium. Allgemeine Bordunlehre. Übers. von B. BASTIN. Amsterdam o. J.

WICKE, PETER/ZIEGENRÜCKER, KAI-ERIK und WIELAND: Handbuch der populären Musik. Mainz 1997.

WIDMER, MANUELA: Alles, was klingt. Elementares Musizieren im Kindergarten. Freiburg 1997.

ZIMMERMANN, JÜRGEN: Juba. Die Welt der Körperpercussion. Boppard 1999.

4.3 Abkürzungen

A-G	Alt-Glockenspiel	OSW	Orff-Schulwerk
A-M	Alt-Metallophon	Pa	Patschen (Oberschenkelschlag)
A-X	Alt-Xylophon	re	rechts
B-M	Bass-Metallophon	Sch	Schüler/innen
B-X	Bass-Xylophon	Schn	Schnalzen, Schnipsen (mit den Fingern)
GS	Grundschule	S I	Sekundarstufe I
K	Kinder	S II	Sekundarstufe II
Kla	Klatschen	Sta	Stampfen
L	Lehrer/in, Leiter/in	S-G	Sopran-Glockenspiel
li	links	S-M	Sopran-Metallophon
MFE	Musikalische Früherziehung	S-X	Sopran-Xylophon
MGA	Musikalische Grundausbildung	T	Teilnehmer/in
OGr I, II	Orff-Gruppe, Unterstufe, Oberstufe		

4.4 Abbildungen

Abb. 1: Rohrrassel, Kugelrassel, Schellenrassel, Blockrassel (Foto: Karl Alliger)

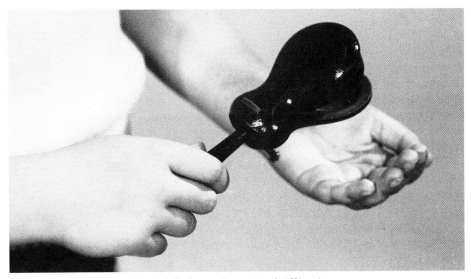

Abb. 2: Stielkastagnette in Spielhaltung (Foto: Karl Alliger)

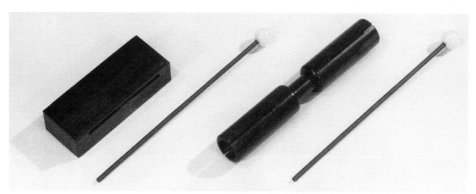

Abb. 3: Holzblocktrommel und Holzröhrentrommel (Foto: Karl Alliger)

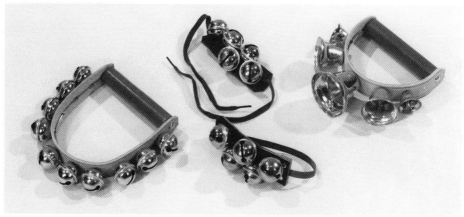

Abb. 4: Schellenkranz, Schellenbänder, Glockenkranz (Foto: Karl Alliger)

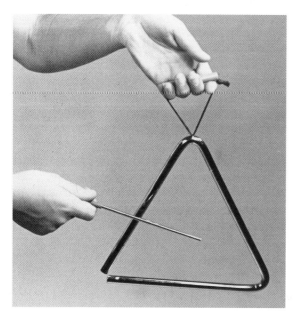

*Abb. 5: Triangel
(Foto: Karl Alliger)*

Abb. 6:
Hängendes Becken
(Foto: Karl Alliger)

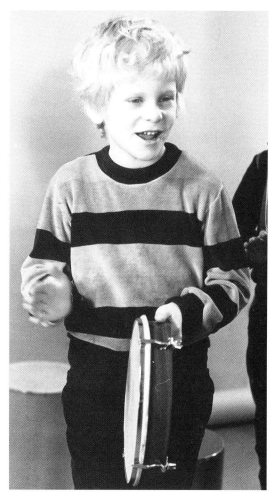

Abb. 7: Rahmentrommel im Spiel
(Foto: Karl Alliger)

*Abb. 8a: Zylinderpauken
(Kleine Pauken)*

*Abb. 8b: Kesselpauken
(Foto: Karl Alliger)*

Abb. 9:
Sopran-, Alt- und Bassxylophon
(Foto: Studio 49)

Abb. 10: Alt-Glockenspiel chromatisch und diatonisch (Foto: Karl Alliger)

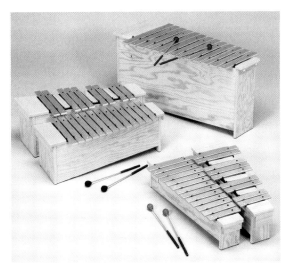

Abb. 11: Sopran-, Alt- und
Bassmetallophon
(Foto: Studio 49)

*Abb. 12: Sitzposition, Schlägelhaltung, S-G, B-X, 2 A-X, Zylinderpauken
(Foto: Karl Alliger)*

Lateinamerikanische Perkussionsinstrumente im Unterricht

HEINRICH KLINGMANN

Vorüberlegungen

Die SchülerInnen, die Musik handelnd erfahren, sind seit den achtziger Jahren zunehmend in den Mittelpunkt des musikpädagogischen Interesses gerückt.[1] Dies findet auch in offiziellen Richtlinien zur Unterrichtsgestaltung seinen Niederschlag. So fordert beispielsweise der Baden-Württembergische Bildungsplan für den Musikunterricht in der fünften Klasse an Gymnasien: *„Musikkundliche Inhalte sind durch körper-sinnliche Erfahrung zu vermitteln ..."*. Zum Umgang mit rhythmischen Phänomenen folgt der Hinweis: *„Rhythmus als körperliche Erfahrung vermitteln."*

Eine theoretische Begründung dieser Vorgaben finden wir exemplarisch in den Arbeiten von GORDON[2] (1997), GRUHN/ALTENMÜLLER[3] (1995) und bei GRUHN[4] (1999).

Die Auseinandersetzung mit lateinamerikanischen Perkussionsinstrumenten und Rhythmen afrikanischen Ursprungs ist in besonderem Maße geeignet, die oben angeführten Forderungen und Erkenntnisse umzusetzen. Entscheidend hierfür sind folgende Kriterien: Die *Körperbetontheit* des afrikanisch geprägten lateinamerikanischen Musikerlebens, die in der Struktur der Rhythmen angelegte Möglichkeit, *Rhythmen im Ensemblespiel* einzusetzen, und unsere *Vertrautheit mit lateinamerikanischer Musikkultur.*

Die kulturellen Wurzeln für die körperorientierte Rhythmuserfahrung und -vermittlung liegen in der mündlichen, individuellen Überlieferung afrikanischer Musik in Lateinamerika.

„Während der Mensch der literate culture (z. B. ein Mitteleuropäer, Anm. d. Verf.) Spannung als etwas Abstraktes verspürt, durch den Einsatz verbaler und syntaktischer

---

[1] Vgl. SCHÜTZ, V.: Welchen Musikunterricht brauchen wir?, Teil 2: Perspektiven eines brauchbaren Musikunterrichts, in: AfS-Magazin 3/1997

[2] „Rhythm has its foundation in movement", in: GORDON, E.: Learning Sequences in Music, Chicago 1997, S. 177

[3] „Wenn Schülerinnen und Schüler wirklich musikalische Sachverhalte lernen sollen, dann heißt das, dass sie musikalische Repräsentationen ... auf der Grundlage figuraler Erfahrungen erwerben müssen.", „Figural nennen wir eine Repräsentation, wenn eine musikalische Gestalt ... als eine konkrete Handlungsfolge ... vorgestellt wird.", in: GRUHN, W./ALTENMÜLLER, E.: Das Bild der Musik im Kopf. Musikverarbeitung in der Darstellung kortikaler Aktivierungspotentiale, in: Musikpädagogische Forschungsberichte, Forum Musikpädagogik: Bd. 21, Augsburg 1995, S. 15-16, 37

[4] „Musik ist nie – das kann in dieser apodiktischen Ausschließlichkeit gesagt werden – „angewandte Musiktheorie" ...; Musiktheorie ist vielmehr die systematische Ordnung angewandter Musik, deren historisch und kulturell wandelbare Normen als gemachte Normen erst entdeckt und reflektiert werden müssen.", in: GRUHN, W.: Wie denkt, hört und lernt der „ungeschulte Kopf"?, in: Diskussion Musikpädagogik 2/99, S. 70

Mittel zu logischen Gebilden gelangt, die ihm Spannung und Lust bereiten, erfährt der Angehörige der oral culture Spannung im pulsierenden Rhythmus. (...) Er selbst (der Angehörige der literate culture, Anm. d. Verf.) speichert Information dadurch, dass er sie sich auf irgend eine Weise notiert, der Angehörige der oral culture hingegen dadurch, dass er sie sich einverleibt: er wird selbst zur Information."[5]

Eine plakative Gegenüberstellung der aus diesen kulturellen Hintergründen folgenden unterschiedlichen Zugänge zum musikalischen Erleben könnte folgendermaßen aussehen:

afro-amerikanischer Zugang[6]	mitteleuropäischer Zugang[7]
• direkte, mündliche Überlieferung	• indirekte, schriftliche Überlieferung
• körperbetont	• kopfbetont
• rhythmisch	• harmonisch
• ekstatisch (bewegt)	• kontemplativ (statisch)
• Musizieren erfolgt grundsätzlich im Ensemble	• Tradition des solistischen Virtuosentums
• Einheit von Musikern und Publikum (Tanzen, Singen, Klatschen)	• Trennung von Musikern und Publikum

Neben der Betonung körper-sinnlicher Erfahrung in der afro-latein-amerikanischen Musik ist die Grundstruktur ihrer Rhythmen von besonderer Bedeutsamkeit für die Musikpädagogik.

Afrikanische Rhythmen bestehen grundsätzlich aus drei rhythmischen Ebenen (Beat, Elementarpulsation, Pattern).[8] Sie entfalten ihre rhythmische Gestalt im Zusammenspiel mehrerer, gleichzeitig und zyklisch wiederholter Pattern.

GORDON stellt fest, dass sich das Verständnis für Rhythmen aus dem gleichzeitigen körperlichen Erfahren der drei rhythmischen Ebenen Macrobeat, Microbeat und Melodic Rhythm entwickelt.[9] Die komplexe, auf dem Verschmelzen

---

[5] SIDRAN , B.: Black Talk, Schwarze Kultur – die andere Kultur im weißen Amerika, Hofheim 1993, S. 27/vgl. hierzu auch: OTT, T.: Zurück zur Papageienmethode? Oder: Was kann unsere Musikpädagogik von einer schriftlosen Musikkultur lernen?, in: Diskussion Musikpädagogik 4/1999

[6] Vgl. auch Grundprinzipien der Gestaltung schwarzafrikanischer Musik bei: SCHÜTZ, V.: Chancen und Grenzen der schulischen Auseinandersetzung mit traditionellen Musikkulturen aus Schwarzafrika, in: AfS-Jahrbuch 1996, Oldershausen 1996

[7] „Die Gründe für die Vernachlässigung des Körpers in der mitteleuropäischen Musik liegen vor allem in ihrer einzigartigen klanglichen Entfaltung, in ihrer Spiritualität, in ihrer Existenz als Schriftkultur und im Einfluss, den die körperfeindliche christliche Religion auf ihre Entwicklung genommen hat.", in: AMREIN, F.: Sensomotorisches und musikalisches Lernen, in: AfS-Jahrbuch 1997, Oldershausen 1997, S. 44

[8] Die kleinsten rhythmischen Einheiten (Elementarpulsation) werden durch zyklisch wiederholte Pattern strukturiert. Mehrere Pattern bilden im Zusammenspiel eine neue rhythmische Gestalt (Korrelationsrhythmik). Im Zentrum des Rhythmus steht ein Hauptpattern (time-line, Time-line-Pattern), auf das sich alle anderen Pattern beziehen. Die eigentliche Sinngebung erfährt ein Rhythmus durch die Festlegung des Beat. vgl. hierzu: KONATÉ, F./OTT, T.: Rhythmen und Lieder aus Guinea, Oldershausen 1997

[9] „The three elements that define rhythm are macrobeats, microbeats and melodic rhythm. ... All three elements must be audiated at the same time to establish rhythm syntax.", in: GORDON, E.: a. a. O., S. 162/Zum Verfahren vgl. Ebenda, S. 166/Ein deutschsprachiger Überblick findet sich in: TAPPERT-SÜBERKRÜBB, A.: „Music Learning Theorie", Edwin Gordons Theorie des Musiklernens, in: Diskussion Musikpädagogik 2/99

mehrerer Pattern basierende afrikanische Rhythmik erlaubt es, die Entwicklung des Rhythmusgefühls ästhetisch ansprechend im Ensemble mit Perkussionsinstrumenten in Musik umzusetzen. Die Arbeit mit lateinamerikanischer Musik liegt uns dabei näher als das afrikanische Original.

In Lateinamerika vollzog sich seit der Einführung der Sklavenwirtschaft eine bis heute andauernde Vermischung der rhythmusbetonten afrikanischen mit der harmonikbetonten europäischen Musikkultur. Bislang waren es vor allem die aus Afrika verschleppten Sklaven und ihre Nachkommen, die sich, auch um ihre kulturellen Wurzeln in der neuen Welt erhalten zu können, für die fremde, weiße Kultur öffneten. Mit großem Erfolg! Nun beginnt der weiße, von seinen körpersinnlichen Empfindungen zunehmend entkoppelte Kulturmensch sich für die Entwicklungsmöglichkeiten zu öffnen, die in der aus Afrika stammenden körperbetonten Musikkultur liegen. Lateinamerika kann hierbei eine Brücke sein.

1. Zur Rezeption lateinamerikanischer Musik in Deutschland

1.1 Hauptströmungen der populären lateinamerikanischen Musik

Unter Lateinamerika versteht man die Länder Mittel- und Südamerikas sowie die Westindischen Inseln (Karibik), in denen eine romanische Sprache auf lateinischer Grundlage gesprochen wird. Englischsprachige Länder wie Jamaika (Reggae) und Trinidad (Calypso) gehören also im engeren Sinne nicht zu Lateinamerika.

In Lateinamerika existiert eine kaum zu überblickende Vielfalt unterschiedlicher folkloristischer Rhythmen, Stile und Instrumentierungen. Zwei der wesentlichen Ursachen hierfür sind die Vermischung unterschiedlicher afrikanischer, europäischer und indianischer Kulturen, was eine Vielzahl von Kombinationsmöglichkeiten eröffnet, sowie die Tradition der mündlichen Überlieferung kultureller Praktiken, die zu stark regional geprägten Stilen führt.

REBECA MAULEÓN listet im Glossar zu ihrem Salsa Guidebook allein 35 Rhythmen auf, die alle für das Verständnis des Phänomens „Salsa" eine Rolle spielen.

Hinzu kommt, dass die in lateinamerikanischer Musik verwendete Begrifflichkeit häufig mehrdeutig ist. So bezeichnet der Begriff „Mambo" mindestens dreierlei: einen aus spezifischen Pattern bestehenden Rhythmus in schnellem Tempo, einen Tanzstil und den von Bläserriffs geprägten Teil eines Salsa-Arrangements.

In einigen Veröffentlichungen wird zusätzlich darauf hingewiesen, dass mit dem Wort „Mambo" eine Priesterin des haitianischen Voudou-Kultes bezeichnet wird.[10]

Es erscheint sinnvoll, der Ansammlung von Informationen ein grundlegendes Raster voranzustellen, wie es sich aus der Auseinandersetzung mit den kulturellen Folgen der Kolonialisierung Lateinamerikas ergibt.

---

[10] Vgl. z. B. SCHREINER, C.: Musica Latina, Musikfolklore zwischen Kuba und Feuerland, Frankfurt a. M., 1982, S. 157

1.1.1 Einteilung Lateinamerikas in Kulturbereiche

Genozid und Profitorientierung bildeten jahrhundertelang die Triebfeder eines bis heute in Lateinamerika andauernden kulturellen Evolutionsprozesses. Es waren die europäischen Eroberer und ihre Nachkommen, die mit Gewalt darüber entschieden, welches Volk in welcher Region am profitabelsten auszubeuten war. Ganze Völker starben durch die Begegnung mit neuen Krankheiten und im Kampf gegen die Invasoren. Andere wurden unterworfen, versklavt und in die Zentren der arbeitsintensiven Kolonialwirtschaft (Plantagen und Bergwerke) „umgesiedelt". Der bereits zu Beginn des 16. Jahrhunderts einsetzende Sklavenhandel zwischen Europa, Afrika und Lateinamerika erreichte gegen Ende des 18. Jahrhunderts seinen Höhepunkt. Allein in dem Zeitraum von 1789 bis 1820 wurden 2.360.000 versklavte Afrikaner nach Kuba verschleppt. Insbesondere auf den Karibikinseln, sowie in den Küstenregionen Mittel und Südamerikas wurden die lateinamerikanischen Ureinwohner nahezu vollständig verdrängt.[11]

Einen Eindruck von dem hieraus entstandenen kulturellen Flickenteppich und den Auswirkungen auf die Musikkultur Lateinamerikas gibt die von SCHREINER (1982) vorgenommene Einteilung in Kulturbereiche:

- *„Region 1: Bolivien, Peru, Chile, Nordargentinien, der Süden Ecuadors: Gebiet der sog. Anden-Folklore mit starken Einflüssen der weitreichenden Aymará- und Ketschua-Kultur einerseits und iberischer/spanischer Musik andererseits. ...*
- *Region 2: Die ehemaligen La-Plata-Staaten Argentinien und Uruguay mit geringem Anteil amerindischer[12] Musik, vorwiegend europäisch geprägt (kreolisiert), in Uruguay schwache afrikanische Präsenz. ...*
- *Region 3: Brasilien: in den Küstenregionen starke afrikanische Beteiligung; im Landesinneren afrikanisch-amerindisch-europäische Mischformen.*
- *Region 4: Die Guayana-Staaten: sind (...) aufgrund mangelnder Information nicht berücksichtigt.*
- *Region 5: Kolumbien und Venezuela mit Teilen Panamas, Honduras', Guatemalas in der Nähe zu Kolumbien: starke afrikanische Präsenz an der Küste; amerindische Mischformen und Naturvölker im Süden.*
- *Region 6: Die Karibische Inselwelt: nach der Begegnung afrikanischer Kultur mit spanischen Einflüssen auch solche französischer, britischer, holländischer und sogar nordamerikanischer Herkunft.*
- *Region 7: Mittelamerika bis nördlich der mexikanisch-texanischen Grenze: vorwiegend Mestizenmusik[13]; vereinzelt amerindische Kulturbereiche, besonders im Süden."[14]*

---

[11] Zur Geschichte Lateinamerikas vgl.: GALEANO, E.: Die offenen Adern Lateinamerikas, Wuppertal, 1980; SCHREINER, C.: a. a. O.; SCHULZE-KRAFT, P. (Hrsg.): Die Entdeckung Westindiens, Erzählungen aus der Karibik, Frankfurt a. M., 1989; GARCÍA MÁRQUEZ, G.: Der General in seinem Labyrinth, Frankfurt a. M., 1989

[12] SCHREINER benutzt den Begriff für: „...intakte ethnische Gruppen der Ureinwohner Lateinamerikas...". Vgl. SCHREINER, C.: a. a. O., S. 16

[13] Als Mestizen bezeichnet man die Mischlingsgruppe, die aus der Verbindung von Europäern und Amerindern hervorging. vgl.: ebenda

[14] Ebenda: S. 17-18

Karte nach SCHREINER *(1982)*

Die vier wichtigsten, bei uns im Allgemeinen bekannten Regionen für die Einteilung lateinamerikanischer Folklore sind: die Karibik, Brasilien, die Andenregion und Argentinien.

In den Vorüberlegungen habe ich bereits darauf hingewiesen, dass die lateinamerikanischen Rhythmen und Perkussionsinstrumente afrikanischen Ursprungs von besonderem Interesse für die Musikpädagogik sind. Die als typisch lateinamerikanisch bekannte Andenfolklore und der argentinische Tango (Regionen 1 und 2) werden dementsprechend in den methodischen Ausführungen nicht berücksichtigt. Ebenso bleiben Reggae (Jamaika) und Calypso (Trinidad) als im engeren Sinne nicht lateinamerikanischer Herkunft unbearbeitet.

1.1.2 Die populärsten afro-lateinamerikanischen Rhythmen und ihre Herkunft

Die hier aufgelistete Auswahl stellt einen Ausschnitt der afrokaribischen und afrobrasilianischen Rhythmen dar. Zu jedem dieser Stile gehören charakteristische Ensemblebesetzungen und eigenständige Traditionen. Insbesondere bleiben die religiösen Rhythmen afrikanischen Ursprungs unberücksichtigt.[15]

---

[15] Vgl. hierzu ORTIZ, F.: Los Bailes y el Teatro de los Negros en el Folklore de Cuba, Madrid 1998 (Reprint einer 1951 in Havanna erschienenen Ausgabe)/OLIVEIRA PINTO, T. DE: COPEIRA, Samba, Candomblé, Berlin 1991/KLINGMANN, H.: Afrokubanische Rhythmen als Medium transzendenter Erfahrungen, in: Musik und Unterricht, 56/1999

Region 3	**Kuba**	Rumba (Guaguancó, Yambu, Columbia), Conga (Comparsa), Danzón, Mambo, Cha-Cha-Cha, Son, Guajira, Son Montuno, Guaracha, Bolero, Mozambique, Songo, Timba
	Puerto Rico	Bomba, Plena
	Domin. Rep.	Merengue
Region 6	**Brasilien**	Samba, Bossa Nova

In der Salsa (span.: Soße) können alle der in Region 3 vertretenen Stile gespielt werden. Der Begriff Salsa beschreibt also keine eigenständige Stilistik. Er steht vielmehr für eine Vermarktungsstrategie der US-amerikanischen Musikindustrie, die Ende der sechziger Jahre von New York aus einsetzte.[16] Eine übliche Besetzung für ein Salsa-Ensemble besteht aus einer Rhythmusgruppe, Bläsern sowie Solo- und Chorgesang.

Die Rhythmusgruppe setzt sich aus Klavier, Bass und drei Perkussionisten (Congas, Timbales, Bongo und Glocke) zusammen.

Für die Bläsersection gibt es keine genauen Vorgaben. Es ist wünschenswert, wenigstens zwei Blechbläser (Trompeten, Posaunen) zur Verfügung zu haben. Ein Saxophon ist beim Merengue unverzichtbar.

Es ist nicht die Aufgabe dieses Beitrags, alle oben aufgeführten Stile zu beschreiben. Dennoch möchte ich es nicht versäumen, auf die im Tanzsport fest verwurzelte Verwechslung von Rumba und Bolero aufmerksam zu machen. Dem interessierten Leser sei geraten, in einem der vielen Weltmusik- oder Folkloreregale der Plattenläden die Aufnahme einer kubanischen Rumba[17] zu suchen. Eine Anschaffung, die sich auf jeden Fall lohnt. Ausführungen zu einzelnen Stilen finden sich unter 2.4. Nähere Informationen enthält die im Anhang aufgelistete Literatur.

1.2 Deutschland im Latino-Fieber

Die Popularität lateinamerikanischer Musik in Deutschland ist kein neues Phänomen. Bereits *Anfang der dreißiger Jahren* wurde der argentinische Tango genutzt, um den Tonfilmen der UFA ein südländisches Flair zu verleihen. In den *fünfziger Jahren* wurden Schlager wie „Bitte einen Cha-Cha" oder die Rumba „Babalu" veröffentlicht.

Um einen Eindruck vom damaligen Verständnis lateinamerikanischer Musikkultur zu geben, möchte ich einen Auszug aus dem von THEO HANSEN verfassten Text zu „Babalu" zitieren:

---

[16] Der Ausdruck Salsa wurde bereits Ende der zwanziger Jahre von IGNACIO PIÑEIRO in dem Liedtitel „Echale Salsita" verwendet. Im Jahr 1966 wurde in Venezuela von der Gruppe FEDERICO Y SU COMBO eine Platte mit dem Titel „Llegó la Salsa" veröffentlicht. Im selben Jahr lief in Venezuela ein Radioprogramm mit dem Titel „La hora del sabor, la salsa y el bembé". Der Begriff Salsa tauchte in der Folge immer wieder auf. Die Produktbezeichnung Salsa war spätestens etabliert, als die New Yorker Plattenfirma Fania im Jahr 1975 einen Film mit dem Titel „Salsa" veröffentlichte. Vgl. RONDON, C. M.: El libro de la Salsa, cronica de la musica del caribe urbano, Caracas-Venezuela, 1980, S. 33

[17] Empfehlenswerte Interpreten sind: CARLOS EMBALES, LOS MUÑEQUITOS DE MATANZAS, CONJUNTO DE CLAVE Y GUAGUANCÓ, CELESTE MENDOZA, LOS PAPINES

„.... Babalu aye, Babalu! Sieh, wohin die Schwarzen schleichen/heut' in blauer Tropennacht./Hör' der Trommeln dumpfes Zeichen,/folg' der Zaubermacht./Wenn am Urwaldrand die Opferfeuer brennen,/steht der Häuptling still bereit,/aber dann zeigt er ein Totem, das sie kennen,/und rings die Menge schreit ..."[18]

Lateinamerikanische Musik war präsent und attraktiv, zunächst jedoch noch fremd und auch ein Anlass, sich spöttisch über die primitiven, triebhaften Schwarzen zu äußern.[19] Ein Meilenstein für die Integration lateinamerikanischer Musik in das deutsche Lebensgefühl war sicherlich die Ausrichtung der ersten offiziellen Deutschen Meisterschaft in Lateintänzen *im Jahr 1962*. Unter Lateintänzen werden im Tanzsport die Tänze Samba, Rumba, Cha-Cha-Cha, Paso Doble und Jive verstanden. Der Tango wird seit 1961 zu den Standardtänzen gezählt. Die *frühen siebziger und achtziger Jahre* wurden vom Latin-Rock CARLOS SANTANAS und den poppigeren Klängen der Miami Sound Machine um GLORIA ESTEFAN geprägt.

Im Jahr 1988 kam der Film „Dirty Dancing" in die deutschen Kinos. In den Tanzschulen wurde ein in der lateinamerikanischen Musik nicht existenter Stil mit dem Namen „Mambo-Salsa" gelehrt und fand reißenden Absatz. Zu *Beginn der neunziger Jahre* folgte der Film „Mambo Kings" zu dem mit dem Pulitzer-Preis ausgezeichneten Roman „Die Mambo Kings spielen Songs der Liebe". Seit *Mitte der neunziger Jahre* vergeht kein Sommer ohne einen Latino-Hit und RICKY MARTIN schenkte uns *1998* mit „La Copa De La Vida" den offiziellen Song zur Fußballweltmeisterschaft.

Im Sommer 1999 erreichte die Popularität lateinamerikanischer Musik in Deutschland einen vorläufigen Höhepunkt.

WIM WENDERS lieferte mit seinen Film zum „BUENA VISTA SOCIAL CLUB" das fehlende Element für ein multimedial zu vermarktendes Produkt US-amerikanischer Prägung. Die Konsumenten tauchten ab in einen Rausch aus afrokubanischer Musik, Zigarrenrauch, Caipirinha und Mojito. Die Platten zum Film schossen auf Platz 1 und 2 der Verkaufscharts und vermittelten die Zuversicht, dass ein alter Mensch, auch wenn er in Armut lebt, sich seines Lebens freuen kann. Einfach gemütlich! Doch die greisen Herren des „BUENA VISTA SOCIAL CLUB" repräsentieren nur eine Facette des Latino-Fiebers.

So bezeichnete die *FAZ* in der Überschrift zu einer Konzertkritik afrokubanische Musik als den *„Klang des 21. Jahrhunderts".*[20]

Die Popmusik Zeitschrift *Rolling Stone* zeigt auf der Titelseite ihrer Augustausgabe den Latino-Popstar RICKY MARTIN. Der Untertitel des dazugehörenden Artikels wirbt mit einer Ankündigung: *„Nach Kubas Klassikern nun Karibik für Kids"*. Gemeint sind die Interpreten RICKY MARTIN, JENNIFER LOPEZ und ENRIQUE IGLESIAS – alle drei ganz vorne in der durch Absatzzahlen gemessenen Gunst des Publikums.

In der *Linksalternativen Szene* hält sich das Trommeln als Relikt längst vergangener Hippiebefindlichkeit. Keine Demonstration ohne eine Vielzahl unter-

---

[18] In: Peer Musikverlag GmbH: 100 weltbekannte südamerikanische Lieder und Tänze

[19] Heute ist man im Allgemeinen über diese Sicht hinweg und empfindet sich im Gegenteil als Europäer auf dem Gebiet der Rhythmik als defizitär.

[20] Frankfurter Allgemeine Zeitung, 10. 07. 1999, S. 46

schiedlicher Glocken, Rasseln, Trommeln und Rhythmen. Und CARLOS SANTANA (der Veteran vom Woodstockfestival) hat eine hörenswerte neue Platte produziert!

Von den *Faschingsvereinen* werden Samba-Ensembles – natürlich in Begleitung „kostümierter" Tänzerinnen – engagiert, die *Esoterikgemeinde* erweitert ihr Bewusstsein im „Schamanistischen Trommelritual", und die *Musiktherapie* arbeitet mit Rhythmen in heilender Absicht, während die *Industrie* die Latino-Welle nutzt, um ihre Produkte mit einem Flair von Erotik und Ursprünglichkeit zu verbinden.

1.3 Zur Auseinandersetzung der Musikpädagogik mit afrokubanischer und afrobrasilianischer Perkussion

Die Durchsicht musikpädagogischer Zeitschriften zeigt ein seit Jahren andauerndes Interesse an afro-lateinamerikanischer Musik. Die veröffentlichten Artikel beschäftigen sich hauptsächlich mit mehr oder weniger einfach umzusetzenden Musikprojekten. [21]

Grundlegende Beiträge zur Bedeutung afrokubanischer und afrobrasilianischer Musikkultur für die Musikpädagogik sind hingegen kaum auffindbar. Die umfassendsten auf Schule und Unterricht bezogenen Veröffentlichungen zum Umgang mit außereuropäischen Rhythmen haben die Vermittlung afrikanischer Musik zum Gegenstand.[22]

Die Frage nach den tatsächlichen Bedingungen der schulischen Vermittlung lateinamerikanischer Musik ist kaum verlässlich zu beantworten.

Als Anhaltspunkt möchte ich einige Ergebnisse einer von mir im November 1999 bei drei schulartübergreifenden Lehrerfortbildungen zur lateinamerikani-

---

[21] Hier einige Beispiele: BÖRS, P.: Soul Bossa Nova, Latinsoul in der Sekundarstufe, AfS-Magazin 2/1996/DETHLEFS, B.: „Percussion-Workshop", Rhythmus-Erfahrungen in einer Projektwoche, Musik und Bildung 5/1996/HEMPEL, C.: Arrangement-Workshop, Folge 10 Salsa, Musik und Bildung 5/1996/TISCHLER, B./PAARMANN, V.: So greif' ich mir die Trommel prompt, Samba-Batucada in der pädagogischen, sonderpädagogischen und therapeutischen Praxis, Musik und Bildung 5/1996/BÖRS, P.: Lernen über Körpererfahrung, Bewegung und Musik in der Hauptschule, Musik und Unterricht 45/1997/KLOSE, K.: Mi pasión, Ein musikalischer Trip nach Cuba: Cha cha cha, Musik und Bildung 2/1997/SEIDEL, M.: Samba Batucada im Musikunterricht einer 4. Klasse, Musik und Unterricht 43/1997/WALLBAUM, C.: Grooven auf der Straße, Eine Samba-Batucada als musikpraktischer Kurs, Musik und Unterricht 47/1997/RATSCH, C.: Von rhythmischen Grundübungen zur Samba, Percussionpraxis in der Sek. 1, Musik und Unterricht 46/1997/BÖRS, P./SCHÜTZ, V.: Latin Sundance, ein Spielmodell für die Schule – nach einem Stück von CURT CRESS, AfS-Magazin 3/1997/JANSEN, O.: Bossa Blues, Eine Bossa Nova für das Klassenmusizieren, Musik und Bildung 1/1998/SCHORMANN, C.: „Baila mi Ritmo", Afrokubanische Musik und Salsa, Musik und Unterricht 50/1998/BECKMANN, G.: „Resulting patterns" contra Akzentstufentakt, Übungen mit der Latin-Rhythm-Section, Musik und Bildung 5/1998/LÜCKING, B. UND E.: Die Samba-AG, Praxis des Musikunterrichts 50/HAFEN, R.: Vom Beat zum Groove, Rhythmusschnipsel aus der populären Musik, Praxis Grundschule 1/1998/ SCHORMANN, C./GERLACH, C.: Latino Pop zwischen Kommerz und Kultur, AfS-Magazin 8/1999/ROHRBACH, K.: Mambo Nr. 5, Praxis des Musikunterrichts 59/NEUMANN, F.: Mambo No. 5, Lou Begas Sommerhit zum Tanzen und Spielen, Musik und Bildung 3/1999

[22] Vgl. SCHÜTZ, V.: Chancen und Grenzen der schulischen Auseinandersetzung mit traditionellen Musikkulturen aus Schwarzafrika, a. a. O./SCHÜTZ, V.: Umwege zur musikalischen Erfahrung, in: NIERMANN, F. (Hrsg.): Erlebnis und Erfahrung im Prozess des Musiklernens, Augsburg 1999/KONATÉ, F./OTT, T.: a. a. O.

schen Perkussion durchgeführten Befragung vorstellen. Von den 64 befragten LehrerInnen berichteten:

- 53, lateinamerikanische Musikproduktionen zu kennen.
  Am häufigsten wurde SANTANA (17), gefolgt von BUENA VISTA SOCIAL CLUB (8) und brasilianischer Sambamusik (6) genannt. Salsamusik und GLORIA ESTEFAN erhielten je fünf Nennungen.

- 33, Tanzveranstaltungen mit lateinamerikanischer Musik besucht zu haben.
  Am häufigsten wurden Konzerte (20), gefolgt von Tanzsport (9) und Diskotheken (7) genannt.

- 33, als MusikerIn Erfahrungen mit lateinamerikanischen Rhythmen und Perkussionsinstrumenten gesammelt zu haben. Am häufigsten wurden Fortbildungen (18), gefolgt von Musikgruppen (16) und Studium (3) genannt.

- 52, dass an ihrer Schule lateinamerikanische Perkussionsinstrumente zur Verfügung stehen.
  Am häufigsten wurden Bongos (41), gefolgt von Maracas (28) und Congas (27) genannt. Die Guiro erhielt 25 und die Claves 20 Nennungen, während diverse Glocken nur 16-mal angegeben wurden. Die für einen Samba nötigen Instrumente Surdo und Tamburim wurden nur einmal genannt.

- 44, lateinamerikanische Perkussionsinstrumente im Unterricht eingesetzt zu haben.
  Am häufigsten wurde Liedbegleitung (31), gefolgt vom Spielen nicht genauer beschriebener Rhythmen (14) genannt. Die Durchführung rhythmischer Übungen mit lateinamerikanischen Perkussionsinstrumenten wurde siebenmal, die Nutzung des Instrumentariums zur Durchführung von Klangcollagen und Klangillustrationen wurde sechsmal angegeben.

- 17, dass ihnen Informationsquellen zur lateinamerikanischen Musik bekannt seien. Zeitschriftenartikel und Schullehrwerke wurden fünfmal, nicht schulbezogene Fachliteratur viermal und das in der Applaus-Reihe des Klett Verlags erschienene Heft „Von Salsa bis Samba" dreimal genannt.

Beachtenswert scheinen mir insbesondere die folgenden Ergebnisse:

- Die aktuelle Latino-Welle in der populären Musik (RICKI MARTIN, JENNIFER LOPEZ, ENRIQUE IGLESIAS) wird von den MusikpädagogInnen nicht wahrgenommen. Sogar der Nr. 1 Hit des Sommers '99, Mambo Nr. 5 (*a little bit of ...*), bleibt unbeachtet. Die führende Position CARLOS SANTANAs erscheint vor diesem Hintergrund als eine Erinnerung an vergangene Zeiten.

- Lediglich drei von 64 befragten LehrerInnen kamen während ihres Studiums[23] in Kontakt mit lateinamerikanischen Perkussionsinstrumenten (LP), während 52 angaben, dass an ihren Schulen LP zur Verfügung stehen.

- Das mit Abstand am häufigsten in Schulen vorhandene LP sind die Bongos. Die Gründe hierfür dürften weniger in ihrem praktischen Nutzen als vielmehr darin liegen, dass sie erstens als Teil des in den Schulen weit verbreiteten ORFF-Instrumentariums betrachtet werden und zweitens für relativ

---

[23] Vgl. hierzu die Vorschläge von HARALD SCHWARZ zur Reform der Musiklehrerausbildung, in: SCHWARZ, H.: Umrisse und aktuelle Tendenzen einer zukünftigen Musiklehrerausbildung, in: Diskussion Musikpädagogik, 3/99

wenig Geld das Klischeebild lateinamerikanischer Perkussion bedienen. (Der „... Bongo Bongo Bongo Bongo-Nero ist ein schwarzer Mann, der trommeln kann und damit fängt er jeden Abend an: Tipi-tipi-tipi-ton. ...“[24])

- Unterrichtspraktisch werden LP in erster Linie zur Liedbegleitung verwandt. Die Einführung von Instrumenten und Rhythmen über grundlegende rhythmische Übungen findet selten statt.
- Wenn man bedenkt, dass die befragte Gruppe ein gewisses Interesse an lateinamerikanischer Perkussion hat, erstaunen die spärlichen Angaben zur Literaturkenntnis.

2. Lateinamerikanische Perkussion im Unterricht

2.1 Lateinamerikanische Musik zwischen Authentizität und schulischer Machbarkeit

Die Fähigkeit, lateinamerikanische Rhythmen authentisch interpretieren zu können, setzt einen jahrelangen Lernprozess voraus. Eine Rhythmuspartitur zu lesen, bedeutet eben noch lange nicht, die in ihr enthaltenen rhythmischen Pattern auch körperlich zu fühlen. Dies ist aber eine notwendige Voraussetzung, um die für afro-lateinamerikanische Rhythmen charakteristische Verschmelzung mehrerer rhythmischer Ebenen zu realisieren. Zur Illustration des hiermit verbundenen Grooveerlebnisses möchte ich einen von mir an anderer Stelle bereits veröffentlichten Erfahrungsbericht zitieren.

> „Zu Beginn meines Perkussionistendaseins hatte ich das Glück, regelmäßig an Trommelsessions teilzunehmen.
> Wir haben uns in einem Keller getroffen. Man hat sich schnell auf einen Rhythmus geeinigt und die Stimmen verteilt. Die Clave beginnt.
> Ich schließe die Augen, trommle, höre den Gesamtklang des Rhythmus und gehe mit dem von mir gespielten Pattern darin auf. Es stellt sich das Gefühl ein, Teil eines eigenständigen ‚Wesens‘ zu sein, das jeden Augenblick neu entsteht. Nach einer Weile beginne ich, meine Aufmerksamkeit bewusst schweifen zu lassen und mich auf einzelne Mitmusiker und ihre Pattern zu konzentrieren.
> Eine Solotrommel erhebt sich über den Rhythmus. Ich höre ihr zu, beginne sie in Beziehung zu mir und zum Gesamtrhythmus wahrzunehmen.
> Mein Körper hat sich verselbständigt und wiederholt wie ferngesteuert immer wieder das gleiche Pattern. Der Solist hat mich in seinen Bann gezogen und führt mich auf mir unbekannten Wegen durch den Rhythmus.
> Dann ist es mit einem Schlag vorbei. Die Verbindung zu meinen Mitmusikern ist abgerissen. Ich weiß nicht mehr wo ich bin.
> Das Spiel an der Grenze zwischen drinnen und draußen beginnt von neuem.“[25]

---

[24] Textauszug aus: El cumbanchero, 1958, Peer Musikverlag GmbH, in: 100 weltbekannte südamerikanische Lieder und Tänze, Peer Musikverlag GmbH, Hamburg 60

[25] KLINGMANN, H.: Afrokubanische Rhythmen als Medium transzendenter Erfahrungen, in: Musik und Unterricht 56/1999, S. 10

Die sich aufdrängende Frage lautet: „Kann man das in der Schule leisten?" Im Sinne des von Schütz beschriebenen Perspektivenwechsels in der Musikpädagogik geht es bei der schulischen Auseinandersetzung mit Musik in erster Linie darum, SchülerInnen in ein musikalisches Geschehen zu involvieren, sie betroffen zu machen.[26]

Rhythmen werden also zuerst als zu erlebendes Gefühl und nicht als authentisch zu reproduzierende Überlagerung genau definierter Pattern verstanden.

Eine gute Möglichkeit der Entwicklung eines Gefühls für Rhythmen besteht darin, die Grundstrukturen afro-lateinamerikanischer Rhythmen durch einfache ganzkörperliche Koordinationsübungen zu erleben (vgl. 2.3.1).

Das „Einschalten" des Verstandes ist beim Erspüren rhythmischer Phänomene zunächst eher störend als hilfreich.[27] Das wichtigste mit der Vermittlung afro-lateinamerikanischer Perkussion verbundene Ziel ist nach meiner Überzeugung eine Öffnung und Sensibilisierung für die zentrale Rolle, die der Körper beim musikalischen Handeln und Erleben spielt.

Die Chance, elementare körperorientierte Rhythmuserfahrungen zu initiieren, ist somit weit vor einer belehrenden, auf die Authentizität rhythmischer Pattern und Instrumentierungen pochenden Haltung anzusiedeln.[28] Gelungene Rhythmuserfahrungen können dann die Grundlagen dafür bilden, die angestrebte Begegnung mit authentischer lateinamerikanischer Kultur fruchtbar zu gestalten.

2.2 Kriterien für die Anschaffung afrokaribischer und afrobrasilianischer Perkussionsinstrumente

Die Anschaffung von Perkussionsinstrumenten für eine Schule oder eine Musikschule verlangt die Berücksichtigung unterschiedlicher Vorgaben und Bedingungen.

Das Instrumentarium sollte:
1. qualitativ hochwertig und preiswert sein
2. geeignet sein, auch größere Gruppen zu unterrichten
3. die Umsetzung möglichst vieler Rhythmen ermöglichen

---

[26] „Der didaktische Blick wendet sich nicht mehr unmittelbar und wie selbstverständlich dem Gegenstand Musik, dem musikalischen Werk und den Möglichkeiten der Vermittlung seiner vermeintlichen ‚Objektivität' zu. Der Blick geht nunmehr durch das rezipierende/(re)produzierende Subjekt (= SchülerIn) hindurch auf die Musik und gleichermaßen wieder zurück." Und in Anlehnung an Erkenntnisse aus Literaturwissenschaft und Ästhetik: „Der eigentliche Roman entsteht erst im Prozess des Lesens in der Vorstellung des Lesers, das Musikstück erst beim Hören/Tanzen/Reproduzieren im Kopf des Rezipienten.", in: SCHÜTZ, V.: Welchen Musikunterricht brauchen wir?, a. a. O.

[27] Zunächst ist man vollständig von der Aufgabe absorbiert, sich selbst körperlich und in der musikalisch-rhythmischen Beziehung zu seiner Umgebung wahrzunehmen. Je „schlafwandlerischer" Pattern beherrscht werden, desto freier wird der Verstand, die musikalische Umgebung gleichzeitig zu analysieren.

[28] Damit soll nicht eine sich wahllos in fremden Kulturen bedienende Haltung unterstützt werden. Vereinfachungen und der Versuch, grundlegende Strukturen eines Stils in Handlung zu übersetzen, können sinnvoll nur auf der Grundlage der Auseinandersetzung mit authentischen Beispielen gelingen. Es ist nicht möglich, Unterhaltungsmusik aus dem Handgelenk zu vermitteln!

Zu 1: Bei Beurteilung der Qualität eines Perkussionsinstruments und bei der Einschätzung seines Preises sollten folgende Aspekte berücksichtigt werden:
- Klangqualität
- Funktionalität (Bsp.: Ist der mitgelieferte Congaständer wirklich stabil und in der Höhe verstellbar? Kann man das Instrument wenn nötig stimmen, ohne sich zu verletzen oder das Instrument zu beschädigen? Sind die Congas mit einem Tragegriff ausgestattet?)
- Verwendete Materialien und Verarbeitung

Grundsätzlich macht es Sinn, sich mit den Eigenschaften professionell verwendeter Instrumente vertraut zu machen und sich diese von den zuständigen „Fachverkäufern" erläutern oder demonstrieren zu lassen.

Zu 2: Um mit lateinamerikanischen Rhythmen zu arbeiten, benötigt man nicht unbedingt einen Klassensatz der verwendeten Instrumente. Bei der Erarbeitung rhythmischer Pattern und instrumentaler Spieltechniken kann durch den Einsatz von Bodypercussion (Körperinstrumente) und Vocussion (Versprachlichung von Rhythmen) häufig sogar vollständig auf Instrumente verzichtet werden. Um einen Rhythmus mit verteilten Rollen von der gesamten Klasse spielen zu lassen, kommt den kleinen Perkussionsinstrumenten wie Rasseln (Maracas, Shaker, ...), div. Glocken (Cencerro, Agogo, ...) und Klanghölzern (Claves, Schlagzeugstöcke, ...) eine besondere Bedeutung zu. Sie sind günstig anzuschaffen und auch relativ einfach nachzubauen.

Zu 3: Für die Erarbeitung und Umsetzung der wichtigsten afrokaribischen und afrobrasilianischen Rhythmen sind folgende Perkussionsinstrumente (vgl. 2.2.1) unverzichtbar:
- Mindestens zwei, möglichst drei Congas (Quinto, Conga, Tumba)
- Bongos können zur Not als Congaersatz genutzt werden (auf die Grundausstattung von zwei Congas, Tumba und Conga sollte dennoch nicht verzichtet werden)
- diverse Rasseln (mind. zwei Paar Maracas und zwei Shaker)
- diverse Glocken (mind. zwei Campanas und zwei Agogos)
- diverse Klanghölzer (mind. zwei Paar Claves)
- eine große Trommel mit einem weichen bis mittelharten Schlegel zum Spielen eines Sambas (Surdo, ...)
- mind. zwei Tamburims (für Samba)
- der Einsatz einer Guiro (Kürbis, Holz, Metall) ist möglich, aber nicht notwendig

Zusätzlich möchte ich auf die Möglichkeit der *Uminterpretation vorhandener Instrumente* aufmerksam machen. Uminterpretationen sollten möglichst in Kenntnis der Originalinstrumentierung eines Stils vorgenommen werden. Der Verwendung von Originalinstrumenten ist unbedingt Vorrang einzuräumen.
Zum Einzelnen:
- Eine Cencerro kann als Agogo verwendet werden.
- Das Standtom aus einem Schlagzeugset kann als Surdo verwendet werden.
- Maracas können als Shaker und umgekehrt verwendet werden.

- Rahmentrommeln aus dem ORFF-Instrumentarium können bei kleinem Durchmesser und hoher Stimmung als Tamburims verwendet werden.

Abschließend seien der Instrumentenbau und die Verwendung von Alltagsmaterialien erwähnt:[29]

- Mit Körnern gefüllte Getränkedosen oder Joghurtbecher können als Shaker verwendet werden.
- Handtrommeln, insbesondere Bongos, können aus Holz gebaut werden (vgl. hierzu die sehr brauchbare Bauanleitung in: HANBÜRGER, U.: Holzbongos bauen und spielen, in: AfS-Magazin 2/1996, sowie: BRETTSCHNEIDER, E.-M.: Von der Kabeljaukiste zur Rumba-Trommel, Trommeln auf selbstgebauten Cajónes, in: AfS-Magazin 4/2000).
- Flaschen können mit Löffeln angeschlagen als Glockenersatz dienen. Die Gefahr, dass eine Flasche hierbei zu Bruch geht, ist sehr gering. Auf die Verwendung von Schlagzeugstöcken sollte aus Sicherheitsgründen verzichtet werden.
- Claves können durch zugeschnittene Rundhölzer ergänzt werden.

2.2.1 Beschreibung der wichtigsten Instrumente

Man erzeugt mit Perkussionsinstrumenten Töne oder Geräusche, indem man sie anschlägt (lat.: percutio = (den Takt) schlagen). Man unterscheidet Idiophone (Selbstklinger) und Membranophone (Fellklinger). Bei den Idiophonen unterscheidet man unmittelbar und mittelbar angeschlagene. Unmittelbar angeschlagen werden beispielsweise Claves (Gegenschlagidiophon) und Glocken (Aufschlagidiophon). Zu den mittelbar in Schwingung versetzten Instrumenten gehören die Maracas (Schüttelidiophon) und die Guiro (Schrappidiophon).

Bei den Membranophonen unterscheidet man Schlagtrommeln[30], Handtrommeln und Schellentrommeln. Zu den Schlagtrommeln gehören die große und die kleine Trommel (Surdo oder Bombo und Caixa oder Snare). Die populärste lateinamerikanische Schellentrommel ist das Pandeiro. Die wichtigsten Handtrommeln sind Congas und Bongos.

Eine weitere, am praktischen Umgang orientierte Ordnung wählt den Klang als Hauptkriterium. Wie ein Perkussionsinstrument klingt, hängt von dem in Schwingung versetzten Material ab. Man ordnet entsprechend nach Fell-, Metall- und Holzklängen. Diese Einteilung hilft z. B. bei dem spontanen Arrangieren eines Rhythmus, indem man einzelne Klanggruppen hervorhebt oder zurücknimmt.

Im Folgenden werden zunächst die in 2.2 als unverzichtbar beschriebenen Instrumente vorgestellt. Zusätzlich wird kurz auf Instrumente, die in der authentischen Folklore wichtig sind, jedoch in der Schule keine Rolle spielen, eingegangen. Es werden *Trommeln*, *Rasseln*, *Glocken* und *andere Instrumente* unterschieden.

---

[29] Traditionelle Beispiele für den Einsatz von Alltagsgegenständen in lateinamerikanischen Rhythmen sind: – Die Rumba de cajon; ein traditioneller kubanischer Rumbastil, bei dem anstatt Trommeln Holzkisten verwendet werden. – Der Einsatz einer Metallschaufel als Glocke (guataca) in den sakralen Rhythmen der Arará in Kuba. – Eine aus Bierdosen zusammengesetzte Rassel (chocalho), die in der Samba Brasiliens Verwendung findet.

[30] Die Schlagtrommeln werden zusätzlich nach Resonatoren eingeteilt (Kessel, Röhren, Rahmen). Eine ausführliche Systematik kann z. B. im dtv-Atlas zur Musik nachgelesen werden.

A) Trommeln

Die Congas

Bei den in Kuba entstandenen Congas handelt es sich wohl um die bekanntesten Perkussionsinstrumente Lateinamerikas. Sie werden heute in fast allen populären lateinamerikanischen Musikstilen eingesetzt und haben auch in aktuellen Popmusikproduktionen ihren festen Platz. Als Vorbild für die Entwicklung der Congas gelten die aus der kongolesischen Bantu-Kultur stammenden Makuta-Trommeln.[31] Die Congas werden in Kuba als *Tumbadoras* bezeichnet. Sie wurden ursprünglich in einem, beim kubanischen Karneval als Umzugsbegleitung verwendeten Rhythmus mit dem Namen *conga de comparsa* gespielt.

Die Entwicklung der Congas begann mit der Abschaffung der Sklaverei im ausgehenden 19. Jahrhundert, in deren Folge die aus Afrika stammenden Trommeln verboten wurden und außer Gebrauch kamen. Mit der Erfindung der Conga konnten die Kubaner sanktionsfrei an die Traditionen ihrer Vorfahren erinnern und ihre Götter anrufen, *„... denn nun spielte man nicht mehr afrikanische, sondern kreolische Trommeln."*[32]

Die Vorläufer der modernen Congas wurden aus abgesägten Baumstämmen hergestellt, die ausgehöhlt und mit einem Fell bespannt waren. Das Fell wurde mit Nägeln am Korpus angebracht.[33] Um die Trommeln zu stimmen, erhitzte man das Fell. Diese Prinzip kann einfach nachvollzogen werden, indem man eine Rahmentrommel auf eine Heizung legt.

Moderne Congas haben eine bauchige Form und werden wie Fässer aus Holzgauben oder aus Kunststoff hergestellt. Das Fell ist enthaart und stammt in der Regel von Rindern, Pferden oder artverwandten Tieren wie Wasserbüffeln oder Maultieren. Es wird mittels eines Metallreifens auf der Trommel fixiert und kann mit Schrauben gestimmt werden. Durch Schrauben stimmbare Congas wurden erst zu Beginn der fünfziger Jahre des 20. Jahrhunderts entwickelt. Protagonist dieser Neuerung war CARLOS „PATATO" VALDEZ, der als Meister des melodiösen Congaspiels gilt und seit den siebziger Jahren auch die Einführung der Kunstoffconga unterstützt. Kunststoffcongas gelten im Allgemeinen als besonders robust, laut und obertonreich. Aus Holz hergestellte Congas haben im Vergleich einen wärmeren Klang.

Congas werden mit den Händen gespielt. Eine Beschreibung der Spieltechnik findet sich in 2.3.4. Beim Stimmen werden die Schrauben nacheinander im Kreis und nicht, wie sonst bei Schlagtrommeln üblich, über Kreuz gestimmt. Dies ist notwendig, um zu vermeiden, dass das ungewöhnlich starke Naturfell

---

[31] Diese Ansicht wird von REBECA MAULEÓN (Salsa Guidebook, Petaluma 1993, S. 31) und ED URIBE 1 (The Essence of Afro-Cuban Percussion and Drum Set, Miami 1996, S. 74) vertreten. FERNANDO ORTIZ gibt zu bedenken, dass unterschiedliche Auffassungen über die Ursprünge der Congas bestehen. Mögliche Vorgänger der in Kuba entwickelten Congas sind demnach: 1. Die aus der Bantu-Kultur stammenden Makuta-Trommeln. – 2. Die aus der Bantu-Kultur stammenden Yuka-Trommeln. – 3. Aus Haiti stammende Trommeln, die bei Karnevalsumzügen im Osten Kubas gespielt wurden. Die Umzüge wurden als *congó* bezeichnet. Vgl.: ORTIZ, F.: Los Instrumentos de la Música Afrocubana, Band 2, Madrid 1996 (Reprint einer 1952 in Havanna erschienenen Ausgabe), S. 41-46

[32] ORTIZ, F.: a. a. O., S. 44, die Übersetzung erfolgte durch den Autor.

[33] Die bildliche Darstellung der historischen Entwicklung der Conga findet sich bei: ORTIZ, F.: a. a. O.

DIZZY GILLESPIE war zusammen mit dem kubanischen Conguero CHANO POZO einer der Väter des Latin-Jazz (vgl. ENDRESS G.: MARIO BAUZÁ, Erinnerungen des Pioniers des afrokubanischen Jazz, in: Jazz Podium 2/2000)

CARLOS „PATATO" VALDEZ

durch einseitigen Zug den Trommelkorpus verzieht. Die Tonhöhe einer Conga wird neben der Fellspannung auch von ihrem Durchmesser bestimmt. Dieser wird in der Regel in dem amerikanischen Maß Inch (in.)[34] angegeben. Die größte der drei üblichen Congaausführungen wird als Tumba bezeichnet und hat einen Durchmesser von 12 ½ Inch. Sie klingt tiefer als die eigentliche Conga mit 11 ¾ Inch Durchmesser. Conga und Tumba bilden üblicherweise das Grundgerüst der auf diesen Trommeln gespielten Rhythmen. Die dritte Tumbadora hat einen Durchmesser von 11 Inch, wird Quinto genannt und dient mit ihrem hohen Klang als Soloinstrument[35]. Übliche Intervalle für die Stimmung von Congas sind eine Quarte zwischen Tumba und Conga (g und c) oder, bei drei Congas, eine kleine Terz zwischen Tumba und Conga und eine große Sekunde zwischen Conga und Quinto. Die Quinto wird in diesem Fall wie eine Conga genutzt. Von diesen Stimmungen ausgehend können weitere erprobt werden. Grundsätzlich sollten Congas vor jedem Spielen gestimmt und danach wieder abgestimmt werden. Dies ist notwendig, da sich die Stimmung nicht hält und das Fell bei andauernder Spannung an Elastizität verliert. Die Musiker, welche Conga spielen, werden als Congueros bezeichnet. Seit wenigen Jahren sind auch für Congas Kunststofffelle erhältlich, über deren Qualität ich aus Mangel an Erfahrung keine Aussagen machen möchte.

Die Bongos

Bevor die Congas in den späten dreißiger Jahren über den aus dem *Danzón* entstandenen *Mambo* und ihre Integration in die Son-Conjuntos[36] Einzug in die afrokubanische Tanzmusik hielten, waren die Bongos[37] die wichtigsten Handtrommeln der populären kubanischen Musik. Ihre Entstehung ist eng mit der Entwicklung des *Son Cubano* verknüpft, der Mitte des 19. Jahrhunderts Gestalt anzunehmen begann, und zu Beginn des 20. Jahrhunderts aus dem Osten Kubas nach Havanna kam.

Die Bongos haben weder afrikanische noch europäische oder arabische Vorläufer. Sie entstanden aus ökonomischen und praktischen Erwägungen. Bongos sind relativ klein, leicht und mit entsprechend geringem Materialaufwand herzustellen. Dennoch stehen einem Perkussionisten mit Bongos gleich zwei Trommeln zur Verfügung.[38]

Die heute üblichen Bongos bestehen aus zwei durch einen Steg verbundenen Trommeln unterschiedlicher Größe mit Durchmessern zwischen sieben und neun Inch. Sie haben einen entsprechend hellen und durchdringenden Klang. Die kleinere der beiden Trommeln wird als macho (Männchen), die größere als

---

[34] 1 inch = 25,4 mm

[35] Die Benennung der Congas ist ein weiteres eindrückliches Beispiel für die Begriffsverwirrung im Zusammenhang mit lateinamerikanischen Perkussionsinstrumenten.

[36] Die Integration der Conga in den Danzón entstand aus der Entwicklung eines neuen Liedteils. Der bis dahin üblichen ABAC-Form wurde ein zusätzlicher D-Teil angehängt, der zunächst als nuevo ritmo und später als Mambo bezeichnet wurde. Aus diesem Mambo-Teil entwickelte sich in den fünfziger Jahren der Cha-Cha-Cha. Die Entwicklung des Conjunto-Stils war die eigentliche Geburt des heutigen Salsa-Sounds. Vgl. MALABLE, F./WEINER, B.: Afro-Cuban Rhythms for Drumset, New York, 1990, S. 5/MAULEÓN, R.: a. a. O., S. 181-183/URIBE, E.: a. a. O., S. 19-20

[37] Bei ORTIZ: Bongó

[38] Vgl. ORTIZ, F.: a. a. O., S. 279

Jose Mangual

hembra (Weibchen) bezeichnet. Die verwendeten Felle sind in der Regel dünner als Congafelle. Für ihre Befestigung an den Trommeln gelten die Ausführungen über Congas. Bongos werden gespielt, indem der Bongosero sich die Trommeln zwischen die Knie klemmt und mit beiden Händen auf die Felle schlägt. Für den Einsatz in der Schule bietet es sich an, die Bongos auf einen Stuhl zu stellen oder sie auf einem Ständer zu befestigen.

Die Surdo

Die Surdo stammt aus Brasilien und liefert mit ihrem durchdringenden Basston das Fundament für den pulsierenden Drive des Sambas. Der röhrenförmige Korpus der Surdo wird meist aus Blech, seltener aus Holz hergestellt. Die Trommel ist bimembran, wird also mit einem Schlag- und einem Resonanzfell bespannt. Die Felle sind entweder aus Kalbsleder oder aus Kunststoff. Man geht davon aus, dass sich die Surdo aus dem Instrumentarium der europäischen Militärkapellen entwickelte.[39] Man unterscheidet drei Surdos von unterschiedlichem Durchmesser. Die Surdo Marcaná hat mit 22 bis 24 Inch den größten Durchmesser und den tiefsten Klang. Sie spielt den für den Samba charakteristischen starken Akzent auf den Offbeats. Die mittlere Surdo wird als Surdo Reposta bezeichnet und hat einen Durchmesser von 18 bis 20 Inch. Sie antwortet auf die Surdo Marcaná und spielt den Downbeat. Die Surdo Cartador ist mit einem Durchmesser zwischen 12 und 16 Inch die kleinste der drei Basstrommeln und prägt, ihrem Namen entsprechend, das Zusammenspiel der drei Surdos mit „schneidenden" Akzenten. An einem traditionellen Samba-Umzug nehmen 25 bis 35 Surdos teil. Die Surdo wird mit einem weichen Schlägel angeschlagen. Die freie Hand dämpft das Fell und setzt kleine Akzente. In kleineren Ensembles werden die drei Surdostimmen häufig auf eine Trommel übertragen.

Das Tamburim

Das Tamburim ist eine kleine Rahmentrommel aus Holz oder Metall von sechs Inch Durchmesser, die mit einem dünnen Holzstock oder einer Tamburimpeitsche (leichte Rute aus Rattan oder Plastik mit drei dünnen Stäben) gespielt wird. Das einseitig aufgespannte Fell ist in der Regel aus Kunststoff. Mit ihrem durchdringenden, hellen Klang und charakteristisch synkopierten Pattern sind die bis zu 70 Tamburims unverzichtbarer Bestandteil eines Samba-Umzugs.

Ich möchte diesen Abschnitt nicht beenden, ohne drei weitere wichtige Trommeln erwähnt zu haben, die aufgrund spieltechnischer Schwierigkeiten für den Einsatz im Unterricht kaum in Betracht kommen.

In einem Salsaorchester bilden *die Timbales* das Bindeglied zwischen der Rhythmusgruppe und der Bläsersection. Der Timbalero bereitet durch rhythmische Einwürfe Wechsel im Arrangement vor. Zusätzlich unterstützt er Bläserakzente mit einem Becken. Die Timbales entwickelten sich aus den im Danzón gespielten Kesselpauken und werden mit Stöcken gespielt. Sie bestehen aus zwei Stahlkesseln, die mit Kunststofffellen bespannt werden und unten offen sind. Die üblichen Durchmesser betragen 13 und 14 oder 14 und 15 Inch. Zusätzlich gehören zwei am Trommelständer angebrachte Glocken (Mambo und Cha Cha) und ein Holzblock (heute in der Regel aus Kunststoff) sowie ein Becken zur Standardausstattung eines Timbales-Sets.

Bei dem *Pandeiro* handelt es sich um ein ausgesprochen populäres brasilianisches Perkussionsinstrument, das in allen Sambaformen[40] zum Einsatz kommt. „Manche meinen sogar: *'Não há samba sem pandeiro'* (kein Samba ohne Pandeiro)."[41] Berühmt sind die solistischen Darbietungen der malabaristas, die das Pandeiro nicht nur spielen, sondern auch damit jonglieren und gleichzeitig tanzen. Die einseitig bespannte Schellentrommel wird üblicherweise in Größen zwischen 10 und 12 Inch hergestellt. Als Fell wird entweder eine dünne Tierhaut (Kalb, Ziege, Reh oder auch Schlange) oder Kunststoff verwendet. Die Spieltechnik für das Pandeiro ist recht kompliziert und kann in den einschlägigen Veröffentlichungen nachgelesen werden.[42] Die Entstehungsgeschichte des Pandeiros ist kurios. Es kam bereits vor der Entdeckung Amerikas aus Nordafrika[43] nach Portugal, wurde dort zu einem beliebten Instrument und von afrikanischen Sklaven übernommen. Sie waren es, die das Pandeiro nach Brasilien brachten.[44]

Unberücksichtigt bleibt auch die *Repinique,* eine kleine bimembrane Trommel, die mit einem Stock und einer Hand gespielt wird und bei Samba-Umzügen Rhythmuswechsel einleitet.[45]

---

[39] Vgl. SCHREINER, C.: Musica Popular Brasileira, Marburg 1985, S. 96

[40] Wichtige Sambaformen sind: Samba-Cançao, Samba de Morro, Samba-Carnevalesco, Samba-Batucada, vgl. z. B. ebenda, S. 142 ff.

[41] PINTO, T. DE O.: Copeira, Samba, Candomblé, Berlin 1991, S. 138

[42] Z. B. URIBE, E. (2): The Essence of Brazilian Percussion and Drum Set, Miami 1993 / MOREIRA, A.: The Spirit of Percussion, Wayne, N.Y. 1985

[43] Man geht davon aus, dass das Pandeiro ursprünglich aus dem vorderen Orient stammt. Vgl. PINTO, T. DE O.: a. a. O., S. 138

[44] Vgl. SCHREINER, C.: Musica Popular ... S. 95

[45] Vgl. z. B. URIBE, E. (2), S. 61

B) Rasseln

Die Maracas

Die Maracas sind ein in ganz Lateinamerika verbreitetes Instrument. Es handelt sich um zwei Gefäße aus Kalebassen (Kürbisfrüchte), Holz, Leder oder Kunststoff, die mit einem Granulat aus Samenkörnern oder ähnlichem Material gefüllt und auf Holzgriffen befestigt werden. Die Maracas waren sowohl bei den amerikanischen Ureinwohnern als auch bei den afrikanischen Sklaven bekannt.[46] In Deutschland werden die beidhändig gespielten Maracas auch als Rumbakugeln bezeichnet, obwohl sie in der kubanischen Rumba nicht zum Einsatz kommen.[47] Mit ihrem hellen, durchdringenden Klang sind sie hingegen bis heute ein notwendiger Bestandteil jedes Son-Ensembles und finden daher auch in Salsa-Ensembles häufig Verwendung.

Chocalhos und andere Schüttelrohre

Die neudeutsch auch als *Shaker* bezeichneten Schüttelidiophone sind insbesondere im brasilianischen Samba beliebt, haben aber auch in der US-amerikanisch beeinflussten Popmusik ihren festen Platz. Sie werden in der Regel aus Blech hergestellt und mit Granulat gefüllt. Die brasilianischen Chocalhos oder Ganzas bestehen häufig aus mehreren miteinander verbundenen Schüttelrohren und entwickelten sich aus den Maracas.[48]

Die Multi-Guiro kann als Shaker
und als Guiro verwendet werden

---

[46] Vgl. SCHREINER, C.: Musica Latina, S. 358/ORTIZ, F.: a. a. O., Band 1, S. 180
[47] Vermutlich basiert diese Fehlleistung auf der bereits erwähnten Verwechslung zwischen Rumba und Bolero.
[48] Vgl. SCHREINER, C.: Ebenda, S. 359

C) Glocken

Die Agogos

Die Agogos werden in Brasilien und Kuba eingesetzt. Sie finden dort in afro-brasilianischen (Candomblé) und afrokubanischen (Abacuá) Kulten Verwendung.[49] Bekannt sind die aus Afrika stammenden Glocken für ihre Teilnahme an den Samba-Umzügen. In der Literatur werden folgende Schreibungen verwendet: Agogo, Agogó, Ago-go, Agogô. Die letzte Schreibweise ist bei brasilianischen Autoren gebräuchlich, ich werde aber dennoch bei der neutralen deutschen Schreibweise bleiben. Die Agogos werden aus zwei unterschiedlich großen, trichterförmigen Glocken hergestellt. Diese werden an ihrem schmalen Ende durch einen gebogenen Metallstab miteinander verbunden. Man spielt sie mit einem Holzstock.

Die Campanas

In der afrokubanischen Musik werden eine Vielzahl unterschiedlicher Glocken (Campanas) gespielt. Heute am weitesten verbreitet ist eine als Cencerro (Kuhglocke) bezeichnete Handglocke, die mit einem Holzschlegel angeschlagen wird. Die Cencerro entwickelte sich, entgegen einer naheliegenden Vermutung, nicht aus einer Kuhglocke, sondern aus der im Abacuá-Kult gespielten Glocke mit dem Namen Ekón.[50] Neben der vom Bongosero in Son-Ensembles gespielten Cencerro werden in Salsa-Orchestern vom Timbalero zusätzliche Campanas, die als Mambo-Glocke, Cha-Cha-Glocke oder Charanga-Glocke bezeichnet werden, gespielt. Die Mambo-Glocke ist der Cencerro in Größe und Klang ähnlich und die größte, die Charanga-Glocke die kleinste der drei vom Timbalero gespielten Campanas.

---

[49] Vgl. PINTO, T. DE O.: a. a. O., S. 179/ORTIZ, F.: ebenda, S. 279

[50] Vgl. ebenda, S. 288/URIBE gibt für die von ihm vertretene Ansicht, die Cencerro habe sich aus der Guataca entwickelt, keine Quellen an. Vgl. URIBE, E.: (1), S. 60

D) Andere Instrumente

Die Claves

Der Begriff Clave bezeichnet sowohl ein Instrument als auch ein nahezu allen populären afrokubanischen Rhythmen zugrunde liegendes rhythmisches Pattern. Das Clavepattern (span. = Schlüssel) ist das Time-line-Pattern im kubanischen *Son* und grundlegendes Bauprinzip nahezu aller in der Salsa vertretenen Stilistiken. Man unterscheidet drei Varianten des Patterns (vgl. 2.3.2), die sich aus einem als 6/8- oder Afro-Clave bezeichneten Time-line-Pattern westafrikanischen Ursprungs ableiten lassen.[51]

Das Instrument besteht aus zwei Holzstäben, von denen einer locker in der Hand liegt (die Handfläche bildet einen Resonanzraum). Der zweite Holzstab wird auf den in der Hand liegenden ersten Stab geschlagen. Der Klang der Claves ist im Allgemeinen hell und durchdringend.

Die Apito

Bei der Apito handelt es sich um eine Trillerpfeife. Sie wird vom Leiter eines Sambaensembles genutzt, um sowohl Anfang und Ende als auch den Beginn neuer Abschnitte eines Sambaarrangements zu signalisieren. Sie wird aus Holz oder Metall hergestellt. Durch das Abdecken zweier Löcher kann die Tonhöhe der Pfeife variiert werden, wodurch die Möglichkeiten der Gestaltung rhythmischer Pattern zunehmen.

2.3 Methodische Übungen zur Arbeit mit afrokaribischen und afrobrasilianischen Perkussionsinstrumenten und Rhythmen

Die methodischen Übungen gliedern sich in vier Abschnitte:
- Rhythmische Körper- und Koordinationsübungen
- Erarbeitung von Pattern über rhythmisches Sprechen (am Elementarpuls orientiertes Sprechen/am Pattern orientiertes Sprechen/Instrumente nachahmendes Sprechen)
- Erarbeitung von Pattern durch Imitation
- Erarbeitung instrumentaler Spieltechniken

---

[51] Vgl. MAULEÓN, R.: a. a. O., S. 47-57/URIBE, E.: ebenda, S. 34-53/KLINGMANN, H.: a. a. O., S. 14

2.3.1 Rhythmische Körper- und Koordinationsübungen

Die Verbindung rhythmischer Sprechsilben mit Körperübungen wurde, esoterisch überhöht, von REINHARD FLATISCHLER ausführlich dargestellt.[52] Die Silben stammen ursprünglich aus Indien, wo verschiedene Rhythmussprachen verwendet werden.[53]

Ein wesentliches Element der folgenden Übungen ist, dass die Gruppe einen gemeinsamen stabilen Grundpuls etabliert. Daher sollte das gemeinsame Aufsetzen der Füße möglichst auch bei der Erteilung von Anweisungen und Erklärungen nicht unterbrochen werden.

Die wertvollsten Momente bei der Durchführung aller folgenden Übungen entstehen, wenn sich der Körper verselbständigt (vgl. Erfahrungsbericht in 2.1).

Übung 1:
* Aufstellung im Kreis
* Stabiler Stand (schulterbreit, Bodenkontakt/Baum im Wind)
* Li und Re abwechselnd am Platz laufen (nicht zu schnell, ca. 40 Schläge pro Minute/Tempo halten – ein Gruppenmitglied mit Metronom und Trommel als Timekeeper?)
* Sprechen der Silbe Ta (genau gleichzeitig mit dem Laufen – sich Zeit nehmen)
* Ta sprechen/dazu klatschen
* Ta und Di sprechen (Ta = 1+3/Di = 2+4, es wird nur auf Ta gelaufen)
* Dazu klatschen
* Ta klatschen (Downbeat)
* Di klatschen (Offbeat)
* Wechsel zwischen Ta und Di (Wechsel zwischen Down- und Offbeatgefühl durch doppeltes Klatschen)
* Klatschen ohne sprechen

Übung 2: Zwischenschritt auf Di
* Schrittfolge: Li seit li., Re seit li., Re seit re., Li seit re., ...

* Sprechen der Silben Ta und Di
* Klatschen auf Ta und Di/nur auf Ta/nur auf Di (s. Üb. 1)

Übung 3: Beidseitiges Laufen
* Schrittfolge: Li seit li., Re seit li., Li seit li., ... (siehe Notenbeispiel Seite 437)

---

[52] FLATISCHLER, R.: Die vergessene Macht des Rhythmus, Ta Ke Ti Na – Der rhythmische Weg zur Bewusstheit, Essen 1984

[53] Vgl. hierzu auch: „Liste mit rhythmischen Wörtern von 2-8 Silben", in: GIGER, P.: Die Kunst des Rhythmus, Mainz 1993, S. 107

Das beidseitige Laufen weist eine enge Verwandtschaft zu dem beim Salsa-Tanzen verwendeten Grundschritt auf. Zur Erarbeitung müssen die Füße auf der Zählzeit 1 lediglich schräg nach vorn bzw. hinten gesetzt werden. Zielschritt: Li vor, Re am Platz, Li rück, Re ran, Re rück, ...

Die Begleitmusik sollte nicht zu schnell sein. Empfehlenswert ist z. B. die von CELIA CRUZ gesungene Version von Guantanamera auf dem Soundtrack zu dem Film „Mambo Kings".

Übung 4: Arbeit mit Taktpositionen

- Laufen mit Zwischenschritt und Sprechen der Silben Ta, Ke, Di, Mi (Elementarpulsation)
- Klatschen auf:
  Ta, Ke, Di, Mi / Ta / Di / Ta, Ke, Di / Di, Mi, Ta / Ke / Mi / Ke, Mi ...

Aufteilung in vier Gruppen:
- Jede Gruppe klatscht auf eine Silbe.
- Der Gruppenleiter gibt einzelnen Gruppen Zeichen, das Klatschen zu unterbrechen und wieder aufzunehmen.

Aufteilung in zwei Gruppen:
- Eine Gruppe klatscht auf Ta.
- Die andere Gruppe klatscht auf die vom Gruppenleiter auf Schildern angezeigten Silben. Hierbei werden alle Silbenkombinationen ohne Ta durchgespielt.
- Gruppentausch/Instrumenteneinsatz

Durch die Veränderung der Schrittfolge (Laufen am Platz ohne Zwischenschritt/ beidseitiges Laufen) entstehen neue Koordinationsprobleme.

2.3.2 Erarbeitung von Pattern über rhythmisches Sprechen

Alle folgenden Erarbeitungen werden in Zusammenhang mit einer der in 2.3.1 beschriebenen Schrittfolgen durchgeführt.

Beispiel 1: An der Elementarpulsation orientiertes rhythmisches Sprechen
Erarbeitung der von einer Surdo gespielten Akzente (die Zählzeit 2 wird stärker als die übrigen Akzente betont)

- Das rhythmische Sprechen entspricht den Rhythmussilben in 2.3.1.
- Akzente werden durch Klatschen betont.

spät ich komm zu   spät ich komm zu

Beispiel 2: Am Pattern orientiertes rhythmisches Sprechen

Erarbeitung eines Tamburim-Patterns
- Rhythmisches Sprechen
- Dazu klatschen/Klatschen ohne Sprechen

In die Schule kommt man nicht   zu spät

Erarbeitung von Agogo-Pattern (Doppelglocke, hoch/tief)
- S. o. (zunächst nur Rhythmik berücksichtigen)

Pattern 1:

ich schaff es   noch gleich - zei - tig   mit dem   Gong Ich glaub

Pattern 2:

pünkt   lich   doch noch   pünkt - lich   ich   bin   noch

Beispiel 3: Mischung der in 1 und 2 verwendeten Verfahren

Erarbeitung von Clave-Pattern
- S. o.

Pattern 1: Son Clave, Panama Panama Cuba   Bossa Nova

Panama   Panama   Cuba   Bossa   Nova

Pattern 2: Rumba Clave, Panama Panama Cuba   Bossa Nova

Panama   Panama   Cuba   Bossa   Nova

Pattern 3: Die Bossa Nova Clave, PanamaPanamaCuba   BossaNova

Die vorgestellten Pattern werden als 3-2 Clave-Pattern (erster Takt drei, zweiter Takt zwei Schläge) bezeichnet. Beginnt man die Pattern im zweiten Takt, bedeutet dies, ein anderes Pattern – ein 2-3 Clave-Pattern – zu spielen.

Beispiel 4: Instrumente nachahmendes Sprechen

Ein Beispiel für die meisterhafte Beherrschung dieser Kunst ist die Gruppe VOCAL SAMPLING[54], die eine komplette Salsa-Band mit Stimmen und Klatschlauten imitiert.

Bei dieser Form der Erarbeitung bietet es sich an, das Erlernen eines Patterns mit dem „pantomimischen" Spielen eines Instruments zu verbinden.

Erarbeitung eines Rasselpatterns (*Maracas*) über Nachahmung des Klangs (Lautierung)
- S. o.
- Die Hände schlagen mit dem Handsatz Re, Re, Li, Re, Re, Li, ... in die Luft.

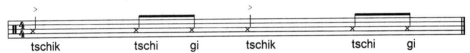

Erarbeitung eines Glockenpatterns (Cencerro)
- S. o.
- Die rechte Hand schlägt auf den Handballen (Ding/Di Gi) und die Finger (Dong) der linken Hand.

2.3.3 Erarbeitung von Pattern durch Imitation

Beispiel 1

Ein Pattern wird besprochen, demonstriert (immer zu einem durchlaufenden Beat) und so lange langsam wiederholt, bis es nachvollzogen wurde.

Mögliche Verfahren:
- Sukzessiver Aufbau des Patterns
- Gesamtes Pattern solange wiederholen, bis die Imitation gelingt
- Pattern vorspielen, gemeinsam singen (z. B. auf Ba), nachspielen, gemeinsam singen

---

[54] CD-Empfehlung: VOCAL SAMPLING, Live in Berlin (1997), Ashé Records 1998

- Aufteilung in Gruppen. Einige Gruppen spielen zum Grundbeat bereits bekannte Pattern (Korrelationsrhythmik). Erarbeiten neuer Pattern mit freier Gruppe auf dieser Grundlage.

Beispiel 2

Vorgespielte oder geklatschte Pattern werden auf der Grundlage eines gemeinsamen Beats im call-and-response Verfahren spontan nachgespielt. Dieses Verfahren ist besonders geeignet, um die Improvisationsfähigkeit zu schulen.

2.3.4 Erarbeitung instrumentaler Spieltechniken

Im Folgenden werden Übungen und Hinweise zum Spielen von Congas (Bongos)[55], Surdos, Tamburims, Glocken, Rasseln und den Schrappidiophonen Guiro und Reco Reco gegeben.

A) Congas

Conga 1: Die Übungen werden Hand zu Hand gespielt (siehe Handsatz R, L).

Zunächst werden *gedämpfte Schläge* geübt:
- Gesamte Handfläche
- In der Mitte des Fells
- Die Hände bleiben kurz liegen *(das Fell soll nicht klingen)*.

Üben des *offenen Schlags*:
- Nur die Finger bis zu den Knöcheln
- Am Rand des Fells
- *Das Fell muss klingen.*

Kombinationen:
Übung 1

Übung 2

---

[55] Der auf Bongos gespielte Grundrhythmus mit dem Namen Martillo wird an dieser Stelle nicht berücksichtigt. Vgl. hierzu z. B. HANBÜRGER U.: a. a. O.

Übung 3

Übung 4

Bei der Ausführung der Übungen ist darauf zu achten, dass die gedämpften Schläge den Elementarpuls repräsentieren, während die offenen Schläge Akzente darstellen. Dem entsprechend sollten die *gedämpften Schläge leise* und die *offenen Schläge laut* gespielt werden. Das Erfinden anderer Kombinationen sollte erst erfolgen, wenn die vorgestellten Übungen beherrscht werden. Grundsätzlich ist jede eigenständige Auseinandersetzung mit dem behandelten Material hilfreich. Durch die Markierung der Zählzeiten 1 und 3 mit dem Fuß bekommen die Übungen eine zusätzliche koordinative Dimension.

Die Übungen können spontan so gestaltet werden, dass die Parameter Lautstärke und Tempo auf ein Zeichen des Gruppenleiters variieren. Sie können, wenn nötig, auf den Oberschenkeln, einem Stuhl oder einem Tisch durchgeführt werden. Durch die Verteilung der Übungen auf einzelne Gruppen und Instrumente (hoch/tief klingend) können einfache, polyrhythmische Erfahrungen gesammelt werden.

Conga 2: Einsatz von Doppelschlägen

Einführung der *floating hand* oder Wippe
Die *floating hand* ist ein Doppelschlag, der bei vielen Congarhythmen Verwendung findet. Sie wird als ein doppelter gedämpfter Schlag eingeführt.

Bei der Ausführung der *floating hand* ist darauf zu achten, dass zuerst der Handballen oder Handteller aufsetzt. Im zweiten Teil der Bewegung kommen die Fingerspitzen zum Einsatz. Der Schlag wird in der Fellmitte (Bass) durchgeführt. Handballen und Fingerspitzen setzen auf der gleichen Fellstelle auf. Die Hand springt (alle Übungen zus. mit Klangimitation).

Die Springbewegung der Hand kann separat geübt werden. Hierzu wird die Hand auf das Fell gelegt (Handballen in Fellmitte) und durch einen Impuls in Richtung des Spielers angehoben (der Handballen dient als Drehpunkt). Sie landet mit den Fingerspitzen in der Fellmitte.

Einführung des *slaps*

Der *slap* ist einer der wichtigsten Schläge beim Congaspielen. Das Erlernen dieses Schlages benötigt einige Zeit. Wird der Schlag korrekt ausgeführt, stellt sich mit der Zeit ein lautes Klackgeräusch ein.

Der *slap* wird an der gleichen Stelle wie der offene Schlag ausgeführt. Die Hand bildet einen leichten Hohlraum, setzt mit den Fingerspitzen auf und bleibt liegen (die Fingerspitzen können sogar ein wenig am Fell ziehen). Es ist leichter, den richtigen Slapsound zu erzielen, wenn das Fell mit Hilfe der freien Hand abgedämpft wird.

L	L	R	L	L	R	L	L	R	L	L	R
Du	Ga	Bak	Du	Ga	Bak	Du	Ga	Bak	Du	Ga	Bak

Einführung des *Tumbao-* oder *Marcha*-Patterns

Das Tumbaopattern ist die Grundlage für die Interpretation sehr vieler afro-kubanischer Rhythmen. Wir finden dieses Congapattern beispielsweise im *Cha-Cha-Cha*, dem *Mambo* und dem *Son*. Es wird darüber hinaus in sehr vielen aktuellen Popproduktionen verwendet. Das Tumbaopattern entsteht aus der Kombination von *floating hand*, *slap* und *offenem Schlag*.

L	L	R	L	L	R	R	L	L	R	L	L	R	R
Du	Ga	Bak	Du	Ga	Gu	Gu	Du	Ga	Bak	Du	Ga	Gu	Gu

B) Surdo und Bombo

Die Surdo wird Hand zu Hand gespielt. Der Handsatz ist Re, Li, ... Die rechte Hand spielt mit einem mittelharten Schlägel auf die Zählzeiten 1 und 2.

Die linke Hand wird kurz vor der Zählzeit 1 auf das Fell gelegt und bleibt liegen, um das Fell zu dämpfen. Vor der Zählzeit 2 werden die Finger der linken Hand angehoben (der Handballen bleibt liegen). Kurz vor der Zählzeit 2 tippen Finger und Handfläche der linken Hand auf das Fell, und die Hand hebt sich vom Fell ab. Die rechte Hand spielt nun einen klingenden und akzentuierten Schlag auf die Zählzeit 2.

In der afrokaribischen Musik werden die Basstrommeln als Bombo bezeichnet. Das wichtigste auf der Bombo gespielte Pattern kann sehr gut über den bereits bekannten Merkspruch „Panama, Panama, Kuba" erarbeitet werden.

Die Spielweise entspricht der Surdo. Die Schläge auf 1 und 4 sind gedämpft. Die linke Hand wird auf der Zählzeit 3u auf das Fell gelegt und bleibt liegen. Der wichtigste Schlag ist ein offener, klingender Akzent auf 2u. Die linke Hand wird analog zum Surdospiel auf der Zählzeit 2 vom Fell abgehoben.

C) Tamburim

Das Tamburimspiel stellt in rudimentärer Form kein großes Problem dar (vgl. 2.3.2, Beispiel 2). Zusätzlich zum Spielen des Patterns kann man mit einem Finger der Hand, die das Instrument hält, das Fell dämpfen oder klingen lassen. Die entstehenden Melodien orientieren sich am Agogo-Pattern 2 in 2.3.2. Die als Drehtechnik bekannte komplizierte Spielweise wird hier nicht behandelt.[56]

D) Glocken

Wir unterscheiden Campanas und Agogos. Auf beiden Glockenarten werden hohe und tiefe Klänge erzeugt. Bei der Campana wird der tiefe Klang (Dong) an der geöffneten Seite und der hohe Klang (Di, Gi) an der geschlossenen Seite der Glocke erzeugt (vgl. 2.3.2, Beispiel 4). Bei den Agogos stehen uns eine kleine und eine große Glocke zur Verfügung. Eine zusätzliche Technik ist das Auffüllen aller Sechzehntelpausen durch das Gegeneinanderdrücken der beiden Glocken.[57]

E) Shaker

Die Shaker spielen mit großen Bewegungen die im Notenbeispiel markierten Akzente. Zwischen den Akzenten schwingt der Shaker leicht nach.

F) Guiro und Reco Reco

Die Guiro ist ein nicht ganz einfach zu spielendes Instrument. Wirklich benötigt wird sie beim Spielen eines Cha-Cha-Cha. Die linke Hand hält die Guiro senkrecht und mit dem oberen Ende leicht vom Körper weggekippt. Die rechte Hand hält einen dünnen Stock und reibt ihn über die Rillen der Guiro. Hierbei ist es hilfreich, das Stöckchen nicht parallel zu den Rillen zu bewegen, da es sich sonst verkannten kann.

Auf der Zählzeit 1 wird am unteren Ende der Guiro ein Akzent gesetzt. Die Bewegungsrichtung geht hierbei kurz nach unten, dreht sich aber sofort nach dem Akzent um. Es entsteht ein anhaltendes Schabgeräusch, das bis kurz vor die Zählzeit 2 anhält. Das Stäbchen wird von der Guiro abgehoben und setzt am oberen Ende zwei getrennte Akzente, gewissermaßen als Auftakt zur Zählzeit 3.

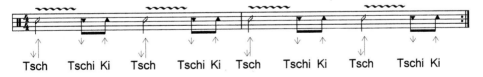

---

[56] Vgl. hierzu URIBE, E.: (2), S. 44
[57] Vgl. ebenda, S. 33

Bei einer vereinfachten Version („Touristenversion") wird die Umkehrung der Bewegungsrichtung auf den Zählzeiten 1 und 3 vermieden. Die Gesamtbewegung verliert hierdurch allerdings ihre in sich geschlossene Gestalt.

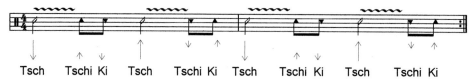

Das *Reco Reco* wird aus Holz oder Metall hergestellt, waagrecht gehalten und findet im Samba Verwendung. Die Spielweise entspricht der für die Shaker beschriebenen Technik.

Die gleichen Akzente können auch von der *Caixa* (Snare drum) gespielt werden.

2.4 Umsetzung ausgewählter Rhythmen im Ensemble

2.4.1 Samba

Der Samba ist afrobrasilianischen Ursprungs. Der dokumentierte Sklavenhandel zwischen Afrika und Brasilien dauerte von Beginn des 16. bis zur Mitte des 19. Jahrhunderts. In diesem Zeitraum wurden ca. 3,5 Millionen Afrikaner als Sklaven nach Brasilien verschleppt.

Brasilien war bis in das Jahr 1822 eine Kolonie Portugals. Die Landessprache ist bis heute Portugiesisch.

Im Jahr 1888 wurde die Sklaverei in Brasilien abgeschafft. Sehr viele ehemalige Sklaven zogen in die damalige Hauptstadt Rio de Janeiro (seit 1960 ist Brasília die Hauptstadt).

Ganze Stadtteile am Rand und im Zentrum der Stadt waren ausschließlich von Brasilianern afrikanischer Abstammung bewohnt. Eines dieser Viertel namens Praça Once war die Geburtsstätte des Sambas.

Die erste als Samba bezeichnete Aufnahme wurde 1917 veröffentlicht. Das Lied trug den Titel „Pelo telefone". Der Ursprung des Wortes Samba ist wohl kaum abschließend zu klären. KUBIK (1986) führt einige Argumente für eine angolanische Herkunft an.[58] Der Samba ist heute ausgesprochen vielfältig. Bekannte Stile sind Samba-Cançao, Samba de Moro, Gafieira, Pagode und der Samba-*Batucada*.

Der Samba-Batucada wird von den Escolas de Samba (Sambaschulen) bei Karnevalsumzügen gespielt. Diese Sambaschulen gehören zu „Karnevalsvereinen", die das ganze Jahr über damit beschäftigt sind, den an Fastnacht stattfindenden Karneval vorzubereiten. Die ersten Escolas de Samba wurden zu Beginn der dreißiger Jahre gegründet.

Der Samba-Batucada besteht aus Rhythmus und Melodie. Der Rhythmus wird von einer Perkussionsgruppe (Bateria) vorgegeben, die durchschnittlich

---

[58] Vgl. KUBIK, G.: Afrikanische Musikkulturen in Brasilien, in: PINTO, T. DE O. (Hrsg.): Weltmusik Brasilien, Mainz 1986

aus 350 Musikern besteht. Für die Melodie sind Sänger verantwortlich. In den modernen Batucadas kann man auch eine siebensaitige Gitarre (das Cavaquinho) sowie einen Elektrobass finden.

Die folgende Rhythmuspartitur stellt einen elementaren Samba-Batucada dar. Variationen und auch einige Instrumente (Repinique, Frigideira, Pandeiro, Cuica, Triangel ...) blieben unberücksichtigt.

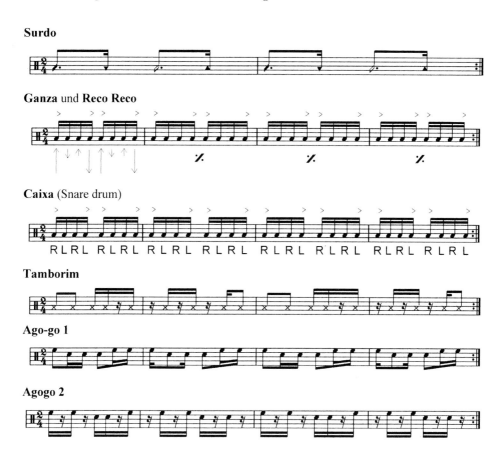

Erläuterung zum folgenden Arrangement:
- Das Tempo ist variabel; ein accelerando kann sehr effektvoll sein.
- Ab Takt 13 spielen einzelne Instrumente oder Instrumentengruppen (einfaches Weiterspielen von Pattern, Improvisieren).
- Ab Takt 17 spielt die Apito einen Cue.
- Direkt im Anschluss spielen die Instrumente, die ab Takt 13 warteten, den notierten Break. Die Solostimme läuft währenddessen (möglichst) unbeeindruckt weiter.

2.4.2 Bomba

In Puerto Rico gibt es lediglich zwei folkloristische Musikstile mit starkem afrikanischem Einfluss (vgl. 1.1.2). Die Bomba entstand im 19. Jahrhundert in einer vorwiegend von Afrikanern und ihren Nachkommen bewohnten Stadt namens Loiza Aldea. Charakteristisch für die Bomba ist die Interaktion zwischen Solotrommel und Tanz. Die Familie CEPEDA ist bekannt für die authentische Interpretation der Bomba folkloristischer Ausprägung.[59] Berühmte Interpreten des populären Stils sind RAFAEL CORTIJO und ISMAEL MIRANDA. Die zwei traditionell in der Bomba gespielten Trommeln werden wie Congas aus Fassgauben hergestellt. Sie sind aber wesentlich niedriger und haben einen größeren Durchmesser als ihre kubanischen Pendants. Die tiefer klingende der beiden Bomba-Trommeln wird „Buleador", die höher klingende „Subidor" oder „Requinto" genannt. Das eintaktige Time-line-Pattern, das der Bomba zugrunde liegt, wird traditionell mit Holzstöcken auf einem Holzuntergrund gespielt. In der modernen Interpretation der Bomba wird dieses Pattern auf Glocken übertragen.

Das eintaktige Time-line-Pattern der Bomba kann gut über rhythmisches Sprechen erarbeitet werden. Die Glocke kann an der offenen oder an der geschlossenen Seite gespielt werden. Der einmal gewählte Sound wird beibehalten.

Die übrigen zur Umsetzung des Rhythmus benötigten Stimmen sind bereits bekannt.

Tumba

Conga

Maracas

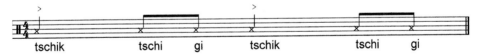

Zusätzlich kann eine Basstrommel (*Bombo*) zum Einsatz kommen.

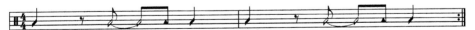

---

[59] Bei REBECA MAULEÓN (a. a. O., S. 38) findet sich das Foto eines Auftritts der Familie. Im Latin Beat Magazine vom März 1994 wird eine Bombaschule für Kinder unter Leitung von MODESTO CEPEDA vorgestellt.

Arrangement des Liedes „La cucaracha":

Zunächst werden über rhythmisches Sprechen eine Einleitung (Break) und die rhythmische Gestalt vereinfachter Piano- und Bassstimmen erarbeitet. Dann wird das Arrangement schrittweise geprobt. Piano- und Bassstimme werden auf Xylophone übertragen. Grundlage für das Arrangement ist die mit einem deutschen Text versehene Version des Titels in dem Liederbuch „Die Welt im Lied".[60]

Intro-Break für Bomba:

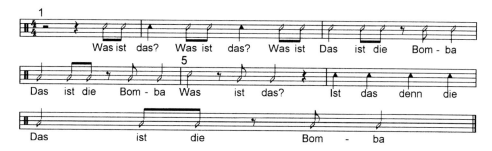

Der Break wird von Congas gespielt.

Die Schläge werden den Übungen Conga 1 entsprechend ausgeführt. Die Handsätze sind frei. Es gibt die Möglichkeit, beim Auftreten von Vierteln und Achteln in einer rhythmischen Phrase die Downbeats (1, 2, ...) mit der rechten und die Upbeats (1u, ...) mit der linken Hand zu spielen.

Der Break wird zunächst zum gemeinsamen Laufen (Ta, Di) gesprochen und geklatscht.

• Aufteilung in zwei Gruppen (hohe und tiefe Stimmen)
• Die Takte 1 und 2 werden gemeinsam gesprochen.
• Takt 3 wird von hohen, Takt 4 von tiefen Stimmen gesprochen.
• Takt 5 wird geteilt. (siehe Notation)
• Takt 6 wird gemeinsam gesprochen.
• Takt 7 wird von den tiefen Stimmen gesprochen.
• Die Aufteilung wird auf Congas (Quinto/Conga, Tumba) übertragen.

Begleitstimmen für ORFF-Instrumentarium:

Bei den vorgestellten Begleitstimmen handelt es sich um vereinfachte Piano- und Bassstimmen.

Für die Erarbeitung der Xylophonstimmen bietet sich folgender Spruch an: Cucaracha Bomba Bomba Ja.

Die unterstrichenen Wortteile werden betont (zunächst laufen, sprechen, klatschen).

Die rhythmische Gestalt der Bassstimme entspricht der Bombo (vgl. S. 442)

---

[60] Verlag Moritz Diesterweg: Die Welt im Lied, Frankfurt a. M., 1983

Arrangement: La cucaracha

- Intro-Break
- Einsatz aller Instrumente / Perkussion / Xylophone
- Stopp in Takt 8 auf die Zählzeit 1
- Auftakt des Gesangs
- Einsatz aller Instrumente auf die Zählzeit 1/Die Xylophonstimmen werden bis zum Schluss wiederholt.
- Refrain und Strophen werden wiederholt.
- Am Schluss wird die letzte Textzeile dreimal wiederholt (C, F).
- Bei der letzten Wiederholung Stopp auf F

Anhang

Als Grundausstattung empfohlene Titel wurden hervorgehoben (kursiv/unterstrichen: Praxis, kursiv: Theorie)

Grundlegende Literatur zur afrokubanischen Musik

ALÉN RODRÍGUEZ, O.: *From Afrocuban Music to Salsa*, Berlin 1998, (engl., 1 CD)

MAULEÓN, R.: Salsa Guidebook, For Piano and Ensemble, Petaluma (USA) 1993, (engl.)

ORTIZ, F.: Los Bailes y el Teatro de los negros en el Folklore de Cuba, Madrid 1998, (span.)

URIBE, E.: The Essence of Afro-Cuban Percussion and Drum Set, Miami 1996, (engl., 2 CD)

Grundlegende Literatur zur afrobrasilianischen Musik

ADOLFO, A.: Brasilianischer Musik Workshop, Advance Music 1998, (1 CD)

PINTO, T. DE O. (Hg.): Weltmusik Brasilien, Mainz 1986

Ders.: Copeira, Samba, Candomblé, Berlin 1991

PINTO, T. DE O./TUCCI, D.: Sambas und Sambistas in Brasilien, Wilhelmshaven 1992 (1 MC)

SCHREINER, C.: Música Popular Brasileira, Marburg 1985

URIBE, E.: The Essence of Brazilian Percussion and Drum Set, Miami 1993, (1 CD)

Übersichtsliteratur zur lateinamerikanischen Perkussion

KOHLMANN, A.: Percussion ABC, Bonn 1989

SCHREINER, C.: Musica Latina, Frankfurt a. M. 1982

SULSBRÜCK, B.: Latin-American Percussion, Kopenhagen 1986, (engl., zus. 3 MC erhältlich)

Zusätzliche unterrichtsrelevante Literatur

AEBERSOLD, J.: Vol. 64, Salsa – Latin Jazz, New Albany 1994 (Play-Along – 1 CD)

FLATISCHLER, R.: Die vergessene Macht des Rhythmus, Essen 1984 (zus. 3 MC)

HULL, A.: Drum Circle Spirit, Facilitating Human Potential Through Rhythm, Tempe (USA) 1998 (engl., 1 CD)

KONATÉ, F./OTT, T.: Rhythmen und Lieder aus Guinea, Oldershausen 1997

PATINO, M./MORENO, J.: Afro-Cuban Keybord Grooves, Miami 1997 (engl., 1 CD)

PUERTO, C. DEL: True Cuban Bass, Petaluma (USA) 1994 (engl./span., 1 MC)

REITER, G.: Body Percussion 1, Innsbruck 1998 (1 CD)

RIZZI, W.: Musikalische Animation, Arbeitsmaterialien für eine Musikwerkstatt, Boppard/Rhein 1988

The Latin Real Book, Salsa – Brazilian Music – Latin Jazz, Petaluma 1997, (engl., span.)

VILLASECA RIBBECK, C.: Von Salsa bis Samba, Stuttgart 1993 (1 CD)

ZIMMERMANN, J.: Juba. Die Welt der Körperpercussion, Boppard/Rhein 1999 (zus. Video)

Bezugsadressen

Advance Music, Tel: 07472 24621, www.advancemusic.com

MIM Musik GmbH, Tel: 089 78582821, www.mimnoten.infoplace.de

Tonträger und Videos:

Musica Latina, Tel: 06433 91040, www.musica-latina.de

www.descarga.com

Internet

www.salsa.de

Software (sehr empfehlenswert)

Band in a Box mit Zusatzsoftware Styles Disk 9 (Latin & Salsa), Bezugsadresse: M3C Systemtechnik GmbH, Tel: 030 7890790, www.m3c-berlin.de

Fotografien

Die Fotografien wurden mit freundlicher Genehmigung der LP ® Music Group abgedruckt; Heinrich Klingmann spielt LP ® Percussion Instrumente.

Klassenmusizieren mit Keyboards

Georg Maas

1. Begriffsbestimmung

Im angloamerikanischen Sprachraum versteht man unter *keyboards* bzw. *keyboard instruments* alle Instrumente, die über eine Tastatur (Klaviatur) gespielt werden. Damit werden Cembalo oder Klavichord ebenso wie Hammond-Orgel oder Synthesizer in derselben Instrumentengruppe zusammengefasst.

Im deutschsprachigen Bereich und speziell in musikpädagogischen Zusammenhängen wird der Terminus Keyboard in eingeschränktem Sinne ausschließlich für elektronische Tasteninstrumente verwendet. Dennoch ist die hierdurch bezeichnete Instrumentengruppe recht vielfältig. Sie umfasst kleine portable Tasteninstrumente mit sehr stark eingeschränkten klanglichen Möglichkeiten und ohne MIDI-Unterstützung ebenso wie professionelle „workstations" mit MIDI-Anschlüssen, frei programmierbarer Klangbearbeitung und Speichermöglichkeit.

Bei den folgenden Ausführungen soll es um solche elektronischen Tasteninstrumente gehen, die durch kompakte Abmessungen und geringen Preis im Klassensatz seit Mitte der 80er Jahre Einzug in den schulischen Musikunterricht an über 3000 deutschen Schulen[1] gehalten haben.

2. Stellenwert im schulischen Musikunterricht

Die Einbeziehung von Keyboards in den Musikunterricht ist üblicherweise verbunden mit der Konzeption eines handlungsorientierten Musikunterrichts, in dem das Musizieren einen hohen Stellenwert einnimmt.[2] Die Konzeption setzt ein entsprechendes Instrumentarium voraus, wobei die Wahl von Keyboards anfangs auf Erfahrungen in Japan zurückgriff und seinerzeit verfügbare Billiginstrumente in Modellversuchen im Unterricht erprobte.[3] Im Zuge solcher Ver-

---

[1] Angabe lt. Information der Firma Yamaha Europa (Internet-Seite, Anfang 2000)

[2] Gies (1990) unterliegt einem Missverständnis, wenn er den Rückbezug des Klassenmusizierens auf den handlungsorientierten Musikunterricht in der Nachfolge von Rauhe/Reinecke/Ribke lediglich als Versuch deutet, einen (vermeintlich) musischen Ansatz mit einem Hauch von Wissenschaftlichkeit zu verbrämen (S. 227). Es ist richtig: Nicht jeder Musikunterricht mit Keyboards kann per se den Anspruch erheben, als handlungsorientiert zu gelten; dies wäre eine unzulässige Banalisierung der Konzeption. Allerdings bieten Keyboards gute Möglichkeiten zur Realisierung handlungsorientierten Musikunterrichts. Aus diesem Grunde ist es verständlich, wenn in der Literatur gerade diese didaktische Konzeption für die Überlegungen zum Nutzen von Keyboards für den Musikunterricht häufig herangezogen wird.

[3] Vgl. Beiträge in *Musik und Bildung* Heft 4/1983, das sich schwerpunktmäßig mit japanischer Musikpädagogik beschäftigte (spez. Schmidt-Köngernheim, Suzuki, Itho, Hintz).

suche entstand als erstes Lehrwerk die *Musikwerkstatt*[4] (s. u.) und die Firma Yamaha entwickelte ein nach Lehrerwünschen konzipiertes Schulinstrument (KB-2000). Auch die italienische Konkurrenzfirma Bontempi investierte in die Entwicklung eines spezielles Schülerinstruments und unterzog es der Erprobung im deutschen Schulunterricht, jedoch mit unbefriedigendem Ergebnis.[5] In direkter Konkurrenz zu den von Yamaha unterstützten Entwicklungen verschwanden alternative Ansätze bald aus der musikpädagogischen Diskussion.[6]

Seit den ersten Veröffentlichungen zum Musizieren mit elektronischen Keyboards im Musikunterricht wurde ein zum Teil sehr heftiger und kontroverser Diskurs über den pädagogischen Nutzen und die ästhetischen Gefahren dieser Instrumente geführt.[7] Mittlerweile scheint die Diskussion auch vor dem Hintergrund der grundsätzlichen Erörterung neuer Musiktechnologien an Schärfe und Brisanz verloren zu haben. Untersuchungen haben ergeben, dass Keyboards im Musikunterricht seitens der Fachlehrer inzwischen als zeitgemäße und didaktisch sinnvolle Bereicherung angesehen werden[8]. Auch seitens der Schüler wird Unterricht mit Keyboards positiv eingeschätzt[9]. Dem widersprechen allerdings die Erfahrungen von Meyer bei der Beurteilung von Keyboards durch Lehrer wie Schüler.[10]

In nur wenigen Bundesländern findet sich in den Rahmenrichtlinien für das Fach Musik ein Hinweis darauf, dass Keyboards als Instrumente im Musikunterricht eingesetzt werden könnten. Neben Mecklenburg-Vorpommern wird auch in Sachsen-Anhalt der Einsatz von Keyboards in Sekundarschulen und Gymnasien explizit angesprochen. So wird im Kontext unterrichtlichen Musizierens neben „Körperinstrumenten, Alltagsgegenständen, [...] traditionellen Instrumenten, selbstgebauten Instrumenten" auch die Verwendung von Keyboards genannt[11] und auf die spezifischen methodischen Potentiale Bezug genommen: „Da, wo technische Möglichkeiten existieren, manuelle Grenzen des Musikmachens zu überwinden (Akkordbegleitautomatiken bei Keyboards, Arranger-Computerprogramme o. Ä.), sollten diese auch verantwortungsvoll genutzt werden."[12] Für die Ausstattung des Musikraumes werden Keyboards für Schülerinnen und Schüler ausdrücklich empfohlen.[13]

---

[4] SCHMIDT-KÖNGERNHEIM et al. 1984 a/b

[5] HEINZ MEYER (1991) informiert ausführlich über die Vorgeschichte des Projekts und seine Erfahrungen in der Erprobungsphase.

[6] *Musik und Bildung* widmete Heft 2/1986 dem Thema Musikunterricht mit elektronischen Tasteninstrumenten, wobei die Beiträge von ENDERS, FIRLA (GKS) und PLASGER (Musidacta) explizit Alternativen zum Yamaha-Ansatz formulieren.

[7] Einen Eindruck von der kontroversen Diskussion vermitteln u. a. die Aufsätze von R.-D. KRAEMER (1992) und G. KLEINEN (1993).

[8] KRAEMER 1992, MAAS 1995b, FRÖDE & KRÜGER 1997

[9] MAAS 1989

[10] MEYER 1991, S. 129

[11] Kultusministerium des Landes Sachsen-Anhalt (Hg., 1999a), S. 17

[12] A. a. O., S. 18

[13] A. a. O., S. 88

3. Ausstattungsmerkmale

Für die Auswahl eines Musikinstruments, mit dem von allen Schülerinnen und Schülern im Unterricht simultan musiziert werden kann, ist ein Abwägen von Vor- und Nachteilen notwendig. Dabei zu berücksichtigende Argumente sind grundsätzlich abhängig von den fachspezifischen Zielsetzungen des Musikunterrichts, aber auch von räumlichen Voraussetzungen, finanziellen Möglichkeiten und dem aktuellen Instrumentenangebot des Musikmarktes. Beispielsweise gab es Vorschläge, Mundharmonikas oder Melodikas als Klasseninstrumente einzuführen, doch haben sich derartige Versuche historisch „überlebt".[14]

Es kann also keineswegs darum gehen, Keyboards als modernen musikpädagogischen „Stein der Weisen" zu propagieren, sondern die Frage ist zu stellen, welche Vor- und Nachteile dieses Instrument gegenüber anderen Instrumenten beim Klassenmusizieren im schulischen Musikunterricht aufweist.[15]

Die nachfolgende Übersicht (S. 454) charakterisiert deshalb Keyboards durch den direkten Vergleich mit traditionellen Unterrichtsinstrumenten, hier Blockflöte bzw. ORFF-Schlagwerk, wobei jenes repräsentiert wird durch die Gruppe der Stabspiele (z. B. Xylophon, Glockenspiel) und Trommeln. Vergleichskategorien wie Bewertung sind dabei recht grob etikettiert und sollen lediglich Tendenzen verdeutlichen.

Die Vorteile von Keyboards bestehen vor allem in der Kontrolle der Parameter Tonhöhe, Tondauer, Lautstärke. Klangfarbenwechsel ist bei Beibehaltung der Spieltechnik mit demselben Instrument realisierbar, mehrstimmiges Spiel bzw. Akkordspiel ist möglich und wird durch eine Akkordautomatik gegebenenfalls erleichtert. Ein prinzipieller Vorteil von Tasteninstrumenten ist die Anschaulichkeit der Tonerzeugung: Das Tonsystem findet sich in der Anordnung der weißen und schwarzen Tasten abgebildet, Tonbeziehungen und Intervalle können „begriffen" werden.

Der Hauptnachteil preiswerter Keyboards besteht darin, dass die Tonerzeugung weitgehend von muskulären Differenzierungen abgekoppelt ist: Es existiert i. d. R. keine befriedigende Anschlagsdynamik, d. h. Lautstärke, Artikulation oder Akzentsetzung können nicht durch den Anschlag beeinflusst werden. Hierin sind Blockflöte oder Schlaginstrumente einfachen Keyboards überlegen. Allerdings sollte nicht übersehen werden, dass die beschriebenen Einschränkungen auch weitestgehend auf pneumatische Orgeln zutreffen.

---

[14] Vgl. MAAS 1989, S. 94 f.

[15] In diesem Sinne sei auf den sympathisch offenen Bericht von HEINZ MEYER (1991) über persönliche Erfahrungen mit Keyboards im Musikunterricht hingewiesen!

	Keyboard	Blockflöte	ORFF-Schlagwerk / Stabspiel, Trommel
Tonhöhe kontrollierbar	sehr gut	sehr gut	sehr gut / nicht möglich
Tondauer kontrollierbar	sehr gut	sehr gut	schlecht
Liegeklänge realisierbar	sehr gut	gut (Atem!)	schlecht
Lautstärke kontrollierbar	sehr gut	befriedigend	gut / sehr gut
Dynamikakzente realisierbar	schlecht	befriedigend	sehr gut / sehr gut
Klangfarbenvielfalt	sehr gut	begrenzt möglich	sehr gut über das ganze Instrumentarium hinweg
Klangfarbenvielfalt bei ident. Spieltechnik und identischem Instrument	sehr gut	–	–
Anschaulichkeit des Tonsystems	sehr gut	befriedigend	gut / –
Stimmungskonstanz	sehr gut	gut bis befriedigend	sehr gut / –
Körpernähe der Klangerzeugung	schlecht	sehr gut	sehr gut / sehr gut
Mehrstimmiges Spiel möglich	ja	nein	schwierig / nein
Ambitus	groß	klein	klein / –
Stillarbeit möglich	ja	nein	nein / nein
Anschaffungspreis	hoch	gering	mittel bis hoch
Robustheit	befriedigend	gut	gut
Anforderung an den Fachraum	hoch	gering	gering
typische Spielhilfen	Akkordautomatik	–	Ausbau von Stäben / –
	Oktavverschiebung	–	–
	zentrale Stummschaltung	–	–
	Stillarbeit per Kopfhörer	–	–
	Partnerarbeit per Kopfhörer und MIDI	–	–

Abbildung 1: Vergleich von Unterrichtsinstrumenten

Ebenfalls nicht unproblematisch ist der finanzielle Aufwand beim Erwerb einer Erstausstattung, sowie die an den Unterrichtsraum zu stellenden Anforderungen. Während Blockflöten bereits sehr preiswert angeboten werden und ggf. von jedem einzelnen Schüler privat angeschafft werden können, ein ORFF-Instrumentarium sukzessiv aufgebaut und ergänzt werden kann, erfordern Keyboards eine erhebliche Investition gleich zum Einstieg. Platz zum Aufbauen sowie eine geeignete Stromversorgung (zentral oder dezentral) müssen im Raum verfügbar sein. Werden die Instrumente auf- und abgebaut, bedeutet dies eine zusätzliche mechanische Beanspruchung, was sich ungünstig auf deren Nutzungsdauer auswirken kann.

4. Methodische Perspektiven

Aus den instrumententypischen Merkmalen ergeben sich bestimmte Sichtweisen auf die methodische Gestaltung des Musikunterrichts. Diese sollen im Folgenden knapp angesprochen werden.

4.1 Rolle der Spieltechnik

Das in der Lerngruppe erarbeitbare Repertoire ist entscheidend vom Spielvermögen der Klassenmitglieder abhängig. Dies bedeutet für die Lehrperson, dass sie inhaltliche Entscheidungen für den Unterricht stets vor dem Hintergrund der spieltechnischen Realisierbarkeit treffen muss. Soll beispielsweise ein Thema aus dem Bereich der Formenlehre im Mittelpunkt des Unterrichts stehen, so ist es nicht ausreichend, ein möglichst treffendes Musikbeispiel für den zu verdeutlichenden Sachverhalt auszuwählen (z. B. eine „typische" vierstimmige Fuge). Vielmehr muss das gewählte Musikstück auch realisierbar sein. Mit dieser doppelten Bindung des Repertoires an Spielvermögen *und* Unterrichtsthematik unterscheidet sich schulischer Musikunterricht mit Keyboards augenfällig vom Musikschulunterricht, wo der spieltechnischen Ausbildung eindeutig der Primat zufällt.

Verschärft wird die Problematik zusätzlich durch die erfahrungsgemäß großen Leistungsunterschiede innerhalb einer Lerngruppe zwischen Schülern mit außerschulischem Instrumentalunterricht (speziell in einem Tasteninstrument) und den anderen Klassenmitgliedern. Dies erfordert ggf. eine Binnendifferenzierung innerhalb der Lerngruppe (s. u.).

Zur Erleichterung spieltechnischer Probleme können auch technische Möglichkeiten des Keyboards genutzt werden (Akkordautomatik, Transponierschalter ...) oder Stimmen auf verschiedene Gruppen aufgeteilt sowie technische Probleme durch Vorbereitungsübungen eliminiert werden.

4.2 Entwicklung der Tonvorstellung

Das Spiel auf einem Tasteninstrument kann gerade Anfänger dazu verleiten, sich auf das mechanische Drücken der „richtigen" Taste zum „richtigen" Zeitpunkt zu konzentrieren. Eine Tonvorstellung im Sinne eines inneren „Voraushörens" würde damit nicht gefördert. Um dieser Gefahr zu begegnen, empfehlen die Autoren der *Musikwerkstatt* den „methodischen Dreischritt" „hören – singen – spielen"[16]. Gemeint ist damit ein Lehralgorithmus, bei dem die Lehrperson eine musikalische Phrase vorspielt und mitsingt (z. B. auf Notennamen), anschließend singen die Schüler dieselbe Phrase nach und erst danach wird der entsprechende Abschnitt nachgespielt (ggf. mit Gesang). Dieser Dreischritt wird dabei so ausgeführt, dass die drei Phasen ohne Unterbrechung aneinander anschließen bei fortlaufendem Metrum.

Auch wenn man diesen Lehralgorithmus als zu rigide ablehnen mag, so enthält er doch den wichtigen Hinweis darauf, dass Musikmachen auf die Ent-

---

[16] SCHMIDT-KÖNGERNHEIM et al. (1984b), S. 14 f.

wicklung des „inneren Hörens" angewiesen ist und dieses damit auch im Blickfeld des Unterrichts gefördert werden muss.

4.3 Sozialformen

Keyboards erlauben in stärkerem Maße als herkömmliche Instrumente, Sozialformen innerhalb der Stunde zu variieren. Die Grundform des Klassenmusizierens ist die des Spiels im Plenum (tutti). Der Regelfall wird darin bestehen, dass unterschiedliche Stimmen des Arrangements jeweils von Schülergruppen übernommen werden analog der chorischen Besetzung von Stimmen im (Streich-) Orchester, wobei durch Lautstärkeregelung sowie Wahl der Register ggf. Haupt- und Nebenstimmen dynamisch zu differenzieren sind.

Das abwechselnde Vorspielen einzelner Schülergruppen kann das gemeinsame Ensemblespiel vorbereiten oder innerhalb von Gruppenarbeitsphasen entstandene Ergebnisse vorstellen. Dabei kann es vorteilhaft sein, für die Stromversorgung der Keyboards ein Netzteil zu verwenden, das das zentrale Ein- und Ausschalten einzelner Keyboardgruppen erlaubt. So wird vermieden, dass der Vortrag einer Gruppe durch andere Keyboardspieler gestört wird, wenn beispielsweise unbeabsichtigt eine Taste gedrückt wird.

Partnerarbeit vor allem als Stillarbeit ist bei Verwendung von Kopfhörern möglich, vorausgesetzt, dass die Keyboards über jeweils zwei Kopfhörerbuchsen verfügen. Eine spezielle Variante besteht darin, jeweils Schüler unterschiedlicher Leistungsstärke zusammenzuführen, damit der leistungsschwächere Schüler Unterstützung von seinem Partner in der Funktion eines Tutors erhält. Besonders problemlos ist Partnerarbeit realisierbar, wenn Keyboards mit MIDI-Anschlüssen verfügbar sind.

Einzelarbeit ist ebenfalls unter Einsatz von Kopfhörern praktizierbar, wobei die Lehrkraft mit einem eigenen Kopfhörer sich bei jedem Schüler „einstöpseln" kann, um den Stand der Arbeit zu beurteilen bzw. Hilfestellung zu geben. Dies setzt allerdings ebenfalls voraus, dass die Instrumente jeweils mit zwei Kopfhörerbuchsen ausgestattet sind.

Das gesamte Keyboardensemble kann auch als begleitender Klangkörper einem Solisten (Lehrkraft, Schüler) oder einer Schülergruppe zur Seite gestellt werden. (Besonders empfehlenswert ist die Koppelung des Keyboardensembles mit herkömmlichen Instrumenten, z. B. Latin Percussion oder Mallet-Instrumenten, um die defizitäre körperliche Ansprache der Schülerinnen und Schüler durch die elektronischen Instrumente zu kompensieren.)

4.4 Üben

Jeder praktizierende Musiker weiß um die Bedeutung des Übens, allerdings spielt es innerhalb des Musikunterrichts eine oft geringe Rolle. Bei der Erarbeitung einer Keyboardstimme wird den Schülerinnen und Schülern allerdings oft bewusst, wie wichtig verfügbare Übezeit für den Erfolg beim Musizieren ist. Da sich mit Keyboards das Üben i. d. R. nicht in den außerschulischen Bereich auslagern lässt, muss innerhalb des Unterrichts ausreichend Übezeit vorgesehen werden. Angesichts magerer Stundentafeln für das Fach Musik wären zusätzliche Übe- und Spielstunden (evtl. im AG-Bereich) eine den regulären Musikunterricht unterstützende Bereicherung.

Das Üben kann dabei entweder gemeinsam unter Leitung der Lehrkraft erfolgen, vergleichbar einer Orchesterprobe, oder aber unter Verwendung von Kopfhörern in Stillarbeitsphasen. Hierbei ist die Anleitung und Kontrolle des Übens von großer Bedeutung, was entweder durch die Lehrkraft zu leisten ist, indem diese sich nacheinander (oder auf Anforderung) einzelnen Mitgliedern der Lerngruppe zuwendet, oder innerhalb der Gruppe durch Partnerarbeit geregelt werden kann. Letzteres ist auch unter gruppendynamischen Aspekten zu begrüßen.

4.5 Erfinden

Dadurch, dass im Idealfall jeder Schüler über ein eigenes Instrument am Arbeitsplatz verfügt und es mittels Kopfhörer ohne Beeinträchtigung der Mitschüler verwenden kann, sind Keyboards ideale Hilfsmittel für musikalische Erfindungsübungen. Innerhalb der Lerngruppe lassen sich individuelle Lösungen für Erfindungsaufgaben suchen (z. B. eine Begleitstimme erfinden, Musik für einen Werbesong komponieren), die anschließend – und zwar erst dann, wenn sie zu einem für die jeweiligen Schüler zufriedenstellenden Ergebnis geführt wurden – im Plenum vorgestellt werden. Noch günstiger ist die Situation bei Verwendung eines Computers mit Sequenzer- oder Notationssoftware, weil dies einerseits das Festhalten und Weiterbearbeiten von Zwischenergebnissen ermöglicht und andererseits die Ergebnisse der Erfindungsübung für alle anderen Klassenmitglieder verfügbar macht (als Notenausdruck oder Datei).

4.6 Binnendifferenzierung

Es ist offensichtlich, dass der Einsatz von Keyboards beim Klassenmusizieren das Prinzip der Binnendifferenzierung berücksichtigen muss. Einzelstimmen, die für klaviererfahrene Schüler unproblematisch zu spielen sind, können für unerfahrene zu unüberwindlichen Klippen beim Musizieren werden (s. o.). Aber auch innerhalb der Gruppe der ausschließlich im Unterricht an Keyboards musizierenden Schüler sind erhebliche Unterschiede in der Spielgeschicklichkeit bzw. im Lerntempo zu beobachten.

Im schulischen Musikunterricht fällt damit dem Arrangement des zu spielenden Musikstücks große Bedeutung zu. Es bietet die Möglichkeit, Spielstimmen unterschiedlicher Schwierigkeitsgrade einzubeziehen. Dabei empfiehlt es sich, innerhalb des Arrangements grundlegende, relativ einfache Stimmen vorzusehen, die als Fundamentum von allen Schülern zu erlernen sind und weitere, nach wachsendem Schwierigkeitsgrad gestaffelte Stimmen für solche Schüler anzubieten, die mit der Fundamentumstimme unterfordert wären. Das Gesamtensemble des Keyboard-Orchesters fügt dann im Spiel die Stimmenvielfalt des Arrangements zum gemeinsamen Klassenmusizieren zusammen. Aus Motivationsgründen sollte dabei darauf geachtet werden, dass alle beteiligten Klassenmusiker das Resultat des Musizierens als Gemeinschaftswerk empfinden.

Ein derartiges Vorgehen bringt einige Vorteile für den Unterricht: Die Klassenmitglieder werden individuell gefordert und gefördert, das gemeinsame Spiel erbringt im günstigen Fall ein musikalisches Erlebnis, das über die Anmutung der jeweils erarbeiteten Einzelstimmen weit hinausreicht.

4.7 Zusammenspiel mit anderen Instrumenten

Es ist anzuraten, das Keyboardensemble durch weitere Instrumente zu ergänzen. Dies erlaubt einerseits, den Mangel an „Körperlichkeit" der Tonerzeugung auszugleichen, indem beispielsweise Percussionsinstrumente verwendet werden, andererseits wird der klangfarbliche Bereich ergänzt und damit die Klangfarbenwahrnehmung differenziert. Allgemein werden die musikalischen (spez. dynamischen) Gestaltungsmöglichkeiten erweitert.

Ist ein Klavier oder Flügel im Unterrichtsraum vorhanden, so können einzelne Spieler auch solistisch an diesem Instrument eingesetzt werden und die am Keyboard erlernte Stimme auf das akustische Instrument übertragen.

4.8 Integration von Computern

Die Einbeziehung des Computers in das Keyboardensemble setzt voraus, dass die Instrumente MIDI-fähig sind und jeder Schüler bzw. jede Schülerarbeitsgruppe über einen Computerplatz verfügt.

MIDI – Musical Instrument Digital Interface – bezeichnet die Schnittstelle für ein weitgehend standardisiertes Datenformat, durch das sich entsprechend ausgestattete Instrumente untereinander „verständigen" und steuern können. Musikalische Parameter wie Tonhöhe, Lautstärke, Klangfarbe u. a. werden dazu in Codes übersetzt und per Kabelsteckverbindung von einem Instrument zu einem anderen oder zu einem Computer etc. übertragen. Per MIDI-Verbindung kann beispielsweise die Tastatur eines Keyboards dazu genutzt werden, ein anderes Instrument zu spielen. Zwei Schüler können in diesem Sinne ihre beiden Instrumente untereinander verkabeln und sich gegenseitig Musik vorspielen, was sowohl in Übephasen als auch bei Gestaltungsaufgaben sinnvoll nutzbar sein kann für die Partnerarbeit.

Bei Einbeziehung von Computern stehen außerdem alle Möglichkeiten musikalischer Computeranwendungsprogramme dem Unterricht prinzipiell offen.[17] Eine materielle Grundausstattung von Schulklassen mit musiktauglichen computerisierten Keyboardarbeitsplätzen für jeden einzelnen Schüler bedeutet allerdings eine Vervielfachung des finanziellen Aufwandes gegenüber der Ausstattung mit Keyboards unter Verzicht auf Computer.

---

[17] Stellvertretend für die große Anzahl musikpädagogischer Schriften zum Thema Computer und Musikunterricht sei hier auf die Dissertation von AUERSWALD (Augsburg 2000) hingewiesen.

5. Materialien

Als erstes für den schulischen Musikunterricht entwickeltes Unterrichtswerk für den Unterricht mit Keyboards erschien *Die Musikwerkstatt* im Schott-Verlag.[18] Sie umfasst progressive Spielhefte mit Lehrerhandbüchern, die neben einer grundlegenden Einführung in die methodische Konzeption des Werkes Zusatzinformationen, Vorbereitungsübungen etc. zu den Spielstücken der Schülerbände enthalten. Außerdem wurde eine Mitspielschallplatte veröffentlicht[19], wobei die Schallplatte als Medium gewählt wurde, um ggf. Anpassungen der Musikstücke an die Stimmung der verwendeten Keyboards zu ermöglichen.

Von der Firma Yamaha liegt in der Edition Schulmusik die von HANS WALTER herausgegebene Spielsammlung TeamPlay vor. Sie umfasst inzwischen drei Ausgaben für die Sekundarstufe I (*standard*), Grundschule (*basic*) sowie für AG und Ensemblearbeit (*advanced*). Die Ausgaben enthalten neben einem Heft mit Arrangements und methodischen Hinweisen für Lehrkräfte auch jeweils eine CD mit Playbacks (synthetische Sounds) sowie Computerdisketten mit MIDI-files für Lehrerkeyboards und Computernutzung.[20] In der Aufmachung zeigt das Werk auffällige Parallelen mit der *Musikwerkstatt*.

Angesichts nur weniger Sammelwerke für das Keyboardmusizieren im Klassenverband und lediglich sporadischer Erweiterung des publizierten Repertoires durch Zeitschriftenaufsätze[21] lassen sich auch Arrangements für andere Besetzungen ggf. für das Keyboardmusizieren nutzen, z. B. Hefte aus der Reihe *Applaus – Musikmachen im Klassenverband* des Klett-Verlages.

Literatur

Applaus – Musikmachen im Klassenverband [Publikationsreihe]. Stuttgart : Klett

AUERSWALD, STEFAN (2000): Der Computer im handlungsorientierten Musikunterricht. Didaktischer Stellenwert und methodische Konzeptionen. Augsburg: Wißner

ENDERS, BERND (1986): Das elektronische Tasteninstrument in der musiktheoretischen und musikpraktischen Hochschulausbildung. In: MuB 77 (1986), S. 106-113

EWEN, RICHARD (1998): Klassik in der Schule. Methode und Arrangements zum Klassenmusizieren. In: MidS, H. 3, S. 127-134

FIRLA, FRANZ (1986): Treffpunkt Taste. Erfahrungen mit dem Gruppen-Keyboard-System. In: MuB 77 (1986), S. 96-103

GIES, STEFAN (1990): Der Anspruch der Musik als Faktor musikpädagogischer Zielbestimmung. Essen: Die blaue Eule

Hessisches Institut für Lehrerfortbildung (Hg., 1996): Klassenmusizieren. Fuldatal 1996

HINTZ, ASMUS (1983): Die YAMAHA Musikschulen. In: MuB 74 (1983), S. 29-31

ITOH, EIZO (1983): Geschichte der Musikerziehung in Japan seit 1868. In: MuB 74 (1983), S. 24-28

KLEINEN, GÜNTER (1993): Klavier oder Keyboard – pädagogische Chancen und Handicaps. In: Neue Musiktechnologie, hrsg. von BERND ENDERS. Mainz : Schott, S. 330-344

---

[18] W. SCHMIDT-KÖNGERNHEIM et al. (1984a/b, 1989a/b, 1998a/b)
[19] A. REUSCH & CHR. WANJURA-HÜBNER (o. J.)
[20] H. WALTER (Hg., o. J. a/b/c)
[21] R. EWEN (1998) u. a.

KRAEMER, RUDOLF-DIETER (1992): Einstellungen von Musiklehrern zum Einsatz elektronischer Tasteninstrumente im Musikunterricht. In: Musikpädagogische Forschungsberichte 1991. Augsburg: Wißner, S. 115-137

Kultusministerium des Landes Sachsen-Anhalt (Hg.) (1999a): Rahmenrichtlinien Gymnasium/ Fachgymnasium Musik. Halle (Saale)

dass. (1999b): Rahmenrichtlinien Sekundarschule Schuljahrgänge 7-10 Musik. Halle (Saale)

MAAS, GEORG (1989): Handlungsorientierte Begriffsbildung im Musikunterricht. Theoretische Grundlagen, Entwicklung und vergleichende Evaluation eines Unterrichtskonzepts. Mainz: Schott

ders. (1995a): Methoden des Musikunterrichts an allgemeinbildenden Schulen (historisch). In: Kompendium der Musikpädagogik, hrsg. von S. HELMS, R. SCHNEIDER, R. WEBER. Kassel: Bosse, S. 64-83

ders. (1995b): Neue Technologien im Musikunterricht. Eine Erhebung zum Stand der Verbreitung und zur Innovationsbereitschaft von MusiklehrerInnen. In: ders. (Hg.): Musiklernen und Neue (Unterrichts-)Technologien. Essen: Die blaue Eule, S. 96-123

MEYER, HEINZ (1991): Keyboards im Musikunterricht – Erfahrungen, Beobachtungen, Konsequenzen. In: Perspektiven schulischer Musikerziehung in den 90er Jahren, hrsg. von REINHARD SCHNEIDER. Regensburg: Bosse, S. 125-132

PLASGER, UWE (1986): „Musidacta" – Ein Keyboard-System für den Musikunterricht. In: MuB 77 (1986), S. 113-115

REUSCH, ARNOLD & WANJURA-HÜBNER, CHRISTIANE (o. J. a): Spiel mit in der Musikwerkstatt – Mit-Spielstücke für den Musikunterricht in der Schule. Mainz: Schott (mit LP)

REUSCH, ARNOLD & WANJURA-HÜBNER, CHRISTIANE (o. J. b): Spiel mit in der Musikwerkstatt – Mit-Spielstücke für den Musikunterricht in der Schule – Lehrerhandbuch. Mainz: Schott

SCHMIDT-KÖNGERNHEIM, WOLFGANG (1983): Die Entfaltung der musikalischen Begabung im Kindesalter. Erfahrungen und Überlegungen auf einer Studienreise in Japan. In: MuB 74 (1983), S. 210-214

ders. et al. (1984a): Die Musikwerkstatt – Klassenstufe 5/6. Mainz: Schott

ders. et al. (1984b): Die Musikwerkstatt – Klassenstufe 5/6 – Lehrerband. Mit einem Nachwort von CHRISTOPH RICHTER. Mainz: Schott

ders. et al. (1989a): Die Musikwerkstatt – Grundkurs I für den Beginn im 1. oder 2. Schuljahr. Mainz: Schott

ders. et al. (1989b): Die Musikwerkstatt – Grundkurs I für den Beginn im 1. oder 2. Schuljahr – Lehrerhandbuch. Mainz: Schott

ders. et al. (1998a): Die Musikwerkstatt – Grundkurs II für den Beginn und die Fortführung ab dem 3. oder 4. Schuljahr. Mainz: Schott

ders. et al. (1998b): Die Musikwerkstatt – Grundkurs II für den Beginn und die Fortführung ab dem 3. oder 4. Schuljahr – Lehrerband. Mainz: Schott

SUZUKI, HIROSHI (1983): Der Synthesizer in der japanischen Musikerziehung. In: MuB 74 (1983), S. 22-24

WALTER, HANS (Hg., o. J. a) [1997]: TeamPlay standard – Klassenmusizieren mit Keyboards; 20 Klassenmusizierarrangements für die Sekundarstufe I. Rellingen: Yamaha Edition Schulmusik

ders. (Hg., o. J. b): TeamPlay basic – Klassenmusizieren mit Keyboards; 20 Spielsätze für die Grundschule. Rellingen: Yamaha Edition Schulmusik

ders. (Hg., o. J. c): TeamPlay advanced – Klassenmusizieren mit Keyboards; 8 Ensemblearrangements für AG und Ensemblearbeit. Rellingen: Yamaha Edition Schulmusik

Teil V

Innovationen

Möglichkeiten des Computereinsatzes beim Klassenmusizieren

Johann Winter

1. Zur Bedeutung des Klassenmusizierens im Musikunterricht

Dem Klassenmusizieren wird in den Lehrplänen ein hoher Stellenwert einge-räumt. Es gibt kaum einen Lernbereich, in dem es nicht eine wichtige Rolle spielt. Beim *Singen* kann die Liederarbeitung durch Instrumente unterstützt werden; Vorspiele, Begleitungen und Zwischenspiele wirken motivierend. Im Bereich des *Werkhörens* lassen sich Prinzipien formaler Gestaltung durch eige-nes Musizieren auf Instrumenten nachvollziehen. Die Erarbeitung der Grundla-gen der *Rhythmik* und *Notation* kann mit Hilfe instrumentalen Musizierens le-bendig vermittelt werden. Mit Instrumenten lassen sich Naturereignisse, Stim-mungen, Spielszenen oder die technische Klangwelt in *Gestaltungsversuchen* klanglich umsetzen. Für die im Zuge der gesellschaftlichen Veränderungen im-mer wichtiger werdenden *interkulturellen Lerninhalte* bietet sich das Musizieren von Liedern und Tänzen anderer Kulturen mit ihren spezifischen Rhythmen und Tonfolgen an.[1] Nicht zuletzt gehört „Musizieren" im Sinne von *Produzieren und Reproduzieren* in Verbindung mit modernen Produktions- und Wiedergabe-geräten sowie dem Kennenlernen neuer Produktionsformen zu den Schwer-punkten der Popmusikdidaktik.[2] Diese Aufzählung ließe sich noch fortsetzen.

2. Zum Stellenwert des Klassenmusizierens in der Lehrerbildung

Der großen Bedeutung des Klassenmusizierens in den Lehrplänen entspricht jedoch ganz und gar nicht der Stellenwert, den dieser Bereich in der Lehrerbil-dung einnimmt. In der Eignungsprüfung werden Fähigkeiten in den Bereichen des schulpraktischen Instrumentalspiels, der Ensembleleitung und des Arran-gements in der Regel kaum berücksichtigt; im Studium können diese Fertig-keiten auf Grund der dafür vorgesehenen geringen Stundenzahl nur wenig gefördert werden.

Ergebnis dieser Situation ist, dass die meisten LehrerInnen nur über be-grenzte Fähigkeiten verfügen, ein Musikstück für das Klassenmusizieren einzu-richten, zumeist auch nur in der Stilrichtung, in der sie bereits vor ihrem Studium

---

[1] Vgl. Bayerischer Hauptschullehrplan, in: ISB [Staatsinstitut für Schulpädagogik und Bildungsfor-schung, München] (Hrsg.): Musikunterricht in der Hauptschule, München 1998, 5.1.1; 5.1.2; 5.2.2; 5.3.1; 6.1; 6.2; 6.4.3; 9.1.3; 10.3.2

[2] Jerrentrupp, Ansgar: Pop-/Rockmusik im Unterricht, in: Helms, Siegmund/Schneider, Rein-hard/Weber, Rudolf (Hrsg.): Handbuch des Musikunterrichts, Sekundarstufe I, Kassel 1997, S. 290 f.

Erfahrungen gesammelt haben. Darüber hinaus stellt selbst für die SpielerInnen von Akkordinstrumenten die stilgerechte Begleitung eines Liedes auf ihrem Instrument oft ein Problem dar. Für die SpielerInnen von Melodieinstrumenten ist die Situation noch schwieriger.[3] ALFONS KLÜPFEL stellt in den Handreichungen des ISB[4] fest: „Ein Bereich, der oft vernachlässigt wird, da dem Klassenlehrer, der Musik unterrichten muss, häufig Kenntnisse fehlen, ist der instrumentale Bereich. Gemeint ist hier nicht das instrumental-solistische, sondern das gemeinsame Musizieren beim Begleiten und Ausgestalten von Liedern und Tänzen."[5]

Dabei könnte der Computer im Musikunterricht sowohl bei der Vorbereitungs- als auch bei der Durchführungsphase des Klassenmusizierens eine Hilfe für die LehrerInnen sein. Allerdings zeigt ein wissenschaftlicher Begleitversuch zum Computereinsatz in der Hauptschule, dass Einsatzmöglichkeiten lediglich in den Fächern Deutsch und Mathematik gesehen werden, das Fach Musik wird nur selten erwähnt. Der Autor der Studie, FRANZ HUBER (1998), zeigt sich über dieses Ergebnis überrascht; es belegt, wie wenig verbreitet Kenntnisse über Einsatzmöglichkeiten des Computers im Musikunterricht sind.

3. Vorbereitung eines Arrangements für das Klassenmusizieren mit einem Computer

Im Folgenden soll aufgezeigt werden, wie mit Hilfe des Computers und eines midifähigen Keyboards ein Arrangement für das Musizieren eines Blues mit der Klasse entsprechend den spielerischen Fertigkeiten der Lehrerin oder des Lehrers auf einem Tasteninstrument erarbeitet werden kann.

Ich gehe davon aus, dass der Blues mit zwei Melodieinstrumenten besetzt sein soll, von denen eines (Mel. 1) die Bluesmelodie, das andere (Mel. 2) einen Improvisationsdurchgang spielt, die von einem Akkordinstrument (z. B. Gitarre), einem Bassinstrument und von zwei Rhythmusinstrumenten begleitet werden.

Nach einem Vorspiel erklingt das 12-taktige Bluesschema mit der Melodie des Blues, danach folgt als Zwischenspiel eine 12-taktige Improvisation des zweiten Melodieinstrumentes. Am Ende dieses Teils erfolgt ein abschließender Bluesdurchgang mit einer Rückung um einen Halbton höher als zu Beginn.

Man hat nun die Möglichkeit, frei zu wählen, mit welchem Instrument (und damit mit welcher Stimme des Arrangements) man bei der Eingabe beginnen möchte. In der Regel werden dies entweder die Melodie oder der Bassgang sein. LehrerInnen, die noch über wenig Erfahrung im Bluesspiel verfügen, können durchaus zunächst einmal die Melodie eingeben. Hierbei hat man wiederum je nach Können die Wahl, in „realtime", also in einem bestimmten Tempo an Hand eines mitlaufenden Metronoms, die Melodie einzuspielen oder aber „step by step", also Ton für Ton, die Melodie frei vom rhythmischen Zwang des

---

[3] Vgl. etwa zum Einsatz von Keyboards den Beitrag von KRAEMER, RUDOLF-DIETER: Einstellungen von Musiklehrern zum Einsatz elektronischer Tasteninstrumente im Musikunterricht, in: GEMBRIS, HEINER/KRAEMER, RUDOLF-DIETER/MAAS, GEORG (Hrsg.): Musikpädagogische Forschungsberichte 1991. Augsburg 1992, S. 135

[4] ISB: Staatsinstitut für Schulpädagogik und Bildungsforschung, München

[5] KLÜPFEL, ALFONS, in: Musikunterricht in der Hauptschule (ISB Hrsg.), München 1998, S. 86

durchlaufenden Metrums einzugeben, indem der Notenwert für jeden Ton vor dessen Eingabe angewählt wird.

Bei der realtime-Eingabe kann man das Tempo frei bestimmen und hat so die Möglichkeit, bei Bedarf in einem langsameren Tempo einzuspielen, als dies bei der Wiedergabe angestrebt wird. Dieses Verfahren sollte nach Möglichkeit der Eingabe „step by step" vorgezogen werden, da bei der realtime-Eingabe auch in einem langsameren Tempo eher die dynamischen und artikulatorischen Besonderheiten einer Melodie dargestellt werden können, als dies bei der ohne musikalischen Zusammenhang erfolgenden Eingabe Ton für Ton möglich ist.

Nötigenfalls können solche musikalischen Feinheiten auch nach der Einga-be „step by step" noch nachträglich realisiert werden, aber der zeitliche Auf-wand dafür ist erheblich größer.

AUFN	MUSIKER	ZEIGEN	SPIELEN	KLANG
⦿	Mel. 1	▭	↰	◁	Clarinet
⦿	Akk. - Instr	▭	↰	◁	Acoustic Nylon Guitar
⦿	Baß	▭	↰	◁	(Acoustic Fretless Bass)
⦿	Rhythmus 1	▭	↰	◁	Agogo
⦿	Mel. 2	▭	↰	◁	Alto Sax
⦿	Rhythmus 2	▭	↰	◁	Melodic Tom

Abbildung 1: Darstellung der Stimmen im Sequenzerprogramm

Wenn nun auf die eine oder andere Art die Melodie eingegeben ist, kann man zur Melodie, die das Midiinstrument1jetzt mit Hilfe des Computers in jedem beliebigen Tempo wiedergeben kann, versuchen, zunächst probehalber, also ohne Aufnahme, die Töne des Bassganges und der Akkorde hinzuzuspielen, um dann, wenn das Ergebnis befriedigt, die betreffenden Stimmen aufzuneh-men. Indem mehrere „Takes" (Aufnahmedurchgänge) pro Stimme erstellt wer-den, können verschiedene Wendungen dadurch ausprobiert werden, dass man sich die Takes vorspielen lässt und dabei überprüft, welcher Take am besten gelungen ist. All dies ist natürlich auch wieder im Eingabemodus „step by step" möglich.

Ist der gesamte Blues mit Rhythmusstimmen angelegt, wird dieser als Song-teil gespeichert.

Das Vorspiel, der Improvisationsteil und der abschließende Teil mit der chromatischen Rückung bilden jeweils einen solchen Songteil, die dann im Songfenster zum gesamten Musikstück angeordnet werden.

Dabei müssen diese weiteren Teile nicht jeweils komplett neu eingespielt werden, da Stimmen, die sich in ihrer Struktur nicht ändern, durch Kopieren und Einsetzen bzw. durch Transposition des bereits gespielten Materials gewonnen werden können. So ist lediglich die Melodieimprovisation für den zweiten Bluesdurchgang über den Begleitstimmen neu einzugeben. In den Kopier- und Transponiermöglichkeiten liegt selbst für geübte SpielerInnen ein nicht zu unterschätzender Zeitvorteil.

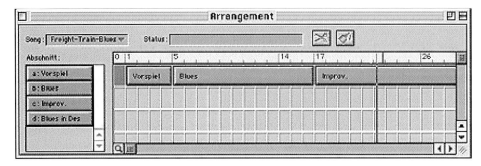

Abbildung 2: Anordnung der Songteile im Arrangementfenster

Wenn nun das gesamte musikalische Material eingespielt und richtig angeordnet ist, lässt sich das Arrangement noch auf seine Eignung für verschiedene Instrumente hin testen. Für jede Stimme können unterschiedliche Instrumente aus der Klangfarbenpalette des verwendeten Midiinstruments in ihrer gegenseitigen Wirkung ausprobiert und eingeschätzt werden.

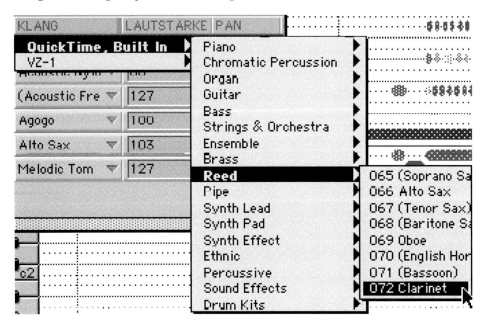

Abbildung 3: Auswahl der Klangfarbe für eine Stimme

Daraus können wertvolle Hinweise gewonnen werden, welche Instrumente für die Melodiestimmen und Begleitstimmen verwendet werden können, auch dann, wenn man überhaupt nicht beabsichtigt, den Computer und das Midiinstrument in der Klasse einzusetzen, aber zum Beispiel überprüfen muss, ob sich von den SchülerInnen einer Klasse gespielte Instrumente zur Verwendung für dieses Musikstück eignen. Wenn man selbst noch wenig Erfahrung in der Einschätzung der klanglichen Wirkung verschiedener Musikinstrumente besitzt, erweist sich hier die Möglichkeit der Überprüfung mit Hilfe von Computer und Midiinstrument als große Erleichterung.

Es sei noch erwähnt, dass sich ein so erarbeitetes Arrangement auch leicht in Notenschrift umsetzen und ausdrucken lässt, und zwar sowohl als Partitur als auch in Einzelstimmen.

Abbildung 4: Ausschnitt aus der Improvisation des Melodieinstruments 2

Mit dieser Technik wird das Statement von CHRISTOPH RICHTER: „Musik (und Musizierweisen), die auf einem Tasteninstrument gelehrt und gelernt wird, ist Musik zum Sehen, das heißt: Musik zum Vordenken (-planen) und zum nachträglichen Kontrollieren"[6] in einer nahezu idealen Weise Wirklichkeit, was selbst der Autor, der diesen Satz 1984 formulierte, damals nicht ahnen konnte.

Wem dabei die meist etwas eingeschränkten Notensatzmöglichkeiten eines Sequenzerprogrammes nicht genügen, der kann aus diesem Programm ein sog. „Standard-Midifile" zur weiteren Bearbeitung in einem expliziten Notensatzprogramm exportieren.

4. Einsatz eines Computers mit der Klasse

Ein so vorbereitetes Arrangement soll nun keineswegs dazu dienen, vor der Klasse als Musikstück vorgespielt zu werden, vielmehr soll es Grundlage und Ergänzung des Klassenmusizierens als Playback-Spiel[7] sein, dort wo bestimmte Stimmen nicht oder teilweise nicht von den SchülerInnen übernommen werden können. „Die Möglichkeiten, einen Song instrumental zu arrangieren, hängen

---

[6] RICHTER, CHRISTOPH: Musizieren als Methode und Ziel des Musikunterrichts, in: SCHMIDT-KÖNGERNHEIM, WOLFGANG: Die Musizierwerkstatt, Mainz 1984, S. 130

[7] ISB (Hrsg.): Der Computer im Musikunterricht, Donauwörth 1992: Playback-Spiel und Liedbegleitung, S. 64 f.

selbstverständlich wesentlich von den instrumentalen Fähigkeiten einzelner Schüler ab. Insbesondere Klavier- und Gitarrenstimme können im allgemeinen nur Schüler mit entsprechenden Vorkenntnissen übernehmen, Ausnahmen sind selten."[8] Die technische Voraussetzung dazu besteht in der Fähigkeit der Sequenzerprogramme, dass einzelne Stimmen des Arrangements je nach Bedarf, sogar während das Musikstück läuft, ein- und ausgeschaltet werden können.

So könnte ich mir vorstellen, dass z. B. die gesamte Klasse die Melodiestimme als Gesang und die Rhythmusstimmen mit Body-Percussion oder kleinem Schlagwerk übernimmt. Der Computer mit dem Midiinstrument liefert dann das Vorspiel, den Bassgang und die Akkordbegleitung sowie die Improvisation beim zweiten Bluesdurchgang. Der Lehrer muss nicht am Klavier oder an einem anderen Akkordinstrument begleiten, sondern hat die Hände frei zum Leiten der Klasse.

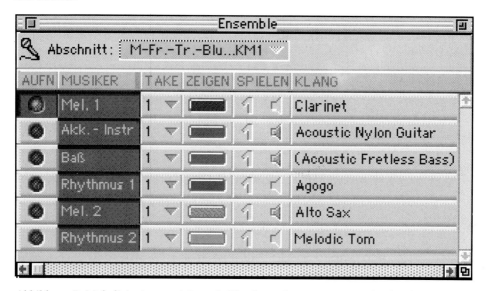

Abbildung 5: Melodieinstrument 1 sowie Rhythmusinstrument 1 und 2 für das Klassenmusizieren ausgeschaltet

Im Sinne einer weiteren Differenzierung kann dieses Modell dahingehend ausgebaut werden, dass zusätzliche Stimmen von den SchülerInnen übernommen werden. So könnte ich mir z. B. vorstellen, dass die SchülerInnen den Bassgang des Blues spielen, und zwar aufgeteilt nach den Stufen der Harmonik, so dass eine Gruppe die erste, eine andere die vierte und schließlich eine dritte Gruppe die fünfte Stufe übernimmt. Diese Technik kommt, wie unschwer zu erkennen, aus der ORFF'schen Musizierpraxis, bei der mit speziell für den Tonvorrat der betreffenden Stufe eingerichteten Stabspielen gearbeitet wird. Auch heute noch kann ich mir den Einsatz der ORFF'schen Stabspiele in diesem Zusammenhang vorstellen, zumindest dann, wenn eine negative Bewertung des Instrumentariums als „Kinderkram" durch einen entsprechend sensiblen Umgang in frühe-

---

[8] ISB (Hrsg.): Musik in der Unterrichtspraxis, Regensburg 1994, S. 92

ren Jahrgangsstufen auszuschließen ist. Nötig sind dann natürlich mehrere Stabspiele, um einige SchülerInnen pro Harmoniestufe mit der Aufgabe betrauen zu können. Eine andere Möglichkeit der Realisation des Bassganges eröffnet sich, wenn mehrere Keyboards mit Lautsprechern im Musikraum vorhanden sind. Dann können wiederum für jede Harmoniestufe mehrere Schülergruppen gebildet werden, die es, da hier natürlich nicht das Instrument auf den Tonvorrat der jeweiligen Stufe zugeschnitten werden kann, sicher begrüßen werden, sich nur die Tonfolge für eine Stufe merken zu müssen. Wenn dann drei bis vier SchülerInnen auf ihrem Instrument die Bassfolge für eine bestimmte Tonstufe übernehmen, kann mit einer einigermaßen großen Wahrscheinlichkeit davon ausgegangen werden, dass diese auch zu Stande kommt, selbst wenn dieser oder jener Ton nicht getroffen wird. Der Einsatz der Keyboards bietet im Gegensatz zu dem des ORFF'schen Instrumentariums sicher ein Klangbild, das von den SchülerInnen eher als „zeitgemäß" angenommen wird als das der ORFF-Instrumente. Dennoch sollte man den Klang akustischer Instrumente nicht von vornherein als unvermittelbar hinstellen. Gerade im Bassbereich bieten die Kontrabassklangstäbe ein Fundament, das sich keinesfalls hinter elektronischen Sounds verstecken muss. Hierfür den Gehörsinn der SchülerInnen zu schärfen und Vorurteile abzubauen, kann und muss sicherlich auch eine Aufgabe des Musikunterrichts sein.

Unabhängig davon, ob nun der Bassgang unseres Blues mit ORFF'schen Instrumenten oder Keyboards realisiert wird, in jedem Falle werden die SchülerInnen musikalische Kommunikation an einem einfachen Modell erfahren können, da sie aufeinander und auf den Computer, der die restlichen Stimmen liefert, *hören* müssen, um ihren Einsatz nicht zu verpassen. Damit ist *ein* wesentliches Kriterium aus den Leitlinien, die VOLKER SCHÜTZ für ein sinnvolles Musikmachen empfiehlt, erfüllt, sonst würde „Musikmachen … im Unterricht … zur Beschäftigungstherapie verkommen oder zur unreflektierten Verdoppelung von Melodie-Erfahrungen führen"[9]. Der Computer liefert dazu ein professionell wirkendes Gesamtklangbild, in das die SchülerInnen einbezogen sind, und hält dem Lehrer die Hände frei, um das Ganze zu leiten und mit Einsätzen zu unterstützen. Die Rhythmusstimmen des Arrangements können als weitere Hilfe zum Einhalten des Tempos genutzt werden.

Eine weitere Differenzierungsmöglichkeit sehe ich in der Einbeziehung einzelner, musikalisch z. B. durch den Instrumentalunterricht einer Musikschule vorgebildeter SchülerInnen. Diese sind in der Regel mit den bisher beschriebenen Aufgaben der Darstellung der Rhythmusstimmen durch Body-Percussion oder des Bassganges für eine bestimmte Harmoniestufe unterfordert. So kann z. B. die Melodiestimme abgeschaltet und nur im Improvisationsteil und dem Schlussteil mit der chromatischen Rückung, falls diese Teile sich als zu schwierig und ungewohnt für die SpielerInnen oder erweisen, zugeschaltet werden, um einzelnen guten InstrumentalistInnen eine ansprechende, sie fordernde Aufgabe beim Vorspiel und beim ersten Bluesdurchgang zu bieten, was mit den Synkopierungen, die die Melodie erfordert, durchaus gewährleistet ist. Ähn-

---

[9] SCHÜTZ, VOLKER: Didaktik der Pop/Rockmusik – Begründungsaspekte, in: HELMS, SIEGMUND/ SCHNEIDER, REINHARD/WEBER, RUDOLF: Kompendium der Musikpädagogik, Kassel 1995, S. 274

liches gilt für SchülerInnen, die ein Tasteninstrument beherrschen. Sie können für die Akkordstimme, vielleicht mit Ausnahme des Schlussteils (wegen der chromatischen Rückung), eingesetzt werden.

Vorteilhaft ist, dass dasselbe Arrangement durch Ein- oder Ausschalten der entsprechenden Stimmen ohne Mehrarbeit an die unterschiedliche Situation verschiedener Klassen angepasst und dort jeweils differenziert eingesetzt werden kann, und doch immer, auch in einer Klasse ohne musikalisch besonders vorgebildete SchülerInnen und unabhängig von den instrumentalen Fähigkeiten der Lehrenden[10], ein komplettes Klangbild zur Verfügung steht, in das über entsprechende Aufgaben alle SchülerInnen einbezogen werden können.

5. Möglichkeiten des Einsatzes mehrerer Computer

Die bisher behandelten Vorgehensweisen gingen davon aus, dass nur ein einziger Computer für den Unterricht zur Verfügung steht, was wohl auch in den meisten Fällen (noch) der Realität entsprechen dürfte. Geht man aber davon aus, dass Initiativen von Regierungen und Industrie[11] zu einer verstärkten Ausstattung der Schulen mit Computern in absehbarer Zeit führen werden, so lohnt es durchaus, sich auch darüber Gedanken zu machen, welche zusätzlichen Chancen sich dann für den Computereinsatz beim Klassenmusizieren bieten.

Dabei möchte ich einmal von einem Szenario ausgehen, bei dem für jeweils zwei SchülerInnen ein Computer mit einem Midikeyboard zur Verfügung steht. Der entscheidende didaktische Vorteil besteht nun in der Tatsache, dass Arbeitsgruppen gebildet werden können. Dies bietet zunächst einmal die Möglichkeit, dass die Arbeitsschritte, die vorher der Unterrichtsvorbereitung zugewiesen wurden, nun von der Klasse selbst erarbeitet werden können. Eine Arbeitsgruppe gibt zum Beispiel die Melodie ein und transponiert sie für den Schlussteil mit der chromatischen Rückung, eine andere kümmert sich um den Bassgang, eine weitere um die Akkordstimme. Mehrere Gruppen können versuchen, den Improvisationsteil zu gestalten. Im anschließenden Unterrichtsgespräch werden die verschiedenen Lösungen verglichen und auf ihre Tauglichkeit für den Einsatz im Gesamtzusammenhang hinterfragt: Stimmt die Anzahl der Takte? Passen die verwendeten Töne zur jeweiligen Stufe im Rahmen der Bluestonleiter? Ist der rhythmische Ablauf der Improvisationsmodelle organisch? Die mögliche sofortige Umsetzung der Improvisationen in Notentext (siehe Abb. 4) erleichtert dabei die Besprechung für LehrerInnen und SchülerInnen. Sicher werden bei einem solchen Vorgehen über das reine Musizieren hinaus Fragen nach Harmonik und Form sowie nach organischer Melodiebildung aufgeworfen und somit unversehens eine ästhetische Diskussion in Gang gesetzt. Dadurch wird

---

[10] Mit Hilfe dieser Methode könnten auch Arrangements aus der „Musizierwerkstatt" von SCHMIDT-KÖNGERNHEIM, WOLFGANG, a. a. O., von LehrerInnen im Unterricht eingesetzt werden, die kein Tasteninstrument soweit beherrschen, dass sie den Lehrerpart dieser Musikstücke übernehmen könnten.

[11] Der von FRANZ HUBER in „Computer für Hauptschulen" (ISB Hrsg.), München 1998, beschriebene Schulversuch geht auf eine Initiative des VBM (Verband der Elektro- und Metallindustrie, Bayern) zurück, Hauptschulen mit Computern auszustatten.

dem reflektorischen Anteil am Musikunterricht Genüge getan; die Gefahr des Abgleitens ins rein „Musikantische" mit all seinen gesellschaftlichen und politischen Gefahren[12] ist gebannt, ohne dass die SchülerInnen mit leblosen Theoriestunden „traktiert" werden müssten. SchülerInnen, die keine oder nur geringe Fertigkeiten im Spiel eines Instruments besitzen, werden durch die Technologie des Computers in die Lage versetzt, in einer Art und Weise kreativ mit Musik umzugehen, wie dies bisher nur mit jahrelanger musikalischer Vorbildung zu erreichen war. Pointiert bringt dies NIELS KNOLLE zum Ausdruck, wenn er formuliert: „Vor dem Computer sind alle gleich – es kommt nicht auf solistische Spielfähigkeiten an, sondern auf die Fähigkeit und Bereitschaft, phantasievoll … Musikmaterial produktiv zu verarbeiten, indem über das simultane Entwerfen und hörende Ausprobieren gestalterische Ideen entwickelt und schrittweise realisiert werden."[13]

Solche Modelle können natürlich nicht nur zur Erarbeitung eines Musikstückes zum (Klassen-)Musizieren angewandt werden. Der Aufbau ganzer Stücke aus vorgefertigten Bausteinen[14] oder Arrangements eines vorgegebenen Musikstückes für unterschiedliche Besetzungen[15], die dann in ihrer Wirkung miteinander verglichen werden, wären weitere lohnende Einsatzmöglichkeiten für die Computer in der Klasse, die jedoch den Rahmen des Klassenmusizierens im eigentlichen Sinne sprengen. Jedenfalls führt die Verbindung von Keyboard und Computer für mehrere Arbeitsgruppen einer Klasse im Musikunterricht zu dem Ergebnis: „Der Unterricht ist primär handlungsorientiert, die Schüler arbeiten über weite Strecken selbständig."[16] Es dürfte auch für den Einsatz des Computers im Musikunterricht gelten, was bei dem o. g. Schulversuch mit Computern in der Hauptschule für die dabei wesentlich tangierten Fächer Deutsch und Mathematik festgestellt wurde: In einer Skala von 1 (trifft nicht zu) bis 5 (trifft genau zu) wurde die Aussage: „Man braucht die Schüler nicht für die Arbeit am Computer motivieren. Dies geschieht von selbst" mit dem Wert 4,42 fast am höchsten eingestuft.[17] Nimmt ein derart handlungsorientierter Unterricht noch Rücksicht auf die „Umgangsweisen [der Schüler, Anm. J. W.] mit Musik"[18] durch Einbeziehung von Musikstücken aus der Erlebniswelt der SchülerInnen, so ist der Unterricht zugleich schülerorientiert und es „erfolgt eine stärkere Wendung vom Gegenstands- zum Personenbezug, d.h. zur Betonung des ‚Sozialen Lernens'"[19].

---

[12] ADORNO, THEODOR W.: Dissonanzen, Göttingen 1972, Kritik des Musikanten, S. 62 ff.

[13] KNOLLE, NIELS: Musikelektronik, in: HELMS, SIEGMUND/SCHNEIDER, REINHARD/WEBER, RUDOLF: Handbuch des Musikunterrichts, Kassel 1997, S. 75

[14] ROHRBACH, KURT: Würfeln mit Mozart, in : Musik und Computer, Zürich 1994, S. 62 ff.

[15] ROHRBACH, KURT: Präludium I / Ave Maria, in: Musik und Computer, Zürich 1994, S. 81

[16] NEUBECK, WALTER, A.: Gruppenarbeit mit Computern und Keyboards im Musikunterricht, in: ZIMMERSCHIED, DIETER: Identität in der Vielfalt, Mainz 1993, S. 63

[17] FRANZ HUBER: Computer für Hauptschulen (ISB Hrsg.), München 1998, S. 16

[18] KAISER, HERMANN, J./NOLTE, ECKHARD: Musikdidaktik, Mainz 1989, S. 84

[19] KAISER, HERMANN, J./NOLTE, ECKHARD: a.a.O.

6. Über die Rolle der Lehrerpersönlichkeit beim computergestützten Musikunterricht

Zunächst mag im Rahmen dieser kleinen Erörterung der Anschein entstanden sein, der Computereinsatz beim Klassenmusizieren diene vorwiegend der Kompensation fehlender Fähigkeiten der Lehrkräfte. Dieser Eindruck ist zunächst auch gar nicht so falsch und ich denke, es ist durchaus legitim, wenn Unterrichtende, die kein Akkordinstrument beherrschen, den Computer heranziehen, um eine gute Liedbegleitung zu realisieren, anstatt mit vielleicht schwerfälligem und stilistisch unpassendem Akkordspiel die Klasse zu frustrieren. Dies heißt jedoch nicht, dass die Lehrkraft weniger Fertigkeiten in ihrer Ausbildung erwerben muss, es sind lediglich andere. Anstelle der Beherrschung der Spieltechnik eines Akkordinstruments können Fähigkeiten im Umgang mit der Digitaltechnik treten. In jedem Falle jedoch brauchen Lehrende satztechnische Kenntnisse und das musikalisch stilistische Gespür, um eine überzeugende Liedbegleitung zu realisieren, mit welcher Technik auch immer.

Des Weiteren darf keinesfalls gefolgert werden, dass es für den Lehrer oder die Lehrerin der Zukunft überhaupt genüge, die Computertechnik einsetzen zu können, um damit die ja durchaus kostenintensive Instrumentalausbildung einzusparen[20]. Abgesehen davon, dass die instrumentale Ausbildung in der Lehrerbildung die unverzichtbare künstlerische Selbsterfahrung der künftigen Lehrerpersönlichkeit garantiert, ist die Beherrschung eines Instrumentes auch eine Voraussetzung, um dem Originalklanggebot nach LUGERT[21] zu entsprechen und zu verhindern, dass das Klangerlebnis im Musikunterricht nur noch durch Technik geprägt ist. Lediglich die notwendigen improvisatorischen Fähigkeiten im Umgang mit einem Akkordinstrument, für die im Studium selbst bei den Studierenden, die ein solches Instrument „klassisch", d. h. im Rahmen ihrer künstlerischen Ausbildung studieren, zu wenig Zeit bleibt, können und müssen durch den Computer kompensiert werden.

Das entscheidende Argument für den Computereinsatz beim Klassenmusizieren ist meines Erachtens die Tatsache, dass damit auch Schülerinnen und Schülern, denen es nicht möglich war, in ihrer Kindheit ein Instrument zu erlernen, ein kreativer Umgang mit zumindest einem Teilbereich der Musik über den Rahmen des Singens und der Body-Percussion hinaus eröffnet werden kann. Damit kann man durch den Einsatz der neuen Technologien im Musikunterricht zur Erfüllung der Aufgabe, die SchülerInnen zu einem „sachgerechten, selbstbestimmten und kreativen Handeln in sozialer Verantwortung"[22] zu befähigen, einen nicht unwesentlichen Beitrag leisten.

---

[20] ROHRBACH, KURT: Musik und Computer, Zürich 1994, S. 28: „Die Kompetenz des Lehrers im Umgang mit den neuen Technologien läßt sich aber nicht in kurzer Zeit aus dem MIDI-Handbuch ... so nebenbei erwerben. Sie setzt ... eine eigene Musizierpraxis (auf akustischen Instrumenten) voraus ..."

[21] LUGERT, WULF D.: Der Computer in der Musik und im Musikunterricht, in: ROHRBACH, KURT: Musik und Computer, Zürich 1994, S. 20: „Natürlich sind diese methodischen Mittel [gemeint ist der Computereinsatz in Verbindung mit Keyboards im Musikunterricht, Anm. J. W.] nur sinnvoll im Zusammenhang mit der Kenntnis der Originalaufnahme, die in ihrer Klangqualität weder durch synthetische noch durch gesampelte Klänge ersetzt werden kann."

[22] TOLODZIECHKI, GERHARD: Pädagogische Grundlagen der Medienverwendung im Unterricht, in: MAAS, GEORG (Hrsg.): Musiklernen und Neue (Unterrichts-)Technologien, Essen 1995, S. 24

In diesem Musikunterricht sind Lehrerinnen und Lehrer über die reine Hilfestellung zum Musikmachen hinaus als zur ästhetischen Reflexion befähigte Persönlichkeiten gefordert, auf diesem Wege den SchülerInnen musikalische Horizonte zu öffnen, die über das rein technische Musizieren hinausreichen. Dann kann der Einsatz des Computers beim Klassenmusizieren dazu beitragen, „die Fähigkeiten der Schüler derart zu steigern, dass sie die Sprache der Musik und bedeutende Werke verstehen lernen; dass sie solche Werke soweit darstellen können, wie es fürs Verständnis notwendig ist; sie dahin zu bringen, Qualitäten und Niveaus zu unterscheiden."[23] Vor diesem Hintergrund sind die o. g. Bemühungen um eine verstärkte Integration des Computers in Lehrerbildung und Schule nicht nur zu begrüßen, sondern sogar zu fordern. Dann könnte in Anlehnung an die Worte SCHMIDT-KÖNGERNHEIMS[24], eines der Pioniere des Musikunterrichts mit Tasteninstrumenten, gelten:

Wir lehren nicht den Computer, sondern wir lehren musikalische Grundlagen durch den Computer.

7. Raumkonzeptionen für den Computer- und Keyboardeinsatz im Musikunterricht[25]

Möglichkeit 1: U-Form

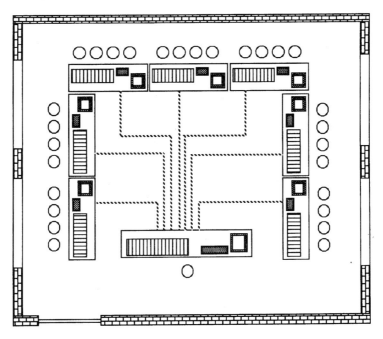

---

[23] ADORNO, THEODOR, W.: Dissonanzen, Göttingen 1972, S. 102

[24] SCHMIDT-KÖNGERNHEIM, WOLFGANG: Die Musikwerkstatt, Mainz 1984: „Wir lehren nicht das Tasteninstrument, sondern wir lehren musikalische Grundlagen durch das Tasteninstrument." S. 7

[25] ISB (Hrsg.): Der Computer im Musikunterricht, Donauwörth 1992, S. 79-81

Möglichkeit 2: Reihen

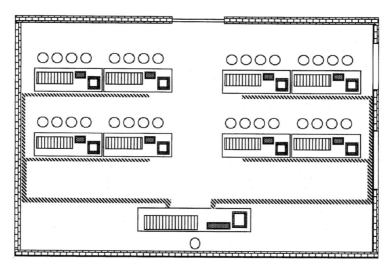

Möglichkeit 3: Doppelreihen

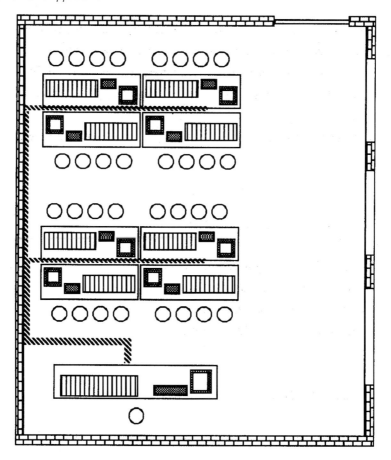

Literatur (verwendete und weiterführende Literatur)[26]

ADORNO, TH. W.: Dissonanzen, Göttingen 1972

BASTIAN, H. G.: Schulmusiklehrer und Laienmusik. Musiklehrer vor neuen Aufgaben?, Essen 1988

BATEL, G./SALBERT, D.: Synthesizermusik und Live-Elektronik. Geschichtliche, technologische, kompositorische und pädagogische Aspekte der Elektronischen Musik, Wolfenbüttel/Zürich 1985

BATEL, G./KLEINEN, G./SALBERT, D.(Hrsg.): Computermusik, Laaber 1987

BAUERSFELD, H.: Die Andersartigkeit der Computererfahrung, in: Bildschirm, Faszination oder Information, Friedrich Jahresheft III (1985)

BONTINCK, I.: Die Rolle der Musik im Freizeitbudget der Jugend und die sich daraus ergebenden Konsequenzen für die Musikpädagogik, Wien 1981

BOOM, H. V.: Digitale Ästhetik. Zu einer Bildungstheorie des Computers, Stuttgart 1987

EULER, D./JANKOWSKI, R./LENZ, A./SCHMITZ, P./IWARDY, M. (Hrsg.): Computerunterstützter Unterricht, Braunschweig 1987

HELMS, S./SCHNEIDER, R./WEBER, R.: Kompendium der Musikpädagogik, Kassel 1995

HELMS, S./SCHNEIDER, R./WEBER, R.: Handbuch des Musikunterrichts, Sekundarstufe I, Kassel 1997

HUBER, F.: Computer für Hauptschulen (ISB Hrsg.), München 1998

ISSING, L. J. / KNIGGE-ILLNER, H. (Hrsg.): Unterrichtstechnologie und Mediendidaktik, Weinheim 1976

ISB – Staatsinstitut für Schulpädagogik und Bildungsforschung, München (Hrsg.): Musikunterricht in der Hauptschule, München 1998

ISB – Staatsinstitut für Schulpädagogik und Bildungsforschung, München (Hrsg.): Der Computer im Musikunterricht, Donauwörth, 1992

ISB – Staatsinstitut für Schulpädagogik und Bildungsforschung, München (Hrsg.): Musik in der Unterrichtspraxis, Regensburg 1994

KAISER, H. J. / NOLTE, E.: Musikdidaktik, Mainz 1989

KLÜPPELHOLZ, W. (Hrsg.): Musikpädagogische Forschung, Band IV, Laaber 1983

KOCKA, C.-J.: Computer – Ein neues Arbeitsmittel für den Lehrer?, Augsburg 1992

KRAEMER, R.-D.(Hrsg.): Musikpädagogische Forschungsberichte 1991, Augsburg 1992

MAAS, G. (Hrsg.): Musiklernen und Neue (Unterrichts-)Technologien, Essen 1995

RÖSING, H. (Hrsg.): Rock/Pop/Jazz: Vom Amateur zum Profi, Kassel 1988

ROHRBACH, K. (Hrsg.): Musik und Computer, Zürich 1994

SCHMIDT-KÖNGERNHEIM, W.: Die Musizierwerkstatt, Mainz 1984

ZIMMERSCHIED, D.: Identität in der Vielfalt, Mainz 1993

---

[26] Ein Glossar der wichtigsten Computer-Fachbegriffe findet sich in: ISB – Staatsinstitut für Schulpädagogik und Bildungsforschung, München (Hrsg.): Der Computer im Musikunterricht, Donauwörth 1992, S. 84-90

Musikmachen unter dem Einfluss der Neuen Musiktechnologien

NIELS KNOLLE

A. Musik und Musikmachen – Vorüberlegungen

Die Frage nach der Seinsweise von Musikwerken markiert nicht selten den Einstieg in einen interessanten Diskurs, dessen Verlauf im Blick auf den geringen Grad der Objektivierbarkeit möglicher Kernthesen indes in vielen Fällen offen bleibt. Ist – so wäre also zu fragen – die Existenz eines Musikwerks ausschließlich daran gebunden, dass es von Menschen, von MusikerInnen mit Musikinstrumenten klingend aufgeführt, d. h. ausgeführt wird? Oder realisiert sich ein Musikstück schon, indem es in seinem klanglichen Verlauf innerlich imaginiert wird, der Rezipient also „mit dem inneren Ohr Musik so konkret und genau sich [vorstellt], als erklänge sie leibhaft"[1]? Oder bedarf es lediglich einer schriftlichen Fixierung, etwa in der Gestalt der Notation, so dass die Partitur bereits die (visuelle) Erscheinungsform der Seinsweise eines Musikwerks darstellt?

Klingende Aufführung, innerliche Imagination oder symbolbasierte Partitur – den drei Akzentuierungen dieser Verständnisse der Seinsweise von Musikwerken korrespondieren unterschiedliche Auffassungen von der Bedeutung der (menschlichen) Subjekte, die produktiv bzw. reproduktiv mit den jeweiligen musikalischen Objekten umgehen. Der einen Seite erscheint eine Folge von Klängen nur dann als ‚Musik', wenn die ihr zugeordneten Schallwellen von Menschen hervorgebracht und vor allem als ‚Musik' im Übergang vom Gehör zum musikalischen Bewusstsein von (anderen) Menschen decodiert werden. So verstanden gibt es keine vom rezipierenden und reproduzierenden Menschen loszulösende Seinsweise von ‚Musik', selbst eine Partitur besteht zunächst (und für Dritte) nur aus einer (zu decodierenden) Ansammlung von Punkten und Strichen. Der anderen Seite indes erscheint der ‚Subjekt'-Charakter der Wahrnehmung von Musik (und insbesondere von musikalischen Werken) eher als störende Nebenerscheinung; Interpretation und mehr noch die hörende Rezeption stellen allenfalls eine Annäherung dar an das Kunstwerk, an das „Geistige ..., das den Gehalt eines jeden Kunstwerks"[2] ausmacht und das – formuliert in der Denkfigur des ‚Autonomen Kunstwerks' – vermittels der schriftlichen Fixierung des Werks gleichsam ‚an und für sich' existiert.

Die Frage nach der ‚Seinsweise' des Musikmachens scheint sich auf den ersten Blick leichter beantworten zu lassen – die Kulturgeschichte des Menschen ist nicht zuletzt eine Geschichte der hedonistischen wie auch konkurrenzorien-

---

[1] THEODOR W. ADORNO: Zur Musikpädagogik. – In: Junge Musik. 6 (1957) S. 219.
[2] ADORNO, a. a. O., S. 218.

tierten Erscheinungsformen zwischenmenschlicher Kommunikation und sozialer Interaktion und damit der Dokumentation von kulturellem Selbstausdruck und Fremdverständnis. Musikmachen stellt eine dieser Erscheinungsformen dar, insbesondere, wenn man Musikmachen als eine nonverbale, klingende Artikulation emotionaler Expressivität und geistiger Sinnhaftigkeit mit Hilfe eines kulturell geprägten Codes versteht und Musikmachen als Anlass und Ziel eines situationsgebundenen Gruppen- bzw. Gemeinschaftserlebnisses auffasst – Musikmachen im Rahmen eines Ensembles macht Sinn und zugleich Spaß.

Gewiss, Musik kann man auch allein machen, als Einzelner und nur für sich. Aber auch jemand, der für sich allein gleichsam mit sich selbst spricht, denkt und spricht zugleich auch in der Sprache ‚der anderen‘, in seinen Selbst-Bildern orientiert er sich an den referenzierten Fremd-Bildern, er bereitet sich auf seine ‚Performance‘ in der sozialen Umwelt vor. Und ebenso dient das Üben einer Klaviersonate von BEETHOVEN der Aneignung des im Unterricht bzw. beim Abhören von CDs wahrgenommenen Stilverständnisses bzw. der Auseinandersetzung mit diesen Fremd-Auffassungen, und selbst das Für-Sich-Basteln an einem Techno-Stück mit Hilfe des Computers dürfte – wenn auch nicht in jedem Fall bewusst – sich an Gestus und Stil der gerade aktuellen Techno-Musiker und ihrer Produktionen orientieren und so in den kommunikativen Kontext der einschlägigen Musikszene eingebunden sein.

Wie dem auch sei – die Kulturgeschichte des Menschen und hier die des Umgangs mit Musik ist immer auch eine Geschichte der zu ihrer Erzeugung benötigten technischen Mittel gewesen.[3] Und so stehen die eben angesprochenen Erscheinungsformen sowie Funktionen des Musikmachens unter dem Einfluss der in den vergangenen Jahrhunderten sukzessive entwickelten Technologien des Instrumentenbaus, die ihrerseits mit den sich verfeinernden Verfahren der Baukunst für die Errichtung von Konzertsälen etc. korrespondieren und so neue Zuhörerschichten und Rezeptionsweisen von Musik hervorgebracht haben. In besonderer, nämlich im zeitlichen Ablauf komprimierter Weise gilt dies für das Verhältnis von Musikmachen und musiktechnologischer Entwicklung im 20. Jahrhundert. In den folgenden Abschnitten sollen diese technologisch geprägten Entwicklungslinien des Musikmachens vom live Musikmachen zum Zeitpunkt des beginnenden 20. Jahrhunderts bis hin zum interaktiven Musikmachen im Virtuellen Tonstudio des Internets im Jahre 2000 anhand typischer Erscheinungsformen dargestellt und in ihren Auswirkungen auf das musikalische Selbstverständnis des Musikmachens untersucht werden.

---

[3] Vgl. hierzu ausführlich NIELS KNOLLE, AXEL WEIDENFELD: ‚Unplugged‘ – Stationen der Produktion, Distribution und Rezeption von Musik unter dem Einfluß von Technik. – In: BERND ENDERS, NIELS KNOLLE (Hrsg.): KlangArt-Kongreß 1995. Vorträge und Berichte vom KlangArt-Kongreß 1995. Osnabrück: Rasch 1998. S. 49-70.

B. Auf dem Weg vom Live-Ensemble zum Playback-Musiker?

Bis in den Anfang des 20. Jahrhunderts war der Umgang mit Musik – sei es der aktiv gestaltende, sei es der passiv rezipierende – identisch mit dem Zusammenkommen von Menschen zur selben Zeit an einem gemeinsamen Ort; die einen erzeugen Musik mit Hilfe ihrer Instrumente, die anderen hören der erklingenden Musik zu. In den Gebrauchssituationen des Umgangs mit Musik im Alltag – etwa dem Singen eines Liedes während der Arbeit – wechseln die funktionalen Rollen des Reproduzierens und des Rezipierens von Moment zu Moment, die im 19. Jahrhundert einsetzende Professionalisierung des Musizierens im bürgerlichen Konzertbetrieb indes hat eine zunehmende Trennung der Funktionen des ausführenden Musikers auf der einen und des zuhörenden Publikums auf der anderen Seite mit sich gebracht. Immer aber waren das Machen und Hören von Musik mit der Teilnahme an einer ,einmaligen' Situation verbunden: die Live-Wahrnehmung von Musik in der situativen Einheit von Zeit, Ort, anwesenden MusikerInnen und Publikum war mit dem Verklingen des gespielten Stücks unwiederbringlich beendet. Untersuchungen zur Spielweise von Konzertmusikern zu Beginn des vergangenen Jahrhunderts haben gezeigt, dass die Vergänglichkeit des Höreindrucks mit einer Spielweise korrespondiert, die auf die Steigerung des Erlebniswerts des Vorspiels ,hier und jetzt' ausgerichtet ist, nicht aber darauf, eine ,musterhafte' Interpretation vorzustellen, deren musikalische Gültigkeit sich auch in der Zukunft und anderswo erweisen kann.[4]

Die Entwicklung des neuen Speichermediums ›Schallplatte‹ um die Jahrhundertwende und dessen zunehmende Popularisierung in den zwanziger Jahren verändert nun den Zugang zu Musik von Grund auf. Mögen auch die MusikerInnen dieser Zeit ihre Stücke vor den Trichtern der Aufnahmeapparaturen noch in dem Bewusstsein gespielt haben, sie spielten ,in einmaliger Weise' vor ,ihrem' Publikum, so hat sich dennoch der situative Zusammenhang von Reproduktion und Rezeption der jeweiligen Musikwerke nun aufgelöst. Gewiss vermag der reproduzierende Musiker während des Spiels sich ,sein' Publikum aus Erinnerung vorzustellen, aber das ausbleibende Feedback der Publikumsreaktionen wird auch seine Spielweise beeinflussen, zunächst in der Gestik der Bewegungen während des Spiels, dann in der musikalischen Intention der Interpretation selbst. Gleiches gilt für die Rezipienten: Eine Fotografie der KünstlerInnen vermag nicht die lebendige Anschauung ihres Spiels auf den Instrumenten ersetzen und das Hören der Musik von der Schallplatte nicht die sinnlich-konkrete Teilhabe an der Aufführungssituation im Konzertsaal. Mehr noch, auch das Publikum, im Live-Konzert noch vereint als Kollektiv, das sich mit seinen Reaktionen auch gegenseitig stimuliert (bis hin zu den Massenhysterien bei den Konzerten der Rolling Stones in den sechziger Jahren), zerfällt beim Hören der Musik vor den Lautsprechern in lauter einzelne Hörer und Hörerinnen, die einander emotional fremd bleiben. Das gilt vergleichbar auch für den in den zwanziger Jahren in das öffentliche Musikleben eintretenden Rundfunk, der mit seinen live übertragenen Funk-Konzerten ebenfalls ein zu-

---

[4] Vgl. hierzu a. a. O., S. 56 f.

nehmend größer werdendes Publikum erreichen konnte. Immerhin waren die Hörer des Rundfunks nur räumlich von einander getrennt und blieben insofern einander anonym, im Zeitpunkt ihres Hörens indes waren sie miteinander ideell vereint. Das Musikmachen für den Zweck des Vertriebs der Musik vermittels Schallplatte oder Rundfunk mit ihrer räumlichen und zeitlichen Atomisierung der RezipientInnen ändert aber insgesamt nichts daran, dass die musikalisch-kommunikative Einheit der MusikerInnen als Ensemble noch gewahrt bleibt.

Die Interpretation als das musikalische Ergebnis der künstlerischen Reproduktion ist also mit der Schallplattenwiedergabe (bzw. der Rundfunkübertragung) selbst reproduzierbar geworden. WALTER BENJAMIN hat 1936 in seiner Analyse des ‚Kunstwerks im Zeitalter seiner technischen Reproduzierbarkeit'[5] darauf hingewiesen, dass das „Hier und Jetzt" des Kunstwerks, nämlich seine „Echtheit" durch die massenhafte Reproduktion entwertet werde.[6] Für BENJAMIN ist die auratische Seinsweise des musikalischen Kunstwerks an seine Aufführung im Konzertsaal durch MusikerInnen gebunden – mit dem Aufkommen der technisch vermittelten, massenhaften Reproduktion des Kunstwerks wird es nun seines ‚einmaligen Vorkommens' beraubt und aus dem Bereich der Tradition gelöst, das Kunstwerk büßt seine ‚Aura' ein.[7] Vom Standpunkt der Hüter eines wie immer auch begründeten „Traditionswertes am Kulturerbe"[8] mag die massenhafte Reproduzierbarkeit von Musik (und musikalischen Kunstwerken) als kultureller Verlust erscheinen, für BENJAMIN bedeutet sie aber zugleich auch eine Chance der kulturellen (und politischen) Emanzipation der Massen. Denn mit der Verfügbarkeit von Schallplatte und Rundfunk ist der Zugang zu musikalischer Kultur nicht mehr an das Bildungsprivileg des physischen Zugangs zu bestimmten Orten zu bestimmten Zeitpunkten gebunden, sondern er steht jedermann zu jeder Zeit und überall offen. Mehr noch, wo die Menschen nicht mehr zur Musik (an ihren auratischen Orten) gehen müssen, sondern die Musik den Menschen entgegenkommt, gewinnt ihre Rezeption eine neue situationsbezogene Qualität, oder mit BENJAMINs Worten: „Die Reproduktionstechnik ... aktualisiert ... das Reproduzierte"[9], indem sie es den Rezipierenden ermöglicht, im selbstbestimmten Kontext ihrer aktuellen Lebenssituation den musikalischen Gegenständen Gebrauchswerte zuzuweisen, die ihrer persönlichen Bedürfnis- und Erfahrungssituation entsprechen.

Sind auch mit Schallplatte und Rundfunk die situative Einheit von Musikmachen und Musikhören und die kommunikative Einheit der jeweiligen HörerInnen zerfallen, so spielen doch immer noch alle Musiker des Ensembles zur gleichen Zeit am gleichen Ort, und auch die Speicherung der Aufnahme des musikalischen Werks bleibt in ihrem zeitlichen Zusammenhang gewahrt. Das ändert sich mit der Entwicklung der Technologie der elektromagnetischen Tonaufnahme auf eisenoxydbeschichteten Tonbändern mit sog. Magnettongeräten,

---

[5] WALTER BENJAMIN: Das Kunstwerk im Zeitalter seiner technischen Reproduzierbarkeit. 1936. Frankfurt/M.: Suhrkamp 1963.

[6] BENJAMIN, a. a. O., S. 15.

[7] A. a. O., S. 16 f.

[8] A. a. O., S. 16.

[9] A. a. O., S. 16.

die – in den dreißiger Jahren zur Serienreife entwickelt – in den fünfziger Jahren dann auch für den Markt der privaten Konsumenten zur Verfügung stand. Sieht man einmal von der Verbesserung der Aufnahme- und Wiedergabequalität im Übergang vom Direktmitschnitt auf Schallplatte zur Tonbandaufnahme (und -wiedergabe) ab, besteht der musikalisch relevante ‚Quantensprung‘ darin, dass mit der Möglichkeit, das Tonband zu ‚schneiden‘, auch das musikalische Material in der Abfolge seiner zeitlichen Einspielung nachträglich bearbeitet werden kann. Wenn aber das Tonband auf der Zeitebene geschnitten werden kann, dann lassen sich die einzelnen Aufnahmen auch in ihrer Reihenfolge verändern oder gar einzelne Abschnitte der Bandaufnahme des einen Künstlers durch die eines anderen Künstlers ersetzen. Wie immer man auch zu den hieraus sich ergebenden Perspektiven einer künstlerisch motivierten Gestaltung der Schnittfolgen der Aufnahme eines Musikwerks stehen mag – GLENN GOULD hat hierzu eine ausführliche Erörterung gegeben[10] –, die Verwendung der monofonen Bandmaschine mit ihrer Möglichkeit des Bandschnitts (und damit des Schnitts auf der horizontalen Zeitebene der Einspielung) hebt nun auch die Einheit der künstlerischen Interpretation ‚an einem Stück‘ auf. Musikaufnahmen stellen nunmehr ein ‚patch-work‘ dar, in dem einzelne musikalische Spielfehler oder auch momentane ‚Indisponiertheit‘ durch Neuaufnahme im eigentlichen Wortsinn ‚überspielt‘ werden können. Gewinn und auch Verlust liegen auf der Hand: Einerseits gewinnen die Aufnahmen (und auch die mit ihnen dokumentierten Interpretationen) an struktureller Stringenz und musikalischer Wiedergabegenauigkeit, andererseits büßen sie den Reiz des Risikos einer spontanen ‚unerhörten‘ Interpretation ein, denn die Interpreten sind sich sehr wohl dessen bewusst, dass ihre Einspielung auch nach der hundertsten Wiederholung und im unmittelbaren Hörvergleich zu einer anderen Einspielung bestehen können muss.

Der monofonen (weil einkanaligen) Bandaufnahme folgte mit der sich miniaturisierenden Tonkopftechnik, der Halbierung der Spurbreiten und der damit einhergehenden Steigerung der Signalverstärkungstechnik schon bald das stereofone Aufnahmeverfahren und damit erstmals eine der akustischen Klangrealität nahekommende Wiedergabemöglichkeit von Musik.

Eine weitere Halbierung der Spurbreiten und zugleich im Bereich der professionellen Studiobandmaschinen die Verdoppelung der Breiten der Tonbänder vom ursprünglichen Viertelzollband bis hin zum Zweizollband führte in den sechziger Jahren zur Entwicklung von Bandmaschinen, die zunächst vier, später dann acht, am Ende gar 48 Spuren 4 voneinander unabhängig und nacheinander aufzunehmen in der Lage waren. Eines der bekanntesten frühen Beispiele der Anwendung dieser neuen Technologie der Mehrkanalaufnahme stellt das experimentelle Stück ›revolution 9‹ der Beatles dar.

Für das Musikmachen im Ensemble bedeutet diese Technologie zunächst die Möglichkeit, die einzelnen Instrumente, obwohl zeitgleich mit den anderen gespielt, jeweils für sich zu speichern und somit eine differenziertere klangliche und räumliche Abbildung im Stereo-Horizont zu erreichen. Von entscheidender

---

[10] GLENN GOULD: Die Zukunftsaussichten der Tonaufzeichnung (1966). – In: TIM PAGE (Hrsg.): GLENN GOULD: Vom Konzertsaal zum Tonstudio. München/Mainz: Piper/Schott 1987. S. 129-160.

Bedeutung dürfte aber sein, dass diese Technologie erstmals das sogenannte Playback-Verfahren ermöglicht, also das synchrone Aufnehmen der einzelnen Instrumente eines Ensembles nacheinander.

Auch hier liegt der Vorteil auf der Hand: Da z. B. bei einer Quartett-Besetzung die vier Instrumente jeweils nacheinander für sich aufgenommen werden, können Spielfehler der einzelnen MusikerInnen durch Neuaufnahme einzelner Stellen (sog. Punch-In) problemlos korrigiert werden, zudem lässt sich der Sound der einzelnen Instrumente nunmehr auch nachträglich editieren, ohne den der übrigen zu beeinflussen.

Dieser nochmaligen Steigerung der spieltechnischen Fehlerfreiheit (im doppelten Sinne: Die Aufnahmen sind frei von Fehlern und die SpielerInnen können freier spielen, weil eventuelle Fehler ja nachträglich eliminiert werden können) sowie der klanglichen Durchhörbarkeit der Aufnahme steht nun aber auch ein gravierendes Problem gegenüber. Dadurch, dass die einzelnen Mitglieder des Ensembles jeweils zu einem Playback, bestehend aus den zuvor eingespielten Instrumentalaufnahmen, spielen müssen (der Pianist in der nebenstehenden Abbildung 3 spielt am Mittwoch zu den beiden Schlagzeug- und Bass-Aufnahmen vom Montag bzw. Dienstag), spielen sie nicht mehr *miteinander*, sondern allenfalls *zueinander*, ohne Blickkontakt, ohne Bindung an eine gemeinsame Spielsituation, repräsentiert allein durch den Klang im Kopfhörer.

Mit dem Playback-Verfahren ist nun also auch die Einheit der Interpretation und die Einheit des Zu-

Abb. 1:

Montag: Aufnahme des Schlagzeugs auf Spur 1

Abb. 2:

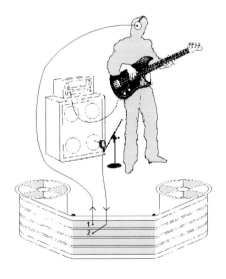

Dienstag: Aufnahme des Basses auf Spur 2

sammenspiels der MusikerInnen aufgehoben: Die Produktion setzt sich nicht nur horizontal, sondern auch vertikal aus unterschiedlichen Takes zusammen. Aus der kommunikativen Ganzheit des linearen Zusammenspiels aller Ensemblemitglieder zum selben Zeitpunkt am selben Ort ist unter Nutzung der mehrspurigen Playback-Technik das non-lineare Einspielen von additiven Teilaufnahmen geworden.

Es liegt auf der Hand, dass im Gegensatz zur Mehrspuraufnahme, bei der alle Ensemblemitglieder gemeinsam zur selben Zeit spielen, aber jedes Instrument eine ‚eigene' Spur bekommt, das Playback-Verfahren sich bei der Aufnahme von Ensembles mit ‚klassischer' Kunstmusik nicht hat etablieren können, teils, weil eine künstlerisch anspruchsvolle Interpretation ohne die Möglichkeit zur nonverbalen und auch emotionalen Kommunikation der Ensemble-Mitglieder in der Situation des Zusammenspiels nicht zustande kommen kann, teils, weil der Klang eines Instrumentalensembles eben mehr ist als nur die additive Summe seiner einzelnen Instrumente.

Dies gilt aber schon nicht mehr zwingend auch für experimentelle Avantgarde-Musik – und schon gar nicht für die Produktion von Rock- und Popmusik. Denn der Einsatz von Playback-Verfahren im Bereich der Populären Musik ‚rechnet' sich allein schon aus kommerziellen Erwägungen, weil – abgesehen von der Zeitersparnis, immer nur kleine Teilstücke bei Spielfehlern neu aufnehmen zu müssen – der Vorteil von Bedeutung ist, dass das Playback-Verfahren die Aufnahme von einzelnen Instrumentalspuren an

Abb. 3:

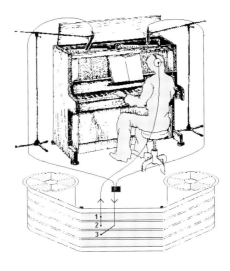

Mittwoch:
Aufnahme des Klaviers auf Spur 3

Abb. 4:

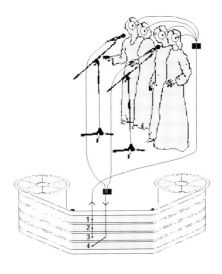

Donnerstag:
Aufnahme des Chors auf Spur 4

unterschiedlichen Studio-Orten ermöglicht: Die Reisekosten eines Tonbands sind eben geringer als die eines Schlagzeugers mit umfangreichem Equipment.

Entscheidend ist aber, dass mit dem Playback-Verfahren und korrespondierenden psychoakustischen Verfahren der nachträglichen Soundbearbeitung z. B. mit Hallprozessoren, rhythmusbasierten Echo-Effekten wie auch der Positionierung der einzelnen Instrumentalstimmen in einem zweidimensionalen Klangraum (links – rechts; vorne – hinten) die ursprünglich nur zur Dokumentation eingesetzte Tontechnik zu einem eigenständigen *Instrument* der Musikgestaltung avanciert: Der Toningenieur tritt als ein weiterer *Musiker* dem Musikensemble hinzu – oder mit anderen Worten: Das Arbeiten mit Bandmaschinen, Mischpulten und Effektgeräten als ‚Post-Production‘ versteht sich als eine eigenständige Erscheinungsform des Musikmachens in Zusammenarbeit mit einem Ensemble, selbst dann, wenn der ‚Toning‘ in keinerlei interpersonalem Zusammenhang mehr mit den anderen MusikerInnen des Projekts steht.

In den achtziger Jahren gewinnt das Musikmachen unter dem Einfluss der Digitalisierung der Musiktechnologien eine gänzlich neue Qualität. Den Einstieg in die Computerisierung der Produktion von Musik im Studio bildete die speicherbare Automatisierung von komplexen Klang- und Pegelveränderungen während der finalen Abmischung von Mehrspuraufnahmen, etwa zur gleichen Zeit erobern analoge Klangerzeuger mit synthetischen Sounds, sog. ‚Synthesizer‘, die Szene der Rock- und Popmusik, und sie lassen mit ihren perkussiven oder auch flächigen Sounds musikalische Arrangements unter Live-Bedingungen spielbar werden, die zuvor entweder überhaupt nicht oder nur mit außergewöhnlichem Einsatz von großen Ensembles realisierbar gewesen waren. Die bald darauf einsetzende Digitalisierung der Klangerzeugung, die daran anknüpfende Veröffentlichung des MIDI[11]-Protokolls sowie das Aufkommen von Computerprogrammen zur Steuerung und Speicherung von musikalischen Abläufen leiten dann eine Entwicklung ein, die Anfang der neunziger Jahre zur Verwirklichung des Konzepts des bandlosen Home-Recording-Studios geführt hat, das mit der Verknüpfung des MIDI-Recording (der Aufzeichnung von Befehlssätzen für die Auslösung von zumeist synthetischen Instrumentalklängen) mit dem Harddisk-Recording (der Aufzeichnung von digitalisierten akustischen Klängen zumeist von Gesangsstimmen und Originalinstrumenten) im so genannten Virtuellen Studio das computergestützte Musikmachen nunmehr auch für Jugendliche und Amateurmusiker bezahlbar werden lässt und – in seiner musikkulturellen Bedeutung kaum zu überschätzen – das reproduktive Verständnis von Musikmachen erweitert um produktive Aspekte des Arrangierens und Komponierens von Musik. In der massenhaften Verbreitung von populären Computerprogrammen wie ›MusicMaker‹ und ›Cubase‹, in ihren einfach gehaltenen Versionen für etwa dreihundert DM angeboten, spiegelt sich denn auch ein für die gegenwärtige musikbezogene Freizeitszene typisches Interesse an einem spielerisch-produktiven (und nicht mehr nur rezeptiven) Umgang mit musikalischer Kultur.

---

[11] MIDI = Musical Instrument Digital Interface, ein firmenunabhängiges (wenngleich von der Fa. Roland entworfenes) Protokoll des musikbezogenen Austausches von Prozessdaten zwischen digitalen Klangerzeugern und Aufnahme-Programmen.

Allerdings darf man dabei nicht übersehen, dass die Computerisierung des Musikmachens sowohl auf der MIDI- wie auch der Audio-Ebene nunmehr auch den inneren Zusammenhang des musikalischen Materials der Einspielungen selbst zur editorischen Disposition stellt. Waren in der bandgestützten Form des Playback-Recordings ‚lediglich‘ einzelne Instrumentalspuren oder Taktabschnitte austauschbar, so löst nun die Technologie des Virtuellen Tonstudios (bestehend aus Klangerzeugern, Mischpult, Bandmaschine, Effektgeräten, Notendrucker und Werkzeugen für die Bearbeitung der wesentlichen Parameter der Musikeinspielung) den Zusammenhang von personenspezifischen Spielweisen, instrumenttypischen Spielfiguren, stiltypischen Fakturen und situativen Kontexten auf. So lassen der Klang einer klaviertypischen ‚linken‘ Hand einer Boogie-Woogie-Begleitung sich als ‚Gitarre‘ darstellen, der Groove des Schlagzeugs in Stück A auf die Klavierbegleitung des Stücks B übertragen und die nicht erwünschten Besonderheiten der Spielweise eines Musikers vollständig eliminieren, denn sowohl der Zusammenhang der einzelnen Töne zueinander als sogar die Qualität jedes einzelnen Tons der Einspielung können in der Nachbearbeitung, teilweise sogar in Echtzeit, auf den Parameterebenen ›Zeitpunkt und Dauer‹ (in einer zeitlichen Rasterung von weniger als einer Millisekunde), ›Lautstärke‹ (mit einer Auflösung von 128 Stufen), ›Tonhöhe‹ (Auflösung pro Halbton in 100 Cents), ›Klangfarbe‹, ›Raumposition‹, ›Klangeffekte‹, ›Filtereinstellungen‹ etc. editiert werden.

In dem folgenden *Exkurs* werden am Beispiel des Produktionsprozesses eines Stücks in Triobesetzung (E-Gitarre; Honky-Tonky-Klavier; Streicher) einige typische Module und Werkzeuge für die Aufnahme und Nachbearbeitung einer Einspielung dargestellt und erläutert:

Schritt 1: Voreinstellungen an der virtuellen ‚Bandmaschine‘
Tempo; Metronom-Click; Aufnahmebereich zwischen linker Start-Marke und rechter End-Marke (angegeben in Takten/Vierteln/384steln eines Viertels); Aufnahme-Modus (Ersetzen einer vorhandenen Teilaufnahme) etc.

Abb. 5:

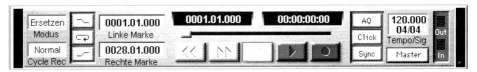

Schritt 2: Starten der simultanen Aufnahme der drei Instrumente auf drei Spuren durch Drücken der roten Aufnahme-Taste

Schritt 3: Anhören der Einspielung (siehe Abb. 6)
Spur 1: Gitarre als Audio-Datei (Wellensymbol in Spalte C)
Spur 2: Honky-Tonky-Klavier als MIDI-Datei (Notensymbol in Spalte C)
Spur 3: Streicher (auf Keyboard) als MIDI-Datei (Notensymbol in Spalte C)

Starten der Wiedergabe der drei Spuren durch Drücken der grünen Wiedergabe-Taste. Die Wellen in der Gitarrenspur visualisieren Zeitpunkt und Lautstärke der Gitarrenstimme, die Striche in den beiden MIDI-Spuren (Klavier und Streicher) visualisieren jeweils Zeitpunkte des Drückens der Tasten auf den beiden Keyboards.

Die Gitarre setzt etwa nach fünf Sekunden ein, das Klavier kommt etwas zu spät. Die zweite Phrase der Gitarre beginnt in der zehnten Sekunde, nun ihrerseits im Einsatz zu spät.

Abb. 6:

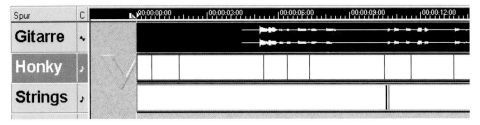

Schritt 4: Editieren der Klavier-Einspielung

Die Befehlssätze für die Einspielung werden im List-Editor alphanumerisch und zugleich grafisch als Balken dargestellt.

Abb. 7:

Startzeit	Ende	Wert1	Wert2	Wert3	Status			
00:00:00:03	==:==:==:==	4	===	===	ProgChange			
00:00:00:15	00:00:01:23	D#1	31	64	Note			
00:00:01:18	00:00:05:07	D1	43	64	Note			
00:00:05:08	00:00:06:13	C1	35	64	Note			
00:00:06:08	00:00:07:10	D#1	43	64	Note			
00:00:07:06	00:00:10:17	D1	30	64	Note			
00:00:10:10	00:00:11:15	C1	43	64	Note			
00:00:11:13	00:00:13:13	F1	44	64	Note			

Zur Erläuterung der Darstellung im List-Editor:

STARTZEIT: Zeitpunkte, zu denen die Noten angeschlagen worden sind, angegeben in Stunden: Minuten: Sekunden: Bildern[12]

ENDE: Zeitpunkt des Endes der Noten.

WERT 1: Tonhöhe (z. B. D#1 = Dis 1) bzw. Soundnummer des virtuellen Instruments (ProgChange steht für Befehl zum Wechseln des Instrumentalklangs, also statt Flügel [1] nun Honky-Tonky-Klavier [4])

WERT 2: Lautstärke (genauer gesagt, die Anschlagsgeschwindigkeit) der Note. Die Werte der Lautstärke rangieren von 0 (unhörbar) bis 127 (maximale Lautstärke).

---

[12] Standard aus der Videotechnik: Auf eine Sekunde kommen 25 Videobilder, ein Videobild (frame) ‚dauert' also 40 Millisekunden, die nochmals in Subframes unterteilt werden können.

STATUS: ‚Qualität' des Ereignisses: meist eine Note, oder aber auch Programm-Change-Befehle

Die Rechtecke in der rechten Hälfte der Abbildung visualisieren noch einmal Zeitpunkt und Ende der einzelnen Noten auf einer Zeitleiste in Echtzeit.

Durch Verschieben des Balkens für den dritten Ton des Klaviers (05:08/ Tonhöhe C1/Lautstärke 35) bzw. numerische Veränderung der Startzeit lässt sich durch hörendes Ausprobieren der richtige Zeitpunkt des Anschlags ermitteln, nämlich 05:04. Das bedeutet ein Vorziehen um etwa 160 Millisekunden.

Abb. 8:

Startzeit	Ende	Wert1	Wert2	Wert3	Status	
00:00:00:03	==:==:==:==	4	===	===	ProgChange	
00:00:00:15	00:00:01:23	D#1	31	64	Note	
00:00:01:18	00:00:05:07	D1	43	64	Note	
00:00:05:04	00:00:06:09	C1	35	64	Note	
00:00:06:08	00:00:07:10	D#1	43	64	Note	
00:00:07:06	00:00:10:17	D1	30	64	Note	
00:00:10:10	00:00:11:15	C1	43	64	Note	
00:00:11:13	00:00:13:13	F1	44	64	Note	

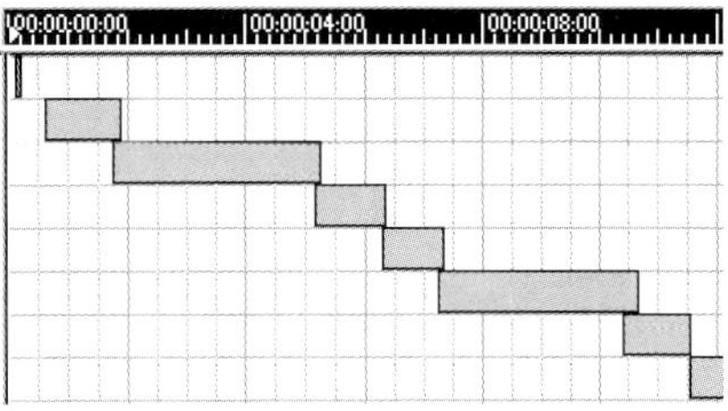

Schritt 5: Editieren der Gitarren-Einspielung

Abb. 9:

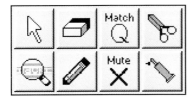

In vergleichbarer Weise wird auch das Timing-Problem der Gitarre in der zehnten Sekunde bearbeitet: Nach Öffnen des Audio-Editors für die Gitarren-Spur lässt sich mit Hilfe der Schere aus einem virtuellen Werkzeug-Kasten die Wellendarstellung der Gitarreneinspielung an der gewünschten Stelle durchschneiden und dann der Einsatz der zweiten Phrase mit der Maus auf der Zeitleiste ein wenig nach ‚vorne', also vorziehen. Auch hier erfolgt die Überprüfung durch ausprobierendes Hören.

Abb. 10: Rohaufnahme der Gitarre

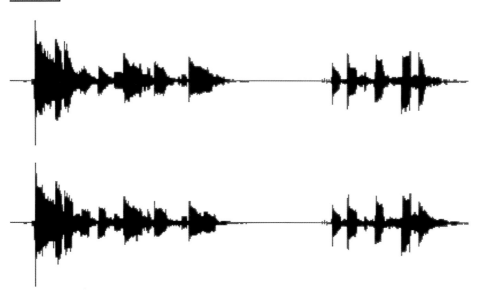

Abb. 11: Editierte Aufnahme der Gitarre

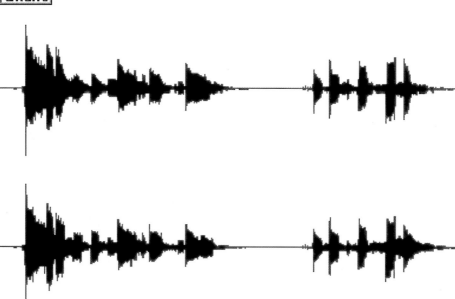

Schritt 6: Editieren der Streicher-Einspielung

Da der Keyboarder mit der Streicher-Stimme versehentlich statt eines Moll-Akkordes einen Dur-Akkord gespielt hat, wird nun auch die Streicher-Spur im List-Editor nachbearbeitet.

Im List-Editor lässt sich bei der Klavier-Spur für den sechsten Ton ablesen, dass er zum Zeitpunkt 10 Sekunden/10 Bilder gespielt worden ist. Auf diese Position werden nun auch die drei Töne des Streicher-Akkordes verschoben, zugleich wird die Tonhöhe H4 auf Ais 4 korrigiert und die unterschiedliche Lautstärke der drei einzelnen Töne auf einen mittleren Wert 49 angeglichen.

Schritt 7: Herstellen eines vorläufigen ‚rough'-mix

Nachdem nun alle Spielfehler der Rohaufnahme in den Editoren nachbearbeitet sind – selbst der Klang des Honky-Tonky-Klavieres hätte sich noch jetzt durch Eingabe des Programm-Change-Befehls 12 anstele des Werts 4 in den einer Marimba verändern lassen –, hören wir uns noch einmal die Roh-Abmischung der Einspielung an (Abb. 12):

Abb. 12:

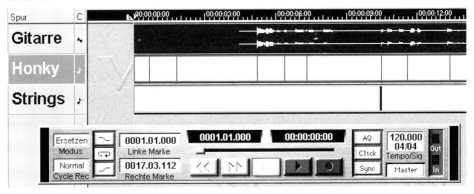

Schritt 8: Erarbeiten der endgültigen Abmischung

Bevor das Stück im Computer auf CD gebrannt werden kann, muss nun noch der Gesamtklang der Aufnahme aufbereitet werden. Das bedeutet zum einen, dass die Pegel der einzelnen Instrumente im zeitlichen Ablauf des Stücks variabel im Mischpult rauf- oder runtergezogen werden müssen, die Zeitpunkte und die Intensität der Reglerbewegungen können dabei jeweils auf der Zeitachse abgespeichert werden.

Sodann gilt es, die Höhen- und Tiefenanteile in den Frequenzgang-Entzerrern nach Gehör zu optimieren und schließlich der Gitarre mit Hilfe der Effektgeräte je nach Bedarf noch zusätzlichen Raumhall hinzuzufügen oder den etwas ‚dünnen' Klang der Streicher durch den Einsatz des virtuellen Choruseffektgeräts ein wenig ‚anzufetten'.

Abb. 13:

Abb. 14:

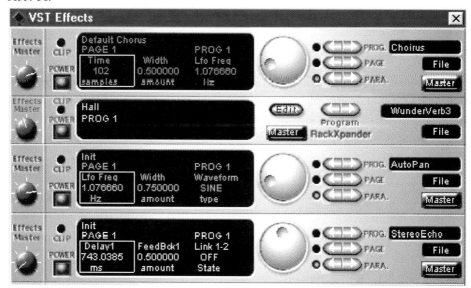

Schritt 9: Brennen der CD

Zum Abschluss der Recording-Session wird noch aus dem Computer-Programm heraus der Song auf digitalem Weg mit Hilfe eines CD-Recorders oder eines CD-Brenners auf CD gebrannt – die CD kann dann in jedem beliebigen CD-Player abgespielt werden.

Die in diesem Exkurs idealtypisch dargestellte Arbeitsweise der computergestützten Post-Production, also der nachträglichen Editierung der zuvor gemachten Einspielungen, bedeutet gegenüber den bandgestützten Aufnahmeverfahren eine nochmalige Steigerung der Möglichkeiten des Eingriffs in Struktur und Performance des musikalischen Materials. Wenn jeder einzelne Ton einer Einspielung in seinen auditiven Parametern Zeitpunkt, Dauer, Tonhöhe, Lautstärke, Panorama, Frequenzspektrum etc. bis an die Grenzen der Hörbarkeit modifiziert werden kann, darf man davon ausgehen, dass alles, was auf der solcherart produzierten CD zu hören ist, auch exakt von den MusikerInnen (einschließlich der Toningenieure) so gewollt worden ist: Im Zeitalter der computergestützten Musikproduktion gibt es keine Fehler, jedenfalls keine Spielfehler mehr. Zugleich aber steht der letzte Rest der ursprünglichen Einheit von musikalischer Kommunikation und Interaktion des Musikmachens zur Disposition: Indem jeder einzelne Ton einer Phrase ausgetauscht werden kann, zerfällt deren musikalische Ganzheit zu einer Addition von Einzeltönen, die dem Zugriff von künstlerischen Entscheidungen seitens der MusikerInnen weitgehend entzogen sind.

Die künstlerische Ambivalenz dieser technologisch vorgetragenen Entwicklung zu kontrollierter Perfektion mit ihrer Verfeinerung und Intensivierung des Zugriffs auf das Musikmachen liegt auf der Hand. So sehr denn auch die Entfaltung der Tonstudio-Technologien im dritten Viertel des vergangenen Jahrhunderts einen eminenten technischen Fortschritt markiert, dieser Fortschritt hat keineswegs die Erscheinungsformen und Funktionen des überkommenen Musikmachens – live im Zusammenhang des Ensembles im Kontakt zu einem Publikum – entwerten oder gar verdrängen können. Vielmehr stehen während des ganzen Zeitraums dieser Entwicklung von der Jahrhundertwende an zwei komplementäre Bedürfnishaltungen und damit Gebrauchswertstandpunkte gegenüber: auf der einen Seite das Bedürfnis, eine musikalisch wie auch klangästhetische ‚gültige' und spieltechnisch ‚perfekte' Interpretation einzuspielen bzw. zu einem optimalen (weil selbstbestimmten) Zeitpunkt an einem emotional vertrauten Ort, gespeichert auf einem Medium, das man besitzen und sammeln kann, ungestört von situativen Einflüssen zu rezipieren. Und auf der anderen Seite das Bedürfnis, an einem singulären ‚auratischen' Erlebnis eines Konzertes live mit den KünstlerInnen teilzuhaben und den circensischen Reiz des gemeisterten Risikos zum Fehler, aber auch der besonderen Chance einer außergewöhnlichen Interpretation als ein nicht wiederholbares Ereignis einer musikalischen und situativen Community zu genießen.

Beide Bedürfnisse stehen zueinander in einem dialektischen Verhältnis, weil einerseits im klassisch-orientierten wie auch im populärmusikalischen Musikbusiness das live Musikmachen sich zu einem hervorragenden Marketing-Werkzeug für den Absatz von Tonträgern entwickelt hat, andererseits aber der quantitativ dominierende medienvermittelte Zugang zu musikalischer Kultur Neugier und Nachfrage nach einer unvermittelten, leibhaften Begegnung mit den MusikerInnen im Rahmen eines Konzertbesuchs hervorruft. Ein weiterer Aspekt dieser Dialektik ist darin zu sehen, dass das live Musikmachen im Zeichen der medialen Reproduzierbarkeit seine naive Unschuld der Spontaneität und Unmittelbarkeit verloren hat: Die Wiedergabe eines Werks von BEETHOVEN oder eines Songs der STONES hat sich in der Erwartung des Publikums unerbittlich an der Referenz der entsprechenden Tonträgeraufnahme zu orientieren. Wo das aus zeitlichen oder akustischen oder musikalischen Gründen nicht einzulösen ist, tritt im Bereich der Populären Musik denn auch schon einmal die Playback-Aufnahme aus dem im Hintergrund der Bühne ‚live‘ arbeitenden Computers an die Stelle der unhörbar vor sich hin spielenden MusikerInnen vor dem Publikum.

C. Musikmachen online im Internet

WALTER BENJAMINs Beobachtung, dass ‚die Musik‘ im Zeitalter ihrer technisch vermittelten *Reproduzierbarkeit* ihre Aura der Einmaligkeit verloren habe, dafür aber in den Erfahrungshorizont der zunehmend interessierten Massen getreten sei, lässt sich seit einigen Jahren auch auf die *Produzierbarkeit* von Musik übertragen. Noch nie haben so viele Jugendliche eines Jahrgangs wie heute selbst aktiv Musik gemacht, sei es als Nachspielen von bestehenden Songs auf der Grundlage eines von den Bandmitgliedern erarbeiteten neuen Arrangements (das sog. Covern), sei es als spontane Improvisation, sei es als Komposition von selbst erstellten oder auch vorgefundenen Musikmaterialien, sei es als Klangtüftelei am Computer (z. B. mit Software wie Music-Maker, Cubase oder ReBirth). Dabei handelt es sich auch keineswegs um musikmachende Egomanen, die für sich allein in ihrem Home-Recording-Studio für 3000,– DM inklusive Computer hocken und jeglicher Kommunikation und Interaktion mit anderen entraten. Abgesehen davon, dass moderne Recording-Programme die simultane Aufnahme von mehreren Spielern auf jeweils eigenen Spuren ermöglichen, zielt auch oder gerade das computergestützte Musikmachen auf den musikalischen Austausch mit anderen, sei es, dass das Ergebnis der Arbeit am Computer in das Arrangement eines Stücks für die eigene Instrumental-Band einfließt, sei es, dass die Aufnahmen als Demo-Material für das Kontakten von Konzertveranstaltern oder Plattenfirmen bestimmt sind, sei es, dass die selbst produzierte CD an Freunde verschenkt oder bei einem der vielen Songwriter-Wettbewerbe eingereicht wird – oder aber gleich als Song-Datei im MP3-Format im Internet auf der eigenen Homepage zum downloaden bereitgestellt wird.

Seit kurzem nun ist das Internet – bezogen auf den Aspekt des Umgangs mit Musik – nicht mehr lediglich ein Medium der Distribution von Informationen im Sinne der in den letzten Jahren populär gewordenen Musikübertragung in Echtzeit (Internetradios) oder der Zurverfügungstellung von Musikdatenbanken (MIDI-Farm mit Tausenden von MIDI-Files und MP3-Songs etc.) als der konsequentesten Ausformung des technologischen Zugriffs auf die Distribution und Rezeption von Musik. Mit der Veröffentlichung der internet-fähigen Version des weitverbreiteten MIDI- und Audio-Recording-Programms ›Cubase‹ aus der Zusammenarbeit der Hamburger Firma Steinberg und der amerikanischen Firma Resrocket Anfang 2000 stehen nun auch im Internet als der Vernetzung weltweit angeschlossener Rechner die Möglichkeiten computergestützten Musikmachens mit ihren Vorzügen, aber auch Problematiken zur Verfügung.

Abb. 15:

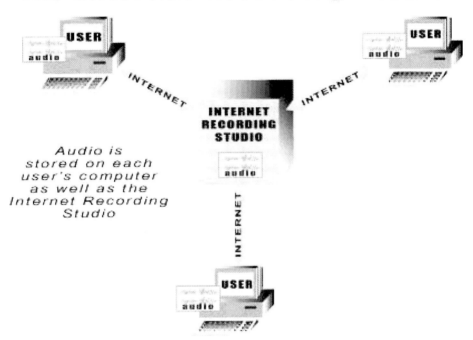

Das virtuelle Studio im Internet integriert in seinem virtuellen Regieraum alle zu diesem Zeitpunkt eingeloggten Rechner und damit die teilnehmenden User zu einer virtuellen Arbeitsgruppe von Musikern, verstreut über alle Welt: Die an der Produktion beteiligten MusikerInnen arbeiten – wenngleich auch an verschiedenen Orten – zur selben Zeit am selben Projekt. Gewiss, die physikalische Trennung der Arbeitsräume, in denen die vernetzten Computer stehen und in denen die teilnehmenden User arbeiten, ist durch das Internet nicht aufgehoben. Sie spielt aber auch keine besondere Rolle mehr, denn das musikalische Geschehen des Produzierens spielt sich auf den jeweils vor Ort angeschlossenen Musikinstrumenten ab, deren Klangergebnisse aufgrund der Standardisierung der Basissounds und der seit kurzem möglich gewordenen Übertragung von Realklängen (digitalisierte Klänge der eingesetzten akustischen Instrumente) im Internet auf der Softwareoberfläche der dezentralen Arbeitsplatzrechner der jeweiligen teilnehmenden User repräsentiert sind und zugleich auch im Server der Firma RocketNetwork (in den USA). Da die Übertragung der Songdaten im Internet Zeit kostet – wenngleich auch nur im Sekundenbereich –, ist allerdings das gemeinsame Musikmachen in Echtzeit grundsätzlich nicht möglich, zur Anwendung kommt deshalb das zuvor schon erörterte Playback-Verfahren, hier indes in seiner computergestützten Version.

In einem weiteren *Exkurs* seien nun die Grundlagen und Verfahrensweisen des internetgestützten Musikmachens am Beispiel der Internet-Version des Programms ›Cubase‹ dargestellt:

Voraussetzungen:
Für das Musikmachen im Internet ist – zusätzlich zu der für jegliches Musikmachen mit Musikelektronik benötigten MIDI-Tastatur nebst eines Soundexpanders mit standardisierter General-MIDI-Soundausstattung sowie zweier Lautsprecher – folgende Hard- und Software nötig:
Computer: Windows- oder Macintosh-Betriebssystem; 200 MHz Prozessor; 64 MB Arbeitsspeicher; 100 MB Harddisk; Soundkarte; Internetanschluss; Bildschirm
Software: Cubase (bzw. andere spezifizierte MIDI/Audio-Recording-Programme) – für das Musikmachen im Internet wird eine spezielle Version des Programms benötigt, die aus dem Internet von der Homepage der Firma RocketNetwork heruntergeladen werden kann und nur mit dem Steinberg Hard-Key für Cubase lauffähig ist; Internet-Browser (Netscape oder Internet Explorer)

Abb. 16:

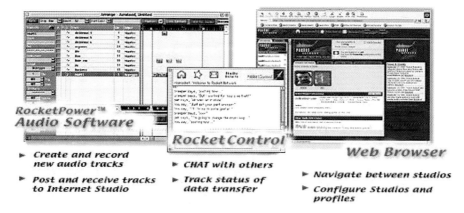

Codierung:
Für die Übertragung der transferintensiven Audiodaten verfügt die Internet-Version von Cubase über verschiedene Grade der Kompression, die je nach Größe des Arbeitsspeichers und der Geschwindigkeit des lokalen Internet-Zugangs frei auswählbar sind. Im Anschluss an die Erstaufnahme über die Audioeingänge der Soundkarte im Rechner des Musikers z. B. in Magdeburg

werden die Audio-Daten codiert und (gemeinsam mit den MIDI-Daten des Songs) in komprimierter Form auf der lokalen Festplatte abgespeichert und ggf. auf den Server von RocketNetwork (in den USA) übertragen. Dieser Code ist in seinem Wirkungsgrad vergleichbar dem MP3-Standard, mit diesem aber nicht identisch. Für die anderen Teilnehmer an dem gemeinsamen Musikprojekt stehen die Songdaten (MIDI plus Audio) bereit zum Herunterladen, sie können aber auch direkt über den Server an die anderen Projektteilnehmer übertragen werden, z. B. in den Rechner des Musikers in Oldenburg. Nach der Übertragung werden die Daten wieder entpackt (dekomprimiert), auf der lokalen Festplatte des Oldenburger Rechners gespeichert und stehen nach dem Hochladen der Daten von der lokalen Festplatte in den Arbeitsspeicher im Audio Pool des dortigen aktuellen Cubase-Songs als Wave-Dateien zur Verfügung.

Der elektronische Versand der Daten von Musiker via Internet zu Musiker geschieht also in komprimierter Form, um auf diese Weise eine schnelle Übertragung zu gewährleisten. Sofern eine leistungsfähige Internetverbindung zur Verfügung steht, kann der Datentransfer aber auch ohne Kompression in Originalqualität vorgenommen werden.

Bei der vom Programm vorgehaltenen Standard-Kompression verringert sich der Speicherbedarf etwa auf ein Zehntel, eine Audio-Datei (z. B. ›Audio1-bass_tk4.RT‹) im Wave-Format mit 581 KB wird dann in dem speziellen Rocket-Format mit 59 KB übertragen und abgespeichert.

Abb. 17:

Dateiname	Größe	Typ	Geändert am
145_Marshallbeat_1.RT	293 KB	AIFF-Format	17.06.00 02:00
145_Marshallbeat_1.RT.ovw	2 KB	Datei OVW	24.06.00 10:02
145dubgroove2.RT.ovw	2 KB	Datei OVW	24.06.00 10:02
145dubgroove2.RT	293 KB	Wave-Audio	19.06.00 03:10
Audio1bass_tk 4.RT.ovw	3 KB	Datei OVW	24.06.00 10:02
Audio1bass_tk 4.RT	581 KB	Wave-Audio	17.06.00 02:21
fjoosionbr1.RT.ovw	1 KB	Datei OVW	24.06.00 10:02
fjoosionbr1.RT	149 KB	Wave-Audio	19.06.00 04:03
Track 7.RT.ovw	2 KB	Datei OVW	24.06.00 10:02
Track 7.RT	293 KB	Wave-Audio	17.06.00 03:16
Track 8_tk 3_2.RT.ovw	3 KB	Datei OVW	24.06.00 10:03
Track 8_tk 3_2.RT	581 KB	Wave-Audio	19.06.00 03:29

Abb. 18:

Dateiname	Größe	Typ	Geändert am
145_Marshallbeat_1.aif.RT	30 KB	Datei RT	17.06.00 02:00
145dubgroove2.wav.RT	60 KB	Datei RT	19.06.00 03:10
Audio1bass_tk 4.WAV.RT	59 KB	Datei RT	17.06.00 02:21
fjoosionbr1.WAV.RT	16 KB	Datei RT	19.06.00 04:03
Track 7.WAV.RT	30 KB	Datei RT	17.06.00 03:16
Track 8_tk 3_2.WAV.RT	59 KB	Datei RT	19.06.00 03:29

Installation der Software:

Zunächst wählt man sich über die Homepage der Firma Steinberg in die Homepage des Cubase.Net ein, einem Gemeinschaftsunternehmen von Steinberg und RocketNetwork, um von dort die für das Musikmachen im Internet benötigte Software auf die eigene Festplatte herunterladen zu können. Voraussetzung dafür ist allerdings, dass man sich zunächst einmal als Musiker hat registrieren lassen. Zu diesem Zweck trägt man in die entsprechenden virtuellen Formblätter den gewünschten User-Namen ein (er erscheint später als ‚Künstlername‘ auf den verschiedenen Bildschirmen des virtuellen Studios), macht einige freiwillige Angaben über Alter, Geschlecht, Wohnort und Land sowie die persönlichen musikalischen Vorlieben und wählt sich dann ein Passwort. Da sich User-Name und Passwort abspeichern lassen, wird man in folgenden Arbeitsprozessen sowie beim Einwählen in das Studio nicht allzu sehr durch ‚bürokratische‘ Anfragen belästigt. Nachdem man sich also gegenüber dem RocketNetwork ‚ausgewiesen‘ hat, erhält man Zugang zur Download Site, also dem Server, auf dem sich die für das Arbeiten benötigte Software befindet. Unabhängig davon, ob man mit Windows oder Mac arbeitet, lädt man sich zunächst die spezielle Version des Cubase-Programms herunter und dann eine spezielles Programm namens RocketControl. Auf der Homepage des Cubase.Net befindet sich eine übersichtlich geschriebene und bei genauem Einhalten auch zuverlässige Anleitung für das Installieren der beiden Programme, so dass man nach angemessener Zeit seine Vorbereitungen für das Musikmachen im Internet abgeschlossen hat.

Kommunikation:

Das Programm stellt drei Ebenen der interaktiven Kommunikation zwischen den Partnern zur Verfügung:

- zunächst die *musikalische* Kommunikation auf der Basis des sukzessiven Transfers der Parts, Tracks und Songs, zu denen die beteiligten Musiker spielen und die sie dann den übrigen Projekt-Teilnehmern zur Verfügung stellen,

- sodann die ‚*mündliche*‘ Kommunikation auf der Basis des interaktiven Schreibens und Verschickens von Sätzen in quasi mündlicher Rede, dem sog. Chatten. Die Internet-Version von Cubase stellt in Verbindung mit dem RocketControl-Modul eine solche Chat-Box zur Verfügung.
  Ausschnitte aus solchen Chats sehen Sie in den Abbildungen 19 und 20 (siehe folgende Seite):

- *visuelle Ebene:* Zwar nicht Bestandteil des Programms in der gegenwärtigen Version, jedoch gegenwärtig bereits als Shareware zu erhalten sind zusätzliche Bildprogramme, die mit Hilfe einer einfachen Kamera für ca. 100 DM in der Lage sind, bewegte Bilder aus dem Raum, in denen sich der User befindet, simultan über Internet an den anderen User zu übertragen (ein solches Programm ist z. B. CUSeeMe). Es liegt auf der Hand, dass es in absehbarer Zeit Standard sein dürfte, Ton, Wort und Bild in ein gemeinsames Datenpaket zu integrieren und auch für private Nutzer alltagsgeeignet zur Verfügung zu stellen.

Abb. 19:

---

steinberg / Support Bunker

Support Bunker
‒‒‒‒‒‒
Contains: Otto

NIM has entered.
NIM says, "tach"
You say, "hi nim hier ist otto aus magdeburg"
NIM says, "ich habe tempo auf 114, alle Tracks gemutet bis auf PianovonAK und RexAK"
NIM says, "wollen wir an Deinem Stueck weitermachen mit muten aller anderen Spuren??"
You say, "vorschlag: otto und nim "
NIM says, "ok"
NIM says, "dann loesche ich jetzt meine beiden testspuren"
You say, "nee, lass doch deine argentinischen Trommeln"
NIM says, "ohh mal sehen"
You say, "ich koennte ja auch noch mal axel w einladen und wir spielen dazu"
NIM says, "ja finde ich konkreter"
You say, "ok dann mach ich das und sage dann bescheid"
NIM says, "gutt"

Abb. 20:

RocketControl — |5|x|
File Edit View Chat Help

Studio
Details   ROCKETControl

steinberg / Welcome Lobby

Contains: daze, Otto

You say, "hello daze, here is otto again, my pc lost the connection to the www, sorry"
daze says, "thats ok "
daze says, "no problem"
You say, "i read your info in the box, its very interesting for me, cause im writing an essay about self-professionalizing of youg musicians and their way to making music."
daze says, "good. well if i can help you in any wy just let me know"
daze says, "we are all self tought here"
daze says, "i would be interested in reading that book when you get it finished"
You say, "I'm interested aout your experiences on making music in the internet - in this moment i cant find the box with your info (i lost it in deep of the features of res rocket) for getting your e-mail. but here comes mine: knolle@uni-oldenburg.de   "
daze says, "press studio details on rocket control that will bring you back to the beginning"
daze says, "here is my e mail"
daze says, "dave@dfm.rapidial.co.uk"
You say, "thanks, your help was great and i found your info again. "
daze says, "kool"
daze says, "nice meeting you send me an email about your essay info"
You say, "ok but i think i've to translate it in english ?!"
daze says, "thats kool"
You say, "how do yout think about making a experiment on jamming between london and oldenburg. perhaps we could fix a day and an hour for preparating the machines (on my side: korg t1, korg wavestation, emu 6400) and we start together making experimental music. what do you think about?"
daze says, "yes "
You say, "first a question: are you on many days in the cubase net or only one time in the week"
daze says, "i will email you with a day that is conveiant for me and we will see if you can fit in   other wize let me know when your free any i will find a space   "
You say, "ok daze i think this is good way."
daze says, "im on every day for about 8 hours a day "
daze says, "yes i agree"
daze says, "so im always here and i have my own studio"
daze says, "DFM"
You say, "second question: thats a long time - i suppose yor are earning your meney with making professional music? What means DFM"
daze says, "yes they make me earn my money but i love it too   DFM stands for do it for music"
daze says, "or do it for me... or do it for myself "
daze says, "whatever. it always sounds good to record companys   "
daze says, "they usually think there missing somthing when they here the words DFM   hehehehe"
You say, "making music is for me on the condition to be engaged in music,. this moment a technian comes to take me damaged harddisk, so we hmust stop our chat. I#ll write you a mail and we will see waht happens. good bye"

Musikmachen im virtuellen Internetstudio:

1. Nach dem Starten des Internet-Cubase und dem Einloggen ins Internet öffnen sich das Kontrollfenster von RocketControl sowie das Cubase-Network
mit den Studio-Details (je nachdem, welcher Musiker sich gerade in der
›Welcome Lobby‹ des Internet Recording Studios aufhält). Auf der linken
Seite sind die verfügbaren Studioräume aufgelistet.

Abb. 21:

2. In der Wellcome-Lobby (in Abb. 21 der ‚Raum' des Cubase-Networks) be-
finden sich ›Daze‹ und ›Otto‹ (das ist der ‚Künstlername' des Verfassers).
Damit man sich informieren kann, sind die anwesenden ‚Künstler' mit einer
Info-Seite dargestellt, in der sie die jeweils für sie interessanten Informatio-
nen zusammengestellt haben. Hinter ›Daze‹ steht also David Renwick aus
London (siehe Abb. 22).

3. Nach einem kurzen Chat mit ›Dave‹ (vergleiche Abb. 20) begibt sich ›Otto‹
jedoch in das öffentliche Studio ›Support Bunker‹, um dort auf den Musiker
›Nim‹ zu warten. Beide kennen sich und sind verabredet, an einem bereits
begonnenen Musikstück weiterzuarbeiten. ›Nim‹ hat sich bald darauf im
Bunker Studio eingeloggt und per Chat verständigen sich ›Otto‹ und ›Nim‹
nun über ihr weiteres Vorgehen (vgl. Chat in Abb. 19).

Abb. 22:

daze

Full Name:	David Renwick
City:	london
State:	uk
Country:	United Kingdom
Preferred Language:	English
Time Zone:	(GMT) Dublin, Edinburgh, Lisbon, London

Gender:	Neuter
Birthday:	6,6,66,
Home Page:	http://d-f-m.com
Preferred Software:	Cubase VST*
Genres:	Techno, Noise, Orchestral, Adult Album Alternative (AAA), Alternative, Ambient, Dance, Ethnic, Drum 'n' Bass / Jungle, Easy Listening, Experimental, Film Music, Hip-Hop, House, Industrial, Jazz, New Age, Pop / Rock, Punk, Spoken Word, Trance
Influences:	
Skills: (self rating)	Arranger (very experienced)
	Bass (very experienced)
	Composer (very experienced)
	Drums (very experienced)
	Guitar (very experienced)
	Keyboard (very experienced)
	Lyrics (very experienced)
	Mix Engineer (very experienced)
	Percussion (experienced)
	Producer (very experienced)
	Rhythmist (very experienced)
	Songwriter (very experienced)
	Synth Programmer (very experienced)
	Tracking Engineer (very experienced)
	Vocals (experienced)
	Voice Over (competent)
Additional Personal Info:	Nationality: English Place of Birth: Newcastle upon Tyne, UK. Musical experience Born musician. Have played since 8yrs old. Played with various bands inc.... Puinilux Bass, Keyboards Bronski Beat. 1 World tour. Keyboard player. Communards. Bass Guitar, Double Bass, Keyboards, Vocals. 5 World Tours Production Professional arranger,producer,remixer D.F.M. Production UK House & Garage tracks, and other projects. MFS record label. Island records. Little Peach records. London Records. Studio I have my own studio M. Cubase VST 24, Micro Logic, Soundforge, Cool Edit Pro, Reaktor, Rebirth, x-loops, Pentium 3, 550, 340mb Echo event layla Windows 98. Sound Blaster platinum Full Internet access Musicianship Bass Guitar (professional) Rhythm & lead Guitar (professional) Keyboards (professional) Sound engineer Arranger Drum programmer

4. ›Otto‹ und ›Nim‹ laden sich das auf der virtuellen Bandmaschine aufgelegte Musikstück (vom Server in den USA) auf ihre jeweilige Festplatte in ihrem eigenen Studio zu Hause und spielen nun jeder für sich im Playback-Verfahren weitere Spuren mit Improvisationen etc. auf das virtuelle Band.

5. Wenn sie mit einem ‚take‘, einer Aufnahme auf dem Band, zufrieden sind, schicken sie es dem Partner per Internet zu. Dort erscheint es nach kurzer Zeit (die dafür benötigt wird, die Audiodaten mit 44 kHz und 16 Bit Dynamik-Auflösung auf ein Zehntel zu komprimieren) auf der Oberfläche ihres aktuellen Cubase-Songs. Die Audio-Daten repräsentieren, abgesehen von den minimalen Einbußen der Klangqualität aufgrund der Kompression, jeweils die ursprüngliche Aufnahme; da die übertragenen MIDI-Daten ja lediglich Daten mit Befehlssätzen zur Erzeugung von Instrumental-Klängen darstellen, hängt das klangliche Ergebnis davon ab, mit welcher Klangqualität der jeweils verwendete MIDI-Expander die empfangenen Befehle abarbeitet.

Abb. 23:

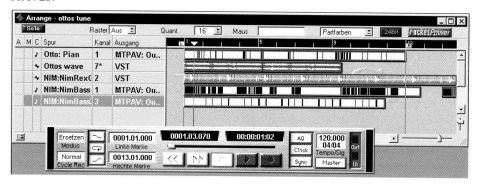

6. Zum Abschluss der gemeinsamen Playback- bzw. Composing-Session speichern beide Musiker jeweils auf ihrer Festplatte den fertigen Song ab. Da sie in einem öffentlichen, auch für Dritte zugänglichen Studio-Raum des Internet-Recording-Studios gearbeitet haben, könnten nun auch noch weitere MusikerInnen an diesem Song weiterarbeiten. Für eine professionelle Nutzung bietet das RocketNetwork daher an, als sog. ‚Pro‘ (Professional) gegen eine monatliche Gebühr von 39,– Dollar ein ‚privates‘ Studio, in dem man alle Tracks ‚liegen lassen‘ kann und die gegen Fremdnutzung geschützt sind, zu mieten.

D. Zusammenfassung und Ausblick

Die mit der Entwicklung der Neuen Musiktechnologien fortschreitende Aufhebung der situativen Einheit von MusikerInnen und Publikum (Schallplatte und Rundfunk), der musikalischen Einheit der Interpretation der einzelnen Abschnitte einer Werkeinspielung (Stereo-Tonband), der kommunikativen Einheit der MusikerInnen eines Ensembles (Playback-Verfahren und Mehrspurbandmaschine) und schließlich der musikalischen Einheit der Töne einer einzelnen Phrase, diese – zugespitzt formuliert – technologisch vorangetriebene Entfremdung wird durch das Internet nicht wieder aufgehoben. Das Bedürfnis, live mit anderen MusikerInnen hier und jetzt Musik zu machen, lässt sich, so haben wir gesehen, gegenwärtig nicht mit den Mitteln des Playback-Spiels im Internet befriedigen. Gleichwohl stellt das Internet mit seinen Möglichkeiten des zeitgleichen interaktiven Musikmachens über alle regionalen Grenzen hinweg nicht nur auf der kommerziellen Ebene eine attraktive Technologie dar, weil es Kosten sparen hilft, wenn z. B. im Studio Hamburg bei der Filmnachvertonung der wegen Krankheit ausgefallene norwegische Saxophonist durch einen amerikanischen Musiker aus Boston ersetzt werden muss.

Von musikkulturellem und damit auch von musikpädagogischem Interesse ist das Musikmachen im Internet auch, weil es – zumindest grundsätzlich und mit der Steigerung der Übertragungsgeschwindigkeit und -qualität auch ganz real – die oben beschriebene Auflösung des situativen Zusammenhangs des Musikmachens als Einheit von Zeit und Ort tendenziell wieder aufhebt.

So kann es durchaus einen musikalischen und auch emotionalen Sinn machen, wenn die Musiker ›Otto‹ aus Magdeburg und ›Dave‹ aus London, ohne einander zuvor zu kennen, miteinander experimentelle Musik machen und sich so über etwas austauschen, was für sie ästhetische Bedeutung besitzt, für ihren musikalischen und kulturellen Hintergrund bezeichnend ist und nicht zuletzt Ausgangs- und Zielpunkt eines technisch vermittelten Erlebnisses ist, gemeinsam Spaß zu haben.

Was ›Otto‹, ›Nim‹ und ›Dave‹ können, können natürlich auch SchülerInnen in Potsdam und in Osaka oder sonst wo in der Welt. Die Chancen, die sich aus dieser Möglichkeit der oben beschriebenen globalen Musikproduktion für den Musikunterricht ergeben, liegen auf der Hand: SchülerInnen können im Zusammenhang eines Projekts zur Erkundung von musikalischen Kulturen in unterschiedlichen Regionen mit SchülerInnen in anderen Städten, Ländern und Kontinenten gemeinsam an einem Musikstück arbeiten und erkunden, inwieweit regionale und kulturelle Hintergründe das eigene musikalische Denken und Musizieren beeinflussen[13], sie können via Internet gegenseitig die musikalischen Interessen und Freizeitangebote erkunden und musikalisch klingend darstellen und so ihren kulturellen Horizont über die europäischen und angloamerikanischen Grenzen hinweg erweitern. Aber vielleicht haben sie ja auch bald als MusiklehrerInnen und SchülerInnen die Möglichkeit, per Videokonferenz und Playback-Recording im Internet für eine gewisse Zeit als virtuelle Gäste in befreundeten, gleichwohl fernen Schulen zu arbeiten und zu lernen.

---

[13] Einen ausführlichen Erfahrungsbericht von einem solchen Unterrichtsprojekt des Musikmachens via Internet hat GERD WALTER gegeben in seinem Aufsatz: Das ICC-Projekt – ein internationales Musikprojekt im Internet. – In: Musik in der Schule. 2 (2000) S. 21-23.

Anschriften der Autorinnen, Autoren und Herausgeber

Dr. Johannes Bähr, Parkstr. 29, 64546 Mörfelden

Prof. Dr. Georg Brunner, Blumenstr. 10 , 86561 Autenzell

Prof. Siegfried Busch, Neckarstr. 11, 14612 Falkensee

Prof. Dr. Mechthild Fuchs, Grimmelshauserstr. 16, 77654 Offenburg

Dr. Christian Harnischmacher, Mauernheimer Str. 20, 50733 Köln

Prof. Dr. Christoph Hempel, Kurze Str. 2, 31319 Sehnde

Prof. Dr. Bernhard Hofmann, Bezolstr. 7, 81545 München

Prof. Dr. Werner Jank, Schulwiesenweg 38, 69168 Wiesloch

Herwig von Kieseritzky, Regattastr. 100, 12527 Berlin-Grünau

Heinrich Klingmann, Ludwigstr. 4, 67059 Ludwigshafen

Prof. Dr. Niels Knolle, Hopfenweg 22, 26125 Oldenburg

Prof. Dr. Rudolf-Dieter Kraemer, Rilkestr. 15, 86199 Augsburg

PD Dr. Michael Kugler, Prießnitzweg 4, 82538 Geretsried

Dr. Martin D. Loritz, Windacher Str. 2, 86926 Greifenberg

Prof. Dr. Georg Maas, Ginsterweg 11, 06120 Lieskau

Prof. Dr. Ulrich Mahlert, Aarauer Str. 23, 12205 Berlin

Prof. Bernhard Mergner, Hochschule für Musik, Postfach 2552, 99406 Weimar

Prof. Dr. Martin Pfeffer, Am Fronhof 18, 36137 Großenlüder

Prof. Dr. Juliane Ribke, Hummelstieg 4, 22559 Hamburg

Prof. Dr. Peter Röbke, Meisenweg 31, A 1220 Wien

Andrea Rother, St. Ulrichstr. 29, 86875 Emmenhausen

Prof. Dr. Wolfgang Rüdiger, Schusterstr. 29, 79098 Freiburg i. Br.

Christoph Schwab, Lichtenbergstr. 71, 64289 Darmstadt

Matthias Schwabe, Wilkskistr. 56, 14163 Berlin

Wilhelm A. Torkel, Hammersbecker Str. 20, 28755 Bremen

Johann Winter, Karwendelstr. 34, 86163 Augsburg